红顶商人胡雪岩全传

（上）

鸿雁◎编著

吉林文史出版社

图书在版编目（CIP）数据

红顶商人胡雪岩全传：全3册／鸿雁编著．-- 长春：吉林文史出版社，2021.1

ISBN 978-7-5472-7494-1

Ⅰ．①红… Ⅱ．①鸿… Ⅲ．①胡雪岩 – 1823–1885 – 传记 Ⅳ．① K825.3

中国版本图书馆 CIP 数据核字（2020）第 234468 号

红顶商人胡雪岩全传

HONGDING SHANGREN HUXUEYAN QUANZHUAN

编　　著　鸿　雁

责任编辑　张雅婷

封面设计　MM末末美书 QQ:3218619296

出版发行　吉林文史出版社有限责任公司

地　　址　长春市净月区福祉大路 5788 号

网　　址　www.jlws.com.cn

印　　刷　北京永顺兴望印刷厂

开　　本　880mm × 1230mm　1/32

印　　张　27

字　　数　653 千字

版　　次　2021 年 1 月第 1 版　2021 年 1 月第 1 次印刷

定　　价　128.00 元（上中下）

书　　号　978-7-5472-7494-1

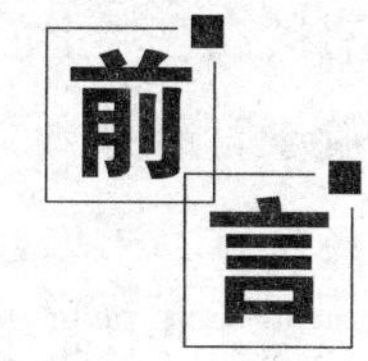

前言

1840年的鸦片战争迫使中国步履蹒跚地走向了近代，中华民族内忧外患，哀鸿遍野；欧风美雨滚滚东来，黑云压城。衰微的文明古国痛苦而无奈地改弦易辙，开始了由闭关自守向近代化的艰难转变。西方资本主义的侵略使中国日益陷入屈从于世界列强的半殖民地半封建社会的深渊之中，烽火连年，国弱民困，亡国之祸迫在眉睫。而两次鸦片战争的创痛以及太平天国运动的打击，使清朝统治者终于从“天朝上国”的迷梦中惊醒，开始明白傲慢不足以拒坚船，清议不可能抗利炮。因此，各阶级、阶层、集团纷纷提出各种救国方案，探求不同的救国道路。先驱者开始了曲折而又坚毅的探索进程……

非常之世，必有非常之人。胡雪岩就是这样，在非常之世，走非常之路，做非常之事。他以非常之举、超人眼光，从市井布衣平步青云到富可敌国的“红顶商人”！

一

胡雪岩（1823~1885），名光墉，字雪岩，安徽绩溪人，一说浙江仁和（杭州），是中国近代历史上一个传奇式的商界人物。他最初以一个钱庄学徒的身份资助官场冗员王有龄，然后借助王有龄在官场上的势力，以开钱庄起家，层层托靠，左右逢源，周旋于官府势力、漕帮首领、洋商买办之间，办药局、开丝行、贩运粮食、军火，坐收渔利。数年间，他成为驰骋十里洋场的巨商大贾，并且是中国历史上第一个代表朝廷与外国银行开展金融业务的金融家。他会逢乱世，结缘权贵，纳粟助赈，为清廷效犬马之劳。洋务运动开始以后，他延洋匠，引设备，颇有劳绩；左宗棠西征，他筹粮械，借银款，大力相助，几经沉浮，终于构成了以钱庄、典当为依托的金融体系。他进行生丝贸易，开设国号药局，形成"北有同仁堂，南有庆余堂"之势，声名远扬。太平天国运动被镇压后，由于胡雪岩为左宗棠西征筹借军饷有功，受左宗棠保荐获得朝廷特赐二品顶戴，特准享紫禁城骑马的殊荣。综观胡雪岩商海沉浮的一生，给我们很多启示，尤其以下四点：

（一）帮助左宗棠兴办洋务，自强御侮，拓展近代民族工业和民族金融业；（二）力排众议，为左宗棠西征采购新式武器，筹借银款，转运军需，为反击英俄殖民者、收复伊犁、捍卫中国主权立下汗马功劳；（三）勇于与拥有殖民特权的洋商在商场上短兵相接，虽然以失败告终，却散发出力争主权的光辉；（四）在工商业活动中积累了一套颇具特色而又行之有效的经营管理理念，这是留给后世的宝贵文化遗产。胡雪岩大大超越了他所处的时代，他给我们提供的丰富知识和宝贵经验，绝不囿于以上四点，只不过此四点对于决策者尤为重要，能够使我们从中获益。

二

一个人的事业是时代、环境和个人禀赋的熔炼。波平浪静，锤炼不出精悍的水手；动荡的环境，才能产生弄潮的风流人物。胡雪岩从市井布衣成为商界巨擘，除了他能把握时代契机，通过参与镇压太平天国运动举办洋务新政，襄助西征，融商业活动于国家大事之中，还与他有一整套卓有成效的经营之道，包括其在造势、经营、治众各个环节都有超群的经营艺术密不可分。

综观胡雪岩的经商生涯，其突出特点就在于他的造势理论。胡雪岩特立独行，对时势有一种特殊的敏感。他知道势和利是不分家的，有势就有利，势之所至，人们就会马首是瞻，就没有不获利的道理。社会上的各种资源分散着，就像江水白白流走一样，假若没有蓄积，就无法形成一种力量、一种走向。胡雪岩曾说："与其乘时，不若造势。"官场势力、商场势力、洋场势力和江湖势力，他都要拥有。造势就是凭借智慧和力量，积极主动地创造出一种有利于自己的态势、格局和趋向，人为凸显形象，增进优势。从攀附高官显要以富求贵、博取功名，到构筑全方位多元化的金融商业体系、投资"济世善举"，胡雪岩都是在精心营造有利于自己的商业氛围和形势。

他联结商场、洋场和江湖各方面势力，组成触角极广、效率极高的巨大关系网，在动荡不安的社会环境里呼风唤雨、左右逢源，形成了利便滚滚而来的局面。

胡雪岩有着精明的商业眼光，他曾说："生意做得越大，眼光越要放得远。做大生意，一定要看大局。你的眼光看得一省，就只能做一省的生意，看得天下，就能做天下的生意，看到外国，就能做外国的生意。"胡雪岩超常的眼光，在他起步之初，就为他今后的发展打下了基础。

他于1860年开设阜康钱庄，奠定了他金融大厦的基石；1874年成立的胡庆余堂药号，拓展了他的经营领域；而随后开始的生丝贸易，为他积累了大量的资本……胡雪岩不断加深与官僚阶层、江湖势力、洋人买办及其下层管理者、普通百姓的关系，在商业经营范围上，不断扩展其金融体系所覆盖的各种行业。鼎盛时，他的生意范围几乎涉及他所能涉足的所有行当，而所有这些生意在当时条件下都是能赚钱、赚大钱的生意。

胡雪岩成功的秘诀之一就是集中大家之力量为我所用，从而创造出经营神话。胡雪岩的用人，一是外部利用，二是内部聘用。外部利用往上便是投靠，王有龄、何桂清、左宗棠等就是他投靠的对象。投靠人得摸透对方的心理投其所好，或者冷灶热烧，或者雪中送炭，或者锦上添花……但光有这些不行，投靠人还必须有自己的真本事，自己没有本事便流于拍马献谀。胡雪岩自己绝对不甘下流，所以他层层引导，不断为他人出谋献策，指点迷津，终以自己的本事换来自己的地位。胡雪岩对待生意上的朋友，常常以利益为纽带，谋求对方支持与合作；他能站在对方角度上充分揣摩对方的需要，照顾对方的利益，并对对方施以恩惠。在胡雪岩看来，朋友之间的合作，不能损害双方的利益，否则就会使朋友关系解体，而朋友关系的维系，最好的办法是能给双方带来好处和利益。胡雪岩人情练达，以不损害双方利益为前提来维系朋友关系的思路，对商业经营者来说应该是颇有启迪的。

同时，胡雪岩在治店用人、优化内部环境方面，也有不少卓有成效的方法。他以天才般的眼光，认识到人才在商业经营中的重要性，因而不惜代价地挖掘笼络人才，在择人用人上颇有裁缝量体裁衣般的细心。他运用丰富的经验和知识，敏锐地观察、捕捉机遇，大胆迅速地作出恰当的判断，在充满风险、复杂多变的生意场上占据主动地位。胡雪岩从小为生计奔波，久居商场，在商场的搏击中积累了丰富的实践经验，磨炼出良好的心理素质和不凡的身手，处变不惊，反应敏捷，举重若轻，运筹帷幄。他经营钱庄知人善任，不拘一格，只要有所长，便大胆使用。如刘义庆本是一个钱庄站柜台的伙计，但为人精明灵活，是可造之才，胡雪岩便让他做钱庄的“挡手”；陈世龙是个街头小混混，胡雪岩见其机灵，是个可塑之才，就收他为伙计；办胡庆余堂药号，更是重金聘用行家里手。善任厚待、宽严相济的用人方针，使胡雪岩为自己网罗了一支尽心尽力的管理队伍。胡雪岩不仅善于识别、选拔人才，而且能够根据他们的专长，各有所用，充分信任，留住他们的心，使他们能为自己鞠躬尽瘁。

胡雪岩十分注重形象，他讲究做招牌、做场面，树立自我形象，决不放过任何一次能够扬名的机会。驰骋商场，名气总是至关重要的，它其实就是一种无形的价值、一笔无形的本钱。一个商号有了名气，客户会不远千里，慕名而来，生意自然好做了。

胡雪岩为了解决钱塘百姓渡江困难，出资兴办“钱江义渡”，使百姓受惠，声名远扬，博得了“胡善人”的美名。胡雪岩以“仁术为本”开设胡庆余堂药店，开业之初，便雇人身穿印有“胡庆余堂药号”字样的号衣，在水陆码头向百姓免费赠送居家必备的“太平药”，宣传药效，使外地人一到杭州，便知胡庆余堂药号。胡雪岩免费所做的善举通过受其惠、见其事的人一传十、十传百，终使胡庆余堂尚未正式营业就已名扬四海，体现出胡雪岩“长线放远鹞”的经营策略。胡雪岩创办药号并不完全是为了经济效益，更多的是把它作为一件慈善事业来办，由于善名远播，无形之中转化为难以计数的实利。

在胡雪岩经营的事业中，胡庆余堂药号虽然仅是很小一部分，但办得最有特色，其“戒欺”“顾客乃养命之源”等撑立门户的规则，以及苦心营造的店堂环境都构成了浓郁的经营文化氛围，不但体现出胡雪岩义利两全的良贾风范，而且在消费者心目中成功地树立起“胡庆余堂”这块不倒的招牌。胡雪岩作为一个有眼光、有头脑的经营者，正是认识到信誉是企业生存发展的关键，才建立“戒欺”匾。胡庆余堂店址的选择也充分利用了吴山的繁华地利，其装修富有民族特色，而其招牌、额匾、楹联的内容与该药号的营业特色相符，突出了自己的个性，有着很高的文化品位，从而形成了良好的文化氛围，为顾客营造了一个良好的环境。

“富而有德、乐善好施”是历代商贾应有的道德风貌，胡雪岩在饶有资财后也热心慈善事业，他积极捐输赈灾，使百姓免受水旱之灾，这成为胡雪岩的一大劳绩，也是左宗棠为他争取黄马褂的一个重要砝码。胡雪岩还关心“杨乃武、小白菜”一案，争取官员对杨乃武的同情，唤起他们弘扬正义的良知，并慷慨解囊，支持杨乃武的亲人到京告御状。胡雪岩以自己特殊的声望，运动京官，赞助钱财，为争取此案重审并最终昭雪起了不可低估的作用。无疑，随着此案的广泛流传，胡雪岩的义气、善名更加深入人心了。

除了设钱江义渡、开胡庆余堂药号、捐输赈灾、支持昭雪“杨乃武、小白菜”案等善举外，胡雪岩还两次东渡日本，高价购回流失在外的中国文物，一口放在湖州铁佛寺内的钟上刻有“胡光墉自日本购归”的字样。寺庙本是人员流动频繁之地，这口古钟作为成功的广告招牌，使驻足观赏的人们对胡雪岩其人其店都刮目相看。

三

犹如近代中国商界一颗流星的胡雪岩，其兴衰浮沉、跌宕起伏的人生也发人深思。

胡雪岩精于世故，善于经营，周旋于高官富吏、洋商买办、帮会势力之间，既有钱庄、当铺互为挹注的金融体系，又执药业、丝业之牛耳，从杭州发家，进而辐射全国各大商埠。可是即使像他这样地位显赫、财富雄厚的“红顶商人”，也挡不住时势的制约，导致最后全军覆没，陷入绝境，这其间固然有战火不断、关卡林立以及封建官僚落井下石等原因，但主要还是因为近代中国积贫积弱、被动挨打、丧失主权，单凭个人能力远远难以与洋商相抗衡。胡雪岩作为一个封建商人，曾经显赫一时，但在整个国家日益半殖民地半封建化的形势下，面对外国资本主义咄咄逼人的侵略，终究还是败下阵来。胡雪岩的悲剧说明，没有强大的国家作后盾，商人纵有再大能力也难免横遭厄运。胡雪岩在多年的商业实践中摸索并推行的一整套有机结合的经营管理理念，对于我们今天的经济建设仍具借鉴意义。胡雪岩曾为西征大军捐药赠衣，向贫困百姓施衣舍粥，还开办“钱江义渡”、免费发放药物等等，这对于今天处在改革开放新时代的经营者更应是一种鞭策。作为封建商人的胡雪岩尚能急公好义，新时期的经营者更应该主动为国分忧，资助公益事业，热心慈善活动，何况这种奉献也是企业公共关系的重要内容之一。

同时，胡雪岩知人善任的用人之道也启发我们要合理使用人才，开发人力资源，主动关心员工的物质利益和精神生活，优化人际关系，充分调动人的积极性。

胡雪岩的悲剧固然是半殖民地半封建社会的历史条件造成的，具有历史的必然性，但这并不排斥其个人因素在其中的重大影响。古人云：“工欲善其事，必先利其器。”要想在激烈的商业竞争中稳操胜券，必须用先进的商业知识武装自己，而胡雪岩在西学东渐、传统向近代急速嬗变的关键时刻，空有一腔热血和誓与洋商一决雌雄的勇气，却没有意识到知识的重要性，只是凭着天资和传统的经营方法与外洋诸商竞争，其失败的命运是难以避免的。同时，骄奢淫逸的私生活也消磨了他的进取心，消耗了大量本该用于扩大再生产的资金，这些也为当代经营者提供了教训。

胡雪岩为取得封建势力的庇护，曾经煞费苦心结交权贵，上至达官显贵，下至胥吏凡夫，他长袖善舞，游刃有余，但“红顶商人”最后却一败涂地。胡雪岩的兴衰沉浮不只是他个人的人生悲剧，更是半殖民地半封建社会中国商人惨淡经营的写照。

四

在经济变革浪潮的今天，胡雪岩提供给我们的绝不只是茶余饭后的消遣谈资，更是一种实用的谋略和工具。从历史角度看，胡雪岩终究不失为近代颇具代表性的商人。他商海弄潮，颇有建树；官场风光，大红大紫，同时也做了许多利国利民的好事。在借洋款、买洋枪活动中，他扮演了买办的角色；在与外商的丝茧大战中，又是散发出民族之光的一位悲剧英雄！

目前，我们研究胡雪岩，实际上是要学习他在经营活动中体现出的人情、人性，探求其对人的了解和把握，进而把握商业经营运作中的精髓。

本书以胡雪岩商务活动的具体过程为经，以其在商务活动过程中所运用的手段、技巧和遵循的原则为纬，对胡雪岩在经营之道中可借鉴的部分进行深入的发掘，详细而深刻地探讨其中的“商经”。

全书共分三篇。

第一篇：生平传略。胡雪岩传奇般的身世，万花筒般的生平，以及聚沙成塔、点石成金的能力与才华，还有其处变不惊、战胜难关的魄力和手腕，将在本篇一览无遗。

第二篇：商政谋略。胡雪岩是一个充满理性的人物，他的眼光、计谋、韬略和手段都是一流的，他善于从普通事物中阐发出深刻的内在意蕴。他既汲汲于获取财富，又能够仗义疏财，不做只进不出的守财奴。胡雪岩的势力和个人价值的实现是建立在金钱的基础之上的。他向社会所提供的是信用，信用是建立在大家对他的信心之上的，而这种信心则又是胡雪岩“造势”所营造出来的场面。胡雪岩在经营方面有着独到的见解，他主张用眼光和手腕、精神和气度去经营；在治众方面，胡雪岩更是网罗贤才，广结善缘，为其事业的发展铺平了道路。胡雪岩的商政谋略，是一部生意人学习经商之道的范本，也是一部经世致用的“商箴”，值得人们细细品味。

第三篇：珍闻逸事。本篇收录有关胡雪岩的逸闻秘事、故老传言。对胡雪岩的性格特征，本着阐幽发微的精神，既对他的胆识及机敏、善良、正直等品质进行了细致的描绘，也对其投机取巧、穷奢极欲、妻妾成群和最后的破产据实陈述，力图将其毕生成败和家道兴衰和盘托出，以使后人客观、全面地认识胡雪岩。

五

沧海桑田，时过境迁。一代巨商大贾胡雪岩经历了平步青云、红顶商人、灯火楼台、萧瑟洋场之后，终于烟消云散。诚然，胡雪岩有着种种经营之术，也有着旧式商人常有的巴结权贵、骄矜浮躁、奢靡享乐等弱点，但鉴其兴衰沉浮，察其短长优劣，正可使当代经营者引以为戒。遗憾的是，迄今为止，很多人对胡雪岩的认识仅流于形式，而且尽力渲染其挥霍享乐、妻妾成群的私生活，对其政治主张、经营之术和热心公益活动却关注不足，津津乐道于其精于世故、见风使舵与投机取巧的一套奉为成功的“锦囊妙计”，却忽略其“戒欺”、视顾客为养命之源的商业精神。

借鉴胡雪岩的经验，我们就知道在人生的道路上，在不同的时势下，什么时候该冲，什么时候该停，该怎样把握机会，怎样化危机为转机，如何跨越障碍，如何避免重蹈覆辙……从而有利于我们绕过暗礁，避开漩涡，迎风破浪，化险为夷。在奋斗过程中积累的经验，才是真正的无价之宝，我们无缘与胡雪岩生活在同一时代，但有幸取得其以一生的智慧、毅力、胆识、谋略所锤炼出来的经验。今天我们所面临的困惑，也许他早就为我们提供了答案！

第一篇　生平传略

第二篇　商政谋略

第三篇　珍闻逸事

第一篇

生平传略

在清朝咸丰七年，英商麦加利银行设分行于上海以前，全国的金融事业，为北方的山西帮和南方的宁绍帮所掌握，前者称为“票号”，后者称为“钱庄”。票号与钱庄的业务，由于彼此仿效，几乎完全相同，只是在规模上钱庄逊于票号而已。

然而，在同治到光绪初年，全国最大的一家钱庄，规模凌驾于票号之上；同时他的主人也不属于宁绍帮，成为当时金融业中的一个特例。这家钱庄的字号叫“阜康”，它的主人就是官封二品、鼎鼎有名的“红顶商人”胡雪岩。

擅假公款，因祸得福

胡雪岩，原名光墉，安徽省绩溪县人，生于清道光三年（1823年），少时家境贫寒，流落杭州，19岁到开泰钱庄学徒，从此与改变他一生命运的钱庄结下了不解之缘。

清咸丰七年（1857年），英商麦加利银行在上海开设分行以前，我国尚无银行之设。当时及以后相当长时期，我国金融活动分为两系，北方及西南州叫“票号”，南方称“钱庄”。钱庄以杭州为中心，后来逐步移至上海。及至我国银行兴起，钱庄依然存在，与银行并存。

当时按钱庄惯例，学徒进门，首先要学数银票，一连数30天不得出门，称为“坐功”。“坐功”期间如出差错，即加坐30天。再错，即遭辞退。胡雪岩有一股灵性，一见花纹精细的银票，总有一种莫名的兴奋，数得既快又准确无误。学徒期本为五年，期满合格才能出师。胡雪岩以聪颖干练破例四年出师，先任“跑街”，即沿街递送账单及文件书札等，半年后升为“出店”，即业务代表，专门接洽生意和收受银钱，其地位仅次于“掌盘”，“掌盘”之上即为店主。

店主对胡雪岩的理财能力十分赏识，有意再升他为“掌盘”，不料他婉谢不就。之所以如此，主要是他着眼于未来发展，因为掌盘虽然薪水高，分红多，但整天坐守钱庄，反而与外界隔绝，倒不如在外面多加磨炼，广为交游，丰富经验。店主深以为然，对他的远大抱负倍加赞扬，便升他为“二手”（掌盘助理，相当于现在的副总经理），仍主持对外业务。胡雪岩时年24岁。

有一年夏天，胡雪岩在一家茶店里结识了潦倒落魄的王有龄，得知他是一名候补盐大使，打算北上“投供”。加捐县官时，胡雪岩正好有笔款子可收。这笔款子有500两，原是吃了“倒账”的，在钱庄来说，已经认赔出账，如果能够收到，完全是意外收入。

这笔钱别人收不到，因为欠债的人有个绿营的营官撑腰，此人却跟胡雪岩很谈得来，他表示别人来不行，胡雪岩来另当别论，很慷慨地约期还清。

胡雪岩一念怜才，决定拉王有龄一把。他想，反正这笔款子在钱庄已经无法收回，如今转借给王有龄，将来能还最好，不能还，钱庄也没有损失。如果他悄悄地做了，一时不会有人查问，但胡雪岩却诚实地和盘托出，而且自己还写了一张王有龄的借据送到总管店务的“大伙”那里。最终胡雪岩因此而失业了。

正当胡雪岩穷困落魄、生计艰难之时，王有龄得官归来，在海运局当了“坐办”。后来王有龄步步升迁，历任浙江湖州知府、杭州知府、浙江巡抚，乃延胡为幕僚，委以办理浙粮重任，并挪用库银，协助胡雪岩自办阜康钱庄，使胡以不满而立之年能够施展其经营才能，把钱庄事业搞得蒸蒸日上，名震江淮，逐步成为全国最大的钱庄业者。

筹划资本，寻找帮手

胡雪岩凭着自己的聪明才干，使王有龄在海运局如鱼得水，很快将有升州县的机会。这时，胡雪岩看准世事不太平，银价常常涨落的机会，心想只要眼光准，兑进兑出，两面好赚。于是打算自立门户开办钱庄。

他计划先立起一个门户来。外面要弄得热闹，其实里面是空的；等王有龄升了州县，这家钱庄代理他的公库，公家的银子没

有利息，等于自借本钱，公款源源而来，空的就变成实的了。

王有龄十分赞同他的计划，于是两人商议筹划资本，最后从海运局的公款中提了5000两银子做本钱。

本钱虽然有了，要事情办得顺利，还得有人。胡雪岩自身忙于各方面调度，不能为日常的店面生意绊住身子，这就一定要找个能干而靠得住的人来做挡手。

他过去在信和钱庄有两个同事，倒是可造之才，不过他不愿去挖墙脚，同行的义气、个人的交情都不容许；而且自己的底细，那两人十分清楚，原是玩笑惯了的同事，一下子分成老板、伙计，自己抹不下这张脸，对方也难生敬畏之心。

最后他想到一个人，这人名叫刘庆生，在大源钱庄立柜台做伙计，胡雪岩跟他打过一次交道，觉得他头脑很清楚，仪表、口才出色，大可物色了来。

于是，胡雪岩托人约刘庆生到家里。起先和他大谈风物人情，海阔天空，为的是考验他的耐性。空说了一个钟头，刘庆生毫无愠色。胡雪岩很满意，这第一关，实在也是最难的一关，算是过去了。接着，胡雪岩又借闲谈考问刘庆生的本行，出的题都很难，刘庆生照实回答，大都不错，第二关又算过去了。最后，问刘庆生城里开钱庄的一共有多少家，这才显出刘庆生的本事，"大同行""小同行"、上城、下城的同行牌号，他都一口气报了出来，一个不缺。这份记性，连胡雪岩都自叹不如。

到此地步，胡雪岩决定起用此人，给他一年200两银子的高薪，并预付一年。刘庆生完全为胡雪岩所降服，马上开始着手筹备。

开创阜康，树立信誉

胡雪岩认为，刘庆生是个可造之才，但是立柜台的伙计，一下子跳成挡手，同行难免轻视，要想办法提高他的身份，培养他的资望。正好这时抚台黄宗汉要汇10000两银子的军饷，胡雪岩就交给刘庆生去办，显得来头不小；以一省来说，抚台是天字第一号的主顾，有这样的大主顾在手里，同行对刘庆生自然会刮目相看，当然对即将开张的“阜康”和胡雪岩也就刮目相看了。

为了同官场上的人打交道，胡雪岩深知“身份”二字的重要，为了方便迎来送往，他从准备开钱庄的5 000两银子中提出一笔捐官的钱来，捐了个州县班子。

很快地阜康钱庄开张了。门面装修得很像样：柜台里四个伙计，一律簇新的洋蓝布长衫，笑脸迎人；刘庆生穿着绸长衫、纱马褂，红光满面，精神抖擞地亲自招呼顾客。来道贺的同行和官商两界的客人，都由胡雪岩亲自接待。大家都晓得胡雪岩在抚台那里也能说得上话，难免有什么事要托他，加上他的人缘极好，所以同行十分捧场，“堆花”的存款好几万，刚出炉耀眼生光的“马蹄银”“圆丝”随意堆放在柜台里面，把过路的人看得眼睛发直。

胡雪岩一个人静下来盘算，头一天的情形不错，不过总得扎住几个大户头，生意才会有开展。第一步先要做名气，名气一响，生意才会热闹。

于是，胡雪岩给那些抚台和藩台的眷属们立了户头，预先垫付20两银子的存款，把存折送过去，以后自会有往来。那些太太、小姐们的私房钱虽然有限，算不了什么生意，可是一传出去，别人对阜康的手面就另眼相看了。

认销官票，代理府库

户部奏行官票，刘庆生想将来官票一定不值钱，胡雪岩却认为，信用要靠大家维持，如果官票不是滥发，章程又定得完善，市面使用，并无不便，再加上钱庄、票号的支持，官票应该可以维持一个稳定的价值，否则，流弊不堪设想。他叫刘庆生仔细地研究一下在官票信用不佳时可能会发生的各种问题，以及如何避免，甚至如何利用这些问题来赚钱。经过胡雪岩的开导，刘庆生决定尽力支持官票。

过了几天，钱业分所发“知单”召集同业开会，要商量官票如何发行，实际上也就是如何派销。大同行主张照规模大小平均分派，小同行要求由大同行先认，认购了就不必再分给小同行，大家相持不下。刘庆生以后辈新进，不敢率先发言；等那些同业中有面子的人都讲过了还未谈出一个结果时，他觉得自己当仁不让了。他提出，官票信用不好，第一个倒霉的是钱庄，所以钱庄要帮官票做信用。并且很大方地认销两万，在他的带头下大家争相认销，使那值年执事能圆满交差，心里颇为见情。而刘庆生也确实做得很漂亮，同业都相当佩服。因此，阜康这块招牌，在官厅，在同行，立刻就很响亮了。

由于王有龄升任湖州府知府并兼署乌程县知县，阜康钱庄创设以后，是要用湖州府和乌程县节省的公款作为资本；这与钱谷师爷杨用之有密切的关系，因此胡雪岩对他特别笼络，杨用之忠厚老实，是最易相交的人；以胡雪岩的手腕，使杨用之对他颇有相见恨晚之感。胡雪岩用感情来笼络杨用之，而王有龄则拿出点本事给他看看，双管齐下，让杨用之怀德畏威，服服帖帖。于是湖州府库跟乌程县库，很顺利地就托阜康代理了。

设立分号，投资丝行

阜康设在杭州，要代理湖州府库跟乌程县库，就必须在湖州找一家钱庄做汇划往来的联号，湖州有家恒利，信用不错，但规模不大，尚见开展。照胡雪岩做生意锐意进取的宗旨来说，只怕恒利配合不上。

做生意最要紧的是，头寸调度得灵活。胡雪岩心想，恒利是脚踏实地的做法，不可能凭自己一句话，或者一张字条，就肯多少先付了再说，这样子万一呼应不灵，关系甚重。于是他决定分开来做，将湖州的收支归恒利；汇到省里的款子另设分号。

设立分号的目的，是为了代理公库，拿公款来调度；不过这又不比大户的存款，摆着不动，尽可以放出去吃息。公款只有短期调动，倘若一时无法运用，就变成白差了。

湖州的丝天下第一，如果把湖州府和乌程县的公款就地用来买丝，做丝生意，不失为好算盘。

协理洋务，劳心劳力

胡雪岩襄助左宗棠创办的洋务事业，主要有以下几端：

第一，福州船政局

同治三年十月（1864 年 11 月），左宗棠从闽浙总督离浙赴闽。到了福建，见军政、吏治、民生因循粉饰，凋敝已久，就于第二年正月上了一个奏章，说："今欲修明政事，必先求治事之才"，要求把在浙江的胡雪岩（当时已有"福建候补道"头衔）与新授浙江督粮道周开锡、记名道吴大廷、刑部员外郎张树荚 4 人调入福建，以资差委，获得同治皇帝（爱新觉罗·载淳，1856—1875 年）的谕允。

同治五年（1866 年），在胡雪岩的献议下，左宗棠上奏朝廷，要求在福州创办一个船政局，他说："欲防海之害而收其利，非整理水师不可；欲整理水师，非设局监造大轮船不可。"并提出造船的五年计划，预算 300 万两。他指出：虽然创办之初可能会

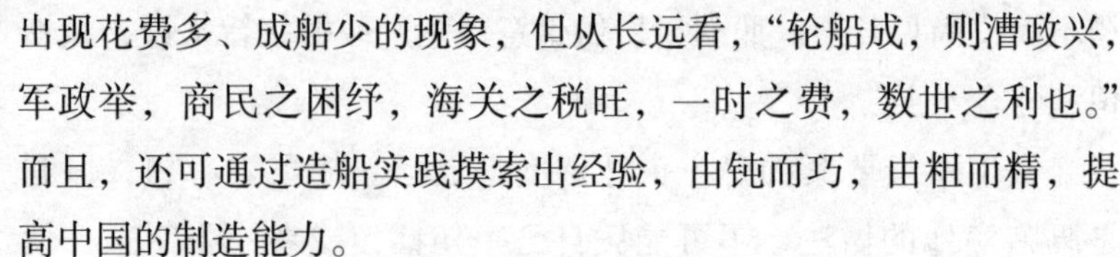

出现花费多、成船少的现象，但从长远看，“轮船成，则漕政兴，军政举，商民之困纾，海关之税旺，一时之费，数世之利也。”而且，还可通过造船实践摸索出经验，由钝而巧，由粗而精，提高中国的制造能力。

左宗棠的建议获得清政府的批准。这年8月，他亲至福州海口罗星塔购买马尾山下200多亩农田作为厂址，由于选址马尾，福州船政局又叫马尾船政局。左以胡雪岩为“不可多得之员”，派他与法国人德克碑、日意格共同商定《船政事宜十条》，制定了最初的规章制度，“凡局务及出入款项，责胡光墉一手经理”。

正当筹办工作紧锣密鼓地进行之时，清廷调左宗棠任陕甘总督，出关西征（平定阿古柏叛乱）。为了不使处于草创阶段的福州船政局半途而废，左宗棠荐举林则徐的女婿、原江西巡抚沈葆桢（1820—1879年，福建侯官〈今闽侯〉人）继任福建船政大臣，同时奏明清廷，称胡雪岩“才大心细”，“为船局断不可少之人，且为洋人所素信之人”，表示可赋此人以重任。一切安排停当之后，左宗棠于1866年底离闽赴陕。

左宗棠身虽西行，心犹东注，他与沈葆桢、胡雪岩等人保持密切联系，对福州船政局的建设仍倾注热情。而留在福建的胡雪岩深知自己肩上的担子不轻，自然也不敢辜负左宗棠的嘱托，他辅佐沈葆桢，承担了筹措工料、聘请匠师、雇工、开艺局（技术学校）等具体而又重要的事务性工作。在他的辛勤奔走和筹划下，船局聘请了法国人日意格、德克碑为正、副监督，向国外订购了机器、大铁船槽，引进外国（主要是法国）工程技术人员，还设立了“求是堂艺局”，招10余岁的聪俊少年，延聘洋师讲授外语、图书、算学，培养督造、管驾等方面的技能。随着转锯厂、大机器厂、水缸厂、木模厂、铸铁厂、钟表厂、铜厂及储材厂的相继建成，同治六年十二月二十四日（1868 年 1 月 18 日），福州船政局正式开工。第二年 6 月 10 日，该局建造的第一艘木壳轮船“万年青”号（排水量 1450 吨）下水。到同治十三年（1874 年），这个局共造出 15 艘船，而且已遣散外国师匠，自行制造。

福州船政局比同治六年（1867 年）李鸿章在上海办的江南造船所还早一年，是中国第一家新式造船企业，也是当时中国最大的船舶修造厂。虽然，与外国相比，在造船技术上还存在很大的距离，但它具有开风气之先的意义。

第二，甘肃织呢总局

还在筹建福州船政局时，左宗棠就开始考虑发展民用工业。他在同治五年五月十三日（1866 年 6 月 25 日）的奏折中指出：要以制造轮船为起点，“由此更添机器，触类旁通。凡制造枪炮炸弹，铸钱，治水，有适民生日用者，均可次第为之。”做了陕甘总督以后，左宗棠在西北地区除了先后办过西安机器局、兰州制造局、兰州火药局等军工企业外，还把创办民用企业的决心付诸行动，创办了与福州船政局齐名的甘肃织呢总局。

光绪三年（1877 年）冬天，被秦翰才先生（1896—1968 年，原上海文史馆馆员）称为左宗棠身边的“机械化的总兵”掌握了近代科技知识的甘肃制造局委员赖长（字云亭，广东人）用自造的机器把当地所产的羊毛织成一段呢片呈送左宗棠验看。左宗棠将它与本地所织的“褐子”和外国输入的洋绒相比，觉得赖长所织的呢片与洋绒相似，质薄而细，牢固耐穿，而且比“褐子”美观多了，有心想推广织造。可赖长说自制的水轮机不敢自信得用，若是购得外国机器更省工力，就可大规模兴办起来。

第二年，左宗棠把赖长画的图样随信附上，寄给在上海的采运局委员胡雪岩，嘱咐胡雪岩购置全套织呢、织布火机，“到兰仿制，为边防开此一例”。

胡雪岩在获得清廷批准后，就按左宗棠的指示，在上海与德商泰来洋行接洽购机事宜，托泰来洋行经理泰利格（R.Telge）代为在德国购置机器和招聘技术人员。后来，由胡雪岩经手，向德方订购了全套小型的毛织机器，包括每架 360 锭的纺机 3 架、织机 20 架，洗毛机 3 架，其余有和毛、烘毛、刮毛、修毛、染色和磨光等机多架，还配有 24 匹和 30 匹的蒸汽发动机各一台。胡雪岩雇请德国技师去安装机器和传授技艺。

光绪五年（1879 年）春，机器开始运往兰州。当时，大小机器共有 4000 箱之多，先由德国运抵上海，再用招商局轮船拖运到汉口，用民船运送上岸后，动用千百人力、兽力和大车，抬的抬，驮的驮，载的载。由于机器笨重，交通工具落后，加上山道崎岖，很多路段是边开山劈路边运输的，最后一批机器直到光绪六年（1880 年）四月才运抵兰州。这年 9 月 16 日，工厂正式开工，其时只开一半织机（10 架），每天成布 8 匹，每匹长 50 尺，宽 5 尺。

甘肃织呢总局比李鸿章的上海机器织布局还要早，是我国第一个机制国货工厂，也是洋务运动中最早的一家官办轻工企业。

第三，开凿泾河

西北地区缺雨干旱，蔬菜、棉花等庄稼专赖渠水，地亩收成多寡取决于渠水多少。所以，左宗棠到了西北，在水利上着实花了一番工夫。

泾河在西北是令人伤脑筋的一条河，长期以来，只有郑、百、利民三渠引泾灌田，左宗棠不以此为满足。平凉西北数十里为涝泾水发源处，平南数十里为荮水发源处，两水到泾州合流，水势才渐渐变大。左宗棠认为：若在上源引渠，就可得数百万顷膏腴之壤，节节做闸蓄水，还可通水筏，这样方能为关陇创万世之利。

光绪三年（1877 年），西北大旱，左宗棠用以工代赈的办法开挖泾河。他先前听人说起外国有开河机器，就叫上海采办转运委员胡雪岩去访求。胡雪岩向德国购买了一套，并雇了几位德国技师。光绪六年（1880 年）的秋天，机器连人都到达泾源工地，先开了一条长 200 里的正渠。由于渠底布满坚石，人力施工有很大难度。为了把渠加得宽些、挖得深些，也为了使工程进展更迅速，德国技师建议再买开石机器。胡雪岩又受左宗棠的委托，添购开石机。尽管机器办来以后的工程情况因无记载而不得知，但距此 20 多年后的光绪三十四年（1908 年），宁夏知府赵惟熙（江西南丰人）招商承办甘肃宁夏垦牧公司时，这些机器还在。赵惟熙派洋工程师前往察看、增修，以备应用。胡雪岩帮助左宗棠引进机器，在古朴荒凉的西北高原用西洋新式机器开河凿渠，可算是个创举。

此外，左宗棠还曾聘用德国技师未海厘在距肃州城不远的文殊山尝试开采金矿，采金的一副小机器就是胡雪岩捐购的，于光绪五年（1879 年）附在掘井机器一起批解鄂台转运到此；左宗棠在新疆引进蚕桑，发展农业生产，胡雪岩在浙江代募熟悉养蚕、种桑的人以及种田能手，送往新疆，向当地百姓传授生产技艺。

左宗棠曾残酷镇压太平军、捻军和回民起义，应予谴责，但他办洋务时，太平天国农民起义已被镇压，而东南海疆、西北边塞的民族危机显得十分尖锐，所以，其所办的洋务事业在抵抗外国侵略者、开发大西北方面发挥了积极的作用，如同治

十三年（1874 年）夏，日本利用琉球渔民被害事件为借口入侵台湾，沈葆桢亲赴台湾布防，当时调用的军舰和商船都是福州船政局制造的。在 10 年以后的中法战争中，海战主力福建水师就是用福州船政局生产的船舰装备起来的。船政局还培养了一批中国近代早期的用新式军事、科技知识武装起来的海军军官、造船专家和技术人员。船政学堂人才辈出，群星灿烂，第一届毕业生中就有甲午海战中以身殉国的民族英雄邓世昌（1849—1894 年，广东番禺人）、近代启蒙思想家严复（1854—1921 年，福建侯官〈今闽侯〉人）。至于甘肃织呢总局，虽然不到 3 年就因交通不便影响销路、锅炉炸裂等原因而停工，但作为我国第一个机织毛纺企业，它在经济落后的西北地区树立了学习西方先进技术、自强求富的典范，并为西北近代工业的发展培训了技术骨干。

左宗棠的洋务事业中都有胡雪岩的一份功劳。左在给胡雪岩的一封信中谈到船政局事宜时称赞胡“阁下创议之功伟矣”。由于在举办洋务新政上态度一致，两人还鸿雁频传，交流思想，如左宗棠在给胡雪岩的一封信中说过：“中国枪炮日新月异，泰西诸邦断难挟其长以傲我耳。”

作为一个商人，胡雪岩在办公事的时候，自然不会忘了角逐营利。同治五年（1866 年），左宗棠在奏设福州船政局时就曾说过：引进外国机器，开办造船厂，是破天荒的事，机器好坏也难以辨识，所以托人购觅时，要“宽给其值，但求其良”。这个“宽给其值”就给经手采办的人留下价格上的“虚头”。胡雪岩在经办洋务中到底得了多少“回扣”，虽然无从推算，但他公私兼营，使自己的私囊在这个时候急剧膨胀起来却是事实。不过，他协助左宗棠举办洋务这个行动还是值得肯定的。

三人同心，其利断金

胡雪岩的生意越做越大，并结交了许多官场及江湖上的朋友。

当时，英国洋行已经跟洪秀全的太平军展开贸易。曾经有两只英国兵船，从上海开到下关，太平军起初以为是清军邀来助阵的，大起戒备。谁知英国人带了一名通事上岸，一开口就表明，此来特为通商。商品是枪械火药，以货易货，换来的是太平军从长江东下沿路掳掠所获的珠宝古玩。那家洋行，大获其利；而所带来的通事，名叫古应春。胡雪岩打听到这些情况后就想与古应春结交，在珍宝和枪械方面都有生意好做。

通过他的江湖朋友尤五，胡雪岩和古应春一见如故，三人至诚相见，洋行、江湖、官场方面都有了路子，所谓“三人同心，其利断金”。

通过古应春介绍的英国军火商哈德逊，和胡雪岩很快谈妥了一笔枪支生意，官面上由胡雪岩请浙江方面替上海的督粮道封公事，江湖上由尤五保证安全，一切都很顺利。

收得秘方，合开药店

胡雪岩在湖州娶了一房妾侍，名叫芙蓉，这芙蓉有一个亲叔叔，名叫刘不才。刘不才绝顶聪明，但从小就是个纨绔；芙蓉的祖父开一家很大的药材店，牌号叫“刘敬德堂”；芙蓉的父亲是个极忠厚老实的人，无力管教小兄弟，又怕亲友说他刻薄，便尽量供应刘不才挥霍。因此，芙蓉的父亲遇险身亡后，刘不才很快就将家财挥霍掉了。刘不才手里有几张家传的丸散膏丹的秘方，是根据明朝大内的“宫方”，加以斟酌损益而成，“刘敬德堂”的生意，一半要靠这几张方子。生意“倒灶”，清算账目时，还差7000两银子，有人提议拿这几张秘方作价了清。刘不才却宁愿不要店面和生财，要留那几张方子；当时他倒是“人穷志不穷”，表示将来“老店新开”，这几张方子自己要用。可是刘不才生性好赌，只要有钱一定拿去赌，怎能积下本钱开店？

于是，胡雪岩提出和刘不才合伙开店。刘不才的祖传秘方当然要用；可是不要求他把方子公开，将来开了药店，请他以股东的身份在店里坐镇，这几张方子上的药，请他自己修合。刘不才得此良机，也下决心戒赌，好好干一番。

太平年岁吃膏滋药的多；乱世当口，要卖救命的药，少卖补药。胡雪岩认为，大兵之后，定有大疫，逃难的人，早饥夜寒，水土不服，生了病一定要买药，买不起的就奉送，送的时候将字号药名刻印在上面，不用做广告，牌子就创出来了。

当时粮台除上前线打仗以外，几乎什么事都管。最麻烦的当然是一仗下来，料理伤亡。所以粮台上用药极多，胡雪岩要和粮台打交道，好卖药给他。

胡雪岩的药店，定名为“胡庆余堂”，药店一开，活人济世的好名声也就有了。

联合起来，对付洋人

胡雪岩得到极机密的消息，江苏的督抚，已经联衔上奏，因为在上海租界中的洋人，不断以军械粮食接济“小刀会”的首领刘丽川，决定采取封锁的措施，断绝内地与洋人的贸易，迫使其转向“助顺”。这样一来，丝茶两项，来源都会断绝。在上海的存货，洋人一定会尽量收购，只要能够“垄断”，自然可以“居奇”。当时在丝业中最有声望的人名叫庞二。这位庞二是丝业世家，几代蓄积，再加上道光末年中外通商，在洋庄上狠赚了些，因此，虽不是富可敌国，而殷厚之处，远非外人能想象。

如果能取得庞二的承诺，他在上海跟洋商做丝的交易，跟胡雪岩采取同样的步骤，齐心对付洋人，抬高丝价，则大有赚头。

于是胡雪岩让刘不才去接近庞二，和庞二套交情，等他们关系不错之后，才跟庞二谈到丝的交易，自然十分顺利。

可是，洋人却表示年关以前，无意买丝。表面是说，他们国内来信，存货已多，可以暂停，实际上外国人知道中国商场的规矩，三节结账，年下归总，需要大笔头寸，有意想“杀年猪”。如果胡雪岩价钱不是扳得太高，则洋人为了以后的生意，也不会赶尽杀绝。

事情麻烦了！胡雪岩自己要头寸还在其次，还有许多小户不能过关，一定会倒过来恳求洋商，虽然他们这点小数不致影响整个行情，但中国人的面子是丢掉了！除非调动一笔头寸，帮助小户渡过难关，可是他自己头寸也还缺一半，怎谈得上帮小户的忙？

这就到了必须向洋商屈服的时候了。胡雪岩想想实在不甘心；多少时间心血花在上面，为的是要弄成“一把抓”的优势。如今有庞二支持，优势已经出现，但“一把抓”抓不住，仍旧输在洋商手里，这是从何说起？

一方面不甘屈服，一方面急景凋年，时不我待，胡雪岩彻夜彷徨，想不出善策，急得鬓边见了白发。于是想到庞二，与其便宜洋商，不如便宜自己人！向庞二开口自然是件失面子的事，然而，与其丢面子给洋人，倒不如丢给自己人。

在庞二的大力支持下，大家齐心协力，待价而沽。洋人似乎也很厉害，千方百计自己到内地去收丝，辗转运到上海集中放

洋。但是这样不但费事、成本高，而且两江总督衙门等贴出告示，为维持威信，各处关卡派兵盘查，严禁闯关。

这时，胡雪岩却改了主意，决定早点将丝脱手。因为所有的生意，都寄托在上海一定会繁荣这个基础上，而要上海繁荣，首先要设法使上海安定。租界虽不受战火影响，但有“小刀会”盘踞县城，总是肘腋之患。同时江苏官方跟洋人暗中较劲，阻隔商贩，租界市面也要大受影响。胡雪岩认为，禁止丝茶运到上海这件事不会太长久的。搞下去两败俱伤，洋人固然受窘，上海的市面也要萧条；胡雪岩决定从中转圜，把彼此不睦的原因拿掉，叫官场相信洋人，洋人相信官场，上海才热闹。那时候无论买地皮或做别的生意，将无往不利。

胡雪岩的眼光总是看得那么深、那么远，他认为帮官场的忙，就等于帮自已的忙，做大生意就要这样。

收朱福年，兴办典当

庞二的挡手名叫朱福年，他野心勃勃，想借庞二的势力，在上海租界做江浙丝帮的首领，因而对胡雪岩表面上“看东家的面子”，不能不敷衍，暗地里却是处心积虑要打倒胡雪岩。虽然古应春已与洋商将生意谈成功，由于胡雪岩一时不在上海而未能马上签约，朱福年预备出卖胡雪岩，他劝洋商以他为交涉的对手，他也愿意订约保证，以后三年的丝，都归此洋商收买，而眼前的货色则愿以低于胡雪岩的价格卖给洋商。

庞二得知朱福年与胡雪岩不大合作，并且发现账也有不清楚的地方，想请胡雪岩去替他查一查，收服朱福年，叫他改过，死心塌地替自己出力。为此，庞二愿送给胡雪岩股份，让胡雪岩也成为老板身份，名正言顺地去管事，收服朱福年。胡雪岩当然不能白要，愿意交现银搭两成股份。

很快，胡雪岩就将朱福年的“把柄”抓在手里了，知道朱福年曾挪用公款而后又分几次还清了。然后，他才去查朱福年的账，警告朱福年这笔账是以前的，他不在意，但以后他也是股东，账目就要认真了。他希望朱福年在半个月内将疏忽的地方想法子弥补，等他来查账时就不能再有毛病了。

朱福年对胡雪岩佩服之至，主动要求去跟洋人交涉，按原价将丝卖给洋人，洋人终于低头了，按原价订了约，收银交货。

胡雪岩一直对典当有兴趣，朱福年故世的三叔是朝奉，所以懂得典当中许多行规和弊端，他认为“吃典当饭”与众不同，是三百六十行中最舒服的一行，住得好、吃得好，入息优厚、工作轻松，因此吃过这碗饭，别的饭就难吃了。

胡雪岩有创办典当的打算，于是请朱福年替他留意，如果有典业中的好手，想另求发展的，一定要物色了来。朱福年欣然应诺，而且跃跃欲试，颇有以半内行作内行，下手一试，以补少年未曾入此业之憾的意思。

胡雪岩为什么要开典当、开药店呢？这两样事业，一时都无利可图，完全是为了公益，开典当是为了方便穷人。胡雪岩三个字，晓得的人不算少了，但只有做官的、做生意的晓得，开药店是扬名最好的办法，要让老百姓都晓得，提起胡雪岩时说一声：这个人不错！这样事业才会越做越大。

助左宗棠，戴红顶子

时左宗棠主持皖浙军务，与太平军作战，进抵杭州。军队缺粮，胡雪岩以事先所购大批粮食给予支援。左大喜过望，乃视为心腹，“凡善后诸事，悉以委之”。先是委以杭、嘉、湖等处捐务，并责成采运上海军火。左调闽赴福州，胡亦随之调为福建候补道。后来左调陕甘总督，胡被委为驻上海采边转运委员，为左

筹米饷、借外债、购军火，人称“陕甘粮台”。胡雪岩先后追随左宗棠达 20 余年之久。

左宗棠在王有龄死后继任浙江巡抚时，在战争之后百业凋敝、民不聊生情况下，以军需民食等大计就商于胡雪岩。胡建议成立赈抚局，确定“以工代赈、振兴市面”八字方针，以“不扰民”树立威信，采取鼓励耕织、禁砍桑麻、禁杀耕牛、豁免田赋等措施；胡还垫付大宗款项给农民买种子、农具。在青黄不接之时，部队饷银则委托阜康钱庄先用银票发放，自后由官方以官银偿付本息。在胡雪岩鼎力支持下，农民得以休养生息，经济也逐步恢复，浙江局势因此趋于稳定。

左宗棠调任闽浙总督时，奏请创办重要洋务企业——福州船政局，在马尾设厂造船，胡也受命参与其事，以道员身份任船政提调，负责筹措经费及采购机械器材。其后左调往西北，福州船政局归沈葆桢接办，所有在沪采购机器事宜仍由胡雪岩经办。以后左宗棠在兰州创办织呢厂，开展掘井、开河工程，所需各类机器也均由胡雪岩在沪经办。

特别是左宗棠调任陕甘总督后，胡雪岩更成了左的总后勤。新疆阿古柏叛乱，为了维护疆土完整，左力排众议，坚决主张出兵平叛。1876 年春，清廷委任左宗棠为钦差大臣，率军收复新疆。当时，左部主力为 140 营，共七八万人，每月饷银需 25 万两，部队沿途屯垦开荒需数十万两周转，加上其他军务开支，每年需数百万两。陕、甘、新地广人稀，财源贫乏，就地筹饷绝无可能。清政府令东南各省海关协饷，数额本来不足。后来日寇侵犯台湾，海防军需大增，各省自顾不暇，协饷或缓解或停解，使西征军陷于困境。阜康钱庄除为西征军垫付巨款外（前后总计达 1600 万两），还首开先例，由胡雪岩与汇丰银行驻华总经理麦林在上海谈判，商定该行向西征军贷款 120 万两。出征前，阜康钱庄为左宗棠购德国毛瑟步枪和英国温彻斯特步枪。骑兵缺乏战马，胡雪岩急令阜康钱庄张家口分号挪用购置皮张、药材的款项垫支买马。随后又调款 20 万两购置洋炮。10 年间胡代购军火军需共约 2600 万两。胡在上海设转运局，并在沿途设转运站，将各种军需物资源源运至新疆，大批军饷也按时送到部队，始终无一延误。

从清同治五年（1866 年）开始，左宗棠获准以官税作抵押、多次向英商怡和洋行、丽如洋行和汇丰银行大举借债，都是由胡雪岩经办的。加上胡邀集沪杭绅商组成的乾泰公司借款 170 多万两，借款总数约为 1700 万两。从而解决了西征军的后顾之忧，厥功甚伟。

左宗棠事后在给朝廷为胡请赏的奏折中有生动的叙述：

臣维胡光墉，自奏派办理臣军上海采运局务，已历十余载，转运输将，毫无遗误，其经手购买外洋火器，必详察其良送利钝，饲其价值平减，广为收购。遇泰西各国出有新式枪炮，随时购解来甘……关陇新疆速定，虽曰兵精，亦由器得，则胡光墉之功实有不可没者。至臣军饷项，全赖东南各省关款接济，而催领频仍，转运艰险，多系胡光墉一手经理，遇有缺乏，胡光墉必事先筹维，借助预解，洋款迟到，则筹借货商臣款补之，臣军倚赖尤深，人所共见。此次新疆底定，核其功绩，实与前敌将领无殊。

胡雪岩因此受封二等侯，并破格受赏二品顶戴，穿黄马褂，其母被封为一品夫人。浙江巡抚行至胡家大门外，亦须下轿。清代商界巨子中只有胡雪岩一人有此殊荣。

为助西征，始借外债

左宗棠筹划西征，要练马队，造“两轮炮车”，开设“屯田总局”——办屯垦要农具、要种子、要车马、要垫发未收成以前的一切粮食杂用，算起来这笔款子，真正不在少数。

胡雪岩屈指一算，一年要筹354万两的饷银，就算先筹一半，也得一百七八十万，实在不是一笔小数目了。

胡雪岩打定主意要借外债，于是找古应春商量，请几家外国银行的“挡手”吃饭，古应春建议他先找汇丰银行的老板麦林谈谈。

胡雪岩和麦林展开了秘密而冗长的谈判，前后3天，反复商议，几乎废寝忘食。麦林本来就佩服精明的人，此时更为胡雪岩的旺盛的企图心所感动；更为胡雪岩的过人的精力所压倒，终于达成了协议。

这一协议并未订成草约，亦未写下笔录。但彼此保证，口头协定，亦具有道义上的约束力量，绝无翻悔。商定的办法和条件是：

第一，借款总数，关平120万两，由汇丰银行组成财团承贷。

第二，月息8厘，付款先扣。

第三，由胡雪岩、古应春介绍华商向汇丰银行存款，月息明盘4厘、暗盘6厘。

第四，各海关每月有常数收入，各税务司多为洋人，因此，借款笔据，应由各海关出印票，并由各省督抚加印，到期向各海关兑取。

第五，自同治六年七月起，每月拨本20万两，半年清偿。

这些办法，左宗棠完全同意；但等奏准，已在开春，丝茶两市方兴，正须放款，因而利息提高到1分3厘。这是从未有过的高利贷，于是流言四起，说胡雪岩从中渔利；反对左宗棠的人，也展开口头攻击和实际的破坏活动。

但是，经过胡雪岩的巧妙斡旋，这笔大借款还是做成功了。这是中国借外债的开始；而左宗棠的勋业，以及胡雪岩个人的事业，亦因此而有了一个新的开始。“红顶商人”胡雪岩的事业从此走上顶峰！

祸起萧墙，烟消云散

常言说，福者祸之所倚。事业处于巅峰状态的胡雪岩，已隐伏着严重的危机，最后终于在丝业交易中一败涂地，一座大厦倾覆于一旦。

胡雪岩致富后，骄奢淫逸，挥霍无度。他营造精美豪华的住宅，聘请的设计师是京师某王爷门下的清客，此人曾为这位王爷设计过豪华园林。胡原来的住宅也是新建的，因不合他的心意，拆了重造。这位设计师在西湖灵隐寺一带搜奇探胜，绘成奇山怪壑的图样，胡见之大喜，认为照此图样建成，真是“移湖山大观于几席间矣”。后来造成锁春、洗秋、冷香等十六大院，其中百狮楼飞檐碧瓦、琉璃五色，装饰百只狮子，眼睛都是黄金造的，光彩四射，华丽无比。一座假山花费了9万两银子，“铜山金穴易消磨”。他居住的大厅小室，四壁都陈列着秦汉古董，每件可值千金。妻妾仆从前呼后拥。一次胡雪岩看戏，正值新角周凤林初次登台，胡与另一财东遥遥相对，竞相捧场。胡命以筐盛银千两，倾之如雨，以压倒对方。如此靡费，家底日空，埋下了祸根，而且影响所及，各地分号“号友多年少喜声色，久而用侈，不免浸渔，渐或尾大”，不注意精打细

算，以致阜康钱庄和胡庆余堂都因开支过大而大量亏损，其中以上海、宁波、北京三处分号亏损最多。外壳看似完好，内部已经空了。

再就是胡雪岩昧于国际商情和市场信息，大规模从事生丝买卖，导致惨败而全面崩溃。

生丝本是我国传统的大宗出口物资，在国际市场上处于独占的地位。但19世纪中叶以后，日本丝业逐渐崛起，意大利、法国生丝也逐渐与我国争夺市场，我国生丝出口锐减，并且为外商所垄断。1882~1883年国际市场萧条，伦敦丝价趋跌。胡雪岩竟不了解或者不顾及市场的这种重要变化，为了挽救江南蚕农免于破产和挽回利权，决心用自己的实力与洋商抗争。他以高于伦敦市场的价格大量收购生丝，仅1882年就囤积1.5万包，待机高价出售。由于胡的大量收购，上海丝价不断上涨，与伦敦丝价日益悬殊，而胡依然收购如常，企图造成垄断局面。外商熟知国际商情，认定胡雪岩迟早要脱手，于是压价以待。清人笔记中对此有段生动却令人遗憾的叙述：

某年新丝将出，（胡）遣人遍天下收买，无一漏脱者，约本银2000万两。夷人欲买一斤一两莫得，向胡说：愿加利1000万两买此丝。胡谓非1200万不可，夷人不肯。至次年新丝出，胡邀人集资同买，谓再收尽，夷人必降服，必获厚利。但无人应者。于是新丝尽为夷人买去，不复问旧丝矣。胡急甚，反托人向夷人说：愿依初议卖。夷人笑而不应。再言仅求归本银，仍笑而不答，复婉转言之，夷人曰：必欲折本银800万。2000万两出，1200万两归，家资去其半。

后来胡在亲笔遗嘱中也谈到“做丝生意亏本，累及公私款”云云。胡雪岩虽然失败了，但时人把他看成是中国商界最初敢与外商抗衡的勇者。也有人讥评他“不为文明的冒险，而作野蛮的冒险”。

经营生丝失败的后果是严重的。消息一经传出，就引起阜康钱庄挤兑风潮。又值中法战争（1884 年，清光绪十年）爆发后，法舰封锁台湾，游弋于江浙沿海，沪杭等地人心惶惶作逃难准备，更使挤兑风潮愈演愈烈。本已相当空虚的阜康钱庄因周转不灵，遂告倒闭。

阜康钱庄倒闭之后，与胡雪岩关系密切的一些官僚仍积极帮助他收拾残局，如浙江藩台德晓峰风闻其事，“密遣心腹，于库中提银二万两赴阜康，凡存款不及千者，悉付之。”“更遣心腹语胡曰：更深后予自来。届时德果微服而至，与之作长夜谈。翌晨将胡作有契据合同贮满四大箧回置后所还公私各款，皆出于是。”胡雪岩的大靠山左宗棠也极力予以保护。原来户部尚书阎敬铭奏请朝廷究办胡雪岩，将他捉拿归案。由于左宗棠的疏通，得以幸免（只罢免了官衔）。

胡雪岩事业的倾覆波及各方，影响极大。存款大户杭州道余古香，有浙江盐局官款七万两及本人私款八九万两存入，遽闻阜康倒闭，一时紧张而猝死。北京四大恒（恒兴、恒和、恒利、恒源）由于阜康倒闭，也几被挤兑搞垮。京中人士闻讯，“竞往取所寄者，一时无以应，夜半逐溃，劫掠一空，闻恭邸、文协揆等皆折阅百余万，亦有寒士寄数百金，托权子母为命者，同归于尽”。只有达官贵户的存款，尚可凭权势索取抵押。胡庆余堂药店就是抵充皇亲文煜存款的（辛亥革命后胡庆余堂被没收，后又拍卖给杭州土行商人及宁波邦商人王晓籁等，并在上海开设分店，成为上海四大药店之一），而各善堂、行号及一般官商存款，都无从追索，只有饮恨吞声而已。反映在商业上，当时“江浙诸省，于胡败后，商务大为减色，论者谓不下于庚

申之劫”。

据浙江巡抚刘行的奏章，胡雪岩于光绪十一年（1885年）十一月初一病故，终年62岁。也有人说他是在悲愤绝望中吞食鸦片烟自杀的。传说他最后还有600两银子，嘱咐用400两办后事，交代不可铺张造坟，并在遗书中写道：“墉如此下场，要好看何用？”

一代商界豪杰就这样由极盛到极衰，结束了自己的一生。尽管时间过去了一百多年，他留下的种种教训还是有某种现实意义的。

《 第二篇

商政谋略

第一章　创业维艰

波平浪静，练不出精悍的水手；动荡的环境，才能产生弄潮的风流人物。胡雪岩这个自开钱庄的小老板正是在乱世的摔打中成功地生财，太平天国运动、洋务新政、西征等重大历史事件成了他走向事业巅峰的契机。

钱庄学徒，脱颖而出

胡雪岩爷爷那一辈儿，因为沙船生意小有富足，便把家人从徽州绩溪老家迁到了杭州。绩溪全部是山地，耕地甚少。全年的五谷杂粮统算起来，也只能供三个月的食粮。不足的粮食，只有向外地去购买补充。所以徽州人为了生存，只好脱离农村，到城市去经商。几千年来，徽州人是命定要做生意人的。

沙船这个名称，在今人看来，已经渺若云烟，其实在明清两朝，海上交通全靠这些沙船。它的最古老的名称，就是漂洋船。明朝永乐皇帝曾派三保太监郑和下西洋，乘载的所谓楼船，也就是沙船。在西洋轮船还没盛行之时，这些沙船对于海上游客之往来，货物之输运，曾起过很大作用。沙船运客，也搭货。商号货物互相搭配装船，甲船中也有乙船之货，乙船丙船中也有甲船之货，装到地头，各自凭单据提取，如果中途失事，或遇匪徒袭劫，或遭风雨沉没，损失由各号分担。亦有船货抵埠，市面陡涨，则亦由各号分享共利。

这本来是沙船业的惯例。胡雪岩的爷爷那辈人，经过几十年的经营，已经拥有大船五艘。胡的父亲也自小随船，北闯大连，南走潮汕，向西沿长江而上溯，直抵巴蜀。眼看着家业日益兴隆。不承想胡雪岩的一个表爷，贪心不足，私自破了船业常规，经常独载自家货物，以求暴利。一不小心便遭了歹徒打劫，连船带货，随同船上帮手，无一幸免。其时，胡雪岩的爷爷因病在家，闻此巨变，犹若晴天霹雳，再也没能回转过来。

胡雪岩的父亲变卖家产，逐一清还债务。有好心人便放他一马，看重的是上一辈人的厚道和后生的懂事。尽管如此，等债还毕，家中也就只剩二亩薄产了。

这时的胡雪岩已经上了一年私塾，这一变故来得太大，短时期也无望回转了。胡雪岩只好回到家中，帮着干些杂活儿。闲下来时就再自己学上一点儿，总算粗通文墨。

14 岁那年，一位亲戚介绍胡雪岩去了杭州的一个钱庄，做了学徒。

这学徒的活计其实并不太劳累，但是委屈。一个学生子（杭州人管学徒叫学生子），进门拜了店主为师傅，这店主就得把他当自己的孩子一样照顾着，管吃管穿管住。还管他在外面的说话行事，以免招惹了是非。这是店主对学生子好的一面。不过在日常琐事上，店主可就不会把他如嫡出一般供着了，扫地抹桌，打水倒尿，有什么腌臜跑腿儿的，都落到了学生子头上。

刚进门时，钱庄老板就说好了，学徒期间无薪俸，杂活儿需要排着干，有什么不对的，该打就打，该骂就骂。

其实这老板人并不坏，三年学徒，胡雪岩活儿没少干，骂是受了不少，倒没挨过一次打。

胡雪岩头脑很灵，手脚也挺麻利。所以钱庄的其他伙计、挡手待他都不错。老板用不到胡雪岩时，伙计们也常借故把胡雪岩

捎上出去办事。有了小胡这个家伙，探风送信儿，买烟打酒，这一类琐事，倒也都可以省了。那小胡倒也落得外边转悠，一边和小店伙计贫嘴，讨价还价，一边还可乘机享受一下。时间久了，小胡的嘴皮功夫长进不小。

不过小胡从来没有敢在老板面前显山露水。老板也只觉得这小胡是个少言少语，不过并不缺少心眼的年轻人。

有一天店门口忽然来了一个小渔倌，赤着双足，提着个小木桶，木桶里边四条雄头雄脑的大鲤鱼，每条足有一斤多重。小渔倌点名非要见上一见店里的胡大人。店里的伙计很是吃惊，给他解释说这店里胡大人没有，只有一个小胡。小渔倌急了，嚷嚷着："不对，他亲口告诉我叫他胡大人的。"伙计见和他计较不出个所以，便要赶他走。这时店主出来了，寻问究竟，小渔倌说："上个月小的在东门外遇到胡大人，他见我的鱼虽好，就是没人买，他就和小的聊起来。小的说家里就指靠这卖鱼的钱过活儿了，鱼卖不出，小的如何好回家交代。他就叫小的听他的话行事，小的鱼果然很快就卖光了，小的爹爹夸了小的，还特意让小的送来两对鲤鱼拜谢。"

"那胡大人是什么模样？"店主问道。

"瘦瘦的，高高的，一颗门牙还掉了。"

他这一说，店里的伙计哄地一下都笑了。掉了门牙的瘦高个儿不正是小胡吗？店主皱了皱眉头，让人到后院去叫小胡。

小胡还正在和老板的儿子走棋，不肯出来。那伙计一急，拽着他就往外走。刚进店门，有伙计就嘻嘻叫着："胡大人到。"

小胡脸唰地一下红了。小渔倌高兴地叫道："就是他，就是他。"

老板沉着脸问："小胡，啥辰光成了胡大人了？"

小胡犹豫了一下，心想，不老实说了，看来老板可真要不高兴了。

原来，因为店里常有个伙计带他去东门一带办事，在街边他注意到了这个呆头呆脑的小渔倌。小渔倌的鱼都很鲜活，可小渔倌自己的脑子转不开。小渔倌的老爷腿脚不灵，只好自己驾船打鱼，让小渔倌来卖。每一个采办的都很喜欢小渔倌的鱼，可是一问价钱，比别的鱼摊高且不说，还一个子儿不能减，个个只好摇头而去。鱼卖不出，小渔倌急得都要哭了。小胡见他那副样子，就主动上去问他究竟。一听小渔倌的诉说，小胡忍不住笑了起来。世上哪有不能讨价还价的买卖？你不让人家占点儿便宜，人家凭什么非要买你的？

小渔倌说："那是俺爹定的价！"

小胡说："你今天就听我的，保你爹爹高兴。"

那天正好带小胡出去的伙计到都统衙门办理胡都统钱票京汇。都统衙门他们常去，所以和账房、书办一个个见了都很熟悉，胡雪岩就瞅了机会，趁账房先生和他两个人在家时，把自己的小褂袍一拎，对着账房先生行了个长喏。账房先生倒也不客气，问他有何想法。小胡道："我表弟家世代捕鱼，那鱼个个都巴巴的。我想胡都统走南闯北，什么风味没有尝过？要是漏过了咱杭州湾这第一美味，岂不遗憾终身？"账房先生道："咦！你小小年纪，话倒说得挺溜啊！"账房知道这小胡鬼机灵，对这小家伙颇有好感，就允诺他道："我许你表弟先供衙门三月，不过价钱上你可得给采办的人体己一点儿！"小胡明白，心想："不就是每次少卖几文钱嘛，这话好说。"

小胡回到东门外，对小渔倌说："你跟我来，我今天把鱼全给你销出去。"小渔倌听了高兴惨了，就匆匆忙忙跟着小胡走。到了都统衙门，小胡吩咐小渔倌："价钱你就照我说的给，对买鱼的人你就说：'是胡大人爱吃这鱼，特意吩咐账房先生去定购的。'"

其实买鱼这事，都统若真的爱吃，只需直接派人告诉采办就可以了，何必多此一举，还要让账房先生转达。小胡再精明，也毕竟还年纪小，事情上考虑不了这么深。

不过这回倒真让小胡碰上运气了。那采办也是个粗心人，心想让账房这么转告，定是都统想细水长流，备了长期开支的。想是这么想，还是觉着未尽明白，就噔噔噔跑到账房先生那里去问上一声。账房先生心想："这小胡倒真的了，还来得这么快。不过虽然小胡人小，咱可是答应过人家的。童叟无欺，这是做人的道理。"于是就随口应了声："没错，胡大人听说这鱼特细嫩，让我转告你好好采办，你也不必太舍不得，总得让大人满意才是。"

那采办得了这话，煞是高兴。这不明示自己可两头挤兑，抽上点儿彩头吗？回过头来，乐颠颠地让小渔倌把鱼全部留下。并告诉他，衙门里的伙食是换着排下去的。

统算下来虽然每条鱼少卖了一点儿，不过用不着自己再费神苦等了，从此以后的鱼也有去处。这么一想，小渔倌高兴惨了。回到家跟他父亲一讲，他父亲也连连夸他。到了末了，他父亲问："那带你卖鱼的姓甚名谁？"

这可把小渔倌难住了。他脑子本来就不怎么好使，转悠了半天，才说道："好像叫胡大人。"小小孩子怎么会叫"大人"呢？他爹一听就觉着不对，非让他问清不可。

合该这人走运，歪打正着，这胡都统倒还真的喜欢上这鱼了。小渔倌自然得经常去送鱼，不愁碰不着小胡。他把小胡拉到一旁，问道："你真的姓胡？""这还能有假？"

小渔倌不问了。这姓都是真的了，名还能假得了？他就又追问小胡家住何方，说他爹爹定要拜谢他。

小胡这厢一边给老板讲述原委，老板那厢一边心中嘀咕。老板开头一听小渔倌拜见胡大人，觉着小胡定是在外边给人家胡抡海吹，小小年纪养成这般坏毛病，自然是千不该万不该。所以他一听就沉下了脸。这其中的过节越听越清楚了，老板的心思也越来越高兴了。示惠于人，似这般小小的事体，倒也算不了什么。难得的是小小年纪，能有这种想法，并且居然靠着自己的活动把事情做成了。看来这孩子还真是块好材料。

心里是这么想，嘴上却还不说。而且还有意想再考一考小胡，就问道："你姓胡就是了，怎么就成了大人？"

小胡倒还会解释："禀告老板，小的一个堂哥就叫达仁。通达的达，仁义的仁。"

伙计们听了又都笑了。店主见小渔倌今天拎了四条鲤鱼过来拜谢，觉得这是吉利的征兆。况且小胡这事办得也煞是漂亮，心中就很高兴，命挡手封了红包，赏给小胡。并让常带小胡出去的伙计，陪着挡手一行，到酒馆订了一桌席，正式结束了小胡的学徒期，把他升为店里的伙计。

那时钱庄里的伙计，被称作跑街。跑街要干的事，就是为钱庄招揽生意和讨要债款，类似于今天的银行储蓄员。

当时的杭州，有很多候补、捐班的官吏。所谓捐班，就是花钱买官。中国封建社会，从汉朝起就是公荐贤人当官。到了隋唐，有了科举，社会上的读书人就有了正途从社会底层进入官僚上层。到了清朝中后期，国库银荒，社会上有钱的人又刚好想做官，就有大臣上了奏折建议朝廷卖官。那朝廷起初还忸忸怩怩不肯。后来也架不住自己花钱多、收入少的煎熬，终于下了准旨。不过又加了道附摺，责令各地要员严加管理督促，谨防流弊横生。

话是这么说，谁都知道"一年清知府，十万雪花银"。买官的人不外两类，一类是读书不进，家中又有产业的人，到了晚年，眼看着一辈子功名无望，免不了觉得愧对了祖先。所以总欲

有个官衔，也好上报祖恩，下范后生。另一类是做了生意有钱的人。整个社会都把那官僚老爷看得很大，光有钱仍免不了受人瞧不起。况且谁都明白，有了一个官衔，一旦补了实缺，绝不只是面子上虚好看。各方人等都有巴结你、用上你的时候，只要睁一只眼闭一只眼，腰包里没有不肥的。

有了这实际的好处在，候补、捐班的人就不愁没有。捐班要花很多钱，捐了后又不能马上补实缺，所以在候补期间，他们中的许多人都是两手空空，只能向钱庄借贷度日；即使补了缺，上任时打点也需要钱，还得向钱庄借。

胡雪岩充当跑街，主要就是招揽这批人的生意以及督促他们到期还钱。

这可不是个好干的差使。这班人，虽然身在落魄之中，但老爷的臭架子已经摆开。他求你借钱时，拿你当爷似的。你要是问他讨债，他就会板着脸来一句："还怕爷明天就死了？"或者来一句："爷还赖你这几个钱儿？"遇到那脾气倔的，也倒好办，就拿这同样的话一激他就是，一准灵光。不过大部分人都是些有一定关系，有一定势力的。所以这活计要想做得圆满，既需时时小心，笑脸相赔，时不时还得来点硬的，软硬兼施。

小胡处处小心，事情处理得也都还算满意，而且还结交了几个好朋友。其中有一个姓夏的，人已中年，整日少言寡语，做事倒都很稳当。小胡遇到什么难处，都拉了他到小馆子里，一边对酌，一边商量。

倒是有一件事连老夏也给难住了。

钱庄放了一笔账给一位叫蔡厚仁的。蔡拿这笔钱捐了候补知县。蔡有一个后台，他是上海道的一个亲戚。据他本人讲，这亲戚也答应帮他走走京线，早日补上实缺。

因为在放账时他有这么一个暗示，钱庄的挡手也认为该人的信用还算可以。

不承想一等就等了三年。一开始钱庄还挺乐观，除了他捐班的用度外，还额外加放了他一年的生活费用。约期两年内还清。

因为这账是小胡牵线放出去的，那姓蔡的得到这笔款项，乐陶陶地拉着小胡去酒馆好好意思了一番。

没到半年，那姓蔡的又来找小胡了，说是捐班出了纰漏，需要加贷。

钱庄的规矩，加贷是要加息的。那姓蔡的满口应承。

这事放了一年有余，没人再过问。等到第二年年终时，照例要盘点各项贷款。小胡满指望着那蔡厚仁补缺有了消息，也好给钱庄有个交代。

等到仔细一打听，小胡吃了一惊。候补是补着了，实缺却毫无动静。而且这姓蔡的品性不佳，在家无聊，就大着胆子去外边鬼混。老婆拿他无可奈何，整日里在家里哭哭啼啼。钱庄本来加贷了他一年的生活用度，他早就把它挥霍一空，所以才有二次加贷。也还亏他知道不好意思，等这笔钱也用完了，他就又跑到另一个钱庄去告贷。

若是这等胡花，想指望按期还，恐怕是很难了。小胡找他谈了两次，他只是说快有信儿了。那就只好再等。小胡也只好在心里暗自着急。

果然，期满之时，蔡家人哭丧着脸，请求延期。钱庄顾念他有后台，也不便紧逼。

到了第三年，蔡厚仁干脆变得翻脸无情了。小胡一到他家，人未落座，他就吵嚷起来："钱，我没有。要么你们就再放我一年，要么就把我抓去见官府。"

小胡心想："咦，你倒有理了。合计着是你有后台，我们拿你没办法？"心中这么想，也就没有好气了："蔡大人，我倒不是拿

你找别扭。欠债还钱，天经地义。我们是来找你探听消息的。你要真是补缺上有难处，我们钱庄也不会不替你考虑。你要是另有用度，恐怕老让我们这么为难也不好吧！”

蔡厚仁一听“另有用度”这几个字，脸便唰地一下红了：“我能有什么用度，还不是一心一意奔个前程？”

小胡听了可笑：“蔡大人是不是一心一意，我可不知道。”

蔡厚仁道：“你这是什么意思？”

小胡听他嗓门忽然抬高，心中就越发不快：“我是什么意思，蔡大人自己明白。”

蔡厚仁腾地一下站起：“我明白，我明白。我就明白我现在没钱，你们去告官府抓我吧。”

小胡也火了：“你别以为我们不敢。”

蔡厚仁一愣，嘴上却还硬：“那好，咱走着瞧，我就不信我斗不过你。”

小胡见此，也不得不硬了：“好，蔡大人，咱就官府见。”

话是这么说，不到万不得已，哪个钱庄愿意得罪这样的主顾？而何况那蔡厚仁也分明是仗了自己的后台，才敢硬嘴道“不信我斗不过你”。

心中这么想，小胡就有些后悔自己用语着急了些。黄昏时分拉了老夏，把今天见蔡厚仁的经过都讲了一遍，老夏只是沉吟不语。等了老半天，他才说道：“小胡，你是着急了些。不过，真的是有事了，倒也不必怕事。”

老夏这是在给小胡打气儿，告诉他不必惧事。“人要一怕事吧，事儿就跟着你来。”几杯下肚后，老夏来了兴致，“嘿，小胡，我给你讲个刚发生的事儿。是讲现任广东巡抚的。”

那巡抚也真算是个“人物”。英国的舰船在珠江口岸挑衅时，他不积极备战，反倒跑到庙里求签，得到的回答是宜守不宜攻。

他回去后，命令所有船只，全部掉头，船尾对着江面。“若遇夷贼开火，万万不可回击。”有部下便问了：“那我们如何退敌？”巡抚捋着胡须道：“诸公不必着急，我自有退敌妙法。”

巡抚所谓的退敌妙法，无非是在船尾绑了大粪桶，他说这夷狄船坚炮利，我等惹他不过。不过他只要沾着我这大粪气，管教全一个一个不得好回。

结果可想而知。等到大炮一响，站在船尾的水勇一个一个丧胆失魄，呼啦啦都跌足失水，掉到了粪桶里。

小胡听到这里，拊掌大笑：“要是换了我，宁肯迎头和那洋人去撞，也不蒙受这等羞辱。”老夏道：“这就是了。有时人一心虚，想出来的点子就很可笑。事情办砸了不说，自己还蒙受羞辱。”

小胡道：“看来羞辱都是自讨的了。”

老夏道：“那倒也未必，有些事情，想躲也躲不掉。不过，如果自己遇事不惊，总还可以避免掉一些的。不过姓蔡的这家伙也挺讨厌，要是真像他说的那样，他和上海道台有那么亲密的关系，也真不宜太难为他了。”

正说笑间，钱庄老板来了：“哎唷，大老远就见你们说说笑笑，有什么好事吗？”

老夏道：“好事倒没有，好故事倒有。”

于是老夏就又把故事讲一遍。老板也拍腿叫绝。末了，老板说：“我也给你们讲个类似的故事。这故事是讲圣旨传递的。”

原来，清朝道咸年间尚没有现代化的通信工具，朝廷有了文件，全靠一站一站驿马传递。尤其是皇上的圣旨，必以四百里兼程的速度一站一站往下传。因为是圣旨，每站必得地方官员接了，晚间妥为保存，以防丢失。

那地方官员，知州、知府、知县，无不对圣上旨意抱着很大的兴趣。所以除了密封的严旨，每到一地，必被偷偷拆开检看，

看完后再放回封好。第二天交给下一程驿马继续传递。

有天晚上，有个知县打开封套，不由得出了一身冷汗。原来圣旨不见了，里边只有一张绵纸。这一惊可非同小可，丢了圣旨是要犯杀头之罪的。

他慌忙找来了书办。书办倒不着急，告诉他原纸装上，依样封好。知县说这怎么可以，下一站会揭发的。书办道："大人你都知道是杀头之罪，下一位老爷又怎么会不知道？他要是报告了，追查不清，责任岂不要落在自己头上？"知县一听，连连称是，就依计而行，果然平安无事。

"那最后接旨的人可就傻了眼！"

"当官的人最会装糊涂，多一事不如少一事。这点儿本事他要练不出来，他这官儿就别想做得安生。"

小胡听了，开窍不少，便乘机把蔡厚仁的事向老板细述了一番。老板板着脸想了半天，问小胡道："假定蔡厚仁这笔钱非还不可，你估计他还得起不？"

小胡道："这个我倒注意到了。他老婆还有一笔嫁妆，另外蔡厚仁原来最怕他娘，他娘在时，也指定为蔡厚仁的老婆存一笔银两，说是不到万不得已，不能动用。"

"乖乖，连捐班这样的大事也没有能动用这钱？"

"蔡厚仁他老婆虽然不凶，但极悭吝，一有什么事，就要和蔡寻死寻活。所以蔡厚仁惹她不起。"

"那要是蔡厚仁吃了官司呢？"老板问。

小胡略一惊诧："这怎么可能呢？蔡厚仁口口声声说有上海道台做后盾。我正为这事犯愁。"

老板道："我看他这样拖账，也不是个办法。况且他既然口口声声要上海道台撑腰，却从来没见过两家有什么人员来往。蔡厚仁补实缺的事也一直没有消息。所以，我在想，这姓蔡的和上海道台八成是八竿子打不着的亲戚。"

"那怎么能摸清底细呢？"

"我有办法。上海道台的门下，我也还有几个朋友。回头我修书派人去打探一下，估摸着能探出个八九不离十。"

果然不出所料。蔡厚仁和上海道台是隔了四代的远房表亲，两家早就没了来往。蔡厚仁也只是在他娘在的时候，隐隐听说有这门亲戚关系，自己有心去认，那道台早已是高高在上之人，哪有心思和这个不着边际的亲戚啰唆。小胡得了这消息喜得跟个啥似的。同时对老板料事如神愈发敬佩。他跑去找老夏："老夏老夏，明天就到衙门，非让这姓蔡的吃不了兜着走。"老夏莞尔一笑："这倒也不必。"

依老夏之见，虽说姓蔡的有些耍无赖，看他的面皮儿也没那么厚。况且当务之急是要他老婆能松口，帮忙还钱。

"所以，"老夏说，"咱只需要找衙门的兄弟帮忙，去吓唬吓唬蔡厚仁他老婆就可以了。"

于是就约了衙门的几个捕快，在酒店小酌一场。第二天，瞅准了蔡厚仁出了门，几个捕快带着刑具，凶神恶煞般闯进了蔡家，说要捉拿蔡厚仁。

蔡的老婆妇道人家，哪里真的见过官府。听说自己家里人要吃官司，早已吓得魂不附体。捕快要她赶快和家人商量，明天黄昏前再不还债，夫妇两人都要缉拿入狱。

这女人家一听自己也要一同受罪，更是吓得魂飞魄散。其实就是在大清，除了不得了的大罪，一人出事，一人承担，已经足够了。不过这女人家见识短，也不管是非曲直，捕快这一上门，就觉着家破人亡在即了。等捕快一走，她倒在床上哭成了泪人。

蔡厚仁回来后，见屋里已经翻了个底朝天，老婆双眼已经红肿如桃李，也暗自吃惊。心想这姓胡的真跟我豁出去了。好汉不

吃眼前亏。上海道台撑腰一事，可以骗骗外人，自己心里跟明镜似的。于是也就悲悲戚戚，抱着老婆，跟着挤了几滴眼泪。

现在老婆真感觉自己和蔡厚仁是一对同命夫妻了。蔡厚仁一把把她搂进怀中，她就哭得愈发厉害。哭了半晌，脑子终于清醒了一些，就抽抽鼻子，和蔡厚仁商量起免灾办法："咱夫妻可不能都进了监啊！"

蔡厚仁一听老婆有如此同甘共苦之想，心中大喜过望。老婆也顾不了那么多了，咬咬牙，同意把蔡厚仁他娘替她私存的那笔钱拿出来，不足的部分，再从自己从娘家带来的私房钱中抽。但是有一个条件，要蔡厚仁对他娘的灵牌发誓，再也不去胡混了。

蔡厚仁心里喜得恨不得把老婆叫娘，但他表面上还要保持一点儿面子。他往他娘的灵位前扑通一跪，咚咚咚磕了三个响头。等站起来时，额前马上就是三个青包。老婆冲着这三个青包，觉得这蔡厚仁还算有救，也就不再多计较什么了。

这桩事是处理干净了。不过胡雪岩却觉着不是那么痛快。他心里隐隐觉着，自己还是做得绝了点儿。回过头细想，一开始就应该怪自己不够细心。要是能多了解一些蔡的为人，也不至于那么信任地就放了款。要是一开始就看准了，以后不至于有大曲折，也不至于非要逼人于危急之中了。这么一想，就品味出眼光的重要来。自己要是像老板那样料事如神，也就不至于非要在事后费尽心思，无可奈何了。况且这姓蔡的就算是赖了点儿，无非也是想混个好前程。自己要处在那个位置，被人逼成那样，滋味也不会好受的。为人，看来还是要留有余地。

随后发生了意想不到的一件事，着实让胡雪岩暗自高兴了一阵。

有天晚上看店，其他几个伙计，横七竖八地睡在地上。胡雪岩因为年纪稍小，就睡在了柜台上。半夜，胡雪岩蒙蒙眬眬觉着有响动，腾地一下坐了起来。

起来后不见有什么异常。胡雪岩直觉不对，就下了柜台推醒了老夏。

等众人点了灯，发现柜角下有一人，已经僵卧不起。那人睁开眼时，连呼饶命。众人见他也没偷着东西，便齐喝："说清怎么回事就放你走。"

那人哆哆嗦嗦道："我，我进门看见一个金面神，睡，睡在柜台上。"

众人以为他满嘴胡言，就追问道："你是干什么的？"

"我，我该死，我家里太穷，我想来……"

众人见他确实短褂短衣，破破烂烂，而且也没捞着什么，就放他走了。

那人走到门口，又回头对着柜台磕了个响头，有伙计问："喂，你小子，干什么？"

那人道："今天我遇见金面神了，也算是我的福气。"

第二天，大家窃窃私语，都觉着小胡这小子有异。因为晚上只有他睡在柜台上。

胡雪岩心中自然高兴。他在想，莫非是真神显灵了？我胡雪岩有福了？

毕竟年龄还小，就这样飘飘然了几日，事情也就渐渐淡忘了。只是那每日例行的辛苦差使，找人求人，仍要无休无止地搞下去。小胡也渐渐在这差使中找到了乐趣，觉得这儿每一个人都亲切。

因缘巧合，自创钱庄

有一天来了一位姓蒋的营官，说是湘军。托了杭州旗营的账房支使约胡雪岩出去。胡雪岩听说湘军已经打到了浙江，惊讶得

半晌说不出话。

“这么说，太平军要兵临杭州城下了？”

蒋营官道：“那倒还很远，不过我们已经开到了江西、浙江交界地带。”

“你估计这仗要打上几年？”

蒋营官道：“这却不好说了。要是按我们湘军的打法，不出五年。要是还是这帮贪生怕死的烂污兵在打，十年也未必够。”

胡雪岩在盘算，这仗要数十年打下去，钱庄的生意要往外扩张恐怕就不那么容易了。这么想着，就问了：“依老兄的想法，这仗一打起来，搞我们这一行当的，受影响会有多大？”

那蒋营官十分老成，想了半天，慢吞吞地说：“这得看你怎么做了。”

“你的意思是有好的方面，也有坏的方面？”

“是这意思。要说你们开钱庄的，最怕的是什么？”

胡雪岩道：“最怕的就是市面不靖，钱收不回来。”

“要是从这一面考虑，这一打仗，对你们自然不利。”

胡雪岩道：“那有利的一面呢？”

蒋营官压低了声音：“胡兄，你只考虑到钱庄怕不靖，你有没有考虑有钱的人更怕市面不靖呢？”胡雪岩稍稍有些困惑：“那我和钱庄生意好坏怎么联系起来呢？”

蒋营官诡秘地一笑：“这就要靠你们动脑筋了。依胡兄这般聪明的脑筋，决计不会想不到的。”

胡雪岩绞尽脑汁，忽然拍了拍额头：“咳，老兄，你的意思是说，钱庄替有钱人做后盾？”

蒋营官拍桌道：“着，胡兄。你想想，哪一个有钱人不想让自己的钱平平安安的？你要能做到这一点，战事一起，这兵荒马乱，舍了他不要利息，他也会把钱往你这里抬。”

胡雪岩也激动起来："老兄，真有你的，来，干杯。"

其实那蒋营官也是走南闯北，听别人议论得多了，自然而然有这想法了。这番营官来，事实上另有目的。账房支使约胡雪岩出来时，胡雪岩已经知道。

原来这蒋营官得了湘军秘传。那湘军招募兵勇时，只招农村来的，每人每月 2 两饷银，打一胜仗，加赏 5 两。每杀一敌，每人加赏 10 两。若战场阵亡，50 两厚殓，除发家属 200 两抚银外，并保证永远养育家属。有了此重赏，湘军个个奋勇杀敌，成了一支横扫东西的劲旅。

这蒋营官本来在湘军干得好好的，因为左宗棠入江西，就把他们这支部队调到了浙西、赣东战场。他指挥部下打仗，从来都是不惜银两重赏。所以部下个个踊跃赴敌。

不巧陈秀成军西征，把左宗棠军团团困在赣西。军中饷银一时无以为继。刚好蒋营官和杭州旗营的账房支使是拜把兄弟，就约了胡雪岩来，想先转借一下饷银。

"那你要多少呢？"胡雪岩问。

"四千两。"

"四千？"一听这数目，胡雪岩顿时给难住了。

首先是数额较大。钱庄的规矩，超过一千两的，必须和老板合计。也真不巧，老板去了上海，需要 10 天后回来。

"能不能少一些？"胡雪岩问道。

蒋营官见胡雪岩有些为难，就直告他说："胡兄，我们湘军打仗，一个在严，怯阵逃跑者杀无赦；一个在赏，'重赏之下，必有勇夫'。这军饷不继，必影响士气。与其济与杯水，倒还不如没有。"

这倒也合了胡雪岩的思路。前一段和王有龄聊天，讲的不也是这个意思吗？胡雪岩也听过一位知名的老中医讲，他能给人以

神医的印象，经验无非有二，一曰准，症状要看准；二曰狠，下药要够分量，保证一次根治彻底。老中医还说，有些中医，不能说他医术不高，但是他心里边打了拐，他们算计的是，每次我少给你一些，让你病情有好转，不过就是不能根治，下一次你还得来我这里。这样的作为，先在医德上就欠了一筹。加上人生病这东西，一次要不根除，拖的时间久了，免不了有别的疾患挤进来。这样陈陈相因，真是害人不浅。

看来做什么事都是这道理。想到这里，胡雪岩道："老兄，我理解你的意思。不过你也明白，这么大的事我做起来也很为难。容我好好想一想。"

三个人闷坐了半天，胡雪岩终于下定了决心："老兄，兵马未动，粮草先行，我充分理解你的心情。咱们这样吧，二五折一，我把利息放高些，一厘八。"

一般的贷款，找尖了也就是一厘五，决计没有一厘八之说。胡雪岩心想，我这跟高利贷似的，你行了，给店里捞个好处，不行，我也省了麻烦。

不承想蒋营官接口道："胡兄，二厘一，准定五月内还清。多出的就归胡兄了。"

胡雪岩没想到他这么痛快，自己禁不住也就受了感染："好，准定这个数。利息全归钱庄，我胡某一个子儿也不捞。"

放款出去，胡雪岩觉得自己给店里做了一件好事。所以等钱庄老板一回来，就兴冲冲地去找他，要把这事的经过好好讲一讲。

老板的反应大大出乎胡雪岩的意料。他没料到胡雪岩的胆量越来越大，这样大的一桩款子，说放出去就放出去了。没有商量，也根本不考虑对方是一介武夫。这种人冲锋陷阵没问题，讲起信义来也没问题，只是这兵荒马乱，谁能料着自己不会遇到三长两短？这样的款子也敢放，要是有上三五笔搭进去，一旦泡了汤，钱庄还指靠什么支撑。

又想到胡雪岩悄无声息地放款给王有龄，既不问他有何家产作保，也不问他有何朋友作维系。看来这小胡留不得，要让他再留上一年半载，我这店老板给人做伙计都没人要了。

这么想着，就没有什么可缓冲的了，把店里其他几处的几个老挡手召了来，把情况向他们讲清了，走人，走人，你胡雪岩马上走人。

胡雪岩听钱庄老板条分缕析地给大家讲几桩款子的风险毛病，自己就补充了一句道："我原来以为这是咱们钱庄扩充生意的好路子呢。"

墙角有另一个挡手"嗤"了一声，不屑地讲了声："小小年纪，还没学会爬，就想走了？"胡雪岩没再争辩，也许自己真的给钱庄带来了风险，好男儿，自己做事自己当。

就这么一不小心，胡雪岩离开了他待了十几年的钱庄。

接下来发生的事，就跟做梦似的。

胡雪岩离开了钱庄，靠了自己的一点儿积蓄，一时生活还能维持下去。

不过新升了挡手，一转眼就又被换掉了，这事在钱业同行中可真是一个大新闻。都说胡雪岩也太胆大了些，要不是换得早，恐怕整个钱庄都要被他毁了。

有了这个不好的名声在，就没有钱庄再愿意雇胡雪岩了。

胡雪岩在钱庄时十分规矩，从来没有过拆烂污的念头。放贷出去，也从没有自己掺水分。既然没有外快，家里的日子也就一天一天困顿下来。

回头讲那蒋营官。

因为有了四千两的饷银，军中士气一下子鼓了起来。遇到太平军的营寨，个个都跟见了仇敌似的，不顾一切地往里冲。这样连下了几个营寨。蒋营官做梦也没想到，自己的部队踩到了太平军的金窝里。

原来太平军做了灭清建国的准备，就不断把从广东起事起，沿途搜罗来的金银财宝分散地隐匿于浙赣交界的大山地区。派了一支支小股部队，一方面守边瞭望，一方面守卫财宝。太平军原以为这一带山路崎岖，地广人稀，绝对没有人会注意；蒋营官带的湘军也只是应当时的浙江巡抚黄宗汉的请求，由左宗棠从江西分出一拨来探视情况的，无意中就发现这大山中还有小股太平军，就擅作主张，先灭他几股再说。

这一骚扰，把这股小部队给搞肥了。一下子有二十余万两的白银，落到了蒋营官他们手里。蒋营官也是见过世面的，知道为人最忌一个“贪”字。他就召集手下把情况讲明了。根据职守功绩，人人都分了他该得的一份儿。

但是去往湖北的路途，正是太平军与湘军僵持的战场。每人虽然得了一大份财富，却没有人敢出面往回押运，也没有别的门道往回汇兑。

蒋营官出来讲话了:“我有一个想法，兄弟们要是信得过我，就交由我妥为保管。”

蒋营官挑了几名精壮，以护送军中秘档的名义，逃过了一道道检查，顺利地把十几万两暂时用不了的白银运进了杭州城。

他径直去了胡雪岩所在的钱庄。钱庄老板没想到事隔四个月，借期未满，蒋营官就会把钱连本带息，一毫不差地返还。蒋营官要见胡雪岩。老板为难了，只好说小胡病了，已经半个多月没来。蒋营官留了自己下榻旅馆的地址嘱咐老板，见着了胡雪岩，一定要他来见一面。

钱庄老板没见着胡雪岩，蒋营官倒先见着了。

蒋营官闲下无事，便携了几个兄弟，雇了一只小船，在湖上慢慢漂游。一抬眼，隐隐看见一个瘦长的身影。“嘿，小胡！”蒋营官扯了嗓门叫了起来。

这人正是胡雪岩。一连几月没找到差使，胡雪岩已经急得团团打转。人突然又瘦了许多，也老成了许多。眼看着自己内人要生孩子了，胡雪岩遵了母命，前来寺院敬上一香。

因为心里有事，胡雪岩显得有些恍恍惚惚。他隐约听到有人叫了一声。不过那声音不甚熟悉，茫茫然四周扫了一眼。岸上人来人往，水上游船如织，不像有什么特别。

那蒋营官见胡雪岩回了头，就起劲儿地打手势，还以为胡雪岩见着了。等胡雪岩一扭头又往前走，蒋营官急了，命手下兄弟，帮着船夫，一桨快似一桨地往岸边追来。

胡雪岩刚上完香，转身出门时，蒋营官几人笑盈盈地拦住了他。

“小胡，你病了？”

胡雪岩眼圈一红：“没有。”

蒋营官道：“走，走，咱们找个馆子坐下慢慢说。”

等胡雪岩把蒋营官走后，钱庄里发生的变故讲完，蒋营官狠狠地擂了一下桌子：“胡兄，是我害了你！”

沉默片刻，蒋营官道：“胡兄，你有什么打算？”

胡雪岩道：“这里如果真是由我胡某做坏了几笔，我也只好他乡另谋生路了。好在我家上辈子也是这么闯荡出来的。”

蒋营官略一思量，鼓劲儿道：“胡兄，我上次和你初打交道，以你的行事看，恐怕绝不愿意做一个池中之物。”

胡雪岩道：“多谢蒋老兄夸赞。”

蒋营官道：“这倒不是我的溢美之词。实话说吧，这件事上，你胡雪岩绝对没有做错。这倒不是因为我有甜头在里边，也不是因为我没有坏了你的信用。”蒋营官顿了一下，呷了一口酒，接着说道：“而是因为你，胡兄，你的思路和行事绝非循规蹈矩的一般人所能比的。你能想人所未想，察人所未察，行人所未行。你在这里处处不顺手，无非是这帮人理解不了你的思路和手腕。你既然受制于人下，不免投鼠忌器，感到碍手碍脚。依我看，胡兄只能让你独当一面，你才能从心所欲，成就一番大业。”

胡雪岩听这蒋营官的分析，心里不知哪里的神经痒痒的，感到甚是舒泰。他想理出个所以然，一时又找不出头绪。一想到自己两手空空，不由得叹了口气：“没有不要钱的饭可吃呀！”蒋营官“咦”了一声：“胡兄，像你这样的人，也还担心这些？”

“人总要有根据才能做事吧？”

“根据？胡兄，上一次的谈话就是根据，你做事的手腕能力就是根据。我问你，胡兄，要是你来开钱庄，需要多少本钱？”

“我来开钱庄？”胡雪岩觉得自己耳朵听错了。

“对。就假定我的一个朋友要开吧。依你的经验，估个数！”

“这要看周转范围有多大了。小了看，只在这杭州城内周转，3万两银子也就打住了。”

“再大些呢？”

“初开始起店，有5万两也就够了。”

“好，胡兄，我代理你10万两银子！”

“10万两？”

蒋营官道：“嘘！低声。胡兄，我这是看你依靠得住，就把实话告诉你。相信你能替我守住秘密。”

这么大笔的银两，虽然是从敌营搜罗过来的，要是官府知道了，怎么也要充了公，不过蒋营官理解大家伙儿的心思。兄弟们出来卖命，谁不是为了讨个活路？再说回来了，兄弟们个个那么卖力，图的是啥？一介莽夫，不知书，不谙商，做官无门，发财无路，一朝战死疆场，谁来体恤亲属？靠官府？能靠得住吗？所以这么一笔外财，勉强还能充个定心的丸药。

“胡兄，上一次咱们聊到了钱庄生意，你问这兵荒马乱的，钱庄没了市面保证。我说要看你怎么看了。当时你一开口回答，我就觉着你果然有头脑。后来我这事，你明知有风险，还是办了，让我也领教了你的手腕和信义。人嘛，靠个什么？不就是靠个信用？这样吧，就照上一次说的，我这钱借了你，不要利息5年为期。5年后，我们兄弟谁来取，就给谁的那份。”

胡雪岩道：“蒋老弟，承蒙你看得起，我胡雪岩也就不再客气了。你们这笔钱，期限由你定，利息跟着市面走。每位兄弟一折。”

蒋营官连连摆手：“不、不、不，回头我给你个单子，每个兄弟该谁多少，上边都写清楚，存折就不必要了。我保证没有哪个兄弟敢冒领。”

胡雪岩道：“有你这话，我也就放心了。不过，折还是立上，你们要是带着不方便，我这里替你们保存。每年一结，第二年连本带息，作本翻息。”

蒋营官道：“这样也好，兄弟们的事，就拜托胡兄了。”

这掉下来的好事，真需要费神斟酌。首先是缺人手。胡雪岩想来想去，觉得还是把老夏先挖过来，然后由老夏出面，又从其他几个钱庄挖来了几个有经验的跑街。

等到万事俱备，就又请了胡都统来为开业揭新。其他几个钱庄的老板早就听说胡雪岩有这奇境般的经历，也都改变了态度，表示开业之日，一定多多堆银，为他装点门面。

钱庄起名“阜康”。日后，这一小小钱庄一跃而成为江南第一大号，与山西的票号分庭抗礼，隔江对峙，形成了北票南庄的

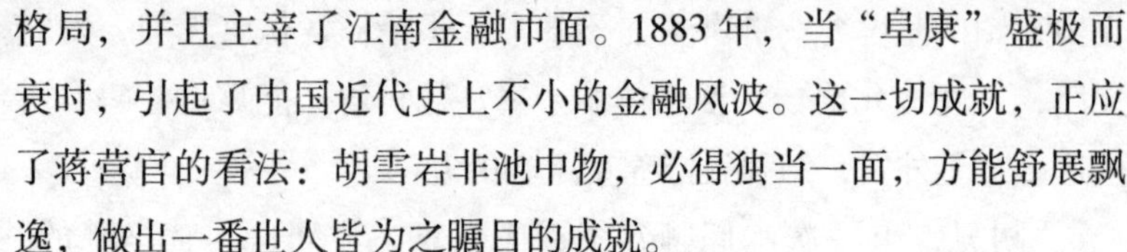
格局，并且主宰了江南金融市面。1883年，当“阜康”盛极而衰时，引起了中国近代史上不小的金融风波。这一切成就，正应了蒋营官的看法：胡雪岩非池中物，必得独当一面，方能舒展飘逸，做出一番世人皆为之瞩目的成就。

北票南庄，渐入佳境

旗营的账房支使带来了一个坏消息：蒋营官不幸身亡。

太平军像是突然感受到了来自西边湘军的压力，就更加重视东面战场，誓死要打破南北大营的夹攻。官府也倾注了大批人马，拼命要保持住这个圈子。蒋营官所在的人马也被调去拦截太平军。在一片混战中，蒋营官身死异乡。

听到这个消息，胡雪岩悲痛了几天。死生虽有命，人生却无常。当初蒋营官把兄弟们舍命夺来的钱交给胡雪岩时，怕的就是这种日子突然来临。

王有龄署理粮台时，往来度支都交由胡雪岩代理，兼之胡雪岩在丝茶方面的生意往来，阜康账下也已经有了50余万两的现银可以支配。听到蒋营官身亡的坏消息，胡雪岩嘱店里的伙计，把蒋营官和他手下兄弟的账目，连本带息结算清楚，务要备足现银。胡雪岩还为每人特地加了一份薄礼，以示谢意。

这样结算下来，数目惊人。连本带息，一共要备足16.5万两的现银。店里的挡手一下子感到吃紧，跑来向胡雪岩诉苦。胡雪岩也感到一下子这么一大笔款项支在那里，头寸调度上明显是个问题。回头再看一看自己的业绩，至今仍然局限在杭州—湖州之间。本来还以为业绩不错，没想到仍是这么薄弱。看来，这件事情过后，还需另有考虑，从长计议了。

不过眼下这笔款不能动。因为这款是蒋营官一手经营的，手下的兄弟和胡雪岩并没有打过太多的交道。依着胡雪岩的估计，他们肯定很快要来取走这笔款子。

果不其然，等战事稍稍间歇，这支人马从战场上撤后休整时，蒋营官的部下派了几人，前来接洽取款。

胡雪岩给他们接风洗尘后，命伙计把折子取来，一一给他们核实。

这几人没料到短短几年，现银又溢出了将近一半。听了伙计的报账，面面相觑。

他们避了胡雪岩商量了一番，回过头来，由一个较为年长的老兵出面和胡雪岩谈。

“胡老板，蒋营官我们是最为信靠得过的。不过我们没想到你能把我们的账目管理得这么有条理。我们也想过了，马上我们还要开赴战场。所以，我们还是有事相求于胡老板。”

胡雪岩道：“各位兄弟有什么想法，尽管和我胡某讲，我也是尽我能力，想办法办到。”

那位老兵道：“蒋营官和我们另外几位弟兄都死于战场，我们原来有过约定，生还者负责抚恤死者的家人。这次我们来取钱，主要就是为了死去的几位兄弟。不过胡老板你也明白，浙江到湖南，沿途战火不断，往回运送大批银两，也是很有风险。还望胡老板能帮我们想个万全之计。”

既有所托，胡雪岩倒为难了。脑子一闪间便想到了王有龄提到的京城票号和镖局。

原来，王有龄几次去京城，回来后就对胡雪岩讲到，京城里的老字号钱业，称作票号，均出自山西祁县、太谷和平遥。那票号在山西、京城和西安、武汉等地均设有分号，若客户有银两汇兑，只需拿票号所出的传票送往另一地分号，就可在该地就近取出现银。传票这种做法，不易更改，即使遭了劫，也可及时通知各地分号，拒绝兑现即可。

想到这一点，胡雪岩便有了主意："各位仁兄，办法是有一个，而且保险。不过，需要稍费时日。"

胡雪岩如此这般给他们一说，几位湘勇都面露喜色。为首的老兵这时却又插话了："胡老板，我们几位的想法是，只把几位战死身亡的弟兄们的钱汇兑回去，至于我们自己那一部分，我们想只把利息汇回去，本钱仍交由胡老板代管。"

胡雪岩稍稍一愣："你们不怕我黑了你们的钱？"

几位湘勇乱纷纷地嚷嚷道："胡老板，你要想黑我们的钱，早就可以黑了。蒋营官怎么信靠你，我们也就怎么信靠你。"

胡雪岩起身揖首道："多谢几位老兄信任，我胡雪岩定不辱没了几位兄弟。"

事情就这样定了下来。也有好多担心汇兑仍有风险的，干脆连一个子儿也先不取，全部又存在了阜康，说是要等到把长毛打败了，再平平安安地往家扛。最后统算下来，居然还有12万的银子没有动窝。

而且有更好的事来了，有天晚上，那位出面说话的老湘勇风尘仆仆地带来了几位陌生人。除了老湘勇，每个人都扛着小麻袋。麻袋打开后，居然全都是白花花的银子。

"胡老板，我们这些银子，不是偷的，也不是抢的，都是兄弟们拼命从长毛手里夺过来的。有这位老兄作保。我们都愿意把这些银子存到你这里。"

这倒是胡雪岩没想到的。半夜醒来想想，无凭无据，连这些人是干什么的都不知道，怎么敢保证这钱不是黑钱？一旦真是黑钱，官府追查下来怎么办？

不过回过来又想了，我胡雪岩开钱庄的目的是干什么？不就是吃进放出，让它生息吗？除此之外，辨别忠奸的事，生就不是开钱庄的人该考虑的。

这倒不是说不负责任。问题是我能不能负起这个责任。我要是每天忙于在这方面费脑筋，那开钱庄的目的岂不是变了？

想来想去，也没太想仔细，就又想到了票号。

这一次为蒋营官等阵亡的兄弟汇兑，算是真的接触了北方的票号。那山西也和徽州类似，土地十分贫瘠。而且山西这地方奇特，一眼望去，全是峁峁梁梁，沟沟坎坎，主粮是粟，一亩地收不上一百斤，一遇三年两旱的天气，颗粒不收。自古以来，山西人都不得不肩扛手提，东走阳谷，南下豫鄂，西出西口。所以晋商在北方十分活跃。尤其是康乾年后，祁县、太谷、平遥的商人逐渐垄断了北方和南方之间的中转交易，逐渐在北京等地建立起了记账形式清楚、管理形式严密、汇兑形式简便的票号。整个淮河以北的钱业流动，几乎全部由票号一手操纵。

最让胡雪岩羡慕的是他们把整个北方的官府度支，能够全部拢到自己手中，单是这一项，就足以使票号处于无可动摇的地位。

这几年，胡雪岩也在这方面有所收获。整个浙江的粮运度支，全部委派给阜康钱庄。不过，有好长一段时间，胡雪岩并没有往下深想，没有往下深做。

为了探明究竟，胡雪岩不惜周折，亲自去了北京。到京办完蒋营官的银钱汇兑，他特意备齐了杭州四色特产，登门拜访了浙籍京官夏同善。

胡雪岩是在去年夏同善返乡省亲时，在巡抚黄宗汉的宴席上认识他的。夏是翰林编修，皇太子侍读，人虽有翰林之高贵，却无清议之士之清高。此人不但熟读经书，而且深谙人情和世风。听说胡雪岩去了山西票号，便很有兴致地问："胡老兄，也想打进京城了？"

胡雪岩连连摆手："不曾敢想，不曾敢想！"

夏同善道："嘿，这有什么不敢想象的。有你阜康这几十万家底，先在京城设个分号也不是不可以的嘛。"

这么一说倒让胡雪岩颇为心动，一阵闲话扯过后，胡雪岩忍不住又绕回来，"夏编修，依您之见，这山西票号何以这么红火？"

夏同善踱着步道："这也没太大诀窍。没人敢做的事，他们敢做。嘉庆年陕甘大旱，他们扯了血本替官府往里边垫钱，圣上感念他们能为朝廷分忧，御笔为他们书写了'大德恒'牌号。地方要员也感激他们雪中送炭，特意嘱托往来押解度支，均走票号。这一下，他们就开始走红了。"

胡雪岩心中想："这倒也真不是什么诀窍。要是我遇到这种事，也会这么做，而且只会比他们做得漂亮，不会比他们做得差。要说差就差在离圣廷太远，做了好事上面也未必知道。要是这么考虑，倒真得在京城做一番打算了。"

夏同善又道："他们还有一大支柱。天子脚下，来来往往，求相拜官的，络绎不绝。这帮人求官要花钱，票号贷给他们。因为是京城之地，能来的人无不是自认为门路极广的，所以那银子用起来也是哗哗如流水。票号向这帮人放贷，从来不手软，都是高利。这些人居然都还愿意贷。"

胡雪岩笑道："这里边的道理我倒明白，反正他们马上就可以走马上任，利息再高，最后自然有出处，不会使自己为难。"

夏同善道："这就对了，所以在京城开钱业，真是黑了天地赚。"

"他们就不怕这伙人赖了账去？"

夏同善没有解释，却问道："你看呢？"

对京里的情况，胡雪岩倒真还不太熟悉，所以就老老实实说道："这个还要请教夏大人。我虽然在杭州时也有这方面的放款，不过遇到塌账，还是挺棘手的。”

夏同善见胡雪岩真的不明白，也就不再难为他了：“其实也很简单，这帮拜官求职的人是拧在一块儿的。大家排成队巴望着票号能早早放款，也好让自己能早早打点，早早有个结果。要是有一个人赖账不还，坏的是这一帮人的名声。票号见有人赖账不还了，就推说账面吃紧。倒霉的是后来者。所以票号不用担心，自然有人会出来拼了命催。”

胡雪岩恍悟道：“原来还有这种事情，这么说京城里边的事倒比下边要好办了。”

夏同善道：“有好办一些的，也有不好办一些的。下边人做事总要迟缓些，遇到障碍，避起来也困难，这么一比，京城里还是好办事。不过下边也有下边的好处，你就说这做官，京城里人人眼巴巴盯着你，稍有些异样，不说和你不对的人挑刺儿了，单是那清流参上一本，就够你吃不消的。”

这是在讲做官的难处了，和胡雪岩的心思不在一处，听起来也就有点儿心不在焉。夏同善忽然问道：“胡老弟，假如有一笔款子，进了你们钱庄，你能不能变成无形的？”

胡雪岩吃了一惊：“什么样的款子？”

夏同善道：“也就是一些私房钱。”

胡雪岩道：“完全变样恐怕不可能。不过钱庄的流账如果大了，只要不深查，一般人是看不出所以的。”

夏同善道：“这样就好，这样就好！”

一连两个“这样就好”，倒让胡雪岩觉出有些什么来：“夏大人，有什么需要帮忙的，尽管吩咐。”夏同善又在室内走了两圈，站在了胡雪岩面前：“胡兄，你我乡谊，虽相交不深，但也早听何侍郎讲起过你的为人，黄宗汉也在我面前着实夸赞过你。依我之见，你倒不妨考虑在京城有所发展。”

到了口边的话没有再说下去。胡雪岩也就不再多问。回到杭州，胡雪岩再三盘桓，仍委决不下。

王有龄来找他了。说朝廷因为长毛之乱，国库渐虚，就听了疆吏之奏，准备发行宝钞。

这宝钞就是纸印的钱。那时候，只有金银才是畅通无阻的硬通货币。人们对一张纸上随便写出一个数目字能够当钱使表示怀疑。但是朝廷下了狠心，强使各地通行使用，而且给每个省份配了份额。浙抚的手下因为省城内各家大钱庄都无人认购，就约了王有龄，请求他代为帮忙。因为王有龄办的几件事很漂亮，巡抚觉着王有龄“很有办法”。

王有龄倒真的没了办法。胡雪岩仔细查问了发行宝钞的数量、目的，以及朝廷自圆其说的办法，心里有了谱。

宝钞发行后，因为持钞的人都放心不下，所以个个都急于兑换现银。问题就出在这“不信任”上。要想宝钞能够顺利流通，除非有足够的现银（这一点哪一个钱庄也做不到）；或者任何时候使用宝钞购买物品，都不至于有人拒付。

问题事实上还坏在官府自己身上。因为发钞的目的是充国库之急需，自然，使用宝钞的人首先仍是官府。当然，最主要的，首先是用在与作战有关的地方，比如军营。只要这一帮人不强行兑现，一般民间流散的那一部分，整个浙江加起来，就是小小的阜康现有的银两也足以支撑。

往细讲了，宝钞能否发行，关键看它的信用如何。它的信用如何，又要看使用的人对官府、朝廷的信心有多大。只要人人都觉得朝廷发行的纸钞不会烂在手里，人们就不会挤兑，市面也就会平稳。往深想了，这做钱业，在眼下，也就是做出对朝廷的信心来。

胡雪岩因为有山西票号的例子在，对这纸钞的发行面和使用情况又有了详细了解，觉得这是一个千载难逢的好机会。他让王有龄约了巡抚书办，请求书办草拟一文。

“我只希望巡抚帮我争取了两个条件，我就愿意吸纳浙省全部份额。”

书办道：“哪两个条件？”

胡雪岩道：“其一，与浙省有关的粮食采购，军械供应，都由我一手操办。”

书办道：“是指省内，还是省外？”

“当然是指省内外。谁都知道，太平军节节东逼，江苏已经失去了金陵和苏扬，现在常州以东，及上海至杭州一带的军事供应，基本上都得靠了浙江。”

“那第二条呢？”

“其二，省内各项库粮押解，官府度支，都经由阜康账号。”

书办道：“胡老弟，你胃口不小嘛！”

胡雪岩笑道：“我这也是替官府做信用。不这样不足以建立起信用来。”

巡抚看了书办拟好的条陈，略加沉吟，觉得这胡雪岩思路倒还真的开阔，也就爽快地递送了上去。

不出两月，批文下来，同意了胡雪岩的两个条件，另外还特意指示，把江南大营的全部采办，也均交与他一人采办。

这么一来，整个苏淞杭地带的军事采办全部集结于一人手中，从一地的调度到另一地的调度也就只需在账面上划拨即可。最有可能强兑现银的危险去掉了，胡雪岩吸纳的全部宝钞也就慢慢在整个省境有了信誉。

由于省内各项度支也都走阜康账号，阜康的账面陡然暴涨。全部结算下来，一共有 250 万两的记录。

有了这一成绩，胡雪岩心思活了起来，他从钱庄的新分号中

选了几位年轻精干的伙计，带着他们一同去了上海。

江苏布政使薛焕，原是和何桂清同门，与王有龄也颇为投机。近些年来，胡雪岩每次路过上海，必登门拜谒。以是薛焕对胡雪岩其人也深有了解。

这一次胡雪岩以小小50万两的财力，竟有胆略把浙江全省的宝钞份额全部吃掉，薛焕也觉得甚堪钦佩。

“胡老弟，你的识略过人呀！”

胡雪岩谦虚道：“哪里哪里，光墉也只是希望替官府做信用。”

这话薛焕倒没听说过：“喔，难得你有这份心思，想必对时局有独到见解喽！”

“独到见解倒谈不上。我只是想，这信用是大家做出来的。你不信，我不信，这市面必定恐慌。”

薛焕点了点头：“这倒是。胡老弟，你和有些商人可不同。有些商人两面做派，既想赚官府的钱，又想赚长毛的钱。”

胡雪岩道：“容我说句冒昧的话，身为一个商人，长毛的钱不是不可赚。只是这种做法不足取，我认为这些人没眼光。”

薛焕来了兴致：“什么眼光？”

“他们没想到这长毛不长久。”

“喔，你倒说说为什么长毛不长久？”

“薛大人，这道理我可真讲不出。不过我总觉得吧，一群人总要有一群人遵从的东西。要是乱了这种东西，这一群人就黏不到一块儿，大家就谁也没有好日子过。这朝廷就是这黏合的东西。没了朝廷，任凭长毛横行，不说那当官的没好日子过，就是平民百姓，想安生也恐怕安生不了。”

薛焕听了连连点头：“胡老弟，虽然你没上过学，分析起来，倒真比起那饱学之士有见地多了！”薛焕忽然愤愤道：“我就见有些读书之人，不知操守为何物，长毛一来，就随附着过去了，把纲常伦理都丢得一干二净。”

胡雪岩没有插话。等薛焕讲完，胡雪岩道：“薛大人，上次你提到置办军械的事，是否可以再议了？”

薛焕道：“我还正要和你合计呢。这一阵子我见你来去匆匆，是否有什么新生意在忙啊？”

胡雪岩道：“不瞒薛大人，我准备在上海开一阜康分号。”

薛焕定睛道：“好啊！马上开吗？”

胡雪岩答道：“马上就开。”

薛焕道：“我还刚好有一批八万两的银子，回头就存在宝号了。”

胡雪岩忙作揖道：“多谢薛大人捧场。”

此番胡雪岩出来，是作了两个打算的。一个是在上海设一分号。第二个是趁了今年的沙船粮运，在沧州交付后，再进京筹设一个阜康分号。他也慢慢意识到，没有分散各地的分号，就不足以与北方的票号并肩抗衡。

京城的分号开得很是风光，因为胡雪岩接收到了两笔意外的大户头。

胡雪岩前去拜谒夏同善时，正好遇到福州将军，后来的协办大学士刑部尚书文煜。文煜是个有名的和事佬，身为旗人，却深谙四书五经。他和夏同善一样，喜书而不执于书，做事极为中庸圆滑。

夏同善把胡雪岩介绍给了文煜，文煜显得极为有兴致，劈首就问道：

“听说你们做钱业的替长毛隐匿了不少钱嘛！”

初见面就来这一句，胡雪岩一时不知该如何作答好。夏同善看出胡雪岩的窘迫来，就圆上一句：

“看来文尚书倒有不少这一类钱业朋友嘛！”

“子非我，安知鱼之乐也？”文煜反问道。

“子非我，安知我不知鱼之乐也？”夏同善也反问道。

说毕二人都哈哈大笑。胡雪岩起初不知文煜底细，也不知他与夏同善是何关系。听他二人一来一往逗趣，心中也就有了底细。等二人笑声落定，胡雪岩道：

“此番来时，我也正和薛焕大人谈到过这事情呢！”

文煜道：“定是合谋黑吃黑了？”

夏同善道：“莫非文将军也想掺上一份？”

文煜连连摆手：“玩笑，玩笑。不过我听夏大人说，你敢以自己钱庄做基底儿，把分配给浙江的全部宝钞份额揽了下来。你倒是作何想法，才有这番举动的？”

胡雪岩一五一十道：“我希望自己能做个榜样，大家都来帮着朝廷打败长毛。”

文煜坐正了，道：“要是所有商人都像你这么想就可以了。”

胡雪岩道：“那长毛注定是不长久的。我若贪图一时之利，不光以后得不偿失，也违背了为人的基本信义。”

“这么说，商人也不都是见利忘义之徒了。”文煜一边思索，一边浅浅地问道。

胡雪岩也来了想法，就正色道：“文大人，我们那地方也算是世代行商了。我不知道您过去怎么看待商人，不过我知道，商人从来都是讲信义的。有人说，商人本性就是见利忘义。我倒不这么看。见利忘义的商人有没有，有。我们家就出过一个。我表爷破了沙船帮的规矩，只图自己赚大钱，结果死于刀斧之下。我们杭州人信佛。有一句佛家口偈，叫作：‘不是不报，时候未到；时候一到，马上就报。’文大人，商人无信，也是要遭报应的。所以要我说，有些商人趁着乱糟糟的世面，替了长毛出力打官府，早晚也是逃不过报应的。”

文煜道：“怪不得夏大人夸你有眼光，有见地。我倒问你，要是有一个在逃的长毛，要在你那里存一笔款子，你作何处置？”

胡雪岩迟疑道：“允许我实说吗？”

夏同善道：“文大人面前，不必小心客气。”

有了这话垫底，胡雪岩就胆大了些：“文大人，要是我遇到这种情况，我就接了这笔款子。”

文煜追问道：“你就不怕官府追查？”

胡雪岩道：“我们商人，最看重的就是信用。信用要对什么人都讲。首先，我开钱庄，就不是为了辨别忠伪。”

“那谁来辨别忠伪呢？”

“这是官府和朝廷的事。我们钱庄只管你钱本身来得是否合路，不管存钱的人身份如何。打个比方吧，要是这长毛的钱本来就是他们祖上传下来的，他只不过是被逼做了长毛，现在他不甘心这些钱白白被长毛征用了，他就把钱偷存到我这里。我怎么处置呢？向官府报告他是长毛？让官府收去这笔钱？”

文煜听到这里，哈哈而笑：“歪理，歪理！”

胡雪岩道：“文大人，不是歪理。这种情况，在苏皖一带多得很。我也曾想了，真是官府征用了倒也无不可，只恐怕助长了下边那帮不义之人。”

“这倒作何解？”

“文大人，想你也了解下边属员的人品。你要他们去抄一个一万元的大宅，只怕有七千元先被他们私吞了。”

夏同善道：“至于吗？”

文煜却点头道：“有些道理。在上边的人只知照着规矩去办，却不知好多规矩都被一帮小人坏了。”

胡雪岩道：“所以了，我们做钱业的，只管把我们的信用做好。至于做官的，自然会去管他们分儿内之事。这样下来，大家

也省了枉费脑筋。”

文煜道：“胡老弟，有些道理，我未必同意你的。不过，你做起事来，倒也确实有一套自己的原则。实堪佩服！”

胡雪岩忙起身道：“不敢当，不敢当。”

夏同善这时问起胡雪岩：“你的分号选好地方了吗？”

胡雪岩道：“选好了，在东四口。”

文煜一听来了劲儿：“哎，今天遇到个财神了。”

胡雪岩不敢唐突，只好欠欠身道：“还望文大人多多包涵。”

文煜却认真道：“你要开业，我可也要在你那里立个户头了！”

胡雪岩审视了他一眼，见他不像开玩笑，就势作揖道：“多谢文大人关照。回头我就派人到府上去送帖。”

夏同善笑道：“恐怕还得胡老弟亲自上门吧？文大人可是对你情有独钟啊！”

胡雪岩不明白两个人的葫芦里卖的什么药，便应承道：“隔日我一定亲自登门拜访。”

等文煜辞谢回家，夏同善把他送出门外，转身又回到客厅，满面春风地对胡雪岩道：“恭喜，恭喜！”

原来，文煜听了夏同善对胡雪岩的褒奖，也就来了兴趣。待亲自和胡雪岩谈过后，他终于觉着这是一个可以信靠的人物。文煜历任道员和督抚，主管税员，得了不少肥水。逢年过节，凡有所求之人，必有重重的礼节往来。20多年下来，手头足足有60多万两的进项。

他本来想把这笔款子放在大德恒票号。不想书办却告诉他，和他有宿怨的几个京官在大德恒均有眼线，万一被他们察知了，参一本上去，一时半会儿恐怕解释不清。有了胡雪岩这么一个新进，为人又热心，事业上又极持隐秘之想法，很让文煜放心。所以文煜决定把这60多万两银子全部存入阜康。

刚进北京，店还没开就有这么一个大头进项，胡雪岩觉着这是个好兆头。有了这60多万两银子，胡雪岩用不着从南边带过来的钱就足以把分号先撑起来。

夏同善也存入了20万两银子，并鼓励胡雪岩，多多拜访浙籍京官。胡雪岩倒也会发奇想，让伙计买通了各家门房，把浙籍京官家中的妻妾、账房、书办等的数目一一统计下来，每人先开了一个20两的存折，挨家挨户送了去。这一来，在京的浙江人马上都知道有一个叫胡雪岩的，在京城开了家阜康分号。一有往来支借、汇兑等，自然马上就想到了阜康。

另外一笔秘密款子，更是让胡雪岩感到兴奋。原来文煜和恭亲王相处甚洽。二人在朝廷中一唱一和，从来都是联合出手，共图朝政的。所以二人无话不谈。胡雪岩的阜康分号一开张，文煜就把这事聊给了恭亲王听。至于胡雪岩的办店原则，文煜更是推崇不止。两人都觉着，难得遇到有眼光的商人，更难得是有持守的商人。至于胡雪岩坚持钱业中人只管钱业，这一点让文煜感到放心，也让恭亲王感到放心。有了文煜这样为胡雪岩树口碑，恭亲王也毫无顾虑地把手头的20多万两闲款存入了阜康。不过叮嘱，万不可透漏属于恭亲王的。

又经过这一年多的经营，胡雪岩开的钱庄银号已遍及南北各主要城市。在杭州，除阜康钱庄外，另设阜康银号；在上海，设阜康银号，阜康雪记钱庄；在宁波，设通裕银号，通裕钱庄；在福州设裕成银号。鉴于蒋营官银款汇兑之难，一俟武汉收复，他又在汉口设了乾裕银号，加上北京的阜康雪记银号，形成了一个以南方为主，辐射南北的钱业网络。

胡雪岩之前，北方的票号一家独霸全国的财货流通。南方的钱庄只是零星地分散在苏淞杭各个城市，相互之间往来甚少。胡

雪岩的钱业网络形成后，逐步完善了南方的财货流通，形成了“北票南庄”的大格局。这种局面，一直持续了20多年。

用尽心机，置办洋枪

因为有何桂清等人的密保，王有龄不久即升任浙抚，与两江总督何桂清、江苏巡道抚台薛焕三人一起，牢牢控制着苏淞杭这一锦绣之地。

胡雪岩听从王有龄的安排，替自己捐了功名。有了候补知县这个衔，王有龄也就可以毫不困难地把浙江粮台一职委任于胡雪岩。

不过浙江境内也已经不得安宁了。太平军已经东进，占领了浙西、浙北七县。

湖州这样的富庶之地，自然也成了太平军窥视的目标。地方绅商就联合起来，自募乡勇，举办团练，意在保境安民。

上海却已经出了大变故。那小刀会的刘丽川等人，早就暗中和太平军串通一气，筹划着里应外合，一举拿下上海。不曾想一个会员口松，无意间走漏了风声，被官府察觉，挨街搜捕。

情急之下，刘丽川等人临时决定提前起事。他们攻下了上海县，杀死了县令，就以县城为基地，轮番向上海城内攻击。

上海城内各国租界占去了近一半。洋人一看自己的利益要受到损害，就出动吴淞江口的舰船，炮轰上海县。刘丽川的人马抵挡不住，就退了回去。

他们找到了个通事，陪着一起去见洋人，说小刀会和洋人是兄弟一家的，决不会损害了洋人利益。只要洋人不干预，保证不动洋人租界。

洋人一听就撒手中立了。这一下急坏了薛焕。他一面增派官府力量围剿小刀会，一面与洋人交涉，晓以利害，恳求他们万不可误信了小刀会，那样只会损害自己的长远利益。因为你洋人是和我大清帝国打交道的。虽说太平军占领了内地的几十个县份，不过帝国的龙脉还在，你洋人也不可能等到和太平军长久打交道的那一天。

利害关系讲完，还许以厚利。洋人终于改变了中立立场，答应帮助官府镇压小刀会。

这时适逢小刀会内部出了叛徒，刘丽川被捕牺牲，其余人马，边打边撤，向西投靠太平军去了。

小刀会起事，给薛焕的震惊不小。洋人的实力，他亲眼看到了。于是他听从幕僚的建议，上书朝廷，主张借洋师以助剿长毛。

洋人自泰西而来，船坚炮利，道光间就已经历次攻击我广州、宁波、镇海等地，兵船直抵大沽口，胁迫朝廷签订了屈辱的《江宁条约》，咸丰年间更是直闯京师，纵火焚烧了庞大的皇家园林——圆明园。

朝廷对洋人又恨又怕。所以薛焕这奏折一上，招来一片责骂之声，也就只好搁置不议了。胡雪岩就在这时节，奉了王有龄之命，前去上海置办军火。

小刀会起来，胡雪岩最担心的是他的蚕丝。没想到塞翁失马，焉知非福。上海局势一吃紧，洋人也担心断了货物来源，所以纷纷抢购蚕丝。

胡雪岩的蚕丝倒是奇货可居了，一下子稳稳当当赚了40万。

不过市面不靖，对钱业的威胁很大。胡雪岩也觉着，蚕丝这样的小利自然该赚，不过还是不能忘了本。钱业是本行。保证本行赚钱的最好办法就是帮助朝廷打长毛，稳局势。这样做才是大做，这样考虑才不至于糊涂。

所以王有龄问他对薛焕的“借师助剿”有何看法时，胡雪岩

道："这倒未尝不是一个好办法。"

不过胡雪岩不明白朝廷为什么不支持。王有龄叹了口气道："朝廷这也是被吓坏了。"

胡雪岩道："要是洋人主动，我们被动，当然不可以。不过，借师助剿在于一个'借'，是我借了你来用的，用完后再把你还回去就可以了。"

王有龄道："朝里边那帮人要是都像你这么考虑就好了。"

胡雪岩道："你说薛大人会就此罢休了吗？"

王有龄道："岂止是他不肯罢休，就是我和何根云也都不肯罢休。当务之急是先灭长毛。长毛是想要朝廷老命的，命都不保了，还怕用药有副效。"

一讲就讲到举办团练上来。这一段时间，王有龄与何桂清、薛焕书信频繁。薛焕力劝王有龄试着给团练装备洋枪。因为薛焕出身上海，与洋人来往甚多，知道这洋枪的准头极大，不用近身，半里之遥就可置人于死地。如果有了洋枪这种武器，团练的威慑作用就极大。

胡雪岩去置办枪械，钱是不用带的，直接从自己钱庄分号里垫支就是。他找到了通事古应春。

这古应春也是个热心肠人物，祖籍广东，小时候因为家贫，就在一个洋人办的教会学校里念了几天洋文。后来随一个远亲来到上海，在一家洋行谋了份差使。

古应春虽然人在洋行，替洋人做事，却打心眼里痛恨有些不争气的通事。这些人利用自己两面通的优势，联合了外人来骗中国人。胡雪岩在一次生意中认识了他，两人一见如故。

胡雪岩向古应春说明了来意。古应春说他刚巧听说有一个洋人手头有一批长枪。

那洋人见有人主动找上门来，就摆起架子来，说要每支枪 30

银圆。胡雪岩心想，你洋人也是做生意的，做生意总该公平待人才是。那洋人却说，我们洋人从来就是看你的需要来定价钱。胡雪岩一听撒了火，你这意思是我越着急要，你出价越高?

古应春见胡雪岩着了急，忙告诉他，不是这个意思。洋人也不是漫天要价。他回头又跟洋人哇里哇啦讲了一通，回过身对胡雪岩说:“他说已经有人出高价买了这批枪。”

胡雪岩道:“你没问是谁?”

古应春摆摆手道:“他不会告诉的。不过听他这口气，好像是有长毛偷偷来这里接洽购买。”胡雪岩道:“你问他来中国，是跟官府打交道，还是跟长毛打交道。”

古应春又问了一通，回头对胡雪岩说:“他说这他们不管，跟谁打交道都一样，只要他给钱。”

胡雪岩心想：这倒也真是商人的路数了。看来要想把枪买到手，只好晓以利害。于是就对古应春说:“你问他对方交钱了吗?”

回话说没交钱，长毛那里答应由洋人运到太湖以西地段，货到交款。

这就可以吓他一吓了:“你告诉他，这一带飞贼横行，一不小心可就遭劫。”

洋人的蓝眼珠转了两转，让古应春问胡雪岩你怎么知道。

胡雪岩笑了笑:“你告诉他，就说我胡雪岩也是半道出身的，我的拜把兄弟都还在江湖。”

那洋鬼子怀疑地看了胡雪岩两眼，没再说什么。

胡雪岩心想，这光吓唬他也不是事，还要显示显示我是以诚相待。转过身对古应春道:“你告诉他我买500支。要是做得好，以后还会更多。”

洋人听了这数字，来了兴致，追问古应春这胡雪岩到底是什

么身份。古应春问胡雪岩给不给他讲。胡雪岩想，讲就讲，也好让他放心。

洋人听说胡雪岩一人就有上十家大钱庄，而且协办浙江全省的军备，对胡雪岩的看法就忽然改变了，说可以谈一谈，可以谈一谈。

胡雪岩向他保证，500支枪的银两一次交割清楚。洋人觉得这样爽快，就答应价码上可以往下调。500支枪一万两银子，每支20两。另外派一个技师陪同胡雪岩前往浙江调试，费用另给。

交易成功，洋人觉得这胡雪岩是个大买家，就另送了他两支小手枪，每支外带50发子弹。胡雪岩雇人装了枪，运回浙江地面。回头把一支枪包束好，作为礼物，去拜会薛焕去了。

那薛焕见胡雪岩也办起了洋务，甚是投机。他把那手枪摆弄了又摆弄，回头对胡雪岩道："我看你也可以向他们购买开花炮了嘛！"

这个胡雪岩倒没有想到。开花炮威力极大，远在几十里外就可以打中目标，而且无坚不摧。

道光和咸丰年间，洋人两次威胁中国，靠的就是船上的这种炮做后盾，小刀会起事，洋人在舰上一炮打来，几十人都血肉横飞，身首异地。不过这种装备极为复杂，要买了它，非得专门雇了洋人技师才行。

胡雪岩知道薛焕十分看重洋人，就说："我看官兵倒确实可以考虑购买这些洋玩意儿。"

薛焕道："朝里都是些蛮不开化的人物。我上折请求拨款购买，他们说洋枪可以，洋炮耗银太大，搞不好被长毛掳了去，倒霉的是我们自己人。"

胡雪岩道："可以聘请洋人长枪队嘛。"

薛焕道："你也这么考虑？"

胡雪岩说道：“洋人的玩意儿，咱们也确实用不熟练。”

薛焕接话道：“就是用熟练了，发挥出来的效果也没有洋人亲自使用好。为什么呢？我专门去看过洋人的军队，他们训练军队的方法很不一样。每天早晨要出操，踢正步，还要传口令，训练听从统一指挥。”

踢正步这种玩意，在中国军队是很新鲜的。中国的军队大都直接从农村招募来，在当时根本没有系统的军事训练。

40 余年后，袁世凯小站练兵，才首次引进西式训练。当时所谓的西式训练，也就是出出操，踢踢正步，这还是事隔 40 余年后的事。就是这样，在当时也已经轰动不小了。

至于胡雪岩的那个时代，国门初开，西人的技巧真如天方夜谭一般。

“为什么我们不可以在官府的军队里也这么搞呢？”胡雪岩问。

“谁会请洋人教？这帮老朽又不肯。”

“那也可以招一批人混在洋人的军队里边学呀！”

薛焕脑瓜一拍：“对呀！我怎么没考虑到这一点。官兵没法训练他，可以借用洋兵。只要有人在洋人那里学会了，不愁他不往外传。看来我还得出奏，请圣上准我雇用洋枪队。”

胡雪岩道：“王巡抚也很关心雇洋枪队的事，你们可以联合出奏嘛。”

薛焕道：“是极，是极，我可以会合何根云、王雪轩联衔出奏，非把这帮朝中庸员说动不可。”

“他们也是久居京城，不谙世事。要是让他们亲自来看一看，保管他们会同意。”

薛焕一听，拍手叫好：“胡老弟，你这一说，我倒真有了个好主意，何不请一位都老爷来上海走上一走，让他亲眼看一看，也

好回去替我们讲话。”

胡雪岩补充道：“我看倒是应该多请几位，让他们住上几月。这样一面看了，一面也可以让他心想着这边。有了那么几个人，早晚都用得着。”

薛焕道：“着！我准定就这么办。这里我就给根云、雪轩写信。不过，京里的老爷，请谁好呢？”

胡雪岩也用心考虑了半天，对薛焕说道：“我看夏同善夏大人倒很合适。他是杭州人，长毛的厉害他很清楚。在京城中，他又是皇太子伴读，和一帮都老爷都说得上话。要是薛大人同意的话，我可以去见他弟弟，让他修书一封，找个借口，夏大人准定会来。”

薛焕点点头道：“嗯，你不妨试试看，此事宜早不宜迟。回头我也再邀几位过来。”

胡雪岩回了杭州，把采置军械的事向王有龄仔细讲过了，又把与薛焕见面的情形以及薛焕的想法都一一讲过了。

王有龄连声道：“好，好，雪岩，我也接到薛道台的信，回头咱们好好议一议，非把这帮都老爷们说动不可。不过眼下你得去一趟湖州。”

派胡雪岩去湖州，是要胡雪岩把采置的500支长枪全都押送了去，配备那里的团练。其时，太平军已经兵临湖州城下，眼看着整个浙省已经一点一点被蚕食。

胡雪岩先去找了夏同善的弟弟。他一口应承，便当面修好书信，交与胡雪岩。其实胡雪岩和夏同善已经关系相当密切，只是出于谨慎考虑，胡雪岩才不厌其烦地步步点到。

夏同善来浙后观感不错，回京后极力撺掇一帮都老爷，向他们讲清借重洋人的必要。薛、王、何三人的奏折随后也递了上去。此时恭亲王一班人马已经稳稳把持朝政。

朝廷眼看着太平军节节进逼苏淞杭，终于感到危机临头，不行非常措施已经不足以破心腹之患。加之几位要员均上折备述大小轻重利害关系，说废全身不若断一肢，置此存亡之际，若再不决断，重小节而轻大节，必后害无穷，遗恨终生。朝廷终于下了决心，准薛、何、王之请，命上海道台薛焕就近招募合用之才，务求稳住苏淞杭。

其时，苏州已经不保。何桂清身为江苏巡抚，眼看太平军大兵压境，慌了手脚，把平日所念忠义之道一股脑抛到了脑后，逃出了苏州。

苏州陷落，舆论大哗。不过何桂清临行前仍煞有介事，召集地方士绅，说奉了朝廷之命，移地上海，协同办理借师助剿事宜。

冠冕理由，却不能自圆其说。因为保疆守土，乃朝臣之重任。若在平安年代，巡抚出游，方有可原；然而在兵临城下，疆土不保的节骨眼儿上，匆匆离开，这种行径，如果还要辩解，无异于掩耳盗铃。

王有龄闻听何桂清有此不耻行径，不免也暗自为他感到羞耻。不过念起同窗旧谊，世代恩友，以及自己升迁途上何桂清对自己的帮助，也就只好委屈大义，先报恩情了。

他起了奏折，一面重申借师助剿，保境安民之必要，一面为何桂清委婉庇护，说值此多事之秋，多一位人才，就多一分希望。士不到不得已不屈就，将不到不得已不轻生。屡败屡战，终不掩对圣上的一片忠心。

薛焕对何桂清的匆忙撤离稍感意外。不过他还是妥善安置这位恩公，一方面为他在僻静处寻了宅子住下，避免官场之人与何桂清打照面，为的是不让何桂清感到尴尬；另一方面一切与洋人接触的活动，都尽量安排了何桂清参加。

这也是做出样子，一方面哄不明事理的洋人，让他们见见朝廷大员，显示朝廷对借师之决心；

另一方面也算给何桂清找了份差使，让他逃出苏州时那句哄人的话不至于落空。同时也好让朝廷知道，何桂清的确是为勤侍王政而动的。

其实何桂清心里恐慌得很。他深知自己的花招只能骗得了一时，自己的借口却骗不了朝廷重臣。他一面在上海这么拖着不见官府，一面暗中运动京中同僚旧属，上下运动，巴望着老天开眼，能把他这件事逐渐由大化小，由在化无。

人们倒确实暂时忘了何桂清。因为战事吃紧，薛焕租募的洋枪队终于派上了用场。太平军连连出击上海近郊县城，多亏了戈登率领的洋枪队伍，才使得太平军不至于马上威胁到上海。

湖南方面的曾国藩却早就对何桂清、薛焕和王有龄有了意见。矛盾之所以出现，还是因为军饷。胡雪岩吃进宝钞，控制整个苏淞杭地带的军事采备时，这一地带的军饷来源已经出了问题。

有清以来，苏淞杭地带一直实行轻徭薄赋。康熙朝颁旨，声明“永不加赋”。

和平时代，这一做法没有问题。因为苏淞杭地沃物丰，人丁兴旺，农工商发达，虽照原有基数征税，仍绰绰有余地保证了清廷用库。

但是战事一开，这一办法就行不通了。大片面积被太平军收去，原来土地上大量人口卷资逃亡上海。这样一来，原有的人口不在原地了，整个人口管理就出现了混乱，新流动的人口又无法按原来的标准征税。

这样，本来战事需要更多的税源，可原有的税源事实上却已经被大片破坏。

所以苏淞杭一带，自从战事发生后，已经接连四五年没有入项了。朝廷考虑到战事吃紧，管理混乱，也就只是下文严征，却并没做太多实际的动作。只要苏浙协银能保证南北大营的军事供应，朝廷已经感到可以满足了。

可是战火东延，太平军加强攻势，南北大营土崩瓦解。这时候胡雪岩已牢牢把握了这一带的财货运度，何、薛、王为了讨好圣上，便把原来供给南北大营的协银，源源不断地押往京城。

后来为了保境安民，办起了团练，度支一下子又紧张起来。那时何桂清还在苏州，一见胡雪岩，便愁眉苦脸道："雪岩兄，这笔银子可到哪里去筹？"

胡雪岩感到不解："咦，不是说好地方自筹，办团练保境安民嘛？"

何桂清道："要是只是为了保境安民，倒也罢了，现在的势头，非得学一学湖南的曾相，练出一支可以抵挡住长毛的人马来。"

曾相是指曾国藩。因为他做过协办大学士，相当于入阁拜相，所以称曾相。太平军起事之时，曾国藩正因母亲去世，丁忧在籍。旧时代以儒家之孝道纲常为本，家中父母去世，做儿女的须守孝三年。就是做官也不能免。

不过大敌当前，朝廷急于用人，也就管不了那么多，守丧日期未满，就命曾国藩就近招募人马，训练之后，投入战场。

清朝的军队，除八旗兵外，汉人招兵，均是没有定则，谁报录谁的，所以良莠不齐，素质甚差。曾国藩练兵却极有思路。他以县为单位，专招诚实农民，施行严格训练，投入战场后，又实行重赏制度。因为其编营皆以乡土地域为单位，所以人心极齐；兼之重赏重罚，所以军纪严明。训练出来的人马，称作湘军，作战极为勇猛。

要练出曾相的人马，就得有曾相的手段。能否募到优良的人马，这是下边的事。现在何桂清担心的是，能否募到足够的银两。

原有协银，因为已成惯例，上边也有了定数，何桂清不想在这上面打太多主意，以免几年巴结的功劳付诸东流。这样就只好另外想办法了。

“临时借用，我倒可以先垫支一部分。”胡雪岩对何桂清这样说道。

“不是这个意思，我希望你帮忙出出主意，找个固定的财路出来。”何桂清道。

“那就得开源，”胡雪岩道，“开源之途，无非加征，或者向上边要。”

“向上边要，恐怕未必合适。”何桂清道。

“加征税赋呢？”胡雪岩问道。

“这恐怕与定规不合。”

“咳，什么定规。定规不都是人制定出来的。何大人，你听说过曾相的一句话吗？”

何桂清道：“什么话？”

“曾相有一句话，叫‘无非常之手段，无以行非常之事’。”

这个何桂清倒早听说过。这话本来是从一句古语“以非常之志，行非常之事”套过来的。在曾国藩那里，经此一变，却有了新内容。

那曾国藩的新内容，全表现在这“手段”二字上。要说这曾国藩是以读“四书五经”起家的，自他在家乡湖南目睹了太平军对整个社会大伦常的破坏后，心思突然起了大变化。

他痛斥太平军以西洋邪教冲击中国之长幼尊卑之秩序。所以他对太平军的镇压，从来毫不手软。曾经有一秀才，因为阅读和藏匿了太平军的告示和“拜上帝会”的宣传小册，为曾国藩所查知，便不容辩解，将该秀才一刀两段。地方乡民，凡窝藏长毛的，一经曾国藩抓获，必杀无赦。一时间乡人见了曾国藩，无不胆战心惊。那地方心慈手软之乡绅，也对曾国藩的做法感到震惊。

不仅如此，曾国藩自夺了九江之后，因为饷源不继，便派人在大小关卡，层层征税。他这么做，并没向江西巡抚打招呼，更没想到通知地方官一下。

有了这两条“非常手段”，曾国藩惹恼了不少人。于是弹劾之片子纷纷飞京。其中就有何桂清一位在京同年的弹劾。

这咸丰帝倒还明理。他知道这非常时期，若以一言定退业，必不能得非常之才，也无以迅速靖天下。所以他把劾文一一压下，充耳不闻，一任曾国藩放手去做。

何桂清在京城之时，早已经听自己老同年谈起过这事，所以胡雪岩这么一讲，他马上明白了胡雪岩的意思。

“你是说加税？”何桂清摇摇头，“恐怕不甚妥帖。”

胡雪岩隐约听王有龄说过，何桂清的同年参劾曾国藩，何桂清当时也是同意的。这么说来，何桂清的白面书生气倒也还足。

“何大人，如今圣上最担心的是什么呢？”

何桂清不解道：“圣上夙夜忧虑的，就是长毛何日得除，天下何日太平。”

胡雪岩笑道：“这就是了，你若帮了圣上完成了这一大业，圣上还会在乎你的小节？”

何桂清左右思量，想一想也是。于是他沉默了半晌，才慢悠悠地问道：“那要加征，应该怎么个做法呢？”

“增设厘局。辖内水路要口，增派税员，把可能漏掉的税额收上来。我还有一个主意，就是在与长毛交接地带，层层设局。

凡与长毛做生意的商人，都课以辖内各境六倍之税。”

何桂清却道：“那与长毛通商的，却该没收才是，怎可以征税放人？”

胡雪岩心中暗笑何桂清不明就里，便道：“何大人，与其杀鸡取卵，不若养鸡生蛋。”

那何桂清却沉默不语了，胡雪岩见说他不通，也就起身告辞了。

过了两日，胡雪岩办完事情，正在收拾行装，准备回杭州，却有人匆匆忙忙上门投帖，说何桂清何老爷有请。

何桂清盘桓了这几天，扳着指头算了算，觉得如果按照胡雪岩的办法去做，新开的税额十分可观，不仅可以保证筹办乡勇，还可节余，用作向上提解的饷银。这等于政声有利的事情，何桂清委实放舍不下。

不过要做就得联络了薛焕、王有龄一块儿做。何桂清请胡雪岩来，就是委托了他绕道上海见一见薛焕，商定这一大事。

其实那薛焕倒不必劝，一听胡雪岩出此上好主意，一口应承照样施行。不过何桂清要他和王有龄一起，三人先联名出奏，待皇上批准了再照办。

薛焕笑着对胡雪岩道：“我看何大人这倒是过虑了。我们先征了上来，圣上不会不准奏的。”

果然，这面税卡增设，增加了一大笔收入。朝廷见有实效，也就准如所请。不过再三叮嘱，要征有所用。

三位老爷的想法倒也没有大的分歧，除留作团练装备和饷银费用外，多余之数，均如实押解。

这时却出了岔子。那曾国藩在西边战事正紧，饷银需费大增。现在听说何、薛、王有了辟财新法，就上请直接押解湖南，以充军需。

朝廷对这曾国藩早已十分倚重。但朝廷惯例，对汉人大臣从来不委以要职。

现在战事吃紧，没有办法，才依了曾国藩，由他扩展。其实朝内也早有非议，担心曾国藩尾大不掉，难以驾驭。有此担心，在饷银分配上，朝廷总是有所保留。

现在曾国藩要求饷银直接押解，那朝内有看法的大臣是断然不肯的。朝廷再三考虑，眼看着太平军势头正炽，恐怕因小失大，就准如所请。

这薛、何、王三人和朝内大臣本就是沆瀣一气的。现在自己辟的财源，白白用作湘军扩充的费用，这样岂不是帮助湘军从西边把太平军往东追赶？这无异于引狼入室。所以他们心照不宣，迟迟不肯押解。

后来曾国藩上折奏了一本，说这几人不听圣命，延误军机。朝廷下旨严词指责薛、何、王。这时他们才慌了手脚，公事公办。

曾国藩对这三人从此有了看法。借师助剿一事，朝廷考虑到此事关系重大，曾下旨征询过各位重臣的意见。曾国藩上书说，虽我帝国断无惧怕夷人之理，却万不可有引狼入室之举。

在曾国藩看来，薛、何、王三人的做法，就好比不谙事的孩子，只知野果味甘，一味贪吃，却不管可能腹泻以致中毒。

待到何桂清弃城逃走，朝野上下一片非议。以曾国藩之做人原则，断不容这等事体发生。他上书朝廷，称“疆吏以城守为大节，不宜以僚属之一言为进止；大臣以心迹定罪就不必以公禀之有无为权衡。守土有责，自古乃为臣之必然”。

因为这句话，何桂清不久便被朝廷下旨拿办，押往京城，在秋后斩于菜市口。

筹办军饷，名利兼收

左宗棠西北平叛，起程之前，胡雪岩问他要打上几年。

“我入闽平发逆，约的是6年为期，实际上3年不到。这一次我预备约期5年。”

还要打5年？就按一年40万银子算，也得筹200万两银子。

“这军饷最是重要，左大人预备要从什么地方支出？”

左宗棠道：“我已经上了奏折，如果朝廷没钱希望能各省协饷。”

粮饷由一省独拨不能完成时，通常由朝廷协调，让最富庶的省份各自分担一部分，作“饷”。

“左大人你考虑过没有，闽浙是你署理过的地方，当然无话可讲。不过闽省有一福州船政局，连粤省也搭上了。两江两湖之地，把握能有多大？”

左宗棠道：“眼下最紧要的还不是这个，而是想办法先搞到一年的粮饷。”

胡雪岩明白朝廷催促甚紧，便道：“我可以从我的钱庄先垫支20万。”

左宗棠甚喜：“有20万，人马就可以先开动了，随后的军饷还望雪岩兄多多费心。”

朝廷果然没钱，而且依了左宗棠之请，由东南各省协饷。

胡雪岩无奈，只好去催饷。浙、闽、粤三省，因为确与左宗棠原有关联，所以再度支不开，也会想办法，凑齐了应有之数，交给胡雪岩。

两江和两湖却分文未得。按他们的说法是连年战事，库府告罄。其实谁也看得出来，这不过是个托词，左宗棠这人的脾性太直，早把这帮人给得罪干净了。

胡雪岩无奈，只得去找古应春商量。

“应春兄，你得帮我出出主意，总不能让左大人在西北断了炊。”

古应春道：“主意倒有一个，不知能不能行得通。”

胡雪岩因为着急，便道：“你说出来听，只要是正办，没有行不通的。”

古应春道：“上海有几个外国洋行，可以问一问他们是不是愿意放款。”

“向洋人借款？”胡雪岩想都没想过。

“这也没什么，和自己钱庄放款是一样的，只要双方认为合理可接受，就能办成。”

“那你说的难处在什么地方呢？”胡雪岩问道。

“既然动了向洋人借款的念头，一次就要多借一些，免得来回周折费事。不过洋人就要问你了，靠什么作保，我怎么相信你。”

这是通理儿，洋人也不例外。

胡雪岩道：“就拿我的钱庄作押。”

古应春摇了摇头：“不妥，不妥。洋人首先就要问你：‘这是给公家贷款，还是私人贷款？’

要是私人贷，你有那么多钱庄、典当行在，用不着贷你那么多，也不能贷那么多，不然洋人就要怀疑你的生意出了问题了。”

自己开了钱庄还要用别人钱庄的钱，一般都是因为有了急事，一时周转不开，才临时从别人那里拆借的。这种事是典型的“救急不救穷”。你要是因为钱庄都快要倒闭了，才去开口求援，没有钱庄会帮你。

那就只好公事公办了。

“那我就以福建候补道台，上海转运使的身份去办。至于保证，只好去找左大人了。”

左宗棠回信，他已经向朝廷出奏，拟从各江海关的岁入中划拨。相信朝廷不久就可回复。

胡雪岩得了这信儿，就可以放心和洋人商谈了。

几家洋行听说是左大人西征要用，先就放心了。况且可能以江海关的岁入为押，退一步讲，胡雪岩自身就是个大财神，稍有不济，胡雪岩肯定会先自己想了办法，绝不至于坏了名声。

不过商议归商议，洋人坚持要见到朝廷的批文后再决定放款。

没想到朝廷这一次没有同意。

“搞的什么鬼嘛！”古应春问道。

胡雪岩苦笑道：“这也是前世之因，后世之果，谁让左大人脾气太直。”

“你是说这不是朝廷的意思，有人存心跟左大人做对了？”古应春问道。

“存心作对倒谈不上，不过也确实是因为左大人平时不检点所致。”

原来左宗棠心高气盛，是个弯弓射向云，浩气干云霄的人物，曾经因为人马调动，和曾相不和。后来曾国荃攻下金陵，朝廷论功行赏，委他为浙江巡抚。当时左宗棠任闽浙总督兼署浙抚，左宗棠对曾国荃占了头功很不服气，又记起前番与曾相之争执，便闹起脾气，迟迟不交卸浙抚一职，害得曾国荃只好告病还乡。

不过曾相也并不以为过，此番左宗棠入陕，临行前，曾相以自己下属的刘铭传部相赠。刘是员骁将，左宗棠自然大喜，曾左矛盾消去了大半。

凑巧曾相外放两江总督，人还未出京，就听说左宗棠奏请朝廷，同意他向洋人贷款。有人便建议曾相参他一本，治一治左宗棠。

曾相也觉得筹借洋款不妥，便在奏折中称此种事情不甚合体，还望朝廷三思，以绝后患。

朝廷自然要给曾相面子，况且左宗棠的粮饷也未必那么急，于是就下了旨，不予应准。

“这下可苦了左大人了。”古应春道。

是该想个办法才是。

“应春，我有一个想法，咱们先从自己人那里筹一笔。”

“你是说个人掏腰包？”古应春问道。

“也不是，我想真的拿我自己钱庄作押，从其他钱庄筹措一笔。”

“这个办法倒可以，只是数额不会太大。”

“先有一年的饷就可以了，一步一步来。”

上海各华商，对胡雪岩十分信任，总算筹齐了四十万两，解送左宗棠军营中。

到了第三年冬这个办法不灵了。胡雪岩无奈，只好自己拿出5万，又从古应春几位朋友那里筹来了5万，解送西北。

左宗棠初始还不解胡雪岩何以一次只送来10万两银子。左宗棠的亲信去了趟上海，胡雪岩把实情告诉了他。回来他给左宗棠一讲，左宗棠感动了，在上折请奖片中讲道：

“布政使衔福建补用道胡光墉，每遇军用艰巨饷需缺乏之时，不待臣缄续相商，必设法筹解。”

在另一请奖片中又说：

“浙江绅士布政使衔在籍候补道胡光墉，经臣奏派办理臣军

上海采运局务，已逾八年。转运输将，毫无缺误。”“臣军西征度陇，所历多荒瘠寒苦之地，又值频年兵燹，人物凋残殆尽。本省辖款，无可设措，关省关欠解协饷，陈陈相因，不以时至。每年准发足饷，先犹以两月为度，继则仅发年杪一回，而犹虑不能如期收到，转散各营。第年岁事将阑，辄束手悬盼，忧惶靡已。”

诉完自己在西北的艰苦情况，笔锋一转，讲述胡雪岩的勤勉用心，其中多有褒扬之词：

“胡光墉接臣予筹出息借济缄牍，无不殚精竭虑，黾勉求之，始向洋商借巨款，格于两江督臣非体之议中止，继屡向华商筹借，均如期解到。去冬华商借款不敷，胡光墉勉竭已资，并劝各亲友协同出借，计借十万两，以副期限，不取息银。其力顾军需深明大义如此。”

西北起义的队伍逐渐萎缩，胡雪岩已经在计算着左宗棠的归期了。

“左大人回来，起码你能节省一半的时间。”古应春对胡雪岩说道。

“这样我就可以放手去搞我的生意了。”

“上次你讲到蚕丝收购，何不等左大人回来后，借他之力，独霸一方？”

胡雪岩道：“我不希望给别人造成个印象，好像我是靠官做生意的。”

古应春笑道：“应该倒过来，当官的是靠你这个做生意的人做官的。”

两人哈哈大笑。胡雪岩又道：“这话只可你我玩笑，绝不可让做官的听到。”

“极是，极是，”古应春道，“当官人的脾气我也懂一些，只许州官放火，不许百姓点灯。”

左大人没有回来，却还要向西北开拔。

新疆发生了叛乱。有一个叫阿古柏的，串通了天山南北的各地头领，攻占县城，杀死官吏，宣布独立。整个新疆迅速陷入混乱。

阿古柏为了保证他所宣布独立的王国的安全，又秘密勾结俄国，寻求他们的保护。

俄国人自然高兴，就派了兵，陆陆续续进驻新疆，说要协助平静地方。

这样一来，如果长期沉默，无疑是在纵容俄国人占领新疆。

可是如果打仗呢？朝廷有些担忧打他不过。

朝内分成主战主和两派，争执不下，眼看着主和派占了上风，朝廷也要同意言和了。

这一天上朝，突然就有一位老臣出列，说新疆万不可丢，那可是祖上的风脉。

在朝的两位太后吓了一跳，新疆怎么成了祖上的风脉。

原来，这老臣苦谏不成，心思忧郁，就有一个老翰林告他回家读读地方志，或许有所帮助。回到家中，秉烛夜读，一点一点儿地翻检有关新疆的档案。忽然就发现了一条证据。档案上清清楚楚写着，叶赫那拉氏族，祖籍新疆轮台。

叶赫那拉氏慈禧太后一听，也吃了一惊，心想这一疏忽间，差点把祖上的风脉就断送了，真是该死该死。

于是朝议风气一变，一致主张开战。主和派也已经拗不过主战派，也都纷纷改弦更张。

左宗棠极力言战，主和的李鸿章等以东南海疆辽阔，洋人骚扰不断为由，主张放弃西北，防好东南。现在左宗棠言战，分明与李鸿章形成对垒的两派，这是朝廷也看得清清楚楚的。

要入新疆，以左宗棠的意思，仍是采取稳扎稳打的策略，不

求速定，但求稳当。这样一来，战事恐怕就又要长了。

胡雪岩闻此消息，明白自己也要跟着忙了。

果然，左宗棠来信要他专程去营中一见。

“我找你来，仍是希望你能帮我筹措军饷。”

“那筹饷之途呢？”

“筹饷之途，无非有二。第一仍由东南各省协饷，第二就是借洋款。”

协饷只是有名无实，无法保证饷源。这一点，连朝廷也非常清楚。

“自曾相去后东南各省都在李鸿章把持下，协饷一途，我也不再去想。我现在是想和你商量一下，筹借洋款。”左宗棠对胡雪岩道。

“朝廷不是不同意吗？”胡雪岩问。

“现在由不得他们了，社稷不保，还空谈什么面子。我已经上了奏折，这一次断无驳掉之理。”

“那么筹集多少呢？”胡雪岩问道。

“我准定以十年为期，每年的饷银是这个数。”

左宗棠作了个手势。胡雪岩道：

“30万？”

“300万。”左宗棠道。

“300万？”胡雪岩简直不相信自己了。一年是300万，十年岂不就是3000万。

“怎么要这么多？”胡雪岩问。

“多吗？不多。整个新疆值多少钱？祖上的风脉，要是断了，那可不是这个数能补过来的。”

左宗棠道，“而且我入新疆，不但要剿，还要抚，剿抚并用，才能见效。”

胡雪岩忧心道："这么大的数目，恐怕几个洋行合起来也凑不齐。"

左宗棠道："不用急，先凑齐了第一年的饷，后边的陆陆续续到了就可。"

这又是左宗棠的策略，胡雪岩明白了。非先开个大价，把架子先撑起来，这么说来，到最后事实上也可能根本用不了这么多。

这么一想，胡雪岩轻松了许多。

"洋人需要作保，"胡雪岩道，不过这时他不想扫左宗棠的兴，"不过，他们听说是左大人出面，就再信任不过。"

"洋人也知道我？"左宗棠问道。

"哪一个洋人不知道左大人？"胡雪岩恭维道，"左大人南征北战，早就打出了名气。现在满朝上下，还有谁能比得上左大人？"

左宗棠听得脸上放光。的确，自从曾相去年殁于赴任途上之后，满朝上下，也就只有左宗棠是一老牌重臣了。何况现在左宗棠正要挥师西进，声名更是远播四海。

"你让洋人放心，有我左宗棠在，中国朝廷就不会赖掉这笔账。"

朝廷下了旨，仍以各江海关岁入为抵，同意贷款。

胡雪岩回去后与汇丰银行接洽，结果以一分五厘成议。分10年还清。左宗棠听后嫌息稍高。胡雪岩解释道：

"左大人，这是第一笔款子，两家初次交道。他们已经答应，后边的几笔就放低一些。"

借款成功，开了我华人向洋人借款的先例。

左宗棠有了这一笔款子，便整顿人马，开拔新疆了。

为了显示平定新疆的决心，左宗棠要人去制一口棺材来，说

要抬着棺材入疆。

幕僚嫌太晦气，便劝左宗棠打消这个念头。

左宗棠一听又来了骡子脾气，拍着桌子大骂：“格老子都不嫌晦气，你倒嫌晦气。”

有人便传开了，说左宗棠这是在拐着弯儿骂李鸿章。

李鸿章在湖北做官时，有一回他娘去武昌住。船停上轿，轿夫抬着他娘，李鸿章在一旁跟着。

李鸿章他娘是个大脚。可是这老太太坐在轿中，偏偏要把这双大脚从轿帘下露出来，引得沿途行人都驻足观看。

李鸿章只得悄声提醒道：“娘，娘，你把脚伸回去。”

李鸿章他娘也在轿里发了牛脾气：“你老子都不嫌我脚大，你倒嫌弃了！”

李鸿章无奈，只好乖乖陪着走。

左宗棠这话倒不是有意，湖南人骂人，从来都是这样。

左宗棠果然制了一口白木棺材，让六个士兵抬着走在军前，一路迤逦往新疆去了。

胡雪岩在上海，既为左宗棠筹借洋款，又为左宗棠购买军械。胡雪岩经手，一共筹措了6笔款子，总额为1700万两，而利息累计高达800万两，胡雪岩个人从中得到的好处甚多，净获利约200万两银子。连胡雪岩自已也不知道财富因何而来。

左宗棠初入新疆，阿古柏的人马因为有俄国作为后盾，大多骑马作战，而且装备西式武器，左宗棠人马吃亏不小。左宗棠飞鸿上海，催促胡雪岩无论如何，定要选购洋人最先进武器，押解入疆。胡雪岩购来大批大炮，左宗棠的人马一路遇到叛军守堡垒不出时，便架起大炮，连番轰击。当时的堡垒，一般只能做到防火防箭，再坚固一点儿的，也只是能防了马步枪，哪能顶得住新式大炮的连番轰击。守垒的军士只见火光一闪，原来以为固若金汤的堡垒早已炸开了一个缺口，吓得如遇天神，纷纷投降。

左宗棠对胡雪岩采办的兵器甚为得意，在上奏折片中专门向朝廷描述：

“如前购之布洛斯后膛螺丝开花大炮，用攻金积堡贼巢，下坚堡数百座；攻西宁之小峡口，当者辟易。上年用以攻达坂城，测准连轰，俄夷震惧无措，贼畏之如神。”

从陕甘之金积堡，到青海之小峡口，再到新疆之达坂城，有了新式武器，左军真是所向披靡，以至于“官军亦叹为利器，争欲得之”。

对于胡雪岩筹饷购械之功，左宗棠甚为感激，他在奏折中这样评价胡雪岩的功绩：

“关陇新疆初定，虽曰兵精，亦由器利，则胡光墉之功实有不可没者。”

这是在夸胡雪岩购置军械之功。“臣维胡光墉自奏派办理臣军上海采运局务，已历十余载，转运输将，毫无遗误。其经手购买外洋火器，必详察良莠利钝，伺其价值平减，广为收购。遇泰西各国出有新式枪炮，随时购解来甘。”

后边又用数语夸赞胡雪岩筹款之苦：

“至臣军饷项，全赖东南各省关协款接济，而催领频仍，转运艰险，多系胡光墉一手经理。遇有缺乏，胡光墉必事先筹措，借凑预解。洋款迟到，即筹借华商巨款补之。臣军倚赖尤深，人所共见。”

胡雪岩身为商人，自然做事要从其商业角度考虑。不过平心而论，左宗棠西北建功，保住西北大片领土，使之不致落入外敌手中，这份功绩，当然也有胡雪岩的一份儿。左宗棠以朝廷重臣

之身份，褒奖胡雪岩：

“此次新疆平定，核其功绩，实与前敌将领无殊。”

并且还以个人人格作保证：

“臣不敢稍加预诩，自蹈欺诬之咎，亦何敢稍从掩抑，致负捐助之忱。”

胡雪岩尽心竭力辅佐左宗棠，立下了汗马功劳，左宗棠自然会多予酬劳。除了在购机器、买武器、借洋款中少不了他的好处外，在官衔上也尽力为他争，使他的官衔越升越高，直至被朝廷授予二品顶戴，因为顶戴系红顶，故胡雪岩也就被人称为“红顶商人”。最后左宗棠还为他向朝廷请赏黄马褂。穿黄马褂是清朝官员们梦寐以求的荣耀，没有特殊功绩的人，皇帝是不会赏穿的。胡雪岩既戴上了红顶子，又穿上了黄马褂，可谓集荣华富贵于一身，在清代没有哪一个商人享有过他这样的殊荣。

不过当时就有人对胡雪岩借筹款之便利中饱私囊有议。与左宗棠不合的人更是直接奏对，借攻胡雪岩之弊要攻倒左宗棠。只是新疆初定，举国欢腾，左宗棠立下了盖世之功业，朝廷不愿拂了他面子，就把攻胡雪岩的奏对都一一压下，稍言辞平和一些的，也抄了副本，送与左宗棠。左宗棠见朝中有人议论，便借了机会问胡雪岩可有此事。

胡雪岩也算坦白，承认按西人借款习惯，双方执事之人都有彩头在。不过他又暗示，他自己所得之份，大都又捐助出去，真正个人所得甚少。

这话又对又不对。的确在好多关键时刻，胡雪岩自己掏腰包垫支了饷银和还款，这一点左宗棠是知道的。而且北方每遇饥荒，胡雪岩多有报效，这一点左宗棠也知道，所以他没再多说什么。做什么事总有人满意，也总有人不满意，这个道理，做了这么多年官的左宗棠深有体会。“看挑担的不知挑担人之苦”，恭亲王也曾经这么对左宗棠说过。

左宗棠只是告诫胡雪岩，诸事上要适当小心，以免积怨太多。

这时汇丰银行主管放贷的一位执事回英国，途经香港。在港的英国朋友设宴为他饯行。

酒宴进行到一半，座中忽然有一个人站了起来，问在座的各位同胞，今天设宴招待这位执事，是因为公事，还是因为私交。

大家说是因为公事。

这个人原是个中国通。他看着这位执事，从容地问道：“我想请你回答一个问题，你曾经借款给左大人之经理人胡雪岩，我记得你说是八厘起息。昨天我见到了合同底稿，上边写的却是一分五厘，这是为什么？”

这位执事听他问了这么一个问题，感到十分不快。本来向中国人放款，利息高低，关涉的是中国。利息若高，中国自然赔进去的多，利息如果低的话，中国人赔进去的就少一些。只要洋行得足基息，这位执事的做法对洋行本身是无太大坏处的。不过西方的洋行，对职员的品行看得甚重。倘若说只是胡雪岩一人独吞，显与数目不符；如果说这位执事也拿了，自然执事的品行值得怀疑。问题是提问之人与汇丰银行毫不相干，是个局外之人，所以问得虽然在点儿，大家却极感无趣。

不过这位执事回到上海后，还是通过古应春给胡雪岩提到了这事儿，希望他自己经心一些，免招物议。

物议想免也是免不了的。已有外国人与中国清朝官员熟悉的，把一些情况陆陆续续告诉了清朝官员。

曾国藩的儿子曾纪泽就曾经在《使西日记》中记曰：

“十二月初二日：葛德立言及胡雪岩之代借洋款，洋人得息

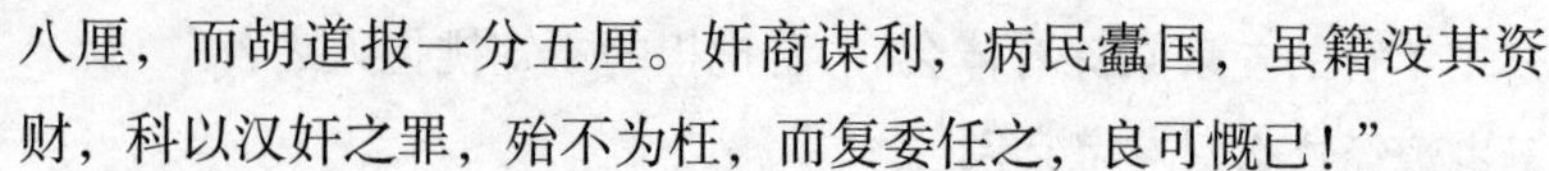

八厘，而胡道报一分五厘。奸商谋利，病民蠹国，虽籍没其资财，科以汉奸之罪，殆不为枉，而复委任之，良可慨已！”

胡雪岩的母亲也因为胡雪岩经手兵器，认为是杀人之物，终属不祥。所以在家中设了佛堂，日日烧香。每年还嘱咐胡雪岩，一定要向寺庙布施，以化灾去祸。

赢利无数之日，胡雪岩也很化解不开，认为商人一辈子，无非图的是财源滚滚。一日赴京，去了夏同善那里，夏同善大惊失色道：

“雪岩哪，你的气色不正。”

胡雪岩笑道：“也就是旅途劳累所致。”

夏同善道：“不是，我给你推荐一位道人，让他给你看一看。”

这道人是京西白云观的，见了胡雪岩，端详了半天，道：“你有些事挂在心上。”

胡雪岩道：“这倒没错，我正为左大人筹款一事日夜焦心。”

道人说道：“既然是夏大人荐你过来，我也不把你当成外人。我看你现在太专心于赚钱，跳不出来。”

胡雪岩想了一想，也就老老实实告诉他：“商人为钱愁白了头，我现在也是这样。”

道人说道：“你倒不是愁，而是忧。我也不知道你在做什么，不过我感觉你对自己赚到手的钱隐隐约约感到不安。”

这一下说到了胡雪岩的心里去了，他心中咯噔一下，对老道人道：“还望道长明示。”

道长道：“你怎么个赚钱法，那是你个人的事。不过要想去了心病，我劝你考虑怎么个花钱。”

换个场合，胡雪岩一定会斥他为一派胡言。不过现在胡雪岩心中正好有个结解不开，所以这话还是听得进去。

“花到哪一步才算对了呢？”

道人摇摇头道："你没理解我的意思。我也不是要你大把大把乱花钱，而是要你'忘'了你是一心在为钱走，这样就可以了。"

他又补充道："我们道家讲'忘'，相濡以沫，不若相忘于江湖。佛家讲一个'空'，你是信佛的，我倒问你，空是什么。"

胡雪岩也摇了摇头："我不甚明白。"

道长道："空就是无所谓。就像一个不记事的小孩儿，你给他一个小泥人，他拿着很开心。啪一下松手，泥人掉地了。掉了就掉了，小孩并不关心。这就是我们道家所说的'忘'，也是佛家所说的'空'。"

这么一比喻，胡雪岩心中豁然一亮。

"夏大人说你气色不对，无非是说你太在乎了。心有所虑，神有所现。明眼人自然一下子就能看出来。"

胡雪岩受此一激，心中对钱就又有了一层看法，回去后对古应春道：

"应春，你说人挣钱是为了什么？"

古应春道："咦，钱挣多了，开始胡思乱想了？"

胡雪岩道："你说我胡思乱想，也对也不对。人没钱的时候也会胡思乱想。有的人想到去偷、去抢、去骗，有的人就想到用个法子去赚。比如我就想到去办钱庄，做丝蚕生意，你就想到去做通事，一点儿不动脑筋的人，多半是要穷一辈子。"

"那有了钱为什么还要胡思乱想呢？"古应春故意问道。

"有了钱免不了还要胡思乱想，"胡雪岩道，"大部分人有了钱还想更有钱，有时候还免不了要想一想，我这钱赚得容易吗？或者想一想，我是不是该享受一下了。我前一段的想法和这都不一样，我在想，我这钱来路正吗？我要这么多钱干什么？"

"你想明白了吗？"

"我自己当然是想不明白，不过这次去京见了夏大人一面，我也算明白了一些。"

"明白什么？"

"钱呢，还是要挣的。不过还要花。我倒不是乱花，而是用到该用的地方。比如设个善局，救一批穷人；或者设个义塾，给穷人家的孩子一个机会。"

"这你早就做到了，雪岩兄。"古应春道，"你想一想，王大人要不是遇到你，也不知他后来会是个什么样子；蒋营官要不是你帮忙，也不知要有多少人日子不好过。我说雪岩，你现在这事业从何而来，不就是从那时候开始的吗？"

胡雪岩点了点头道："你说的没错，应春。不过这一段生意越做越大，我这一段的心思却越转越小，要不是大家提醒，我还真钻在死角里出不来了。现在好了，我已经想通了，我要这钱能进能出，真正把死钱变成活钱。"

死钱变活钱，对于胡雪岩来讲，就是变着法儿做点好事。胡雪岩做好事，倒不是见了穷人，给上几个钱便了事。这种事他也做，不过他认为这种做法不好。

"我倒不是舍不下这几个钱，"他对古应春说，"我就怕把穷人养懒。你就说那讨饭的，身弱病残年老，也都情有可原，应该布施一点。那年纪轻轻的一个大小伙子，什么毛病也没有，今天路过他在这里讨饭，明天路过他还在这里讨饭，这恐怕就说不过去。"

"我很赞成你的说法，"古应春道，"俗话说'救急容易救穷难'。有好多人的穷，是不用心，不刻苦所致。你就是给他再多，他在根儿上没有变过来，到头来还是一贫如洗。"

"所以我要给钱，就得有个原则。除了大灾大疫，人命关天，急需救助外，我只把钱给那些有一业可守，有一技之长之人。这样我的钱也不至于白花，他们只要用心用力，早晚会借助我的钱自己发达起来的。”

古应春叫好道：“雪岩，你这么做，也正应了中国一句古话，叫作‘天助自助之人’。人总得自己先有了志气，肯于上进，别人才愿意帮助。”

“别人见你肯上进，帮了也是心里高兴。你比如我们胡庆余堂的药农，你事先接济他一点儿，他就当天大的恩惠。来年他种起药来就特别用心。送药的时候，成色稍差一点儿的，他们自己先把它捡掉了，说是不能因为自己坏了胡庆余堂的名声。我听了刘中医给我这么讲，我就打心眼儿里佩服这帮药农。今年我特意关照，只要是药农告贷的，不问原因，先放给他款子。”

古应春道：“你这么一说，我倒真的又想起个点子。雪岩，要说咱们的蚕丝生意已经做得够大了，为什么还老受洋人欺负？”

胡雪岩想了一想，答道：“无非是洋人在咱这里买不到，还可以到别人那里买。”

古应春道：“为什么不可以让他只能在咱一家买？”

胡雪岩道：“这个我也想到过了，要想能跟洋人叫板，必须中国的丝商联合在一起。过去我做不到这一点儿，现在手头宽了，已经能这么做了。”

古应春追问道：“效果怎么样？”

胡雪岩道：“那洋人很可能专门派人下去收购。咱是做生意的，人家也是做生意的，咱也不能说这地盘儿是我的，不准你去。”

古应春道：“你这话没错儿。不过咱虽然不能拦住别人，不让他去，咱却可以想个办法，让蚕农把丝茧只卖给咱们。”

“什么办法？”胡雪岩道，“让官府派人强迫蚕农？这样可

不妥。”

古应春道：“亏你想得出。我是顺了你的思路。既然把钱贷给药农，效果就不差，为什么不可同样把钱贷给蚕农？”

胡雪岩恍然大悟：“着啊！蚕农最怕市场不稳，咱先就给了他定金，还怕他不往咱这里卖？应春，你这主意不错。”

古应春道：“嗳，我有言在先，这可是顺了你的思路来的，所以应该是你的主意。”

胡雪岩道：“我原来可就没想到这一层。”

古应春道：“也不是没想到这一层，是没能力往这一层想。”

胡雪岩感叹道：“看来人也只能走一步，说一步，到哪一步，说哪一步话。”

左宗棠平定西北，胡雪岩立了大功。论功行赏，在左宗棠的力保下，胡雪岩得以为正二品，戴上顶戴，成为赫赫有名的“红顶商人”。朝廷又赏他穿黄马褂，骑上马绕皇城转三圈儿。

第二章 广结善缘

中国封建时代是一个官本位的社会，中央和地方的各级官员作为封建政治势力的代表，掌握着小民百姓的生杀予夺之权，他们为了满足私欲，公然把权力当作攫取财富的工具。而商人的社会地位及其在流通领域的不稳定性决定他们需要寻求超经济的力量——政治势力的庇护。这样，两者一拍即合，导致官商合流的结果。

晚期官府与商人的合流更是严重。既然贪官蠹吏以权牟利，而且翻手为云，覆手为雨，那么商贾散财结官的土壤就难以铲除。身处失意场、在钱眼里滚爬摔打的胡雪岩不会不了解这样的社会现实。他看惯了多少与戴乌纱帽的关系非同一般的人一夜暴富，又有多少没有官府撑腰的人惨遭毁家没产，为了背靠大树好乘凉，他匍匐于官权之下，施展各种本领交结官场权贵，以致平步青云扶摇直上，终成一代“红顶商人”。

欲自立者，必先立人

一天，胡雪岩在茶寮之中，碰到一位叫王有龄的寒酸客人。

王有龄衣着寒酸，面露愁容。虽然如此，他却好摆架子，说话老讲得很满，和人倾谈的时候，更带点不屑的神态，从眼尾把人望上一眼，更令人讨厌的是，他的派头总和他的钱包对着走，他每天坐在茶寮之中，将一壶“龙井”茶冲成了一壶白开水，也不肯离去。茶客怕了他，茶博士见了他，更愁眉苦脸，好好一个

座位，却被王有龄霸了。

人人怕了王有龄，胡雪岩却不怕他，认为他是一个不可多得的人才。

的确是真的，一个人才出现的时候，往往是毫不起眼的，那些没有眼光的人，便不能将人才发掘出来。

胡雪岩不单只有眼光，更有行动的勇气。

有一天，茶寮客多，胡雪岩见王有龄一个人独霸整张台，便趁机会结识他，上前跟他同桌而坐。

王有龄见了胡雪岩，不禁自惭形秽，因胡雪岩人缘甚佳，茶寮内新旧茶客，都是他的朋友，每个人见了胡雪岩，总要跟他攀上一些话题，好像跟他说话便会获得一些好处。胡雪岩又精神奕奕，活力十足，而且衣着整齐。虽然胡雪岩穿的衣服并不算名贵，但洗浆得挺直，配上黑鞋白裤，实在有点公子哥儿的气派。

王有龄见胡雪岩过来坐，便缩了一缩，这动作更引起了胡雪岩的兴趣，胡雪岩笑嘻嘻地说："王有龄，刚才我弈棋赢了钱，让我请你到另外一个地方'摆一碗'吧！"

王有龄听了，更加拘谨，心想受人恩惠，不知怎样报答，这些无谓应酬，推得一个便少一个。正在犹豫间，胡雪岩便连说带拖地把他带了去另外一处地方。

两人坐定之后，胡雪岩很认真地对王有龄说："我看你好像有点才干。我懂点'麻衣相法'，以相论相，你将会大富大贵！"

一连串的好话，早已将王有龄说得不知如何是好，王有龄心中一阵甜又一阵酸，胡雪岩又说："你既然有本事，为什么整天耽在茶寮呢？"

胡雪岩一针见血，将王有龄的心事揪了出来。连续叹了几声之后，王有龄说："本事值钱吗？做生意要本钱，连做官也要本钱，我手上无钱，比人家坐监更没有自由！"

"做生意和做官，都要去做。你整天坐在茶寮中，等运到吗？"胡雪岩骂了他两句之后，又温和地问："做官只要将书读好，哪需要本钱？"

一向以来，政府拣选人才，都通过科举考试。正所谓"将相本无种，男儿当自强"。几许穷家子弟，凭着努力读书而考上功名富贵。胡雪岩没有读过书，知道自己不能做官，便只好寄望于做生意发达。听王有龄说做官也要本钱，有点不明白。

"如果我有钱，可以凭捐纳取得官职。"王有龄说。

胡雪岩一听，心中不禁泛起了鄙视，心想你这么年轻，为什么不好好读书考取功名，只会学有钱人家充大头。其时发了达的想抬高身份，便捐纳换取官衔，以显家声。

王有龄见胡雪岩没有反应，便说："我父亲在世的时候，曾经捐纳我取得一个监大使的官衔。"

"呀！原来你是大老爷，小弟有眼不识泰山！"胡雪岩奉承的话，听在王有龄耳中，变成了带有嘲讽意味的话，他便连忙说："我也不是随便向人说，不过老兄这么关心，才略作透露……如果我有资本，老早上京活动，谋他一个实职。"

"你要多少资本呢？"胡雪岩问。

"大概500两银子。"王有龄只是随便地答，心中在想，看你也没有这笔钱，就算有，也不会借给我。

两人相对无话，默默地在吃酒。

朝廷的官员，是经科举挑选而来的。汉朝的时候，有所谓举孝廉，即是由地方推选一些"孝顺"和"廉洁"的人出来，担任朝廷的工作。

后来为了寻求一个客观的考核才干制度，便设科举制，考到了好成绩的人，便获得官职。科举制度是由隋朝开始，隋文帝废"九品中正制"，公元587年设志行修谨、清平干济二科，选拔官

员。隋炀帝时置进士科。唐代加置秀才、明经、明法、明书、明算诸科。

考试又分为几级，参加院试获取录的，称为生员（秀才）。

凡生员与监生、荫生等，经科考、录科、录遣等名目的考试及格者，均可应考乡试。考中者称为“举人”，得应次年在京城举行的会试。乡试第一名称“解元”。

会试为三年一次在京城举行的考试。各省举人皆可应考。考中者称贡士，得应殿试。会试第一名称“会元”。

殿试为皇帝对会试取录的贡士在殿廷上亲发策问的考试。殿试登科的称为进士。进士又分三甲，一甲三名，赐进士及第，第一名称状元，第二名称榜眼，第三名称探花；二甲赐进士出身；三甲均赐同进士出身。

政府本身，时常闹穷。

汉文帝时立捐纳制，肯纳粟的人，可买到爵位，又可以用钱抵罪，连监也不用坐。

清中叶以后，捐纳尤其盛行。王有龄的父亲，藉捐纳为王有龄取得一个“监大使”的衔头，但这只是一个虚衔，如果要变成实职，便要跑到京城吏部去报到，称为“投供”。这种活动，当然非钱不行，难怪王有龄叹息：没有资本，又怎样可以做官呢？

两人相对坐了大半天，有点话不投机的冷淡，眼见天色渐黑，王有龄便只好推杯起坐。

胡雪岩见状说：“明天下午，你再来一次，我在这里等你。”

“有事吗？”王有龄问，“为什么不现在说明白呢？”

胡雪岩说：“有件小事相托，现在还没有头绪，明天想妥了才拜托你。总之一句，明天同样时间，在此相会。”胡雪岩怕他不来，还加重语气地说：“不见不散呀！”王有龄很勉强地点了点头。他心中想：“少一次应酬，日后便少一次破财。”

王有龄见胡雪岩这样认真地叮嘱，反正他也闲着无聊，翌日午饭后便赶紧跑去应约。

到了相约地点，却不见胡雪岩的踪影，等了又等，却都站得疲了。本应早入饭馆坐坐，吃些点心，但花这些钱，对王有龄来说，有点舍不得，便只好继续左行右踱，却总不见胡雪岩的影子。王有龄心中早已嘀咕，心想胡雪岩果然只有口甜舌滑，爱玩弄人，但再想想胡雪岩的口气，又显得颇认真。念头一转，便又再等，算他欣赏风景也好，无聊踱步也好，他心中已经下了决心，要等胡雪岩到来好好数落他一番。

天已渐黑，实在斗不过肚子，王有龄心中说声“罢”便打道回府。但是走不出数步，便听得身后有人大叫：“王有龄，王有龄！”转头一看那人正是胡雪岩。

他见胡雪岩跑得满头大汗，本骂到嘴唇边的话，也收住了。

“很对不起，对不起！为了些事阻误了！”胡雪岩一边道歉，一边作揖。他又从衣袋中掏出一个小包，递给了王有龄，同时又说：“让我们转个角，不要让闲人看到。”

王有龄只好依言，跟他一同跑到没有人迹的路边去。

“你看看用得上吗？”胡雪岩很急促地问。

王有龄随手打开来一看，居然是一沓银票，再加上些零散银，一数之下，居然有五百多两银子。他心中茫然，眼睛望着胡雪岩，不知胡雪岩葫芦里到底卖什么药。

“我为了换些碎银子，方便你路途上零用才迟了这么多，累你等得辛苦。”胡雪岩眼中充满了歉意，“我看这银子，够你上京‘投供’，谋取一个实职了！”

接着，胡雪岩又说：“这些银票要小心收好，钱庄是认票不认人的。”银票好比现金支票，任何人也可以凭票到钱庄取款。

胡雪岩说着，王有龄的泪水已滴下来。世间上居然有这么热

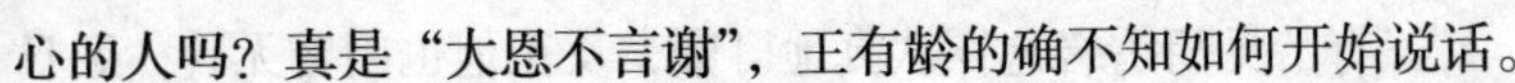

心的人吗？真是“大恩不言谢”，王有龄的确不知如何开始说话。

“何必哭呢？这不是大丈夫所为！”胡雪岩说，“我见老兄虎落平阳，英雄没路，真的有点不忍心！”

“唉！”王有龄好像将多年来所受的冤屈气都吐了出来，他说：“你这些钱……”

“钱本身是死物，你要运用，才产生效果，”胡雪岩说，“如果我将钱埋在床底下，我便浪费了钱的作用，如果我恃财行凶，或用钱去花天酒地，嫖赌饮吹，我更污辱了金钱。如果你能够利用这些钱达到你的抱负，他日做一个有良心的父母官，我不是发挥了钱的灵性吗？”

王有龄怔怔地听，心中惭愧，一个没读过书的小伙子，居然说出这种道理来。

情绪定下来了，王有龄即时问：“小胡，还没有请教大号。”

“我叫胡光墉，字雪岩。你呢？”胡答。

“我叫王有龄，字雪轩。”他说。

“王兄，大家既是朋友，也不在乎你帮我还是我帮你。”胡雪岩说，“你什么时候动身呢？”

“呀！我会尽早起程，后天吧！”王有龄答。

“那么，明天我仍在这里等你，替你送行。”胡说。

“好极！再见！”王有龄说完便和胡雪岩分手。

旱后雨，雪中炭，是人间最珍贵的东西。胡雪岩也不是看对了人作“投资”而借钱，他不过习惯了行善，更不忍见金钱难倒英雄汉，便将钱送予王有龄。究竟这笔借出去的钱，是否有得退还，这便不在他考虑之内了。事实上，当我们计好了收获才肯出手帮人的话，也不是真正行善。

当天一早，王有龄到衣铺买了一些衣物，连同一些土产，便赶忙回家吃点午饭，打点一切之后，又匆匆赶赴胡雪岩的约会。

因为身上有钱，王有龄也乐得大方些，便跑进茶馆中，泡了壶上好“龙井”，叫了一两个点心，准备和胡雪岩细说从头。但这么一等，又等了大半天，总不见胡雪岩出现。

因为有昨天的经验，王有龄也比较有耐心，心中不再骂胡雪岩捉弄自己，反而泛起了一点忧虑，怕胡雪岩是出了意外。

一等之下，天色已经黑了，茶博士也走来台前几次，看看王有龄是否结账，王有龄也有点不好意思，但心中在想，为什么胡雪岩不来呢？正在思想之中，茶博士说：“客官，小店要关了，明天请早吧。”

王有龄只好结账而去，但总不放心，便在茶馆附近来回转了几趟，心中在问“雪岩是否出了事呢？”

慷慨助友，自陷困境

急人之所急，誓与有龄同生死

胡雪岩做事利落，交朋友又真心，他总会将别人的事，当作自己的事来做，急人之所急，因此，他赢取了不少人的友谊。

话说当太平军搞得最厉害的时候，浙江的杭州也失守被围，当地的官吏和有能力的人，早已逃的逃，走的走。王有龄是一位负责任的官，他宁愿死守也不肯逃去。为了和百姓一同守城，王有龄分别写了不少血书向有能力的其他官员求援。杭州需要援兵，更需要粮食，杭州虽然地方富庶，交通发达，储存的米粮却不多。

为了筹足粮坚守杭州，王有龄派了胡雪岩到上海去购买粮食。这个任务一点也不简单。当时整个杭州城已经被太平军围死了，胡雪岩几经艰苦才突围而出，跑到上海去和古应春夫妇联络。上海有洋人撑腰，太平军不敢入侵，因此上海仍然是夜夜笙

歌、纸醉金迷的地方。正当古应春和太太七姑奶奶在研究如何将当地的毛蟹清蒸享用的时候，有人拍门。

走进来的是一个一跛一拐的人，他衣衫褴褛，头发蓬乱，兼且满面于思，皮黄骨瘦，古应春和七姑奶奶一时间都认不出他是谁。

对方开口叫了一声："七姐。"

七姑奶奶感到声音有点熟，正要开口问，对方即说："我是雪岩呀！"

古应春夫妇不禁叫了一声："你怎么弄成这样子呀？"两夫妇便赶紧张罗，一方面叫人拉椅子让胡雪岩坐，另一方面又伸手搀扶，令他走得方便一点。

古应春当年跟胡雪岩做了一些丝的生意，赚了一点钱。他精通英语，在上海这个洋场，生意也做得不错，和七姑奶奶结了婚之后，又添了一个儿子，生活得很惬意。

眼前的胡雪岩呢？为了杭州人的粮食问题，已经两个多月没有吃过一顿饱饭。他首先坐小船逃出杭州，因为身上带了购买粮食的银票和公文，只好格外小心，昼伏夜行，避过一个一个太平军的军营。路上不容易找到食物，就算找到了，他也不敢多吃，因为饿了这么多日子，肠胃早已衰弱，突然间吃得太多，无法消化。

著名的大诗人杜甫，一生多挫折，适逢安史之乱，眼见自己的儿子饿死了，也没有办法。据记载杜甫是饮酒过多大醉而死的，但传闻杜甫却是饱死的，原因是久饿之下来个暴饮暴食，肠胃不适应便饱塞死掉。

冬天的时候，地方上例行施粥，第一天总有几个人死掉，原因是贪心吃得太多，因而饱得胀死了。

七姑奶奶见胡雪岩这么饿，眼前虽然有肥大的毛蟹，也不敢给他吃。她吩咐下人煮点粥，又将自己珍藏了多年的老山人参拿出来，让胡雪岩咀嚼吞下，以保存元气。安排妥当之后，便为胡雪岩找了一名西医，看看他的脚伤如何。

“起码休息上十天半月，否则……”医生说。

“不能，三五天之后我便要回杭州了。”胡雪岩很坚定地说。古应春夫妇正想插嘴劝阻，胡雪岩很哀愁而坚强地说：“你们可知道杭州有几多张嘴巴张大了等我的米粮？”

众人听了也默然。急公好义是胡雪岩的性格，他既然舍命完成王有龄的重托，旁观的人还好意思阻止吗？

在古应春夫妇悉心照料下，胡雪岩一边静心养伤，一边安排购买米粮。因为他带来大笔金钱，购米粮一事便很轻易办妥。余下来的，是运输以及保安的工作，因为上海以外的地方，已经陷入太平军的势力范围，胡雪岩运送米粮去帮助王有龄对抗太平军，旅程肯定是危险的，有了米粮却运不入杭州，岂非可惜？

终于，胡雪岩找来了尤五哥的协助。尤五哥是七姑奶奶的兄长，专于运河运输工作，但近年洋务运动盛行，运河的航运业务，早已经输给了海运。何况运河内陆有太平军控制，不但行不通，而且很危险。

专做海运工作的，有一个叫郁馥华，当时战乱危急，走进战区运输，是危险的，如果不是交情推不掉，谁人也不肯冒险。胡雪岩看着大批米粮，盘算着如何运去杭州救人。

胡雪岩跑去与尤五哥商量，但尤五哥的运河船舶，已经解体，唯一的办法是求郁馥华出马，但尤五哥和郁馥华曾经有摩擦，原因是郁馥华的下人，得罪了尤五哥，郁馥华曾经几次要跟尤五哥言和，但尤五哥见道理在自己手中，不肯接受。

碍于面子，尤五哥实在不愿向郁馥华求协助，奈何这是一件善事，尤五哥和胡雪岩的交情又不浅，尤五哥正在迟疑之际，胡

雪岩勉力站了起来，叫了一声“五哥”，便即跪了下来。

尤五哥见状，大叫：“小叔爷，你何必这样，我受不了！”

古应春夫妇见状，也急急走近，将胡雪岩扶了起来，但胡雪岩说：“我是为杭州全城的人向五哥求情的。”

尤五哥快人快语，激于义气地说：“只要你要求，我跟郁老大虽然有点过不去的梁子，也只好上门求个情。”

米粮的运输工作已经安排好了，但谁人肯冒生命危险去运输呢？唯一的办法是出重赏去聘请勇夫，而这些勇夫，最好是外国人，因为太平军怯于洋人的军火和势力，不敢攻击挂洋旗的船只。几经艰苦，古应春才说服了一批洋保镖负起押送粮食的工作。

诸事就绪，胡雪岩要亲自押送粮食，古应春夫妇认为他不必冒险。

“你伤了大腿，还要人服侍，何不留在这里养伤呢？”七姑奶奶说，“何况，你又不懂航运业，各样事情也有专责的船夫打点……”

古应春又插嘴说：“你和家人失散了，老夫人的下落也不知。”古应春知道胡雪岩很孝顺，杭州危急的时候，他托人将家眷送到上海，自己留在王有龄身边，古应春又说：“何不趁机会在上海找找他们呢？”

“你们夫妇的心意，我是领会得到的。”胡雪岩说，“留在上海而掉下了王有龄，这点我是办不到的。”

古应春夫妇知道胡雪岩很重视友谊，劝阻他也不会有效，只好默然不作声。整个大厅此时变得死寂，除了户外的风声，什么也听不见。为了打破宁静，胡雪岩找了个话题：“我跟王大老爷有联络的方法，如果我不上杭州，而他们将粮食运到杭州却又和王大人接不上头，岂非浪费？”理由虽然不充足，但胡雪岩既然坚持，古应春夫妇也不便勉强他了。

不过，七姑奶奶怕胡雪岩作无谓的牺牲，便尽个人的努力尽量去安慰他，开解他。她说:“其实，杭州是没有希望的，从外面看，才知道这么危险，太平军已将整个城围住，杭州迟早沦陷。你今次运送粮食，就算成功了，也不过是杯水车薪，小叔爷，你又何必自投罗网呢?”

“你也说得是，不过……”胡雪岩也没有理由去支持自己做无谓的牺牲。

“你和王有龄大人很有分别，”七姑奶奶说，“他是地方官，守土有责，而你，是一介商人。你的官衔是出钱捐纳换来的，根本没有守土而牺牲的责任。”

“我之回去，并不单只是为了守土，”胡雪岩说，“看着王大人在那里煎熬等死，说什么也过意不去。而我能发展事业，多少也因为王大人的提拔，七姑奶奶，做人要饮水思源呀!”

“我明白，你是一个很重义气的人，”七姑奶奶说，“但义气这种东西，不是白白牺牲便换回来的。如果你在外面为王大人做事，不也是有义气吗?王大人牺牲了，更需要你去表扬他的功劳，如果你也白白牺牲了，谁人知道王大人守土而牺牲呢?”七姑奶奶一番话，将胡雪岩说得无话可答。

胡雪岩做事，一向也当机立断，绝不会被感情所左右，如果要考虑到感情，也要打打算盘，看看是否合算。但不知为什么，这次要决定自己的去向，他却犹豫不决，总放不下对王有龄的感情。几经考虑，他才说:“七姐，我知道你为我好，也为王大人好，不过，我实在办不到!”

“为什么双方面都有好处，你却办不到呢?”七姐说，“王大人牺牲，也要死得有价值，你应做个见证，将来为他歌颂，留下有用之身去报答王大人，不是很好吗?”

“我怕王大人心中怪我不够朋友。”胡雪岩吞吐地说出原因，“同时，世人也会骂我贪图富贵，欠缺责任心。”

“呀，小叔爷，你还跳不出‘人言可畏’这个框框，成大功的人，哪个不是默默地干，永不被旁人的话所左右的呢？”七姑奶奶说得兴起，又说：“我最憎恨那些假道学，说一套做一套，硬生生地以一些道德观念去箍死人。”

古应春也插口说：“你现今为王大人在外面办事，也不是掉下他不理，我们主张的是不作无谓的牺牲。”

七姑奶奶又说：“王老爷逃出杭州，便会身败名裂，他死守杭州是忠臣的所为。”

“呀！多谢你提醒我，”胡雪岩说，“我要成全王大人，让他死得有价值。”

“当然，杭州城是救不来的，王大人全家肯定要牺牲。”古应春也说。

“好！我这次会小心了。”胡雪岩说。

“你坚持要走？”七姑奶奶有点失望，花了这么多口舌，也未能将他说动。

“从前我的想法是和王大人一同死守杭州，”胡雪岩说，“但现在的我，走是要走的，但我不走死路，你们放心吧！”

双肩负重任，运粮草尽心竭力

船队终于出发，由长江而转入大海。整支船队共 18 艘，又添了两艘防卫船。防卫队有 112 人，士兵 100 名，大多数是吕宋兵，12 个长官中 7 个是吕宋人，3 个是美国人，还有两个是中国联络官。胡雪岩坐第一艘船，同船的有古应春的学生萧家骥，他负责英文翻译，此外尚有船家郁馥华的员工等等。

整个航程也很顺利，不几天便驶入了钱塘江，可遥望杭州城。不过，这个古城却被太平军重重围困，出入也不可能。当日王有龄和胡雪岩约好，大船泊在江中，他自然会派遣军队攻出一条血路，以便运送粮食。但等了两三天，总不见王有龄有任何动静。

原来王有龄也计好时日，知道胡雪岩已抵达江口，也曾经派过不少军队去攻城，可惜士兵早已饿得神志不清，每朝攻了两三次之后，便变成“软脚蟹”，有些更在攻城时死去了。

杭州城内有很多“倒路尸”：两个朋友在街头相遇，本应互相问好，其中一个突然因饿晕了过去，另一个见状，伸手去扶他，但腰一弯下，便感到头脑昏昏，也倒地而死。最初出现“倒地尸”时，好心人士也挖地埋葬，但死人实在太多了，葬都葬不了，还好当时是冬天，死尸也不致引起瘟疫。

百姓肚饿，军队也缺粮，没有食物，又怎可以打仗呢？王有龄本身的健康条件也不好，他因为忧劳成疾，肝火上升，不时大咳，一咳之下便吐血，失血太多便头昏目眩，脸色差得很，但他不肯休息，每天坚持登上楼台出巡，因为他勉力支撑，反而激励了士气，众人虽然肚子饿，也甘愿挨下去。等得没有办法，胡雪岩只好主动和王有龄联络。他因为脚伤，走动不便，而且又要坐镇大本营，准备随时和王有龄的人联络。

围困杭州城的太平军，当然也需要食粮，他们看着摆在钱塘江口的粮，早已意动，但碍于西洋人的守卫，又怕了西洋人的火器，每天只是在附近游弋，进行监视。

如果派人潜入杭州城和王有龄联络，又怕会被太平军抓住，因为外人是很容易辨认的，杭州本地人，早已饿得皮黄骨瘦，任何健康的人出现，不用说也是外来的人了。

面对这个无法解决的问题，萧家骥自告奋勇要潜入杭州城。由于他一直在上海生活，会说英语，正好假扮洋人的军火代理

商，抓到了也好说话。

商量好之后，胡雪岩便在附近招来了一艘小艇，吩咐艇家载萧家骥到杭州城边。

“艇家，你可否载我的朋友入城？”胡雪岩问。艇家也愕然，他载了很多人偷渡离开杭州城，很少载人入城的。

胡雪岩见他犹豫，便用重金诱他，说：“你载我的朋友一转，我给你10两银子，当他平安上了岸之后，你再来报个信，我再送你10两银子。”

萧家骥听了，感到奇怪，为什么事后仍然有偿呢？胡雪岩便解释，他这样做是避免船家去太平军处报信。因为这里有白花花的银子作偿，船家放下萧家骥之后，便会即时将船划回来。萧家骥不禁佩服胡雪岩的心思。

萧家骥好不容易被送了上岸，他果然被太平军抓住，但萧家骥口才了得，样子又出众，太平军便对他刮目相看。通常被抓的人，都怕得要死，瑟缩一团，但萧家骥却落落大方，说明自己是从上海来的，有意到这里兜卖军火，请求太平军安排时间让他去拜会他们在杭州的领袖忠王。

太平军因为相信萧家骥，便放松了监管。事实上，他们抓来的人也早已饿得疲累软弱，走也走不动，因此太平军已放松监督了，萧家骥亦趁着机会逃了出去。

找到了王有龄的住所，踏入王府，萧家骥也吓了一跳，里面的人，好像行尸一般，气力疲弱，走起路来好像鬼影一样，王有龄本人，也瘦得好像皮包骨一般，眼睛大大，颧骨凸起，当他见到萧家骥，知道他是胡雪岩派来的人，只是勉强地露点笑容，眼神中不存在一丝希望，显然他是死了这条心，没有了斗志。

“胡大人四天前就到了江口，他在等你的消息。”萧家骥说，“他早已等得食不甘味，夜不能安寝。因为没有联络，所以才派我冒险潜入来。”

“我也知道你们到了，”王有龄有气无力地说，“我们每天也派军队出外冲，希望杀出一条血路来运输粮食，但长毛将我们围得死死的。”

“唉！”他又说，“我真不甘心，眼见粮食在前面，却没有办法。有饭吃不到口真叫人灰心。”王有龄一边说话，一边哭泣，他的哭声，好像传染病一般，令全家上下也因此而大哭了一场，哭完之后，也要想办法。

盼望奇迹是不可能的，太平军也缺粮，也想抢到粮食，哪会让王有龄等人抢到粮食，吃饱肚子和他们对抗呢？

面前的粮食，是全城人民生死所系，如果能鼓动全民争取，或者会形成力量。

每个人都有潜力，特别在生死存亡之际，潜在力量更易被激发。眼前的粮食，是否可能鼓动军民奋斗起来，杀出一条血路呢？

想了又想，王有龄的眼神中，一阵喜一阵惧，最后却说：“罢了，罢了，还是你们自己逃生吧！”他一时之间又被绝望思想所控制。他心想自己既是死路一条，又何必拉老朋友陪死呢？“萧义士，”他说，“你们快走吧，我们决定坐以待毙。希望雪岩他日为我表扬守土的精神吧！”

失望的情绪，早已侵蚀了王有龄的意志，既然全心求死，萧家骥再劝，也是徒然。

“我们既然到了，倒不如多候三天，看看是否有奇迹吧！”萧家骥说。

“我们已经攻了四天，也没有办法，”王有龄答，“再候三天，也是略尽人事。也好，三天之后，你们大可放心离去。”

说完，王有龄全家便拜谢了萧家骥，将他送了出去，顺便又

向萧家骥塞了一张遗疏，请他代转交胡雪岩保管，王有龄说："城在人在，城亡人亡。杭州城陷的一日，便是我王有龄全家毕命之日。"

"唉！"萧家骥听了，也流下了眼泪，想说些话来安慰他，但喉头发不出声音。

"萧义士，"王有龄说，"请代转告雪岩，千万不要为我伤心。"

胡雪岩收到王有龄的遗疏，真是伤心欲绝，他自己千辛万苦才从杭州城出来，跑到上海去买米粮，又几经艰苦才将米粮运到这里，现在可以救人却救不到，念及王有龄的遭遇，更令他涕泪交加。

最悲伤的是王有龄已经完全放弃了。正所谓"哀莫大于心死"，当一个人放弃了求生念头之后，旁人如何劝告协助，也是无济于事的。

王有龄的牺牲，是必定的了。虽然没有办法，萧家骥还是带来"三天等待"这个希望。人在绝望的时候，只好向幻想世界寻求希望，这三天真会发生奇迹吗？当然不会，然而却也能令胡雪岩重生一点希望。

同队而来的船夫和洋卫兵，早已等得不耐烦了。明知杭州城已经没有希望，还等什么呢？他们早已在鼓噪，要求早日回航，远离杭州这个危城。

胡雪岩却苦苦哀求，要求多留三天，但船夫和卫兵们却没有胡雪岩的耐心，老是意见多多，他们常常三两人走在一起，显然是互相倾吐不满。

最后，胡雪岩提出两个办法：

第一个办法，是在这三天内等王有龄出兵，然后出手相助。倘若王有龄真的从杭州城打出一条血路，船上肯协助攻打配合的卫兵，共可获得3万两银子的奖金，如军兵阵亡受伤，其家属可得双倍数目的抚恤金。等了三天而没有消息的话，胡雪岩也会送出3000两银子供大家分享。

众人听了这个办法，也觉得合理。

“第二个办法呢？”众人追问下去，“快快说来听听吧！”

胡雪岩平静地说：“你们首先将我掷落钱塘江，然后开船走吧！”

众人听了胡雪岩的话，心中也感到惭愧，各自纷纷在想，好歹也等这三天吧，何必逼人太甚呢？于是，众人的情绪也安定了下来。

“我知道留这三天也没有什么作用，”胡雪岩说，“不过，做人要有始有终，略尽人事，也可以减低内心的不安。”

虽然没有希望，胡雪岩却不想随便放弃。每天早午晚，他都站在船头遥望杭州城。由于担忧杭州城的情形，他吃不下，也没有躺在床上，站累了便坐在船头，体力稍稍恢复，又站起来，好像杭州城随时会出现奇迹。他总是踮着脚远望，望完之后便坐下来，静静地饮泣。

北风不断地吹，胡雪岩的身体，早已弱得不能再支持了。他不断地咳嗽，船中的人，都已被胡雪岩的真情感动了，他们也为王有龄有这样的一位知己而庆幸。

洋人做事，依足规矩，三天虽然不容易过，但总算过去了。三天一到，准晚上八时便起锚开船，一点也不通融。

胡雪岩知道规定，也不再拖，只在船头向着杭州插上三支香，遥向王有龄拜别，拜后便倒头痛哭，众人扶起之际，方发觉他整身发热，原来胡雪岩在发高烧。

一场太平天国事件，将整个清朝江山摧毁了一半。危难之中最见真情，胡雪岩对王有龄的这种情义，是很难得的。交朋友交

到了胡雪岩，真是人生第一美事。

忍痛割爱，成人之美

阿巧擅公关，何桂清失魂落魄

通过王有龄，胡雪岩便往上攀，借机会去认识何桂清。某次出差，正路过何桂清苏州的公署，胡雪岩便持着王有龄写给何桂清的信，去探访这位刚踏上青云路的何桂清。

既然有机会拜会何桂清，胡雪岩要如何出手，才可以令何桂清对他产生好感呢？

钱是最有力的武器，这是胡雪岩的想法。于是，在送信给何桂清的同时，胡雪岩在当中夹了一张五千两银的银票。这是秘密的事，因为做官的最怕被人参上一本，说自己受贿。除了送钱，还要送礼。

送什么礼，才有用处呢？

当时胡雪岩有一位红颜知己，名叫阿巧。这位阿巧姐出身风尘，已经接近三十岁，仍然风姿绰约，迷倒不少男士。在风尘场所之中，正所谓“五年成一世”，年轻的阿巧，早已转化为擅于应酬的“公关人员”。

阿巧姐的打算是尽快找一归宿从良，耽在风月场所中，终非良策。当阿巧姐认识胡雪岩，不只大卖风情，还想投怀送抱。但当时胡雪岩只重视自己的事业，别的事他没有兴趣，连情欲也抛到九霄云外。阿巧姐向他卖弄风情，好像向盲人卖俏，得不到什么回应。

阿巧姐出身风尘，最明白人情世故，她见胡雪岩在送礼上碰上问题，便问：“他是什么地方人？”

“云南人。”胡雪岩答。

“云南人出任江苏的官职，当然患思乡病，不如从吃方面下手吧！”阿巧姐答。因为她明白，要讨人欢心，最好从吃的方面下手。

“呀！你说得对！”胡雪岩以奖励的眼神望着阿巧姐。

于是，胡雪岩便发散了人，在江苏境内搜集云南特产，如宣威火腿、紫大头菜、鸡趾菌和咸牛肉干。但这些东西不容易找到。虽然找到了，数量却不多。

“不怕，”胡雪岩说，“物轻情意重。”胡雪岩心想，以自己的关系也找不到，何况别人呢？

于是，他便将这四色土产包好，连同王有龄的信和那5000两银子银票，托人送给何桂清。

何桂清对于胡雪岩已经从王有龄方面得到深刻印象，早已经想结交胡雪岩，只是未有机会。今次接到礼物，很是欢喜。他这么高兴，也不知是因为有机会认识胡雪岩，还是得到那5000两银票，抑或是有机会吃家乡土产，总之，这欢乐他从未有过。

当天晚上，胡雪岩在客栈中正闷着不知做些什么，只和阿巧姐谈天说地，忽然门差来报：“何学台亲自拜访。”

主客刚坐定阿巧姐捧来四个果碟，碟上分别是洋糖、蜜枣、杭州的香榧子、昆山附近的黄埭瓜子，正向何桂清招呼，胡雪岩便答：“这些土产，都是阿巧姐出的主意。”何大人听了，再望望阿巧姐，两人四目相投，阿巧姐脸都红了。也不知是被胡雪岩赞得不好意思，还是被何桂清看得窘了起来。何桂清把阿巧姐看得窘了，便另外找话说：“什么时候到的？”

“今天刚到。”

“从杭州来？”

“不是，从上海来。”胡雪岩说，“对大人仰慕甚久，很想一见，所以便专程到来拜访，顺便一游当地的名胜，在这里停

三五天。”

“老兄真是有福气，”何桂清说，“战乱时候，也可以携侣共游，真是人生一大快事。”

阿巧姐在旁聆听，望着面前这位既年轻又英俊的高官，心想说书先生口中的公子、状元，相信便是眼前人物的模样，他们凭着尚方宝剑，为民除害。

阿巧姐在想何桂清，何桂清又在想阿巧姐：“她究竟和胡雪岩是什么关系呢？既然不是妻妾，是他的什么人？”何桂清一边说话，一边在想，对于胡雪岩所问，只是支吾以对。胡雪岩是何等厉害的人物，只是一瞄，便看得明白。

待阿巧姐出了厅门，何桂清才转醒过来，这才发觉自己有点失魂落魄，如果再待下去，便会出丑了，于是便向胡雪岩告辞：“倒不如今晚一同吃饭，我有事向老兄请教。”

“不敢当，不敢当。”胡雪岩很客气地说。

“雪岩兄，”何桂清说，“你和有龄兄交情不浅，他时常告诉我，你是一位‘足智多谋，可以共肝胆’的好朋友，我有些事，要和你商量。”

“那么，”胡雪岩说，“就今天晚上见吧！”

何桂清一走，阿巧姐便趋前说话：“这位何大人，也很年轻。”

“是的，”胡雪岩答，想起刚才两人眉来眼去的神情，不禁酸溜溜地说：“他大你也不过三五年，正好配得上你。”

“嘴里老是不三不四。”阿巧姐娇嗔着，白了他一眼。

积极促姻缘，友谊之树花常开

好不容易，等到黄昏时候，何桂清派了一顶轿到来接胡雪岩。

何桂清极为友善，又热情又客气，完全没有官老爷的架子，或者是欣赏胡雪岩的才干吧。

胡雪岩很感动地说："云公（何桂清字根云），当初王有龄大人托我送信，说如果你有事情委托，务必出力代办。当初我怕自己能力有限，不敢随便应承，不过，云公对我这么好，相信即使我办不到，你也会体谅我的，所以，有事尽管吩咐吧！"

何桂清见胡雪岩快人快语，便也毫无禁忌地和他分析了自己的前途。

何桂清的职位是江苏省的学政，再上一级是有可能升任的，不过，何桂清考虑的有两点：

第一，他和黄宗汉是同年出身，如果接了黄宗汉的职，便好像是他要挖黄宗汉的老底，同年相好，有点说不过去；

第二，浙江及不上江苏，如果要候一个巡抚的缺，不如等江苏的缺。

因此之故，何桂清希望在京师走动走动，暂时担任一个仓场侍郎的职，作为过渡。

仓场侍郎驻在通州，专管米粮的接送、存贮，下面有11个仓监督，是一个肥缺。做了两三年，又可调任巡抚，那时可以做一个清官，因为那时储蓄已经很丰厚，不必再刮了。

胡雪岩听了何桂清的计划，不禁叫了一声："呀！真好。我在这方面，也有可以效劳的地方。"

何桂清说："王有龄已经升了官，你们浙江的海运。"

"天下的米粮，重心点在浙江。"胡雪岩说，"王大人虽然调升了，但接替的人是稽鹤龄，他是我的结拜兄弟。"

"真巧得很，有老兄帮忙，各样事便会顺利。"何桂清客气地说。

何桂清已将心中的秘密向胡雪岩透露，但这仅是开场白罢了。精于谈道的胡雪岩，也明白事情不止这么简单。为免何桂清

难堪，胡雪岩便先开口提出贷款的事，也好借此把这场淡薄的友谊深化。

胡雪岩明白，眼前的何桂清，不宜放过，于是，他便恳切地说：“何大人，有一句话，不知说得说不得？”

“你没有说出来，又怎知说得说不得呢？”何桂清眼神充满了鼓励，盼望胡雪岩将心中的话说出来。

“听说藩司进一次京，礼物使费，起码要两万两银子以上，是吗？”胡雪岩问。

“这要视乎省份大小而定。穷的省份，也不用这么多。”何桂清说，“如果是江苏这种富有的省份，两万两银子肯定是不够的。如果上京谈公事接头，升迁官职等，也没有一个底数，两万两银子是起码的开销。”

“好像你这样谋一个差使，费用要多少呢？”胡雪岩直接地问。

“这要视乎行情、圣眷，以及竞争的对手而定。”何桂清说，“照我的情形，使费不会很大。”何桂清只是略略说出情形，具体数字，还没有作答，胡雪岩需要知道的，是实际数字，因此，他仍然望着何桂清，盼望他说出来。

何桂清被胡雪岩望得无奈，数了数指头，好像自言自语地说：“大概也要一万五千两左右吧！”

“云公，”胡雪岩好像满有信心地笑一笑，然后说，“我们办钱庄的，集合了客人的钱却没有路子放出去，这种‘烂头寸’的滋味，最难受。你这次进京，最好动用一点我的呆款。”胡雪岩明知何桂清需要款项去走动走动，但又怕读书人不屑开口，只好装成需要他的帮忙，协助运用资金。胡雪岩明白，总要给人家面子的。

何桂清听了，也明白胡雪岩有心资助，他亦来得老实地问：

"老兄，你可以借我一笔款去活动吗？"

"当然，我的款子待在这里也不会生子钱。"胡雪岩说，"钱要运用，才可以产生效用，将死钱变作生钱。我们大家既然是好朋友，利息方面，大可相宜。"

"期限呢？"何桂清问。

"你自己定吧。"胡雪岩答。

何桂清也不知如何作答，仓场侍郎这个缺，肯定是肥缺，但又怎可以一上任便刮呢？至于什么时候才筹足款项退还，还没有把握。

胡雪岩也明白他的心意，便主动地提出："倒不如这样吧，我替你开一个折子，你便可以随时提用，要还的时候，只要进去便可以了。至于期限呢？是活的，视乎你方便而定。"

何桂清听到这里，深深明白为什么王有龄事业这么顺利，胡雪岩的确洞明世事，急人所急，但何桂清心中有一个忧虑："为什么这么容易，不用提保，不用签约，只是闲话一句便谈妥了？"事情来得容易，便会令人怀疑。何桂清也谨慎地问："你真的有'烂头寸'的麻烦吗？"

"云公，就算没有'烂头寸'，"胡雪岩很有义气地说，"一场朋友，我也要好好效劳的，是吗？"

"你的好意我是感激的，不知何以为报。"何桂清终于说出心里话，胡雪岩出金钱是否有附带条件呢？他日因为借了钱而被控制，便惹来烦恼。

胡雪岩听了何桂清的话，再看他的表情，心中已经摸通了他的疑问。条件胡雪岩或者会有，不过，这是将来的事，如果向人送钱便首先说明了条件，这是下路的手法。何桂清以这样的神态望着胡雪岩，准是将他小看了。其实，胡雪岩的内心有点愤怒，但他和何桂清认识只有一天，人家用世俗眼光看他，也不足怪。

终于，一闪而过的怒气，也被压了下来，胡雪岩很慷慨地说："我听说书先生讲过古代的游侠列传，古人可以千金相送，我这区区万两银子，还算什么呢？"

何桂清这么一听，也觉得有点不好意思，也只好拱手而答："失言了，失言了，请老兄多多包涵。"

吃完饭之后，两人又喝了点酒，谈得很投缘。两个人变得越来越少隔膜，连生活上的闲情也扯及了。

"雪岩兄，我有件事拜托。"何桂清很有点忸怩地说，停了一会，见胡雪岩老是望着他等他说下去，只好继续说："我的内人很贤惠，但身体很差，她总想我纳个妾，以照料我的旅途生活，不过，我在江苏任内，娶部民为妾，大干禁例，未知……"

"啊！这方面我大可以代为留意。"胡雪岩一向擅长为人做媒，便问道："条件如何呢？何大人。"

"大概好像阿巧姐一般，也可以了。"何桂清答。

"噢！阿巧姐一般。"胡雪岩心中泛起一股酸意，他虽然忙于事业发展，对阿巧姐没有多大兴趣，但并不等于想放弃她，现在何大人提出要求，他究竟是让阿巧给他还是不让呢？

古人有买妾赠友的雅好，杭州从前也有一位叫年羹尧的大将军，身边妾侍很多，但破产抄家的时候，他尽量将身边的侍女遣散予朋友。

想了一轮之后，胡雪岩心中也释然，他认为不必为了一个女人而坏了大事，何况他对阿巧姐，也不是特别有意思，与其占而不用，倒不如转赠他人。

"呀，何必到处找呢？"胡雪岩说，"大好一个阿巧姐，已经在我们的面前了。"

终于，胡雪岩便代为安排，撮成了何桂清和阿巧姐的姻缘。

捐官有道，仕途广阔

王有龄把上院谒见抚台，以及与藩司、粮道会议的结果都告诉了胡雪岩，问他有什么办法？

“事情是有点麻烦。不过商人图利，只要划得来，刀头上的血也要去舐，风险总有人肯背的，要紧的是一定要有担保。”

“怎么样担保呢？”“最好，当然是我们浙江有公事给他们，这一层怕办不到，那就只有另想别法，法子总有的，我先要请问，要垫的漕米有多少？”

“我查过账了，一共还缺十四万五千石。”

“这数目也不太大。”胡雪岩说，“我来托钱庄保付，粮商总可以放心了。”

“好极了。是托信和？”

“请信和转托钱庄，这一切一定可以办得到。不过抚台那里总要有句话，我劝你直接去看黄抚台，省得其中传话有周折。”

“这个，”王有龄有些不以为然，“既然藩台、粮道去请示，当然有确实回话给我。似乎不必多此一举。”

“其中另有道理。”胡雪岩放低了声音说，“作兴抚台另有交代，譬如说，什么开销要打在里头，他不便自己开口，更不便跟藩台说，全靠你识趣，提他一个头，他才会有话交下来！”

“啊！”王有龄恍然大悟，不断点头。

“还有一层，藩台跟粮道那里也要去安排好。就算他们自己清廉，手底下的人，个个眼红，谁不当你这一趟是可以‘吃饱’的好差使？没有好处，一定要出花样。”

王有龄越发惊奇了，“真正想不到！雪岩，”他说，“你做官这么内行！”

“做官跟做生意的道理是一样的。”

听得这话，王有龄有些想笑。但仔细想一想，胡雪岩的话虽说得直率，却是鞭辟入里的实情。

反正这件事一开头就走的是小路，既然走了小路，就索性把它走通。只要浙江的漕粮交足，不误朝廷正用，其他都好商量。如果小路走得半途而废，中间出了乱子，虽有上司在上面顶着，但出面的是自己，首当其冲，必受大害。

这样一想，他就觉得胡雪岩的话，真是“金玉良言”。这个人也是自己万万少不得的。

“雪岩，我想这样，我马上替你报捐，有了‘实收’，谁也不能说你不是一个官。那一来，你在我局里的名义就好看了，起码是个委员，办事也方便些。”

“这慢慢来！我等你这一趟差使弄好了再说。”

王有龄懂他的意思。自己盘算着这一趟差使，总可以弄个三五千两银子，那时候替胡雪岩捐个官，可以捐大些。胡雪岩大概是这样希望，自然要依他。

“也许。”他把话说明了，“我有了钱，首先就替你办这件事。不过，眼前怎么样呢？总要有个名义，你才好替我出面。”

“不必。”胡雪岩说，“我跟你的交情，有张胖子到外面去一说，大家都知道了，替你出面办什么事，人家自然相信。”

“好，好，都随你！”就从这一刻起，王有龄对他便到了言听计从的地步。

当天夜里又把酒细谈，各抒抱负。王有龄幼聆庭训，深知州县官虽被视作“风尘俗吏”，其实颇可有所展布，而且读书不成，而捐官，既然走上了这条路子，也就断了金马玉堂的想头，索性作了功名之士。胡雪岩的想法比他还要实际，一个还脱不了“做官”的念头，一个则以为“行行出状元”，而以发财为第一，发了财照样亦可以做官，不过捐班至多捐一个三品的道员，没有红顶子戴而已。

因为气质相类，思路相近，所以越谈越投机，都觉得友朋之乐，胜过一切。当夜谈到三更过后，才由高升提着海运局的灯笼，送他回家。

“盘口”既已开，王有龄却不识穷

王有龄谒见抚台，黄宗汉问：“海运局的事，你兼顾得来吗？”

这一问在王有龄意料之中，随即答道：“请大人放心，一定兼顾得来。因为我部下有个人非常得力，这一次‘民折官办’，如果没有他多方联络折冲，不能这么顺利。”

“喔，这个人叫什么名字？是什么出身？几时带来我看看。”

“此人名叫胡光墉，年纪甚轻，虽是阛阓中人，实在是个奇才。眼前尚无功名，似乎不便来谒见大人。”

“那也不要紧。现在有许多事要办，只要是人才，不怕不能出头。”黄宗汉问，“你说他是阛阓中人，做的是什么买卖？”

“他，”王有龄替胡雪岩吹牛，“他是钱业世家，家道殷实，现在自己设了个钱庄。”

“钱庄？好，很好，很好！”

一连说了三个“好”字，语气奇怪，王有龄倒有些担心，觉得皮里阳秋，用意难测，不能不留神。

“提起钱庄，我倒想起一件事来了。”黄宗汉说，“现在京朝大吏，各省督抚，纷纷捐输军饷，我不能不勉为其难，想凑出一万两银子出来，略尽绵薄。过几天托那姓胡的钱庄，替我汇一汇。”

转身下来，经胡雪岩点拨，王有龄即刻汇钱，以解燃眉。

善交显贵，平步青云

巧舌觅靠山，左右股肱成知己

同治元年（1862 年）秋天，闽浙总督左宗棠率领他的几十万人马从安徽进入浙江。左宗棠稳扎稳打，一步一个脚印，终于肃清衢州的太平军。左宗棠一站稳脚跟，立即以衢州为大本营，进一步收复了龙游、兰溪、寿昌、淳安等地，然后继续北上攻克新安江、信安江两江交汇的战略要地——严州，继而占领富阳，直逼省城杭州。

杭州城墙高而厚实，非常坚固。它是太平天国的东南要镇，战略地位非常重要，因此太平军派重兵把守。左宗棠带领数万大军将城池团团围住。左宗棠听取别人建议，制订“掘地炸墙”的作战方案。随着轰隆隆一声巨响，城墙被炸掉一大段。左宗棠领兵杀进杭州城。守城的太平军被迫弃城向杭州北面的湖州一带退却。

杭州城被攻占的消息很快传到上海。胡雪岩听后喜形于色，立即收拾行李赶往杭州。

胡雪岩一到杭州立即拜见了杭州藩司蒋益澧。胡雪岩发觉蒋益澧为人憨厚。他想结交此人会对自己生意大有好处。他从蒋益澧口中了解到蒋是现今两江总督左宗棠的亲信，于是他思索着接近左宗棠的妙法。

杭州城攻破后，左宗棠亲率大军乘胜追击太平军。傍晚在瓶窖北面的安溪关安营驻扎，并将元帅府设置在一座关帝庙里。

第二天一大早，左宗棠立即召开高级军事会议，商讨对策。将领们都异口同声指出，影响战争进程的主要因素是粮饷。听了将领们七嘴八舌的议论，左宗棠陷入沉思。忽然一名亲信进来向他报告：胡雪岩求见。左宗棠气不打一处出，厉声呵斥“立即斩首示众”。见左宗棠如此愤怒，亲信规劝说：这是蒋益澧引荐来的。左宗棠转念一想：如果胡雪岩侵吞巨款以购粮为名逃往上海是实，定斩不饶，杀一儆百，如果不属实也不至于枉杀无辜。主意一定，他下令召见胡雪岩。

胡雪岩拴好马匹，快步向关帝庙大雄宝殿走来，带刀的士兵分两列从庙门一直排列到殿里，军士们铠甲银亮，个个显得威风凛凛。进入大雄宝殿，殿内阴气森森，泥塑的神像庄严肃穆。再看左宗棠端坐太师椅上，怒目圆睁。一见这阵势，胡雪岩不寒而栗，随即告诫自己“小心谨慎”。胡雪岩振作精神，撩起衣襟，跪地向左宗棠说道：“浙江候补道胡雪岩参见大人！”左宗棠视而不见，仍怒目圆睁，像身后那尊泥塑的周仓满脸杀气。这下马威，胡雪岩看在眼里，耐着性子等待。他想到了“人在屋檐下不得不低头”的古训。一会儿，左宗棠那双眼睛开始转动，射出凉飕飕的光芒，将胡雪岩从头到脚仔细打量一遍。胡雪岩头戴四品文官翎子，中等身材，双目炯炯有神，脸颊丰满滋润，一副大绅士派头。端详之后，左宗棠面无表情地说道：“我闻名已久了。”左宗棠脸上流露出讥讽。这句话谁听都觉得刺耳，谁都懂得它的讽刺意味。胡雪岩以商人特有的耐性，压住心中的不满，他觉得自己面前只不过是一个挑剔的顾客，挑剔的顾客才是真正的买主。胡雪岩没有直接谦虚地回答左宗棠，而是再次以礼拜见左宗棠。他恭贺左宗棠收复杭州，功劳盖世。又向左宗棠道谢：使杭州黎民百姓过上安定日子。胡雪岩一边恭维一边注视着左宗棠，他见左宗棠脸上露出一丝不易让人觉察的微笑。捕捉到这一信息，胡雪岩又急忙施礼。这一次左宗棠虽然仍旧矜持地坐在椅子上，但先前阴沉的脸绽开了笑容，也许面子过不去，他装着恍

然似的说:“哎呀，胡大人，请坐!”胡雪岩在左宗棠右侧的椅子上坐了下来，摆脱了尴尬的窘境，他想左宗棠有意为难，事出有因，自当小心对待。

左宗棠见胡雪岩坐定之后，直截了当地问起当年杭州购粮的事情，脸上又恢复到先前的冷峻。胡雪岩吃惊不小，如果自己以购粮为名携款逃跑的罪名成立，立即会做刀下鬼。但如今左宗棠亲自询问，说明他做事情细致、谨慎，不草菅人命。当时只因太平军把杭州城围得铁桶般严实，城里守军多次突围都没有冲杀到江边接应粮船。胡雪岩苦等三日后，望城恸哭，无奈地离开钱塘江，把粮食运往宁波英租界。这一切怎么能叫私逃呢?他自扪无愧于心，也对得起以身殉国的王有龄。

胡雪岩的叙述合情合理，左宗棠听得很仔细，生怕漏掉一个细节。终因胡雪岩是个了不起的商界名宿，巧舌如簧，使他半信半疑。胡雪岩见左宗棠满脸疑惑，显然不太相信自己。于是他立即从衣服包里摸出一张银票，打开后递给左宗棠。左宗棠一看是2万两藩库银票。不由得怒火中烧，这分明是胡雪岩早已预谋，贿赂本官，看来吞款不打自招。左宗棠大声呵斥:“收买朝廷大臣，定斩不赦。”胡雪岩见左宗棠误解了自己，昂然答道:“这银票是当年购粮的余款，现在我把它归还国家。大人不必误会。”左宗棠一听顿觉急躁，但他无法理解胡雪岩脑袋里想的是什么。胡雪岩见左宗棠不解，他解释说，这巨款本应属于国家，现在他想请求左帅为王有龄报仇雪恨。其二，申奏朝廷惩罚见死不救又弃城逃跑的薛焕。这符合常情的恳求，左宗棠欣然答应，并叫管财政的军官收下了这笔巨款。2万银票对于每月军费开支10余万的左军来说虽然杯水车薪，但毕竟可解燃眉之急。

收下胡雪岩的银票后，胡雪岩对王有龄的忠心使左宗棠非常佩服，立即叫人上茶，和胡雪岩闲聊。胡雪岩大赞左帅治军有方，孤军作战，打得长毛落荒而逃，劳苦功高。胡雪岩说话有分有寸，当夸则夸，要言不烦，让人听起来既不觉得言过其实，又没有谄媚讨好的嫌疑。左宗棠听得眉飞色舞，满脸堆笑。胡雪岩见左宗棠已被自己的话吸引，他想，只要实事求是地奉承恭维，左帅还是能够接受的。如果拉他做靠山，往后的生意更会如日中天。主意拿定后，他抛砖引玉，话锋一转。指责曾国藩只顾自己打算，抢夺地盘，卑鄙无义。气愤地谴责李鸿章不去乘胜追击占领唾手可得的常州，而把这个立功的肥缺让给曾国藩的弟弟曾国荃做人情。胡雪岩有根有据的指斥引起了左宗棠的共鸣。左宗棠心中明白，李鸿章做了人情后，却来挤他的地盘。一方面派兵沿海南下占领浙西的平湖、乍浦、海盐；一方面又经平望南攻嘉兴。浙西方圆数百里肥沃的土地尽属李鸿章管辖。这些地方为他提供源源不断的粮食军饷。李鸿章这个江苏巡抚把官做到了浙江。如今左宗棠远在杭州之北，眼睁睁看见别人夺走了这块宝地，尽管气得暴跳如雷，但鞭长莫及，徒唤奈何。

胡雪岩和左宗棠谈得非常投机，不知不觉时近中午。左宗棠执意要留胡雪岩吃午饭。为了防止别人打搅，左宗棠叫人把饭菜端到庙后的山亭中。胡雪岩坐定一看，桌上并无什么好菜。倒是一碗陈年的腊肉使他感到诧异。胡雪岩将腊肉放进嘴里，发觉肉已变味，觉得此肉蹊跷，仍津津有味地品尝。左宗棠爽快地告诉胡雪岩说，这腊肉是他的夫人从湖南寄来的，时间久了有些变味，但仍舍不得丢。胡雪岩不由想起蒋益澧的话：早年左宗棠移居周夫人家，遭到亲戚的白眼，是周夫人给他信心，才有出头之日，现在虽贵为巡抚，但对周夫人非常敬重。如今一见，果然如此。胡雪岩立刻知道左帅讲究情分、注重旧交，极易拉拢。

午饭过后，左宗棠亲自将胡雪岩送出关帝庙。他认为胡雪岩不仅会做生意，而且还对官场非常熟悉，是一个大有作为的能

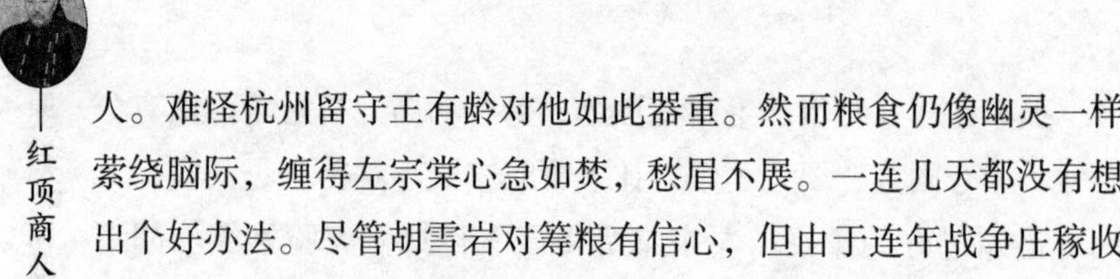

人。难怪杭州留守王有龄对他如此器重。然而粮食仍像幽灵一样萦绕脑际，缠得左宗棠心急如焚，愁眉不展。一连几天都没有想出个好办法。尽管胡雪岩对筹粮有信心，但由于连年战争庄稼收成不好，要筹集万石大米谈何容易。左宗棠仍对胡雪岩心存侥幸，希望能够带来好消息。

这天，才投靠到左宗棠麾下的王秀才气喘吁吁地跑来向左宗棠报告，他发现钱塘江面有悬挂着英国国旗的数艘粮船。王秀才建议派兵抢劫以作军粮。左宗棠“叶哧”讥笑王秀才做事鲁莽。他说如今皇上对洋人都惧怕三分，我们还敢在太岁头上动土，真是自寻死路。不过这粮船确实具有极大的诱惑力。他叫来军需官想法和洋人做笔生意。无奈军中除了 2 万银票外再无分文。于是左宗棠派王秀才再去趟杭州。

王秀才从杭州回来向左帅叙述了此行的经过。原来钱塘江上的那批粮船全都是胡雪岩的。胡雪岩要高价出售，一手交钱一手交货。左宗棠一听非常气愤，他觉得几天前胡雪岩用甜言蜜语戏耍了他。他后悔当初信任了胡雪岩。

几天后，胡雪岩乘着马又来到安溪关帝庙，亲兵通报后，不见左宗棠传见，胡雪岩以为军情繁忙，于是贸然走进关帝庙。只见左宗棠兴致正浓地与一位将军下围棋，胡雪岩大声禀告，左宗棠抬头算是作了回答。胡雪岩见左宗棠不冷不热，感到纳闷。忽然关帝庙外传来乱哄哄，吵吵嚷嚷的声音。一个亲兵跑进来跪在左宗棠面前说：“大人，胡大人差人送粮食来了！”左宗棠仿佛这时才发现胡雪岩似的，他问道：“胡大人要多少钱？”这话冷冰冰的。胡雪岩心中豁然一亮：“不收分文，这是我孝敬左帅的。”左宗棠以为自己听错了，追问道：“不要钱？”胡雪岩点头作了肯定。左宗棠不禁为自己的冒昧感到局促不安，连忙起身让座，细问缘由。

其实胡雪岩上次一走出关帝庙，他就筹划着如何帮助左宗棠解决粮食以解眼下之急。他迅速到上海筹集了上万石大米运回杭州，一部分救济城里的灾民，另一部分现在送到了军营。他说："前几天有人询问，我恰好不在，怕左帅等得急，于是立即送来了。"

一场误会烟消云散。这万石大米真是雪中送炭。不仅救了杭州，而且对左宗棠肃清境内的太平军也助了一臂之力。左宗棠捋着花白的胡须，连日紧皱的双眉舒展了，他高兴不已，内心总觉得过意不去。他说："胡先生此举，功德无量，有什么要求，无妨直说，我一定在皇上面前保奏。"胡雪岩大不以为然，他说："我是个生意人，不为做官，只为道义。今天此举一为以身殉国的王有龄；二为杭州城的黎民百姓；三为了左帅。"胡雪岩的话情真意切，深深地感染着左宗棠。他为结交胡雪岩感到高兴。

粮食的问题得到解决，但军饷还没有着落。军饷像重荷似的压在左宗棠的心上。由于连年战争，国库早已空虚。两次鸦片战争的巨额赔偿犹如雪上加霜，使征战的清军军费自筹更为困难。左宗棠见胡雪岩如此机灵，于是请胡雪岩为他想法筹集军费。胡雪岩一听每月筹集 20 万的军费，感到非常棘手，但他认为如果能够顺利筹集，左帅对自己会加倍信任。胡雪岩经过一番深思熟虑后，问："左帅眼前有一笔大买卖，不知敢不敢。"左宗棠用迷茫的眼神注视着胡雪岩片刻后果断地说道："只要能够筹到军饷，哪有敢不敢的事。"虽然说话武断，但不容置疑的口吻增强了胡雪岩的信心。胡雪岩便把自己的想法全盘告诉了左宗棠。

原来，太平天国起义十来年，不少太平军将士都积累很多钱财，如今太平军败局已定，他们聚敛的钱财不能带走。应该想法收缴，但由于这些太平军不敢公开活动，唯恐遭到逮捕杀头，常常躲藏起来。胡雪岩认为左帅可以闽浙总督的身份张贴告示：令

原太平军将士只要投诚，愿打愿罚各由其便，以后不予追究。

左宗棠心有灵犀一点通。这确实是个好办法，既收集钱财，又能笼络人心，一箭双雕。可是以往与长毛有过交往或接触的都会遭到杀身之祸，如此做法还没有先例。如果处理不周，后果不堪设想。左宗棠将心中的顾虑和盘托出。胡雪岩心出妙策。他的理由是，太平军失败后，很多人都要治罪。但人数太多株连过众，又会激起民愤，扰得社会又不安宁。这与战后休养生息的方针背道而驰。最好的处置就是网开一面，给予出路。实行罚款，略施薄刑，这些躲藏的长毛受罚后就能够光明正大做人，当然愿罚，何乐不为。

左宗棠对胡雪岩的远见卓识敬佩不已。他高兴地说："此事先不急于奏明朝廷，见成效后再说，如果朝廷怪罪下来，那就请先付20万军费。"说着两手一摊。左宗棠和胡雪岩二人都会心地笑了。

左宗棠当即命胡雪岩着手办理。安民告示贴出去后，一连数日都没有人前来投案。胡雪岩想，也许这样让人不可信，于是用自己钱庄的名义办理公事，此办法果然有了成效。

胡雪岩的钱庄生意轰轰烈烈，遭到了王秀才的妒忌。王秀才向左宗棠告密，说胡雪岩常常与一些可疑的人频繁往来，仿佛都是些长毛。说不定胡雪岩以钱庄为联络点，企图组织长毛造反呢。王秀才的话，使左宗棠觉得有些道理。可左宗棠认为自己对理财一窍不通，若如此，岂不前功尽弃。但他又认为胡雪岩不是那种奸诈小人。为了小心起见，左宗棠决定亲自过问一下。

胡雪岩筹划正忙，忽然被左帅召见，他顿感意外，于是急急忙忙来到关帝庙。左宗棠一见胡雪岩走进，迫不及待地询问筹集了多少军饷。胡雪岩告诉左宗棠，短短几天已筹集了约10万。左宗棠一听非常兴奋，他彻底打消了自己的顾虑，把有人告密的事告知胡雪岩。胡雪岩哑然一笑，他对王秀才也早有了解，王秀才原先在王有龄手下做过一个小官，因贪污被王有龄革职查办，王秀才请胡雪岩为他求情，胡雪岩尽全力才保住王秀才的“秀才”功名，但王秀才感到胡雪岩没有努力，只是搪塞敷衍，后来两人断绝交往。胡雪岩恍然大悟，想不到几次都是王秀才在左宗棠面前造谣中伤。胡雪岩对王秀才的小人之心不屑一顾，他坚信左宗棠经过这次之后一定会对他深信不疑，因祸得福，少不了王秀才的一臂之力。

事实正如胡雪岩预料的一样，20万军饷很快筹集够了。左宗棠非常赏识胡雪岩的才华，倚为股肱，两人从此成为知己。

左李结大怨，光墉沉浮随时势

形势发展很快。金陵城攻破，幼天王洪天贵福出逃，朝廷论功行赏，曾国藩封侯，曾国荃封伯。左宗棠得谕旨“俟浙赣肃清后再行加恩”，相形之下，未免难堪，尤其是李鸿章封爵，使得左宗棠更不服气。再有一层，战败的太平军如山倒堤崩般涌入浙江，曾军但顾自己争功，竟是以邻为壑了。

曾左、左李结怨，形诸表面。曾国荃已被委为浙江巡抚，而左宗棠迟迟不交差。朝廷调和将帅，另派马新贻去浙江任巡抚。

马新贻一到任，胡雪岩有不得不走之势。左宗棠打算将他调到福建，但不必随他一起行动，可专驻上海，为他经理一切。胡雪岩毫不迟疑地答应下来。

左宗棠着手部署到福建以后的人事。奏折的案由是“办理饷需各员，请旨奖励”，附带请来调用。其中当然有胡雪岩，他本来是“盐运使衔”的“江西城用道”，左宗棠奏请“转发福建以道员补用，并请赏加按察使衔。”

请胡雪岩长驻上海，为的是军饷、军粮和军装（械），缓急

之际，唯胡雪岩是问。

替左宗棠办事，第一是采办西洋兵器，炮弹火药，决不让前方短缺。第二是饷，数目不大，随时都有，数目太大，可预先嘱咐一声。还有一事，左宗棠想自办船帮造兵轮。至于经费，因数目巨大，照胡雪岩的意思，不妨跟洋人借债，由江海关的年收入担保。

不久因西北百姓起义，上谕调左宗棠任陕甘总督。上谕到时，左宗棠正在大办保案。对胡雪岩单独保荐，称为密保，措辞极有分量。说是："按察使衔福建补用道胡光墉，自臣入浙，委办诸务，悉臻妥协。杭州克复后，在籍筹办善后，极为得力，其急公好义，实心实力，迥非寻常办理赈抚劳绩可比。迨臣自浙而闽而粤，叠次委办军火军粮，络绎转运，无不应期而至，克济军需。是故恳请破格优奖，以资鼓励，可否赏加布政使衔。"

加了布政使衔，便可改换顶戴。原衔按察使，臬司是正三品，戴的是亮蓝顶子，布政使、藩司是从二品，便可戴红顶子了。

捐班出身的官儿，戴到红顶子，极不容易，买卖人戴红顶子，更是绝无仅有的事。饮水思源，没有王有龄，何有今日？胡雪岩因而又特地到王有龄老家去了一趟，登门哭祭，赡恤遗属。

船厂还是建起来了。左宗棠是出于争胜之心，非要和李鸿章的洋务一比高低，所以即便他赴任西北，这船厂仍可以由后来的沈葆桢继续督办。而胡雪岩自己难卸仔肩，必须"顶石臼做戏"，不能半途而废。

西北征伐，首先要筹办兵饷。左宗棠的心思极深，决定采用练马队、造炮车、办屯垦的办法，稳扎稳打，以十年为期，平定起义。要兵要粮，要枪要饷，要办屯垦，一年下来，要筹300多万两的饷，实在不是一笔小数目。可以向各省要求协饷，但通算下来，即便先筹半年的饷，仍是大半之数没有着落。

这就要看胡雪岩的了。他匆匆收拾行装，直航上海，与古应春密谈。古应春已是英商江丰银行的买办，由他牵线，和江丰银行达成协议，供款120万两，月息8厘，借款笔据，由各海关出印票，并由各省督抚加印，到期向各海关兑取。

左宗棠完全同意。但等奏准，已是开春，丝茶两市方兴，正需放款，因而利息提高到一分三厘。于是流言四起，说胡雪岩从中渔利。尤其是李鸿章一派的人，不但展开口头攻击，且有实际的破坏活动。

经过胡雪岩的巧妙周旋，这笔大借款还是做成功了，是为中国代理外债的开始。而左宗棠的勋业，及胡雪岩个人的事业，亦因此而有了一个新的开始。

胡雪岩事业的巅峰，亦正是左宗棠"西征"成功，新疆初定，晋封二等侯，一生勋业的巅峰。时在光绪四年春天。

饮水思源，没有胡雪岩筹饷及支援之功，左宗棠的"西征"不可能获得辉煌的成就。因此，这年四月十四日，左宗棠会同陕西巡抚钟麟，联衔出奏，请"破格奖叙道员胡光墉"，历举他的"功劳"，计九款之多。前面五款是历年各省水灾荒，胡雪岩奉母命捐银赈济的实绩，因而为胡老太太博得一个正一品的封典，使得胡雪岩在杭州城内元宝街的门宅，得以大起门楼，浙江巡抚到胡家，亦须在大门外下轿，因为巡抚的品秩只是正二品。

后四款是胡雪岩真正的"功绩"。首先是胡雪岩在杭州设了一座字号"胡庆余堂"，规模宏大，声名媲美北京同仁堂的药店。历年，西征部队日常所需的"诸葛行军散""辟瘟丹""神曲""六神丸"之类的成药，治跌打损伤的膏药、金创药，以及军中所用药材，都由胡雪岩捐解。

其次是奉左宗棠之命，在上海设立采运局，转运输将毫无延

误。再次是经手购买外洋火器，物美价廉。泰西各国出有新式武器，随时采购，运至军前，左宗棠认为“新疆速定，虽以兵精，亦由器利”。

最后一项最重要，即是为左宗棠筹饷，除了借洋债及商债，前后合计在1600万两以上之外，各省的“协饷”，亦由胡雪岩一手经理。协饷未到，而前线不能不关饷时，多由胡雪岩代垫。湘军、淮军多曾出现过索饷哗变事件，只有西征之师从不“闹饷”。

这份能维持西征士气的功劳，左宗棠认为“实与前敌将领无殊”，事先曾问过胡雪岩，打算得个什么奖励？回答是“想弄件黄马褂穿”，所以奏折中请予“破格优奖，赏穿黄马褂”，奉旨准如所请。

胡雪岩是捐班的道员，以军功赏加布政使衔，从二品文官顶戴用珊瑚。乾隆年间的盐商，有过戴红顶子的，戴红顶而又穿黄马褂的，只有一个胡雪岩。

光绪六年十一月，左宗棠奉旨入觐。“钦差大臣督办新疆军务”及陕甘总督的差缺，分别由他麾下大将刘锦棠及杨昌浚接替。左宗棠于下年正月底到京，奉旨以东阁大学生管理兵部，派为军机大臣，并在总理各国事务衙门行走。当他从甘肃起程时，曾专函胡雪岩，约他灯节后在北京会晤。正题是借洋债。左宗棠内召入军机，接替他的两位大将，资望不足，陕甘贫瘠，左宗棠必须为他们筹好了饷，西征的功绩，才算有了着落。

胡雪岩带了两位军行的经理代表随行，与左宗棠讲好了条件，准备在三两天后出奏。左宗棠做事独断独行，400万两银子，请洋人一回上海即预备，事情就算定局了。

事情办得顺手，实际上还是借了胡雪岩私下打通关节。宝反对借洋款的。胡雪岩一面派人孝敬两万两银子，一面又把了宝的心脉，接走了令他头痛不已的二弟宝森到上海、杭州去玩。宝想了个两全的办法，暗示左宗棠硬吃一注，生米煮成熟饭，朝廷看他的面子，不会跟他计较。出奏的当天就奉到准予备案的批复，不到三天工夫，一切都齐备了。

左宗棠在军机处，主意太多，又往往言大而夸，口无遮拦，惹人生厌。朝廷念他艰难百战，立过大功，就外放他为两江总督。

对胡雪岩来讲，这自然是个喜讯，不由得又在心里激起了好些雄图壮志。首当其冲的，左宗棠一来，胡雪岩就可对怡和下杀手了。

怡和洋行在华贸易发展得很快。本来胡雪岩做生意，是以怡和为对象，但怡和认为通过胡雪岩来买丝，价格上太吃亏，不如自己派人下乡收购，出价比胡雪岩高，养蚕人家自然乐意卖出。而在怡和，仍旧比向胡雪岩买丝来得划算。

这一点胡雪岩倒不大在乎，因为他讲究公平交易，而且口头上常挂一句话:“有饭大家吃。”养蚕人家的新丝能卖得好价钱，于他有益无损。青黄不接，或者急景凋年辰光放出去的账能够借此顺利收回，倒是一件好事。

只是有三家缫丝厂正在筹备之中。一部机器抵得上三十个人，一旦开工，浙西农村中不知有多少丝户的生计，有断绝之虑。

因此丝业公所发起抵制。实际上是胡雪岩发起抵制。丝业公所的管事，都唯他马首是瞻的。左宗棠赴任两江，胡雪岩打算说动他加蚕捐。要叫他们成本上涨，无利可图，那就一定关门大吉。

古应春觉得用这一招对付洋商，确实很厉害，但须防洋商策动总税务司赫德，经由李鸿章的关系，向总理衙门提出交涉。

果然，胡老太太生日那天，赫德亲自上门来了。怡和洋行提出的条件是很好，所谓“市价以外，另送佣金”，便是两笔收入。坐享厚利，在他人求之不得，而胡雪岩却只好放弃。

赫德的情面不能不顾，至少要想个虽拒而不伤赫德面子，让他能向怡和洋行交代的说法。办法总会有的，只要不起风潮，不

坏市面，还要养蚕人家有生路。

赫德是有名的老奸巨猾，情知要避免这三点的妥当办法，花十年工夫也未见得能筹划出来。不过，胡雪岩的苦心，他还是体谅到了。

左宗棠主陆防，李鸿章主海防，这是已经争论了十几年的老话题。先是西北告急，陆防论占了上风。及至曾纪泽使俄，解决了中俄纠纷，陆防论不再有人提起。李鸿章旧事重提，海防的计划，朝廷完全同意。哪知正干得如火如荼之时，李太夫人病殁汉口，李鸿章丁忧回籍。朝廷命左宗棠代为监管。

左宗棠自感得意，海防，北洋可管，南洋又何尝不可管，而且经费大部分出在两江，南洋来管，更觉名正言顺。所以左宗棠一到上海，便要胡雪岩陪同，去看江南制造局。

左宗棠的巡视，实是一个乱子。本来江南制造局是李鸿章的禁脔，左宗棠却硬要交代胡雪岩去代理购买军火，分发江南各防营使用。这便有“抢生意”的意味在内，实际上已等于短兵相接。胡雪岩连说“怕不见得好”，把这生意让给了制造局的买办。

洋商却非要让老主顾，把价目表事先开给了胡雪岩，并为他保留了一个折扣。这一来制造局便有了上当受骗的感觉，去和上海道邵友濂商量。邵友濂答应找个机会，好好打胡雪岩一个闷棍，叫他爬不起来。

胡雪岩的生意上已经出了漏洞。

先是典当行生意，分布在各地的共有23家。当铺的资本总算有450万两银子，按一分息算，一年就是54万两。

经人提醒，胡雪岩发现了毛病。在他记忆中，每年年底结总账，典当部分的盈余，从没有超过20万两。照此说来，每年有30多万两银子被吞掉了。

古应春给他出了个主意，整顿典当行。不必一家一家来查，只需把23家的“总管”“管包”，通通调动。调动要办移交，接手的有责任，自然不敢马虎，这一来账目、架货的虚实，也就盘查清楚了。

口风一漏出去，杭州典当行的总管心里便七上八下。原来此人舞弊已历多年。思前想后，唯一的挽救之道，便是根本打消这个计划。万不得已，串通了自己的姨太太，使出美人计。胡雪岩既已中计，只好大家不动了。

另一件是上海的钱庄挡手宓本常，和古应春较起了劲儿。

上海的银根，紧到极点。市面上只有100万两现银，全靠同业互相协助，在汇划上要把戏。情势到了这种地步，非得赶快另寻进账不可。为了维持阜康的信用，只好抛售茧子，这是胡雪岩十分不情愿的。还有一个办法，由古应春出面，购买缫丝厂，把手头300多万两的丝茧变成现银。收买缫丝厂的生意谈成了，宓本常却不肯划款。宓本常放了风声出去，说胡雪岩并无意办新式缫丝厂，是古应春在做房地产的生意上扯了个大窟窿，所以买空卖空，希图无中生有，来弥补他的亏空。如果有缫丝厂想出让，最好另找主顾，否则到头来一场空，白误时机。

对于古应春，他自有一番说辞。虽说胡雪岩指明给古应春购厂留一笔款子，钱是阜康的，受人之禄，忠人之事，银根这么紧，如果把这笔钱死死守住，不拿来活用，着实没有道理。

宓本常之敌视古应春，是因为自己做了亏心事，怕古应春知道了会告诉胡雪岩，所以不愿他与阜康过于接近。

原来，宓本常看胡雪岩一片“鲜花似锦”的事业，激起了自己一番雄心壮志，打定主意，利用阜康的地位，调度他人的资本，去做自己的生意。

生意是和自己的表弟合伙做的。由宓本常拨付5万两银子，在海上运送货物，南货销北，北货销南，一趟船做两笔生意，宓

本常得两份，表弟得一份儿。

邵友濂的闷棍早想出手。江海关的税收归邵友濂管，前次各省关票解沪，邵友濂就已经有手脚。只是时机不凑手，胡雪岩得了左宗棠的支持，写出了一封措辞严厉的信，又逢李鸿章抵沪，胡雪岩借了商谈鸦片捐税的机会，请求李鸿章出面催收。李鸿章一说无辞，税款才顺利移交。

等到法国进攻越南，朝中议论，分为主战主和两派。左宗棠主战，邀胡雪岩去总督府面谈，由转运局想办法，购买四千支洋枪，另外加拨25万款子，作为开拨费用。

到了上海，胡雪岩才发现，不巧的事情凑到一起了。

第一是市面不景气，银根极紧。第二是囤丝囤茧这件事，明知早成困局，力求摆脱，但阴差阳错，他收买新式缫丝厂，为存货找出路的计划，始终未能成功。目前天津、上海都有存丝，但削价求售，亦无买主。第三是左宗棠先为协赈借了20万两银子，如今又要拨付25万两，虽说是转运局的官款，但总是少了一笔可调度的头寸。第四是胡雪岩女儿嫁期在即，依胡雪岩的脾性，面子上的事总要摆得越大越好。场面大，开销多，至少还要预备20万两银子。最后就是宓本常私下借客户的名义，提取存款去做南北货生意，照古应春的估计，大概是10万两银子。

急也没用，如今只有按部就班，一面催上海道，一面自己来想法子调头寸。

李鸿章这一面，早已打定了议和的主意，只是慑于清流的力量，不敢公然表示。

李鸿章门下却已经心领神会了，想要议和有结果，须先救火。谁是“纵火”者呢？第一个就是左宗棠，第二个是彭玉麟。擒贼先擒王，只要将左宗棠压制住，李鸿章就能掌握整个局势，与法国交涉化干戈为玉帛。

结论是要使得左宗棠“纵火”不成，非除去胡雪岩不可。

市面忽然谣言大盛，说胡雪岩摇摇欲坠。一说他跟洋人在丝茧上斗法，已经落了下风，又一说便是应付的洋债，到期无法清偿。

到胡雪岩起程回杭时，上海阜康开始挤对。不到一天，只好上了排门。

杭州这边，情势尚好。一则没有李鸿章那一面人的煽动，二则藩司德馨和胡雪岩亲若兄弟，亲自到阜康维持秩序，所以等胡雪岩上岸，照旧摆出排场，以稳定“军心”。

德馨深夜造访，和胡雪岩、古应春一起斟酌发往军机处密友的电报，托他在都老爷面前烧烧香。快过年了，节敬从丰从速，请他们在家纳福，不必多管闲事。只要大家对胡雪岩体谅情非得已，相信负责到底，办事情就有了转缓余地。

算一算总账，人欠欠人，通扯来算，连官款在内，还完欠款后，还多下 350 万两银子。

但这只是一把如意算盘。积款最多的是在丝跟茧子上，照市价值到 900 万两银子。但自上海阜康的风潮一起，丝茧上免不了也要受人挤对。900 万的货色，说不定只能打个倒八折，只值 180 万。洋商等的就是这一天。

假定有公家出面维持，只要便宜不落外方，也都认了。只是风潮之起本属有因，要想朝廷在此时加以援手，绝无可能。

事情很快通天。据奏，阜康银号关闭，查刑部尚书文煜在该号存银 70 多万两，朝廷要求“查明确数，究所从来”。恐怕很快就有严旨。

文煜的回奏很坦白，说他这 20 多年来，曾获多次税差，廉俸所积，加上平日节俭，在阜康存银 36 万两，其余为亲朋托文煜经手代存。

上谕认为他“所称尚属实情”，不过“为数稍多”，责成他捐出10万两，以充公用。

上谕又责成左宗棠严行追究，勒令将亏欠多处公私等款，赶紧逐一清理。胡光墉先行革职。又命左宗棠去公文给各省督抚，把胡雪岩在各地的典当行，并茧丝若干包值银数百万两，一一查明办理。

时人这样描述胡雪岩倒闭带来的冲击：“前日之晡，忽天津电报言其南中有亏折，都人闻之，竟往取所寄者，一时无以应，夜半遂溃，劫攘一空。今日闻城内钱铺曰四大恒者，京师货殖之总会也，以阜康故亦被挤危甚。”“使诸肆尽闭，京师无富商大贾，内外货币不通，劫压将起，司农仰屋之筹益无可为矣。”

胡雪岩在整个倒闭过程中的反应，时人颇有嘉许：“不稍隐匿，在落魄之中，气概光明，曾未少贬抑。”

莫逆之交，日久知心

患难之情，弥足珍贵

德馨此来是想定了一个宗旨的，胡雪岩的利益，到底不比自己的利益来得重要，但要顾到自己的利益，至少要顾到胡雪岩将来的利益。换句话说：他可以为胡雪岩的将来做任何事，借以换取胡雪岩保全他眼前的利益。所以对于致电徐小云的要求，不但一口答应，而且觉得正是他向胡雪岩表现义气的一个机会。

因此，他略一沉吟后问：“你请一位笔下来得的朋友来，我告诉他这个稿子怎么拟。”

笔下当然是杨师爷来得，但胡雪岩认为古应春比较合适，因为德馨口述的大意，可能会有不甚妥当的话，杨师爷自然照录不误，古应春一定会提出意见，请德馨重新斟酌。

“我有个朋友古应春在这里，晓翁不也见过吗？”

“啊，他在这里！”德馨很高兴地说，“此君岂止见过！那次我到上海很得他的力！快请他来。”

于是叫人将古应春请了来与德馨相见。前年德馨到上海公干，古应春受胡雪岩之托，招待得非常周到，公事完了以后，带他微服冶游，消息一点不露，德馨大为满意，而且一直认为古应春很能干，有机会要收为己用。因此，一见之下，欢然道故，情意显得十分殷勤。

“我们办正事吧！”胡雪岩找个空隙插进去说，“应春，刚才我同德藩台商量，徐小云那里，由德藩台出面托他，第三者的措辞，比较不受拘束。德藩台答应我了，现在要拟个稿子，请德藩台说了意思，请你大笔一挥。有啥没有弄明白的地方，你提出来请教德藩台。”

古应春对这暗示，当然默喻，点一点头说：“等我来找张纸。”

“哪里不是笔砚！”

“不！”古应春从身上掏出一支铅笔来，“我要找一张厚一点的纸。最好是高丽笺。”

“有，有！”螺蛳太太在门口答应。

话虽如此，高丽笺却一时无处去觅，不过找到一张很厚的洋纸。等古应春持笔在手，看着德馨时，他站起来背手踱了几步，开始口述。

“这个电报要说得透彻，第一段叙时局艰难，市成极坏，上海商号倒闭，不知凡几，这是非常之变，非一人一家之咎。”

古应春振笔如飞，将第一段的要点记下来以后，抬头说道：“德公，请示第二段。”

“第二段要讲雪岩的实力，跟洋商为了收丝买茧这件事，合力相谋。此外，还有一层说法，你们两位看，要不要提？”德馨接着说，“朝廷沿省疆臣备战，备战等于打仗，打仗要钱，两藩

库空虚，左爵相向雪岩作将伯之呼，不能不勉力相助，以致头寸更紧，亦是被挤的原因之一。”

“不必，不必！”胡雪岩表示异议，“这一来，一定得罪好些人，尤其是李合肥，更是不高兴。”

“我亦觉得不提为妙。”古应春附和着说，“如果徐小云把这话透露给都老爷，一定节外生枝，把左大人牵涉进去，反而害他为难。”

“对，对！就不提。”德馨停了下来，等古应春停下来时，才讲第三段。

第三段是说胡雪岩非常负责，但信用已受影响，维持格外吃力，如今是在安危成败关头，是能安渡难关，还是一败涂地，要看各方面的态度而定，如果体谅他情非得已，相信他负责到底，他就一定能无负公私存户，倘或目光短视，日急于提存兑现，甚至唯恐天下不乱，出以落井下石之举，只怕损人不利己，胡雪岩固然倒了下来，存户只怕亦是所得无几。

这一段话，胡雪岩与古应春都认为需要推敲，不过意见是古应春提出来的，说“落井下石”似乎暗指李鸿章，而损人不利己，只怕所得无几，更足以引起存户的恐慌，尤其是公款，可以用查封的手段保全债权，而私人存户，势力不及公家，唯一的自保之计是，抢在前面，先下手为强。那一来不是自陷于危地？

“说得也是。”德馨趁机表明诚意，“我完全是说公道话，如果你们觉得不妥，怎么说都行。”

“我看，只说正面，不提反面。”

这就是说，要大家对胡雪岩体谅情非得已，相信负责到底。德馨自然同意，接下来讲第四段。这一段说到最紧要的地方，但却要言来烦地只说出自已这方面的希望，在京处于要津的徐用仪，自会有透彻的了解，但接下来需要胡雪岩做一个安排，应该先商量好。

“马上过年了，”他看着胡雪岩说，“今年的炭敬、节敬，你还送不送？”

“当然照送。”胡雪岩毫不迟疑地回答，还加了一句，“恐怕还要多送。”

“你是怎么送法？”德馨问道，“阜康福今年不能来办这件事了，你托谁去办？款子从哪里拨。”

这一句，胡雪岩才觉得事情很麻烦，一时意乱如麻，怔怔地看着德馨，无以为答。

这时古应春忍不住开口了：“事到如今，既然托了徐小云，索性一客不烦二主，都托他吧。”

“是的。我也是这么想。”德馨说道，“雪岩如果同意，咱们再商量步骤。”

“我同意。”

“好！现在再谈款子从哪里拨？这方面我是外行，只有你们自己琢磨。”

于是胡雪岩与古应春稍做研究，便决定了办法，由汇丰银行汇一笔款子给徐用仪，请他支配。

为了遮耳目，这笔款子要由古应春出面来汇。当然，这一点先要在密电中交代明白。

要斟酌的是不知道应该汇多少？胡雪岩想了一会说：“我记得去年一共花了三万有余四万不到。今年要多送，就应该汇六万两银子。”

“至于哪个该送多少？汪敬贤那里有单子，请小云找他去拿就是。”胡雪岩说。

德馨点点头说：“电报上应该这么说：雪岩虽在难中，对言路诸公及本省就卒岁之年，仍极关怀，现由某某人出面自汇丰汇银

六万两至京，请他从汪敬贤处取来上年送炭敬、节敬名单，酌是加送，并为雪岩致意，只要对这一次阜康风潮，视若无事，不闻不问，则加时日，难关定可安渡。即此便是成全雪岩了。至于对雪岩有成见，或者素好哗众取宠者，尤望加意安抚。”

这段话，意思非常明白，措辞也还妥当，古应春几乎一字不更地照录，然后又将全稿细细修正，再用毛笔誊出清稿，请德馨与胡雪岩过目。

“很好！”德馨将稿子交给胡雪岩，“请你再细看一遍。”

“不必看了。拜托，拜托。”胡雪岩拱拱手说。

于是等德馨收起电报稿，古应春道声“失陪”，悄悄退下来以后，宾主又开始密谈。

“雪岩，咱们的交情，跟弟兄没有什么分别，所以我说话没有什么忌讳，否则反倒容易误事。你说是不是？”

一听这段话，胡雪岩心里就有数了，他是早就抱定了宗旨的，不论怎么样，要出以光明磊落。

生意失败，还可以重新来过，做人失败不但再无复起的机会，而且几十年的声名，付之东流，这是他宁死不愿见的事。

于是，他略想一想，慨然答说：“晓翁，路遥知马力，日久见人心，你今天晚上肯这样来，就是同我共患难。尤其是你刚才同我说的一番话，不枉我们相交一场。晓翁，我完全是自作孽，开头把事情看轻了，偏偏又夹了小女的喜事，把顶宝贵的几天光阴耽误了。从现在起，我不能再走错一步。其实，恐怕也都嫌晚了，尽人事听天命而已。趁现在我还能做主的时候，晓翁，你有话尽管说，我一定遵办。”

德馨巴不得他有这句话，当即说道：“雪岩，咱们往好处想，可是不能不做最坏的打算。有张单子在这里，你斟酌，只要你说一句‘不要紧’，这张单子上的人，都归我替你去挺。”

第三章 经商绝学

胡雪岩在许多事情上见识不凡，眼光独到，这并非是后人对他的褒饰，事实证明他确有其能。他在生意场上的表现尤为惊人。胡雪岩凭借其才智和眼光在官场、洋场和商场纵横驰骋数十载，终于从一名钱庄小伙计变为“二品”红顶商人。他善于造势，从不待势，敢想敢干，从不放过任何商机；他以信誉为本，戒欺惠众，终得人心；他深悉管理韬略，成竹于胸，运筹帷幄，在商战角逐中鹤立鸡群，一枝独秀。他究竟是怎样一个成功的官商呢？让我们一起来看看他的生意经。

善于借势，左右逢源

左宗棠曾经对胡雪岩说：“‘与其乘时，不如待势’，许多看起来难办的大事居然顺顺利利地办了，就因为懂得乘势的缘故。”胡雪岩对此深以为然。虽说起初他是无意间资助了王有龄，一下子发现自己处于有利的经营地位，但他随后马上醒悟到，经商必须学会为自己拓地盘，争势利。

势，就是力量，就是走向。“狗仗人势”仗的就是力量，“势在必行”看的就是走向。蓄积起来的力量为势，比如百米之高的水库，比如云雾缭绕的山腰悬起的弩木，比如高塔上吊起的打桩机。找到走向的道理也是势，四两拨千斤，比如庖丁解牛。古人说：“理有所至，势所必然。”

中国古人对势的分析很多，也很精到。

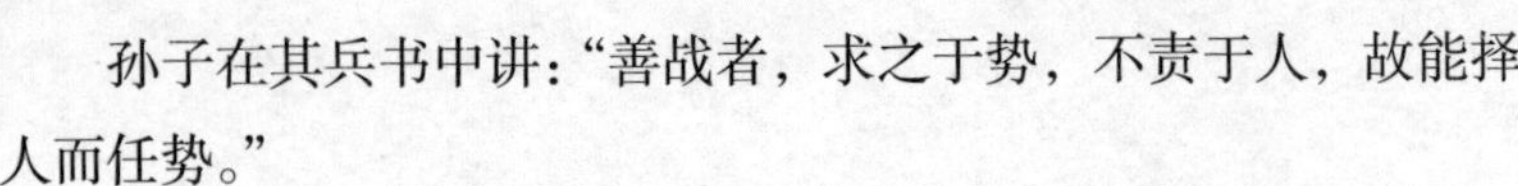

孙子在其兵书中讲："善战者，求之于势，不责于人，故能择人而任势。"

陶朱公说："与时逐而不责于人，故善生者能择人而任时。"

时代代表着势，因此他还说："从时者如救火追亡人也，蹶而趋之，唯恐弗及，天予不取，反为之灾，赢将转化，后将悔之。"

白圭讲得更明白："趋时若猛兽鸷鸟之发。"时至就是势存，看得到这一点的人要"蹶而趋之"，要如猛兽鸷鸟捕食，"唯恐弗及。"

胡雪岩的商业活动，围绕取势用势而进行的，十之有八。他自己有一套商业理论，讲出来就是：

"势利，势利，利与势是分不开的，有势就有利。所以现在先不必求利，要取势。"

依靠封建官员办事

拿饭碗换银票资助王有龄，这件事开始做就怀有取势的意图存在。

按陈云笑的记述就是：

"一日有钱肆伙友胡光墉见王子而异其相，谓之曰：君非庸人，胡落拓至此？王以先人宦贫对。胡问有官乎，曰曾捐盐课大使，无力入都。问需几何。曰五百金。胡曰明日至某肆谈。翌日王至，胡已先在。谓王曰：吾尝读相人书，君骨法当大贵，吾为东君收某五百金在此，请以畀子，速入都图之。"

是看了"君骨法当贵"这一点才冒了折损名节丢失饭碗的危险鼎力相助。所以王有龄谋职成功，回杭任官后，胡雪岩不无得意："还是我的眼光不错，看你到了脱运交运的当儿，果然不错。"在王有龄这一面，是"天助自助之人"，自己是个有出息、有前途的人，别人就有信心来帮助你。别人知道钱不会白花。在胡雪岩，就颇有隋唐侠义之风了。

颇有些像他同时代的四川巡抚吴棠。

吴棠初在江苏地面做知县。一日有人来报说吴棠的一位世交故去，送丧的船就泊在城外运河上。吴棠就派差役送去 200 两银子，并约改日有闲了前去吊唁。

差役的回话颇多矛盾，细问才知道是送错了。吴棠大为光火，立命差役追回这 200 两银子。

身边的书办却提醒他，送出去的礼再要回来，于知县情面上有碍，不若落个顺水人情。吴棠听后称是，第二日还专门去了那船上。

原来，被错送了 200 两银子的船上也是一家送丧的。而且是两位满洲姐妹。因为家道中落，社会上的人势利，才害得两位女子亲自护柩北上。一路上孤苦伶仃，从无人上船问寒问暖。没想到在这里却遇到了父亲的故友旧交。

吴棠也不说破，上船吊唁了一番，又执父辈礼节与两姐妹叙了一番，然后起轿回衙了。

在吴棠，这番礼节也就敷衍过去了。

不曾想山不转水转，多年以后，两姐妹中的姐姐成了慈禧太后，并且垂帘听政，管理社稷宗庙了。

慈禧太后并没有忘记当年的知县，在朝堂中多有垂询。大臣聪明，就借了机会上折美叙吴棠。

吴棠官职一升再升，要不是才具平庸，太后巴不得让他入阁拜相。

吴棠最后做了四川巡抚，美味口腹，蜀都锦绣，快乐一世而终老成都。

不过拿吴棠和胡雪岩比，也多有不妥。

吴棠是顺水人情，胡雪岩是拿了饭碗性命乃至名节，冒了风

险做的。所以吴棠是“无心插柳”，胡雪岩是“有心栽花”。

而且花也开了，两人的结果又有了相似。吴棠有了慈禧做靠山，官做得很安稳，一辈子平平安安，没有人敢弹劾他。有点小错，大家也都一笑了之。这是有势在那里摆着。

胡雪岩借了王有龄，“以子母术游贯要间，以聚敛进”。王在粮台积功保知府。旋补杭州府，升道台，陈臬开藩，不数载即放浙江巡抚。时胡亦保牧会，即命接管粮台，胡亦得大发舒，钱肆与粮台互相挹注。这也是有势在那里。只要靠山不倒，胡雪岩的生意就会越做越好。

而且胡雪岩的靠山是凭了本事培养起来的，这一点谁也无异议。所以，胡雪岩的势是“做”出来的。

胡雪岩称对王有龄的借重是取官势。

官势有官势的好处。一任地方官，钱粮调度，生杀予夺尽在自己掌握中。只要不做出无可收拾的烂事，伸缩余地甚大。

官势最大的缺点是不稳。肥缺人人想占，瘠缺也不能没人，所以朝廷总是常有调动换任。

所以，取官势需要看政声政情，不断去做。

比如，浙江巡抚黄宗汉露出口风要动一动了，就得考虑一下浙抚的位置谁来接替最为合适。为自己的取势计，当然是自己人来接替最为合适。王有龄从自己的官仕前途考虑，也觉得自己人来了最理想。若是别人，免不了要做明哲保身的准备。

最为理想的，便是由何桂清来接任。

胡雪岩在作势上是毫不含糊的，就专门去了一趟苏州，游说何桂清早日进京活动。至于费用，可以由胡雪岩放款（其实也就是代垫了）。

何桂清年少得意，在情、色上免不了看不开，居然迷上了胡雪岩的宠姬阿巧。

这就要看胡雪岩的气度了。

对于阿巧，胡雪岩自相遇之日，便有“西南北东，永远相随无别离”的属意。现在要做“断臂赠腕”的举动，这个决心委实难下。

酒吃到六分，胡雪岩不想再喝，叫了两碗“双浇面”，一碗是焖得稀烂的大肉面，一碗是熏鱼面，两下对换，有鱼有肉，吃得酒足饭饱，花不到五钱银子，胡雪岩深为满意。

“钱不在多，只要会用。”他说，“吃得像今天这么舒服的日子，我还不多。”

“这是因为胡大老爷晓得我做东，没有好东西吃，心里先就有打算了，所以说好。”

“这就叫知足常乐，”胡雪岩说，“凡事能够退一步想，就没有烦恼了。”

这天晚上他再想阿巧的去留，就是持着这种态度。譬如不曾遇见她，譬如她香消玉殒了，譬如她为豪客所夺，这样每自譬一次，就将阿巧看得淡了些，最后终于下了决心，自己说一声：“君子成人之美！”然后叹口气，蒙头大睡。

这一口气叹得！多少英雄意气，也都消磨进去了。莫名的怅惘失落，无非是为了事业前程。代价太大了。

回报自然也大。有了胡雪岩这种豪慨之举，不愁在江湖上没有朋友。

胡雪岩在官势上做到极顶，是遇到左宗棠。不过，和左宗棠这样光明磊落的封疆重臣在一起，需要的并不是小恩小惠，而是辅佐他成就大业的才能。如果是个庸才，左宗棠以他的骡子脾气，吹灰之力就可把你攻倒。如果是个人才，左宗棠自会奉若上宾。有记载说：

“咸丰五年，杭州失守，王公殉难。继者为左中丞宗棠。胡

以前抚信任，为忌者所潜。左公闻之而未察，姑试以事，命筹米十万石，限十日，毋违军令。胡曰：大兵待饷，十日奈枵腹何？左公曰：能更早乎？胡曰：此事筹已久，若待公言，已无及矣。现虽无欤，某熟某米商，如急需，十万石三日可至。左公大喜，知其能。命总办粮台如故，而益加委任。”

有了左宗棠这样的封疆大臣看重，胡雪岩所谓的官势就已做成。所谓势利，就是以势取利。初有王有龄的海运局差使，借重海运银两做生意，后王升巡抚，得一省之利为己调度。现在左宗棠金戈铁马，花十年之力平定西北叛乱，胡雪岩借的势也就大了。清廷倚重左宗棠，要靠他来收复叶赫那拉氏的故土，保住大清的风脉元气，免不了要言听计从。

左宗棠得朝廷之势，也就是胡雪岩得朝廷之势，十数年间，转运输将，购置子弹，筹借洋款，拨饷运粮，无一不要胡雪岩经手。以此种大势，求什一之利，胡雪岩的势力如日中天，财富也从原来的数十万转至数百万近数千万。回头再看胡雪岩的赠金赠妻，才见得胡雪岩为事业所下的功夫极深。也见得利势不分，自有其道理。

急功近利是商人的通弊。如何能吃小亏而耐一时之难，获取一条不尽财富滚滚来的巨利之源，应该是商人所必须思考的问题。

这就需要代换理论。小利是小忍而得的，忍的实质是先不求利，而求做事。做小事体，从开始忍耐到获得利的间隔小，获得利也就小。做大事体，从开始忍耐到获利的间隔大，获利也就大。一般来说，只要方法正确，获利和所做的事体，和忍耐的能力总是成正比的。封建时代，三更灯火五更鸡，正是男儿读书时。书一读便是寒窗十年，所得是“书中自有黄金屋，书中自有颜如玉”。商业活动和读书的道理一样，急功近利的做法，根本别想获有“黄金屋”、“颜如玉”。“先不必求利，要取势”。胡雪岩看出利势不分家，就有了他的取势行为。官势的成功给他带来了厚利，“光有官势还不够，商场的势力我也要。这两样要到了，还不够，还要洋场的势力”。

这就典型地道出了胡雪岩在商业上的总体谋略。这个谋略的核心是取势，犹若修水库蓄水，犹如修铁道运输。开头看起来成本大，回收慢。然而，一旦水库、铁路修好了建成了，由此而获得的利益却是稳而源长的。

对于胡雪岩来说，他做生意的本来手法就是要放眼光，放胆量。他不屑于因蝇头小利而障住了身手，他看得远，所以心思做得深。

天下大势他很了解。首先是洪杨之乱，由此而引起整个社会的人口大流动，财富大变迁，非一时可以安顿。其次是海禁大开，眼看着洋枪洋炮挟着西方产品滚滚流入中国市场。中国和西方有巨大的差距，也非一时可以弥补。

不但了解大势，而且独具主见。一般人因洪杨之乱而惶惶，忙于逃命的，趁机捞一把的都有。

胡雪岩都看准了，长毛是不会持久的，官军早晚要把他们打败。既然形势是这样，浑水摸鱼，两面三刀，投机取巧，都不是地道的作为。最好的做法，就是帮官军打胜仗。只要能帮官军打胜仗的生意，我都做，哪怕亏本也做。要晓得这不是亏本，是放资本下去，只要官军打了胜仗，时势一太平，什么生意不好做?到那时候，你是出过力的，公家自会报答你，做生意处处方便。你想想看，这还有个不发达的?

了解大势了，就好取势。势在官军这边，自然要帮官军。只有昏头黑脑的那些人，才不计社会大的走势，单为眼前可图的几笔小小生意而断了大的前程。

洋人那一面也是这道理，“洋人虽刁，刁在道理上。只要占住了理，跟洋人的交涉也并不难办。”

这种看法，在海禁开放之初，着实颇有与俗不同之处。因为照一般的见解，洋人不是被看作茹毛饮血的野人，就是被视作不可冒犯的神人，结果就无法和洋人平等相待，做出了许多滑稽可笑的事情。

胡雪岩一开始就定了讲道理、互惠利的宗旨，自然又占了风气之先，为他商业上的发达作了心理上的准备。

有了对这两个大变动的分析，胡雪岩就逐渐把做生意的力量和心思放在了蓄势取势上。看到了大的形势，并顺应大的形势走，这是顺势。但是光有这一点还不够，跟着大势走仅仅是顺应时势，胡雪岩还要进一层，他要通过自己的努力，让自己置身于能控制大势的核心，这就是“作势”。

顺势是眼光，取势是目的，作势就是行动。

在官场上，通过资助王有龄、黄宗汉、麟桂、何桂清、左宗棠等人，通过为他们出谋献策，出力出资，把他们的功名与利益和自己紧紧联结在一起，从而达到“此人须臾不可离”或者说“天下一日不可无胡雪岩”的效果。这样就取得了官势。

王有龄、何桂清等人的升迁和享乐离不开胡雪岩；左宗棠平定叛乱，建立万世功名也离不开胡雪岩。

胡雪岩知道他们需要什么，所以也就能抓住他们。抓住了这些人，也就抓住了他们做官而自然形成的官势。有这些靠山在，运粮拨饷，筹款购枪，无一不可堂而皇之地去做。这些人也正眼巴巴地等着你的这些东西，又何愁不能从中渔利？

同样，撇开社会和政治的原则，单从商人谋利的角度一看，即使是最发达的现代资本主义国家，也处处可见官与商结合的事例。或者说，商业与政治势力结合与运用的事例。

比如说美国石油大亨哈默，曾被誉为“红色资本家”，“红色”即官（势），“资本家”即商（利）。

胡雪岩长袖善舞，层层投靠，左右逢源，把人们看得目瞪口呆。

事实上，在官场上的所为，只是胡雪岩取势活计的一部分。光有官势，并不能使胡雪岩的商业活动达到完善的境地。

在胡雪岩看来，只要是有利于自己商业谋利的势，他都要争取，都要去做。比如漕帮为代表的江湖势力，比如商场势力和洋场势力。

洋人助我一臂之力

胡雪岩借重的另一个势力就是洋人。按胡雪岩自己的说法，他的成功得力于两个局势的大转变。第一个是太平天国起事，第二个是漕海禁大开。

两者共同形成一个纷纷攘攘的乱世。而胡雪岩是典型的乱世英豪，善于应对乱世，把握方向，整顿秩序。

他对洋场的利用，也正得力于他这种能力。

在胡雪岩首次做丝茧生意时，就遇到了和洋人打交道的事情。并且遇见了洋买办古应春，二人一见如故，相约要用好洋场势力，做出一番市面来。

胡雪岩在洋场势力的确定，是他主管了左宗棠为西北平叛而特设的上海采运局。

上海采运局可管的事体甚多。牵涉和洋人打交道的，第一是筹借洋款，前后合计在 1600 万两以上；第二是购买轮船机器，用于由左宗棠一手建成的福州船政局；第三是购买各色最新的西式枪支弹药和炮械。

由于左宗棠平叛心坚，对胡雪岩的作用看得很重，凡洋务方

面无不要胡雪岩出面接洽。这样一来，逐渐形成了胡雪岩的买办垄断地位。

洋人看到胡雪岩是大清疆臣左宗棠面前的红人，生意一做就是二十几年，所以也就格外巴结。

这也促成了胡雪岩在洋场势力的形成。

势力一旦形成，别人就不易进入。就像自然保护区一样，在保护区内是保护的动物的天下，外类不得涉足。

想涉入也是不大可能，因为洋人认准了胡雪岩，不大相信不相干的来头。

所以江南制造总局曾有一位买办，满心欢喜中接了胡雪岩手中的一笔军火生意，却被洋人告之，枪支的底价早已开给了胡雪岩，不管谁来做都需要给胡雪岩留折扣。

综合胡雪岩经商生涯看，其突出特点就在他的取势理论。官场势力、商场势力、洋场势力和江湖势力他都要，他知道势和利是不分家的。有势就有利，因为势之所至，人们才马首是瞻，这就没有不获利的道理。另一方面，有势才有利，社会上各种资源散盖着，就像水白白流走一样，假若没有蓄积，没有成势，就也无法形成一种力量，一种走向。蓄势的过程，就是积聚力量，形成规模，安排秩序，形成走向的过程。积聚力量和安排调度，正是一个有效的管理者的主要任务。

商人企业家在社会中起着十分重要的作用。人才闲置，把他们组织起来，充分利用；资源闲置，把它们挖掘出来，充分利用；信息闲置，把它们组合起来，充分利用。这本身就是一种创造的过程。明明是个无可救药的赌徒，胡雪岩却能够把他利用了，派他购丝、办货。明明是个落魄的文人，胡雪岩能把他鼓动起来，让他尽己所长，安定地方。

官场和江湖有嫌，洋人和官府有隙，胡雪岩却非要他们前嫌尽弃，沟壑尽平，大家携手来做生意，求利益。这种作为，一般人想不到，胡雪岩想到了，一般人做不到，胡雪岩做到了，所以人们称赞他神，称赞他奇。这种神奇，在胡雪岩身上所表现的，就是与众不同之想。

凡事总要超出别人一截，眼光总比别人放得远，所以才能在经商中在商不言商，花出许多精力去作势。这和下围棋的道理一样，别人放一子，自己紧粘一子，必是笨伯。稍具常识的人都懂得要放手做势，从整体上营构自己的势力范围，然后抱犄角与敌逐。杜牧的《阿房宫赋》中说："五步一楼，十步一阁，廊腰缦回，檐牙高啄；各抱地势，钩心斗角。"其中所讲的势，与官场的势，商场的势道理相通，唯有能够"抱势"，方可"钩心斗角"。

从江湖起步

江湖势力的争取以结识尤五为开始。

王有龄初到海运局，便遇到了漕粮北运的任务。粮运关涉及地方官的声望，所以督抚黄宗汉催逼甚紧，前一年为此还逼死了藩司曹寿。

按照胡雪岩的主意，这个任务说紧也很紧，说不紧也不紧。办法是有的，只需换一换脑筋，不要死盯着漕船催他们运粮，这样做出力不讨好，改换一下办法，采取"民折官办"，带钱直接去上海买粮交差，反正催的是粮，只要目的达到就可以了。

通过关系，找到了松江漕帮管事的漕运袁，漕帮势力大不如前了，但是地方运输安全诸方面，还非得漕帮帮忙不可。这是一股闲置的、有待利用的势力。运用得好，自己生意做得顺遂，处处受人抬举；忽视了这股势力，一不小心就会受阻。

而且各省漕帮互相通气，有了漕帮里的关系，对王有龄海运

局完成各项差使也不无裨益。一旦有个风吹草动，王有龄也不至于受捉弄，损害名声。

所以和尤五打交道，不但处处留心照顾到松江漕帮的利益，而且尽己所能放交情给尤五。加上胡雪岩一向做事一板一眼，说话分寸特别留意，给尤五的印象是，此人落门槛，值得信任。

有了这个印象，“民折官办”购粮一事办得很顺利，尤五也把他尊为门外兄长，凡事请教。后来表明，尤五这股江湖势力给胡雪岩提供了很大方便。胡雪岩在王有龄在任时做了多批军火生意。在负责上海采运局时，又为左宗棠源源不断地输给新式枪支弹药。假定没有尤五提供的各种方便和保护，就根本无法做成。

胡雪岩很注意培植漕帮势力。和他们共同做生意，给他们提供固定的运送官粮物资的机会，组织船队等，只要有利益，就不会忘掉漕帮。胡雪岩有一个固定不变的宗旨就是“花花轿儿人抬人”。我尊崇你，你自然也抬举我。势的做成就是这样。

江湖势力在晚清渐趋衰落。主要是因为各种社会经济因素变化引起的。比如洪门和漕帮，当年借重的是连接南北的运输河道。河道一旦冲淤堵塞，财路一步步衰微，江湖势力也就一步步减退。又比如镖局，当年押银护款，呼啸南北，哪一个钱庄不需要借重镖师？后来银票兴起了，划汇制度也形成了，镖师就逐渐由有人尊敬到无人借重，势力就自然江河日下。

不过，即使大不如前，江湖势力也还一直以各种形式重新组合，发挥着自己的作用。

所以，在胡雪岩生活的时代，江湖势力仍是影响社会生活的一支重要力量。胡雪岩把这支力量组织起来，和自己在官场的势力，古应春在洋场的势力结合起来，做出了花团锦簇的市面来。

筹划商势，主动出击

商场势力的做成，同样显示了胡雪岩在商业谋略上的与众不同。

假如说官场势力的借重是胡雪岩在无意中做成，然后逐渐意识到的话，那么商场势力的做成就显得更有预谋和计划。

这个特点突出表现在垄断上海滩的生意，达到与洋人抗衡，以垄断优势求得商业主动权上。

胡雪岩打的是一场名副其实的商战。

第一阶段，胡雪岩尚未投入做丝生意，就有了与洋人抗衡的准备。

按他的话说就是，做生意就怕心不齐。跟洋鬼子做生意，也要像茧行收茧一样，就是这个价钱，愿意就愿意，不愿意就拉倒。这么一来，洋鬼子非服帖不可。

而且办法也有了，就是想办法把洋庄都抓在手里，联络同行，让他们跟着自己走。

至于想脱货求现的，有两个办法。第一，你要卖给洋鬼子，不如卖给我。第二，你如果不肯卖给我，也不要卖给洋鬼子。要用多少款子，拿货色来抵押，包他将来能赚得比现在多。

凡事就是起头难，有人领头，大家就跟着来了。

具体的做法因时而转变。

第一批丝运往上海时，适逢小刀会肇事，胡雪岩通过官场渠道了解到，两江督抚上书朝廷，因洋人帮助小刀会，建议对洋人实行贸易封锁，教训洋人。

只要官府出面封锁，上海的丝就可能抢手，所以这时候只需按兵不动，待时机成熟再行脱手，自然可以卖上好价钱。

要想做到这一点，就必须能控制上海丝生意的绝对多数。

和庞二的联手促成了在丝生意上获得优势。

庞二是南浔丝行世家，控制着上海丝生意的一半。胡雪岩派玩技甚精的刘不才专和庞二联络感情。

起初，庞二有些犹豫。因为他觉得胡雪岩中途暴发，根底未必雄厚。随后，胡雪岩在几件事的处理上都显示出了能急朋友所急的义气，而且在利益问题上态度很坚决，显然不是为了几个小钱而奔波，在丝生意上联手，主要是为了团结自已人，一致对外。有生意大家做，有利益大家论，不能自己互相拆台，好处给了洋人。

庞二也是很有担待的人，认准了你是朋友，就完全信任你。所以他委托胡雪岩全权处理他自己囤在上海的丝。

胡雪岩赢得了丝业里百分之七十强，又得庞二的倾力相助，做成了商业上的绝对优势，加上官场消息灵通，第一场丝茧战胜利了。

第二阶段，胡雪岩手上掌握的资金已从几十万到了几百万，开始为左宗棠采办军粮、军火。

西方先进的丝织机已经开始进入中国，洋人也开始在上海等地开设丝织厂。

胡雪岩为了中小蚕农的利益，利用手中资金优势，大量收购茧丝囤积。

洋人搬动总税务司赫德前来游说，希望胡雪岩与他们合作，利益均论。

胡雪岩审时度势，认为禁止丝茧运到上海，这件事不会太长久的，搞下去两败俱伤，洋人自然受窘，上海的市面也要萧条。所以，自己这方面应该从中转圜，把彼此的不和睦的原因拿掉，叫官场相信洋人，洋人相信官场，这样子才能把上海弄热闹起来。

但是得有条件，首先在价格上需要与中国这面的丝业同行商量，经允许方得使用，其次，洋人须答应暂不在华开设机器厂。

和中国丝业同行商量，其实就是胡雪岩和他自己商量。因为胡雪岩作势既成，在商场上就有了绝对发言权。有了发言权，就不难实现他因势取利的目的。

可以说，在第二阶段，胡雪岩所希望的商场势力已经完全形成。这种局面的形成，和他在官场的势力配合甚紧，因为加征蚕捐，禁止洋商自由收购等，都需要官面上配合。尤其是左宗棠外放两江总督，胡雪岩更觉如鱼得水。江湖势力方面，像郁四等人，本身的势力都集中在丝蚕生产区，银钱的调度，收购垄断的形成，诸事顺遂。因为他们不只行商，而且有庞大的帮会组织做后盾，虽无欺诈行为，但威慑力量隐然存在，不能不服。

在胡雪岩的其他生意方面，商势促成了经营这一点也很突出。比如钱庄，从杭州发展到宁波、上海、武汉、北京，在同治、光绪年间已经位居江南诸钱业同行之首，与北方的山西帮票号遥相犄角，声名大振，信誉日上。又借官款为后盾，成为客户心中不倒的金字招牌。

典当行的发展更为迅速，全国已开设到29家，和阜康的钱业，胡庆余堂的药业一样，都成为胡雪岩在商场立足发展的巨大支柱。

胡雪岩在丝茧生意上和洋人打商战，时间持续了近20年。其间，胡雪岩节节胜利，中国人扬眉吐气。到了中法战事一开，局面开始对胡雪岩不利。

主要原因出在上海市面的不景气上。学经济史的人都会记得，1883年，适值世界性经济危机，上海银根紧缩，市面上现银数量锐减，阜康等钱业面临窘境。这个紧要关口，左宗棠和李鸿章的矛盾公开化了。左宗棠主张对法宣战，李鸿章明里敷衍不表

态，暗中示意门下加紧行动，打击左宗棠势力。

胡雪岩早就成为左宗棠左右臂膀，筹饷购械，无不立办。胡左关系恰犹盛宣怀和李鸿章的关系。所以成了首当其冲的打击对象。

适逢上海市面大坏，盛宣怀就和上海道郡友濂密商，到期的海关税拖延不转拨，让胡雪岩自己承担洋款到期偿还的负担。同时派人四处行动，挤对阜康，提取现款。

胡雪岩跟洋人打商战，就跟打仗一样。论虚实，讲攻守，洋商联合在一起，千方百计进攻，胡雪岩孤军应战，唯有苦撑应变。这情形就跟围城一样，洋商大军压境，吃亏的是劳师远征，利于速战；被围的胡雪岩，利于以逸待劳，只要内部安定，能够坚守，等围城的敌军师劳无功，军心涣散开始撤退时，开城追击，可以大获全胜。

现在内部起讧，后院失火，胡雪岩阵法大乱，花 20 年心血做成的势，顷刻瘫泄。上千万银款押在丝茧上，商势既然不存，整个大厦也就颓然坍塌。

胡雪岩最为痛心的倒不是自己生意的败坏，而是痛心生意败坏的原因。不是自己和洋人较量不下去了，而是自己人那里使坏。就像两个大力士在那里较劲儿，不是一个以力制服了另一个，而是有人在旁边用树枝挠痒痒，痒不自禁，败退下来。

所以，问题与胡雪岩的取势理论无关。

瞅准机会，随机应变

眼光要正中要害

我早已说过了，一不做“回汤豆腐”，二要自立门户。现在因为打仗的关系，银价常常有上落，只要眼光准，兑进兑出，两面好赚，机会不可错过。

（《胡雪岩全传·平步青云》）

胡雪岩在商场起步，一上手就选择了开钱庄。

当王有龄问起他的打算时，他的回答很干脆：

“我想仍旧要干老本行。”

胡雪岩说的要干老本行，自然是指还是去干他干过的钱庄，他是要开办自己的钱庄。事实是，那个时候，他连一两银子的本钱都没有。

胡雪岩要办钱庄，并不仅仅是因为他熟悉钱庄这一行当，更重要的是他看准了开钱庄不仅是他能够安身立命的一桩生意，而且也是他可以大显身手不断开拓的一个稳定长久的财源，实在是大有可为。钱庄之所以大有可为，在胡雪岩看来原因其实很简单，第一，当时正在闹太平天国，闹小刀会，长江中下游以及湘、闽一带常有战事。兵荒马乱之中市面波动极大，一般的生意不可避免地要受到冲击，但对于钱庄来说，市面波动大，银价起落也大，低进高出的机会也就多，银票汇兑进出之间都大有赚头。第二，此时没有本钱不要紧，胡雪岩料定王有龄一定会外放去做州县，现在只要有个几千两银子把钱庄场面撑起来，等王有龄一放了州县，他的钱庄就可以代理王有龄那个州县的公库，也就是代为料理那个州县的公款往来。按照惯例，代理公库不付利息，等于是白借了公家的银子做自己生意的本钱。

不用说，从这“仍旧干回老本行”，我们就能看到胡雪岩不同一般的识见和眼光，他不仅看得准，而且还看得远——一般人在兵荒马乱市面不稳的年月，大约只会更多地想到如何能稳当一点保住自己已有的饭碗，哪里会想到这市面不稳之中还隐藏着有势可借、有机可乘的发财机会呢？其实，任何一个经济发展时期，特别是商品经济发展时期，金融业总是百业发展的龙头，何

况胡雪岩生活的时代，虽内忧外患，战乱不断，但由于外国资本主义的经济侵略，也刺激了中国资本主义生产关系的发展，是中国由小农经济向近代城市商品经济转型的时期。更何况当时的东南沿海也正是商品经济发达的地区。据历史记载，在已经成为旧中国金融中心的上海，虽然到19世纪中后期已经有了英、法、日、美等国开设的银行数十家，但钱庄生意仍然是上海金融、贸易的支柱之一，每年在市面流通的庄票，在20亿两以上，假如取消钱庄，进出口生意将陷于瘫痪。1882年12月胡雪岩的阜康钱庄因周转不灵倒闭，引发了一场波及全国的金融危机，也对上海乃至东南地区的工业、贸易发展造成严重打击，1883年英国驻沪领事在发回伦敦的贸易报告中就说道："1883年贸易普遍受损的一个直接原因是本地钱庄数的减少。"

无论如何，胡雪岩事业其后的发展也都证明了他的眼光的精明。他的钱庄从一开张就显出极旺的势头，王有龄不久也真的就外放了湖州知州，让他如愿以偿得了代理公库的好处，从此他的钱庄也如滚雪球般地发展起来，最终成为他驰骋商界东突西进建立自己庞大经贸"帝国"的基础。

白手起家

自己做不得自己的主，算得了什么好汉？

（《胡雪岩全传·平步青云》）

胡雪岩要自己开钱庄，除了他以自己敏锐的眼光，准确地发现了在当时条件下钱庄生意是一个极有可为的财源之外，还因为他天性中要自立门户，在商界开疆拓土的大气魄。

胡雪岩就是一心要自己做主，一心要自己做老板。

当初他因资助王有龄丢了饭碗，而且因为他是胆大妄为自作主张挪用钱庄的钱去资助王有龄，在同行中"坏"了名声，再没有钱庄敢雇用他，终至落魄到靠打零工糊口的地步。但是，即使在如此艰难的境遇中，想来他大约也没有断了做钱庄老板的念头。重逢王有龄，因资助王有龄留下的恶名自然消除，这时的胡雪岩起码有两个在一般人看来相当不错的选择，一是留在王有龄身边帮王有龄的忙，能帮王有龄腾达他也必定有大好处，时机成熟他为自己捐个功名，以他的能力，大约也会有腾达的时候。他的另一个选择是回他做过伙计的信和钱庄，以他此时的条件，回信和必将被重用，实际上，信和"大伙"张胖子收到王有龄听从胡雪岩的安排还回的500两银子之后，已经做好了拉回胡雪岩，让出自己的位子的打算，他找到胡雪岩的家里，恳请胡雪岩重回信和，甚至将胡雪岩离开信和期间的薪水都给他带去了。

这两条路胡雪岩都不走。混迹官场本来就不是胡雪岩的兴趣所在，他当然不会走前一条路，帮王有龄他自然不会推辞，但最终还是要干出一番属于自己的事业。而回到信和，干得再好也不过干到"大伙"为止，终归不过是一个"二老板"，并不能事事由自己做主。

"自己做不得自己的主，算得了什么好汉？"胡雪岩要的就是自己做主，所以他一上手就要开办自己的钱庄。这就是气魄，一种强烈的要在商场上自立门户、纵横捭阖的气魄。

可以说，这种强烈的自立门户，打下自己一片江山的气魄，正是胡雪岩能够时刻注意去发现财源，不断开拓自己的财源的基础。这也并不奇怪。如果一个人根本就没有这种自立门户的气魄，从来就没有想过，甚至连想都不敢想自己也能做老板，这个人大约也就只能永远留驻于"打工族"中，又哪里会想到去为自己寻找财源，开拓财源？

机会不可错过，但机会只属于那些能够抓准机会，并有气魄去利用一切可以利用的机会的人。

商场风云变幻，做到心中有数

贵乎盘算整个局势，看出必不可易的大方向，照这个方向去做，才会立于不败之地。

（《胡雪岩全传·平步青云》）

一项生意或一项投资是不是一个财源，或者说能不能最终经营成自己的一道财源，要能作出准确的判断，也并不是一件轻而易举的事情。这里的关键，是要有全局判断能力，要有能在整个局势的盘算中看出必不可易的大方向的眼光。能够“盘算整个局势”，能够看出整个局势发展的大方向并知道如何“照这个方向去做”，才能使自己立于不败之地。

胡雪岩在他的鼎盛时期能纵横商场保持不败，很大程度上就在于他有于复杂局势中见出必不可易的大方向的过人的眼光。比如，在蚕丝销洋庄的生意中，就显示了他这种过人的眼光。

为了结交丝商巨头，联合同行同业，以达到能够顺利控制市场的目的，胡雪岩在湖州收购的蚕丝运到上海，一直囤到第二年新丝上市之前都还没有脱手。而这时出现了几个情况：一是由于上海小刀会的活动，朝廷明令禁止将丝、茶等物质运往上海与洋人交易；二是外国使馆会衔，各自布告本国侨民，不得接济、帮助小刀会；三是朝廷不顾英、法、美三国的联合抗议，已经决定在上海设立内地海关。

这些情况对于胡雪岩正在进行的生丝销洋庄的生意来说，应该是有利的。一方面新丝虽然快要上市，但由于朝廷禁止运往上海，胡雪岩的现有囤积也就奇货可居；另一方面，朝廷在上海设立内地海关，洋人在上海做生意必然受到一些限制，而从洋人布告本国侨民不得帮助小刀会，和他们极力反对设立内地海关的情况看，他们是迫切希望与中国保持一种商贸关系的。此时胡雪岩联合同行同业操纵行情的工作已经大见成效，继续坚持下去，迫使洋人就范，将现有存货卖出一个好价钱，一定不是太难。

但在这个节骨眼上，胡雪岩毅然决定将自己的存丝按洋人开出的并不十分理想的价格卖给洋人。

作出这一决定，就在于胡雪岩由当时出现的各种情况，看出了整个局势发展必然会出现的前景。当时太平天国已成强弩之末，洋人也敏感到这一点，从他们的态度看，他们事实上已经决定与朝廷接续“洋务”了。同时，虽然朝廷现在禁止本国商人与洋人做生意，但战乱平定之后，为了恢复市场，复苏经济，“洋务”必得继续下去，因而禁令也必会解除。按历来的规矩，朝廷是不与洋人直接打交道从事贸易活动的，与洋人做生意还是商人自己的事情。正是从这里，胡雪岩看出了一个必不可易的大方向，那就是，他迟早要与洋人长期合作做生意。在胡雪岩看来，中国的官儿们从来不会体恤为商的艰难，不能指望他们会为商人的利益与洋人去论斤争两，因此，与洋人的生意能不能顺利，最终只能靠商人自己的运作。既然如此，也就不如先“放点交情给洋人”，为将来留个见面的余地，因此，即使现在自己暂时无法实现控制洋庄市场的目标，也在所不惜了。

这就是胡雪岩眼光精明之所在。这一票生意做下来，胡雪岩确实没有赚到多少钱，至少比原来构想的，也可能赚到的少了许多，但由于有这票生意“垫底”，胡雪岩也确实为自己铺就了一条与洋人做更大生意的道路——他“卖”给洋人的交情，为他以后发展更大规模的洋庄生意，为他借洋债发展国际金融业，总之为他驰骋十里洋场，留下一个很好的开端。

要有长远眼光

生意做得越大，眼光越要放得远。做大生意的眼光，一定

要看大局。你的眼光看得到一省，就能做一省的生意，看得到天下，就能做天下的生意，看得到外国，就能做外国的生意。

（《胡雪岩全传·平步青云》）

要想成为一个大有作为的生意人，眼光确实是“顶要紧”。

生意人的眼光，除了上面说的要看得准、看得开之外，还有很重要的一点，那就是看得“远”，比如，胡雪岩的生丝生意还没有上手，就看到用代理湖州公库的银子易货到杭州，脱手变现再解“藩库”的前途，就可谓看得远。湖州的公款本来就要解往省城杭州，交付“藩库”，先垫支一下，买丝到杭州变现之后再交付“藩库”并不为过，如此一来，死款变成了活钱，先就能用它做本周转一道，何乐不为？事实上，胡雪岩还有看得更远的——在丝生意还没有开始的时候，他就想到了和洋人做生意，销“洋庄”。

胡雪岩要销“洋庄”的念头，也是起于与阿珠娘的那一夕有关蚕丝生意的交谈。阿珠娘告诉胡雪岩，销“洋庄”，上万两的丝囤积起来，等价钱好了卖给洋人，自然是更有赚头。不过，销“洋庄”需要的本钱也大，洋鬼子也不是傻瓜，表面上不说你的要价高，和和气气地跟你虚与周旋，暗地里再去寻找门路，总有那些吃本太重急于脱手求现的人，肯杀价出售自己的货。这样，弄不好与洋人的生意没有做成，自己的货反而塌在手里。销“洋庄”确实要担上几分风险。

不过，胡雪岩想到的却是另一个方面。在他想来，做生意就怕心不齐，如果这些专与洋人做丝生意的“广行”“洋庄”能像茧行收茧一样，同行公议，就是一个价，愿意就愿意，不愿意就拉倒，洋人也就不服帖也得服帖了。对于那些本钱不足，因周转不灵而急于脱货求现的商行，也有办法，第一，可以出价收购，同样的价格，你要卖给洋人，不如卖给我。第二，对方如果不接受收购，则可以约定不卖给洋人。我这里有钱庄做后盾，可以让你用货物做抵押，贷款救急，洋人就范，货物脱手之后再还。洋庄丝价卖得好，能多赚钱谁不乐意！假如在这样的条件下还有人要把自己的货杀价卖给洋人，那就一定是暗地里收受了洋人的好处，吃里爬外，自贬身价，可以鼓励同行跟他断绝往来，如此一来，这样的人在同业中也就没有了立足之地。

胡雪岩的这一构想实可谓有远见、有气魄，他后来生意的发展证明，他的这一构想也确实是见地不凡且行之有效。生丝生意开始之初，胡雪岩来往于杭州、湖州、上海之间，在联合同业、控制市场、垄断价格上绞尽脑汁精心筹划，与外商买办斗智周旋，终于按他的构想做成了第一笔洋庄生意，赚下 18 万两银子的利润。而事实上，他通过这笔生意，一方面与丝商巨头庞二结成可靠的生意伙伴关系，在蚕丝行业建立起自己的地位，另一方面，通过这笔生意，他和外商取得了联系也积累了与他们打交道的经验，为他后来驰骋十里洋场打下了基础。而这些实在不是那 18 万的“赚头”所能比拟的。可以说，胡雪岩不同一般的眼光，在他起步之初就为他今后的发展标明了光辉绚烂的前景。胡雪岩说，一个生意人的眼光“看得到一省，就能做一省的生意；看得到天下，就能做天下的生意；看得到外国，就能做外国的生意”，这话确实不错。

机会随时等着你

什么事都要讲机会。明明一定办得到的事，阴错阳差，叫你不能如愿。

（《胡雪岩全传·烟消云散》）

一个人要获得某种成功，确实要有机会，要靠一个人的机遇、运气。

胡雪岩做成的第一桩军火生意，从某种意义上看，就可以说实实在在是因为适逢其时、恰在其地的机会。当时正处于太平天国于南京开国之后全力向东南数省扩张之时，上海小刀会也乘势开始起事，一方面江浙未失之地正在积极筹办团练以抵御太平军的进攻，另一方面两江总督以及江苏巡抚也在想办法调动兵力以平息小刀会。战事在即，自然需要大批军火，而驻在上海的外国军火商也正在此时开始向太平军输出军火，也就是说他们已经开始明目张胆在中国国内做军火生意。一边有人卖，一边又有人买，这不是适逢其时？当时的洋商大都集中在广州、上海两地，要与洋人谈生意自然在这两个地方最为方便。胡雪岩也正是此时为蚕丝生意来到上海，这岂不又是恰在其地？还不仅仅是如此的时、地相宜。因为是想销“洋庄”，胡雪岩一到上海就找到关系结识了在洋行做事的古应春，与洋人建立了联系，此前在帮王有龄解决漕米调运的公务时，他已经结识了漕帮首领尤五等人，与漕帮建立了两相托靠的“铁”关系，借助漕帮在内河航运上的势力，军火自上海运往杭州的安全也有了保障。在这桩生意上，胡雪岩真正是机缘巧合，古人所说的天时、地利、人和，都让他占全了，于是他的第一桩军火生意也就几乎没费多少周折就顺利做成了。

商场上确实特别讲究机会，一个生意人在商场上是否能够获得绝大的成功，要看客观情势是否提供了让他成功的机遇，而具体到一笔生意的运作是否能够成功，也要看机会。换句话说，也就是要尽可能在合适的时间、合适的地点，再选以合适的方式去办那件可办的事情，我们才有把握办成那件事情。

除了机会，还靠实干

一个人如果要有所成就，一半靠本事，一半靠机会。在我这方面说，挣钱靠眼光，靠手腕，靠精神力气。

（《胡雪岩全传·红顶商人》）

不过，也正是因为有机会的作用，也就要求我们要特别善于发现机会，要能够很好地把握住机会，同时，还要特别善于利用机会。说到底，机会只有对于那些善于发现机会并且能够很好地去抓住机会、利用机会的人，才称其为机会。

一个简单的事实是，信和钱庄的二老板张胖子，与胡雪岩同行于杭州、上海，甚至比胡雪岩更熟悉江浙一带的丝、茶经营。而且当时的信和还是杭州城里最大的钱庄之一，资本比胡雪岩要雄厚得多，但他就是没有想到去做这一桩能发财的生意。另一方面，胡雪岩经营蚕丝生意，无论是历史的长短、经验的丰富，还是实力的雄厚，都不如作为丝商巨头的庞二。但胡雪岩一上手就想到联合同业控制市场，操纵价格，在销“洋庄”的生意中迫使洋人就范，而庞二做了那么长时间的生丝“洋庄”却没有想到如此去做。

张胖子、庞二都没有想到去做的事情，胡雪岩却想到了，并且毫不犹豫地去做了。他利用阿珠家就在湖州且熟悉生丝生意的便利，立马出资由阿珠的父亲在湖州开设丝行；他利用王有龄外放湖州知州可以代理湖州官库的便利，采取“借鸡生蛋”的方法，立即着手生丝收购；然后联系洋商，结交庞二，大张旗鼓地做起了生丝销“洋庄”的生意，如此一来，也只好让他大发其财了。

机会实际上对所有的人都是均等的。说到底，任何一个机会都在于人有本事去把握住，否则，这机会对于人来说也就不成其为机会。胡雪岩能牢牢把握住一个又一个的机会，花样百出也是仙招百出，这就是他的本事。胡雪岩说过，对于会动脑筋的人来说，遍地都是财源。观之胡雪岩，我们也可以说，对于真正有本

事的人来说，无处不是机会。

注重长远目标

我们要商量的是，长线放远鹞，看到三五年以后，大局一定，怎么样能够飞黄腾达，一下子蹿了起来。

（《胡雪岩全传·红顶商人》）

生意场上的机会，总是与时局的变化相联系。生意人要时刻关注时局的变化，从时局的变化中看到能使自己生意获得长远发展的机会，早做筹谋，占据制高点，这就是所谓“长线放远鹞”。

胡雪岩是这一方面的“顶尖高手”。胡雪岩请原是信和钱庄“大伙（业务主管）”而后来落魄的张胖子重新出山，和他一起经营钱庄。

钱庄生意自然是以钱生钱，因此，胡雪岩一开始就和张胖子筹划了一桩长远的以钱生钱的生意，即接受失败逃亡的太平天国兵将的存款，然后放给两类人，一类是因调补升迁而需要盘缠的官员，另一类则是因战乱逃难到上海而在原籍有田产的乡绅。多年战乱，太平天国此时已成强弩之末，虽未完全平定，但胡雪岩料定他们已是必败无疑。向逃亡的太平军兵将融资，接受的存款可以不付利息，因为那些逃亡兵将只求保命保产，根本谈不到还要利息。而将这笔钱用来放债，则可以有大笔可靠的进账，实在是无本万利的便宜买卖。

将这笔钱主要放给调补升迁的官员和逃难到上海的乡绅，胡雪岩也有自己周密的考虑和长远的打算。放款给调补升迁的官员，是学山西票号“放京债”的做法。所谓“放京债”，就是放款给那些外放州府的京官。这些人在外放过程中京里打点、上任盘缠、到任以后买公馆轿马，置仪仗，都要花钱。于是这些人上任之前都要借上一笔钱，到任后再还上。据说“放京债”比放“印子钱”还狠，一万两的借据只实付七千，而且还不怕借债的人不还，因为一来有京官作保，二来有借据，如果赖账，借据递到都察院，御史一参，赖账的人就要丢官。事实上这些人到任之后搜刮地方，一般也有能力还回借款。“放京债”当然是指放给那些由京里补缺放出来的官员，但这些年战乱不断，南北道路艰难，官员调补升迁，大多已不按常规到京“送部引见”，而是直接到任了事，比如，江苏的知县调升湖北的知府，就可以直接由江苏赴湖北上任。这些人如果没有一笔盘缠和安家银子，自然也是“行不得也么哥”。而这些人多一天到差，就多一天好处，再高的利息也会借。胡雪岩要仿照山西票号“放京债”的方法，“帮帮”他们的忙。

放款给由内地逃难到上海的乡绅，也决不会吃倒账。这些人家在原籍，依赖祖宗留下的田产，靠收租过活，过的是“伸手大将军”的日子，初到上海，凭着逃难时带出来的一些现款细软，在十里洋场上花天酒地，日子一长，坐吃山空，也就要靠借债度日了。这些人借债，表面来看现在无力偿还，但放开眼光来看，这些人的田产还在。如今太平军已成败局，到时江、浙一带被官军收复，这些人回到原籍还是大少爷。现在可以让他们以田产做抵押，到时候就不怕他们不连本带利归还借款。

胡雪岩的“算盘”真是精到家了。在官军开始收复杭州时，他就敏感到太平军败局已定，并且准确料定太平军官兵一定会想办法隐匿私产，由此大胆决定吸收他们的存款达到融资、放债，以钱“生”钱的目的。事实上，这一大胆决策，对于胡雪岩战乱之后生意的全面复苏确实起到极大的作用。从眼前时局的变化看到绝好的机会，又把这机会经营成三五年之后的绝大的财源，同行之中他自然又是计高一筹了。

不担风险，不是商人

商人图利，只要划得来，刀头上的血也要去舔，风险总有人肯背的。要紧的是一定要有担保。

（《胡雪岩全传·平步青云》）

要牢牢抓住生意场上的机会，还要有敢于刀头舔血的气魄。

所谓敢于刀头舔血，说穿了，也就是要敢于承担风险。胡雪岩办“钱庄”，在太平天国失败以后，通过接受太平天国兵将的存款来融资的举措，就担了极大的风险。

胡雪岩作出吸收太平军兵将存款的决定，自然有他自己细致的考虑，首先是这一举措确实有它的可行性。太平军占据江南富庶之地已历数年，他们中的许多人一定从各种来路积蓄得不少的私财。如今太平军已成苟延残喘之势，他们中的好些人已经开始暗地里盘算着如何躲过这场劫难。对于太平军兵将来说，这个时候是保命容易保财难，而他们只要保住财产，逃过这场劫难之后，风头一过，局势一定，后半辈子也就可以衣食无虞。这些人的财产当然是变成现银存到钱庄里最保险。不用说，接受逃亡太平军兵将为隐匿私产存到钱庄的钱款，风险也是存在的。其风险有二：

（1）按朝廷律例，如太平天国兵将者，自然是“逆贼”。既是“逆贼”，其家财私产便是“逆财”“逆产”，照理不得隐匿。接受逆产，私为隐匿，一旦查出，很有可能被安上通“逆”助“贼”的罪名，与那些太平军逃亡兵将一同治罪。

（2）太平军逃亡兵将的财产既是“逆财”“逆产”，抄没入公则是必然的，被抄的人倘若有私产寄存他处，照例也要追查。接受这些人的存款，如果官府来追，则不敢不报。虽然官军中不乏贪财枉法之辈，自己搜刮太平军私财不报，因而客观上使一些太平军兵将可以逃过官府抄没家产的追查，但尽管如此，也决不能完全排除有些人要一查到底的可能。这样，一旦查出，即使不被安上接受“逆产”的罪名一同治罪，存款也必被官府没收。按钱庄的规矩，风平浪静之后有人来取这笔存款，钱庄也必得照付，如此一来，钱庄不仅血本无归，还要“吃倒账”。

有这两层风险，接受太平军逃亡兵将的存款，也就确实有点类似刀头上去舔血了。但是这笔“买卖”风险大获利也大，因为这样的存款不必计付利息，等于是人家白白送钱给你去赚钱。因此胡雪岩仍然决定要如此去做，这就是他说的：“商人图利，只要划得来，刀头上的血也要舔。”敢于刀头上舔血，这确实是一个希望获得大成功的商人的必备素质。这里的原因其实很简单，没有风险的生意人人会做，利益均沾，要在同行同业中出类拔萃实在是难之又难，弄得再好，大体上也不过只比保本微利，混个糊口好上一点点，用胡雪岩的话说，也就是“不冒风险的生意人人会做，如何能够出头？”从某种意义上说，事实上所有能够带来滚滚财源的机会，都会包含有风险的成分，即如胡雪岩要学山西票号借款给那些调补升迁的官员，表面看来似乎没什么风险，而实际上仍然担着风险，那些新官上任，也有可能在到官途中或到官不久就出了事，比如病死，比如丢官，兵荒马乱之中，什么事情都可能出现，要是这样，借出去的钱也可能血本无归。

说到底，没有不担任何风险的生意。而且，商场上一笔生意能得利润的多少，往往与经营者应承担的风险大小成正比，所担风险越大，所得利润越多，所谓“胀死胆大的，饿死胆小的”，这似乎是商界一条古今一理，中外相通的法则。

要做一个能赚大钱的成功的商人，必须有过人胆识和气魄，简单说来，也就是要敢做别人想不到去做，或者想到了但不敢去做的事情，特别是，能察人之所未察，在人所共见的风险中见出

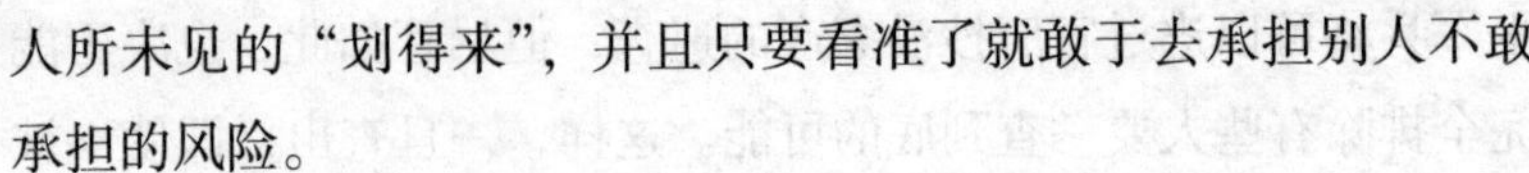

人所未见的“划得来”，并且只要看准了就敢于去承担别人不敢承担的风险。

识时务者终得成

有句成语，叫作“与其待时，不如乘势”，许多看起来难办的大事，居然顺顺利利地办成了，就因为懂得乘势的缘故。

（《胡雪岩全传·红顶商人》）

要真正能够把握住自己遇到的机会，使这机会真正成为自己的财源，除了行动迅速，敢想敢干之外，还有很重要的一点，那就是要学会乘势而行。

与其待时，不如乘势。

胡雪岩为帮助左宗棠筹办船厂和筹措军饷向洋行借款成功，就是乘势而行的结果。

胡雪岩是中国历史上第一个以商人身份代表政府向外国引进资本的商人。而在他之前，政府还没有向洋人借款的先例，且有明确规定不能由任何人代理政府向洋行贷款。例如，曾是军机首领的恭亲王就曾拟向洋人借银一千万两用于买船，所获批示却是，“其请借银一千万两之说，中国亦断无此办法。”这种情况甚至让一向果敢有决断的胡雪岩对向外商借款能否获朝廷批准也心存犹豫，是左宗棠一番关于当下时势以及办大事要懂得乘势而行的剖析使他得以坚定。

左宗棠认为，做事情要如中国一句成语说的，“与其待时，不如乘势”，“许多看起来难办的大事，居然顺顺利利地办成了，就因为懂得乘势的缘故。”同样是向洋人借款，那时要办断不会获准，而这时要办却极可能获准。这是时势使然。一则那时向洋人借债买船，受到洋人多方刁难，朝廷大多数人不以为然，恭亲王亦开始打退堂鼓，自然决不会再去借洋债。而此时洋人已经看出朝廷决心平定太平天国，收复东南财赋之区，自愿借款以助朝廷军务，朝廷自然不大可能断然拒绝。二则当时军务并不十分紧急，向洋人借款买船尚容暂缓，此时军务重于一切，而重中之重又是平定太平天国，为军务所急向朝廷提出向洋人借款的要求，朝廷也一定会听从。三则此时领衔上奏的左宗棠本人手握重兵，且因平定太平天国有功而深得内廷信任，由他向朝廷提出借款之事，其分量自然也不一般了。借助这三个条件形成的大势，向洋人借款不办则罢，一办则准成。

不用说，事实确实如此。

这里所说的势，是指那些促成某件事成功的各种外部条件同时具备，即由恰逢其时、恰在其地几好合一好的机会集合而成的某种大趋势。具体说来，这种“势”也就是由时、事、人等因素交互作用形成的一种可以助成“毕事功于一役”的合力。这里的“时”即时机。所谓“彼一时，此一时”，同样一件事，彼时去办，也许无论花多大的力气都无法办成，而此时去办，可能“得来全不费工夫”。这里的“事”即具体将办之事。一定的时机办一定的事情，同样的事情此时该办亦可办，彼时却也许不可办亦不该办。可办则一办即成，不可办则绝无办成之望。这里的人即具体办事的人。一件事不同的人办会办出不同的效果，即使能力不相上下的两个人，这个人办得成的某件事，另一个人却不一定能办成。所谓乘势而行，也就是要在恰当的时机由恰当的人选去办理该办的事情。

当然，我们也应该知道，在这三个因素中，时机的选择是最为重要的。这就正如我们日常交往中发表对某件事情或者某项决策的看法一样。即使你是一个已经有了举足轻重的地位的人，即使你的意见绝对是正确的，要使你发表的意见发生根本性的影响，也必须选择恰当的时机。否则，说早了没用，说迟了则徒然

自误。

一招之出，能顺乎大势而使事功圆满，这样的招数，大约无论如何都应该称为“仙招”。

变化出机会

“用兵之妙，存乎一心！”做生意跟带兵打仗的道理是差不多的，随机应变之外，还要从变化中找出机会来，那才是一等一的本事。

（《胡雪岩全传·平步青云》）

能够顺乎大势，腾挪应对的一招一式都能乘势而行，不仅能使机会真正变成财源，即使身处逆境时，也能助人摆脱困厄，绝处逢生。

当年胡雪岩的生意正在蒸蒸日上之时，太平军攻占杭州，就使他经历了一次大的变故，而且这次的变故几乎将他逼入绝境。

其变有三：

（1）胡雪岩的生意基础如最大的钱庄、当铺、胡庆余堂药店以及家眷都在杭州，杭州被太平军占领，等于他的所有生意都将被迫中断。不仅如此，他还必须想办法从杭州救出老母妻儿。

（2）由于胡雪岩平日里遭人妒忌，如今战乱之中，顿时谣言四起，说他以为遭太平军围困的杭州购米为名骗走公款滞留上海；说他手中有大笔王有龄生前给他营运的私财，如今死无对证，已遭吞没。甚至有人策划向朝廷告他骗走浙江购米公款，贻误军需国食，导致杭州失守。

（3）即使不被朝廷治罪，他也不能顺利返回杭州，因为失去了王有龄这个官场靠山，他的生意也将面临极大的困难。他的钱庄本来就是由于王有龄这一官场靠山得以代理官库发迹，而他的蚕丝销“洋庄”，他做军火，都离不开官场大树的荫蔽。胡雪岩那个时代做生意，特别是做大生意，本来就不能没有官场靠山。

不过，面对这一变故，胡雪岩并不惊慌失措。之所以如此，是他从表面对他不利的因素中，准确预见出了可利用的因素：

（1）如今陷在杭州城里的那些人，其实已经在帮太平军做事，他们之所以造谣生事，是因为太平军也在想方设法诱招胡雪岩回杭州帮助善后，而那些人不愿意放他回杭州。他们造谣虽为不利，但却并不是不可以利用。胡雪岩根据这一分析，确定了两条计策：首先，他不回杭州，避免与这些人正面交锋，他知道他的这一态度一旦明确，这些人就不会进一步纠缠；其次，胡雪岩不仅满足他们不让自己回杭州的愿望，而且他还决定自己出面，特别向闽浙总督衙门上报，说是这些陷在杭州城里的人实际上是留做内应，以便日后相机策应官军。这更是将不利转化为有利的极高的一着——表面上是给了这些人一个交情，暗地里却是把这些人推上一堆随时可以引爆的火药，因为如果这些人不肯就范，加害胡雪岩，他可以随时将这一纸公文交给此时占据杭州的太平军，说他们勾结官军，这些人无疑会受到太平军的责罚。

（2）胡雪岩此时手上还有杭州被太平军攻陷之前为杭州军需购得的大米一万石。当初这一万石大米运往杭州时无法进城，只得转道宁波，赈济宁波灾民，并约好杭州收复后以等量大米归还。这也是一个可以利用的有利因素。胡雪岩决定，一俟杭州收复，马上就将这一万石大米运往杭州，这样既可解杭州赈济之急，又显胡雪岩做事的信义，诬陷他骗取公款的谣言也可以不攻自破。实际运作中，胡雪岩更是不仅杭州已被官军收复，便将一万石大米运至杭州，而且直接向带兵收复杭州的将领办理交割，这样不单是收到了预期的效果，更一下子得到了左宗棠的信任，将他引为座上客，并委他鼎力承办杭州善后事宜。由此，胡

雪岩又得到了一位比王有龄还要有权势的官场靠山。胡雪岩的红顶子，也就是这一举措的直接收益。原来看似不利的因素，实际上成了胡雪岩日后重新崛起的机会，真可谓把不利之中的有利因素充分利用到了极致。

能如胡雪岩者，可不就是一等一的本事？

这里的关键是要能随机应变，要能在顺境逆转以至陷入绝境时，沉着应对。面临不利情况时，特别也注意冷静分析整个局势，全面把握所有的不利因素和有利因素，并且果断地利用已有条件，一方面最大限度地利用有利因素，使有利因素的效力得以全面发挥，另一方面注意因势利导，转化不利因素为有利因素，由此找出复起的机会来。

做生意要灵活应变

我们做生意一定要做得活络。

（《胡雪岩全传·平步青云》）

做生意一定要做得活络。

做生意要活络，应该有两层意思，一是不要死守一方天地，要能根据具体情况作出灵活反应，二是反应要迅速，想到了就立即着手去做，不放过任何一个机会。

胡雪岩的生意就做得活络，在他驰骋商场一步步走向鼎盛的过程中，他灵活机动，四下出击，真可谓是一步一个点子，一路一趟拳脚，一动一套招式，而招招式式都能为自己点化出一条财路。胡雪岩为自己的蚕丝生意和帮办王有龄湖州官府的公事，几下湖州，结识了湖州颇有势力的民间把头，现正做着湖州“户房”书办的郁四。胡雪岩凭着他的仗义和识见，也因为他帮助郁四妥善处理了家事，深得郁四敬服，为了报答胡雪岩，郁四做主，为胡雪岩娶了寡居的芙蓉姑娘做“外室”。

芙蓉姑娘的娘家本来也是生意人，祖上开了一家很大的药店，牌号“刘敬德堂”。“刘敬德堂”传至芙蓉姑娘父亲一辈时也还有些规模，不想他父亲十年前到四川采办药材，舟下三峡，在新滩遇险船毁人亡。她的叔叔外号“刘不才”，挥霍至药店倒闭，只能手握“秘方”。

胡雪岩要借刘不才开一家自己的药店。他凭着自己的眼光，一下子就看出药店生意在此时也将是一个相当不错的财源。

“胡庆余堂”也就这样立起来了。在其后的几十年中，“胡庆余堂”成为名闻天下的老字号药店，不仅成为胡雪岩的一个稳定财源，也为他挣来了“胡大善人”的好名声，对他的其他生意也带来了极好的影响。

一个钱庄老板，在本业之上还要去做蚕丝生意销“洋庄”，在做着蚕丝生意的时候又想起开药店，胡雪岩这四面出击，不断为自己广开财源的灵活，确实不能不让人叹服。事实上，做生意最没出息的，大概就是死守着一方天地。一笔生意再大，也只能有一次的赚头，一个行当再赚钱，也只是一条财路。显然，要广开财源，死守着一方天地是绝对不行的。胡雪岩说，做生意要做得活络，这里的活络，自然包括很多方面，但不死守一方，灵活出击，而且想到就做，决不犹豫拖延，应该是这“活络”二字的精义所在。

没有不动脑的事

胡雪岩做事就是这样，不了解情况，为求了解，急如星火，等到弄清楚事实，有了方针，他就从容了。说是说“慢慢儿”，但绝不是拖延，更不是搁置，帮他做事，须知这一点。

（《胡雪岩全传·平步青云》）

对于胡雪岩这样一位眼界开阔，头脑灵活且敢想敢干的人

来说，实在是到处都能见到财源，到处都能开出财源。比如他为销“洋庄”走了一趟上海，在上海的“长三堂子”吃了一夕“花酒”，酒宴上与那位后来成为他可以生死相托的朋友古应春的一席交谈，就让他又抓住了一次赚钱的机会。

古应春是一位洋行通事。中国开办洋务之初，这样的通事是极要紧的人物，他们表面上主要充当的是类似今天的外事翻译的角色，但由于这一角色的特殊性，在当时的“外贸”活动中，他们其实还承当着为买卖双方牵线搭桥的职能。胡雪岩要和洋人做生意，自然一定要结识这样的要紧人物。胡雪岩来到上海，设法托人从中介绍与古应春相识。请吃花酒是当时上海场面上往来应酬必不可少的节目，于是便由胡雪岩做东，尤五出面，在怡情院摆了一桌以古应春为主客的花酒。酒席上，古应春谈起他自己参与的洋人与中国人的一桩军火交易。那一次洋人开了两艘兵轮到下关去卖军火，本来价钱已经谈好，都要成交了，半路里来了一个人，直接与洋人接头，说是太平军有的是金银财宝，缺的是军火，洋人一听立即单方毁约，将原来议定的价格上涨一倍多。买方需要的军火在人家手里，自然只能听人家摆布，白白让洋人占了大便宜。

古应春讲这段经历，是因为愤慨于中国人总是自己相互倾轧，以致让洋人占了便宜。但古应春的这段经历，也引起了胡雪岩要尝试与洋人做一票军火生意的兴趣。在胡雪岩看来，当时有两个情况决定了这军火生意可做，而且一定可以做成功。①当时上海正闹小刀会，两江总督和江苏巡抚都为此大伤脑筋，正奏报朝廷，希望多调兵马，将其一举剿灭。兵马未动，粮草先行，可以先备下一批军火，官兵一到，就可以派上用场。胡雪岩知道江苏巡抚是杭州人，他可以通上这条路子。②此时太平军也正沿着长江一线向江、浙挺进，浙江为地方自保，正在办团练，也就是组织地方武装。办团练自然少不了枪支火药，借王有龄在浙江官场的势力，促使浙江地方购进一批军火，也不成问题。反正洋人就是要做生意，枪炮既然可以卖给太平军，也就没有不卖给官军的道理。

事情一旦想到，立即便着手进行，这是胡雪岩一贯的作风。请古应春吃花酒的当晚，酒宴散后已是子夜，胡雪岩也仍不肯休息，留下尤五商谈与古应春联手同洋人做军火生意的事宜，甚至将如何购进、走哪条路线运抵杭州、路上如何保障军火安全都考虑到了。第二天他又约来古应春，细细商定了购进枪支的数量、和洋人进行生意谈判的细节、如何给浙江抚台衙门上"说帖"等事宜。第三天，胡雪岩就和古应春一道会见了洋商，谈妥了军火购进事宜。从动起做军火生意的念头到此时，不到72小时，这笔生意就让胡雪岩做成了。

只要发现是财源，甚至只要产生一个念头，就立即想到去付诸实施，这就是反应迅速，敢想敢干。生意人面对的总是与时局、政局紧密相连，且总是处在不断变化之中的具体的市场。市场出现的各种具体情况以及变化，对于生意人来说往往既是挑战也是机会。能及时针对具体市场情况作出迅速反应，才能不断地为自己开辟新的经营渠道，也就是为自己开拓出新的财源。

不用说，这也正是生意人应该大动脑筋的地方。

财源四处是

凡事总要动脑筋。说到理财，到处都是财源。

（《胡雪岩全传·平步青云》）

胡雪岩为生丝生意逗留上海，他在上海的基地是裕记丝栈。这天他到裕记丝栈处理生意上的事务，顺便在丝栈客房小歇。他躺在客房藤躺椅上，本想考虑一下自己生意上的事情，无意中却

听到了隔壁房中两个人的一段关于上海地产的谈话。这两个人对于洋场情况及上海地产开发方式都相当熟悉，他们谈到洋人的城市开发方式与中国人极不相同，中国人常常是先开发市面再行修路，市面起来了，走的人多了，便有了路。但以这种方式进行市面开发，有一个很大的弱点，往往等到要修筑道路，扩充市面的时候，自然形成的道路两旁已经被市房摊贩挤占，无法扩展。而洋人的办法是先开路，有了路便有人到，市面自然就起来了。如今上海的市面开发就是这种办法。在谈到上面情况之后，其中一人说道："照上海滩的情形看，大马路，二马路，这样开下去，南北方面的热闹是看得到的，其实，向西一带，更有可为。眼光远的，趁这时候，不管它苇荡、水田，尽量买下来，等洋人的路一开到那里，乖乖，坐在家里发财。"

两个不相识的人这一番谈话，使胡雪岩一下就躺不住了，等到他从湖州带到上海跟着自己学生意的陈世龙回到裕记丝栈，他马上雇了一辆马车，拉上陈世龙和自己一起，由泥城墙往西，不择路而行，去实地查勘，而且在查勘的路上，就拟出了两个可供选择的方案：第一，在资金允许的情况下，乘地价便宜，先买下一片，等地价上涨之后转手赚钱；第二，通过古应春的关系，先摸清洋人开发市面的计划，抢先买下洋人准备修路的地界附近的地皮，转眼之间，就可发财。

不用说，胡雪岩眼睛盯到上海的地产生意上，又是一下子为自己发现了一个绝对可以大发其财的财源。胡雪岩"进军"上海之时，正是上海开埠，开始大发展的时候，当时虽然太平军正顺江东下，试图一举占领江浙一带富庶之地，但英、法等国为了自己的在华利益，清廷为了借助洋人对付太平军，他们之间心照不宣地定下"东南互保"的策略，联合起来坚守上海，当时的上海其实是没有受到多少太平军炮火影响的"孤岛"。而由于太平军的进攻，从东南各地逃难至上海租界中的人却越来越多，上海市面也随之更加兴旺。事实上，这个时候也正是上海历史上第一次房地产生意高潮到来前夕，到19世纪末期，上海每亩地价已由几十两涨至2700两，其后不数年间，上海外滩地界的地价甚至一度高达每亩36万两白银之巨。这一档子买卖，可不就是一个一本万利的大财源?

胡雪岩说:“凡事总要动脑筋。说到理财，到处都是财源。”这应该是他的经验之谈。不用说，做生意离不开理财。生意人的理财，大体应该包含两方面的内容。一方面是指资金的合理使用和管理，以求达到增加企业赢利，提高经营效率的理财，比如定期进行必要的财务审计和财物分析，研究库存结构和资金周转情况，精打细算减少开支，压缩非经营性资金的占用等等，都属于这一方面的理财，这是一个生意人日常必做的实际工作。另一方面的理财，则是指不断为自己开拓财源，用现代经济学术语说，就是准确发现投资热点，扩大投资范围。

只有财源茂盛，才会生意兴隆，这是不言自明的。因此，比较而言，这后一方面，显得更加重要，应该成为一个有出息的生意人日常关注思考的主要问题，应该成为他必须时刻想着去做的工作。不用说，只有能够准确发现一个又一个投资热点，不放过自己遭遇到的任何一个赚钱的机会，能为自己开拓出一个又一个财源，也才能称得上真正是会动脑筋，会理财。

“真眼光”

小叔爷的眼光，才真叫眼光！看到大乱以后了。

（《胡雪岩全传·平步青云》）

胡雪岩想到投资典当业，自然与他对于他那个时代五行八作的生意行当的了解有关。战乱频仍、饥荒不断的年代，居于城市

之中的人，不要说那些日入日食的穷家小户，即使稍稍有些积蓄的人家，也会不时陷于困窘之中，急难之时，常要借典当以度急难，以致典当业遍布所有市镇商埠。以胡雪岩眼界的开阔，他不会看不到这是一个可为的行当。事实上，胡雪岩早就动过开当铺的念头。

不过，真正促使胡雪岩要把典当业当作一项事业来做并付诸实施的直接原因，是他与朱福年的几番交谈。朱福年是庞二开在上海的丝行的“挡手”，胡雪岩在联合庞二销“洋庄”过程中收服了他。

他让朱福年替自己留心典当业方面的人才，而自己一回杭州，就在杭州城里开设了自己的第一家当铺——“公济典”，其后不几年，他的当铺发展到23家，开设范围涉及杭州、江苏、湖北、湖南等华中、华东大部分省份。

胡雪岩开办典当业，当然决不是因为“吃典当饭”舒服。以胡雪岩说出来的理由，是“钱庄是有钱人的当铺，当铺是穷人的钱庄”，他开当铺是为了方便穷人的急难。事实上，说是这样说，天下又哪有不赚钱的典当？算算账就可以知道，胡雪岩的当铺，即使真的并不全为赚钱，也绝对有不小的进项。

当铺的资本称为“架本”，按惯例不用银数而以钱数计算。一千文准银一两，一万千文即相当一万两银子。一般的典当业，架本少则5万千文，大则可至20万千文。胡雪岩开在各地的当铺，规模当然有大有小，平均以10万千文计算，23家当铺仅架本就达23万两银子，而如果以“架货”折价，架本至少要加一倍。这样，胡雪岩的23家当铺，架本至少也是45万。45万架本以一月周转一次，生息一分计算，一个月就可以净赚45000两银子，一年就有54万。而当铺架本周转一次，绝对不止于一分息的利润。就连古应春在算了这笔账之后也对胡雪岩说：“小叔爷叫我别样生意都不必做，光是经营这23家典当好了。”而胡雪岩自己也清楚地知道，他能将典当业经营好了，就可以立于不败之地。

如此算来，典当业其实也是胡雪岩为自己找到的一条新的，能够赚钱的投资渠道。难怪那位眼光极高的七姑奶奶会由衷地赞叹胡雪岩的眼光“才真叫眼光”。不必多说，像胡雪岩这样始终向前看，向远处看，不断寻找投资方向，不放过一个投资机会，而且看得那样准，确实是真正有大作为的生意人的“真眼光”。

让钱变活

我有了钱，不是拿银票糊墙壁，看看过瘾就算了。我有了钱要用出去！

（《胡雪岩全传·平步青云》）

在这兵荒马乱的年月，一般商人大约更多地想到是收缩，而胡雪岩却始终想到的是发展，并且总能在乱世夹缝中为自己开出一条条的财路。胡雪岩不断为自己寻找投资方向，并且敢于大胆投资的气魄，的确让人钦佩。

胡雪岩曾经有过一种很是大气的宣示：“我有了钱，不是拿银票糊墙壁，看看过瘾就完事。

我有了钱要用出去！”生意人就应该有这股子大气。有了钱就用出去，也就是用钱去赚钱，用钱去“生”钱，用现代经济眼光看，就是学会并且敢于投资，在不断地赚钱的同时，也要不断地以投资的方式去扩展经营范围，去获取更大的利润。没有能力准确发现投资方向，或者不敢大胆投资的人，换句话说，有了钱不想着用出去或不敢用出去的人，绝不可能成为一个能够在商场上纵横捭阖、叱咤风云的大实业家。

综观胡雪岩的发达过程，他能由白手起家，不几年间便至豪

富，以致成为中国历史上第一位也是唯一一位“红顶商人”，很大程度上就是因为他总是不限于一门一行，总在为自己不断地开拓着投资方向，并且看准了就大胆投资，没有丝毫的犹豫。比如在钱庄刚刚起步之时，便开始以有限的财力筹划投资生丝业务；比如根据上海向国际贸易金融大都市发展的趋势，毫不犹豫地在上海买地建房，投资房地产；比如根据世情时局，投资药店、典当业。在胡雪岩的鼎盛时期，他的生意范围几乎涉及他所能涉足的所有行当，长线投资如钱庄即金融、丝茶生意即贸易、药店即实业，以及典当业、房地产等，短线投资如军火、粮食，所有这些生意在当时条件下都是能赚钱，而且能赚大钱的生意。很显然，胡雪岩如果没有那种有了钱一定想方设法用出去的大气，如果死守自己熟悉的钱庄生意而不思开拓商务领域，他的事业决不可能如此轰轰烈烈。

借鸡生蛋，玩转资本

商务运作过程中，一个最基础的工作，应该是资金的筹措。所谓“巧妇难为无米之炊”，因此，做生意一定先要有本钱，生意越大，所要的本钱也就越大，这是谁都知道的。就商务运作的实际情况来看，当然最好是有多大本钱做多大的生意，或者想做多大的生意就先去尽量筹集多大的本钱。在一般人想来，手上分文没有，却一上手就要做大生意，而且居然就做成了，这一定是一个神话。

胡雪岩实实在在给我们留下了这样一个神话。

善于利用

戏法总是假的，偶尔变一两套可以，变多了就不值钱了，值钱的还是有真东西拿出来。

《胡雪岩全传·平步青云》

胡雪岩一上手就要开自己的钱庄。

其实，此时的胡雪岩真正是身无分文。当初他做信和钱庄专管外出收账的“跑街”时，擅自做主，用自己收回来的一笔 500 两银子的“死账”资助王有龄进京捐官，把自己的饭碗都给砸了。同行同业虽然知道他是一把钱庄好手，但擅自挪用钱庄款子的恶名一出，大家也都不敢雇用他，最后落得只能靠给人打零工糊口的地步。到他要自己开钱庄的时候，虽然王有龄已回浙江任海运局坐办，但除了让胡雪岩有了一点官场势力之外，银钱方面事实上也还没法帮他多少，而胡雪岩的钱庄要开办得有点样子，至少需要 5 万两银子。

但胡雪岩仍然要把自己的钱庄开起来。在他看来，眼前只要弄几千银子，先把场面撑起来，钱庄的本钱，不成问题。

胡雪岩有如此把握，是因为此时他心中已有了自己的“成算”，这“成算”也就是所谓“借鸡生蛋”。

所谓“借鸡生蛋”，说穿了，也就是拿了别人的银子，来做自己的生意。此时的胡雪岩想到了两条“借鸡”的渠道。一条渠道是借用信和钱庄垫支给浙江海运局支付漕米的 20 万两银子。王有龄一上任，就遇到了解运漕米的麻烦，要顺利完成这一桩公事，需要 20 万两银子。胡雪岩与王有龄商议，建议让信和先垫支这 20 万两，由自己去和信和相商。这在信和自然也是求之不得。一来王有龄回到杭州，为胡雪岩洗刷了名声，信和“大伙”张胖子正巴结着胡雪岩；二来信和也正希望与海运局接上关系，一方面海运局是大主顾，为海运局代理公款往来必有大赚。另一方面，也是更重要的，海运局是官方机构，能够代理海运局公款汇划，在上海的同行中必然会被刮目相看。声誉信用就是票号钱庄的资本，能不能赚钱倒在其次了。有这两条，这笔借款自然一

谈就成。本来海运局借支这20万两只是短期应急，但胡雪岩要办成长期，他预备移花接木，借信和的本钱，开自己的钱庄。

胡雪岩“借鸡生蛋”的第二个渠道，则是一个更加长远的渠道，那就是借助王有龄在官场的势力，代理公库。胡雪岩料定王有龄不会长期待在浙江海运局坐办的位置上，一定会外放州县。到时候他可以代理王有龄所任州县的公库。按惯例道库、县库公款往来不付利息，等于白借公家的银子开自己的钱庄。他把自己的钱庄先开起来，现在虽然大体只是一个空架子，但一旦王有龄外放州县，州县公库一定由自己的钱庄来代理，那时解省公款源源而来，空的也就变成了实的。

就这样，胡雪岩先借王有龄的关系，从海运局公款中挪借了5000两银子，在与王有龄商量开钱庄事宜的第二天，就着手延揽人才，租买铺面，把自己的钱庄轰轰烈烈地开起来了。

胡雪岩这一招“借鸡生蛋”，真如变戏法一般。不过，生意场上的戏法如何去“变”以及“变”得好坏与否，又的确显示着经营者的眼光、胆略和技巧的高低。而生意场上，许多时候也确实需要能够变一变戏法。能够利用一切可以利用的条件，在并不损害他人利益的前提下，变出别人变不出的戏法，无论如何都是让人叹服的。当然，生意场上的“戏法”，说到底也就是一种必要的经营技巧，而不是心术不正的蒙人，所以，胡雪岩也说，“戏法总是假的，偶尔变一两套可以，变多了就不值钱了，值钱的还是有真东西拿出来。”

急而不乱

事情来了，急也没用，顶要紧的是自己不乱。

（《胡雪岩全传·烟消云散》）

说到底，做生意不能墨守成法。

胡雪岩帮助王有龄解决运送漕米的难题采用的就地买米之计，就可谓是一次典型的打破成法的随机应变。

王有龄坐上浙江海运局坐办的位置，一上任就遇到运送漕米的公事。运送漕米本来是一项肥差，只是浙江的情况却有自己的特殊性。浙江上年闹旱灾，钱粮征收不起来，且河道水浅，不利行船，直至九月漕米还没有启运。同时，浙江负责运送漕米的前任藩司由于与抚台黄宗汉不和，被黄宗汉抓住漕米问题狠整了一道，以致自杀身亡。到王有龄做海运局坐办时，漕米由河运改海运，也就是由浙江运到上海，再由上海用沙船运往京城。现任藩司因有前任的前车之鉴，不想管漕运的事，便以改海运为由，将这档子事全部推给了王有龄。漕米是上交朝廷的"公粮"，每年都必须按时足额运到京城，哪里阻梗哪里的官员便要倒霉，所以，能不能完成这桩公事，不仅关系到王有龄在官场的前途，而且还关系到他的身家性命。但如果按常规办，王有龄的这桩公事几乎没有能够完成的希望，一是浙江漕米欠账太多，达 30 多万石之巨；二是运力不足，本来漕米可以交由漕帮运到上海，可是由于河运改了海运，等于是夺了漕帮的饭碗，他们巴不得漕米运不出去，哪里还肯下力？到时你急他不急，慢慢给你拖过期限，这些官儿们自己也该丢饭碗了。

这桩在王有龄几乎是无法解决的麻烦事，被胡雪岩一个就地买米之计一下子就给化解了。以胡雪岩之见，反正是米，不管哪里的都一样。朝廷要米，看的是结果，并不管你的米是哪里来的。只要能按时在上海将漕米交兑足额，也就算完成了任务。既然如此，浙江可以就在上海买米交兑，差多少就买多少，这样省去了漕运的麻烦，问题也就解决了。关键是：①要能得到抚台黄宗汉的认可，因为买米抵漕粮是违反朝廷规制的。不过，这一点问题不大，浙江漕米不能按时足额解运京城，他抚台大人也脱不

了干系；②要说动浙江藩司肯垫出一笔现银，做买米之用，这是挪用公款，拆东补西，藩司要负责任。不过只要抚台同意，做下属的藩司也不能怎么样；③要能在上海找到一家大粮商，肯垫出一批糙米先交差，等浙江新漕运到后再归垫。这样也就等于这家粮商先垫出，后收进。一般商家是不愿意做这样的生意的，因为漕米历来成色极坏。不过，生意人想的就是生意经，只要能给他补贴差价，不让他们吃亏，米商也就不会不应承。只是补贴米商的差价，再加上盘运的损耗，很要破费一些银子，运送漕米的“肥差”也就变成了亏本买卖了。但按照胡雪岩的看法，能够按时足额交兑了漕米，为浙江抚台、藩司分了忧，为王有龄在官场铺了路，花上几两银子也值。

就地买米，解决漕运麻烦，严格说来并不是通常意义上的做生意，但从这里我们却看出来胡雪岩遇事思路开阔、头脑灵活，不墨守成法而能随机应变的本事。比如黄宗汉、王有龄以及浙江藩司等人，想到的只是漕米欠账太大，一时难以筹足，想到的只是漕米由河运改海运之后漕帮会作梗，即使筹足米数，要按时运达上海也难，就是想不到漕米改海运之后实际上为同时解决上面两个问题提供了契机。由于没有想到这一层，因而只能在那里一筹莫展干着急。究其原因，也就在于他们拘于漕米必需是由征收地直接上运的成法，而没有想到情势不同还可以有新的运作方式。

生意场上当然少不了如胡雪岩的思路开阔、不拘成法。胡雪岩借公家的银子开自己的药店，用苏州富家公子的资金办自己的典当，都是他头脑灵活，随机应变的结果。胡雪岩说：“八个坛子七个盖，盖来盖去不穿帮，就是会做生意。”说的就是做生意要不拘成法，灵活机动。

学会玩空手道

我就知道铜钱眼里翻跟斗。

（《胡雪岩全传·平步青云》）

胡雪岩是一个“钱眼里翻跟斗”的高手。他在自己事业的草创阶段，其实是身无分文，就是因为他知道如何在“钱眼里翻跟斗”，他的一项项事业，也就一项接着一项地“翻”出来了。胡雪岩要开办药店，在和刘不才商量药店事宜的时候，他一开口就是“初步我想凑十万银子的本钱”。这个“牛皮”可是吹得有点大了，因为当时他根本就不知道这十万银子在什么地方。虽然郁四说过愿意入股，但他已经帮了自己很多了，再让他拿钱出来，他也就只好卖田卖地了。兵荒马乱之中，不动产根本就变不出现钱，按胡雪岩的原则，“江湖上走走，决不干害好朋友的勾当。”他自然不会取此下策。胡雪岩第一次感到了不踏实。

不过，这也没有难倒胡雪岩，他脑子一转，便找到了为药店筹集资本的两个主意：

第一步，他可以向杭州城里那些为官不廉、中饱私囊已经被“喂”得脑满肠肥的官儿们来筹集资金。他准备回到杭州，首先攻下杭州抚台黄宗汉。在这兵荒马乱之际，开药店本来就是极稳妥的生意，又有济世活人的好名目，说不定黄宗汉肯从他极饱的宦囊中拿出一笔钱来投作股本。如果攻下黄宗汉，另外再找有钱的官儿们来凑数，也就容易多了。

第一步如果成功，第二步也就好办了。胡雪岩接下来要让官府出钱来为自己开药店。

刘不才有专治军队行军打仗容易发生的时疫的“诸葛行军散”祖传秘方，配料与众不同，其效如神。胡雪岩准备与专管军队后勤保障的“粮台”打交道。先采取只收成本的方式给军营送

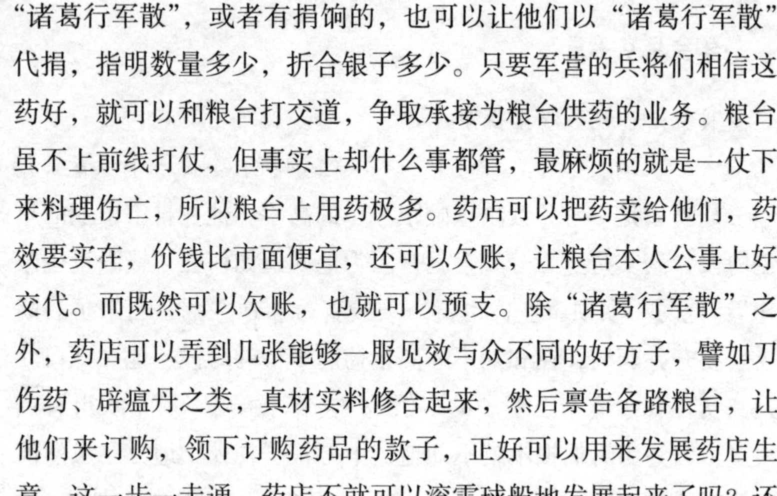

“诸葛行军散”，或者有捐饷的，也可以让他们以“诸葛行军散”代捐，指明数量多少，折合银子多少。只要军营的兵将们相信这药好，就可以和粮台打交道，争取承接为粮台供药的业务。粮台虽不上前线打仗，但事实上却什么事都管，最麻烦的就是一仗下来料理伤亡，所以粮台上用药极多。药店可以把药卖给他们，药效要实在，价钱比市面便宜，还可以欠账，让粮台本人公事上好交代。而既然可以欠账，也就可以预支。除“诸葛行军散”之外，药店可以弄到几张能够一服见效与众不同的好方子，譬如刀伤药、辟瘟丹之类，真材实料修合起来，然后禀告各路粮台，让他们来订购，领下订购药品的款子，正好可以用来发展药店生意，这一步一走通，药店不就可以滚雪球般地发展起来了吗？还用愁什么药店的本钱？

商务经营，开办实业，都需要本钱。没有资金，必将寸步难行，天大的本事，再好的机会，都将是一句空话。立志在商场争雄的人，不能不会为自己筹措资金。当然，为自己筹措资金的方式可以是多种多样的，最稳妥的方式，大约也就是有多少资金，作多大的计划，凭着自己的惨淡经营，从少到多地慢慢积累。不过，即便愿意自己慢慢积累资金而不同意胡雪岩所采用的方式的人，大约也不能不佩服胡雪岩招数的高明。我们不能不同意，无论如何，如胡雪岩这样能够凭借他人资金，开创自己的事业的筹措资金的方式，确实是棋高一着。

众人拾柴火焰高

胡雪岩的打算，是凭他的信誉、本领，因人成事。

（《胡雪岩全传·平步青云》）

胡雪岩创业之初所动用的资金，其实都是借来的，而不是他自己的。

第一笔生丝生意交割之后，胡雪岩立即着手要开药店、典当，这时他其实仍然没有足够的资金。第一笔生丝生意做下来，表面上赚了18万，但算下账来，该付的付出去之后，不仅分文不剩，其实还拉下了万把银子的亏空。在没有资金的情况下，他却又要上两个大“项目”，不能不让人惊讶，就连十分佩服他的尤五、古应春也提出疑问，认为他现有的钱庄、生丝就是两桩要大本钱的生意，哪里还有余力去开药店、典当？

胡雪岩有自己的打算。胡雪岩的打算，是凭他的信誉、本领，因人成事。阜康的进一步发展，有已经结成牢固的生意伙伴关系的庞二支持，做生丝生意，仍然由大家集股，药店可以打官府的生意，而典当业，他则看中了苏州潘叔雅那班富家公子。

胡雪岩看中苏州那班富家公子，也是抓住了一次借助别人的资金，开办自己的事业的机会。胡雪岩销“洋庄”，为求当时派任苏州学台的何桂清的帮助，去了一趟苏州，在苏州为解决阿巧姐的事情，又结识了苏州富家公子潘叔雅、吴季重、陆芝香等人。当时正是太平军大举进攻苏、浙之时，苏州地面极不平静，一方面官军打仗，保民不足却骚扰有余；另一方面太平军也步步逼近，因此这帮富家公子都有心避难到上海。这些富家公子在苏州的房屋、田产自然是不能带到上海去的，但他们却有大量的现银。他们知道胡雪岩是钱庄老板，因而想借胡雪岩的钱庄，把这些现银带到上海用出去。

这笔现银一共有20多万两。

胡雪岩当场就为这些阔少将这20多万两现银如何使用作了筹划，他建议将这些现银存入钱庄，一半做长期存款，以求生息，一半做活期存款，用来经商，存款的钱庄以及生意的筹划，都由胡雪岩一力承当，总的原则是动息不动本，以达到细水长流的目的。胡雪岩等于给自己又吸纳了一笔可以长期动用的资金。

胡雪岩所以要为这帮富家公子如此筹划，是因为他“发觉自己又遇到一个绝好的机会”。本来依胡雪岩的观察，这帮全不知稼穑艰难的阔少，往往既不切实际又不辨好歹，和他们打交道，常常会吃力不讨好，实在是犯不着。不过，转念一想，如果这些阔少不是急功近利，能够听自己的建议放远了看，对自己的生意实在也是一大帮助，有了这20多万可以长期动用的资金，自己什么事情不可以干！

于是就有了胡雪岩为这帮富家公子所作的精心筹划。

于是也有了胡雪岩要利用这帮富家公子交给自己“用”出去的20多万开办典当的计划。按当时的情况，有5万架本，就可以开出一家不大不小的当铺，有这20多万，能开几家当铺？

于是，胡雪岩的典当业，也就这样开办起来了。

胡雪岩曾说他自己就知道“铜钱眼里翻跟斗”，这“因人成事”，大约也应该算作是这“跟斗”的一种“翻”法。所谓因人成事，说到底，也就是根据自己面对的实际情况，灵活选择自己的对策，不失时机地开创自己的事业。从筹措、积累资金的角度看，这“因人成事”，其实也与有多大力量办多大事情相类似，但它不是那种从少到多慢慢积累的被动等待方式，而是充满一种积极主动的精神。因此，它也是体现一个经商者才干、眼光、智慧的一个重要方面。

小钱赚大钱

八个坛子七个盖，盖来盖去不穿帮，就是会做生意。

（《胡雪岩全传·红顶商人》）

做生意确实要学会如何“八个坛子七个盖，盖来盖去不穿帮”，会这样“盖来盖去”，也就学会了在“铜钱眼里翻跟斗”，也就可以用10万两银子，做出百万的生意。

胡雪岩在湖州收到的生丝运到上海时，正值小刀会要在上海起事。这对于胡雪岩来说又是一个绝好的机会，因为小刀会一起事，上海与外部交通断绝，丝的来路也随着中断，洋庄价钱必然看好，可以趁此赚上一票。这更坚定了胡雪岩要销“洋庄”的打算。

要做销洋庄的生意，第一步是要控制“洋庄”市场，垄断价格。要做好这一步，有两个办法，第一个办法是说服上海丝行同业联合起来，让预备销“洋庄”的丝客人公议价格，彼此合作，共同对付洋人，迫使洋人就范。第二则是拿出一笔资金，在上海就地收丝，囤积起来，使洋人要买丝就必须找我，以达到垄断市场的目的。不过，就胡雪岩当时在上海生丝市场的地位来说，由于他的生意只是刚刚起步，在同行中的威信还有待建立，因此第一个办法还不一定能够实施到理想的效果，而从生意运作的角度看，即使第一个办法能够凭着胡雪岩的影响力得以实现，他也应该采取通过在上海就地买丝的办法，尽可能多地为自己囤积一部分生丝，这既是控制市场、垄断价格的基础，也是能使自己在实现了控制市场的设想，迫使洋人就范之后能够获得更大利润的条件。

不过，在上海就地买丝需要大笔本钱。胡雪岩此时只有价值10万两的生丝存在上海裕记丝栈，而他的生意伙伴尤五为漕帮粮食生意向“三大”借贷的10万两银子在续转过一次之后又已到期，按常规已经不能再行续转，为还上这笔贷款，尤五最多只能筹集到7万两银子。如此算来，胡雪岩要在上海就地买丝又可以说是没有一分钱的本钱。

胡雪岩用手头裕记丝栈开出的那批10万两生丝的栈单“变”了一次戏法。首先，他将这一张栈单拿给“三大”看，说是“三大”的贷款已经可以归还，不过要等这批生丝脱手之后才能料理

清楚。让他们将那笔10万两的贷款再转一期。有栈单为证，货又明明摆在货栈里，他们必然相信而且放心，这样也就生出了10万头寸可供调用。然后，可以用裕记丝行的生丝作抵押，向洋行借款，把栈单变成现银。洋行有栈单留存，不会不给贷款，而栈单也不会流入钱庄，“三大”方面也就不会知道栈单已经抵押出去了，戏法也就不会被揭穿。这样，10万两银子不就做成了百万的生意？

这大约就是一次典型的“八个坛子七个盖”。一张栈单，“托”了中外两家，一“转”一“亮”，就盖住了两个“坛子”，这实在是一种只有像胡雪岩这样的人才能玩出的戏法。事实上，做生意既是一种资金、实力的较量，更是一种智力的较量。做生意要有本钱，但如何为自己弄到本钱，却是要靠智力，要靠精明的头脑和灵活的手腕。一个成功的商人，总是能够靠了自己的智慧为自己弄到本钱的。

移东补西

做生意一定要活络，移东补西不穿帮，就是本事。

（《胡雪岩全传·萧瑟洋场》）

胡雪岩要做生丝生意，谈妥自己出1000两银子做本钱，让阿珠的父亲立马就在湖州开一家丝行坐地收丝。但此时却遇到了一桩麻烦：开丝行要领“牙帖”，也就是我们今天所说的营业执照。

按惯例，丝行牙帖要由京里发下来，来去最快也得三个月，新丝都在四五月间上市，这个时候，乡下正是青黄不接的当口，蚕农都等钱用，同时新丝存放时间长了会发黄，价钱上会打折扣，因此都急着脱手。此时已经是四月末了，如果等着牙帖，会耽误收丝。而且，丝行生意多是一年做一季，错过一季也就只好等到来年。当老张把这一情况告诉胡雪岩时，胡雪岩当时就有些发急，他要求老张回到湖州想办法，哪怕花上三五百两银子的租金租一张牙帖，也在所不惜，一定先把门面摆开来，他月半左右就要到湖州收丝。

胡雪岩如此着急，自然有他个性上的原因，他办事总是只要想好了就马上着手去办，决不拖拉。但此时还有一个更重要的原因，那就是他已经有了自己一套周密的盘算：他要用在湖州收到的现银，就地买丝。王有龄此时已经得到了外放湖州，任湖州知州的肥缺，马上就要走马上任。而此时胡雪岩的阜康钱庄也已经立起来了，王有龄既到湖州，也必然要让他的阜康钱庄代理湖州府库的"收支"，这正是胡雪岩开办钱庄之初就设想好了的。王有龄一到湖州，第一件事当然就是征收钱粮，将有大笔需要解往省城杭州的现款入到他的阜康钱庄。他要来一次移花接木、移东补西的生意运作，即用湖州收到的现银，就地买丝，运到杭州再脱手变现，解交"藩库"。反正只要到时有银子解交"藩库"就行，对公家不损一毫一两，对自己却是可以无本求利的买卖，何乐不为！

既然已经有了这么好的一个计划，他哪里还肯白白耽误了一年的时间？

胡雪岩的这一个"移花接木"，其实也是一种"借鸡生蛋"的方式。不过，这一种"借鸡生蛋"，比单纯用一笔来路做一桩生意，比如仅仅按原来的设想，用代理公库的银子经营钱庄兑出兑进的业务，又高明了许多。一笔资金只有在流动中才会得到增值，用胡雪岩的话说，就是大元宝不会生出小元宝，因此不能让"头寸"（资金）烂在那里。所以，一个生意人既要懂得如何去筹措资金，更要学会如何去使用资金。怎样才能将自己的资金变成"活钱"，而不使任何一笔自己筹措到的可用的资金闲置，并

且，如何才能恰到好处地使用自己筹措到的每一笔资金，让它尽快也尽可能多地增值，这其中的学问，实在是大了去了。从这个角度看，胡雪岩所说的“做生意一定要活络”，知道如何去“移东补西”而且“不穿帮”，对于生意人来说，确实就是一种本事，而且还是一种大本事，而他在实际的生意运作中采用的“借鸡生蛋”“移花接木”的眼光和手腕，无疑也是能够给人提供很多启示的。

谨慎前进，未雨绸缪

不骄不躁

千万要沉住气。今日之果，昨日之因，莫想过去，只看将来。今日之下如何，不要去管它，你只想着我今天做了些什么，该做些什么就是了。

（《胡雪岩全传·平步青云》）

对于生意人来说，应该明白“今日之果，昨日之因”而不为得失所拘，一事当前沉得住气的大气，还显得特别重要。

胡雪岩就是一个很能沉得住气的人。阜康挤兑风潮波及杭州，在杭州主事的螺蛳太太本来是一个很有主见也很能干的人，但她也被突如其来的灾难“震”得不知所措了。就在这时，胡雪岩回到杭州。他来到钱庄的时候，正遇店里开饭，他居然还有一份“闲情逸致”去看伙计们的饭桌。见伙计们的饭桌上只有几个平常的菜，他居然还有心思嘱咐钱庄“大伙”谢云清，说是天气冷了，该用火锅了。他要谢云清把冬至以后才用火锅的规矩改一改，照外国人的办法，以气温的变化做标准，冬天寒暑表多少度吃火锅，夏天寒暑表多少度吃西瓜。虽然这种关心店员生活的情形以前也有，但在面临破产倒闭的关头还能如此沉得住气，连那些伙计们都感到十分惊异。

胡雪岩能够如此沉得住气，就在于他能够将得失心丢开的大气。他知道事业不是他一人创下的，出现现在的局面，当然也不是他一个人的过失，今日之果得自昨日之因，这个时候陷于得失之中不能自拔，不仅于事无补，甚至更加坏事，他告诉自己，不必怨任何人，甚至连自己都不必怨，只想现在该做什么，怎么做，这才是至关重要的。事实上，他由自己沉得住气而来的冷静，使他在危机来到的时候选择的措置手段，大体都还是有效的，比如他那使伙计们惊异的“看饭桌”，对于稳定军心就起到很好的作用。只是客观情势已经不允许他起死回生，再好的手段也只能维持一时，而无法从根本上解决问题了。

在商言商，生意人当然不能不计得失。但许多时候，特别是危机出现的时候，生意人又确实比任何人都需要将得失抛开，因为只有这样，才能真正沉得住气。如果为眼前得失所拘，甚至斤斤计较于得失不能自拔，就很可能被眼前得失所惑而陷于一种迷乱之中，对于眼前该做必做的事情都看不清了。

记住：无论面对什么情况，无论面临何得何失，都千万要沉住气。

给自己留条后路

凡事总要有个退路。即使出了事，也能够在台面上说得过去。……我们的生意，不管是啥，都是这个宗旨，万一失手，有话好说，这样子，别人能够原谅你，就还有从头来起的机会，虽败不倒！

（《胡雪岩全传·平步青云》）

生意场上瞬息万变，许多事情都难以预料，因此，再有本事、实力再强的人，都不敢说自己做生意从不会失手。生意场上

几乎没有生意是可以不冒任何风险的，获利多少与所冒风险的大小成正比，生意规模越大，获利越大，风险也就越大。

承担着风险，就要做好“万一出事”的思想准备，因此，一桩生意投入运作之前，要想着为自己留下退路。

胡雪岩在他的生意由创业而至鼎盛的过程中，每桩生意的运作，就都既敢于冒险，也特别注意为自己留“后路”。

比如钱庄生意主要是通过兑进兑出来赚钱。兑进，自然是吸收存款以做资本，而兑出则是放款。兑出是赚借贷人的利息，自然是利息越高越好，兑进要付出利息，自然是越低越好，最好是不要利息。表面看来这种生意只要把握好时机，随银价的起落浮动调整好兑进兑出的利率，就可以稳稳当当坐收渔利。这种将本求利，平平淡淡的运作方式当然也可以，但终归不是做钱庄生意的“大手笔”。而要做出“大手笔”，兑进兑出都会有风险。

从兑出说，放出的款要高利收回，就要找大主顾。大主顾做大生意要大本钱，能有大利润也就不在乎借款利率的高低，向这样的主顾放款，自然收回的利也就高。但借贷者的生意获利越大，所担风险也大，款放给他们，自己也要担风险。万一对方生意失手，血本无归，自己放出去的款也就可能无法收回，一笔放款也就等于放“倒”了。比如在朝廷与太平军交战的兵荒马乱年月米商借款贩运粮食，获利就极大。获利极大，风险也极大，放款给他们就不能不考虑考虑。

从兑进说，当然最好是有储户存款不要利息。这种情况不是没有，但有些可以不担太大的风险，比如胡雪岩代理官库，有些则会担很大风险。比如，太平天国失败之际，接受太平军逃亡兵将隐匿私财的存款，太平天国被镇压之后，朝廷自然要追捕“逆贼”，按惯例也必要抄没他们的家产。万一追查“逆产”到钱庄，钱庄不能够不报不缴，不说还有可能被以“助逆”治罪，如果被捕的太平军遇赦开释，来钱庄要取回自己的存款，按规矩钱庄必须照付，这样一来也就必然要鸡飞蛋打吃“倒账”了。

兑进兑出都要冒险，也就都要事先想好退路。向在兵荒马乱年月贩运粮食的米商放款，胡雪岩自然也做，但他确定了一个原则，那就是要先弄清楚，他的米要运到什么地方去。运到官军占领的地方，可以放款给他，但要是运到有太平军的地方去，就不能放款给他。这就是为自己留下退路。因为放款让对方运米到官军占领的地方，万一放倒，别人可以原谅，自己不至于名利两失，还留有重新来过的余地，而如果放款让对方将米运到有太平军的地方，万一放倒，别人会说你帮“长毛”，吃“倒账”活该，那也就一点退路都没有了。胡雪岩也做了从太平军逃亡兵将“兑进”的生意，做这生意时，他也想好了退路，那就是万一官府追查，自己也有话可以对付：“他来存款时隐匿了身份，头上又没有‘我是太平军’的标志，我哪里知道他是逃亡兵将？”这样至少可以开脱自己，不至于走上连坐治罪的绝路。

概括起来说，为自己留下的“退路”应该具有两方面的作用：

（1）它应该是能够在万一出事之后还有部分挽回的余地，也就是一种能让自己东山再起的余地。有这一余地，就可以使自己虽败不倒。用胡雪岩的话说，起码别人可以原谅你。败则败矣，但可以得到别人的原谅，自己“就还有从头起来的机会”。

（2）它应该是一种可以预见的冒险的担保。也就是当可以预见的险情真的到来的时候，自己不至于没有应对的手段而举措失当。比如胡雪岩想到的应对官府追查时的说法，就有这种功能。不知者不为罪，有意助逆匿产的罪名，自然也就可以开脱了。

三思而后行

这时候做事，不能说碰运气，要想停当了再动手。

（《胡雪岩全传·红顶商人》）

杭州被太平军团团包围，王有龄遵地方官“守土有责”的惯例，率杭州军民坚守孤城，终至粮草尽罄，断粮达一月之久，连药材南货，比如熟地、黄精、枣栗、海参之类，都拿来做了充饥之物，再后来就是吃糠、吃皮箱、吃草根树皮，最后已经到了割尸肉充饥的地步。胡雪岩冒死出城，到上海买得一船救命粮，运至杭州城外的钱塘江面，无奈进城通道已经完全断绝，城内城外相望而无法相通。在经历了三天度日如年、寝食俱废的等待之后，胡雪岩终于同意让陪他一起到杭州送粮的萧家骥冒险进城，向城中通个消息，并商量一下，看看能不能找到将粮食抢进城中的办法。萧家骥出发之前，胡雪岩问他如何到对岸，如何进得杭州城去，遇到敌、我双方的人又如何应对。对于这些至关重要的问题，萧家骥其实想都没想，以他的意思，这种情况下，原本只能见机行事碰运气。胡雪岩不同意只是去见机行事碰运气，他对萧家骥说了上面引在题下的那段话，并且为他筹划了细致的应对方案，才放他出发。

胡雪岩说：“这时候做事，不能说碰运气，要想停当了再动手。”他这里说的“这时候”，自然不是指商事运作的时候，不过，他所说的危急时刻“不能说碰运气，要想停当了再动手”，其中包含的道理，用于商事运作却也是极为恰当的。其实，做生意许多时候遇到的情况与萧家骥此时冒险进城也非常相似：救命大米费尽辛苦已经运到城外，绝没有无果而返的道理。而要事情有一个结果，就必须冒这一次险。当时的情形是，城外的人对城内的情况一无所知，城外有重重围兵，抓住想要与城中守军互通消息的人，一定会予以重罚，弄不好还会杀头。而被围的人此时实际上也已成惊弓之鸟，萧家骥在城中没有一个认识的人，加以这个时候又不能写一个能够证明他的身份的文书信函之类的东西带在身边，进得城去也有可能被当成奸细。也就是说，无论是落入围兵之手，还是进得城去，应对稍有差池，都会性命不保，更不用说完成此行的任务了。萧家骥此行，实在吉凶难卜，最后结果只能等到最后才能见分晓。

这真就好像赌场押宝一样。

生意场上何尝不是如此！做生意许多时候也必须冒险，要赚大钱常常还要冒大风险。比如，大着胆子投资一桩生意，这笔钱投下去，究竟是带来大笔的进账，还是血本无归，总是很难预先清清楚楚地知道的，常常也必须是等到最后才能见分晓。有时即使你作了周密的论证，似乎不会出太大的问题，但实际运作起来，结果却完全不是想象的那么回事。人们常常用战场比喻商场，把冒险投资比喻为“押宝”，就在于它们之间确实是十分相似，战场、赌场、商场，它们都是瞬息万变、险象环生且吉凶难卜，偶一疏忽往往就因一着不慎而满盘皆输，而且一桩生意的疏忽常常还不仅仅是一桩生意的失败，而是牵一发而动全身，导致全面崩溃。比如，胡雪岩对自己钱庄和典当生意的失察疏忽，导致的后果就是一动而全动，一倒而全倒，终至无救。

所以，一个在商战中纵横搏杀的人，必须时刻注意既要胆大还要心细，必须时刻注意提醒自己，要谋而后动，“想停当了再动手”。

商事运作中，一事当前，起码下列问题是一定要预先想停当的，即：

（1）市场情况及其前景判断是否完备并且可靠；

（2）自我实力及其极限的估价是否恰当并且准确；

（3）具体运作过程中的关键环节的谋划和调度是否周全并具有可行性；

（4）对于可能出现的意外情况是否有足够的预见以及相应的应对方案；

（5）最坏结果出现时的补救措施及其有效性。

如果这些问题“想停当”了，自然也就不妨大胆动手了。

时不我待

局势坏起来是蛮快的，现在不趁早想办法，等临时发觉不妙，就来不及补救了。

（《胡雪岩全传·萧瑟洋场》）

为自己留退路，说到底，也就是一事当前，先做好万一出现不利情况的打算，想好出现不利情况时自己的对策，用一句中国的老话，也就是“未雨绸缪”。

胡雪岩在自己生意的鼎盛时期，一事当前总是很注意为自己留退路，未雨绸缪的。可惜的是，到他的后期，他在一些很大的事情上，却一方面由于客观情势的限制，一方面由于他管的事情太多而疏忽，也更由于他自恃实力雄厚，反而把这一条驰骋商场必有的原则忽略了，以至于最后在挤对风潮来到之时，终因无救而彻底崩溃。

比如，胡雪岩在为左宗棠西征筹饷而向商行借债时，具体运作上就没有为自己留好退路。为筹饷而向洋人借债实际是很不合算的事情，洋人课以重利，本就息耗太重，而此项借款又不是商款，可以楚弓楚得，牟利补偿。但左宗棠为自己西征得功，却志在必成。光绪四年，他要胡雪岩出面邀集商股，同时向英国汇丰银行借款，华、洋两面共借得商款达650万两用于西征粮饷。照左宗棠的计算，七年之中，陕甘可得协饷1880万两以上，以这笔饷款清偿“洋债”足够了。因协饷解到时间不一，因此要求不定还款期次。这只是他的一厢情愿，这笔借债实际定半年一个还款期次，6年还清。到左宗棠奉调入京之前，为了替后任刘锦棠筹划西征善后，左宗棠在近乎独断专行的情况下又借汇丰银行招股贷款400万两。

借洋债用于军需粮饷，本来是国家的责任，但这两笔计一千多万的债务风险，却都落在胡雪岩一个人身上。光绪四年左宗棠为借洋债上奏朝廷，一个月以后接到朝廷批复，批复上就说：“借用商款，息银既重，各省关每年除还本息外，京协各饷，更属无从筹措，本系万不得已之计。此次姑念左宗棠筹办军务，事在垂成，准照所议办理。嗣后无论何项急需，不得动辄息借商款，至贻后累。”此批复中所说“京协各饷”即“京饷”，是京内的各项开支。因你们息借商款，以致京内各项开支都无从筹措，自然还款也就不能帮你们了。朝廷是一推六二五，对这笔借款采取了“概不负责”的态度。这样，借款的风险无形之中都加到了出面商借的胡雪岩一人肩上。因为虽然这两笔借款都由各省解陕的协饷还付，但协饷解到时间不能一定，而且原议解汇的协饷还有可能被取消。协饷不到，无法还款，洋行自然是找胡雪岩，而胡雪岩为了自己的信用，也必须尽力筹措还款。正常情况下，以胡雪岩的财力当然问题不大，但局势如果发生变化，后果必将不堪设想。

在乱世之中要以一人之力而担国家的债务，这是没有为自己绸缪计划。而在局势已经发生变化，上海市面已经极为萧条，市面存银仅百万两的情况下，特别是此时李鸿章要整掉胡雪岩的端倪已现，他又接受为左宗棠筹集近50万粮饷的任务，更是没有为自己留下一点退路。而在这种情况下，胡雪岩还决心在生丝生意上与洋人一拼到底，“打得赢要打，打不赢也要打”，不肯将囤

积的丝、茧脱货求现，则是不仅不留退路，甚至是自己将自己的退路堵死而至背水一战。这样，风波突起之时，也就除了破产查封清偿之外，别无他路了。

“局势坏起来是蛮快的，现在不趁早想办法，等临时发觉不妙，就来不及补救了。”这其中的道理，胡雪岩自然是极懂得的，但具体做起来，就连胡雪岩如此精明的人，也不免失误，可见要真正善于未雨绸缪，也并不是一件简单的事情。

对症下药

“驼子跌跟头，两头落空”，不智之至。

（《胡雪岩全传·平步青云》）

所谓“驼子跌跟头，两头落空”，是指做事没有轻重缓急，几件事情平均用力，最后一件事情都没有做好。

“驼子跌跟头”，自然是智者不为。

郁四的独生儿子阿虎暴病而亡，胡雪岩得到消息，立即在百忙之中赶往湖州，朋友丧子之痛，他不能不来劝解安慰。没想到的是，他一到湖州，就知道事情不那么简单。原来阿虎还有个姐姐阿兰。这阿兰年近三十，本来就是一个厉害角色，而她的丈夫是一个刑房书办的儿子，子袭父业也做书办。书办本来也是厉害角色，这对夫妇凑到一起，也就可想而知了。阿兰见弟弟死了，娘家已经没有可以承续香火的人了，就思谋着回娘家夺产，终日在娘家闹腾。儿子暴死，郁四本就痛不欲生，加上女儿这一存心不正的闹腾，更使他万念俱灰，以致整日在家里“孵”着，连历来世袭的户房书办的差使，也不想要了。

郁四是胡雪岩在湖州做生丝生意和代理湖州府库的托靠，也是他已经交情相当深了的江湖朋友，无论是就生意而言，还是就个人感情和胡雪岩的性情而言，胡雪岩都不能不管这桩“闲事”，他不能看着郁四就此消沉。但对于胡雪岩来说，要管这桩闲事，确实又有困难。困难不是他没有能力管，而是他确实没有时间管。胡雪岩知道，要把这桩闲事料理清楚，三天工夫一定来不及，即使再加上一两天，也未必料理得好，而他原计划来湖州只待三天。之所以计划来湖州只待三天，是因为上海、杭州方面的事情也不能耽误。上海方面，生丝销“洋庄”正在洽谈之中，已经买好的军火正要启运至杭州，许多具体操作上的事，都要他去拿主意。杭州方面，则主要是钱庄生意刚刚开张不久，发行官票，代理藩库，虽然起点不错，自己选择的钱庄挡手刘庆生人也不错，但毕竟事业刚刚起步，刘庆生也还太年轻，有些事情无论如何还得自己去照应。

一方面是郁四的事情于情于理都不能丢开不管，一方面是杭州、上海方面的生意耽误不得，这不能不让胡雪岩大费踌躇，因为如果处理不好，就会“驼子跌跟头，两头落空”。

面对这一难题，胡雪岩的处理办法似乎也很简单，他有过踌躇之后，很快决定留下来，先帮忙处理好郁四的家事。如此处理，理由有三：第一，郁四的事也是大事，而且比较而言，它比上海、杭州方面的事情更大，因为它既连着朋友的情分，也关系到湖州的生意，还因为它比上海、杭州方面的事情都急。上海、杭州方面毕竟已经有了眉目。第二，这里的事情如果没有自己的运作，将很难圆满解决，而上海已经有古应春、尤五，杭州有刘庆生在照应，一般来说不会出什么大事。第三，自己本来就已经到了湖州，不如索性多花一点时间将这里的事情解决好，耽搁下来，以后再来处理，多费一道周折不说，还有可能错过机会，凭空增添许多麻烦。而此时自己反正不在上海、杭州，要管那里的事也管不了。既然不可能同时管两处，那就不如丢开它先管好一处。

归纳起来，胡雪岩避免“驼子跌跟头”的考虑，其实关键也就是两点：首先，当处于两难甚至多难境遇的时候，要先分出孰轻孰重，孰急孰缓。在作选择的时候，较轻的事情，可以缓缓的事情当然是先丢开再说。其次，要行事果决，不能优柔寡断。特别是在两件事情一时难以分出轻重缓急又难以两全的时候，这一点尤其重要，因为这个时候最容易犹豫不决。其实，想一想我们就会明白，反正两件事情都重要，那么，你不管做哪件事都是必要的，既然不能两全，那就不如索性放弃一件，全力做好另一件，至少做成一件总比在犹豫不决中两件事情都被耽误，或者两件都做而一件都做不好要划算得多。

遇事不可急

事缓则圆，不必急在一时。

（《胡雪岩全传·平步青云》）

事缓则圆，是说做事情不可急躁，条件具备时要稳扎稳打，一步一步去做，条件不具备时，则要当缓则缓，当停则停，待条件成熟之后再做。能够如此，也便能保证事情得以圆满成功。

胡雪岩第一桩生丝生意的运作成功，就可以说是事缓则圆，在等待中寻找战机，得以成功的范例。胡雪岩在湖州收到新丝运到上海，就并没有急于脱手。就他当时的状况而言，他是应该尽快脱货求现的，因为他的钱庄刚刚开张不久，并没有多少可以周转的资金。但他仍然将这批生丝囤积起来。他没有将这批生丝马上脱手的原因，除了洋商开价不够理想之外，更重要的是他要联合同业控制洋庄市场的条件还没有成熟，他运到上海的生丝数量很少，实力还不足以与洋商讨价还价，他必须联合同业才能与洋商抗衡。因此，即使自己暂时压下一笔资金，他也不愿意让自己的筹划落空。他要等待，用他的话说，就是

“事缓则圆，不必急在一时”。生丝运到上海之后，他一方面也请新结识的古应春加紧和洋商谈判，一方面由刘不才出面拉拢庞二，做联络同行的工作，他自己还好整以暇，管了为漕帮调解纠纷和撮合古应春与七姑奶奶婚事这两件闲事。同时，还抓住时机，贩运了一趟军火。

到这一年年底至第二年年初，上海丝商大户庞二已经联合，散户控制也已见成效，洋商开价也开始松动，但胡雪岩还是没有将自己已经收购的生丝急于脱手。这一次的主要原因是在胡雪岩看来，洋商开价还不够理想。本来为集结散户做工作时，为了说服大家一致行动，就说是只要团结一致，迫使洋人就范，大家必可大获其利，如果按洋人此时开出的价格脱手，这就成了一句空话，受到大家的责难事小，影响以后控制市场的计划事大。就这样，胡雪岩的第一批生丝，直到第二年新丝快要上市，洋人因朝廷决定将要设立内地海关，增加茧捐，为情势所迫不得不低头，开出了双方都可以接受的价格之后，才最后脱手，一批生丝净赚了 18 万两。

商事运作中，经营者的主动性自然是很重要的，优秀的商人要懂得从不同的角度来利用已有的条件，甚至要善于在各种因素不利于自己的时候，设法改变不利因素，使之对自己有利。这就是我们常说的所谓创造条件。

有时，我们为一桩生意的成功作出了极为周密的计划，我们也明知道按照计划运作下去一定会得到预期的成果，甚至在初步动作中我们已经收到了初步的效益。但可能就在这个时候，情况突然出现某种变化，原本可以依凭乘借的大势消失了，而且任凭我们如何努力，也终究是人力无法挽回，这时我们所能做的，也只能是等待——在耐心的等待中静观形势的变化，在静观形势变化中等待新的机会的到来。这个时候如果不计后果，仅凭意气一心求快，最后结果，一定是如两千多年前孔子说的那句话，“欲速不达”。

商事运作，应该学会等待，甚至退让。该等则等，许多时候，冷静的等待其实正是最明智的选择；当退则退，许多时候，退让本身就是求进所必须经过的过程。会等待，知避让，才是真懂进取。从这一角度看，“事缓则圆，不必急在一时”，实在包含了一种深刻的商事乃至人事的辩证，优秀的生意人不能不懂得这其中的辩证。

量力而行，首尾兼顾

正视个人

一个人的精力到底有限。你经手的事情到底太多了，眼前看来，好像面面俱到，未出纰漏，其实是不是漏了许多机会，谁也不得而知。

（《胡雪岩全传·平步青云》）

上面这番话是古应春提醒胡雪岩的。胡雪岩第一笔销“洋庄”的生意做下来，不仅分文未赚，自己还拉下一万多银子的亏空，虽说还是有所得，比如，结识了一批可以生死相托的朋友，但既然是做生意，费心费力，到头来与自己的目的相去甚远，毕竟是心有不甘。胡雪岩大体还是一个能够自省的人，他知道自己肯定有地方出了毛病，于是向古应春讨教。古应春直言不讳，指出他的毛病出在做事不专，经手的事情太多，什么事情都想做，于是也就有了上面那番话。

无论胡雪岩的精力多么充沛，失察疏漏总是有的，而且，他疏漏的地方还是极其重要的、足以让他的整个商务帝国崩溃的地方。比如他对上海阜康钱庄总号“大伙”宓本常的失察，就是一个致命的疏漏。

这宓本常本来也是一把钱庄好手，要不然胡雪岩也不会将自己的钱庄交给他来经营。但这宓本常又是个利欲熏心、胆大妄为之徒。他看到胡雪岩有这么一片“鲜花着锦”的事业，居然自己也兴起“大丈夫不当如是耶”的妄念，想着借当阜康“大伙”的便利，利用阜康的地位，调动阜康的资本，来做自己的生意。自己先就有了这个心术不正的想法，自然经不起别人的撺掇，最后居然在他的一个嫡亲表弟陈义生的怂恿下，挪用阜康资金，交给陈义生大做起南北货生意，以致发展到瞒天过海，弄虚作假，为了自己的私欲，他甚至有意阻挠胡雪岩收买缫丝厂计划的运作，明处掣肘，暗处破坏，他放出风声，说是胡雪岩并没有办机器缫丝厂的打算，只不过是古应春在房地产生意上拉了亏空，所以买空卖空，希图无中生有，以弥补自己生意上的窟窿。他挑唆那些想出让缫丝厂的人另找主顾，甚至连胡雪岩交代收购倒闭的机器缫丝厂需要多少就开出多少的款项，他也敢于拒付。古应春秉承胡雪岩意旨收购机器缫丝厂找他开银票，他不仅不付，而且连讥带讽，语多不恭。事实上，收买机器缫丝厂，是胡雪岩称为在与洋商抗衡的过程中，最后关头才杀出的死中求活的“仙招”，就是由于宓本常的阻挠，失去了最好的时机，使胡雪岩在与洋商抗衡僵持中终于力不能支，彻底失败。最后在挤对开始时，也是因为宓本常的措置失当，最终加速也加重了挤兑风潮引发的后果。

关键是这种变化并不是一天两天中出现的，比如，古应春曾告诉过胡雪岩，宓本常向自己逼还借款，这就是苗头，它一方面说明宓本常和胡雪岩已经离心离德——连与胡雪岩生死相托的朋友都敢相逼，这不是已经与他离心离德了吗？而另一方面更重要，宓本常的逼债，其实已经说明钱庄由于经营不善，致使银根

紧张，要不然即使宓本常与胡雪岩离心离德，表面上他也不会太逼古应春的。但由于胡雪岩的失察——当时他也实在是顾不过来——致使这些苗头，都被他轻易放过，留下了极大的祸患。虽然胡雪岩的挤对风潮出现之后明白过来，一想起宓本常就“恨不得一口唾沫吐到他的脸上”，但后果已经铸成，自己受害，也只能是徒唤奈何。

的确，一个人的精力到底有限。经手的事情太多，表面上看来似乎没有什么疏漏，但事实上由于精力有限，也许失察疏漏的地方在不知不觉中已经留下很多了，比如胡雪岩对于宓本常的失察，都是由于在他经手事情太多，生意场面太大的情况下，实在是顾不过来而发生的。这些疏漏的地方，一定的时候都可能产生不良的后果，而且，由于一个人所有的生意运作常常是环环相扣，相互牵连的，有一些因失察留下的疏漏所产生的后果，常常是关键性的，并不只是影响某一桩或某一个行当的生意的成败，它可能使辛辛苦苦建立起来的大厦整个彻底坍塌。

所以，一个生意人不能不时常提醒自己注意自己的能力极限。

争气还是赌气

赌气同争气，原是一码事。会赌气的，就是争气，不懂争气的，就变成赌气了。

（《胡雪岩全传·萧瑟洋场》）

胡雪岩为了控制生丝市场，大量囤积丝、茧，到他破产倒闭的前一年，为囤积丝、茧投入的资金已达两千万。而这一年，洋庄极不景气，上海一级生丝价格为17先令4便士，而伦敦生丝市场仅为16先令3便士。洋商不是傻瓜，自然不会在上海高价买进而在伦敦低价售出，洋商出价不高，胡雪岩不愿脱手，双方僵持起来，而胡雪岩积压的资金太多不能求现，已经开始周转不灵了。这个时候，胡雪岩不仅绝不降价出售，而且还要再投入资金囤积丝、茧。从做生意的角度看，他这是一个技巧，他认为洋商之所以压价，一是因为他们以为他胡雪岩急于脱货求现，想买便宜货，二是因为现在市场上还有货，可以不急于买他胡雪岩的货。因此，他不降价，还要投入资金，一是作出一种姿态，我胡雪岩并不是急于脱货求现，二是将市场上的生丝购进，打消洋人的念头。洋人买不到丝，自然要来找我，这样也就更是奇货可居了。

除此之外，胡雪岩这样做还有一个更重要的原因，就是和洋人、和朝廷争口气。在胡雪岩看来，中国的官府与外国政府一个很大的区别，就是中国官不恤商而外国政府却尽力帮助本国商人做生意。比如，洋人到中国来买丝，本来盈亏都是那些商人自己的，与政府毫不相干，但他们的政府也出来帮他们说话，要求中国降低捐税，以减少他们的成本。他如今做生丝生意销“洋庄”，和外国人一较高下，就是在和洋人打仗，但朝廷不仅只是在那里看热闹，甚至还说冷话，扯后腿，这个仗就很可能没法打赢。但即便如此，他还是要打。他对古应春说：“我胡某人自己觉得同人家不同的地方就在这里，明晓得打不过，我还是要打。而且，我要争口气给朝廷看，叫那些大人先生难为情。”

一个自诩只知道“铜钱眼里翻跟头”的生意人，能有这一番壮气抱负，的确是让人感佩。但从做生意的角度看，胡雪岩这里也是犯了商家不可意气用事，不可赌气而战的大忌。胡雪岩说：“赌气同争气，原是一码事。会赌气的，就是争气，不懂争气的，就变成赌气了。”这话自然有道理，但争气与赌气毕竟不是一回事。赌气是不计后果、不顾条件的意气用事，而可以称得上是争

气的，则起码要具备两个标准：第一，争气必须要有可以一争的条件和争之能胜的手段，第二，有可以一争的条件和争之能胜的手段，还要有争之必胜的时机。没有这两条，明知道打不赢还要硬打，那就变成了赌气而不是争气了。

胡雪岩自己并不认为自己是赌气，但实际上却已经是在赌气了，因为他当时这两条一条也不占。表面看来他是针对市场情况作出的生丝决不降价脱手，并进一步投入资金的决策，但实际上这里有一个很重要的情况被他忽略了，那就是他已经被丝茧压进大笔资金而导致周转不灵，同时生丝不宜过久存放，而洋人实力雄厚，万一他们联合起来一起对付他，双方形成僵局，吃亏的一定是他胡雪岩自己。事实是洋人后来果然联合起来挤压他，“共誓今年不贩生丝出口。”1882 年下半年，胡雪岩只从 8 月坚持到 10 月，到 11 月，终因周转不灵降价出售自己囤积的生丝，比按 8 月份洋人开出的价格出售损失 100 万两以上。虽然胡雪岩决定“争气”的时候也想好了对付洋人联合杀价的办法，即自己收购倒闭的机器缫丝厂，也从事机器缫丝，以增强与洋商对抗的实力。胡雪岩将这一招称为能够制敌求胜、死中求活的“仙招”。但由于他一直反对机器缫丝，着手已迟，时机已经错过，这一招也没能起到作用。到这一年年底，挤对风潮起，他也就彻底崩溃了。

《孙子兵法》有“不以愠怒兴兵”的训诫，之所以不能以愠怒兴兵，是因为兴于愠怒必蔽于意气，蔽于意气则必然惑而不明，正常情况下一定会给予高度注意而绝不至于忽略的情况，在这个时候都有可能弃之不顾，败局在还没有正式交战之前就几乎是定下来了。经商之道与战事之道其实是相通的，明知打不过不要打，误把赌气做争气，往往是“自搬石头自压脚”，那就连赌气都谈不上了。个中利害，行于商道者，不可不慎察。

量力而行

千斤重担挑不动而非挑不可，那就先要把自己压坏。

（《胡雪岩全传·平步青云》）

正因为胡雪岩是一个精力充沛、本事很大的人，所以他才能不断开拓，一跃而成为中国近代历史上唯一一个“红顶商人”。

然而，并非每个人都具有如此大的本事和如此充沛的精力，而且，无论胡雪岩有多大的本事，也总有他挑不起的担子。

比如他要抵制机器缫丝，承当起保住江浙养蚕做丝人家的饭碗的担子。这个担子，他就挑不起。

江浙一带的养蚕人家，大部分是养蚕做丝，产销合一的。虽然也可以出售蚕茧，本地也有专门收购蚕茧的茧行。但一来蚕茧历来估价不高，二来蚕茧价格是同行公议，议成什么价就是什么价，没有还价的余地，因此，出售茧子必受剥削。一般来说，或者养蚕人家因为急于等钱用，或者因为蚕茧丰收，自己做丝来不及——蚕茧不能存放，茧蛾咬破茧子，就没有用了——养蚕人家才会卖茧子。除非万不得已，总是自家养蚕，自家缫丝。缫丝程序非常复杂，从煮茧开始，经“捻丝”“拍丝”“练染”“掉经”“牵经”，最后“接头”，到此方可上机织绸。做丝异常辛苦，所以丝的价格也很高，自家做丝可以养活许多人。

到 19 世纪末，英、日机器缫丝业大为发展，机器缫丝技术也传入中国，同治末年，就有广州府南海县人陈启源由海外回乡开办了一家缫丝厂。到光绪年间，苏浙一带规模较大的缫丝厂已经有数家了。机器缫丝，茧子从机器这头进去，丝从机器那头出来，什么“拍丝”“牵经”都用不着，这一行的工人也就都要丢饭碗。更严重的是，江浙农村几乎家家都有缫丝的纺车，妇女无分老幼，大都以此为副业，孤寒寡妇的“棺材本”，小家碧玉的

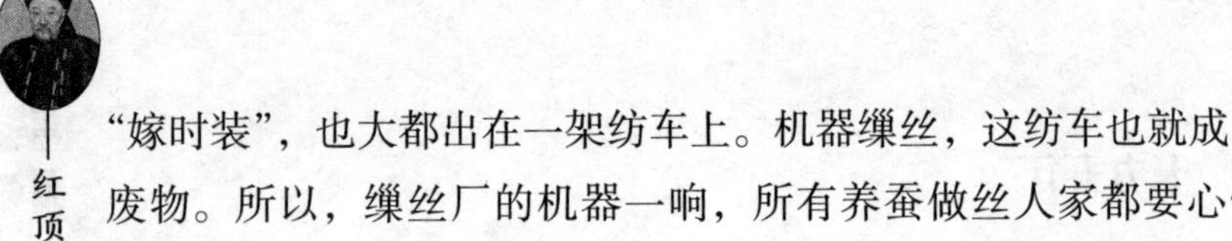

"嫁时装"，也大都出在一架纺车上。机器缫丝，这纺车也就成了废物。所以，缫丝厂的机器一响，所有养蚕做丝人家都要心惊肉跳。

胡雪岩反对机器缫丝，原因也就在这里。早就有人不断向他"陈情"，请他出面控制机器缫丝的发展，他自己也眼见得蚕农们的境况，便自恃自己实力雄厚，可以垄断市场，以此便要承担起拯救这些蚕农的重任。这几年他除了囤积新丝之外，还大量囤积蚕茧，以切断缫丝厂的原料供给，到他破产倒闭的前一年，他用于囤积生丝、蚕茧的资金已达两千万之巨。

但是，胡雪岩挑不起这副担子。首先是客观情势决定了他无法挑。机器缫丝规模大，产量高，品质好，受到用户欢迎。而且，新的技术必然要代替已经落后了的陈旧的手工生产方式，这就是客观情势，是规律，是任何人都阻挡不了的。就连胡雪岩自己最终也不得不放弃囤积抵制机器缫丝，而要购买缫丝厂。其次，撇开客观情势的一面不说，以胡雪岩一个人的力量，无论他的财力多么雄厚，也都无法担当起这样一副担子，因为他面对的是由外商洋行的紧密联合构成的一个生丝出口市场，以一个人的实力是无论如何无法与本来实力就雄厚，而且已经联合起来的外国资本抗衡的。事实上，正是在外商洋行的联合对抗下，胡雪岩一步一步陷入危机，而他囤积的生丝、蚕茧也成为将他拖入深渊的沉重负担之一。

正如并非每位军事家都如"韩信点兵，多多益善"。一个生意人在凭着自己的才智、实力驰骋商场的时候，对于自我力量，特别是能力极限作出恰如其分地准确判断，是十分必要，也是必不可少的，因为它直接影响到自我发展方向、规模以及时机的选择，更是清醒地明了自己可能做什么和不可以做什么的一个前提条件。而这些对于一个生意人的经营成败，常常具有关键性的意义。一个生意人，越是在自己“春风得意马蹄疾”的时候，越是要提醒自己注意这一点，因为这个时候，往往就是最容易犯迷糊的时候。要记住：千斤重担挑不动而非挑不可，那就先要把自己压坏。量力而行，这是一切希求成功者都要遵循的法则。

不做无谓的担保

凡事总要有个退步，即使出了事，也能够在台面上说得过去。

（《胡雪岩全传·平步青云》）

胡雪岩要和朝廷、和洋商争气，决不肯降价出售自己囤积的生丝，也是一种铤而走险。从他内心来说，他也是希望以此冒险一搏，死中求生。要不然，他也就不会认为自己不是在赌气而是在争气了。这其实符合胡雪岩的性格和他对于经商之道的理解。他本来就是一个敢于冒险的人，用他自己的话说，刀头上的血他也敢舔。

做生意自然要敢于冒险。从本质上看，无论做什么生意都带有几分冒险。这是由商业经营的本质决定的。从某种意义上看，做生意就是一种用钱去赚钱的投资行为，没有不做任何投资就能赚钱的生意。而事实上，一笔投资下去是不是真能赚到钱，要受到经济形势、市场状况乃至政治局势等各种因素的影响，因而并不是预先就能看得十分清楚的，往往必须到最后才能见出分晓。从这里看去，做生意真有些类似于赌博，生意场上常有人把做一笔投资称为“押宝”，就是这个道理。

不过，也正因为如此，这里也就确实存在一个一事当前该不该去“押宝”的正确判断的问题。不用说，敢于承担风险绝不是不计后果，也绝不是明知死路仍然“一条道走到黑”的胡拼乱撞。

（1）这里有一个值不值得冒险的问题。这个好判断，用胡雪

岩的说法，那就是："人生在世，不为利，就为名。做生意也是一样，冒险值不值得，就看你两样当中能不能占一样。"也就是要么是有利可图，比如胡雪岩从太平军逃亡兵将那里融资的举措；要么是有名可得，比如他在杭州城被围时冒死出城筹粮又冒死运至杭州城下。这里自然还隐含着最好一险"冒"过之后能名利双收的意思，但从具体行事来看，常常确实难以名利两全，所以，或名或利，也常常需要有一个明确的判断和正确的选择，起码不能做一险"冒"过，名利尽失的傻事。

（2）也是更重要的，商事运作中的冒险一定要有"担保"，也就是可不可以冒险的问题。不用说，冒险绝不是毫无保证地铤而走险，所谓刀头上舔血，应该是最终能舔到血而保证不伤及自己的舌头，假若舔血之时割破舌头让自己也出了血，甚或割掉了舌头，这种血，无论它有多大的诱惑力，也不能舔。一个生意人，在决定承担风险之前，一定要尽可能地预先谋划好必要时也是确实有用的"担保"。准确地说，所谓风险，其实也就是指那些经过周密谋划和安排之后既可能避免也可能出现的人力无法左右，同时又可能使计划受阻乃至事功尽弃的环节。因此，谋而后动，事先做好尽可能周密的谋划，也总能找到必要的"担保"，把所要承担的风险值圈定在最低限度之内。关于具体的风险"担保"，自然是因事、因时、因势而定，但总的说来，风险承担者在考虑寻求担保时，有两个原则大体是必须注意的：

（1）所担风险必须是那种即使失败也不会伤及根本如生命、信用、声誉等的风险。不伤及根本，虽败不倒，总还有东山再起的可能，否则，必将一败涂地，永无再生的希望。譬如贩卖毒品，获利自然极大，但一旦事发，性命不保，而且取财之途是祸害人类，于情于法，人所不容，此等风险，必不可担。

（2）要预先谋划好一旦事败之后的退路。凡事都要留有退路，这是人人都懂的道理。退路谋划好了，一是可以胆壮，不会在风险面前瞻前顾后、畏缩犹豫，二来一旦计划受阻败局已成时，不至于惊慌失措而导致处置失当，把事情越搞越糟。例如胡雪岩在计划接受太平天国兵将匿产存款时，就是想好了退路的。比如，如果官府追查这些匿产时，就可以用这句话来搪塞："人家来存款的时候，额头上并没有写着字：我是长毛。化名来存，哪个晓得他的身份？"这确实不失为一个一旦事败之后开脱自己的绝好的理由。没有这一个"退步"或者说这一层担保，想来这笔生意获利再大，胡雪岩也是决不会去担这个绝大的风险的。

可惜的是，胡雪岩在决定与洋商冒险一搏时，恰好也在这一他原本十分注意的问题上犯了错误。说到底，还是因为他在决定与洋商一搏时，由于过于意气用事而误将赌气看成了争气。

敢于冒险，同时懂得如何去冒险，是一个成功的商人必备的素质。个中玄机，实在深矣大矣。

想赚，就不怕赔

做生意就是要这个样子。顾前不顾后，一门心思想赚，那种生意是做不好的。

（《胡雪岩全传·平步青云》）

胡雪岩决定要做生丝生意，最先是自己拿出一千两银子的本钱，请阿珠的父亲老张在湖州开一家丝行，坐地收丝。当时一千两银子的本钱开丝行，已经是不小的生意了，老张从来没有做过生意，因此心存胆怯，提出了生意有赚有蚀，万一赔了怎么办的问题。胡雪岩很欣赏老张事先就有这种考虑，于是也有了他对老张说的这番话："做生意就是要这个样子。顾前不顾后，一门心思想赚，那种生意是做不好的。"

胡雪岩的这番话说出了做生意应该注意的又一个很重要的原

则，那就是，一定不能不考虑各方面的条件和不利因素，只顾向前，不计后果。顾前不顾后，带来的后果也是十分可怕的。

胡雪岩创业之初，一般来说还是很谨慎的，虽然他也一直能够放开手脚，但在进行一桩生意的具体运作之前，他都会尽可能考虑各方面的情况，而且当进则进，当退则退，做到进退有致。只是到了后来，随着实力的不断增强，他自己也将他做生意不能顾前不顾后的原则忘记了。胡雪岩最后的破产倒闭，当然有各方面的原因，是各种不利因素形成合力导致的结果，但从他个人方面来看，他的有些顾前不顾后，也是使各种不利因素能够充分发挥作用的一个很重要的原因。

做生意当然要敢于大胆向前，大胆开拓，一个畏首畏尾的人，只能做一个日入日食的小商贩，而不可能成为一个大实业家。但做生意又确实要想着既要顾前，也要顾后。顾前是要不断为自己开拓商务领域，不断发展自己的事业，而顾后，则是在向前进时冷静分析各种对自己有利的和不利的因素，冷静判断可能会出现的受到来自各方面的影响，预见这些影响可能带来的后果，由此做好必要的防范。商场如战场，瞬息万变而不以人的意志为转移，只顾前不顾后，正如战场上只顾冲锋而不注意保护自己，最后付出的，常常是血的代价。

驰骋商场时的瞻前顾后，绝不是生活中的畏首畏尾、举棋不定，而是使自己能够立于不败的必要的保证。

君子爱才，取之有道

合理取财

一个人只要踏上正途，勤勤恳恳去巴结，自然不会有啥发横财的心思。

（《胡雪岩全传·烟消云散》）

“君子爱财，取之有道”是胡雪岩在与人谈生意经的时候，常常挂在口头上的一句话，而且，他在说这句话时，大体都赋予它一种告诫警醒的意味。

这里所说的“道”，无疑应该包含具体的经商技巧，通俗地说，也就是赚钱的诀窍。不用说，经商就是为了赚钱，就是要把别人口袋里的银子“掏”到自己的腰包里来。商人图利，对于经商者来说，千来万来，赚不到钱不来，赔本买卖更不能来。不过，要光明正大从别人口袋里“掏”来银子，而且还要能让别人心甘情愿地让你来“掏”，自然也不是一件容易办到的事，这里也自然有一些必需的技巧和诀窍，这也就是人们常说的“生财之道”。不懂得生财之道，“君子爱财”终归只能爱爱而已，绝对是取之不来的。胡雪岩精于生财之道，他注重“做”招牌、“做”面子、“做”场面、“做”信用；广罗人才，经营靠山；施财扬名，广结人缘。这些措施，就是他的生财之道，而且也确实行之有效。比如他在创办自己的药店“胡庆余堂”之初，策划的那几条措施：三伏酷热之时向路人散丹施药以助解暑，丹药免费但丹药小包装上都必须印上“胡庆余堂”四个字；正值朝廷花大力气平定太平天国之际，“胡庆余堂”开发并炮制大量避疫祛疠和治疗刀伤金创的膏丹丸散，廉价供应朝廷军队使用，用现代经营眼光来看，这些措施具有极好的扩大企业声誉、树立企业形象、提高企业知名度、开拓商品市场、建立商事信用的作用。正是靠了这些措施，“胡庆余堂”从开办之初就站稳了脚跟，很快成为立足江浙、辐射全国的一流药店，且历数十年而不衰，而由“胡庆余堂”建立起来的胡雪岩的声望、影响所形成的潜在效益，对胡雪岩的其他的生意如钱庄、丝茶、当铺等的经营，也起到极好的作用。

不过，这里的“道”，应该更是指取财于不违背良心、不损害道义的正道。

从某种意义上说，商道其实也就是人道。经商之道，首先是做人为人之道。一跤跌进钱眼里，心中只有钱而没有人，为了钱坑蒙拐骗，伤天害理，便是奸商，奸商与奸诈无耻等值，这种人钱再多，也为人们所不齿。

君子爱财，取之有道，具体说来，也就是要依靠自己的胆识、能力、智慧，依靠自己勤勉而诚实的劳动去心安理得地挣取，而不是存一份发横财的心思靠旁门左道的钻营去“诈”取。有一句俗语，说是“马无夜草不肥，人无横财不富”，其实这是一种误解。真正做出大成就的成功的商人都知道，商事运作是最要讲信义、信誉、信用，最要讲诚实、敬业、勤勉的，一句话，就是要于正途上“勤勤恳恳去巴结”，生意才会长久，所得才是该得，所谓飞来的横财不是财，带来的横祸恰是祸，说的就是这个理儿。

也许正是懂得“道”的这一层含义，胡雪岩自己也特别注意尽可能从正道取财，例如他开药店要求成药的修合一定要货真价实，决不能“说真方，卖假药”，不能坑蒙拐骗；例如他与朋友合作，都是真诚相待，互利互惠，甚至宁愿自己吃亏，也决不亏待朋友。这都能看出胡雪岩作为一个商人的人品。而且，胡雪岩经商从来不违背下面几条原则：

（1）可以为了钱“去刀头上舔血”，但决不在朝廷律令明白规定不能走的道上赚黑钱；

（2）可以捡便宜赚钱，但决不去贪图于别人不利的便宜，决不为了自己赚钱而去敲碎别人的饭碗；

（3）可以借助朋友的力量赚钱，但决不为了赚钱去做任何对不起朋友的事情；

（4）可以寻机取巧，但决不背信弃义靠坑蒙拐骗赚昧心钱；

（5）可以将如何赚钱放在日常所有事务之首，但该施财行善、掷金买乐时也决不吝啬，决不做守财奴。

胡雪岩的时代离我们今天已经一百多年了，时移世易，今天的商界自然也不是彼时的商界。不过，为商之道，古今相通者多多，胡雪岩的经商原则，应该是能给今日商界中人提供某种借鉴的。

从正路起步

我们还是从正路上去走更好。

（《胡雪岩全传·平步青云》）

做生意还是从正路上去走最好，这话是胡雪岩对古应春说的。

胡雪岩与庞二联手销“洋庄”，本来一切顺利，不想庞二在上海丝行的挡手朱福年为了自己“做小货”——也就是拿着东家的钱自己做生意，赚钱归自己，蚀本归东家——中饱私囊，从中捣鬼。为了收服朱福年，胡雪岩用了一计，他先给朱福年的户头中存入5000两银子并让收款钱庄打一个收条，然后让古应春找到朱福年，就说由于头寸紧张，自己的丝急于脱手，愿意以洋商开价的九五折卖给庞二，换句话说，也就是给朱福年五分的好处。这算是胡雪岩与朱福年之间的一桩“秘密交易”。不过，这笔“秘密交易”一定要透给庞二。

朱福年收下这5000两银子，也就入了一个陷阱：他如果敢于私吞这笔银子，胡雪岩可以托人将此事透给庞二，朱福年必丢饭碗；如果他老老实实将这笔钱归入丝行的账上，有这一个5000两银子的收据在手，也可以说他借东家的势力敲竹杠，吃里爬外，这样朱福年也要失去了庞二的信任，总之是猪八戒照镜子，

里外不是人。

胡雪岩的计策果然生效，朱福年不仅老实就范，并且退还了那5000两银子，而此时古应春也“存心不良”，另外打了一张收条给他，留下了原来存银时钱庄开出的笔据原件，作为把柄。当古应春将此事告知胡雪岩时，胡雪岩对古应春说了一番话，胡雪岩说：“不必这样了。一则庞二很讲交情，必定有句话给我；二则朱福年也知道厉害了，何必敲他的饭碗。我们还是从正路上去走最好。”

从胡雪岩的话中，我们可以知道，胡雪岩所说的正路，有一层能按正常的方式、正当的渠道办就不要用“歪”招、“怪”招的意思。从某种意义上说，胡雪岩制伏朱福年的办法，就是一种诱人落井、推人跳崖的十分阴狠的一招，确实有些歪门邪道的意味。在胡雪岩看来，这种招数，只是万不得已时的偶一为之，一旦转入正常，也就不必如此了。言谈之中可以看出，胡雪岩对于自己迫不得已制伏朱福年的一招，从心里是持否定态度的。

胡雪岩所谓做生意要从正路上走最好，还有一层意思，是指做生意不能违背大原则，什么钱能赚，什么钱不能赚，要分得清楚，不能一心只想赚钱而不顾道义。

在胡雪岩心里，他是大清的臣民，帮助朝廷赚钱，自然是从正路赚钱，“长毛”（也就是太平军）自然是逆贼，帮助逆贼赚钱，自然不是从正路赚钱，违背了这一大原则，即使获利再大，也不能做。

胡雪岩的说法和做法，应该是很能给人以启示的。事实上，做生意不能违背大原则，要牢牢把握一个正路，即使仅仅从商人求利的角度看，也是完全必要的。做生意从正路去走，往往可以名利双收，即便一笔生意失败了，也有东山再起的希望。而违背道义，不走正路，必将遭人唾弃，一旦失败往往一败涂地，名利两失，不可收拾。不用说，一定要去做遭人唾弃、名利两失的事情，那就实在是愚不可及了。

做生意不可无规矩

做生意一定要照规矩来。

（《胡雪岩全传·平步青云》）

胡雪岩做生意特别强调“一定要照规矩来”。

比如，绿营兵军官罗尚德上战场之前将自己的银子存入阜康钱庄，一方面他相信阜康的信用，另一方面他马上就要去打仗，生死未卜，不知道还能不能活着回来，因此坚决不要存折，但胡雪岩一定要出具存折，即使这个存折是交给第三者阜康的“挡手”刘庆生保管，开具存折的手续也不能省略，因为客户存入款项，钱庄必须开具存折，这是照规矩来。

做生意确实要照规矩来。商事运作有自己的规则，参与商事活动的人也必须遵守规则。比如必要的手续，无论繁简，该办就必须去办；比如签订的合同，无论难易，当履行的一定要履行；比如生意所涉政府的法令法规无论如何都要遵守。照规矩来，实际上是商业活动正常进行的必要保证。否则就会乱套，就无法进行正常的商事运作。

这是从大的方面说。从生意人本身的角度说，照规矩做生意还有两个重要的作用：

（1）求得安全。比如犯法的生意不做，做了就是没照规矩来，就保不齐会给自己带来灾祸；再比如即使关系再好的朋友或合作伙伴，生意上的合同该定该签就一定得定得签，该怎样定怎样签，就得按规矩去定去签。因为只有按规矩签订的具有法律效用的合同，才可以有效地约束合作者双方，才能有效地保护各自的利益。生意场上是不能用感情代替规矩规则的。

（2）建立信誉。一个经营者良好信誉的建立，与经营者能够坚持按规矩办事有着极为密切的关系。我们常说，经营者的信誉是靠货真价实的公平交易、童叟无欺的老实诚信、实实在在的依约而行建立起来的。说到底，这些能够帮助建立信誉的举措实际就是照规矩办。只有规规矩矩按照大家都知道的，也是大家都应该遵守的规矩办事，才能使人信服，也才能建立起信誉。

物以用之，不用如无

人以役物，不可为物所役。心爱之物固然要当心被窃，但为了怕被窃，不敢拿出来用，甚至时时忧虑，处处小心，这就是为物所役，倒不如无此一物。

（《胡雪岩全传·平步青云》）

上面这段话，是胡雪岩对阿珠姑娘说的。胡雪岩为解运漕米的事情往返杭州、上海，送王有龄到湖州赴任，都是租用的阿珠家的船。几度相处，胡雪岩与阿珠一家，特别是与阿珠姑娘慢慢建立了很好的感情。胡雪岩的洒脱倜傥赢得了阿珠姑娘的喜欢，胡雪岩也很喜欢阿珠姑娘的清纯朴实。一是为了答谢阿珠家对自己的照顾，二来也是为了讨阿珠姑娘高兴，胡雪岩送给阿珠一个首饰盒。盒内虽只有简简单单一瓶香水、一个八音盒、一把象牙篦子、一只女表，但在阿珠姑娘这样一个船家女来说，已经就是百宝箱了，惊喜之下也很为如何收藏这只首饰盒费了一番心思。胡雪岩很怕自己送给她礼物，让她丢不开，反倒害了她，于是对她说了上面这段话。

胡雪岩这一番很富哲理的议论，其实可以看作是他自己对于物我关系认识的一种总结。对他来说，做生意赚钱的乐趣，其实不在钱上，而是在赚钱的过程上。而对钱本身，许多时候他倒似乎是一文不当二文的。他自己就说过，他有了钱决不是糊在墙上看看过瘾，而是要用出去。他最大的乐趣就是看到一个人被钱难倒了，自己从口袋里掏出一把来递过去："拿去。够不够？"

给人启发的是，正是这样一个没有被钱眼"卡"住过的人，恰恰在赚钱上获得了巨大的成功。

从某种意义上说，人与物的关系，实在是千百年来最让人类困扰的问题之一。外物并不是我们可以随意地要和不要的，人必须凭借外物才能生存。但另一方面，人又确实不能为物所役，譬如钱是人造的，钱是人赚的，钱是人用的，生不带来，死不带去，得之正道，所得便可喜，用之正道，钱财便助人成就好事。假若做了守财奴，一个小钱也看得如性命，甚至为了钱财忘了义理，为一得一失不惜毁了容颜丢掉性命，那也就是为物所役，人也就成了不是人的什么东西，那也真就"倒不如无此一物"了。所以，我们的历代先哲都谆谆告诫我们可以留意于物，但不能流连于物，更不能为物所役。

这一处理物我关系的原则，应该也适用于一个优秀的商人。

自然，在商言商，这是商界通行的一条规则。言商即是言利，也就是言钱。因此，言利言钱，大约可以作为所有商人的一个共性特征。从这个层次上看，商人自有自己的价值标准，优秀的商人也是最能体会钱财的作用，最善于"在钱眼里翻跟斗"的。商人的日常事务，就是去思谋如何赚钱，而且是如何大笔地赚钱，因此，商人也应该比一般人更喜欢钱。胡雪岩就明确地告诉别人，"我喜欢钱多"，而且是"越多越好"。

不过，正是商人这种与钱财天然的不可分离的联系，也决定了一个优秀的商人更必须是一个能够正确处理好自身与外物之间关系，真正能将钱财看作身外之物的人。说到底，大量赚取钱财并不是最终的目的，做一个成功的商人的乐趣，自然常常直接体现在能赚钱、赚大钱所带来的快乐上，但从深层看，能使一个成

功的商人体验到一种深刻而持久的人生乐趣的，又确实并不在于占有大量钱财本身，而在于凭着自己的眼光和识见取财于正道，由能赚钱、赚大钱获得对于自我能力、素质、智慧、才干的确证，在于人能自由地驭使外物，将钱财用之于正道，用凭借自己的才能智慧赚取的钱财，去助人成就好事所带来的快乐。

不用说，胡雪岩从这里获得的乐趣，自然不仅仅是赚取钱财带给他的乐趣了。

不论得失，稳中进取

尽力将得失心丢开，心思才能比较集中。

（《胡雪岩全传·烟消云散》）

“尽量将得失心丢开”，这是胡雪岩在他的生意面临全面倒闭的紧要关头，告诫自己的话。

光绪八年，也就是1882年，胡雪岩的生意由于洋行与官场的两面夹击，已经到了一个最危急的关头。他面临几方面让他难以应付的麻烦：

第一，由于越南战事问题，中、法关系趋于紧张，影响到上海市面萧条，银根极紧。整个上海谣言满天，人心惶惶，由于人们挤对存款，钱庄因周转不灵而倒闭的，已经好几家了。第二，胡雪岩准备控制洋庄市场而囤积起来的生丝，到此时由于洋人联合拒购，早成困局，虽力求摆脱，但削价出售也找不到买主。第三，应还洋行借款的第二期本金期限将至，但由于上海道邵友濂接受盛宣杯的授意加以拖延，该拨还洋债的各省“协饷”，至今还没到位。第四，为左宗棠协赈和购买军火，一共需要拨出45万两银子，虽是代理官款，但如今已经没有可以调动的头寸。第五，在银根如此紧张的时候，阜康上海分号的挡手宓本常私下借客户名义，提取钱庄银子做南北货生意，生意出了问题，挪用的钱已经无法追回，对阜康无异雪上加霜。第六，胡雪岩的女儿出嫁，佳期在即，以胡雪岩定下的排场，至少需要 20 万两银子。

凡此种种，用胡雪岩的话说，真正是“不巧是巧，有苦难言”。

就在这个时候，阜康发生了挤兑风潮。挤兑先由上海开始。由于宓本常措置不当，一下子酿成不可收拾的燎原之势，不到三天，就蔓延到杭州，而这个时候，胡雪岩正在由上海回杭州的船上。杭州虽有螺蛳太太、钱庄挡手的勉力支撑，甚至还有浙江藩台德馨的帮忙回护，但也支持不住，到胡雪岩回到杭州时，已经关上排门，暂停营业了。

胡雪岩一到杭州，就同时知道了上海和杭州的情况。钱庄是他所有生意的“龙头”，钱庄一倒，他的整个生意王国就会随之土崩瓦解，难怪他一听到消息，就心里一沉，心中的愤怒、担忧和失望，使他甚至差一点失去控制，生怕老娘知道沪、杭两地的挤兑风潮急出病来，急急忙忙就往自己家里赶。好在他很快意识到出了这么大的事情，不能先回家，这会让那些把自己的血汗钱信托给阜康的客户觉得阜康老板只顾自己，不顾别人，会一下子就失去人们最后的信任。

到了阜康钱庄，胡雪岩才真正使自己冷静下来。告诫自己，此时要尽力将得失心丢开，最好忘掉自己是阜康的老板，就当自己是胡雪岩的“总管”，胡雪岩已经不能问事，委托他全权处理这一场灾难。

胡雪岩这个时候告诫自己要将得失心丢开，也就是因为在这样的紧要关头，只有将得失先放到一边，心思才会集中。从心理学上讲，胡雪岩这里确实找到了使自己能够冷静下来，集中全部心力应对眼前的可怕灾难的关键所在。事实上，这个时候，如果一心只想到自己的得失，势必让灾难发生之后的可怕后果所纠

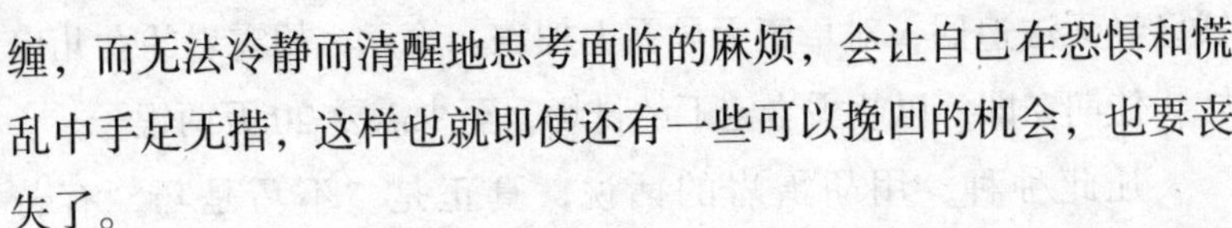

缠，而无法冷静而清醒地思考面临的麻烦，会让自己在恐惧和慌乱中手足无措，这样也就即使还有一些可以挽回的机会，也要丧失了。

其实，一个生意人不仅在面临危机时应该提醒自己注意将得失心丢开，即使在正常情况下，许多时候也要能够提醒自己注意将得失心丢开。一个得失心太重的人，不可能超脱地以长远的眼光看问题，比如一个只顾自己的得失的人，就不可能在自己得利的情况下主动想到别人的难处，比如不能将得失心暂时丢开，就不可能想到不可为赚钱而结怨，更不会想到有些钱能赚，有些钱却不能赚。而在这些“想不到”真正发生了的时候，失去的往往已经比得到的多得多了。

想自己，也想别人

做事总要“前半夜想想自己，后半夜想想别人”。

（《胡雪岩全传·平步青云》）

“前半夜想想自己，后半夜想想别人”，这也是一句流行于江浙一带的俗语，是说一个人做事，不能只想到自己事功的圆满，还要能为别人考虑，要能体谅别人的难处，要能为别人分忧。一句话，一个人不能不想自己，但想自己的时候也不能不想想别人。

胡雪岩常常把这句俗语挂在口头上，他自己也确实是一个很能为别人着想的人。

胡雪岩帮助王有龄解决解运漕米的难题，需要松江漕帮帮忙，因为松江漕帮在上海有一家很大的通裕米行，现存十几万石大米，胡雪岩需要说动漕帮首领将这十几万石大米借垫给浙江海运局，以完成他的就地买米之计。胡雪岩以他的见识和懂“门槛”，深得松江漕帮行辈最高的魏老头子的赏识，被尊为“门外小爷”，关于请漕帮借垫大米的要求也得到满口答应。

不过，从言谈当中，胡雪岩也发现漕帮此时管理具体事务的“当家人”尤五有没有说出口的难处。漕帮的难处，根源在此时朝廷已经提出的漕米由河运改海运的动议。江南苏、松、太一带向朝廷输送粮食，一直是由南起杭州，北抵京师的运河水运，所以称为漕运。负责漕运的船都是官船，分驻各地，称为漕帮。漕帮自然是靠漕运吃饭。不幸的是，黄河淤积逐年加重，有些河段成为名副其实的地上河，“春水船如天上行”，已经无法治理，而运河受到黄河影响，航运状况也越来越糟，天旱时节经常断流，由此，道光初年朝廷就有了漕米改海运之议，到此时海运已经在浙江试行了。

漕米改海运，自然是断了靠运河运送漕米的漕帮的生路。对于松江漕帮来说，目前正处于极艰难的时期。一方面无漕可运，收入大减，帮里已经拉下很大的亏空需要填补，同时帮里弟兄的生计也要维持；另一方面，还要设法活动取消海运，恢复河运，到处打点托情，也需要大笔资金。本来那十几万石大米早已定下脱货求现的原则，以敷帮内急用，如今垫付给浙江海运局，虽有差额可赚，但将来收回的仍是大米，实际上完全违背了脱货求现的宗旨，只是尤五此时碍于魏老头的面子，加上他自己也是一个“江湖上走走”的汉子，故而不愿意将难处说出口罢了。

至于胡雪岩，则决不愿意已经知道别人有难处还要装假卖糊涂。他的原则是，①不能只要别人帮自己的忙而不顾别人的难处，也就是“不好只顾自己，不顾人家”。如果别人有难处，则宁可另想办法，也不能勉强别人。②要能够把别人的难处当自己的难处，知道了别人的难处，就要尽力帮忙解决。也正是有这两个原则，胡雪岩坚持弄清了漕帮面临的艰难，并请信和向漕帮贷款，以帮助漕帮渡过难关。实际上，由于漕米改海运，许多钱庄

怕担风险，已经不愿意向漕帮放款了。

这就是所谓将心比心，为别人着想。

其实，从商务经营的眼光看，能够为别人着想，许多时候常常也是为自己的生意铺平道路的一种方式，至少客观上可以收到这种效果。比如，胡雪岩能够主动为漕帮着想并且帮助他们解决困难，就既有他个人品性在起作用，也有他作为一个生意人从生意的眼光看问题在起作用。胡雪岩知道，漕帮当家人尤五虽然宁愿克己，不谈自己的难处而爽快帮助自己，但如果自己知道别人有难处而不为别人想想，那自己就成了“半吊子”，自己与漕帮的合作，也就只此一回，再不会有第二回了。事实上也正因为胡雪岩没有做“半吊子”，他也由此与漕帮结成了牢不可破的伙伴关系。胡雪岩其后的丝茶生意、军火生意，如果没有漕帮的合作与支持，几乎都是很难成功的。从某种意义上说，想想别人或为别人想想，其实客观上也就是在为自己想。

注重信用，善始善终

信用第一

我们要做信用，做气派，信用有了，哪怕连存折都不给人家，只凭一句话，照样会有人上门。

（《胡雪岩全传·红顶商人》）

胡雪岩经常说：“做人无非是讲个信义。”其实，做生意与做人，本质上应该是一致的，一个真正成功的商人，往往也应该是一个信义之人。比如胡雪岩，就可以称得上是一个一等一的仗义守信的成功的商人，也可以说他的仗义守信，正是他能够获得比一般人大得多的成功的重要条件。胡雪岩的仗义守信从下面这件事情上我们可以略见一斑。

胡雪岩的钱庄开业不久，接待了一位存入阜康12000两银子却既不要利息，也不要存折的特殊客户。这位客户名叫罗尚德，是驻杭州绿营兵的“千总”。罗尚德是四川人，在老家时，是一个赌徒，定下婚约不提婚期，却因为好赌，前后用去岳丈家15000两银子，最后岳丈家提出只要罗尚德同意退婚，宁可不要这15000两银子。这一下刺激了罗尚德，他不仅同意退婚，并发誓做牛做马也要还上这15000两银子。罗尚德后来投军，辛辛苦苦十三年熬到六品武官的位置，自己省吃俭用，积蓄了这12000两银子，如今已经接到命令要到江苏与太平军打仗，没有亲眷相托，因而拿来存入阜康钱庄。他将银子存入胡雪岩的阜康钱庄，既不要利息，也不要存折。一是因为相信阜康钱庄的信誉，他的同乡刘二经常在他面前提起胡雪岩，而且只要一提起来就赞不绝口；二来也是因为自己要上战场，生死未卜，存折带在身上也是一个麻烦。

得知这一情况，胡雪岩当即决定：第一，虽然对方不要利息，自己也仍然以三年定期存款的利息照算，三年之后来取，本息付给15000两银子；第二，虽然对方不要存折，也仍然要立一个存折，交由刘庆生代管。因为做生意一定要照规矩来。

罗尚德后来果然在战场上阵亡了。阵亡之前，他委托两位同乡将自己在阜康的存款提出，转至老家的亲戚。罗尚德的两位同乡没有任何凭据就来到阜康钱庄，办理这笔存款的转移手续，原以为会遇到一些刁难或麻烦，甚至恐怕阜康会就此赖掉这笔账，不想阜康除为了证实他们确实是罗尚德的同乡，让他们请刘二出面做个证明之外，没费一点周折，就为他们办了手续，这笔存款不仅全数照付，而且还照算了利息。

这就是重信用、重信义。其实，当时罗尚德手上没有任何凭据，后来到阜康帮助罗尚德来办理这笔存款取兑手续的人，也同

阜康没有一点关系，倘若否认这笔存款，当然是别无人证。这样做法虽然确实非常下作不义，但事实上在商场上也并不是没有。阜康却不肯这样做。就是从这一点上，我们也能看到胡雪岩仗义而守信用的人品。

胡雪岩的注重信义，自然不是那种侠客义士的所谓散财行义。他的重信义，归根到底还是为了他的生意，说穿了，也就是为了更多地去赚，更好地去赚。这也正好见出胡雪岩精于经商之道的一面。我们知道，商务运作中买卖双方的关系，就是一种交换关系。这种交换，本质上应该是一种互利互惠的自愿交换，只有以自愿为原则，以互利为目的，这种交换关系才能长期保持，也才会有生意的兴隆。俗话说，“信义通商”“诚招天下客”，能以自己的信用诚实招来天下客，生意也就没有不兴隆的道理。比如，阜康付出了罗尚德的那笔存款，就引来了大批的存进。两个帮罗尚德办理取兑手续的同乡回到军营讲了自己在阜康的经历，使阜康的声誉一下子就在军营传开了。许多绿营官兵把自己的积蓄甘愿“长期无息”地存入阜康钱庄。事实上，商务运作中是最要讲究信用的，没有信用，坑蒙拐骗，偷奸耍滑，生意最终不会长久。

不用说，商务的信用，最终来自经商者的信义。

共同维持信用

生意在一起，信用是大家的。

（《胡雪岩全传·红顶商人》）

纵横于生意场上，即使是竞争对手，也要有得帮人时且帮人的胸怀，而对于自己的生意伙伴的声誉、利益，则更要有一种尽力加以维护的自觉意识。

胡雪岩与他的生意伙伴之间那种自觉的相互维护就很令人

感动。

王有龄在太平军攻打杭州时率杭州军民固守，最后于城破之际自杀身亡。杭州被官军收复之后，胡雪岩料理王有龄的后事，其中一项，就是要就王有龄生前交托给阜康钱庄经营的 12 万两银子向其亲属做一个交代，而且必须有现款交给对方，不能仅仅只是口头的交代。这一点对于胡雪岩的声誉影响极大，因为如果不能拿白花花的银子捧出来，一方面会失去王家的信任，更重要的还有可能引起世人的猜疑，认为胡雪岩不过是在做一种表面敷衍，而实际是想人殁账死，吞掉这笔巨款。

但是，由于历经战乱，胡雪岩此时也是处于艰难之中，确实拿不出 12 万两的现银。他只能求助于一直和自己联手做丝茶生意，同时也是朋友的古应春。古应春了解情况之后，只是稍作沉吟，就毅然决然地应承下来，决定调动自己已经投入生意营运的款项，为胡雪岩筹足这笔巨款。他的想法很简单也很明确：生意在一起，信用就是大家的。他不能坐视胡雪岩的声誉受到影响，因为如果胡雪岩在商场上失去信用，大家的信用都将受到影响。

反过来，胡雪岩在感觉朋友的可贵因而充满感激的同时，也明确意识到不能让古应春一肩承担，他必须在弄清这笔巨额款项是否会对古应春的生意运作产生重大影响，在找到可以有效善后的方式之后，才决定是否接受古应春的帮助。在他看来，在涉及古应春的商场声誉和生意运作的问题上，自己也承担着责任，不能只顾着自己的声誉、信用不受影响就置身事外了。

我们知道，从某种意义上说，生意场上的成败，常常一靠信用，二靠关系。在能对生意的成败发生作用的关系中，与其他生意人结成的某种伙伴关系是极为重要的一方面。商业竞争中，单靠一家的力量常常是很不够的。为了增强竞争实力，有效占领市场，为了更大规模的商业经营，往往需要双方在互利互惠的前提

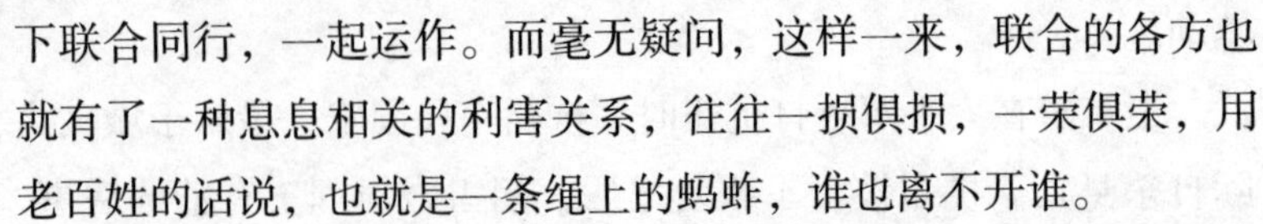

下联合同行，一起运作。而毫无疑问，这样一来，联合的各方也就有了一种息息相关的利害关系，往往一损俱损，一荣俱荣，用老百姓的话说，也就是一条绳上的蚂蚱，谁也离不开谁。

需要共同承担风险，自然也就要求共同维持信用。这里的共同维持信用，有两方面的含义：①它是指合作的各方都能自觉地信守协约，注意通过保持信誉维护自我形象，因为此时的自我形象其实已经成为合作各方整体形象的一个部分，合作各方任何一方自我形象的损坏，都将影响到整体。②合作各方的相互维持。这就正如古应春、胡雪岩在筹措交给王有龄亲属的那一笔款项时面临的问题一样，不能只顾自己，不顾别人，在维护自己的信用的同时，也要顾及对方的信用。如果因为自己而使对方信用受损，受害者中，一定也包括自己，这是生意人都应该认识到的一个问题。

说话算数

要想吃得开，一定要说话算话。所以答应人家之前，先要自己想一想，做得到，做不到？做不到的事，不可以答应人家，答应了人家一定要做到。

（《胡雪岩全传·平步青云》）

上面的这番话，是胡雪岩对红粉知己阿巧姐的弟弟福山说的。阿巧姐只有福山这一个弟弟在苏州老家，她和胡雪岩好上之后，向胡雪岩提出要求，请他将这个弟弟带出来留在身边学生意。胡雪岩到苏州见到福山，发现他人很灵巧，也就决定收下他来。在收福山为徒时，说了这一番既是教他做人，也是教他做生意的话。而且，这也是他要福山首先知道并且必须牢记在心的一番话。这段话仍然是讲为人的信义、为商的信用问题。可见胡雪岩对此是如何的重视。

为人要讲信义，为商要有信用，这是没有问题的。讲信义，有信用，说白了，也就是要说话算数。特别是在商场上，讲究的就是干脆漂亮，一句话就算定局，说话就是银子，所谓一诺千金，因此，可以不答应人家，但一旦答应，就一定要做到。这也是没有问题的。

不过，我们要知道，主观上要求自己一定要重承诺、讲信用是一回事，具体做起来，是否一定能够做到，又是另一回事。比如，你有没有能力去做你答应人家去做的事，客观上具不具备去做你答应去做的事情的条件，还有，客观情势允不允许你去做这件事，这些问题，都将对你是否一定能做到做好你所答应的事情产生极大的影响。有时，即使你主观上要求自己一定要履行约定，即使你确实是一个一诺千金的汉子，但客观上根本就没有履约的条件，或者客观情势根本就不允许你去做答应去做的事情，你的决心再大也是枉然。

因此，也确实必须记住，无论何时也无论在什么情况下，在答应别人去做某件事情之前，都先要自己想一想，要权衡一下各方面的条件，弄清自己最终是否一定可以做得到。只有那些自己可以确定无疑能很好地办得到或者虽有一定的难度但经过努力最终可以办到的事情，才能作出自己的承诺。胡雪岩注重这一点，他也时时要求和自己在一起、帮自己做事的人注意这一点。

在答应别人办某件事之前先想一想，实际上是保证自己不失信用的必经过程。事实上，由于商场上商务交往的双方达成某项协约，都是以自愿为原则的，因此，对于自己办不到的事情，完全可以在讲明为什么办不到的同时拒绝作出任何承诺。不答应去办某件事，你决不会丧失信用。但答应了却办不到，你必将失去信用。即使你主观上为办成自己答应去办的事做出了绝大的努力，甚至承担了很大的牺牲，没有办成的直接后果仍然是你失去

信用。

而且，我们还应该知道，在人际交往中，不轻易作出承诺，往往还更能获得别人信任。一般来说，对于那些无论什么事情都满口应承下来的人，人们总要心存几分疑窦的。

生意场上不赌赖

“赌奸赌诈不赌赖”，不卸排门做生意，不讲信用就是赖。

（《胡雪岩全传·烟消云散》）

“赌奸赌诈不赌赖”是旧时流行于赌馆牌桌的一句行话。它的意思是你可以运用你能运用的任何手段去击败对手，只要你做得高明巧妙不被人发现，即使机巧奸诈也都可以被允许。但必须愿赌服输，下出的任何赌注都必须兑现，不得反悔。

胡雪岩借用这句话，批评他在杭州钱庄的挡手谢云清在挤兑风潮开始时不卸排门做生意。

上海发生挤兑风潮，阜康钱庄不得不关门停业，由此引发的后果第二天就波及杭州。杭州钱庄里所存现银仅有40万两，如果挤兑风潮席卷而来，明显无法支撑。此时胡雪岩还在回杭州的船上，回到杭州至少还得两天，杭州只有钱庄挡手谢云清和螺蛳太太，此时他们也有些乱了阵脚，两人商量之后，认为除了暂时歇业等待胡雪岩归来，再没有更好的办法。于是由杭州府出面，贴出告示，告示坦言“由于时事不靖，银根难得宽裕，周转一时不灵”，故而停业三天，待胡雪岩回杭，即会照常开门，应付裕如。没有料到的是，告示一出，实际上马上激起了极大风波，在阜康有存款的客户纷纷涌到阜康钱庄，要求立即提现，幸亏有曾得胡雪岩资助的杭州府书办周少棠见义勇为挺身而出，才没有闹出太大的乱子。

其实，螺蛳太太与谢云清商量暂时关门停业，也都有他们各自可以理解的考虑。在螺蛳太太来说，是想能够就此先为胡雪岩保住阜康钱庄现存的几十万两现银，留作万一无可挽回时东山再起的资本。上海既已在挤对开始之后不久就提前关门停业，说明事态已经非常严重，她不能不为胡雪岩做最坏的打算。在谢云清则是一方面将希望寄托在胡雪岩的身上，另一方面有一个可以回旋的时间对存款大户做些安抚，同时调动可以调动的头寸，以应付危局，不致众怒一起，造成更大的损失。当然，这种想法，本质上与螺蛳太太的想法也是一样的。总之，他们都是为胡雪岩着想。

不过，在胡雪岩看来，无论如何，这都是对客户不守信用，是在做“拆烂污”的事情。钱庄对客户的信用，就是为客户着想，对客户的信托负责。不管在什么情况下，客户都有权向钱庄依约索回自己的存款，想通过关门停业拒绝客户提现，希望以此为自己留一条后路，就是最大的不讲信用。同时，以通行的规矩，钱庄要为客户提供一切可能提供的方便，随时满足客户的提款要求，因此，不卸排门做生意，本身也是不讲信用。

赌奸赌诈不赌赖，不讲信用就是赖！

事实上，抱定如螺蛳太太、谢云清的想法，以为即使不讲信用，但手里有几十万两的款子，万一撑不住，也可以做将来翻身的本钱，也是大错特错的。做生意自然不是赌桌上推牌九，但这之间确实也有可以相通的道理。譬如自己在牌桌上，起先一直推“长庄”，手风很顺，注码不管多少都要，别人输得起，自己赢得进。而到手风不顺时，却说要改推“铲庄”，只一定数目的铜钱赌，把先前赢到的钱留起来做下次的赌本。这也是一种赖。这样的人，被人识破，下次是进不了赌场去的。

生意场上也是赖不得的。

坚持不懈，终得结果

为人最要紧的是收缘结果，一直说话算数，到临了失一回信用，且不说左湘阴保不定会起疑心，就是自己，也实在不甘心。多年做出来的牌子，为一件小事就砸掉了。

（《胡雪岩全传·烟消云散》）

在已经开始出现危机的时候，胡雪岩还大包大揽，答应为左宗棠办两件事情：一件是为他筹饷，一件是为他买枪。

左宗棠回到朝廷入军机，以大学士管兵部，受醇亲王之托整顿旗营，特地保荐新疆总兵王德榜教练火器、健锐两营。此时左宗棠又受朝廷委派筹办南洋防务，为加强实力，已派王德榜出京到湖南招募兵勇。预计招募 6000 人马，需要有至少 4000 支火枪。同时，招募来的新兵粮饷虽说有户部划拨，但首先就要有的一笔开拨费总是不能少的，略略一算就是 25 万两。左宗棠西征时，在上海设了一个粮草转运局，由胡雪岩代领转运局的事务。这一个转运局，直到左宗棠西征结束回到朝廷，也并没有撤销。这个时候，左宗棠自然又要想到胡雪岩。

胡雪岩虽然答应下这两件事情，但实际做起来却很有些棘手。棘手之处首先还是一个钱字。左宗棠此前为粤闽协赈已经要求胡雪岩拨给 20 万两现银，如今又加了 25 万两。同时，转运局存有的洋枪只有 2500 支，所缺之数要现买。按当时价格，每支纹银 18 两，加上水脚，1055 支需银 3000 多两。几笔加起来，已近 50 万两之多。若在平时，这 50 万两银子对于胡雪岩也许并不是特别的为难，但现在情况已经大不相同了。其一，由于中法纠纷，上海市面已经极其萧条，加之胡雪岩为控制生丝市场投入两千万用于囤积生丝，致使阜康钱庄也是银根极紧，难于有能够调动的头寸。其二，为了排挤左宗棠，不让他在东南插足，李鸿章已经定计在上海搞掉胡雪岩，授意上海道卡下各省解往上海的协饷。这一部分协饷，原是用来归还胡雪岩为左宗棠经手的最后一笔洋行贷款的。这一笔洋行贷款的第一期50万两还款期限已经到了。

境况如此不好，本来胡雪岩可以向左宗棠坦白陈述这些难处，求得他的谅解，即使推脱不了这两件事，至少也可以获准暂缓办理。但他却不愿意这样做。他知道左宗棠虽然入了军机，但事实上已经老迈年高，且衰病侵寻，在朝廷理事的时日不会太多，自己为他办事也许这是最后一次了。自结识左宗棠之后，他在左宗棠面前说话从来没有打过折扣，因而也深得左宗棠的信任。他不能让人觉得左宗棠已经没有什么可以仰仗了，自己也就可以不为他办事了。更重要的是，为人最要紧的是收缘结果，一生讲究信用，为自己创下牌子，最后为一件事就把牌子砸了，实在是不划算，自己也决不甘心。

胡雪岩在对左宗棠的态度上，至少有两点很可以让我们感佩：

（1）决不用完就扔，过河拆桥。胡雪岩结识左宗棠，从他作为一个生意人来说，他是将左宗棠作为可以利用、倚靠的官场靠山来"使用"的，他也确实从这座靠山得利多多。但是，他也决不仅仅只是将左宗棠作为能靠就靠，靠不住了就弃之他投的单纯的靠山，因而即使自己已经处于极其艰难的境地，他也要完成左宗棠交办的事情。从个人品德上来说，这不能不让人感佩。

（2）维持信用，始终如一。他决不愿意一生注重信用而到最后为一件事使这信用付之东流，因此，即使到了真正是勉力支撑，而且岌岌可危的时候，宁可支撑到最后一败涂地，也要保持自己的信誉、形象。

无论是从做人的角度看，还是从做生意的角度看，这两点其实都非常重要。一个生意人的信用，既要看他在某一桩具体生意运作过程中的守信程度，更要看他一贯的信誉状况。生意人的信誉形象是由他一贯守信建立起来的。建立信誉形象难而破坏信誉形象易，一次的信用危机，足以使用一辈子的努力建立起来的信誉形象彻底坍塌。这是任何一个生意人都不能不时刻注意的。

不用说，生意上的信用，其实来自生意人的信义，一个对别人用完就扔，过河拆桥的人，决没有信义可言，人们也决不会相信这样的人会有信用。

做事要善始善终

一时慷慨，终必失悔，却又是说不出的苦。朋友相交，到了这个地步，一定不能善始善终。

（《胡雪岩全传·平步青云》）

生意场上，生意人对客户要讲信用，对合作伙伴、对朋友、对跟着自己做生意的人，也要讲信用。

对自己的合作伙伴、朋友讲信用，除了遵循信用的一般规则，比如真诚相与、信守诺言、说话算数、履行协议等之外，尤其应该注意的一点就是，要把感情与生意分开，感情归感情，生意归生意，感情上和谐相处，生意上则按规矩来，特别是不能一时慷慨，只顾及朋友情分而留下可能后悔的根由。比如，一桩生意成功了，生意伙伴之间分“花红”，就应该该分的照样分，该怎样分就怎样分，而该拿的也一定拿，该拿多少就拿多少，彼此礼让是朋友的情分、义气，但不能与具体操作相混淆；比如，生意伙伴之间的合作，该办的手续一定要办，入股合作该出多少股份就拿多少钱出来，对方让你吃“干股”那是朋友情分、义气，但自己却不能心安理得地马虎过去。

这样做法，生意伙伴之间，朋友之间，在利害关系上会获得一种相互的约束，因此，它也是一种合作伙伴及朋友间必要的一种信用的保证。

胡雪岩做生意就特别注意这一点。比如他与庞二合作，做成了第一笔生丝销“洋庄”的生意，并且在这一笔生意的运作过程中，发现了庞二在上海丝行的挡手朱福年的“毛病”。庞二在与胡雪岩合作中，对胡雪岩的为人、手段由了解而至于心悦诚服，因此，他想让胡雪岩完全加盟自己的生意，帮自己全权照应上海的丝行。庞二想出的办法是由他送给胡雪岩股份，算是胡雪岩跟他合伙，这样也就有了老板的身份，可以名正言顺地为他管理生意了。

能够彻底与庞二合伙，就当时的情况而言，这当然是胡雪岩求之不得的。但胡雪岩表示他不赞成吃“干股”这一套花样，既然庞二同意让他入股，他就必须拿出现银做股本。他的实力不如庞二，可以只占两成，庞二拿 40 万两，他拿 10 万两，而且还要立个合伙的合同。胡雪岩的想法很明确，感情是感情，生意是生意，不能一概而论搅在一起纠缠不清。因为由朋友情分，一时慷慨，以后也许会后悔而且还有说不出的苦。朋友相交，如果到了这个地步，也就一定不能善始善终，而生意上的合作也不会有好结果。

这样处理这件事情，自然是高明的。从合作的角度，胡雪岩拿出这 10 万两现银的股本，他与庞二之间订立了合伙的合同，双方也就有了明确的责任和信用关系，而这一种朋友关系之外的责任和信用关系，正是他们能够长期合作的保证。

胡雪岩在第一笔生丝生意做成之后，与尤五、古应春、郁四之间分“红利”，也是出于同样的考虑而采取了同样的方式。这笔生意做成，赚回 18 万两银子。但合伙关系多，需要开销的地方多，必要打点的方面多，盘下账来，不仅原先希望用这笔生意

赚到的钱偿还当初开钱庄借下的债务的打算成为泡影，甚至更拉下万把银子的亏空。但胡雪岩该分的仍然一笔笔分了下去，即使古应春明确表示自己的一份不必计算在内，胡雪岩也仍然将他应得的一万五千多两银子划到他的名下，他们之间也仍然是可以相互托靠的朋友和伙伴。

生意伙伴之间也需要信用的保证。这种保证当然可以是合作伙伴之间的朋友感情。但生意场上仅有感情是不够的，还需要有感情之外的按规矩来的保证。

招牌要响，场面要大

亮出自己的招牌

第一要响亮，容易上口，第二字眼要与众不同，省得跟别人搅不清楚。至于要跟钱庄有关，要吉利，那当然用不着说了。

（《胡雪岩全传·平步青云》）

亮出自己的招牌，是开始实施某项商务运作的第一步，因此，胡雪岩创办自己的钱庄，在物色钱庄“挡手”的同时，就开始考虑如何为自己的钱庄题定招牌。他自知自己只会“铜钱眼里翻跟斗”，对题定招牌这样需要文墨功底的事情力不胜任，因而郑重其事地去请教王有龄。不过，胡雪岩虽然不知道题定招牌的遣词用字，但他知道题定招牌该有的讲究，当王有龄告诉他题招牌自己也是破题儿头一遭，还不知道怎么题法，有些什么讲究时，他毫不犹豫地就摆出了题定招牌应该注意的几条原则：“第一要响亮，容易上口；第二字眼要与众不同，省得跟别人搅不清楚。至于要跟钱庄有关，要吉利，那当然用不着说了。”

胡雪岩这里讲到的几点要求，正是题招牌的关键所在：

（1）起名以畅。胡雪岩说的招牌用字要响亮，要容易上口，也就是要求题写的招牌要简洁明了、通俗易懂且读起来要响亮畅达，朗朗上口。挂出招牌目的就是要让人记住，因此，这一点也就显得特别重要。如果一方招牌用字生僻，读起来佶屈聱牙，招牌的作用也就失去好多了。

（2）起名以别。用与众不同的字眼，使自己的商号在招牌上就显出一种特别，而能在众多同行同业中引人注目。用现代商务运作的观点看，一个与众不同的招牌，实际上意味着一种独立的品味和风格。因此，这一点也显得非常重要。

（3）起名以适。招牌用字要符合自己商号的行业、行当的特点，要能让人一看招牌就知道你的商号是干什么的。

（4）起名以吉。这大约是中国人题定招牌时特别讲究的一点，不过这也确实符合商场上人们的一种普遍的心理。商场上，无论买方卖方，都是希望能够大吉大利的，谁也不会喜欢自找晦气。就是根据这几点要求，王有龄为胡雪岩选择了“阜康”两个字。这两个字取“世平道治，民物阜康”之意，可以说是完全符合了胡雪岩的要求，因此胡雪岩将这两个字念了两遍之后，立即欣然同意：“好极！……就是它。”

题定招牌，用现代商事术语说，也就是为自己的公司或商务机构作商业性命名。中国传统的说法是定字号，而用大白话说，也就是为自己的生意取一个名字，实际上也就像为新生儿取名一样。不能小看了这一取名。做生意首先就必须求名，要有名目（也就是字号）别人才知道，要有名气别人才信服，而取一个好的名字往往一叫就响，成为金字招牌的基础。因此，一些有眼光的商人都注重如何为自己的商号题名。从这一角度看，胡雪岩对于自己钱庄招牌的重视以及他对题定招牌的要求，也显示了他精明的生意眼光。

场面越大越好

场面总是越大越好。

(《胡雪岩全传·平步青云》)

胡雪岩做生意，特别注重场面，以他的意思，做生意首先就要做出一个热闹的场面，而且，“场面总是越大越好”。因此，一项生意投入运作之前，他也总要在如何做出一个特别的场面上动很多心思。

如何把场面做大，做热闹，不同的人当然有不同的招数。寻常做去，不过也就是装修剪彩、送花篮、放鞭炮、摆宴席、送礼品，请名人题字作画之类，敲锣打鼓地热闹一场。胡雪岩的阜康钱庄开业之时，这些场面上的事情他也是着实费了一番心思，比如，他要刘庆生去选钱庄铺面，就要求房子轩敞气派，装修也要富丽堂皇，不能小家子气。甚至连堂上悬挂的字画，他都想到了，要求第一不能是赝品，惹行家笑话，第二名气不能太小，名气太小配不上“阜康”的招牌，撑不起场面。钱庄开业当天，阜康张灯结彩，柜台里四个伙计一律簇新蓝布长衫，笑脸迎人，并请来杭州城里官商两界几乎所有名人，胡雪岩亲自接待，摆酒款客，直吃到午后三点多钟，也着实热闹了一把。场面，场面，首先自然是场面上的事情要做好。生意场上，这些场面上的事情常常是必不可少的，堂皇的门面，不凡的气派，往往是赢得客户信赖的一个很重要的外部条件。一眼看去就给人一种小家子气的商号，一开始就不会被客户重视。从这一角度看，这些场面上的事，其实并不就是打肿脸充胖子的一味摆阔，它实际上也是在树立自我形象，在向公众显示自己的实力、优势，以吸引客户的注意，唤起客户的信任。因此，这些寻常做法，常常也是必要的，也是要做好的。按胡雪岩的说法就是，即使内里是个空架子，也要想办法把场面“撑起来”。他的阜康钱庄开办之初，事实上就只是一个空架子。

在做场面时还要注意的一个问题是，场面易做不易收。生意场上，如果有足够的实力，当然是能把场面做得越大也就越好，但场面一旦做出，要收身出来，常常也是要付出代价的，因为场面一收，往往会动摇客户对商号的信心，使客户对本商号的经营状况、现有实力、未来发展以及信誉度产生怀疑。从这个意义上说，场面也是一把双刃剑，成也是它，败也是它。所以，场面的收放，都要慎之又慎。

也因为这个原因，胡雪岩甚至在面临倒闭危机，已经四面楚歌的情况下，也要尽力把场面撑起来。

甲午之变，由于洋行联手排挤，加上在上海主抓洋务的盛宣怀等人的掣肘、造谣，胡雪岩的钱庄出现挤兑风潮，使他四面支绌。这时正逢他的三女儿出嫁。帮他的人认为此时应该免去铺张，不要太过张扬，但胡雪岩却仍然要把场面做大。他要求一切照常，喜事该怎么办还怎么办。再难也无论如何要把场面撑起来。因为这个时候一松劲儿，那就真正是什么都完了。女儿办喜事那天，胡家张灯结彩，轿马纷纷，各式灯牌、彩亭仪仗，排出三里路远，帮办喜事的执事人等，一色蓝袍黑褂，抬运嫁妆的挑夫，一律簇新蓝绸镶红边的棉袄，气派非凡。这一个场面收到的效果就是，阜康钱庄照样开门，凡是胡雪岩在杭州城里的生意，如典当、药店、丝行，无不风平浪静，阜康挤兑风潮被一片喜气洋洋大大冲淡了。

做场面也就是为自己“做名气”

市面“哄”得越大，阜康的生意越好做。

（《胡雪岩全传·平步青云》）

不过，场面要做得与众不同，要能给人留下深刻印象，还不能光靠这寻常的做法。胡雪岩在阜康钱庄开业之际，还做了两件事，把他想做的场面，做出了别人意想不到的效果。

一件事是借王有龄代浙江抚台黄宗汉捐输军饷的一万两银子，为自己延请的阜康"挡手"刘庆生装了一次面子。

朝廷为缓解军饷不足，要京里大吏和各省督抚捐输军饷，黄宗汉将"盘口"开给了想既做湖州知州又兼领海运局坐办的王有龄。王有龄不敢怠慢，自然掏腰包拿出一万两代捐。这笔钱本来可以直接由与海运局有业务关系的信和钱庄汇往京城，王有龄也准备由信和马上汇出，但胡雪岩却将这笔钱要过来，他要让它转一道手，由刘庆生送到大源钱庄划汇。

胡雪岩的意图很明确：刘庆生是个可造之才，但由立柜台的伙计一下子跳到"挡手"的位置，同行难免轻视。一行生意的场面，最终是靠人撑起来的，刘庆生资望如何，将直接影响阜康的发展。现在由他代理黄宗汉去办理汇款，对于提高他的身份，显然有不小的作用。抚台是一省天字第一号的大主顾，有这样的大主顾在手里，同行对刘庆生自然就刮目相看了。而且，更重要的关键是为黄宗汉汇划这笔款子，还会引起同行对阜康来头的猜测，这种猜测，在同行中传开，会将市面"哄"得很大，而"市面'哄'得越大，阜康的生意越好做"。

另一件事，是胡雪岩在阜康的招牌挂出去之后再一次"耍"给同行看看的"手面"。阜康开张当天，送走客人之后，胡雪岩叫来刘庆生，要求他按照自己报出的名字，开出 12 个存折，每个折子存银 20 两，先由钱庄垫付。这些折子的户头，除一个是浙江巡抚黄宗汉的门房主管刘二外，其余的都是浙江抚台、藩台，也就是一省大员们的太太，姨太太甚至小姐，胡雪岩要把这些折子送给她们。

胡雪岩要把折子送给这些人，目的有二：

（1）胡雪岩是以此为引线，吸收这些人的存款。这些太太、小姐自然都会有一些自己花不完的私房钱，有一些人手头私蓄的银两可能还不少，为她们立了户头，垫付了利息，再把折子送给她们，这些人自然也就是和阜康建立起往来。从这一层上看，胡雪岩的这一招，是他"耍"出的为钱庄拉拢储户的招数。这一招市面上还从来没人玩过，可以说是胡雪岩的一个创举。

（2）也是更重要的，胡雪岩也要以此来扩大自己的影响。在胡雪岩看来，这些太太、小姐们的私房钱也许有限，对于阜康来说算不得什么了不起的大生意，但她们收到存折之后一定会相互传扬，会让一般人都知道阜康的气派、场面。从这一层上看，胡雪岩的这一招，又是一种做场面，显气派的手段，它所带来的效益，也就比仅仅在外场上做文章的做场面高明了许多。

胡雪岩的这两招，真正显示出了他的手腕和气魄。说到底，做场面也就是为自己"做"名气，因此最忌讳的也就是落了千篇一律的俗套。场面做得没有气魄，没有个性，不能别出心裁，只是在表面文章上下功夫，效果会差了许多。事实是当刘庆生依照胡雪岩的吩咐，将那些折子送到刘二手里请他代送时，刘二这位老于世故的门房主管也十分佩服，以为胡雪岩想出来的这花样"真正独一无二"，而且当即就拿出两张共180两的银票，存入了阜康开给自己的户头。

金字招牌永不倒的诀窍

我也不是故意要花样，只不过生意要做得既诚实，又热闹。

（《胡雪岩全传·平步青云》）

做名气需要有手腕，有花样，这是毋庸讳言的。但应该知道，做名气不是光去做花架子，仅靠花架子做出来的名气，绝不

是可以长久的名气，常言道，"瞒得了一时，骗不了一世"，花架子一旦被人识破，靠花架子"搭"出来的名气就会半文不值，不但失去了客户的信任和尊重，还会把自己逼入了死胡同，以致很难再改变给别人留下的恶劣印象，重建声誉。

要做名气，关键还是要真正做出自己的"金字招牌"。

胡庆余堂开办之初，胡雪岩做名气的方针，也就是要做出自己的"金字招牌"，换句话说，他要的是靠做出一块不倒的"金字招牌"，建立起真正的名气。因此，他在确定送药的同时，还在药店如何开法、怎样用人、怎样进料、怎样炮制等方面，定下了两条不变的原则：

（1）方子一定要可靠，选料一定得实在，炮制一定得精细，卖出的药一定要有特别的功效。按胡雪岩的说法，"'说真方，卖假药'最要不得。"而且，胡雪岩还要求，要叫主顾看得清清楚楚，让他们相信，这家药店卖出的药的确货真价实。为此，他甚至提议每次炮制一种特殊的成药之前，比如要合"十全大补丸"了，可以贴出告示，让人来参观。同时，为了让顾客知道本药店选料实在，决不瞒骗顾客，不妨在药店摆出取料的来源，比如卖鹿茸，就不妨在药店后院养上几头鹿，这样，顾客也就自然相信本药店的药了。

（2）药店挡手除能干之外，更要诚实、心慈。旧时药店供顾客等药休息的大堂上常挂一副对联："修合虽无人见，存心自有天知"，说的就是卖药人只能靠自我约束。不诚实的人卖药，尤其是卖成药，用料不实，分量不足，病家用过，不仅不能治病，相反还会坏事。而只有心慈诚实的人，能够时时为病家着想，才能时时注意药的品质，这样，药店才不会坏了名声，倒了牌子。

胡雪岩的这些原则，归总一句话，也就是靠诚实无欺来建立起自己真正的名气。这里当然也有为了让自己的诚实无欺能被别人知道而热热闹闹玩出的花样，比如贴告示让人来参观，比如在后院养上一头鹿，这就是别人没有的花样，但说到底，这些花样也都是一种用诚实无欺来“搽”亮自己的招牌的手段。一个有战略眼光的实业家，他的事业取得成功，决不是靠坑蒙拐骗，而是靠诚实无欺，靠信誉，靠切切实实满足客户需要。过去许多商家门脸上都会挂上“诚信招来天下客，无欺誉揽万人心”的对联，对联道出的确实是一个使自己的“金字招牌”永不倒的简单的“诀窍”。诚实不欺是所有生意行当的立足之本，也是在竞争中取胜的一个重要砝码。有才无德，仅靠耍花样来求名取利，到头来只能是搬起石头砸自己的脚，聪明反被聪明误。所以，胡雪岩很郑重地说道：“我们也不是故意耍花样。只不过生意要做得既诚实，又热闹。”

生意场上的做名气，热闹是少不了的。但热闹只是手段，诚实才是根本。

稳定局势，维持市面

商战中如何维持市面

胡雪岩想想果然，自己做生意，都与时局有关。

（《胡雪岩全传·平步青云》）

胡雪岩认定自己做生意，都与时局有关，自然是他切于己身的体会。胡雪岩的生意成也好，败也好，确实都与时局相关，比如，他的钱庄向太平军逃亡兵将吸纳存款，就与太平天国走向败局的大势相关，比如，他的生丝销“洋庄”也既与太平军杀向浙江阻断上海生丝来源有关，也与上海在乱世之中采取“东南互保”而市面相对稳定有关。正因为如此，胡雪岩也总是把帮助维持市面的平静安定，放在一个很重要的地位，即便因此自己要付

出一些代价，他也在所不惜。

比如杭州战后的善后赈济。

杭州被官军收复的消息一传到上海，胡雪岩就立即起身赶赴杭州，投入到了杭州战后繁忙的善后赈济工作之中。

胡雪岩首先做的一件事，就是将一万石大米无偿捐献给杭州用于军粮和赈济灾民。一年多以前，杭州被太平军包围，弹尽粮绝以致到了人吃人的地步。胡雪岩冒死出城，到上海筹款买到两万石大米，运往杭州却进不得城去，只好把米转道运往宁波。胡雪岩捐献杭州的就是这批大米。当初胡雪岩将这批大米转道运往宁波时，宁波刚刚被太平军攻下，城中难民无数，粮食奇缺，这一万石大米正好救急。当接收这批大米的米行要开价付款时，胡雪岩却分文未要，只要求不管什么时候，只要杭州收复，三天之内以等量大米归还。

用生意人的眼光，这等于是将一大笔钱“搁煞”在这里。就当时情况看，杭州收复遥遥无期，即便早也得三五年能够收复，这么长的时间，利上盘利，一石米也变成两三石了。但胡雪岩有他自己的想法，他要留着米在那里，等杭州收复，可以随时起运。到时如果万一不凑手，那就误了大事了。

当然，胡雪岩如此行事，从他个人的考虑来说，自然也是出于他尽心乡梓的诚意。他当初冒死出城，采买大米，又冒死将大米运往杭州，就是希望能为赈济乡梓饥民尽一份力，这诚意确实不容怀疑。客观说来，从胡雪岩生意人的用心来看，他要用这一万石大米为自己重新在杭州站稳脚跟“垫”底，也是确实的。他把这一万石大米捐献杭州，就使他在杭州士绅、百姓中名声大振，也使他一下子就得到了左宗棠的信任，委他负责杭州的赈济善后事宜。但不管从主观上看，还是从客观上看，胡雪岩此举都有要尽快振兴杭州市面的用意。在胡雪岩看来，杭州战后当务之急就是振兴市面。而市面要振兴、要兴旺，关键在于安定人心、安定市面。人心安定，市面平静，人们才会放心大胆地来做生意，这样于公于私，都有莫大的好处。而民以食为天，粮食不起恐慌，人心就容易安定。献出这一万石大米，“这是救地方，也是救自己”。

这也就是胡雪岩不同一般的眼光所在。正因为有这不同一般的眼光，胡雪岩总是十分热心公益，比如他定下的药店送药的规矩，比如他把典当看成穷人的钱庄，比如他要求刘庆生只要是能帮助朝廷平息战乱的事情都要做，其中都有做市面的存心，他就是要通过自己的努力，帮助维持局势的安定、市面的平静。

当然，局势是否安定，市面是否平静，许多时候并不是生意人能够做主的，也不是光靠生意人就能维持得了的。但是，生意人应该有做市面的自觉，要想到在可能的时候，特别是在自己确实赚了钱，甚至赚了大钱而有能力去做的时候，去帮助维持市面。

做市面，既是帮地方，也是帮自己。

稳定时局利于生意

做生意第一要市面平静，平静才会兴旺。

（《胡雪岩全传·平步青云》）

胡雪岩对帮官场的忙，总是非常热衷的。

朝廷为筹集军饷，弥补财政支出，决定发行户部官票。户部官票由各省藩司负责，向钱庄、票号派购，由于这是一件从来没有过的事情，钱庄老板都对官票信用持怀疑态度，因为官票一旦发行太滥，朝廷现银不足，认购的官票在手里就会贬值，风险很大。同时，虽然可以不担风险，从藩库领了官票来，以代卖的方式尽量去用，然后再与藩库结账，用出去多少，就上交多少现

银，但这样一来，钱庄也就变成了白白为官府当差，一点好处都得不到。因为这些原因，钱庄老板们对官票派购十分地不热心，也十分地不情愿。但胡雪岩却毫不犹豫地让自己阜康钱庄的挡手刘庆生带头认购。

他作出这样的决定，除了要在钱庄开办之初，借助认购官票的事情，在同行中建立自己的名气与威信的目的外，还有几个方面的考虑：

（1）既然是朝廷发的官票，市面上就不能不用，因而钱庄也就不能不买，与其最后被逼无奈再买，还不如主动一点。

（2）官票的信用一方面靠发行章程的完善，不至滥发，另一方面，也靠市面，特别是靠钱庄、票号来维持。有钱庄、票号的支持，官票要维持一个稳定的价值，也不是不可能的。同时，官票虽然人人要用，但实际上却与钱庄、票号的利害关系最为密切。从这一角度看，为了钱庄自己的切身利益，钱庄也应该帮助官票做信用。

（3）在胡雪岩看来，官票是朝廷为筹集军饷发行的，是为了能够有足够的力量来平息太平天国。他做生意的宗旨就是，要帮助官军打胜仗，只要是能帮助官军打胜仗的生意，即使亏本，他也要毫不犹豫地去做。对这一点，胡雪岩考虑得很清楚，那就是，其一，他要投资本下去，自己帮助了官府，官府必然在生意上为自己提供方便，长远地看，这并不是人们想象的赔本买卖。其二，他的眼睛看的是世道太平之后。做生意，特别是做大生意要的就是世道太平，而自己现在帮助官府打胜仗，就是为了求得世道太平——太平军与官府斗了上十年，江浙一带事实上生意越来越难做。如今官府有力量平定他们，也就有可能使世道太平了。用胡雪岩的话说：“时世一太平，什么生意不可以做？”

帮助官府把市面做起来，这也体现了胡雪岩眼光和做法的不凡。其实，胡雪岩要帮助官军打胜仗的做生意的宗旨，实际上就是他要尽自己的力量帮助维持市面，尽可能使市面保持相对平静、安定的宗旨的具体化。胡雪岩有一个观点，他认为只有市面平静了，生意才好做，但生意人不能只想着等到市面平静了再去做生意，一定要等到市面安定平静了再去做生意，那就很多事情都做不成了。有大作为的生意人也要想着尽自己的力量去帮助安定市面。同时，安定市面也不能完全靠官府，生意人也有应该尽力也能够尽力之处。既然如此，何乐不为？

从这一角度看，他帮助官府也是一种做市面的方式，帮助官府就是帮助自己。

和气生财

我们要做好事。……我们做好事，就是求市面平静。

（《胡雪岩全传·平步青云》）

胡雪岩常说："做生意赚了钱，要做好事。"他说要做好事，也就真的常做好事。他对于行善做好事，常常是能做就做，从不吝啬，而且做的都是利于平民百姓的很实在也很实惠的好事。胡雪岩在湖州的大兴丝行开张后，七月里，他到了湖州。

一到湖州，他就吩咐他的丝行"挡手"黄仪做一件能够给人以实惠的好事：时令在七月中旬，正是"秋老虎"肆虐的时节，丝行要在自己店前向路人施茶、施药，而且说做就做，当天就办。黄仪知道胡雪岩的脾气，做事要又快又好，钱上面很舍得，于是当天就在大兴丝行门前摆出了一座木架子，木架子上放了两只可装一担水的茶缸，装在茶缸里的茶水还特意加上清火败毒的药料。茶缸旁边放上一个安了柄的竹筒当茶杯，路人可以随意饮用。另外，丝行门上还贴了一张广告，上写"本行敬送辟瘟丹、诸葛行军散，请内洽索取"。如此一来，丝行门前一下子热闹起

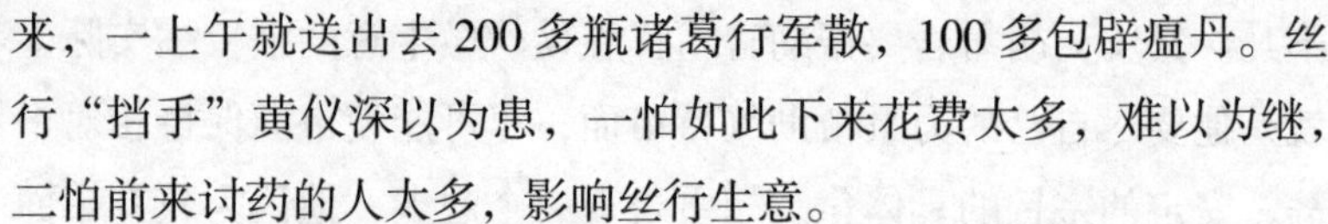

来，一上午就送出去200多瓶诸葛行军散，100多包辟瘟丹。丝行“挡手”黄仪深以为患，一怕如此下来花费太多，难以为继，二怕前来讨药的人太多，影响丝行生意。

但胡雪岩却仍然坚持照此办理不辍。他的意思很明确，施茶施药是件实惠的好事，既已开头，就要做下去，再说一来丝已收得差不多了，生意不会受大影响，二来前来讨药的人虽多，但实际花钱有限。再说，丹药不是银子，越多越好，讨过药的人会不好意思再来讨，施药的第一天人多是一定的，过两天必然会逐渐减少。

事实上，胡雪岩坚持施茶送药，成了他的丝行收丝时节必有的节目，后来还扩大到药店。而且不仅如此，他还做了许多好事，比如饥荒战乱年景他设粥场、发米票，天寒地冻之时他施棉衣、舍棺材……胡雪岩做的这些好事，使他在江浙一带获得了一个响当当的“胡大善人”的名声。

胡雪岩为一个善人的名声如此地散财施善，似乎有些让人不好理解。生意人将本求利，一分钱的用度总要有一分利的回报才是正理，连胡雪岩自己都说“商人图利，只要划得来，刀头上的血也要去舔”。散财施善，分文不取，用自己从刀头上“舔”来的血仅仅换来一个善人的名声，何苦来哉！因此，如胡雪岩似的赚了钱能去做好事、善事，实际上为许多生意人所不为。

其实，胡雪岩说做生意赚了钱要做好事，正显示出他超出于一般人的见识和眼光。他做好事，无疑有他行善求名，以名得利的功利目的，比如，他自己就说过：“好事不会白做，我是要借此扬名。”但他做好事还有一个十分明确的目的，那就是因为“做生意第一要市面平静，平静才会兴旺”，因此，他做好事也是在“求市面平静”，也是他做市面的一种方式。

从做生意的角度看，生意人有了钱想着去做点帮穷济困的好事，其实也是为自己更好地做生意创造条件。比如，因为自己的帮穷济困，使一部分陷入饥寒落入困顿的人得到某种必要的救助，起码能起到一定的安定社会、平静市面的作用，为自身商务活动的正常开展创造一个较好的外部环境。俗话说“饥寒起盗心”。处于饥寒交迫之中无正常生路可走的人，在一种求生本能的驱使之下，自然要千方百计为自己谋一条生路，这是很正常的。比如历史上的农民起义，其实都是处于饥寒交迫之中的百姓无奈之中的揭竿而起。而失了生路又无救助的人一旦起了“盗”心，真正要“吃亏”的还是有钱人——穷人已经没有什么可以失去的了。

功自心诚，利从义来

一家商号，要在用户、顾客中确立信誉，做到闻名遐迩，并不容易。而像胡庆余堂这样，在消费者心目中树立起一块百年不倒的“金字招牌”那就更不易了。这对于经营者来说，不仅得具备敏锐而远大的商业眼光，灵活而果断的商业头脑，更重要的是还得具备正确、高尚的商业道德。时时刻刻做到公平交易，货真价实，不搞欺瞒骗诈的一套。百余年来，胡庆余堂一直坚持的“戒欺立业”“采办务真、修制务精”“是乃仁术”“顾客乃养命之源”“真不二价”等撑门立户的诸多宗旨、法度、规矩，以及由此而产生的浓郁的经营文化氛围，正是一个成功的经营者在对一个成功的企业的经营过程中，所呈现出的“德”与“才”的交融和印证。

如果说，胡庆余堂在继承和发展中华传统药业上，给我们留下了许多“国宝”的话，那么，它历时百余年的经营过程中沉积下的企业经营文化，则是又一批“国宝”了。

“戒欺”立业

在胡庆余堂的营业大厅里，挂有许多匾额题对及金字招牌，它们均朝外挂着，是给上门的顾客观赏的。唯独有一块黄底绿

字、笔力遒劲的匾额，却是面对着药店坐堂经理的案桌，朝里挂着的。匾曰：

“凡百贸易均着不得欺字，药业关系性命，尤为万不可欺。余存心济世，誓不以劣品弋取厚利，惟愿诸君心余之心，采办务真，修制务精，不至欺予以欺世人，是则造福冥冥，谓诸君之善为余谋也可，诸君之善自为谋亦可。”

这就是我国中医药业奉为“药业座右铭”的“戒欺”匾。也是胡庆余堂以“江南药王”饮誉120年的立业之本。

胡雪岩于光绪四年（1878年）创店立业之时，亲笔立下“戒欺”匾额，说的是凡做任何生意，都不可以欺诈谋利。尤其是药业，更是性命关天的行业，自己开药店旨在济世救人，因此，决不以伪劣药材配伍入药、牟取厚利，希望大家能理解自己办药业的心意，采购药材要讲究地道，制作成药要精益求精，不得有丝毫马虎懈怠……

中医药业这一行，自古便有着“修合虽无人见，诚心自有天知”的说法。这其中的“修”，指的是对未经加工的植物、动物以及矿物等“生药材”进行必要的加工炮制。据老药工介绍，“生药材”中，不少含有对人体有害的有毒成分，必须经过水制、火制、或水火炮制后，方能在保持药效的前提下，去除、或中和“生药材”中的有毒成分，达到药用要求。而“合”，则指的是药材的取舍搭配，排列组合。这“修合”之中，还包括药材的种类、产地、质量、数量等诸多因素，均是丝毫来不得半点虚假的。

然而，在中成药“丸散膏丹”的修合过程中，大都沿袭了“单方秘制”的传统，有的还带有不少神秘色彩，是容不得外人窥探的。这才有“修合无人见”之说。正因为“单方秘制”的生产格局，制成品的良莠优劣，一般人很难分辨，所以，自古以来，又有“药糊涂”一说。少数店家为牟利而以次充好，以劣代优，或偷偷减兑贵重药的入药量，也实在难禁难免。其“修合之诚心”，除了冥冥之中，天地鬼神相知外，人们也只能以品牌药物的药效来印证了。

对此，《胡庆余堂雪记丸散全集》的序言中便有这样的警句：“大凡药之真伪难辨，至丸散膏丹更不易辨！要之，药之真，视之心之真伪而已。莫谓人不见，须知天理昭彰，近报己身，远报儿孙，可不敬乎，可不惧乎！”

120年以来，胡庆余堂经历了无数的变迁，但胡雪岩在“戒欺匾”中所提出的职业道德精神却得以世代相传，成为历代庆余人的“传世秘方”。“采办务真，修制务精”也成了胡庆余堂的铁规矩。

采办务真

中成药以天然的动物、植物、矿物等为主要原料，药材品种繁多，分布极广，属性复杂，仅典籍所载已达3000多种，药材的真伪优劣和采收、贮存是否合理，产地是否地道，均直接影响到药品质量。

为切实做到“采办务真”，胡庆余堂向来就把药材采收的真伪和合理的贮存保管，作为实现“戒欺”精神首要环节来抓。为了采办地道药材，胡庆余堂派专人到全国各地的药材产区坐庄办货。如去河北新集、山东濮县等地采购驴皮，去淮河流域采办怀山药、生地、牛膝、金银花，去陕西、甘肃等地采办当归、党参、黄芪，去云南、贵州、四川等地采办麝香、贝母、川连，去汉阳采办龟板，去关外采办人参、虎骨、鹿茸，而乳香、西洋参、豆蔻、犀角、木香等则必须从国外进口。即使对一般药材的辅料也一视同仁，一丝不苟。如橘皮浙江产量比较高，价格也相对便宜，但因药性不理想，胡庆余堂便舍近求远，千里迢迢到

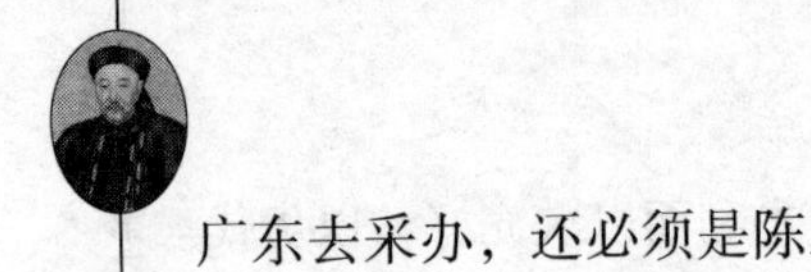

广东去采办，还必须是陈三年的“陈皮”。又如配制愈风酒的冰糖，规定得用福建产的，再用“三年陈”的绍兴产烧酒代水融化冰糖。

胡庆余堂独家生产的“胡氏辟瘟丹，”具有辟秽气、头晕、胸闷、腹痛、吐泻等功效，以药效显著闻名于世，至今已经历100多年，仍畅销不衰。其药材采办的考究顶真，也是出了名的。“胡氏辟瘟丹”一共74味药材，味味都要选用地道上等的原料。其中有一味谓“石龙子”的药材，俗称“四脚蛇”，那是一种随处可见、俯拾皆是的小型爬行动物。然而，用于“辟瘟丹”的“石龙子”的采办面却十分狭窄，必须是产自杭州灵隐、天竺、韬光一带的“铜石龙子”，方可合药。其外形为金背白肚，背上纵贯一条黄线。

为了采集到“铜石龙子”，每年入夏，都有胡庆余堂的药工，携师将徒，一起到灵隐、天竺捕捉。久而久之，连灵隐寺的僧人也熟悉胡庆余堂的这一惯例，只要听说是胡庆余堂来抓石龙子的，总会提供方便，让他们采药济世。

据老药工介绍，“铜石龙子”生性警觉，爬行快捷，捕捉十分不易，即便是个中老手，一天也只能抓上五六十条，至于新手，则常常是翻山越岭寻寻觅觅，从早忙到晚，仍一无所获，有时，好不容易一把揪住“铜石龙子”的尾巴，却仍被它甩脱尾巴，逃之夭夭。

为了防止伪劣药材混入，胡庆余堂历来就有派专人去全国各药材产区坐庄办货并由“进货阿大”把关验收的规矩。至今，“采办务真”的传统更是得到了弘扬光大。为控制进厂药材的质量，全厂原药仓库、细料仓库、半成品仓库等各主要部门都要安排经验丰富的老药工，分兵把口。同时，还集中全厂经验最丰富的七位老药工和技师，组成“老药工鉴定组”，对进厂的一些真伪难辨的药材，进行最后鉴别。并决定能否投料。牢牢地把握着药品质量关。

此外，胡庆余堂还在近年来，采用了传统鉴别与现代科学仪器检测手段相结合的办法。1981年，胡庆余堂进了一批用于牛黄解毒丸的大黄，经老药工鉴别，怀疑是伪品。然而，这批“大黄”的外形实在真假难辨，断面无星点，无锦纹。最后，经过紫外荧光测定，显示出亮蓝色紫荧光，认定这几千斤“大黄”，全是不含泻下成分的伪“波叶大黄”，此物乃制佛神燃香之用，若入药后让病人服后，不仅无效，反而会引起腹痛，绝不能作为药用投料。当这批货退回供货单位时，对方十分感激胡庆余堂为他们查出伪药，避免了更多的伪药流入其他药厂，造成危害病人的严重后果。自中药材经营放开以来，进货渠道多了，药材货源多了，也给一些不法经营者以贩卖伪劣药材，牟取暴利带来了可乘之机。以次充好、以假乱真的现象时有发生。1985年，胡庆余堂进了一批当归，经鉴别，系欧当归，不能做当归用，当即将这批3000公斤当归做了退货处理。还有一批供急用的菟丝子，经鉴别，是产自东北的“大菟丝子”，不符合药典规定，结果也退了货。据统计，仅1991年至1992年2月间，他们共查出假虎骨、假巴戟肉，管花苁芸、藏青果、赤芍、大麦冬等伪药以及其他劣质中药材32种，共计34.5吨。

为防止药材在保管贮藏过程中霉烂变质，胡庆余堂购地4亩，建造了东、西、南三个药材仓库，作为原药贮藏仓库和原细药贮藏仓库。另设一个设计独特、阴凉通风，温度适宜的胶库，在此贮藏的驴皮膏近百年依然不变质。

人们也许还记得前几年福建晋江地区发生的制造假药大案，此事曾轰动全国，并由此引发了一场全国范围内查处假药的运动。当时，曾由省、市有关部门及同行业代表组成的检查组，对

胡庆余堂里里外外角角落落进行了认真、彻底的盘查，并对库存的几十万公斤原药材做了仔细检查，结果，竟找不到一星半粒伪劣药。从而，使在场的检查人员不由得发出由衷的赞叹：胡庆余堂的"采办务真"的传统真是让人叫绝！

修制务精

中国传统药业有一句老话，叫"修制不明，药性不准，则汤方无准而症不验也"。可见，修制的好坏，直接影响到药品的质量和疗效。

中药材在决定了它的药用部分后，必须经过必要的加工，才能达到药用的要求和目的。这一加工过程，通称炮制或修治。将经过修治的药材，加工做成成药，称为制剂，传统制剂有丸、散、膏、丹、酒等。修制，即为修治和制剂的两个生产过程的总和。即从原料加工到成品制作的全过程。

百余年来，胡庆余堂一直遵循"修制务精"的准则，对于药材的加工炮制，一丝不苟，严格按照漂、煎、熬、煮、淬、泡、炸、煨、炒、炙、炼等遵古炮制传统，精工细作，不惜工本，绝不偷工减料，以次充好。

在胡庆余堂百余年的历史中，有着许多有关精心修制的故事和传说。

"龙虎丸"是一种治疗癫狂症的良药。药内含有剧毒药品砒霜。按古方炮制规定，要将砒霜用白布包起来，再嵌入豆腐中，慢慢地煮，使豆腐渐渐变黑——这说明，砒霜中的一部分毒汁已被豆腐所吸附，这才可入药。但即使这样，仍必须将砒霜和其他研磨成细粉的药物搅拌得十分均匀，否则仍有中毒的危险。但怎样搅拌才算是均匀了呢？

据说，当年，胡庆余堂开办不久，便有一位新科举人上门求医。堂内众多名医对这位举人老爷的癫狂症大都束手无策。这位年青举人的父母则在一边不住口地哀求，因家道贫寒，他经十年苦读，一举考上举人。父母只此一子，本指望儿子能依靠功名，谋得一官半职，两老就此生活有靠了，不料喜讯竟和噩运一块降临，儿子经不住这由天而降的喜讯，引发了癫狂症。假如连名医荟萃的胡庆余堂都无法医治，那么，他们一家三口就没指望了。

在两位白头老人的一再哀求下，一位名医终于说，此病或许能用"龙虎丸"治愈。但店里没有这味药。此时，一向以制药济世为宗旨的胡雪岩开言了："请两位老人先将病人带回去，半月之内，一定制出龙虎丸，送上门去！"

说出口的话，泼出门的水，那是再也收不回来了。然而，在"龙虎丸"的制作过程中，却碰到了难题，当时没有搅拌机，所有药物全用手工搅拌，"龙虎丸"中这么大剂量的剧毒砒霜，谁能担保，用手工能将砒霜均匀地拌入其他药末之中？人命关天哪！结果，没有一名药工敢揽下这个活。眼看着时间一天天地过去了。胡雪岩苦苦思索着解决难题的办法。

10天后的一个早晨，胡雪岩兴冲冲地走进店堂里，当场宣布，药王桐君老人已于昨夜托梦教他制作"龙虎丸"的秘法。

他令人将一间工场打扫干净，把门窗全部封闭，不准任何人窥扰，只留下几名操作工人。将药粉配制好后，就悄悄地密授了"龙虎丸"的制作要领。

工人们在密室里操作了三天，果然将"龙虎丸"制作成功了。药送到病人家中时，刚满半月之期约。那位年青举子服药后，果然灵异，没几天便把癫狂症根治了。一时间，胡庆余堂秘制龙虎丸的事，在民间到处传颂。

一次酒后，胡雪岩在几位同行追问下，吐露了秘密：原来，他教药工将药粉均匀地摊在竹匾上，再用木棒将"龙虎"两字在

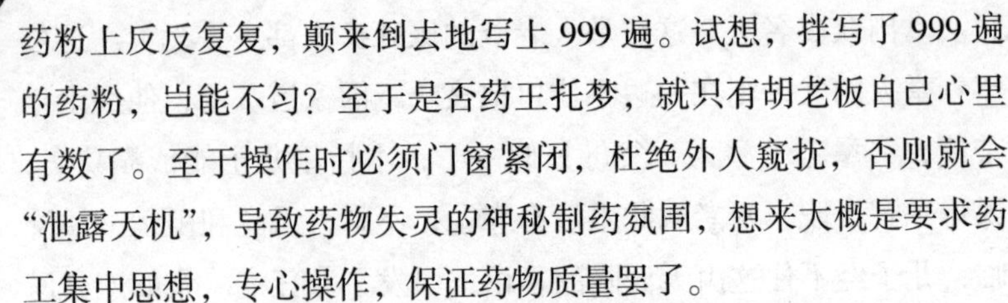

药粉上反反复复，颠来倒去地写上999遍。试想，拌写了999遍的药粉，岂能不匀？至于是否药王托梦，就只有胡老板自己心里有数了。至于操作时必须门窗紧闭，杜绝外人窥扰，否则就会“泄露天机”，导致药物失灵的神秘制药氛围，想来大概是要求药工集中思想，专心操作，保证药物质量罢了。

然而，传说归传说，胡庆余堂这种秘制“龙虎丸”之氛围和方法，却是一代一代地传袭了上百年。

作为胡庆余堂的“创牌子产品”的胡氏辟瘟丹，在制作过程中，有一整套仪式和规矩。在制作前，先请僧人道侣，来店堂里拜忏诵经，在炮制辟瘟丹期间，每个参与制作辟瘟丹的药工，均得离开家室，住进店堂里，待斋戒沐浴（吃素、洗澡、理发、剃须和换衣）后，方可动手制作，乍一看，似乎带有迷信色彩，但实际上却是用意深长的。请僧尼道侣在钟鼓乐声中诵经拜忏，无非是让百姓知晓，胡庆余堂又将开始炮制辟瘟丹了。至于戒斋沐浴，恰恰是符合药工制药的卫生要求。100多年前的胡庆余堂能做到这样，实在是用心良苦，至于如今对药工的卫生要求，就更加严格和规范了。药工在操作前，手要消毒，并要检查手指有否带菌，一点都不能马虎含糊的。

多年以来，胡庆余堂一直坚持遵古炮制传统，精细操作。如生产牛黄清心丸的栀子，均得严格按“去壳用仁”的老规矩。不厌其烦地像剥豆子那样把栀子仁一一剥剔出来，再入药。又如大黄，一味用途很广的常见中药，而大黄皮则是非药用部分，胡庆余堂每进一批大黄之后，均得派出人手，将来料上未除尽的大黄表皮剥去。即使是一些表面凹陷、裂隙的地方，也得仔细地一一剔除表皮才付药用。此外，麻黄要去节，莲子要去芯，肉桂要刮皮，五倍子要去毛。杞菊地黄丸中有一味叫萸肉的药材，要拣去其核，当萸肉价格从每公斤20多元涨到200多元时，仍得不惜拣剔去 30% 的核。

所以，胡庆余堂在中药材的前处理过程中，损耗明显高于其他药厂。一般价格低的原料，这样做倒还不“肉痛”，但是，像麝香这样贵重、珍稀的原料，也坚持这样做，那就不易了。

是乃仁术

胡雪岩做生意，兴盛了几十年，后来却因种种原因，一下子衰败下来，钱庄、典当、丝行、房产、田地等都归附于他人之手，连家中的姬妾仆从都遣散了。独有“胡庆余堂”这块金字招牌得以保全。据说，当时，胡庆余堂由外姓接办后，业主曾除去招牌纸上的“雪记”两字，不料顾客见了，就不相信是真药，最终使业主不得不照旧使用“雪记”字样，而胡雪岩的子孙，仍占有“招牌股”，每年借以取得利润，直到新中国成立后公私合营为止。

知情人都认为，这是胡雪岩多年来坚持“是乃仁术”的办店宗旨所致。

胡雪岩有句名言：“做生意赚了钱，要做好事。”他在做生意的全盛时期，创办胡庆余堂雪记国药号。其出发点也是源于“做善事”的想法。

当时（咸丰至光绪年间），全国农民起义风起云涌，战火蔓延大江南北，旱涝交替，瘟疫流行，陈尸遍野，惨不忍睹。在这种情况下，胡雪岩广邀江浙名医，研制出“胡氏辟瘟丹”“诸葛行军散”“八宝红灵丹”等药，并将这些药寄交曾国藩、左宗棠所部和灾区陕、甘、豫、晋等各省藩署。“历年解陕甘各军营应验膏丹丸散及地道药材，凡西北觅不出者，无不应时而至。”战乱平息后，每年夏秋之交，各地索药者仍络绎不绝，历时达十余年之久。为济世救人，胡雪岩决定开药号，自制丸散膏丹“广救于人”。

同治十三年，药号的筹建工作开始了，先在杭州西湖边涌金门购地十多亩，设胶厂，下设晒皮、铲皮、丸散工场，养鹿场等。从光绪元年开始，胡雪岩便雇人身穿印有胡庆余堂字号的号衣在水陆码头施送痧药、辟瘟散等农家必备的“太平药”。每逢初一、十五的“香市”，正是杭嘉湖香客涌入杭城之时，胡庆余堂又将精制药品全部降价发售。据说，从光绪元年至光绪四年（1878 年）胡庆余堂开张之日，三年多时间里，仅施送药品这一项费用，竟达十余万两银子。

胡庆余堂开张后，每年头伏的前一天，都要烧煮大量药茶放在店堂，免费供应市民。这些清凉解暑的药茶，具有预防夏季疾病的作用，深受市民欢迎。是日，店堂里总是闹盈盈的，成群结队的市民拿着瓶瓶罐罐，来灌药茶，有的甚至用担桶来挑。

胡庆余堂有一个为急症病人现熬鲜竹沥的定规。鲜竹沥是化痰止咳的特效药。冬天，正是气管炎、支气管炎及咳喘病复发的季节。半夜三更，常有病人敲门求药。此时，值班的药工总会赶紧起来把病人让进店堂里，当即拿来新鲜的淡竹，劈开后，在炭炉上用文火缓缓地烘烤，使竹沥从中慢慢渗出。再用草纸滤过后，当场让被痰塞得痛苦万分的病人喝下。熬一剂竹沥，得花 2 个钟头，有时候，两三个病人接踵而来，这一晚，值班的药工就得彻夜不寐了。

近年来，由于药材、辅料、能源的大幅度调价，胡庆余堂的生产成本也成倍地增加，平均每年有 60~70 的传统产品出现亏损。如“辟瘟丹”，由羚羊角、麝香、犀牛角等名贵药材配伍而成，每生产一罐“辟瘟丹”就要亏损 5 元多。1985 年，全厂生产了 17000 多罐“辟瘟丹”，仅此一项就亏损了 9.48 万元。其他一些地方厂不愿做的“蚀本生意”，或微利产品，只要用户找上门来，胡庆余堂总是乐意制作，如治痔疮的“脏连丸”，止大出血的“十灰丸”等。

1988 年春，江浙沪一带甲肝流行，各种治疗和预防甲肝的中成药供不应求。胡庆余堂为了解除成千上万甲肝患者的痛苦，满足市场的需求，便全力以赴，加班加点生产 300 万包板蓝根冲剂。当时，正逢原料板蓝根价格上涨，为生产这 300 万包板蓝根冲剂，光原料一项，胡庆余堂就要亏损 15 万元。有人算了笔账，只要每包冲剂提价 5 分，这 15 万元空缺就能填平；如果提价 1 角或再多些，这赚头就不小了……然而，胡庆余堂却没有这样做，他们说：“在这个时候提价，群众会讲我们发国难财的。也与我们厂一贯的经营作风不合，为了病人的利益，胡庆余堂宁可亏本，也不在这当口提一分钱的价格！”

为了填补传统产品的亏损，胡庆余堂采取的办法是，大力开发新产品，发展传统滋补产品，以新产品养老产品，以滋补产品养治疗产品，从而使传统产品得以保持生产的质和量，解决中医“辨证施治”的需求。

养命之源

胡庆余堂有一项代代相传的店规，叫作“顾客乃养命之源”，换句当代的话来说，那就是“把顾客当作养育自己的父母一样恭敬对待”。

有一次，一位来自湖州的香客在店堂里买了一盒辟瘟丹，打开后闻闻，似乎觉得气味不正，但又不便讲，便皱起了眉头。正巧胡雪岩在一边看到了，当即向这位香客要过辟瘟丹，投入香炉中，再三致歉后，便让店员给他另换新药。不料，这天辟瘟丹刚好卖脱货，胡雪岩知道这位香客路远，便留他住下，亲自款待他，并向他保证，三天内把新药赶制出来。

三天后，胡雪岩又来到这位顾客的住处，将新配制的辟瘟丹双手奉上。当这位湖州客人得知这位和气、又讲信用的人就是大名鼎鼎的红顶商人“胡大官人”时，不由得感慨万千。回到家乡后，到处传扬胡庆余堂店大不欺客以及胡大官人的仁义待客的情节。不用说，胡庆余堂的生意越做越红火了。

胡雪岩的这种待客之道“一直流传至今，仍不走味”。

有一年夏天，胡庆余堂门市部营业员在整理配方时，发现了一小包鲜金钗石斛。这是方剂中的一味先投入煎煮的中药，肯定是哪位顾客不小心遗漏下的。一剂药中，少了一味先煎药，虽然不至于酿成事故，但肯定会减少疗效的。于是，全体营业员一起通过回忆，查找发票存根，寻找线索，终于发觉是一个叫蔡水宝的顾客遗漏下来的。然而，偌大一个杭州城，到那里去寻蔡水宝呢？假如这位蔡水宝是外埠的，那就更像大海里捞针了。这时，有个营业员想起，那张药方的签名，依稀像是浙江中医院一位医师的。他们急忙赶到省中医院，在医院的协助下，终于找到了蔡水宝的地址：嘉兴县工人文化宫。他们马上向嘉兴打了长途电话，接着，又用挂号信将这包先煎药寄了去，这才安下心来。

为了方便顾客，胡庆余堂还坚持十多年如一日，为顾客邮购药品。近十多年，为顾客邮购药品就达8000余次，金额达30多万元。无论金额大小，都认真对待，并将汇款和处理结果逐一登记入册，对来自全国各地的来访来信，做到有求必应。受到全国各地慕名前来邮购的顾客的好评。

“花露”是夏令季节防暑，消暑的一种药品。如“金银花露”“藿香露”等等。由于胡庆余堂生产的花露在顾客中享有较高的声誉，每年销量都很可观。为满足需求，胡庆余堂每年都要生产大量的花露。一般情况下，当年制作的花露总有一部分是卖不完的，如果存放到下一年再卖也是可以的，但药效和香气都稍为逊色。为了对顾客负责，胡庆余堂有严格规定：凡当年卖不完的花露，一过夏令，就全部倒掉。

“猴枣散”是胡庆余堂又一名牌产品，专治老年咳嗽多痰，疗效显著。前几年，由于采购不到优质的猴枣，尽管这个产品利润不错，但仍“忍痛割爱”了。直到在有关部门的支持下，采办到优质猴枣，才开始恢复生产。难怪经销部门都声称：“经营胡庆余堂的产品，我们心里踏实。”1981年初，胡庆余堂进了一批麝香，当时，滋补药品“人参再造丸”和治疗药品“六神丸”都在等着这味紧缺贵重药材下料，两者相比，无论是利润，还是产值，后者远不及前者。然而，胡庆余堂却把这批麝香全部投入了六神丸生产线上。为啥？因为六神丸对治疗儿童夏令的痱子、疖子有特殊的疗效，是城乡顾客热切盼望的夏令紧俏药品。

他们认为，药厂是个特殊的行业，不能光用利润和产值来衡量得失，而应把防病治病和社会需求、顾客需求放在第一位。只要是对保障人民健康有利，别说微利薄利，即使是“蚀本生意”也要做！

以利民为己任，以顾客需求为己任，恰恰体现了胡庆余堂“顾客乃养命之源”的店规。

真不二价

由于胡庆余堂坚持了“采办务真”，“修制务精”的做法，服务上又周全，开办不久，便生意兴隆，顾客盈门。附近药号见状，便采用压低价格的办法，与之争夺顾客。

这天，胡庆余堂的头任经理余修初找到胡雪岩，向他汇报了近日因其他药号压价售药，生意一下子清淡了几分的现状。胡雪岩对此早就心底洞明，便笑着对余修初说：“压价出售只是权宜之计，到后来，必然要导致药品质量同步下降。而药是用来治病

的，唯一衡量的是药效如何。”

“我们胡庆余堂要卖的就是韩康的‘方子’，货真价实。这才是做生意的长远之计。”

“真不二价”，其关键所在，还在于一个“真”字。胡雪岩深知，数千年形成的中华医药。名医辈出，验方如林，但欺世盗名、混迹其中的江湖骗子也为数不少。为此，胡雪岩一开始便从高价聘名医，重金求良方做起。并在报业初兴的当时，在《申报》上大做广告，求取真人才、真验方。对应邀前来的名医，胡雪岩一律奉为上宾，不限时间，不少薪金，使他们心无旁骛，一心扑在收集、整理各种古方、秘方、验方的工作上，并在宋代皇家药典《太平惠民和剂局方》的基础上，整理、收集应验有效的丸散膏丹、胶油酒露432种，编成《胡庆余堂雪记丸散全集》。从而为发掘中华传统药业，立下了不朽的功业。

有了应验有效的“真”方子，还得配任以地道的“真”药材，再加上不折不扣的遵古炮制才行。胡庆余堂从药材的选购，到成药的修制，始终遵循了一个“真”字。于是，山东、河北的驴皮，云贵川的麝香和川贝，东北的人参、鹿茸、虎骨，陕甘的当归、党参、黄芪……各种地道药材，通过胡庆余堂派往各产药地区坐庄办货的采购人员之手，源源不断地运往胡庆余堂，再经过药厂的漂、淘、洗、炸、炙、炒、蒸、熬、煎、炼等遵古炮制方法，加以酒、盐、醋、米、姜等辅料，这才制成货真价实的中成药。

胡庆余堂出售的人参，素以分量足、成色好而深得远近顾客的称道。其实，胡庆余堂的人参与别的药号出售的并无多大区别，都是从吉林采办的。但胡庆余堂规定，人参进店后，必须先在生石灰中“弜”过，让石灰吸收参中的水分，事实上，“弜”过的人参，分量要减少5%左右，这对胡庆余堂来说，就意味着很大一部分利润被生石灰“䃰”掉了。但把这种“䃰”过的参出售，分量就会很足。顾客买回去，放几天，在吸收了空气中的水分后，分量还会比标签上标的量多一些。

商场有句老话：“顾客的心中有杆秤。”真不二价，正是胡庆余堂饮誉海内外，经久不衰之奥秘。

广告入心

从现代商品观念来看，无论是一个企业，或是一种产品，一个品牌，其成功与否，广告宣传是一个很重要的环节，而100多年前的胡庆余堂的许多商业行为，都也深谙广告宣传文化之道，这是难能可贵的。

综观胡庆余堂历史，仔细回味一下，就不难发觉，胡庆余堂从筹建阶段开始，一直到招贤纳士，开堂立户，以及后来的种种商业活动，桩桩件件，无不渗透于一只只绝妙的“广告”之中。

如何把招牌写进老百姓心里呢？

从光绪元年开始，一直到光绪四年（1878年）胡庆余堂开张之日为止，杭州的水陆码头始终有一支身穿印有胡庆余堂字号的“广告衫”的队伍，他们一面大声呼喊着胡庆余堂的店号，一面向上岸、下车的客商、香客奉送痧药、辟瘟散等农家必备的“太平药”。使外来人一到杭州，就知道杭州有家胡庆余堂名药号。据说，这三年中，光施送“太平药”一项，竟达10万余两银子。这真可谓当年广告投入的“大手笔”了。

原来，胡雪岩在这之前，曾派人对杭嘉湖等地及长江流域一带进行过调查，获知大量信息：由于当时清政府和太平军的战争刚平息。连年战火，死人无数，造成瘟疫流行，药品紧缺。但这一带民丰物阜，只要药号的名气打出，便不愁免费送药的本钱赚不回来。再者，这一带农户大都养蚕，按习俗，每年都要到杭州

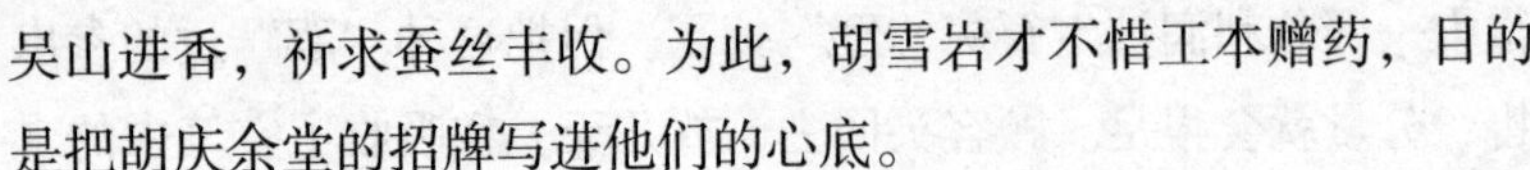

吴山进香，祈求蚕丝丰收。为此，胡雪岩才不惜工本赠药，目的是把胡庆余堂的招牌写进他们的心底。

三年以后开业，胡雪岩果然如愿以偿了。杭嘉湖及长江流域一带的人成群结队慕名而来，成了胡庆余堂药忠实的顾客。

从某种意义上讲，胡庆余堂国药号的店堂建筑设计，便是一个极成功的“广告创意”。

这幢建筑坐落在晚清时杭城最热闹的大井巷，这是农村香客上吴山烧香求佛的必经之路，每逢香市，便是胡庆余堂生意最热闹的时候。

然而，这块 8 亩大小的地皮，形状像只里高外低的畚箕，若按土地原有格局，简单营造，从当时“风水堪舆”学说来说，这只里高外低的“畚箕”，有泄财之兆，不宜营造商号。再从店铺格局来分析，一目了然的畚箕形店堂也容易给人以浅显外露的影响。为此，胡雪岩请来六个建筑设计高手，为店堂的营造精心筹划。独辟蹊径，在店堂前筑起“神农式”的青砖高墙，然后经过一道弯弯曲曲的回廊，让顾客在买药之余流连忘返，生出一种博大精深的观感。这么一来，整个药号的形状宛若一只仙鹤，栖居在吴山脚下，象征店铺的长寿吉祥。四周青砖“封火墙”高达 12 米，靠清河坊街上“胡庆余堂国药号”7 个特大汉字（每个字 30 平方米）格外醒目，来往行人无不举目仰望，叹为观止。

胡庆余堂的正门为一座朝东的青石库门，“庆余堂”三个大字镶嵌在门楼上。过“鹤首”门庭，拐角拾级而上，循“鹤颈”长廊渐入佳境，便可浏览 38 块丸药金字招牌，多为胡庆余堂成名的传统中成药，如胡氏辟瘟丹、安宫牛黄丸、六味地黄丸、人参再造丸、小儿回春丸等，并标明了各药的主治功能，从而将广告与建筑装饰美和谐地得到相得益彰的效果。长廊左侧是一排红漆的“美人靠”，供顾客小憩。天井内植有各种奇花异草，名贵药材，显得深邃而雅致。

穿过长廊，回回转转，再转过一个四角亭子，这才来到营业大厅。门楼上卧挂“药局”横匾（按宋制，药局属官方制药机构，胡雪岩立“药局”匾，旨在继承南宋唯一药局——宋代和剂药局的精华），厅两旁清一色的金漆木制的高大柜台，显得庄重、殷实，里壁的“百眼橱”，陈列着各种色泽殊异的名贵瓷瓶和铮铮发亮的锡罐，格斗内满存各种药材饮片。左右“和合柜台”上的两副对联“庆云在霄甘露被野，余粮访禹本草师农”及“益寿延年长生集庆，兼吸并蓄待用有余”，不仅字体刚劲雄健，且把“庆余”二字巧妙藏于对联的首尾。整个大厅青石门槛，宫灯高挑，雕栏画檐，一派祥和富丽的氛围，使顾客抱病而来，却在流连忘返之中忘病而归，药到病除。这座清代工商古建筑，以其深远的历史价值和高品位的建筑艺术，已被列为国家文物保护单位。

胡雪岩不惜巨资，营造这座豪华典雅的店铺，是从百年大计来考虑的，在择地造屋时，就优先考虑了它的广告效应。胡雪岩算过一笔账，每年印发书籍、登报、施药等，要花广告费数万两银子，而造这座药铺，估计花费 20 万两银子，以 100 年折旧计算，每年只需花费 2000 两银子，其效果却远远胜过其他广告形式。所以，这个投资即使再大些，也划得来，事实上，百余年来到这里买药的顾客有口皆碑，宣传胡庆余堂奇异独特华贵典雅的建筑，这则“广告”是做得最经济，耐久的了。

胡庆余堂在杭州西子湖畔的涌金门外设有胶厂，利用西湖水熬制的驴皮胶质量很好。胶厂中设有鹿园，养着一大群东北梅花鹿，用鹿制成的“全鹿丸”名闻遐迩，鹿园也成了湖边一景。

然而，有一年，杭州街头传出消息，说胡庆余堂鹿园里的鹿

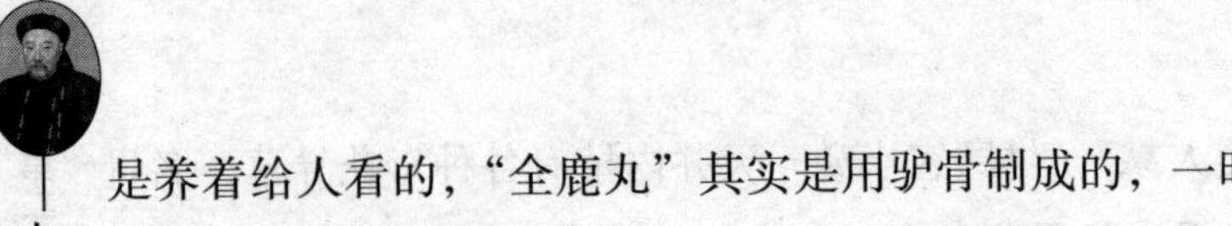

是养着给人看的，“全鹿丸”其实是用驴骨制成的，一时间，流言蜚语迅速在杭州的茶肆酒楼，街头巷尾中流传。

对此，胡庆余堂一不寻根问底，打探谣传的源头，二不张榜辟谣，只做了一只“活广告”，就让传谣水消云解。

那是一个晴朗的好日子，杭州街头突然响起一阵阵锣声，循声一看，只见十几名穿着胡庆余堂号衣的药工，正抬着几头梅花鹿，在游街呢。直引得好奇的闲人孩子在后面撵着看热闹。

“胡庆余堂要杀鹿了，大家快去看呀！”一阵阵吆喝声，引来了许多市民，跟着抬鹿游街的药工在市上转了一圈，又前呼后拥地回到鹿园，并当众宰杀，送进制药工场，在众目睽睽之下，制成了“全鹿丸”，不用说，驴骨制“全鹿丸”的谣言不攻自破，而“全鹿丸”货真价实的赞誉声，却更上层楼了。今天，在胡庆余堂内还保留着当时的一面布告牌：

“本堂谨择×月×日
黄道良辰虔诚修合大补
全鹿丸
胡庆余堂雪记主人启”

红顶商人胡雪岩全传

（中）

鸿雁◎编著

吉林文史出版社

功自心诚，利从义来（续）

竞争有道

众所周知，要做生意，自然就难免同行之间的激烈竞争。

按照当时的商家习俗，各家商号都在店堂东墙挂有一块“青龙招牌”，如酒店的“太白遗风”，米店的“民食为天”，等等。而胡庆余堂店堂内的青龙招牌上写着“饮和食德，俾寿而康”八个大字。乍一看，说的是饮食适可，能使人健康长寿的意思，但经在行人揭示，便不难体味出这副对联的“火药味”了。对联中的“和”是指“许广和”，德，即为“叶种德”，那是当时杭城最老最大的药号，这“饮和食德”，便是要挤垮并“吃掉”这两大竞争对手。胡大官人的兼并理想并没有在他手上完成。新中国成立后，1958 年公私合营，创办于清嘉庆年间的叶种德堂才和胡庆余堂合并，成立了胡庆余堂制药厂。

事实上，胡庆余堂在与同行的竞争、挤兑之中，是着实花费了工夫的，这中间，也有可圈可点的“上佳”之作。

除了前文所述的“真不二价”，“抬鹿游街”等“妙手”外，胡雪岩“义渡争客”之举，更可算一石三鸟，既收买人心又赚钱的“大善举”了。

当时，杭州钱塘江上还没有一座桥梁，对绍兴、金华等“上八府”一带的人进入杭城都要从西兴乘渡船，到望江门上岸。而当时的叶种德药店设在望江门直街上，所以生意非常兴隆。而胡庆余堂则设在河坊街大井巷，仅靠杭嘉湖等“下三府”顾客惠顾，很少有“上八府”一带的顾客上门。对一家商号来说，要在竞争中立稳脚跟，天时、地利、人和三方面的因素都要具备，但是，如何才能改变这“地利”上的劣势呢？

胡雪岩曾亲自到码头调查过，一位船工冲口而出："要让上八府的人改道进杭城，除非是你把这个码头搬个地方！"言者无意，听者有心，胡雪岩从码头回来，心里亮堂堂的，主意也就拿定了。

他又沿江实地考察，了解到从西兴上船过江，航程长，江上风浪大，容易出险。胡雪岩选择了三廊庙附近江道较窄之处，决定在这里投资兴建"义渡"，把船码头"搬过来"，让"上八府人"改道由鼓楼进城。

码头很快就修起来了，胡雪岩又出资造了几艘大型渡船，不仅可载人，还可以载车和牲畜。而且免费过渡，又快又稳又省钱，上八府的人无不拍手称好。这一来，胡庆余堂在上八府顾客中的知名度提高了。上八府的旅客也改道由鼓楼进杭城了。胡庆余堂的地理劣势转为优势了，叶种德堂的生意随着"义渡"的开通后迅速冷落。真可谓"一石三鸟"之举。后来，叶种德堂也被迫迁址河坊街，但终因落后于胡庆余堂而败下阵来。

在此同时，胡庆余堂从根本上提高自身的竞争实力入手，广纳人才，研制出一大批传统中成药，深受中医和广大病家的信赖。如宋朝的《太平惠民和剂局方》中的牛黄清心丸、十全大补丸、黑锡丹、紫雪丹；北宋著名医学家钱乙《小儿药症真诀》中的"六味地黄丸"；元朝的补中益气丸、石斛夜光丸；明朝的全鹿丸、铁笛丸、六神丸以及胡庆余堂秘制的胡氏辟瘟丹等等。最后，终于确定了名震华夏的"江南药王"的地位。

"治店"有方

经商如同治国，没有人才是不行的。而人才又必须在正确调度，使用上见真章。所以，如果说人才是经商治店的另一种资本的话，那么，如何调度和使用这种"资本"，便是一门高深的学问了。

杭州的药号经理，俗称"阿大"，负责全店的经营，而负责进货的经理则称"阿二"，对"阿大"负责。可是，在进货的定价和数量、质量上，"阿大"和"阿二"常常争执。

这一年，胡庆余堂的“阿二”从东北千里迢迢地带着采购来的大批药材，风尘仆仆地回到杭州，一路上晓行夜宿，风餐雪饮，人也消瘦了不少。然而，阿大阿二一照面，马上就吵起来了。一直吵到胡雪岩处。

原来，由于边境战事，这一年人参的质量不如往年好，价格反而比往年的高。阿大不高兴,埋怨阿二不会办事,阿二据理力争,便引起了争执。

胡雪岩让两人各叙其理后，各自抚慰了几句，便留两人吃晚饭。饭桌上，胡雪岩先向阿二敬酒，感谢他万里奔波，在困难的时期为药号采购到大量紧俏药品，“阿大”有些坐不住了，也向阿二举杯敬酒，你来我往，两人间关系便融洽了许多。

饭后，胡雪岩留下阿大商量店务，他说，“古人云，将在外，军令有所不受,商事如同战事,应当用人不疑。以后凡采购的价格，数量和质量，就由阿二负责，你看如何？”阿大诧异了：“那不坏了店规,阿二变阿大了？”胡雪岩笑道:“对,我们就叫作进货阿大，有何不可？”从此，“进货阿大”的名就传开了，两位“阿大”各司其职，把经营搞得更活了。

一次，胡庆余堂的一位采购员不慎将大批豹骨错作虎骨买了回来。进货阿大平时十分信任这位采购员，此时正值进货旺季，工作忙，便未加详察，将豹骨入库备用。

此事被一位新晋级不久的副档手（副经理）得知了。以为又有了晋升的机会，便直接找胡雪岩打了“小报告”。不料胡雪岩并没有对他大加赞赏，反而沉下脸问他，是否向进货阿大汇报过。副档手答，这批货就是进货阿大验收的，所以才直接向胡老板进言的。

胡雪岩当即亲自带人去药库查验了这批药材，发现确是将豹骨当成虎骨了，就命药工将之全部销毁。

进货阿大闻说后，羞愧难当，立马向胡老板递了辞呈。胡雪岩却以好言慰抚，说：“忙中出错，在所难免，以后小心就是。”

而那位自以为举报有功，等着老板表彰的副档手，却收到了一份辞退书。快快地离开了胡庆余堂。

事后，有人问胡雪岩，为何这样处置副档手。胡说:“作为副档手发现伪药,及时向进货阿大汇报,是他的职责。但他当面不说,背后进谗，这种心术不正之人，岂能再用!”

对于勤劳肯干，忠于职守的药工，胡雪岩是十分器重的。

胡庆余堂有位绰号叫“石板刨”的药工，原来是叶种德堂的切药工，有一手过硬的功夫。但因他为人耿直，脾气火暴，得罪了一些人。最终，在叶种德堂待不下去了，托人介绍到胡庆余堂。胡一听是叶种德堂的切药工，具有一手过硬的技术，于是,不仅给他高工资,还提拔他当上了大料房的头儿。这个“石板刨”对胡雪岩能对自己这个在叶种德堂不受重用的小人物如此器重，感激万分，干活更卖力了。从22岁到77岁，为胡庆余堂忠心耿耿干了55年多，为胡庆余堂的发展立下了汗马功劳。

还有一次，胡庆余堂对面一排商店失火，火势直扑胡庆余堂，眼看火焰将要吞没胡庆余堂门前的两块金字招牌，这时，一位叫孙永康的年轻药工，兜头一桶冷水将全身淋湿，就冲进火场，抢出了两块金字招牌，头发眉毛都让火烧掉了。

胡雪岩得知道这一情况后，立即当众宣布，给他一份“功劳股”，以资奖励。

所谓功劳股，是从企业赢利中抽出一份特别红利，奖给那些对胡庆余堂做出较大贡献的人，这种“功劳股”是永久性的，一直可拿到老。

另外，胡雪岩还设立了“阳俸”和“阴俸”。阳俸就像眼下的退休工资，是发给那些对胡庆余堂有过贡献，因年老体弱无法继续工作的职工的。对他们照样发原薪，直至他死亡。阴俸是这些职工死后，按照工龄的长短，打折发给职工家属的。据说，有位卓有贡献的老职工死后，胡庆余堂还出钱出棺，并沿街出丧，当棺木抬过胡庆余堂门口时，胡庆余堂宣布停业片刻，总经理率全体职员代表老板出来跪拜、祭祀，以示悼念。

所以，药工进了胡庆余堂，一般都不愿离开，一直勤勤恳恳为胡庆余堂工作，死而后已。这也是胡庆余堂“治人有方”的印证了。

第四章　用人心法

生意最终是人做的。

俗话说,一个篱笆三个桩,一个好汉三个帮。一个人立身于世,要想获得成功,没有人照应帮忙是不行的。不管你有多大的本事,也不管你有多大的实力,孤立一人,就无异于赤手空拳,要想有所成就,将比登天还难。

越是本事大的人,越要人照应,越需要有帮手。

搏杀于商场,生意涉及多个行当,场面拉得极大,当然更需要帮手。商场上的竞争,与其他行业的竞争一样,说到底是人才的竞争,是智力竞争。胡雪岩对这一点十分清醒,因此,他对于物色帮手也十分重视。

火眼金睛,慧眼识珠

不为世俗陈见所拘束

“不遭人妒是庸才”,受倾轧排挤的人,大致能干的居多。

(《胡雪岩全传·平步青云》)

一个人如果才识过人,就使他人显得平庸;这种才识一旦付诸行动,就会办成别人办不成的事,获得他人得不到的收效,从而打破现实的平衡状态,造成他与别人的差别,甚至在一定程度上触动一些人的利益,这样就难免引起妒忌。

平庸之人不会有什么作为,也不会对周围人的利益构成威胁,因而他是不会引起旁人的嫉妒的。

胡雪岩是以果溯因，以否定式的判断“不遭人妒是庸才”反过来推理：遭到人们嫉妒的多是能干之人。从这里也可看出他识别人才的简单有效的方法，也可以看出他不拘世俗、较之一般人远为宽阔的眼光。

胡雪岩得出这个结论的对象是古应春。古应春是上海洋场的“通事”，也就是外语翻译。他一表人才，洋朋友多，对英国人尤其熟悉，英语翻译水平很高，更难能可贵的是他虽混迹洋场，却十分维护中国人的利益，对中国人内部的互相争斗、让洋人捡便宜的现象很不满。比如和胡雪岩一见面，他就讲了一件很让他不能平静的经历。有一回洋人装了两兵轮军火去下关贩卖，价钱都谈好了，就要成交时，有个中国人会洋文，跑去告诉洋人，说洪秀全的军队正急需洋枪火药，多的是金银珠宝。这样洋人就反悔了，重新谈价，价格就涨了一倍多。直到此时，古应春心中还是恨意难消。他对胡雪岩说，中国人总是自己人跟自己人过不去，“恨洋人的，事事掣肘；怕洋人的，一味讨好，自己互相倾轧排挤，洋人脑筋快得很，有机可乘，决不会放过。这类人最可恶”。

胡雪岩从古应春的言谈态度中推知他必是遭同行倾轧排挤，有感而发。同时，他也正是从这里看出古应春是一个难得的可为自己所用的人才。不遭人妒是庸才，受倾轧排挤的，大致能干的居多。古应春的能干，胡雪岩从他的说话、见解就可以想见了。此意一定，胡雪岩就提出了与古应春合伙与洋人做生意的要求。惺惺相惜，古应春自然也是十分乐意。此后胡雪岩与洋人做军火交易，比如同英商哈德逊谈判，以合适的价格及时地买到两百支枪、一万发子弹；生丝销洋庄，比如第一笔几万包丝在上海卖给洋人、一举赚得十几万两银子，古应春都功不可没。

能不为世俗的成见所拘束，吸纳形形色色的各种人才为我所用，这样才能人才济济，有了人才，事业才能发展。而且，在延揽人才的时候，特别要注意那些遭人嫉妒而又确实有才干的人。因为这些人遭嫉，自然免不了被人说闲话，如果仅凭人言，一定

会失去一些有能力的干才。

看似柔弱，其实刚强

看似柔弱，其实刚强，而越是这样的人，用的心思越深，做出来的事，说出来的话，越是出人意料。从今以后，更不可以小觑任何人了！

（《胡雪岩全传·平步青云》）

这是胡雪岩从芙蓉身上得出的感受。

芙蓉是胡雪岩的偏房夫人。偏房在夫家没地位，在外人眼里也被看不起，是个“吃青春饭”、被玩弄的角色，没有哪个女人是心甘情愿当偏房的。芙蓉也算是出身富贵人家的小姐，由于“命”苦，父亲死于贩药途中，三叔败光家产，自己的丈夫早逝，娘家就剩下三叔刘不才和小弟小兔儿。相命的说她命中克夫，只能做偏房，便自愿嫁给胡雪岩做了妾。

芙蓉走到这一步，一定程度上也是为了她的弟弟做出的牺牲。她的弟弟无人照料，跟着借贷无门的刘不才生活，能有什么出息？自从芙蓉给胡雪岩做了小，胡雪岩引导刘不才走上正途，刘不才改掉了赌博的劣习，并在生意场上发挥帮闲的作用，为胡雪岩奔走效劳。靠着胡雪岩的资助，芙蓉送弟弟小兔儿到一个姓朱的书香人家读书，平时不准他回家。她不让小兔儿在自己的身边，是怕只养不教，他成不了才，又怕他跟着刘不才不学好，这样刘家就再也没有翻身的日子了。她还要胡雪岩为小兔儿找好老师，期望小兔儿有朝一日能光宗耀祖，为刘家，也为她争一口气。

胡雪岩看出，芙蓉虽是地位低下的柔弱女子，却并不甘心被人玩弄、受人欺凌的命运，还有着一番深远的打算和“志向”，于是改变了对芙蓉的态度，也感到柔弱者并非可以轻视小看。历来人们崇尚“宁为玉碎，不为瓦全”的气节，但也讲究“委曲求全”的策略。因为自身力量的弱小、外界环境的限制、主客观条件的不成熟等等原因，使有志者一时难以实现自己的志向，不得不暂时收起自己的名节、锐气，而作迂回曲折的运动，或投附强者，或暂时隐忍，积蓄力量，寻找契机。这种人为了将来而忍受暂时的现时的委屈，因而表现出柔弱顺从的外表，但因其矢志不忘自己的志向，是有目的的顺从，其精神、意志又是刚强的。

“委曲求全”的人并不甘于沉沦与平庸，他是在积蓄力量，是在寻找时机，因而在关注事态、分析事理、把握时机、创造条件上，不同于胸无志向的平庸之辈。人们把“委曲求全”者往往归入无所作为的弱者之列，而把注意力放在强者、出人头地的佼佼者身上。这在一定程度上为“委曲求全”者的生存发展创造了外部条件。一旦时机成熟，“委曲求全”者便有不俗的表现，当然就令人刮目相看了。因此，一个有眼光的人，也一定不能忽略了这类人身上潜蕴的可用之处。

柔弱，正是柔弱者自我保护、谋求生存发展的“手段”和方式。这大概也就是胡雪岩不敢小看柔弱者的深层原因吧！

用人首先要识人

一个人最大的本事就是能用人，用人首先要识人，眼光、手腕，两俱到家，才智之士，乐于为己所用，此人的成就便不得了了。

（《胡雪岩全传·平步青云》）

用人，当然最好是用那种眼光、手腕两俱到家的人。眼光到家，能够看得准，看得远，被用者也就成了自己的又一双眼。手腕到家，能够得心应手地处理生意上的事务，不必自己事事躬亲，被用者也就成了自己真正可以托靠的帮手。眼光、手腕两俱到家的人，才是可以独当一面的人。胡雪岩就用了几个大体算得上眼光、手腕两俱到家的人。

比如古应春，洋行里的“康白度”，也就是买办，说一口流利的洋文，还作得一手好文章，胡雪岩的来往书札，都由他捉刀。混迹于十里洋场，在日日与洋人打交道中，对洋人的脾性、趣味、习惯、做生意的方式、做派，都了然于心，和洋人谈生意，他是

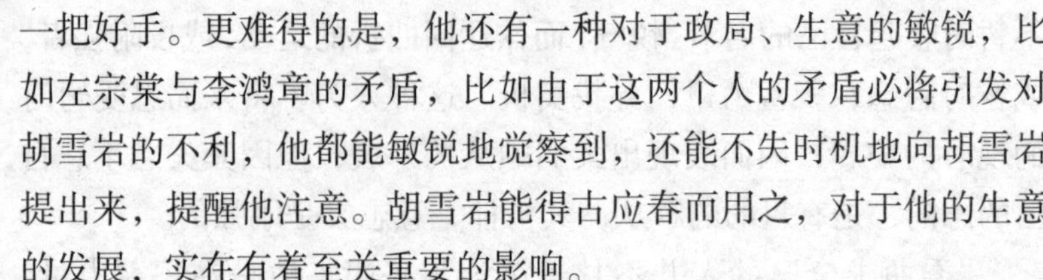

一把好手。更难得的是，他还有一种对于政局、生意的敏锐，比如左宗棠与李鸿章的矛盾，比如由于这两个人的矛盾必将引发对胡雪岩的不利，他都能敏锐地觉察到，还能不失时机地向胡雪岩提出来，提醒他注意。胡雪岩能得古应春而用之，对于他的生意的发展，实在有着至关重要的影响。

比如尤五，漕帮事实上的当家人，几十年帮会道上的风风雨雨，自然练就他一身看事敏锐，处世周到，待人接物能左右逢源的本事，手握漕帮势力，松江至上海一路，可以畅行无阻，而且重信义，讲信用，能忍让，受人之托必忠人之事，比如胡雪岩在杭州被围时冒死出城到上海买粮，自买粮至向沙船帮求助，都是他一力承办，为能成就，甚至向沙船帮低头也在所不顾。没有尤五和他的漕帮势力，胡雪岩的生意也不可能如此迅速发展。

比如刘庆生，起先虽只是一个站柜台的伙计，但被胡雪岩慧眼识才，精心造就，很快便脱颖出道，成为眼光、手腕两俱到家的一把钱庄好手。他很是得胡雪岩“真传”，处世机巧不让先生。例如处理罗尚德存款、取款一事，手法的灵活，办事的果决，予人的大气，都俨然有胡雪岩的风范。在胡雪岩创业之初，他为胡雪岩独当一面，料理阜康钱庄的生意，胡雪岩几乎可以完全放心而不必过问。这其实也对胡雪岩的生意发展起到至关重要的作用，没有他独当一面，胡雪岩绝不可能有精力在钱庄开张不久就开始生丝生意以及军火生意的运作。

确实，正像生活中的人，总难以有面面都强的全能人才，生意场上难得的就是眼光、手腕两俱到家的才智之士乐为所用。有魄力的人，粗枝大叶；心细的人，手面放不开，其实还应该加上，老实肯干的人，脑袋瓜子却可能不灵活；脑袋瓜子灵活的又可能偷巧卖乖，办起事来让人不放心。因此，一般说来，腿脚勤快、办事扎实，交代的事情可以为你很稳妥地办好的帮手好找，不仅能够稳妥地办事，而且能够有创造性的办好事的将才难求。一个希望有大作为的生意人，在延揽人才时，眼光当然更应该“盯”

在这样的人才身上，一旦遇到便要不惜本钱使其乐为所用。

我看人总是往好处去看的

我看人总是往好处去看的，我不大相信世界上有坏人。没有本事才做坏事，有本事一定做好事。既然做坏事的人没本事，也就不必去怕他们了。

（《胡雪岩全传·平步青云》）

要能够看到人的另一面，要能从人的不好中看出好来，关键是要有一个通达的眼光，要有一副容人的胸怀，简单地说，就是要有一颗将人往好处看的心肠。

胡雪岩就有这一副将人往好处看的心肠。

比如他看刘不才，就是往好处看，比如他看“小和尚”，也是往好处看。甚至对一些有了很大过失的人，确实有些心术不正的人，他也是尽量往好处看。比如他对庞二上海丝行的挡手朱福年，就尽量往好处看。朱福年实在有些心术不正。胡雪岩与庞二已经联手销洋庄，他觉得这票生意一旦做成，庞二与胡雪岩的联盟就将牢不可破，自己在庞二生意上所占的分量就要受到影响，而最终将受制于胡雪岩。出于保住自己地位的目的，他在这生意中暗下绊子，本来与洋人已经谈好了价格，他却自己私自找到洋人，让洋人尽管杀价。他说胡雪岩是一个空架子，做丝生意的本钱都是借来的，需要尽快脱货求现，经不起拖延，再说新丝已快上市，胡雪岩怕新丝上市之后陈丝跌价，也要尽快脱手。这样一来，早先谈好的价格，洋人也不认了。这实在是一个吃里爬外的小人。

而且，朱福年还有将东家的本钱用于自己的生意的不地道。他在钱庄开一个私人户头，不时将庞二用于丝行周转的资金，或者收回的货款，先存入自己的账号，周转一道自己的生意，再调回公家户头，以此自营牟利。这种做法，行话称之为“做小货”，这是生意场上帮人做伙计最犯忌的事。因为“做小货”是拿了东家的银子来运作，赚了钱归自己，而蚀本却是蚀东家。

就是对这样一个人，胡雪岩也不愿意敲他的饭碗。当庞二得知朱福年在生丝生意上捣鬼，并且知道他的账目不清，要彻查他的时候，胡雪岩甚至还维护他。在查出朱福年的问题以后，胡雪岩也没有揪住不放，而是开诚布公，告诉朱福年，过去的事情都不必说了，自己做生意一向抱定有饭大家吃，不但吃饱，还要吃好的宗旨。所以，他决不肯敲别人的饭碗。不过做生意跟打仗一样，须得同心协力，人人肯拼命，才会成功。他甚至向朱福年表示："你倒看得起我，将来愿意跟我一道打天下，只要你们二爷肯放，我欢迎之至。"

胡雪岩如此对待朱福年，自然也是在施展自己笼络人才的手腕。但这里也恰好表明胡雪岩并不只是看到朱福年"小人"行事的一面，而且也看到了他是一把生意好手的一面。如果他不是一把生意好手，当初庞二就不会让他在上海全权主事。同时还有一个重要原因，那就是他也相信朱福年不会执迷不悟，也还是一个能够"打落牙齿往肚里咽"的有廉耻的人。

这也即是将人往好处看。胡雪岩说"没有本事才做坏事，有本事一定做好事"，这话当然并不一定对，有很多很坏的事恰恰就是有本事的人做的，没本事的人，好事做不成，坏事其实也做不大。但胡雪岩由此出发，确定了一个将人往好处看的原则，却是很能给人以启发的。能有将人往好处看的胸怀，才有可能在别人看不到的地方看出对象的长处，才有可能为自己发现意想不到的可用之才。而且，更重要的，能将人往好处看，还显示着一种容人的胸怀。有这一种胸怀，才不仅能够发现人才，更能留住人才。

金无足赤，人无完人

少年入花丛，总比临老入花丛好。我用人跟别人不同，别人要少年老成，我要年纪轻的有才干、有经验。什么事都看过经过，到了紧要关头，才不会着迷上当。

（《胡雪岩全传·平步青云》）

胡雪岩在苏州收了阿巧姐的弟弟福山跟着自己学做生意。福山已经在一个布店学徒三年，算盘拨拉得挺“溜”，人也机灵，但胡雪岩还要考考他。正好刘不才与裘丰言为运军火的事也到了苏州，好整以暇到一个当地有名的“堂子”里吃“花酒”去了。胡雪岩叫身无分文的福山去把他们找回来，以此来试试他的“外场”本事。

让一个小小年纪的后生到烟花柳巷去找人，这种考察人的方法也实在有些特别，随胡雪岩到苏州的周一鸣就觉得如此似乎有些不妥，以为虽是要考察他的“外场”本事，但让一个小后生到那种地方去总不大相宜。他怕福山小小年纪落入那种“迷魂阵”。胡雪岩对周一鸣的担心不以为然。他对周一鸣说：“不要紧的！我看他那个样子，早就在迷魂阵中闯过一阵子了。我倒不只是考他，就是要看看他那路门径熟不熟。少年入花丛，总比临老入花丛好。我用人跟别人不同，别人要少年老成，我要年纪轻的有才干、有经验。什么事都看过经过，到了紧要关头，才不会着迷上当。”

胡雪岩不仅考察人的方法特别，看人的角度更特别。就一般人看来，年轻后生“闯”烟花柳巷一定是不学好，这样的人即使有才，大约也不会被看重的。而胡雪岩倒是通达得很，年纪轻轻“闯”过那种地方反而是一个长处。其实，如果不是就事论事，胡雪岩看人的角度实际上是一个很必要的角度。认为年纪轻轻到过那种地方不好，自然不能说没有道理，但那只是一个方面，而对于那时的人来说，稍稍有些身份钱财的人又有几个从来没有到过那种地方？而且，“食色，性也”，那种地方对于像福山那样的后生，诱惑力总是存在的。“闯”过，经见过，也就有了经验，也就不足为奇，“到了紧要关头，才不会着迷上当”，这当然比完全没有经验而在紧要关头着迷上当好得多。

看人不能拘泥于一点，不能只看一面，这也是胡雪岩用人的一个很有启发性的经验。比如刘不才，纯粹一个花花公子，且嗜赌如命，一个规模相当不错的药店被他输得精光。别人眼里，这绝对是一个不可救药的“败家子”，就连他的亲侄女芙蓉，也对他没有一句好评价。但胡雪岩却看到了他的另一面：第一，

他赌得再狠，手上几张祖传的秘方却决不当赌注押上，说明他心里还存着振兴家业的念头；第二，嫖赌吃喝样样都来，但决不吸大烟，说明他还没有堕落到自践的程度。就凭这别人不注意的两条，胡雪岩就看出他还有药可救，而他会玩却又正是自己用得着的地方。胡雪岩收服了刘不才，抑止他的毛病，用他的“长处”，就很为自己做成了几件大事，例如拉拢庞二联手销洋庄，例如在太平军占领杭州期间为自己照顾老母妻小，例如由他去收服小张而为收复杭州后振兴自己的生意打基础，都是靠了刘不才。

常言道，金无足赤，人无完人。因此，看人不能只顾一点，不及其余，否则，真是人才在眼前自己也可能发现不了了。

笼络有术，攻心为上

齐心与人缘

做生意第一要齐心，第二要人缘。

（《胡雪岩全传·平步青云》）

齐心，是就自己商号内部而言的，就是说自己商号内部的职员都是一条心，有着相同的意志愿望，心往一处想，劲往一处使，为着一个共同的目标——与每个人的饭辙连在一起的商号的兴旺发达而共同努力。人缘，是就商号的外部而言的，也就是说商号经营要有良好的外部环境，在购进卖出的经营活动中能较好地取得他人的支持、合作，形成良好的生意形象。齐心与人缘，可以说是一个商号生存发展的双桨，双桨的和谐划动，是立足商场的制胜之道。

胡雪岩在笼络人心、统一人心——所谓“统一”，就是使对方的意志愿望向自己靠拢，颇有心计。

如他的阜康钱庄开张时，对新聘“挡手”刘庆生，就采取了一系列有效的笼络手法。刘庆生原是另一钱庄的伙计，胡雪岩看中他是个人才，便“挖”了过来，算是破格提拔他。使用原来不熟悉的伙计给自己钱庄当“挡手”，也可见胡雪岩的高明；他原来想请自己当过伙计的信和钱庄的两个同事，但想到那两个人对自己的底细十分清楚，又是在一起玩笑惯了的，招来后自己当老板，他们当伙计，不但自己抹不下面子，对方也很难产生敬畏之心。对于年轻的刘庆生，把家眷搬到杭州，一个月得10两银子开销，而胡雪岩却一年给200两银子，并允诺年终还有花红。报酬出乎自己的意外，刘庆生惊喜不已，从伙计升“挡手”，喜从天降，当然愿意为胡雪岩效力。加之胡雪岩对他放手信任，自己的想法多是靠含蓄的方式暗示聪明机灵的刘庆生，刘庆生自觉得东家很体恤自己、照顾自己，对阜康钱庄更加竭忠尽智地效力。为了提高刘庆生在同行中的地位，胡雪岩还特地叫刘庆生拿着浙江巡抚的汇票到刘庆生当过伙计的钱庄里汇一万两银子，此举令同行对刘庆生刮目相看，以为他与巡抚大人有着不同一般的关系。刘庆生自是心照不宣，对胡雪岩的用心更是感佩不已。

胡雪岩为了在湖州开丝行（王有龄到湖州府任知府，而胡、王的关系已为世人所知，因此他不便公开出面），聘请小船主老张当老板，老张的妻子比较精明，对丝业较为了解，实际由她操持，当然真正的老板是胡雪岩。老张为人老实本分，也有些人缘。看中了这一点，也为了“指导”他，胡雪岩便将生意成败的关键总结为两条：“第一要齐心，第二要人缘。”

一个人的能力毕竟有限，因而要请挡手、伙计，就要做“齐心”的工作，把大家的智慧能力拧在一起，店铺才有兴旺的可能。有了这个内部条件，还不够，还要有“人缘”，也就是良好的外部环境。胡雪岩也是交结人缘的高手。如开阜康钱庄时，为了消除信和钱庄的疑虑，他声明：自己的钱庄将不会挤占信和钱庄的生意，而是另外新辟门路，浙江海运局的钱款往来将按原来约定的由信和钱庄经营。这样一来，信和钱庄不是多了一个对手，而是多了一个伙伴，自然疑虑顿消，转而真心实意支持阜康钱庄。对其他方面，尤其是官府的官僚们，胡雪岩也是极尽拉拢之法，不时打点，

加之他守信用、讲义气，渐渐赢得各方的信任。人缘，为胡雪岩一步步发迹提供了机遇。

帮助解决后顾之忧

做事总要为人着想。

（《胡雪岩全传·平步青云》）

清政府的日常开支及军饷多靠富庶的江、浙支撑。江、浙每年征收的粮食主要靠船帮经运河到北京。但由于运河年久失修，加之干旱，运河沿路关卡甚多，漕运不畅，因而浙江的粮食运不出，朝廷催促甚严。刚当上浙江海运局“坐办”的王有龄急得团团转，刚当上官的那份春风得意也变为千斤担子压在了身上：漕粮运出困难，即使运出也还是误期，难免上司斥责，还会使明年的漕粮相应推迟。胡雪岩一个妙着将他的焦虑化为乌有：改海运，直接到上海买粮，转海运进京。这样就免去了漕运中的一系列困难和麻烦，速度要快得多。

然而这也有许多工作要做：首先要钱庄肯垫钱，在上海买米需要 10 万两白银。其次还要有粮商肯卖粮。肯垫钱的钱庄是信和钱庄，由于胡雪岩善于诱之以利（许下今后海运局钱款往来只找信和钱庄的诺言），且以海运局作保，因而信和钱庄敢于冒这个险。倒是兼作粮商的松江漕帮尤五颇为踌躇：松江漕帮在上海的通裕米行虽有粮可垫，但松江漕帮本身由于这几年来朝廷上下层层盘剥，自身并不景气，原本打算以这批粮食脱货求现以解帮内燃眉之急。而且，由于太平天国已起，南方兵荒马乱，北方震动惊惶，粮食本已紧张；加之不久即是青黄不接之际，粮价眼看要上涨，因而对这件卖粮之事不能不盘算自己的利害得失。

在酒席上胡雪岩已看出松江漕帮尤五的心事，因而替对方着想，要对方说出自己的难处。得知对方的难处之后，胡雪岩也不是撒手不管，而是又主动说和，请信和钱庄放一笔款子给漕帮，将来卖掉了米再还。由于胡雪岩此前已将信和钱庄的张胖子收服，因而张胖子不假思索就爽快答应了贷款的条件。也许是事情太容易了让人不敢相信，张胖子的爽快，反使尤五心生疑虑。这时张胖子显出自己的精明，说出自己敢于冒险垫钱的原因：第一是松江漕帮的信用，第二是浙江海运局的招牌（即担保），第三是米还在那里，因而不怕钱庄受损。尤五这才一块石头落地，双方、三方皆有利可图的一笔大生意，就此谈成。

胡雪岩刚一出道，就显示出自己的不同凡响，他人情练达，处世周到，善于察言观色，更擅长揣摩对方心理，因而与人交往中不仅能礼节周到足以满足对方的心理需要，更以从物质上满足对方的需要为其根本。

"做事总要为人着想"是胡雪岩待人接物的原则，也是他延揽人才,使跟着他做事的人都能心甘情愿为他拼命的"秘诀"之一。"做事总要为人着想"，也就是角色位置的调换，站在别人的立场上，设身处地，从而对对方的利害得失与困难有较为切身的体会，这样利于自己的决策，并作适时的调整，有利于自己的决策便于对方接受，使自己的决策不至于在运作中有悖于对方利益而遭到拒绝。更重要的是，能为别人着想，而且使别人实实在在知道自己也确实肯为别人着想，也善于为别人着想，这会使对方一下子就知道你的义气情分，知道跟着你做事决不会吃亏，他也就心悦诚服地被你拉住了，这个时候，即使在实际物质利益上稍有缺欠，他也不会在乎，照样实心实意为你做事。

要得到人才，关键是要收服人心，而为别人着想，正是收服人心必不可少的一种方式。

一分钱一分货

眼光要好，人要靠得住，薪水不妨多送，一分钱一分货，用人也是一样的。

（《胡雪岩全传·平步青云》）

说起来，胡雪岩收服人心方法也并不神秘，除了以诚相待、信则不疑、用之不拘之外，一个很重要的手段就是以财“买”才，以财揽才。他筹办阜康钱庄之初，急需一个得力的“挡手”。经过考察，他决定让原大源钱庄的一般伙计刘庆生来担当此任。钱庄还没有开业，周转资金都没有到位，胡雪岩就决定给刘庆生一年200两银子的薪水，这还不包括年终的“花红”。而且，一经决定，他就预付给刘庆生一年的薪水。当时住在杭州，保持每顿荤、素都有，冬夏绸、布皆备的生活水准，一个八口之家一个月吃、穿、住的全部花销也不过10两银子出头。不用说，一年200两银子，实在是高薪延聘，连刘庆生都感到这实在是太慷慨了。

胡雪岩的这一慷慨，也着实厉害得很。首先，它一下子就打动了刘庆生的心。当他气派地将200两银子的预付薪水拿出来的时候，刘庆生一下子便激动不已，他对胡雪岩说：“胡先生，你这样子待人，说实话，我听都没有听说过。铜钱银子用得完，大家是一颗心。胡先生你吩咐好了，怎么说怎么好！”这意味着胡雪岩的慷慨一开始就让刘庆生心悦诚服了。其次，胡雪岩的慷慨也一下子安定了刘庆生的心。正如胡雪岩为刘庆生打算的，有了这一年200两银子，可以将留在家乡的高堂妻儿接来杭州，上可尽孝，下可尽责，这样也就再无后顾之忧，自然也就能倾尽全力照顾钱庄生意了。而且，手里有了钱，“心思可以定了，脑筋也就活了，想个把主意，自然就高明了”。

不用说，就这一次的慷慨，胡雪岩便得到了一个确实有能力，也的确是忠心耿耿的帮手，阜康钱庄的具体营运，他几乎可以完全放手了。

生活中我们常常能看到有些商人，在开辟一项新的业务，或做一项新的投资时，可以毫不犹豫地拿出大把的钱来，但在延揽人才上却做不到如胡雪岩一样的慷慨大方。这倒并不完全是因为这些人真如阿巴公似的吝啬，而是因为他们也有自己看似合理的想法，比如他们认为人心并不是金钱所能买到的，与雇员之间的交往，只要待之以诚即可，不必在乎付酬的多少；再比如他们认为雇员报酬多寡应当以经营效益的好坏来定，所谓个人收益与经营效益挂钩，效益好雇员可以多得，效益不好雇员自然不该多得。

这些想法不能说没有道理，实际运作中也确实会有收效。但往深处看，这其中却也隐藏着极大的留不住人才的危机。要延揽人才收服人心，待之以诚当然是必需的，但如何显示自己的诚意却大有文章可做。生意场上有自己特殊的价值标准和交往原则，不能简单地用日常生活中的人际交往方式照套，这是一个常识。用人于商场搏战就是用人给自己挣钱，别人可以给你挣来大钱你却不肯付以重酬，你的诚意又从何显示？而以经营效益为付酬多寡的依据，则更是一种不能证人以诚的做法。因为第一，以效益好坏为付酬多寡的依据，实质上是以自己所得多寡来决定别人所得多寡的，这本身就给人一种你仅仅以自己利益为出发点的印象，难以证人以诚；第二，经营效益的好坏，原因可能是多方面的，如市面的好坏以及你作为老板决策的正确与否，都将是影响经营的直接原因。因此，以效益为付酬依据，不可避免地会将由不为人力所左右的客观因素，或由自己决策失误造成的损失转嫁到雇员身上，这也就更是无论如何不能被看作是待人以诚了。

胡雪岩招揽人才就从来都是不惜出以重金，在他看来，以财揽才就如将钱买货，货好价必高，值得重金揽得的人也必是忠心而得力的人。他说用人和买物一样，“一分钱，一分货”，话是糙点但理却不糙。而且，胡雪岩也从不以自己生意的赚赔来决定给手下人报酬的多寡，无论赚赔，即使自己所剩无几甚至吃“宕账”，该付出的也绝对是一分不少。比如他的第一笔丝生意做成之后，算下账来，该打点的打点出去，该分出的“花红”分出去之后，不仅自己为筹办钱庄所借款项无法还清，甚至还留下了新的债务，就他自己来说，等于是白忙活了一场。但该给自己的帮手或合作伙伴如古应春、郁四、尤五等的“花红”仍是爽快付出，没有半点犹豫。胡雪岩在生意场上有极响的够交情的名声，无论黑道红

道都把他看作是做事漂亮的场面人物，愿意帮他做事或与他合作，这与他的不惜重金礼聘、以财揽才是分不开的。

我们常说钱要花在刀刃上。生意场上，得力而忠实的帮手其实可说是刃上之刃。为打磨刃上之刃，当然更需要也更值得花钱了。

要把肯用人的名声传出去

有钱没有用，要有人。自己不懂不要紧，只要敬重懂的人。用的人没本事不妨，只要肯用人的名声传出去，自会有本事好的人，投到门下来。

（《胡雪岩全传·平步青云》）

胡雪岩也并不是一开始就懂得全套的延揽人才、使用人才的技巧的。

比如他对湖州丝行开办起来之后投到自己门下的刘不才、黄仪，就拿不定主意怎样用他们好。刘不才是芙蓉的叔叔，虽然懂药店生意，胡雪岩也准备开药店，但让他为自己管药店，胡雪岩实在不能放心：一是他的经营管理能力有限，二是还怕他旧病复发“拆烂污”。好在他还有一项“长处”，即花花公子的那一套嫖赌吃喝的板眼都会。对于胡雪岩来说，虽然也有究竟将他放在哪个位子上的问题，但比较而言，对他还好办一点儿——可以让他替自己去应酬那些富家子弟。对黄仪，则更麻烦一些。黄仪是胡雪岩在湖州丝行开办时聘请的“挡手”。由于当时时间很紧，也来不及细致考察，也就用了他。这个人眼光手腕其实都差了点，用胡雪岩的评价，本事实在有限，且心胸狭窄，办事专断，和在湖州料理丝行生意的老张、陈世龙都相处不好。胡雪岩一向不主张用不了就请人走路，他只是想另请一个丝行挡手，而将黄仪带出来跟着自己。但究竟用他干什么实在很有些费踌躇。

胡雪岩在苏州巧遇嵇鹤龄，便向嵇鹤龄请教——胡雪岩虽是一个生意人，但对读书人一向心存敬意——于是，嵇鹤龄对胡雪岩说了上面引作题记的那番话。

嵇鹤龄的话，涉及生意场上延揽人才应该注意的三个要点：

第一，要在内心明确人才对于自己的重要，这也就是“有钱没有用，要有人”。

第二，自己不会做生意不要紧，要懂得敬重人，有那些懂行的人诚心诚意帮助自己，即使自己不是一个大商人，也能做出大生意。这也就是“自己不懂不要紧，只要敬重懂的”。

第三，不怕用的人没本事，关键要能博得一个肯用人的名声，有了这一个名声，就不愁揽不到有本事的人。这也就是“用的人没本事不妨，只要肯用人的名声传出去，自会有本事好的人，投到门下来”。

嵇鹤龄虽不是生意人，但凭他读书人对于世道人心的明达，确实说到了延揽人才的最重要的三个原则。从用人者主观上来说，只有从思想上、理性上明确了人才对于自己的重要，才会真正去理解人、重视人，才会去下功夫研究如何用人，去动心思思谋怎样才能恰当地用人。从延揽人才的态度上说，首先是要懂得敬重人。懂得敬重人，那些才智之士才会乐为己用。这一点尤其重要。有人以为我拿钱聘用人，此人就该为我做事，用人者和被用者之间就是一种类似主仆的雇佣关系，这其实是一种糊涂想法。对人来说，特别是对于那些真正的才智之士来说，许多时候钱并不是最重要的。胡雪岩对于下属就从来没有这种想法，在他眼里，跟着他做事的人都是他请来帮自己的，相互帮忙自然就是合作的朋友。从延揽人才的具体方法上说，则必须以肯用人之实，扬肯用人之名，吸引人才投到自己的门下。吸引人才既靠必要的物质待遇，也靠肯用人的名声，其实，许以优厚的物质待遇，本身就是博得肯用人的名声的一种措施。

“光棍一点就透”。胡雪岩对嵇鹤龄提的这三点，也是心领神会，他甚至立即有了自己的打算：弄个舒舒服服的大地方，养班吃闲饭的人。如此做去，不就把肯用人的名声扬出去了吗？胡雪

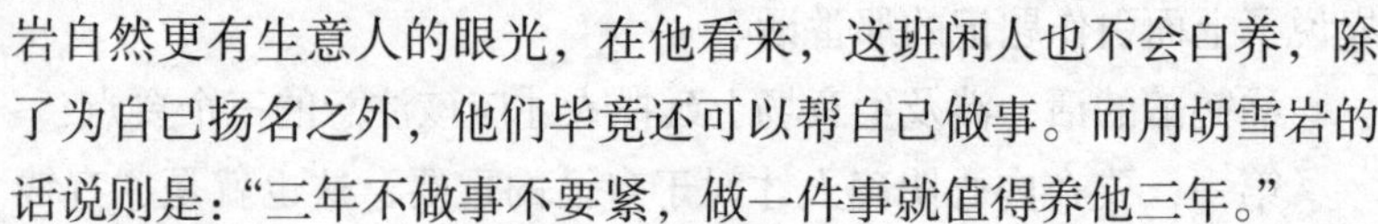

岩自然更有生意人的眼光，在他看来，这班闲人也不会白养，除了为自己扬名之外，他们毕竟还可以帮自己做事。而用胡雪岩的话说则是:“三年不做事不要紧，做一件事就值得养他三年。”

祸福同当

我请你们帮我的忙，自然当你们一家人看，祸福同当，把生意做好了，大家都有好处。

（《胡雪岩全传·平步青云》）

胡雪岩“收服”人心的手段，一靠感情投资，二靠利益驱动。

比如为了使“小和尚”陈世龙这个精明的小伙计苦心为自己效力，胡雪岩费尽心机撮合陈世龙与阿珠的婚事就是一例。阿珠是胡雪岩的丝行老板老张的女儿，生得俏丽，别有一番情致。胡雪岩结识她后，双方互相倾慕，也卿卿我我了一番，胡雪岩甚至已答应要她做与原配夫人一样“大”的“第二”夫人。但胡雪岩怕阿珠娶进门后影响生意发展，又怕不娶她反伤害了她一家，影响他与老张的关系，正在游移之中。陈世龙的出现解决了他的这一难题：将阿珠转“嫁”给陈世龙。经过胡雪岩的苦心安排，阿珠对陈世龙产生了感情，也认识到嫁给胡雪岩的“委屈”，最终选择了陈世龙，老张、阿珠、陈世龙皆大欢喜。穿针引线做媒人，使胡雪岩成了男女双方的恩人，男女双方替他效力也就是情理之中的事了。

当然，仅有感情投资以激起伙计的感激之情还是不够的，还必须有利益驱动。利益的驱动力比感情动力在一定程度上要强大得多。胡雪岩进行利益驱动的方式主要有两种：一是红利均沾，一是入股合伙。对于没有资本的伙计，采取根据经营好坏、年底分红的方式，对于有本钱者采取入股合伙的方式，对老张就采取分红方式，对于在河道上颇有影响的尤五采取入股方式，使大家都有好处可得，并把各自的利害得失与胡雪岩捆在一起，一荣俱荣、一损俱损。这样，为胡雪岩效力也是为自己效力，为自己奔波也是为胡雪岩奔波，真所谓“祸福同当”。

胡雪岩的话却说得很漂亮：他是请大家帮他的忙，而不是雇用大家；大家是一家人，自然就不分你与我、老板与伙计了。他这样说的目的，无非是让大家意识到利益的一致性，求得众人的认同，从而统一意志，激发大家的积极性。但说法不同，效果也就迥异，就这一说法，倒把感情投资和利益驱动两者毫无痕迹地结合起来了，这又是显示胡雪岩精明的一个明证。

做错了不要紧

要勤、要快，事情只管多做，做错了不要紧！有我在错不到哪里去的。

（《胡雪岩全传·平步青云》）

商场如战场，竞争激烈，危机四伏，机遇稍纵即逝。如果不能及时抓住机遇，事后悔之晚矣。要抓住机遇，就要运用丰富的知识和经验，敏锐地判断，果断地决策，迅速地行动，以高效率的工作占领生意场上的有利山头。但这种高效率的取得，并非易事，除去才识眼光的因素，还存在心理素质的问题。就老板而言，要冒蚀本破产的风险；对伙计来说，不能不看老板的脸色、考虑老板的愿望来行事。老板伙计各有顾虑。这是一般的常情。但如此一来便会放不开手脚，也便容易失去许多很好的机会。

老张本靠出租自己的小船维持生计，胡雪岩出资让他当了老板，派他到湖州开丝行。老张一家先行到了湖州，但他老实本分，到了湖州后打不开局面，还住在一个较偏僻的狭小深巷中，房子也很小，胡雪岩要他搬家，他却考虑到搬家的麻烦，需要时日，一时下不了决心。胡雪岩用生意人的眼光对老张进行开导：只要丝行开张，他们就有进账，因此要勤要快，同时不要怕错，有他胡雪岩在就不会错到哪里去。这话既是对老张的鼓励，让他放开手去干，言辞间也透露出他的自信。胡雪岩的话是有着实在的道理的：他胡雪岩善于把握大局、掌握大的方向。大的方向正确了，在个别环节和小的细节上出了问题，尚不至

于影响全局。这么说来，就应该大胆地行动，决不能瞻前顾后、左顾右盼、事事观望请示，不然轻则错过时机，重则影响全局，反而是犯了不错之错。

胡雪岩的这句话，也是他用人的成功之处。比如对他的钱庄挡手刘庆生他就只是大原则引导，具体事务放手让他去做，决不随意干预。刘庆生果断认销两万“官票”就是一例。“官票”是朝廷新发行的纸钞，目的是购粮征饷镇压太平天国。“官票”的发行可能造成通货膨胀、使自身贬值。但朝廷、衙门强行向杭州各钱庄派销价值25万两银子的官票。33家小同行，包括阜康在内的9家大同行在一起讨论此事，各钱庄纷纷叫苦、推诿，不满意于先缴六成现款，其余四成两个月后缴清的派销条件，主张用多少、缴多少。而刘庆生此前已与胡雪岩谈过关于官票的事情，胡雪岩虽没有明确表示态度，但告诉了他自己做生意的一个宗旨，即只要能帮朝廷的忙，即使赔本买卖也做。有这一个宗旨，刘庆生也就放开了，首先主动为阜康钱庄认销值2万两的官票。这一行动，使阜康这块招牌，在官厅、在同行中，立刻就很响亮了。胡雪岩得知也极是高兴，觉得自己完全可以将钱庄的生意交给刘庆生了。

放心放手，用而不疑，也是延揽人才，使对方诚心办事，且充分发挥自己的能动性将事情办得圆满的一个重要原则。生意场上，老板和伙计的关系当然是“东家”与雇员的关系，伙计的主要职责就是圆满地完成老板交给的任务。但这种雇用与被雇用的关系，并不意味仅仅只是服从与被服从的关系。伙计只有充分发挥出自己的才干，才可以真正达到要用人的目的。不用说，如果用而不能放手，被用的人处于一种被动地位，他的能量也就没有办法得以发挥，也不敢让自己发挥。更重要的是，人都需要有一种成就感，即使被雇用时也不例外。而且越是有能力的人，越是希望能够尽量发挥自己的才干，使自己在一种成就感中获得心理满足。这样的人，如果不能放心放手加以使用，他的才干无法得以发挥，要想留住他诚心为自己办事，也是不可能的。

现代人更讲自我价值的实现，因此，用而不疑，放心放手，对于今天的生意人能否得才智之士而用之，更显得尤为重要。

唯才是举，任人唯贤

亲疏之间，自己要掌握分寸

亲疏远近之间，自己要掌握分寸才好。

（《胡雪岩全传·平步青云》）

在胡雪岩看来，朋友之间的合作交往，不能损害双方的利益，否则就会使朋友关系解体。朋友关系的维系，最好的办法是能给双方带来好处和利益。在朋友间的交往中，一时出于感激或冲动，慷慨过度，从而损害自己的利益，这种情况在胡雪岩看来，虽是出于自愿，但终究是使自己吞下一个难言的苦果，最后反而会使朋友关系紧张乃致崩溃，其后果是失去了朋友，还可能危及前程和事业。胡雪岩这句话是有具体所指的。

王有龄本是湖州知府，进省城时却落了个“好”差事：不归他管的新城县有百姓造反，巡抚派他去处理此事。王有龄不敢带兵去剿，一来这些清兵把剿匪当作发财的机会，到了地方会大肆抢掠，兵不如匪，还可能激起大规模民变。二来这些兵也打不了仗，一旦打败了，他王有龄还可能命丧新城，即使不丢命也会被革职查问。他想来想去，决定先安抚，安抚不了再去剿。但他自己却不肯亲自去安抚，这是要冒大风险的，弄不好也会丢命，物色来物色去，看中了嵇鹤龄。

嵇鹤龄本是一个穷困潦倒的候补知县，因为为人耿介、恃才傲物，一直是“候补”，还不曾掌过官印。他虽有勇有谋，但因心怀一肚子怨气，不肯替王有龄效劳。胡雪岩经过一番攻心，解决了嵇鹤龄的债务、婚配问题，并让嵇鹤龄感到去新城安抚反民正是他官运转折的一个机会。嵇鹤龄接手了这个苦差，想好了对策，做好了思想准备，便向变幻莫测、动荡不安的新城县进发了。

王有龄在嵇鹤龄蛮有把握地走后，十分高兴，便对胡雪岩说，待嵇鹤龄功成回来，要保他当归安县令。归安县本由王有龄兼管。俗话说，“三年清知府，十万雪花银”，而归安县却一年能给知县带来5万两银子的进项！让嵇鹤龄当了归安县令，不就是从王有龄的荷包里挖走5万两银子吗！胡雪岩觉得，王有龄一时慷慨，到后来定会失悔，损害他的利益，他与嵇鹤龄的朋友关系就难以维系了。

胡雪岩否定了王有龄的慷慨，而建议王有龄把兼领的浙江海运局坐办的位置让给嵇鹤龄。这样，一来王有龄可以省点事，二来由嵇鹤龄管海运局，王有龄、胡雪岩经手的几笔海运局垫款、借款，料理起来也顺利，是一举几得。

胡雪岩确实是人情练达。他阻止王有龄的一时慷慨，其实是出于人与人交往的度的把握问题。在胡雪岩看来，嵇鹤龄和王有龄的关系，无论如何也还没有达到分以如此大利而不会产生不良后果的程度，王有龄的慷慨，也就有些失去分寸了。亲疏之间，分寸把握不好，必然影响日后的相与。其实，胡雪岩的这一考虑，用之生意场上的人际交往，特别是合作伙伴之间、老板与属下之间关系的调适，也是必要的。如何把握好适当的分寸，直接影响到相互之间没有障碍的沟通和配合的默契，的确是一个不可忽视的问题。

如何才是适度，才是不失分寸，这却是一个很难一句话说清的问题，需当局者根据具体情况灵活处置。不过，胡雪岩的不能过分慷慨中体现出来的，以不损害自己和对方利益为前提来维系朋友关系的思路，对商务经营者应该是有启发的。

篾片有篾片的用途

篾片有篾片的用处，好似竹篓子一样，没有竹篾片，就拧不起空架子。自己也要几个篾片，帮着交际应酬。

（《胡雪岩全传·平步青云》）

篾片，是对帮闲一类人的称呼，这类人受富豪官宦豢养，长于吃喝玩乐，能察言观色、巧言善辩，善于照应场面，被富人用做帮闲陪侍。他们不是栋梁之材，撑不起经营大局，也当不了“柴火”，干不得实实在在的事务。但他们在奉陪富人们的吃喝玩乐的场面应酬中却起着重要作用，没有他们，富人们就玩不起劲、玩不出味道、场面也就“哄”不起来。因此称他们为撑起富人的应酬玩乐之篓的篾片，是颇为形象的。这篾片，大约也可以看作胡雪岩那个时代生意场上必不可少的特殊的“公关”一类的人。

胡雪岩深知“公关”的重要性。跟对方的关系搞得密切亲近，合作的生意会做得很顺利；与对方关系陌生疏远，稳赚不赔的生意也难以做成。这种关系是建立在双方的感情、了解、信誉、实力基础之上的。胡雪岩要用篾片，就是意在与官僚商贾的吃喝玩乐、交往应酬中，使对方玩得愉快尽兴，消除对自己的陌生感，建立起对他的信任感，从而为合作的真实目的铺平道路。对篾片的使用，既显示出胡雪岩对人情世故的洞悉，也说明他在人员安排上的各尽其才。

胡雪岩所指的篾片，是一个本名叫刘三才，人称刘不才的人。胡雪岩在湖州纳芙蓉为妾。芙蓉生得俏丽动人，也很贤惠温柔，善解人意，甚得胡雪岩欢心喜爱。芙蓉的祖父开了一个牌号叫“刘敬德堂”的药店，在她祖父、父亲经营下，生意也做得很不错，有厚实的家底。但天有不测风云，芙蓉的父亲在从四川买药材出三峡时，不幸船翻人亡。药店生意由芙蓉的三叔刘不才经营，刘不才挥霍无度，吃喝嫖赌样样干，不到一年就把店子、家财玩垮、败光了，过着借贷无门的日子，只是还有一副穷硬气的性子，不曾要饭乞讨。刘不才自知自己形象不佳，也想恢复“刘敬德堂”的药店，只是苦于无本钱。胡雪岩以与他合作开药店的计划，请刘不才“出门”当药店“挡手”。但胡雪岩对刘不才的首次使用却是在牌场上。

庞二是从上海来的大老板、阔少爷，与洋人做过多年丝生意。胡雪岩有两万包丝在上海准备脱手，需利用庞二。胡雪岩也深知庞二吃喝玩乐样样在行，于是派刘不才与庞二、高四、周五几人

开场设赌。这是一场豪赌，输赢达到十几万两银子。胡雪岩交代刘不才：此赌不在赌，在于“收服”庞二。在豪赌中，刘不才施展自己的“才能”，盯住高四、管住周五,一会儿让庞二输，一会儿让庞二赢，使庞二惊心动魄，又玩得开心尽兴。在庞二输光10万两银子的本钱时，胡雪岩及时送上10万两的本钱。在刘不才的操纵下，庞二反败为胜，狠狠地赚了一把，自此对胡雪岩刮目相看、感激不已，并与胡雪岩达成了在上海向洋人一起卖丝的合作。

胡雪岩处处都做有心人，他处处都在为做生意而算计，请客送礼、吃喝玩乐都有商业的目的存在。他也处处都在留心人才，连刘不才这样败光家产的纨绔子弟也注意发挥其“才”，在牌场酒桌上充分发挥他的作用，为自己的生意立下“汗马功劳”。

大才大用，小才小用

我的奇计也很多，大小由之，大才大用，小才小用，只看对方自己怎么样。

（《胡雪岩全传·平步青云》）

“大小由之，大才大用，小才小用，只看对方自己怎么样”，胡雪岩把这一用人的原则称为奇计，其实说穿了，也就是量才使用。

量才使用，不管是在胡雪岩的时代，还是在今天，似乎都并没有什么深奥之处，人人会说，也人人都知道应该如此。但人人会说，并不意味着人人都会做，更不意味着人人做得好。因为这其间既有如何准确判断人才的为人、能力的“量才”的问题，也有如何收服各种人才使其乐为所用的手段的问题，更有凭自己的眼光为这不同的人才找到合适的位置并激发出他的能量的问题。胡雪岩对于自己的这一点十分自负，甚至将一个普通的道理称为他个人秘得的“奇计”，原因恐怕就在这里。

最能让胡雪岩自得的，大概要算他“收服”嵇鹤龄时对于他的“奇计”运用。嵇鹤龄本是一个落魄的候补知县，怀才不遇，性格耿介，虽想做官却不得，因而与官僚们格格不入。适逢王有龄为平定新城县的百姓造反，需用一个有勇有谋的人去新城安抚反民。这个差事非嵇鹤龄莫属，而嵇鹤龄却采取不合作的态度。

胡雪岩为给王有龄解难，便去做“收服”嵇鹤龄的工作。

他借给嵇鹤龄之妻吊孝之机，闯入嵇家便拜亡灵（情节有点类似孔明吊孝，否则他连嵇家门都找不到理由进去），并借机把替嵇鹤龄从当铺赎回的衣服、账单交给了嵇家。胡雪岩如此做来，作用有二：第一，先从感情上打动嵇鹤龄。嵇鹤龄丧妻未久，本来没有多少人来事吊唁，胡雪岩此举，一下子便打动了他。第二，从实处帮他。嵇鹤龄一直没有得过实缺，加之妻子丧事，现在已靠典当过活，帮到实处，便见真情，嵇鹤龄没理由拒绝胡雪岩的结交。更绝的是，胡雪岩知道嵇鹤龄有一种读书人的清高，而且要面子，因而决不肯无端接受自己的馈赠，他为嵇鹤龄赎回衣物，用的也是嵇鹤龄自己的名义，既为他解决了困难，还为他争回了面子，这不能不使嵇鹤龄对他这一介商人的行事作为刮目相看。

有了进一步的往来，胡雪岩又进一步诱之以利：去新城安抚乱民是嵇鹤龄改变命运、走上官道的一个大好时机。嵇鹤龄在胡雪岩的“进攻”下，承担了去新城安抚乱民的差事。为进一步拉拢嵇鹤龄，胡雪岩又提出把王有龄家的丫鬟瑞云派到嵇家照顾孩子，并趁势做媒，把瑞云嫁给了嵇鹤龄。嵇鹤龄功成之后回来，由胡雪岩的银子开道，王有龄保他做了海运局的“坐办”。

胡雪岩这个“奇计”是一举五得：一是免了新城的刀兵之灾，二是帮了王有龄的大忙，三是让嵇鹤龄做了官，四是促成了一份良缘，五是自己多了一个好朋友，可谓效益高矣。其实嵇鹤龄并不是胡雪岩的伙计，自然不能算是胡雪岩的人才，但因上述特殊关系，嵇鹤龄为胡雪岩竭尽全力地效劳是不成问题的，实际已成了胡雪岩手中的人才。

胡雪岩所谓“大小由之，大才大用，小材小用”，就是根据人才能力大小和专长，给他们找到合适的位置，以尽可能大地

发挥他们的作用，同时也不至于对经营带来不利影响。如古应春懂洋文，了解洋行，善于和洋商打交道，胡雪岩便在与洋人有关系的生意比如生丝销洋庄、贩运军火等的运作上完全倚重他；尤五掌握着漕帮势力，熟悉帮会情况，胡雪岩就让他主持杭州经松江到上海一路的丝、粮水运；老张老实本分、人缘好，胡雪岩就让他当丝行老板；陈世龙年轻机灵，胡雪岩就教他在江湖上的奔走往来，黄仪是丝行的“挡手”，老张驾驭不了，胡雪岩又鞭长莫及，但黄仪文字功夫好，胡雪岩便要召他到自己身边当“文书”。杭州城一个姓周的老更夫，在杭州遭受兵火战乱的时候仍坚持职守，使杭州城梆声不断。胡雪岩看中他忠于职守的精神，便准备聘请他来看守自己商号的仓库。这不都是很合适的人事安排吗？

大才小用，委屈了人才，大才没积极性；小才大用，才力不够，干不了大事，还可能使生意遭受损失。人才是重要的，但给人才寻找到一个合适的位置，才更见领导者的才识与眼光。

因势利导，顺性而造

这就是“混市面”的人的苦衷！人之好善，谁不如我？略有身价，总想力争上游，成为衣冠中人，但虽出淤泥，要想不染却甚难，因为过去的关系，拉拉扯扯，自己爱惜羽毛不肯在烂泥塘里一起打滚，无奈别人死拉住不放，结果依旧同流合污。胡雪岩对这一点十分清楚，当然要替陈世龙想办法。

（《胡雪岩全传·平步青云》）

陈世龙外号“小和尚”，原是一个整日混迹于湖州赌场街头，吃喝玩赌无一不精的“混混”。这样的人，在别人眼里自然是不值一提的，郁四就很有些不喜欢他，当胡雪岩要将他带在身边时，就劝胡雪岩“你把他带去要受累”。

但胡雪岩对“小和尚”却颇为欣赏，认为他虽不是做挡手的材料，却是一个跑外场的好手，因而决意要栽培、再造他。

胡雪岩主要欣赏“小和尚”的三个优点：第一，这小伙子很灵活。胡雪岩与“小和尚”认识，其实很偶然，是他在湖州认识的恒利丝行挡手让“小和尚”带他去找郁四，才使他与这小伙子有了一面之缘。但就这一面之缘，胡雪岩发现他与人交接既不露怯，又对答得体，第一印象就觉得这后生可以造就。

第二，这小伙子不吃里扒外。这是胡雪岩在郁四那里了解到的。郁四虽认为“小和尚”太精，而且吃喝玩赌样样都来，但对他不吃里扒外倒也给了公正的评价。而说“小和尚”“太精”，又恰好证明了胡雪岩认为这小伙子很机灵的第一印象不错。

第三，最难得这小伙子还很有血性，说话可以算数。这是胡雪岩自己试出来的。胡雪岩在正式决定将“小和尚”收到自己身边之前，和他谈了一次话，临分手时给了他一张 50 两的银票要他拿去随便用。此前“小和尚”已经答应胡雪岩要戒赌，胡雪岩知道好赌的人身上有钱手就会痒痒，他要试试这小伙子是不是心口如一。“小和尚”虽然忍不住当晚还是到赌场转了一转，但终归还是拒绝了别人的蛊惑没有下场。这一点更让胡雪岩看重，胡雪岩本来就有一个说法，看一个人怎么样，就是看他说话算不算数。

在胡雪岩看来，一个小伙子吃喝玩赌，都不要紧，只要有上面这三条，也就有了很大的再造的余地。吃喝玩赌，人很滑头，这自然不是什么优点，但它却也从反面说明这个人在场面上还“玩”得转，而他能心口如一，说明他还是有向善之心，这些短处也就有可能促他改掉。比较而言，培养一个人的外场能力，比促一个人改掉毛病要难得多。胡雪岩就这样把陈世龙带到了自己的身边，让他跟古应春学“洋文”，让他跟自己跑市面，为他撮合了与阿珠姑娘的婚事，的确狠下了一番工夫和本钱，也终于造就了一个自己生意上的好帮手。

胡雪岩对于陈世龙的再造，实在可以给人启发多多：首先，这件事告诉我们，看人不能只看一面，要能从表面的不好看到可

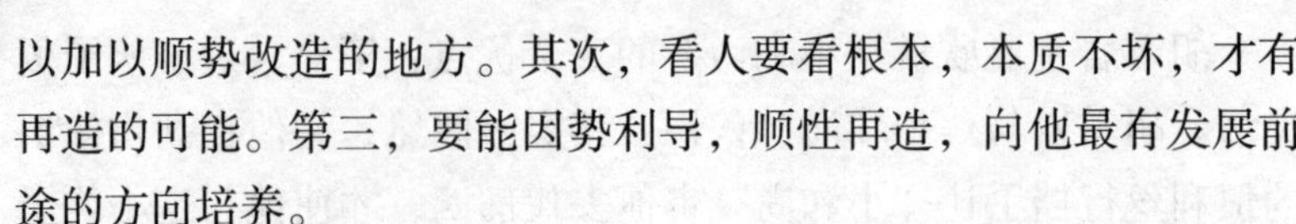

以加以顺势改造的地方。其次，看人要看根本，本质不坏，才有再造的可能。第三，要能因势利导，顺性再造，向他最有发展前途的方向培养。

其实，胡雪岩对我们已经多次提到的那个“败家子”刘不才，也是采取的顺性再造的方法。

第五章 为人之道

胡雪岩之所以能从一个小伙计摇身一变为中国头号官商，得益于他的为人之道。具体论来包括以下几点:（1）乐于助人，智勇仁强;（2）满怀信心，目标远大;（3）处变不惊，遇事不乱;（4）不断进取，挑战未来等。可以说，正是胡雪岩学会了怎样做人，才成就了他的事业。

乐于助人，深得人心

胡雪岩是钱庄学徒出身，工作是扫地清洁提尿壶，以及为钱庄内的先生提供公私两方面的服务。这种学徒制度，现在已经湮灭了。

作为一个学徒，名义上是学师，其实是做奴仆。师父的责任是提供食宿。因为以前的环境差，贫苦家庭生了孩子之后，便出现了粮食问题，既然连吃饭也出现问题，父母便只好将孩子送到店铺里学师，减轻家庭中的口粮。

父母送孩子去学师，精神上比较安乐些，因为学师制度和奴婢制度比较上不同。作为一名学徒，如果生性肯学的话，还是有出人头地的机会。

师父收了学徒之后，也不会怎样传授技术，他收学徒，不过出于一片慈心罢了。其实当时经济甚差，师父本身的工作也不足够，根本没有过剩的工作分配。

随着工商业的发展，师父手上的工作多了，他一个人应付不来，便要求学徒代劳。

胡雪岩对自己有信心，虽然他是一名学徒，但他没有小看了自

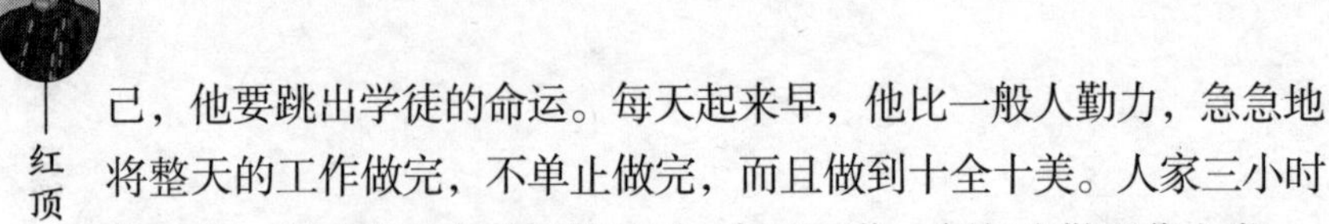

己，他要跳出学徒的命运。每天起来早，他比一般人勤力，急急地将整天的工作做完，不单止做完，而且做到十全十美。人家三小时的工作，胡雪岩两小时便做妥了，每天工作，例如出勤送货之类。

一年半载之后，胡雪岩又将工作做得很妥当，东家便更有信心，分派他出外收账。一般来说，收账的工作是苦差一件，向客人放钱容易收账困难。有机会选择的话，员工宁愿坐在店铺内等客人上门，不肯出外收账。但胡雪岩因为出身卑微，没有读过多少书，便没有选择的机会，东家既然提拔他，他便只好加倍努力，将工作做好。

收账虽然困难，却是一个能锻炼人的差事。胡雪岩从工作中，学习了如何与人建立关系，更加深入明白人性。人性是什么呢？

第一是贪小便宜；

第二是怕损失；

第三是爱面子。

人性既然如此，胡雪岩便改变自己去适应别人。他好交朋友，而且又慷慨，有钱没钱的时候，也出手阔绰，自己袋中只有 5 两银子，他也可以全部借与朋友，急人所急。因为他的人际关系好，在收账的时候，也很顺利。

事实上，借了债的人，多数是肯还钱的，特别是经过钱庄审核过的客户，很少是无赖坏分子，但借债人有一个特性，是比较好面子，比较喜欢充“阔佬”。欠了债的人，心理上自卑，更怕别人知道自己欠债，手上有闲钱还债的时候，也要看看谁人追债，如果追债的人好耍威风，仗着钱庄而摆架子，就算有钱在身，也会拖上一拖，但如果你肯逢迎他们，给些面子，欠债的人也总会原银奉还的。

胡雪岩的长处是给人面子，正是你敬人一尺，人自然会敬你一丈。因此之故，胡雪岩追债的工作，做得比其他人顺利。人家三天的任务，交到胡雪岩的手上，只是一两天便完成了。

时间多了，如何消遣呢？外勤的人，有一个习惯，便是嫖赌饮吹。

但胡雪岩对自己有信心，不肯随便堕落。空闲的时间，他便四处应酬，认识一些朋友。虽然他手上没有充足现金，不能投资，买不起房地产，但胡雪岩认为投资的方法很多，例如朋友闹穷急，自己方便，借他十两八两的现银，也是投资一种，因为别人欠了你的人情，一生也还不尽。胡雪岩也不是有心如此投资，不过他自小吃得苦多，明白穷人的需要，碰上别人有难，往往不问原因便送上金钱。

慷慨的人，不是天生如此的，人之所以慷慨，是受环境影响的。如果斤斤计较每次借出的数目，又要有收获才肯借出的话，算盘肯定划不来。但如果性格使然，急人所急呢？便有一种只问借钱，不问还钱的心态。即如胡雪岩做工的态度一样，只问付出，不问升级。当你的工作有表现，东家自然给你升级。如果你要求东家给你升级才工作的话，你便不会落力。世界上哪有便宜的投资呢？

胡雪岩的态度是，无论什么发展机会跑到自己的手上，一定好好把握，全力以赴，付出的时候，更不问结果和收获。

满怀信心，目光远大

白手兴家的人，信誉是第一财产。有了信誉之后，利益便会随来。信誉这种东西，不是一朝一夕建立起来的，要经过许多时间才挣回来。能够建立信誉，是说明的确付出过代价，经过考验。不过，信誉并不代表富贵，信誉和利益两者之间有着一大段路。有了信誉之后，更加要小心修养，因为名之所至，谤亦随之，有了好名声之人，往往变成众矢之的。闯出名誉是一件艰巨的工作，能够保得住名誉，又是另外一件艰难的工作。

晚清一个潮流兴起，即学习西洋科技的热潮。满人和汉人都在战争中吃了苦头，明白自己在科技上及不上洋人，于是，由曾国藩、李鸿章和左宗棠等人领导的开明力量，慢慢开始了洋务运动。

这个洋务运动是艰巨的工作。自晚清开始，到了今天，已经100年有余，但在今天来说，仍有顽固的人未能接受西洋物事，何况当年沉迷于大中国思想的士大夫呢？

大时代的转变，当然有大人物的出现。胡雪岩便好像是一位顺应潮流而产生的人物。他的成功也不是偶然的，以下可以归纳为几点：

第一，他勤于学习。胡雪岩没有受过多少年教育，知识水平很低，这是他的缺点，但他肯学，能接受新东西，学完之后又能即时应用。

很多人手上有证书文凭，这些东西却往往变成了包袱，阻碍了他们进步。许多读书人以为自己的知识已经够多，便不再学，反而那些没有学历的人，见了新知识，便好像吸水纸一般，不肯放过学习的机会。

第二，他对前途有信心。胡雪岩认为世界是会越变越好的。他出身贫穷，明白到如不工作，就会饿死。生活经验告诉他，只要他肯工作，生活水平一定会越来越高。对前途有信心，肯拼命去干，生活自然变得好。只要努力便有成绩，有了成绩，便能激励人心，令人拼得欲罢不能。

出身富贵的人呢？便没有这个好处了。穷人赚到100万元，非常开心，富人赚100万元呢？没有什么感受。穷人受别人少少恩惠，便得到鼓舞，富人呢？不但没有受恩惠的机会，还易成为被骗的对象。因此之故，碰上乱世的时候，富人往往努力收缩，刮得几多便几多。对前途失了信心之后，事业便办得不顺利。

第三，胡雪岩的眼光远大。他深信太平天国的反传统思想，是不会长久地胜利的。由始至终，胡雪岩都是支持传统势力。太平军兴起的时候，他只好躲在上海洋人势力范围内等机会。当太平天国衰退时，他便即时跑回杭州去做救济的工作，比之地方政府，还要努力。

做官的要维持治安，商人要赚钱也得要治安好。因此之故，胡雪岩最喜欢协助政府官员搞好地方治安。碰上天灾人祸，他必定努力捐献，因为穷人受生活压迫太大，走投无路时便会作乱。

暴乱中损失最大的，肯定是商人。因此胡雪岩这个做生意的人，便协助治安上的工作。

第四，胡雪岩会投资。除了在货物上投资，他更会在未得志的人才身上投资。他的投资也不是次次成功的。他逢人相求也肯出手协助，好像播种一样，撒完种子之后，自然有树苗长出来的。长出了树苗，他便慢慢培植。当树苗长大，他便有遮阴的地方了。胡雪岩深信秋收在于春耕。因为对自己有信心，所以他肯付出，努力做好面前的工作。

不断创业，挑战自己

太平天国气数已尽，收复杭州，只是时间问题。胡雪岩明白，要再打天下，最好回杭州去。在故乡创业，比之在异乡要容易得多。

平定太平天国的重要将领是汉族人，而汉族领袖是曾国藩。曾国藩下面的猛将，分别有他的弟弟曾国荃，以及李鸿章和左宗棠等人。李鸿章和左宗棠，为了争宠，早已明争暗斗，势成水火。左宗棠的势力在南方，他是浙江和福建两省的闽浙总督。

在左宗棠底下，负责管治杭州的主将，是藩司蒋益沣。面对这两个陌生人，胡雪岩又如何应付呢？

虽然太平天国事件发生，各地经济甚受影响，但胡雪岩早已在上海开设了阜康钱庄分号。他已经是富有的大商家，根本无须冒风险再投资，已经可以安享晚年了。但胡雪岩的眼界远，目标高，他看到的，不是眼前利益。如果他眼光不准，当年他又怎会投资在王有龄身上？胡雪岩办事有目标，当他达到一个目标之后，又会将目标推前。因此之故，他是越战越勇，一个目标接一个目标地向高峰攀登。

回杭州再创业，是心态不老的表现。很多人认为，创过一次业便够了，因为再创业是极为辛苦的。有了这个观念的人，喜欢守业，但守业却变成了故步自封，招致人和事业的僵化。聪明的人，明白创业难守业更难的道理。正是做又难，不做又难，既然如此，倒不如不断去闯新高峰，以便营养自己的生命力。

你可以不断创新事业，挑战自己，又可以不断在原本的事业上改变方法，创出潮流，这是滋养生命力的方法。最怕的是老化和僵化。多数的人认为，搭上了“富贵号”列车，便可以一劳永逸了，这是不切实际的幻想。

智勇仁强，商人四德

《史记·货殖列传》中，有名的商人白圭说:“吾治生产，犹伊尹、吕尚之谋，孙武用兵，商鞅行法是也。是故其智不足与权变，勇不足以决断，仁不能以取予，强不能有所守，虽欲学吾术，终不告之矣。”

白圭强调，“智”“勇”“仁”“强”是商人的四项品德，或者，更准确地说，是一个商人是否合格的标准，而且是基本标准。因此四项品德具备了，才能进一步学习他的商业经营技术。四德不具备，“终不告之”。为什么？因为学了也没用。

作为一个兼具侠义美名，商通国内海外的大商人，胡雪岩的商事活动具备了四德的基本要求。

智就是通权识变

智即权变，也就是观察市场，通权时度。这是一个商人的基本要求，而胡雪岩的商业智慧还有两个与众不同的特点。第一是把智运用到义上，以攻心为上，以此把握商情；第二是把智化解为“眼光”，以此评判生意。

胡雪岩智慧的首要特色就是化智入义，把自己在人情关系上的基本才智充分发挥出来。体人情，通人性。他对人情的体察到了十分细微的地步。

比如，他因资助王有龄而丢了饭碗，自己落魄了，他决不去找老关系的麻烦，宁可屈尊去吃门板饭。一旦发达了，他又精挑细选礼品，把老同事们服侍得服服帖帖。个个觉得，胡雪岩这人有难了不会找熟人麻烦，有福了会和大家一起享。

这是智慧，这是人情的智慧。胡雪岩知道人心厌恶啰唆，有人给你讨麻烦总是件不快的事；反过来，人本性中又总爱小便宜，你能满足他这一小小本性，他就会喜不自胜。

这个入微体贴到的关于人性的知识运用起来了，做出来的行为就入了义。

比如，和松江漕帮的尤五商谈“民折官办”的事情时，揣知尤五卖米隐衷。胡雪岩就捕捉到了这一心理，并且拿话挑明了，告诉尤五，有什么难处，胡雪岩自然会帮，否则还不如不买这批粮食。

难处存在心里，被人讲明了，并且帮你落实了解决办法。这就是为人打算的举动，显出是朋友了。因此，关于人性的体察，又化作了与义有关的举动。

这种智，算不算商业智慧？应该算，而且应该是上乘。因为这种智慧是边拆边用，边用边结，最后上升为义，又借义为以后的商业往来打开了路子。新的机会由于受这种义智的鼓励，是越滚越多，越扩越大。等于每一次都为未知的下次增加了取胜的机会，它和单纯的商业市场估计大为不同。

我们拿营兵罗尚全存银 1.1 万两的例子来作比较。

按一般的市场操作规则，只需点明银两，立折为凭即了。

或者按现代银行储蓄法则来做，发现此人行踪可疑，身份与银两出入太大，先把来人稳住了，找到警察来盘问清楚再说。

胡雪岩却人未打交道，已经义名在外，罗尚全是听了自己的表亲杨书办讲述胡雪岩的侠义之举后作出判断：姓胡的这人靠得住。

这个判断正是胡雪岩前两次关于人性智慧运用后，化智入义的结果。

一次是资助王有龄，人皆尽知的。

第二次是阜康开业，先开 20 个大洋的头折，托杨书办一一送到官场内室手里。

有了胡雪岩的一贯表现，罗尚全就有信心上门存银了。

存银却不要折，也不要息，显见得别有隐曲。换一个人不见

得会处理，胡雪岩却借故要和他摆一碗。

这一摆就有了时间缓冲，胡雪岩又算对了，酒酣饭饱，罗尚全把自己的故事全倒给了胡雪岩听。

罗尚全年轻时嗜赌，结果亲家老在召他入堂时，告诉他，如果他愿意退婚，原债不算，另外奉送他1500两银子。罗受此刺激，撕了婚约，投军攒钱，用尽了各种手段，发誓要把这笔欠款还清。胡雪岩的商业头脑又活动开了，向罗尚全表示，罗的这笔钱，以三年为期，三年后来提，1.5万两足银。

利息是给得高了点儿。

不过，首先，这又是一个化智入义的机会，有了自己的这一表示，成例放在那里，经罗尚全回去那么一宣传，恐怕短期内的存款，单是罗尚全这一号当兵的，累加起来也会不下10万，其次，利息高低，全看你对存款如何运用。头寸足了，生意大了，区区利息，实在算不上什么。

胡雪岩的商业智慧，实在是以智养智了。

还有一点，胡雪岩不但用他对人情的通透了解结义，化智入义，而且善攻心，化智为利，化智为势。

比如对抚台黄宗汉的贪吃贪索，那是毫无“义”字可言的。但是胡雪岩照塞不误。先是从上海往他老家汇去了2万两，后是从杭州往北京帮他汇到户部1万两。

前一笔化为黄宗汉对王有龄的提拔，从海运局转为署理湖州府。

后一笔化为对嵇鹤龄的补缺，允许由嵇代王有龄在海运局的原差使。

两个差使各管一摊官银，只要自己人在，不愁官银不从阜康过，阜康的头寸和实力更不在话下。

嵇鹤龄曾戏称宁可拿钱塞狗洞，也不肯白出孝敬费；王有龄也对抚台大人的暗示置若罔闻，落得抚台大人把脸一沉，端茶送客。

胡雪岩只是听，听出门道了，就适逢其时地派人把事情办了。

这就是胡雪岩攻人心的智慧，即便它是人性的负面，表现出来是恶劣的，也要顺着对它的了解去做。

因为是在做生意，不是在做判官。做生意要的是畅通无阻，要的是取势获利。

胡雪岩商业智慧的第二点是化智为“眼光”。

在上述罗尚全存银一例中便看出胡雪岩的眼光来。普遍地讲，化智入“义”均是眼光。就是说，胡雪岩人在做眼前的生意，思虑却是放在将来。所以他不做一锤子买卖（好像准备趁着谁没醒悟过来，大捞一把，然后赶快洗手似的）。

胡雪岩的眼光还有另外一种：“做生意怎么样的精明，十三档算盘，盘进盘出，丝毫不漏，这算不得什么！顶要紧的是眼光，生意做得越大，眼光越要了得，做大生意的眼光，一定要看大局。你的眼光看得到一省，就能做一省的生意，看得到天下，就能做天下的生意，看得到外国，就能做外国的生意。”

这是大处显示商业智慧。

眼光看得大，看得远，手头做起事来就放得开，摆得匀。比如官票初次发行，信用不可知，小眼光的只看到这一点，大眼光则看到官府平逆，民心所向，所以这信用得靠同行维持。官府信用好了，做钱业生意的也跟着占便宜。

胡雪岩的商业智慧，有这两点与众不同，也就注定了胡雪岩走上与官府合作，受朋友拥戴的道路。尤其是化智入义这一点，把侠义之心渗入到商业活动中，把握了人性中的最为复杂的方面，使得胡雪岩有了“东南大侠”的尊誉。现在的人，之所以为胡雪岩所激动，正是胡雪岩迎合了人们追求浪漫的心理。假定一个商人工于算计，斤斤计较，按现代资本主义眼光看，符合商人的一般标准，但其智慧是冷苛型的，做出的事也必平庸无奇，总没有胡雪岩的义智型来得光彩照人。

勇是什么

勇是机会，白圭之所以把它列为商人四德之一，就是因为勇

一头连接了智，一头连接了风险。它处在“人知”的边缘，需要勇的时候，就证明，我对此事的向前发展不能确知。完全地知道事情的发展不需要勇；钻入一个已被各种现代设备修配好了的大溶洞，不需要勇，至多需要胆，来承受高度黑暗的刺激。但要踏入一个荒野中的山洞却需要勇，因为你不能预知里面的情况，或许有猛兽，或许没有；或许有蛇，或许没有；或许有岔道，或许没有；或许有陷阱，或许没有。

勇就是决断，对广大商人来说，关键时刻，往往一念之差，出入甚大。所以，是否敢拍板定夺，决定着一笔生意的成败。尤其是大部分资金积压于一处时，一旦调度不当，常遭倾家荡产之灾，商人多虑，若不能佐以多勇，犹豫辗转，且不说劳心劳力，贻误时机，单是这种工作方式，也会让雇员、合作者甚至对于其本人大为担心。商人的勇毅不存，商业上开拓的锐气就会折损，局面也就可经常徘徊不前。

不过任何一个商人都知道，勇是建立在对一种商事各方面情况的缜密了解上，胡雪岩为了做丝茧生意，就得从丝的生产知识入手准备起。季节到了，人手齐了，资金足了，地方有了，还需要了解市面。

了解市面是让徒弟陈世龙去办的。透过尤五的口气，兼以陈世龙从茶馆里听来的消息，胡雪岩知道，小刀会在八月要起事了。

起事了会带来什么反应？该怎么应对？这就需要胡雪岩作出决断。

当然，如果有进一步的消息，或者另有路道，胡雪岩的决断还可重新考虑作出。

比如说小刀会在八月起事，此前专做丝生意，估计不会有太大风险。

只是，假定小刀会闹成了，上海要有好一阵儿乱，外边的丝很难运进。知道了这一情况事先囤丝，大批吃进，它是一笔好生意。

但是囤丝又有囤丝的风险。首先是要压本钱，假定市面不出半月又平静了，囤丝也就意义不大。

这就又需要下决断了，因为商人不可能穷知与下决断相关的所有信息，所以就有风险。在最后时刻，只能根据大致的情势估算。至于估计是否准确，情况会不会按估计的方向发展，这都是一个待卜之数。

正因为是未知待卜的，才需要商人勇毅果敢的品性。

胡雪岩这次作出的判断是：大量买丝，囤往租界，必赚！高价亦不惜。

他的辅助理由是：洋人暗中支持小刀会，政府必然要想个法子治一治洋人。最好的法子就是禁止和洋人通商。所以过不了三个月，洋人有可能有钱而买不到丝，丝价会大涨。

局势果然按他的估计发展了。两江督抚上书朝廷。力主禁商而惩罚洋人，清廷也回复答应这么做。

这是胡雪岩自立门户以来第一笔大宗生意，为了这笔生意，他调集了几十万两银款，其中多半是钱业同行拆借的，大家都相信胡雪岩有了断。其实是胡雪岩下的判断不会错。回头想一想，假定这一次恰恰是胡雪岩错了，或者是丝已囤了三月，利息已经进去了几千两，忽然市禁大开，丝价大跌，恐怕我们看到的就是终场的胡雪岩了。

幸好，结局甚为圆满。勇和智结合，智和义结合，胡雪岩从官场、从洋场、从江湖得来的消息也都千真万确，没有纰漏，这一决断变成了现钱。商人的日日夜夜呀，大家是晓得的，无非是希望市场能沿着自己预想的方向发展，希望预测的一切都能被证明是正确的，希望各种意外越少越好。

仁就是取舍

四德之三为仁。

仁是取舍，是有所为，有所不为。

一个初涉商场的人，手头只要有了一小笔钱，总免不了有不

少旁逸之想。无非是想一桩生意勾出另一桩生意，相信自己会连环火爆。

其实人的精力总是有限的，做了这一件，就没有心思去顾另一件。不过人的贪欲确实无限，俗称“人心不足蛇吞象”，很正常。

看来要成为一个合适的商人，需要时间磨炼。到有一天他发现收发由心了，才证明他处理的生意范围是适度的。

收心的方法也不止一种。

首先，必须把自己的本业看好。胡雪岩的本业就是钱庄，熟门熟路，钱庄经营好了，才好说分身去干别的。

然后是典当和药店。这两样事业，一时都无利可图，完全是为了公益。开典当是为了穷人，开药店则利人又利己。

其次，自己忙不过来，是因为一个人的心思必定有限，不能什么都管。该去的，一时照应不到的，当然都要丢开了，不专做。不过，好多事情，一个人照应不到，可以让别人来照应，自己只需要在边上指点一下就可以了。

白圭讲仁“以取予”，强调了商人做事时的能力限度和面对这种情况时的基本态度。认识到限度是智的表现，好比苏格拉底所说的“认识你自己”是智的表现。苏格拉底说，问来问去，发现只有他自己才是最大的智者。因为别人都自称无所不知，只有他自己承认有所不知。自称无所不知的人未免自大，所以不智。商人要面对的是实际的功利，无所不知的态度在商业实践中只能吃瘪。所以有取予，知不足，只有明智商人才能做到。

面对这种限度而定取舍，是仁的表现。好多时候，舍弃和退却颇不容易。尤其是在中国，人人把面子看得十分重要，一牵涉到面子问题，就宁可自己吃大亏也不愿退却。所谓的“死要面子活受罪”，一旦变成具体的商事活动，吃亏的只能是死要面子的这一方。

所以，简单的一个仁字，并不容易做到。胡雪岩晚年时期，自己辅佐的左宗棠成了疆土重臣，自己的“财神”声名也广扬在外了，便觉得台面上总要得体，和自己的声望地位相称。老母亲的69大寿要做，70大寿还要做。不但要做，而且还要做得隆重热烈，让人知道胡雪岩在台面上风光依旧，得宠依旧，生意上兴隆依旧。这就是所谓的空架子，商人的四德，智勇仁强，到这时恐怕只剩了“强”，强撑着，虚好看，却无果敢之心有取有舍，不蔓不枝了。

商人“仁”德的生生不息，代代存在，时时起作用，怪不得白圭讲，四德不俱备，“虽欲为吾求，终不告之矣”。

强就是有所守

四德的最后一条是强。

强就是有所守。讲的是商人的心理素质。眼看苦日子快熬到头了，好日子快来了，心理上却支撑不住，垮了，这就是“不能有所守”。反过来，不论眼下的局势如何变化不定，守定了自己的宗旨，事情才会有个好的了断。

商业上的忍耐坚守更为沉重。

胡雪岩第一次联络庞二少爷，垄断上海丝市，以求外商屈服，获得一个较高价格。但是，外商极为狡猾，到了年底，一分丝不收。表面上是国内丝满，暂不需要，实际上盯紧了胡雪岩，要逼他降价。

辛辛苦苦做成的局面，在胡雪岩是绝对不会轻易放弃的。

但是，要想不向洋商退却，就得垫头寸。

有能力给他帮助的，就是庞二。不过，庞二未必一定肯帮助。胡雪岩下定了决心，与其向洋人低头，不如在自己人面前丢脸。他派了刘不才专和庞二交涉。

难熬的日子！庞二如果开不出头寸，胡雪岩的钱庄就有可能发生挤兑，开业不久就有可能重新关门。

胡雪岩急白了头发。

这种时候，自然是守的时候。心急如火，都要装作若无其事，静悄悄地等待结果。

还得接待人，还得处理日常事务。

没有消息前，一切都是未定之数。对于商人来说，除了含在

口里的和拿在手里的，一切都是假的。

当然，能想到的办法都先考虑了。不行，不行，不行，一条条路都堵死了。只有安心等这最后的消息了。

商业上的这种等待一个接一个，一次接一次。

决定着整个大局的，性命攸关的却只有那么几次。等着了全盘皆赢，等不着全盘皆输。结果常常还不是最重要的，因为既经考虑，押定于此一注，十有八九是有根据的、有道理的。只是，只要没成定局，随时都有可能变卦。

所以要等，要静心。

心越静，心跳的声音就越响，神经的紧张在反衬下就越发剧烈，人受的折磨也就越大。胡雪岩这次受的就是这种折磨。

好多人都被类似的折磨弄垮了。

胡雪岩还好，挺过来了。庞二答应拨头寸，虽有一半是死账，不过不要紧，只要是胡雪岩去要，总可以要过来。

和洋人做丝生意就需要这样用心守出来，苦不堪言，收获却是双份儿。第一，赢得了厚利；第二，更重要的是，打垮了洋人，显示了联手的力量。

这种“强”的品质，面临绝境心不死，在四德中最难具备和实践。白圭强调这一点，是因为，如果不具备这一点，前面的一切辛苦都有可能是徒劳、白费。既然如此，不具此德，给你讲经营方法有什么意义呢?

胡雪岩却是至死不退却。他的失败,众所周知,是和洋人斗法,积丝茧过多，压了本钱，周转不灵而引起的。因为他不愿意眼睁睁看着机器开转，断了蚕农生路。

胡雪岩钱庄受到挤兑时，他正在赶回杭州的船上。到了杭州，人未下船，已有人上船报信儿来了。

他的处理很冷静，钱庄继续开业。一方面和官府打交道，讲明苦衷；一方面多方找出路，售出丝茧。各地的典当行，杭州的胡庆余堂也继续营业。目的很简单，多一分赢利，多一分希望。

希望让每一位储户都有银钱兑回，不致招受损失。至于钱庄所存的官款，官府自然关心，要先提了去的。

他谆告自己手下雇员："有句老古话，叫作'同舟共济'，一条船上不管有多少人，性命只有一条，要死大家死，要活大家活。遇到风浪，最怕自己人先乱。一个要往东，一个要往西；一个要回头，一个要照样向前。意见一多会乱，一乱就要翻船。所以大家一定要稳下来。"

这也是一种守，是大难当头，临危不惧，处变不惊。人，表现出这等可贵的商人品性，也没有辱没左宗棠的评语："商贾中奇男子也。"

综白圭商业四德，胡雪岩唯在"取予"一节上晚年略有失，其余则一生践行，成就了一番轰轰烈烈的事业。

放宽肚量，敢于吃亏

胡雪岩唯一防不胜防的是他的整个钱业王国的崩溃。从钱庄挤兑开始，促成了胡雪岩整个事业的失败。那么，胡雪岩在这样一个大的失败面前，表现又是如何的呢？

挤兑钱庄是由邵友濂、盛宣怀合谋挑起的。邵、盛二人属李鸿章门下，李鸿章与左宗棠不和，早有剪左羽翼的打算。胡雪岩是左宗棠门下，要饷要粮要军械，左宗棠只要一有要求，胡雪岩无不即刻办理，从无延迟。这次中法之间战事一起，左宗棠力主与法作战。李鸿章主张讲和，但又不敢公开宣扬，所以暗中做手脚，要先削弱主战派实力。邵友濂、盛宣怀为了配合李鸿章，就从胡雪岩开始动刀，派人四处传谣，说胡雪岩手下的阜康钱庄内部虚空，信用不足。

传言一起，阜康在上海的分号即刻遭挤兑，不到一天就宣布关门歇业。随即牵动杭州、宁波分号。

胡雪岩此时已乘船去了杭州。上岸伊始，就遇上了这么一个大变故，真是犹如晴天霹雳。胡雪岩明白，现在唯一于局面有益的，

是要自己镇静。这就好比一条船，遇到了大风浪，如果船长先慌了手脚，必然会引起船员更大的慌乱。一旦出现这种局面，就会各顾自己，谁也不去设法拯救大船，结果只能是船毁人亡，无一幸免。反过来，只要船长镇静，能把整船的人都组合起来，同心协力，就有可能逃出险境，化险为夷。

所以胡雪岩叫来杭州分号的钱庄挡手，要他回店告诉伙计们，钱庄仍要继续营业，有他胡雪岩的其他生意做后盾，一切可能的困境都会克服。

他又专程前去拜访藩司德馨，向他征求善局方略。德馨和胡雪岩一向关系甚好，知道胡雪岩面对这种行将崩溃的局面，决不会像其他一些小商人那样一逃了之，所以心先宽了三分，答应帮助胡雪岩疏通浙江巡抚和京城里的都老爷。疏通的目的，无非是要这些人不必因事浮沉，乱发议论。最好的处理办法，是大家一起来支持胡雪岩，给胡雪岩时间，让他自己来弥补因挤兑而带来的损失。有了官面上的这种信任,胡雪岩才能从容调度,挽救危业。

胡雪岩能在这样纷乱的气氛下有条有理地处理问题，也足显示出胡雪岩自己的气度来。他也仔细考虑了全局，知道人生做事，有输有赢，胜败乃兵家常事，关键是心理上不能输，要眼光放远，把事情看开。

照他自己的话说:“我是一双空手起来的，到头来仍旧一双空手,不输啥！不但不输,吃过,喝过,阔过,都是赚头。只要我不死,你看我照样一双空手再翻过来。”

这种眼光和心胸，在商人中有不少同其类者。与胡雪岩同期而稍后的徐润，就是这样一位经得起波折的人物。

徐润以买办起家。咸丰到同治年间，太平天国运动，上海租界人口由 500 人猛增长 14.2 万人，大量地主、富商逃离家乡，躲入租界，使得投资房地产成为十分有利可图的事业。

徐润从同治三年（1864 年）到光绪九年（1883 年），陆续购置地皮 6100 多亩，建筑 3200 多亩，所建筑的洋房、住宅、商店等，每年可收租金 12 万余两，房地产价值总额达 223 万余两。

也就是在 1883 年，一方面，和胡雪岩一样，因为遇到中法战争，法国兵舰驰抵吴淞口，上海富户纷纷提款离沪，全市钱庄信用崩溃，另一方面，胡雪岩阜康钱庄倒闭，致使其他钱业同行也都资金周转不灵，纷纷向徐润逼债。

徐润无奈，只好将自己的产业贱价出售，抵偿债务，一下子亏损了八九十万两。徐润遇到了一生最惨重的经商失败。

徐润遭此变故，并不灰心，曾自书一副对联解嘲："放宽肚皮装气，咬定牙根吃亏"，仍在寻找机会东山再起。

光绪十六年（1890 年）以后，徐润变卖家中古董器玩，书籍字画，及先母遗物和夫人珠宝等，共得银八九万两，继续投资于房地产业，先后在上海和天津购地 3000 余亩。1900 年八国联军侵华，在天津新划租界区，徐润购得的房地产也被外国人占去，使他再次蒙受很大损失。

在房地产经营方面，徐润数次受挫，并不顺利。但他不甘失败，屡挫屡起，充分见出一个大商人所具有的心理韧性。

胡雪岩和徐润，同是近代著名的商人，在大变故，大挫折面前，两人的态度都很沉着。尤其是胡雪岩，失败的原因，一方面是李鸿章为代表的官僚势力不支持，拆后台，另一方面则是为了保护传统手工丝织业，为了蚕农的利益而和洋人斗法。失败后，胡雪岩态度光明磊落，欠谁的款还谁的钱，力所能及，决不拖欠；因而为时人称道，被认为是"杭铁头"的典型代表。

这种心理素质，在大事的比照面前，已经化为一种修养。它需要一个人长期的磨砺，才能真正获得。

曾国藩在其家书中，自叙经历，从中可以看出我们所说的心理素质和一个人所受磨砺的关系来。

余平生吃数大堑，而癸丑六月不与焉。第一壬辰年发佾生，学台悬牌，责其文理之浅。第二庚戌年上日讲疏，内画

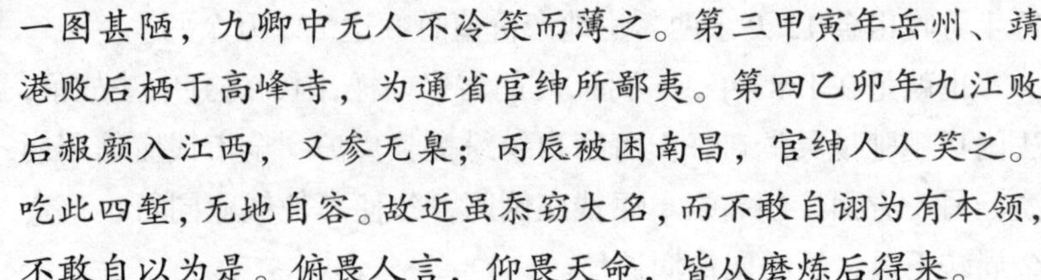

一图甚陋，九卿中无人不冷笑而薄之。第三甲寅年岳州、靖港败后栖于高峰寺，为通省官绅所鄙夷。第四乙卯年九江败后赧颜入江西，又参无臬；丙辰被困南昌，官绅人人笑之。吃此四堑，无地自容。故近虽忝窃大名，而不敢自诩为有本领，不敢自以为是。俯畏人言，仰畏天命，皆从磨炼后得来。

和曾国藩一样，胡雪岩处变不惊，遇事不乱的心理素质，也正和曾国藩一样，是从长期的经历中积淀提升出来的。细考人的一生，真正的智力差别固然存在，而意志的差别对一个人事业的成败，为人形象的好坏所起的作用则更大。

生意人的良心

一天，胡雪岩和同行张胖子聊起了钱庄生意经。

谈生意经，胡雪岩一向最起劲，又正当微醺之时，兴致更佳，“今天难得有空，我们索性好好儿筹划一番。”他问，“老张，山西票号的规矩，你总熟悉的吧？”

“隔行如隔山，钱庄、票号看来是同行，做法不同。”张胖子在胡雪岩面前不敢不说实话，“而且，票号的势力也不过长江以南，他们的内幕，实在没有机会见识。”

“我们做钱庄，唯一的劲敌就是山西票号。知己知彼，百战百胜，所以这方面，我平时很留心。现在，不妨先说点给你听。”

照胡雪岩的了解，山西票号原以经营汇兑为主，而以京师为中心。这几年干戈扰攘，道路艰难，公款解京，诸多不便，因而票号无形中代理了一部分部库与省库的职司，公款并不计息，汇水尤为可观，自然大获其利。还有各省的巨商显宦，认为天下最安稳的地方，莫如京师，所以多将现款，汇到京里，实际上就是存款。这些存款的目的不是生利，而是保本，所以利息极轻。

“有了存款要找出路。头寸烂在那里，大元宝不会生小元宝的。”胡雪岩说，“山西票号近年来通行放款给做京官的，名为‘放京债’，听说一万两的借据，实付七千。”

“什么？”张胖子大声打断，“这是什么债，比印子钱还要凶！”

“你说比印子钱还要凶，借的人倒是心甘情愿，反正羊毛出在羊身上，老百姓倒霉！”

“怎么呢？”

“你想，做官借债，拿什么来还？自然是老百姓替他还。譬如某人放了我们浙江藩司，京里打点，上任盘费，到任以后置公馆、买轿马、用底下人，哪一样不要钱？于是乎先借一笔京债，到了任想法子先挪一笔款子还掉，随后慢慢儿弥补，不在老百姓头上动脑筋，岂不是就要闹亏空了？”

“这样子做难道没有风险！譬如说，到了任不认账？”

“不会的。第一，有保人，保人一定也是京官。第二，有借据，如果赖债，到都察院递呈子，御史一参，赖债的人要丢官。第三，自有人帮票号的忙，不准人赖债。为啥呢，一班穷翰林平时都靠借债度日，就盼望放出去当考官，当学政，收了门生的‘贽敬’来还债，还了再借，日子依旧可以过得下去。倘若有人赖了债，票号联合起来，说做官的没有信用，从此不借，穷翰林当然大起恐慌，会帮票号讨债。”胡雪岩略停一下又说，“要论风险，只有一样，京官上任，中途出了事，或者死掉，或者丢官。不过也要看情形而定，保人硬气的，照样会一肩担承。”

“怪不得！”张胖子说，“这几年祁、太、平三帮票号，在各省大设分号。原来有这样的好处！”他跃跃欲试地，“我们何不学人家一学？”

“着啊！”胡雪岩干了一杯酒，“我正就是这个意思。”

胡雪岩的意思是，仿照票号的办法，办两项放款。第一是放给做官的。由于南北道路艰难，时世不同，这几年官员调补升迁，多不按常规，所谓“送部引见”的制度，虽未废除，却多变通办理，尤其是军功上保升的文武官员，尽有当到藩司、臬司，主持一省钱谷、司法的大员，而未曾进过京的。由京里补缺放出来，自然要可以借京债，如果在江南升调，譬如江苏的知县，调升湖北的知府，没有一笔盘缠与安家银子就“行不得也”！胡雪岩打算仿照京债的办法，帮帮这些人的忙。“这当然是有风险的。但要通盘扯算，以有余补不足。自从开办厘金以来，不晓得多少人发了财，像这种得了税差的，早一天到差，多一天好处，再高的利息，他也要借，而且不会吃倒账。我们的做法是要在这些户头上多赚他些，来弥补倒账。话不妨先说明白，我们是‘劫富济贫’的做法。”

“劫富济贫！”张胖子念了两遍，点点头说，“这个道理我懂了。第二项呢？”

“第二项放款是放给逃难到上海来的内地乡绅人家。这些人家在原籍，多是靠收租过日子的，一早拎只鸟笼泡茶店，下午到澡堂子睡一觉，晚上‘摆一碗’，吃得醉醺醺回家，一年三百六十天，起码三百天是这样子。这种人，恭维他，说他是做大少爷，讲得难听点，就是无业游民。如果不是祖宗积德，留下大把家私，一定做‘伸手大将军’了。当初逃难来的时候，总有些现款细软在手里，一时还不会‘落难’，日久天长，坐吃山空，又是在这个花天酒地的夷场上，所以这几年下来，很有些赫赫有名的大少爷，快要讨饭了！”

这话不是过甚其词，张胖子就遭遇到过几个，境况最凄惨的，甚至倚妻女卖笑为生。因此，胡雪岩的话，在他深具同感，只是放款给这些人，他不以为然，“救急容易救穷难！”他说，“非吃倒账不可！”

“不会的。”胡雪岩说，“这就要放开眼光来看，长毛的气数快到了！江浙两省一光复，逃难的回家乡，大片田地长毛抢不走，他们苦一两年，仍旧是大少爷，怎么会吃倒账？”

“啊！”张胖子深深吸了口气，“这一层我倒还没有想到。照你的说法，我倒有个做法。”

“你说！”

“叫他们拿地契来抵押。没有地契的，写借据，言明如果欠款不还，甘愿以某处某处田地作价抵还。”

“对！这样做法，就更加牢靠了。”

“还有！”张胖子跟胡雪岩一席长谈，启发良多，也变得聪明了，他说，“既然是救穷，就要看远一点儿。那班大少爷出身的，有一万用一万，不顾死活的，所以第一次来抵押，不可以押足，预备他不得过门的时候来加押。”

这就完全谈得对路了，越谈越多，也越谈越深，然而仅谈放款，又哪里来的款子可放？张胖子心里一直有这样一个疑问，他不肯问出来，因为在他的意料中，心思细密的胡雪岩，一定会自己先提到，无须先问。

而胡雪岩却始终不提这一层，这就逼得他不能不问了：“老胡，这两项放款，期限都是长的，尤其是放给有田地的人家，要等光复了，才有收回的确期，只怕不是三两年的事。这笔头寸不在少数，你打算过没有？”

“当然打算过。只有放款，没有存款的生意，怎么做法？我倒有个吸收存款的办法，只怕你不赞成。”

“何以见得我不赞成？做生意嘛，有存款进来，难道还推出去不要？”

胡雪岩不即回答，笑一笑，喝口酒，神态显得很诡秘，这让张胖子又无法捉摸了。他心里的感觉很复杂，又佩服，又有些戒心，觉得胡雪岩花样多得莫测高深，与这样的人相处，实在不能掉以轻心。

终于开口了，胡雪岩问出来一句令人意料不到的话：“老张，譬如说我是长毛，有笔款子化名存在你这里，你敢不敢收？”

“这……”张胖子答，“这有啥不敢？”

“如果有条件的呢？”

“什么条件？”

“他不要利息，也不是活期，三年或者五年，到期来提，只

有一个条件，不管怎么样，要如数照付。”

“当然如数照付，还能怎么样？”

“老张，你没有听懂我的意思，也不明白其中的利害。抄家你总晓得的，被抄的人，倘或有私财寄顿在别处，照例是要追的。现在就是说，这笔存款，即使将来让官府追了去，你也要照付。请问你敢不敢承担这个风险？”

这一说，张胖子方始恍然，“我不敢！”他大摇其头，“如果有这样的情形，官府来追，不敢不报，不然就是隐匿逆产，不得了的罪名。等一追下去，人家到年限提款，你怎么应付？”

“我晓得你不敢！”胡雪岩说，“我敢！为啥呢？我料定将来不会追。”

“哦，何以见得？你倒说个道理我听听。”

“何用说道理？打仗也打了好几年了，活捉的长毛头子也不少，几时看官府追过。”胡雪岩放低了声音又说：“你再看看，官军捉着长毛，自然搜刮一空，根本就不报的，如果要追，先从搜刮的官军追起，那不是自己找自己麻烦？我说过，长毛的气数快尽了！好些人都在暗底下盘算，他们还有一场劫，只要逃过这场劫，后半辈子就可以衣食无忧了。”

“是怎么样一场劫？”

“这场劫就是太平天国垮台。一垮台，长毛自然在那一阵乱的时候最危险，只要局面一定，朝廷自然降旨，首恶必惩，胁从不问，更不用说追他们的私产。所以说，只要逃过这场劫，后半辈子就可以衣食无忧。”

谈到这里，张胖子恍然大悟。保命容易保产难，所以要早做安排。

想通了，不由得连连称“妙！”但张胖子不是点头，而是摇头，“老胡”，他带着杞人忧天的味道，“你这种脑筋动起来，要遭天忌的！”

“这也不足为奇！我并没有害人的心思，为啥遭天之忌？”

“那么，犯不犯法呢？”张胖子自觉这话说得太率直，赶紧又解释，“老胡，我实在因为这个法子太好了。俗语说得是：好事多磨！生怕其中有办不通的地方，有点不大放心。”

“你这话问得不错的。犯法的事，我们不能做，不过，朝廷的王法是有板有眼的东西，他怎么说，我们怎么做，这就是守法。他没有说，我们就可以照我们自己的意思做。隐匿罪犯的财产，固然犯法，但要论法，我们也有一句话说：人家来存款的时候，额头上没有写着字：我是长毛。化名来存，哪个晓得他的身份？”

“其实我们晓得的，良心上总说不过去！”

“老张，老张！”胡雪岩喝口酒，又感叹，又欢喜地说，“我没有看错人，你本性厚道，实在不错。然而要讲到良心，生意人的良心，就只有对主顾来讲。公平交易，老少无欺，就是我们的良心。至于对朝廷，要做官的讲良心。这实在也跟做生意跟主顾讲良心是一样的道理。‘学成文武艺，卖与帝王家’，朝廷是文武官儿的主顾，是他们的衣食父母，不能不讲良心。在我们就可以不讲了。”

“不讲良心讲啥？”

“讲法，对朝廷守法，就是对朝廷讲良心。”

张胖子点点头，喝着酒沉思，好一会儿才欣然开口：“老胡，我算是想通了。多少年来我就弄不懂，士农工商，为啥没有奸士、奸农、奸工，只有奸商？可见得做生意的人的良心，别有讲究，不过要怎么个讲究，我想不明白。现在明白了！对朝廷守法、对主顾讲公平，就是讲良心，就不是奸商！”

“一点儿不错！老实说一句：做生意的守朝廷的法，做官的对朝廷有良心，一定天下太平。再说一句：只要做官的对朝廷讲良心，做生意的就不敢不守法。如果做官的对朝廷没有良心，要我们来对朝廷讲良心，未免迂腐。”

“嗯，嗯，你这句话，再让我来想一想。”张胖子一面想，一面说，“譬如，有长毛被抓住了，抄家，做官的抹杀良心，侵吞这个人的财产，那就是不讲良心。如果我们讲良心呢？长毛化名来存款，说是应该允公的款子，我们不能收。结果呢？白白便宜赃官，仍旧让他侵吞了。对！”他一拍桌子，大声说道，“光是做生意的对朝廷讲良心，没有用处。我们只要守法就够了！”

“老张啊！”胡雪岩也欣然引杯，“这样才算是真正想通。”

这一顿酒吃得非常痛快，最后是张胖子抢着做的东。

第六章 处世谋略

“光墉者，东南大侠。”胡雪岩为人落拓大方，处世更是精明圆滑。结交江湖朋友，赈抚灾区百姓，救济清军士卒，真可谓是“少年所性尚游侠，中年致富不忘本”。因为他心里明白：第一，江湖上办事，重在情义两字，待之以诚，将心比心，才能赢得朋友。只有联络江湖，左右逢源，红黑皆通，方能商路畅达无阻，财运亨通。第二，江湖势力与自己商业上的成败是密切相关的，处理得好，在关键时刻挺下来，不轻易言退，就能一通百通。第三，“花花轿儿，人抬人”，我处处替你考虑到了，你总不能仍然无动于衷，做出不仁不义的事。第四，做大生意首先要帮公家把局势扭转过来。扭转局势，在细的方面，就是帮社会济贫穷。处世之道，经商之根基也。

江湖朋友，不可或缺

恃才傲物嵇鹤龄，危难之际显身手

王有龄受命剿办新城聚众抗粮一事，有个叫嵇鹤龄的候补知县主张“先抚后剿”，但此人恃才傲物，不愿替别人去当这送命的差事。为了说服嵇鹤龄，一天一大早，胡雪岩径自来拜嵇鹤龄。他住的是租来的房子，房屋破旧，但格局甚大，里面住着六七户人家，屋主连门房都租了出去，黯旧的粉墙上写着“陈记苏广成衣”六个大字。高升便上去问询：“陈老板，请问嵇老爷可是住在这里？”

“嵇老爷还是纪老爷？”姓陈的裁缝问，嵇跟纪念不清楚，听来是一个音。

“嵇鹤龄老爷。”

“我不晓得他们的名字。可是喜欢骂人的那位嵇老爷？”

“这我就不晓得了。”高升把一手所持的清香烛拿给他看，“刚刚死了太太的那位嵇老爷。”

“不错，就是喜欢骂人的那个。他住在三厅东面那个院子。”

“多谢，多谢！”高升向胡雪岩使个眼色，接着取根带来的纸媒，在裁缝案板上的熨斗里点燃了，往里就走。

胡雪岩穿官服，还是破题儿第一遭，踱不来方棱折角的四方步，加以高升走得又快，他不能不紧紧跟着，所以顾不得官派，捞起下摆，大踏步赶了上去。

穿过大厅，沿着夹弄，走到三厅，东面一座院落，门上钉着麻，一看不错，高升便开始唱戏了，接长了调子喊一声：“胡老爷拜！”

一路高唱，一路往里直闯，到了灵堂前，吹旺纸媒，先点蜡烛后燃香。这个突如其来的动作，把嵇家弄得莫名其妙，有个跟班模样的老者问道：“老哥，贵上是哪一位？”

“敝上姓胡，特来拜嵇老爷！拜托你递一递帖子。”说着，高升从拜匣里取出一张“教愚弟胡光墉拜”的名帖递了过去。

他们在里头打交道，胡雪岩只在院子里门口等，过了一会儿，听见嵇家的跟班在说：“不敢当，不敢当！敝上说，跟胡老爷素昧平生，不敢请见，连帖子亦不敢领。”

这拒人于千里以外的态度，是胡雪岩早就料到了的。他的步骤是，如果投帖而获嵇鹤龄延见，自然最好，否则就还有一步棋。

此刻便是走这步棋的时候了，他不慌不忙地往里走去，直入灵堂，一言不发，从高升手里将已点燃的线香，在灵前肃穆地往上一举，然后亲自去上香。

等嵇家的跟班会过意来，连忙喊道：“真不敢当，真不敢当！”

胡雪岩不理他，只管自己恭恭敬敬地跪在拜垫上行礼。嵇家的跟班慌了手脚，顺手接过一个在看热闹的、胖胖的小姑娘的头一揿，硬捺着跪下。

“快磕头回礼！”

这时候嵇家上下都惊动了，等胡雪岩站起身来，只见五六个孩子，有男有女，小到三四岁，大到十四五岁，都围在四周，用好奇的眼光，注视着这位从未见过的客人。

“大官！”嵇家的跟班，招呼年龄最大的那个男孩，“来给胡老爷磕头道谢。”

就这时候嵇鹤龄出现了，“是哪位？”他一面掀起门帘，一面问。

“这位想来就是嵇大哥了！”胡雪岩兜头一揖。

嵇鹤龄还了礼，冷冷地问道：“我与足下素昧平生，何劳吊唁？”

“草草不恭！我是奉王太守的委托，专诚来行个礼。”胡雪岩张两臂，看看自己身上，不好意思地笑着，“不瞒嵇大哥说，从捐了官以来，这套袍褂还是第一次穿。只因为初次拜访，不敢不具公服。”

“言重，言重！不知足下光临，有何见教？”

话是很客气，却不肯肃客入座，意思是立谈数语便要送客出门。不过他虽傲岸自高，其跟班却很懂礼教，端了盖碗茶来，说一声：“请坐，用茶！”这一下嵇鹤龄不能不尽主人的道理了。

等一坐下来，胡雪岩便是一顿恭维，兼道王有龄是如何仰慕。他的口才本就来得，这时又是刻意敷衍，因而几句恰到好处的恭维，胡雪岩就把嵇鹤龄的傲气减消了一半。

“嵇大哥，还有点东西，王太守托我面交，完全是一点点敬意。”说着，他从靴页子里掏出来一个信封，隔着茶几递了过去。

嵇鹤龄不肯接，“内中何物呢？”他问。

“不是银票。”胡雪岩爽爽快快地把他心中的疑惑揭破，接下来又加了一句，“几张无用的废纸。”

这句话引起了嵇鹤龄的好奇心，撕开封套一看，里面一叠借据，有向钱庄借的，有裘丰言经手为他代借的，上面或者盖着“注销”的戳子，或者写着“作废”二字。不是“废纸”是什么呢？

“这、这、这怎么说呢？”嵇鹤龄的章法大乱，而尤其令他困

惑的是，有人抬进来两只皮箱，他认得那是自己的东西，但不应该在这里，应该在当铺里。

于是嵇鹤龄急急喊他那跟在箱子后面的跟班：“张贵！怎么回事？”

上当铺的勾当，都归张贵经手，但是他也不明白是怎么回事，一出戏他不过看到前台的演出，后台的花样他看不见。

线索是裘丰言那里来的，知道了嵇家常去求救的那家当铺就好办了。钱庄与当铺素有往来，刘庆生就认识那家当铺的徽州朝奉，一说替嵇老爷赎当，自然万分欢迎。但赎当要有当票，因而做了一个约定，由刘庆生将全部本息付讫，“当头”送到嵇家，凭票收货，否则原货取回。这是万无一失的安排，当铺里自然乐从。

因此，在胡雪岩跟嵇鹤龄打交道时，作为“配角”的高升也在“唱戏”，他把张贵悄悄拉一边，先请教了“贵姓”，然后说道：“张老哥，有点东西在门外，请你去看看。”

门外是指定时间送到的两口皮箱。高升告诉他，本息都已付过，只凭当票就可取回票子。张贵跟了嵇鹤龄十几年，知道主人的脾气，但也因为跟得太久，不但感情上已泯没了主仆的界限，而且嵇鹤龄的日常家用，都由他调度，等于是个“当家人”，别的都还好办，六个孩子的嘴非喂不可，所以对这两箱子衣服，决定自作主张把它领了下来，至多受主人几句埋怨，实惠总是实惠。

“唉！”被请到一边，悄悄听完经过的嵇鹤龄，微顿着足叹气，“我从来没有遇见过这种事。现在怎么办呢？”

张贵不作声，心里在想：有钱，把赎当的本息归还人家，没有钱，那就只好领受人家的好意。不然，难道把东西丢掉？

“好了，好了！”嵇鹤龄一横心，另作处置，挥手说道，“你不用管了。”

“老爷！”张贵交代一句，“本息一共是二百三十三两六钱银子。”

嵇鹤龄点点头，又去陪客，“仁兄大人，”他略带点气愤地说，

“这是哪位的主意？高明之至！”

“哪里，哪里！”胡雪岩用不安的声音，“无非王太守敬仰老兄，略表敬意，你不必介怀！”

“我如何能不介怀？”嵇鹤龄把声音提得高，“你们做这个圈套，硬叫我领这个情，拒之不可，受之不甘。真正是……”他总算把话到口边的“岂有此理”四个字咽了回去。

他要发脾气，也在胡雪岩意料之中，笑嘻嘻地站起身来又作揖：“老兄，我领罪！是我出的主意，与王太守无干！说句实话，我倒不是为老兄，是为王太守，他深知老兄的耿介，想有所致意而不敢，为此愁眉不展，我蒙王太守不弃，视为患难之交，不能不替他分忧，因而想了这么一条唐突大贤的计策。总之，是我荒唐，我跟老兄请罪！”说到这里又是长揖到地。

嵇鹤龄不知道这番措辞雅驯的话，是经王有龄斟酌过的“戏辙儿”，只觉得他谈吐不俗，行事更不俗，像是熟读《战国策》的，倒不可小看了这个“铜钱眼里翻跟斗”的陌生人。

于是他的态度和缓了，还了礼拉着胡雪岩的手说：“来，来，我们好好谈一谈。”

一看这情形，胡雪岩自觉嵇鹤龄已入掌握，不过此刻有两种不同的应付办法，如果只要他就范，替王有龄作一趟新城之行，事毕即了，彼此漠不相关，那很好办，就地敷衍他一番就行了。倘或想跟他做个朋友，也是为王有龄在官场中找个得力帮手，还须好好下一番功夫。

转念之间，就有了抉择，他实在也很欣赏嵇鹤龄这样的人，所以提了建议，并且改了称呼，不称“老兄”称“鹤龄兄”。

“我看这样，”他说，“鹤龄兄，我奉屈小酌，找个清凉的地方‘摆一碗’，你看怎么样？”

日已将午，对这样一位来“示惠”的客人，嵇鹤龄原就想到，应该留客便饭，只是中馈乏人，孩子又多，家里实在不方便，不想胡雪岩有此提议，恰中下怀，因而欣然表示同意。

"这身公服，可以不穿了！"胡雪岩看着身上，故意说道："等我先回换了衣服再来。"

"那何必呢？"嵇鹤龄马上接口，"天气还热得很，随便找件纱衫穿就行了。"接着就叫他的儿子，"大毛，把我挂在门背后的那件长衫拿来。"

于是胡雪岩换了公服，穿上嵇鹤龄的一件实地纱长衫。到了这样可以"共衣"的程度，交情也就显得不同了。两个人没有穿马褂，一袭轻衫，潇潇洒洒地出了嵇家的院子。

"鹤龄兄，你请先走一步，我跟他说几句话。"

他是指高升，胡雪岩先夸奖了他几句，然后让他回去，转告王有龄，事情一定可以成功，请王有龄即刻到嵇家来拜访。

"胡老爷！"高升低声问道，"你跟嵇老爷吃酒去了，我们老爷一来，不是扑个空吗？"

"'孔子拜阳货'，就是要扑空。"胡雪岩点破其中的奥妙，"你们老爷来拜了，嵇老爷当然要去回拜，这下有事不就可以长谈了吗？"

"是的，胡老爷的脑筋真好！"高升笑着说，"我懂了，我懂了，你请。"

出了大门，两个人都没有坐轿子。嵇家住在清波门，离"柳浪闻莺"不远，安步当车到了那里，在一家叫作"别有天"的馆子里落座。胡雪岩好整以暇地跟嵇鹤龄研究要什么菜，什么酒，那样子就像多年知好，常常在一起把杯小叙似的。

"雪岩兄，"嵇鹤龄开门见山地问，"王太守真的认为新城那件案子，非我去不可？"

"这倒不大清楚。不过前天我听他在埋怨黄抚台。"胡雪岩喝口酒，闲闲地又说，"埋怨上头，派了这么多委员来，用得着的不多，倒不如只派嵇稽鹤龄一位，那反倒没有话说。"

"怎么叫没有话说？"

"听他的口气，是指你老兄没有话说。如果委员只有你一位，他有什么借重的地方，我想你也不好推辞。现在有这么多人，偏偏一定说要请你去，这话他似乎不便出口。”

“是啊！”嵇鹤龄说，“我也知道他的难处。”

知道王有龄的难处又如何呢？胡雪岩心里这样在问，但不愿操之过急，紧盯着问，同时他也真的不急，因为嵇鹤龄的脾气，他几乎已完全摸到，只要能说动他，他比什么人的心还热。

果然，嵇鹤龄接着又说：“这件事我当仁不让。不过，王太守要能听我的话。”

胡雪岩也真会做作，“到底怎么回事？我还不十分清楚，这是公事，我最好少说话。鹤龄兄，王太守跟我关系不同，想来你总也听说过。我们虽是初交，一见投缘，说句实话，我是高攀，只要你愿意交我这个朋友，我们交下去一定是顶好的朋友。为此”，他停了一下，装出毅然决然的神情，“我也不能不替你着想，交朋友不能‘治一经，损一经’，你说是不是？”

“是的。”嵇鹤龄深深点头，“雪岩兄，不是我恭维你，阛阓中人，像你这样有春秋战国策士味道的，还真罕见。”这两句话，胡雪岩听不懂，反正只知道是恭维的话，谦逊总不错的，便拱拱手答道：“不敢，不敢！”

“现在我要请问，你说‘不能不替我着想’，是如何想法？”

“你的心太热，自告奋勇要到新城一趟，王太守当然也有借重的意思。不过他的想法跟我一样，总是不生危险才好，如果没有万全之计，还是不去的好。倘或王太守谈到这件事，你有难处，尽管实说。”他加重语气又说：“千万千万不能冒险。这就是我替你着想的地方。”

“承情之至。”嵇鹤龄很坦然地说，“这种事没有万全之计的，全在乎事前策划周详，临事随机应变。雪岩兄，你放心，我自保的办法，总是有的。”

“可惜，新城是在山里，如果是水路码头我就可以保你的驾了。”

"怎么呢？"嵇鹤龄问，"你跟水师营很熟？"

"不是。"胡雪岩想了想，觉得不妨实说，"漕帮中我有人。"

"那好极了！"嵇鹤龄已极其兴奋地，"我就想结识几个漕帮中人，烦你引见。"他接着又加了一句，"并无他意，只是向往这些人的行径，想印证一下《游侠列传》，看看今古有何不同？"《游侠列传》是个什么玩意？胡雪岩不知道，片刻之间，倒有两次听不懂他的话，心里不免难过，读的书到底太少了。

不过不懂他能猜，看样子嵇鹤龄只是想结交朋友，江湖上海深得很，朋友越多越好，介绍他跟郁四和尤五认识，并不冒昧，所以他一口答应。

"鹤龄兄，"他说，"我是'空子'，就这年把当中，在水路上交了两个响当当的好朋友，一个在湖州，一个在松江。等你公事完了，我也从上海回来了，那时候我们一起到湖州去玩一趟，自然是扰王太守的，我跟你介绍一个姓郁的朋友。照你的性情，你们一定合得来。"

"好极了！"嵇鹤龄欣然引杯，干了酒又问："你什么时候动身到上海？"

"本来前天就该走了。想想不能把王太守一个人丢在这里，所以上了船又下船。"

"啊！这我又要浮一大白！"嵇鹤龄自己取壶斟满，一饮而尽，向胡雪岩照一照杯又说，"现在能够像你这样急人之难，古道热肠的，不多了。"

这句话他听懂了，机变极快，应声答道："至少还有一个，就是仁兄大人阁下。"

说着，胡雪岩回敬了一杯，嵇鹤龄欣然接受，放下杯子，有着喜不自胜的神情："雪岩兄，人生遇合，真正是佛家所说的'因缘'两字，一点儿都强求不来。"

"哦，原来'姻缘'两字，是佛经上来的？"

这一说，嵇鹤龄不免诧异，看他谈吐不凡，何以连"因缘"

的出典都会不知道呢？但他轻视的念头，在心中一闪即没，朋友投缘了，自会有许多忠恕的想法，他在想，胡雪岩虽是生意中人，没有读多少书，但并不俗气，而且在应酬交往中，学到了一口文雅的谈吐，居然在场面上能充得过去，也真个难能可贵了。

他还没有听出胡雪岩说的“姻缘”，不是“因缘”，只接着发挥他的看法：“世俗都道得一个‘缘’字，其实有因才有缘。你我的性情，就是一个因，你晓得我吃软不吃硬，人穷志不穷的脾气，这样才会投缘。所以有人说的无缘，其实是无因，彼此志趣不合，性情不投，哪里会做得成朋友？”

胡雪岩这才明白，他说的是因果之“因”，不是婚姻之“姻”，心里越发不是味道，但也不必掩饰，“鹤龄兄，”他诚恳地说，“你跟我谈书上的道理，我不是你的对手。不过你尽管谈，我听听总是有益的。”

这一说，益使嵇鹤龄觉得他坦率可爱，不过也因为他这一说，反倒不再引经据典，谈谈书上的道理了，“‘世事洞明皆学问，人情练达即文章’，雪岩兄，你倒也不必太自谦。”嵇鹤龄说，“我劝你闲下来，倒不妨读几首诗，看看山，看看水，这倒是涵泳性情，于你极有益处的。”

“你这几句话是张药方子，”胡雪岩笑道，“可以医我的俗气。”

“对了！”嵇鹤龄击节称赏，“你见得到此就不俗。”

这一来，他的谈兴越发好了，谈兴一好酒性也一定好，又添了两斤竹叶青来。酒店主人也很识趣，从吊在湖水中的竹篓里，捞起一条三斤重的青鱼，别出心裁，舍弃从南宋传下来的“醋溜”成法不用，仿照“老西儿”的吃法，做了碗解酒醒脾的醋椒鱼汤，亲自捧上桌来，说明是不收钱的“敬菜”。于是嵇鹤龄的饭量也好了，一碗“冬春米”饭下肚，摸着肚皮说：“从内人下世以来，我还是第一次这么酒醉饭饱。”

他这一说，倒让胡雪岩想起一件事，“鹤龄兄，”他说，“尊夫人故世，留下五六个儿女，中馈不可无人，你也该有续弦的

打算！”

“唉！”嵇鹤龄叹口气，“我何尝不做此打算？不过，你倒想想，五六个儿女需要照料，又是不知哪一年补缺的‘灾官’，请问，略略过得去的人家，哪位小姐肯嫁我？”

“这倒是实话。”胡雪岩说，“等我来替你动脑筋！”

嵇鹤龄笑笑不答。胡雪岩却真的在替他“动脑筋”，并且很快地想到一个主意，但眼前先不说破，谈了些别的闲话，看着太阳已落入南北高峰之间，两人才恋恋不舍地约了明天再见。

把柄在手不言破，朱福年赤胆忠心

朱福年是庞二丝行的挡手，为了阻止胡雪岩与庞二联手，竟私自找洋人向胡雪岩杀价。为了收服朱福年，胡雪岩掌握了朱福年私挪东家钱款的勾当。朱福年的“把柄”虽已入手，胡雪岩却反丢开了，他做事一向往好的方面走，眼前的唯一大事是与庞二谈判合伙的细节。由于彼此都具诚意，谈判相当顺利，胡雪岩在恒记不居任何名义，但先要为恒记做一番整顿，等到有了头绪，再进行阜康钱庄上海分号。对这方面，庞二表示概不过问，又说，如果胡雪岩资金不足，他可以拉一批长期存款的户头来，变相地为阜康增添资本。

于是，双方找了见证人来写合伙的契约，胡雪岩请的是尤五，庞二找了一个他的父执，专做桐油出口的孙大存。合同签押好了，庞二大张筵席，请见证人，也请恒记管事的人，包括朱福年在内，即席宣布，赋胡雪岩以盘查银钱货色、考察同人、重新改组的大权。

胡雪岩接着也站起来说了话，表示决不轻易更动，请大家照常办事，不必三心二意，话不多而扼要，每人都像服了颗定心丸。当然，只有朱福年是例外。

到了第二天，朱福年来请胡雪岩到恒记去“视事”。他早就打好了主意，到了恒记在账房中坐定，管事的人一个个来见过，他问了问各人的经历，随即起身辞别，朱福年请他看账，他回说：

“不忙。慢慢儿来好了。”

这一半是放朱福年一马,看他是不是自己去弥补他的“花账”,一半也是实话，因为眼前先有件与他切身利害有关的大事要办。

恒记人事上的变动，朱福年已经告诉了怡和洋行的大班吉伯特。这个意外的变化，自然是一大打击，但朱福年还不服气，怂恿吉伯特说：胡雪岩实力不足，只要吉伯特坚持原议，必可迫他杀价脱手。

因此，当古应春跟吉伯特再度会面，说明恒记的丝亦归他经手，要求照最初的议价成交时，吉伯特断然拒绝，依旧以欧洲丝价大跌为托词，只肯照八五折收买。

事情成了僵局，胡雪岩相当为难，如果坚持原价，万一不能成交，不但自己的本钱搁不起，丝也会变质，而且对庞二这方面也难交代。倘或委曲，则更不能求全，不但为庞二所笑，在商场上辛辛苦苦建立起来的名声，亦会大打折扣。同时还有一层顾虑，也许朱福年已经跟庞二说过，他那里的货色，可以照原定的价钱卖给吉伯特，由自己来经手，反打了个八五折，即或庞二了解其中的苦衷,为了划一步骤,以后易于控制全局,眼前不能不吃点亏,但心里总不会舒服，那就要影响彼此合伙的关系了。

“我在想,吉伯特恐怕也是‘嘴硬骨头酥’,”他喜滋滋地说,“我有个办法，打听他的虚实！”

“那太好了。”胡雪岩精神一振,“我就是想要晓得他手里的牌,看样子‘三副落地’，到底是不是清一色呢？如果不是，我们死扣那张牌，不是自己害自己？”

“就是这话。我马上去打听。”

“慢来！”胡雪岩拉住他说,“你怎么样下手,先说来我听听！”

“吉伯特听了朱福年的话，自然以为千稳万妥，买不成我们的货色，至少可以买恒记的，有了货色，当然要定轮船舱位装货。我就从轮船公司方面去打听，看他定了舱位没有？”古应春又说，“货色不在少数，一两条船还装不下，非先预定不可。所以一定

打听得出来的。”

“对！这个办法好。”胡雪岩的脑筋极快，当时便说，“除非他真的不想做这票生意，要做这票生意，不但要他照我们的价钱，额外还要他破费。”

古应春笑了。由于心情由沉重转为轻松，所以戏谑地挖苦胡雪岩：“小叔爷，你也真是，得着风就是雨！给不得你三分颜色，就要开大红染坊了。”

“我说个道理你听，你就晓得我不是胡言乱语。”

照他的判断，吉伯特以为自己这方面迟早总会就范，所以轮船的舱位定好了不会退掉，如果能够跟轮船公司接洽，以高价将吉伯特所定的舱位抢过来，则洋人买下了丝运不出去，又会来跟自己这方面情商转让，岂不又要赚他一笔。

“这是如意算盘。”古应春说，“不过也不妨试试。”说到这里，他触类旁通，仍旧觉得胡雪岩的话极有用，“小叔爷，你说的办法，恐怕行不通，不过我倒想了，大可借这个说法，逼他一逼。”

“嗯，嗯！”胡雪岩意会了，点点头说，“你请吧！我等你的回音。”

于是古应春去寻一个名叫陈顺生的朋友，此人是他的同乡，在太古轮船公司做买办，专门负责招揽客货承运。太古也是英国人的资本，怡和有货色交运，当然委手太古。

一问果然，“不错，有这回事。”陈顺生答道，“先是订了两班轮船的舱位，到期说货色还不齐，要延到下两班，贴了400两银子的损失。”

“那么下两班什么时候到？”

“一班十天以后，还有一班要半个月。到埠卸货装货，要十天工夫。”陈顺生问，“你打听它是为什么？”

托人办事，当然要相见以诚，而且是同乡好友，也不必顾虑他会“泄底”，所以古应春将跟吉伯特斗法的经过，原原本本说了一遍，接着便托陈顺生去“逼他一逼”。

"延过一次期，话就更好说了。"古应春低声说道，"我拜托你问一问吉伯特，货色齐了没有？到时候能不能装船？如果不能，要趁早说，好让太古另外去招揽客户。"

"懂了。这个忙我可以帮你。"

"多谢，多谢。今天晚上我请你吃花酒，顺便听你的消息。"

"这么急？"

"拜托，拜托！"古应春长揖恳求，"务必请你就跑一趟。"

情面难却，陈顺生真的丢下了自己的事，去为古应春奔走。到了晚上在怡情院见面，他带来了吉伯特的消息。

"他说等三天看。如果三天当中没有回话再谈。"

"怎么叫'再谈'？"古应春问，"是谈班期顺延，还是根本就不要舱位了？"

"怎么不要？当然要的！"

古应春听是这个回音，十分满意。足见怡和洋行非买丝不可，而且在三天以内就会来谈判。

这个看法，胡雪岩也认为不错，但主张再逼一逼。

这就是请陈顺生再跟吉伯特去说，有客户求货运舱位甚急，请他在三天以内，必须提出确实答复，否则，吉伯特就得照约履行，即使放弃不用，亦要全价收费。

"这一副还不够。"胡雪岩又说，"我们还要想个办法，让吉伯特以为我们不愿意跟他再做生意，我看他才会着慌，你看，我们是不是能够另外找洋人接头，虚张声势一番？"

"不行！洋人比我们团结，彼此都通声气的，而且哪个洋行做哪项买卖，完全听他们国内指挥，不会突然之间改做别项生意。虚张声势瞒不过吉伯特。"古应春又说，"倒是有个办法，我们放个风声出去，预备立一间号子，专做洋庄，直接写信给外国厂家交涉。看吉伯特怎么说？"

"这也是一个办法。不过，"胡雪岩沉吟了一会儿，"俗话说得好：'前半夜想想自己，后半夜想想别人家。'吉伯特就算愿意

回头，总也要有个‘落场话’。大家的话都很硬，自己转不来弯，我们要替吉伯特开条路子出来。你说是不是？”

“我也想到过。就怕我们想转圜，他以为我们软弱，越发搭架，岂非僵上加僵？”

对这个顾虑，胡雪岩无法做判断了，因为洋人做生意的规矩，以及吉伯特的性情，他都不太了解。只是将心比心，自己不肯低头，谅来吉伯特也是如此，如果从中有个穿针引线的人，搭一搭桥，事情便容易办通了。

“小叔爷！”古应春看他犹豫的神色，提醒他说，“洋人做生意，讲利益，也讲道理，只要我们道理站得住，态度坚决，洋人倒是不讲面子的，自会笑嘻嘻来跟你说好话。所以你不要三心二意，让洋人看穿了，事情格外难办。”

胡雪岩最尊重行家的意见，古应春跟洋人的交道打得多，自然听他的，“那好！”他说，“我们就做一番态度坚决地表示给他看，请尤五哥弄两条船，我们拿货色装上去。”

“这，这表示，绝不卖给他了？”

“对了！对外头说，我们的丝改内销了，预备卖给杭州织造衙门。”

“那么，恒记的货色呢？”

“这我会跟庞二说，让庞二关照朱福年，也是雇船运杭州。”

古应春闭着嘴，脸色郑重地考虑好一会儿，毅然决然地答道：“可以！我们就这么做。不过，庞二对朱福年说的话很要紧。”

“那当然！我知道。”胡雪岩说，“朱福年自然要劝他，不必受我们这方面的牵累拿丝卖给吉伯特。庞二只要说一句：‘胡某人怎么样，我们怎么样，吉伯特要买丝跟胡某人去接头。’那就成功了。”

照胡雪岩的估计，朱福年当然会将庞二的态度告诉吉伯特，吉伯特一定会回头。如果不理，那么僵局就真的不能化解了。自己这方面固然损失惨重，怡和洋行从此也就不用再想在中国买丝。

想到就做，而且像煞有介事，裕记丝栈开了仓，一包包的丝，用板车运到内河码头上去装船。另一方面，庞二听了胡雪岩的话，照计行事。他做生意多少有点公子哥儿的脾气,喜欢发发“飙劲”,把朱福年找了来，叫他雇船装丝运杭州，一言不合，拿朱福年训了一顿。

“二少爷！”朱福年问，“这是为啥？”

“丝不卖给洋人了！可以不可以？”

“那也不用运杭州。运到杭州卖给哪个？”

“卖给织造衙门。”

“二少爷，这不对吧！”他说，“从一闹长毛，京里就有圣旨，各织造衙门的贡品都减少了。怎么会买我们的丝？这点道理，难道二少爷都不懂？”

“我不懂你懂！”庞二的声音粗了，“除非有人吃里爬外，不然洋人怎么会晓得我们的情形？你跟洋人去说，他有洋钱是他的，我不稀罕。他到中国来做生意，三翻两次，处处想占便宜，当我们中国人好欺负？”

这种情形，遇到过不止一次，朱福年也知道他一时之气，做伙计的遇上有脾气的东家，当不得真，否则不如早早卷铺盖走路。何况,庞二虽有脾气,御下相当宽厚,像恒记这种职位是“金饭碗”,丢掉了不易再找。所以想一想，宁可挨骂，该说的话还是要说，才显得自己是“忠心耿耿”。

“二少爷，难怪你发脾气，洋人是不对。不过，他既然是来做生意，当然没有空手而回的道理，我看，丝是一定要买的，就是价钱上有上落。”“免谈。少一个‘沙壳子’都办不到。就算现在照我的价钱，卖不卖也要看我的高兴。”

“二少爷，生意到底是生意。”他试探着说，“要不要我再跟洋人去谈谈？如果肯依我们的价钱，不如早早脱手，钱也赚了，麻烦也没有。”

“我不管。你跟胡先生去谈，看他怎么说就怎么说。”

听得这一句话，朱福年只觉酸味直冲脑顶，顿时改了主意，回到账房里，自己在咕哝："他娘的，随他去。看他这票货色摆到啥辰光？"

这话是针对胡雪岩而说的，原来是"忠心耿耿"对东家，此时决定牺牲东家的利益，变相打击胡雪岩，真的雇了船，连夜装货，预备直驶杭州。

但是，吉伯特却沉不住气了，一面是陈顺生来催，一面是对方的丝真有改为内销的迹象，不由得便软化了，急于想找个人来转圜。

这些情形胡雪岩不知道，他只听庞二说过，朱福年自告奋勇，愿跟吉伯特重开谈判。又说已告诉朱福年，一切都听自己做主。既如此，则朱福年不论谈判得如何，都该跟自己来接头。何以不见他的踪影，反倒真的雇船装货？显见得其中起了变化。

"如果朱福年肯去说，倒是最适当的人选。"古应春也说，"不过现在对他弄僵了，我们不便在他面前示弱，只有再请庞二去问他。"

胡雪岩沉吟未答，古应春看的是一面，他要看两面，一面容易找出办法，要兼顾两面，就煞费周章了。

"庞二以东家的身份，问他一声，这件事办得怎么了，有何不可？"

"自无不可。不过那是不得已的办法，套句你们文绉绉的话，是下策。"

"怎么样才是上策呢？"

胡雪岩有些答非所问地："像猪八戒这种样子，我们杭州话，叫作'不入调'。现在好比唱出戏，我跟庞二唱的是'乙字调'，他唱的是'扒字调'，根本搭配不拢。我们调门高的，唱到半路拉不低，就算低了来迁就他，这出戏也好听不到哪里去了。"

古应春把他这个比方，体味了一会儿，恍然大悟，"我懂了！"他说，"上策是叫朱福年将调门提高，让它入调！"

“一点儿都不错。”

“想倒想得不错。”古应春看一看胡雪岩的脸色，猜不透他葫芦里卖的什么药，只好老实问道，“计将安出？”

“喏！就靠这个。”

他从身上掏出一张纸来一扬，古应春认出是同兴抄来的那张“福记”收付清单。

“你倒看看，这里面有啥毛病？”

古应春仔细看了一遍，实在找不出毛病，“我看不出。”他摇摇头，“钱庄生意，我是外行。”

“用不着行家，照普通情理，就可以看得出来的。他一个做伙计的人，就算在恒记是头脑，进出数目，充其量万把银子，至矣尽矣。所以，”胡雪岩指着单子说，“这几笔大数目，都有毛病，尤其是这一笔，收五万、付五万，收的哪一个的，付的哪一个的？如果说是恒记的生意，头寸一时兜不转，他有款子，先代垫五万，这倒也说过得去。现在明明是转一个手，我可以断定收的五万是从恒记来的。如果恒记要付偿款，直接支付好了，为啥要在福记的户头里打个转？”

他这样一说,古应春也觉得大有疑问。“那么”,他问,“小叔爷,你就当面拆穿他，让他不能不买你的账？”

“要当面拆穿，我早就动手了，为的是要顾他的面子。我自有道理，明天上午你在这里等我消息。”

第二天上午，胡雪岩到恒记说要看看账，朱福年自然无话可说，硬着头皮，亲自开锁，从柜子里捧出一大摞总账来。

“总账不必看，我看看流水。你的账不会错的，我随便挑几天看看好了。”接着，胡雪岩便说，“请你拿咸丰三年七月、十月、十一月的流水账给我。”

听这样交代，朱福年大放其心，以为他真的不过随便抽查，便依言将这三个月的流水账找了出来，捧到他的面前。

胡雪岩翻到七月初八那一天细看，果然，有一笔5万两银子

的现款，送于同兴。

“福年兄，”他说，“请你拿‘恒记’户头的存折我看看。”

朱福年的一颗心，陡地提了起来，“是不是现在用的那一个？”

这句话便是老大的漏洞。按常理而论，应该就是目前在用的那一个，何消问得？问到这话，便表示他是“哑子吃馄饨，肚里有数”，胡雪岩要的不是这一个。

这见得朱福年不是什么老奸巨猾，只因为庞二到底是大少爷，只要对了他的脾气，什么都好说话。意会到此，胡雪岩越发打定了将朱福年收为己用的主意，因而在表面上越对他尊重，和颜悦色地说：“不晓得找起来方便不方便？我想拿这两年的存折，大略看一遍。”

越是这样，越使朱福年有莫测高深之感，诺诺连声地说：“方便，方便。”

一把存折送了过来，胡雪岩慢条斯理地随意浏览，一面说着闲话，根本不像查账的样子。朱福年却没有他那份闲情逸致，惴惴然坐在账桌对面，表面是准备接受询问，其实一双眼只瞪在存折上。

“朱先生！”小徒弟走来通报，“船老大有事来接头。”

这“船老大”就是承揽装丝运杭州的船家。朱福年不能不去接头。趁这空当，胡雪岩在存折上翻到咸丰三年七月初八那一天，哪里有同兴收银5万两的记载？

胆子倒真大！胡雪岩心里在想，莫非硬吞5万银子？这盘账倒要细看了。他是这一行的好手，如今虽因不大管账打算盘，但要算起账来，还是眼明手快，账簿与存折一对，再看一看总账，便弄清楚了，朱福年硬吞5万银子还不敢，只是挪用了公款，以后在半个月中，分4次归还了。

然而这已是做伙计的大忌。胡雪岩认为不必再看，将翻开的账簿、存折都收好，静等朱福年来答话。

“船老大来问，货都装齐了，问啥时候开船？”朱福年说，“我告诉他，跟胡先生的货色搭帮走，比较有照应。不晓得胡先生的丝船，啥时候开？”

很显然地，就这样一查账，还未有何结果，就已让他感到威胁，不能不来周旋示好。胡雪岩便将计就计地说：“我们那票货色，是我的朋友古应春在料理。如果福年兄有空，中午我们一起吃饭，当面谈一谈这件事。你看好不好？”

“好，好！”朱福年急忙答应，“我做个小东，请胡先生吃徽馆。”

“哪个做东都一样。请你把账簿、存折收一收，我们就走吧。”

看样子太平无事了，朱福年顿觉步履轻快，浑身是劲，收拾一切，陪着胡雪岩出了恒记的大门。

“就是后马路，有家徽馆，叫作福源楼，做几样我们家乡菜，着实道地。请胡先生尝尝看。”

“原来你是徽州人，口音倒听不出。”

“我原籍徽州。”朱福年说，“在外多年，口音变过了。”

“既是徽州，对典当自然熟悉？”

“怎么不熟悉？我也劝过二少爷开典当。他说，穷人的钱不忍心赚。怎么也不肯。”

“开典当是为了方便穷人，穷人出点利息，也是心甘情愿的。”

“我也是这样说，二少爷听不进去，也是枉然。”

就这样一路谈着典当，不知不觉地走到了福源楼。坐定下来，胡雪岩先写张条，交柜上派人送到裕记丝栈去请古应春，然后点好了菜，趁这等客等菜的工夫，他跟朱福年谈到了账务。

“福年兄，刚才我看的那笔 5 万银子的账，恐怕有点错了。”

“哦。”因为胡雪岩语气缓和，所以朱福年也能沉得住气，平静地问道，“我倒还不清楚。日子久了，不大记得起来。”

“账上有送存同兴的一笔账，存折上没有。”

“是说恒记这个折子？”朱福年答道，“恒记在同兴有三个折子。”

“我知道。”胡雪岩接着便问，“福记是你老兄的户头吧？”

这就是所谓做贼心虚了，朱福年脸上的颜色，立刻就不大自

然，勉强答道："是的。"

"我做钱庄也多年了，这种情形，倒还少见。"

"各处地方不一样。"朱福年说，"为了调度方便，二少爷叫我也立一个户头。"

"哦，"胡雪岩抓住他"调度方便"这四个字追问，"是不是说，有时候要向外头调动头寸，恒记不便出面，用你福记的名义？"

这话，朱福年就答不出来了，因为庞二财大势雄，从不向外面调动头寸，如果应声"是"，胡雪岩跟庞二一谈，西洋镜马上拆穿，金饭碗也就要不翼而飞了。

因此，他只能含含糊糊地答说："不是这意思。"

"那么是什么意思呢？"

胡雪岩若无其事地问，声音中不带丝毫诘质的意味。而朱福年却已急得满头大汗，结结巴巴地不知道说些什么。

"那也不必说它了！"胡雪岩不再侧面相逼，正面指出他的错，"那 5 万两银子，细看前后账，分毫不少……"

"是啊！"朱福年急忙抢着辩白，"账是绝不会错的。"

"错不错，要看怎么个看法，什么人来看。"胡雪岩答得很快，"我看是不错，因为以前的账目，跟我到底没有啥关系，叫你们二少爷来看，就错了。你说是不是呢？"

最后这一问，使得朱福年又大受其窘，只得先虚晃一枪："我倒还不明白胡先生你的话。"

"再明白都没有。五万两银子说存恒记，结果存入福记，福记再分四次归还。前后数目不错，起码拆息上，恒记吃亏了。不过，这在我看，是小事。你倒拿我前后的话，仔细想一想！"

他以前说过什么话？朱福年茫然不辨，定定心细想，才意会到他有句话，大有深意。这句话是："我看是不错，因为以前的账目，跟我到底没有啥关系！"

这就是暗示，以前的账目他不会较真，但以后他是恒记的股东，账目便不能说无关，当然也就要认真了。

意会到此，朱福年才知道自己不是“猪八戒”，倒是“孙悟空”，跳不出胡雪岩这尊“如来佛”的手掌心，乖乖儿认输，表示服帖，是上上大吉。

“胡先生，我在恒记年数久了，手续上难免有疏忽的地方，一切要请胡先生包涵指教。将来怎么个做法，请胡先生吩咐，我无不遵办。”

这是递了“降表”。到此地步，胡雪岩无须用旁敲侧击的办法，更用不着假客气，直接提出他的意见：“福年兄，受人之托，忠人之事，你们二少爷既然请我来看看账，我当然对他要有个交代。你是抓总的，我只要跟你谈就是了，下面各人的账目，你自己去查，用不着我插手。”

“是。”朱福年说，“我从明天就清查各处的账目，日夜赶办，有半个月的工夫，一定可以盘清楚。”

“好的。你经手的总账，我暂时也不看，等半个月以后再说。”

“是！”

“这半个月之中，你不妨自己检点一下，如果还有疏忽的地方，想法子自己弥补。我将来也不过看几笔账。”接着，胡雪岩清清楚楚地说了几个日子，这是从同兴送来的福记收支清单中挑出来的，都是有疑问的日子。

朱福年暗暗心惊，自己的毛病自己知道，却不明白胡雪岩何以了如指掌，莫非他在恒记中已经埋伏了眼线？照此看来，此人高深莫测，真要步步小心才是。

他的疑惧都流露在脸上，胡雪岩便索性开诚布公地说：“福年兄，你我相交的日子还浅，恐怕你还不大晓得我的为人。我一向的宗旨是有饭大家吃，不但吃得饱，还要吃得好。所以，我决不肯敲碎人家的饭碗。不过做生意跟打仗一样，总要同心协力，人人肯拼命，才会成功。过去的都不必说了，以后看你自己，你只要肯尽心尽力，不管心血花在明处还是暗处，说句我自负的话，我一定看得到，也一定不会抹杀你的功劳，在你们二少爷面前会

帮你说话。或者，你倒看得起我，将来愿意跟我一道来打天下，只要你们二少爷肯放你，我欢迎之至。”

“胡先生，胡先生！”朱福年感动不已，“你说到这样的金玉良言，我朱某人再不肯尽心尽力，就不是人了。胡先生，我敬一杯，表表我的心。”

说罢，满斟一杯，仰脸饮尽。胡雪岩当然高兴，陪了一满杯，然后笑道：“福年兄，从此我们是一家人了，有啥说啥，不要见外。”

“是的。”朱福年想一想说，“胡先生，以后恒记的跟同兴的往来，只用两个户头，公款用恒记，二少爷私人收支用继嘉堂。我在同兴的户头，决定结了它。”

“结了它也不必。”胡雪岩说，“不必让外头人猜测，以为我们内部生了啥意见。”

这更见得胡雪岩的体恤，顾到自己的面子，当然乐受这番好意，“是！”他很恭敬地回答，“我懂胡先生的意思，找机会，我要告诉下面的‘朋友’们，恒记是一家，总要让外头人看得我们上下一心，不敢来动我们的歪脑筋才好。”

“就是这话！‘打落牙齿往肚里咽’，方算好汉。”

说到这里，只见古应春步履安详地踏了进来，朱福年起身让座，极其殷勤。在古应春的心目中，此人自视甚高，加以东家“弹硬”，所以平日总在无意间流露出“架子大”的味道，此刻一反常态，不用说，是对胡雪岩服帖了，才有这番连带尊敬的表示。

意会到此，他的神情越发从容，说着闲话，不提正事。倒是朱福年忍不住了，“胡先生，应春兄来了，我们拿丝上的事说个定规。”他略停了一下又说：“照我看，‘只拉弓，不放箭’也就够了。”

胡、古二人，目视而笑。然后是胡雪岩回答他的话，反问一句：“我们在‘拉弓’，吉伯特晓不晓得？”

“我想他是晓得的。我们的‘放箭’他也会着急。”

“当然啰！”古应春接口，极有信心地说：“他万里迢迢跑了来为啥？不是为了生意？生意做不成，他的盘缠开销哪里来？”

“话虽如此，事情有点弄僵！”胡雪岩问古应春，“你肯不肯向他去低头？”

“我不去了！洋人是‘蜡烛脾气’，越迁就他，他越摆架子。”

“为来为去，只为了我是当事人。如果这票货色不是我的，替双方拉场，话就好说了。而且双方也都一定感激此人。”

“这个人很难。”古应春会意，故意不去看朱福年，尽自摇头，“不容易找！”

他们这样一拉一唱，暗中拉住了朱福年，他终于忍不住：“胡先生！你看，我跟吉伯特去谈一谈，是不是有用？”

“噢！”胡雪岩一拍前额，做出茅塞顿开的姿态，“有你老兄出面，再好都没有了。有用，有用，一定有用。”

受了鼓励的朱福年，越发兴致勃勃，自告奋勇：“吃完饭，我就去看他。我要吓他一吓，若不愿意买我们的这票货色，劝他趁早回国，他在这里永远买不到我们的丝！”

“对。就这么说。这倒也不完全是吓他，反正这票生意做不成，我们就斗气不斗财了！”

朱福年倒真是赤胆忠心，即时就要去办事。胡雪岩当然要留住他，劝他从容些，把话想停当了再说。接着便设想吉伯特可能会有反响，他这么说便那么回答，那么说便这么回答，一一商量妥帖，还要先约个时间，从容不迫地谈，才能收效。

正事谈毕，酒兴未已，胡雪岩一直对典当有兴趣，此时正好讨教，“福年兄，”他先问，“你是不是典当出身？”

“不是。不过我懂，我故世的三叔是朝奉，我在他那里住过一年。”

接下来，朱福年便谈了典当中的许多行规和弊端，娓娓道来，闻所未闻。最后似感叹，又似遗憾地说：“当初未曾入典当，自己都不知道是得计，还是失策？因为‘吃典当饭’与众不同，是三百六十行生意中，最舒服的一行，住得好、吃得好，入息优厚，工作轻松，因此吃过这碗饭，别的饭就难吃了！”

“照你这样说，如果开爿典当，要寻好手还不容易。”胡雪岩问，“典当中的好手，宾主相得，一动不如一静，轻易不肯他就。是这样吗？”

“大致是这样。不过人才是不断在冒出来的，本典无可位置，另求发展，也是有的。”

“那么，我倒要请你留意，有这样的人，我想见见。”

这表示胡雪岩也有创办典当的打算，朱福年欣然应诺，而且跃跃欲试地，颇有以半内行作内行，下手一试，以补少年未曾入此业之憾的意思。

关键时刻不言退，杨凤毛言听计从

胡雪岩还未及答言，只见又是四名马弁出现，随后便见俞少武陪着一个人进来，这个人的形象生得极其奇特，一张圆脸上眉眼鼻子凑得很近，年纪有六十了，一张瘪嘴缩了上去，越显得五官不分，令人忍不住好笑。

“老世叔！我替你引见一个人，是我大师兄杨凤毛。”

看杨凤毛年纪一大把，胡雪岩总当他是俞少武的父执辈，如今听说是“大师兄”，知是俞武成的“开山门”的徒弟，大概代师掌帮，是极有分量的人物，所以赶紧走上去拉着他的手说：“幸会，幸会！”

哪知杨凤毛年纪虽大，腰脚极其轻健，一面口中连称“不敢”，一面已跪了下去磕头。胡雪岩谦谢不遑，而杨凤毛“再接再厉”，对裘丰言和刘不才都行了大礼。

“这是怎么说？”胡雪岩很不安地说，“这样子客气，叫我们倒难说话了。”

“是我们三婆婆交代的，见了胡老爷跟胡老爷的令友，就跟见了师父一样。”杨凤毛垂手说道：“胡老爷，三婆婆派我跟了你老去松江去。”接着张目四顾，显得很踟蹰似的。

胡雪岩懂得他的意思，江湖上最重的秘密，有些话是连家人父子都不能相告的，虽然裘、刘在座共闻，决不会泄露，不过“麻布筋多，光棍心多”，杨凤毛既然有所顾忌，不如单独密谈的好。于是他招招手说：“杨兄，我们借一步说话！”

“告罪，告罪！”杨凤毛又向裘丰言、刘不才作了两个大揖，才跟着胡雪岩走到套间，地方太小，两个人就坐在床沿上谈话。

“胡老爷！三婆婆跟我说，胡老爷虽在‘门槛’外头，跟自己人一样，关照我说话不必叙客套，有什么说什么。所以，我有句老实话，不晓得该不该说？”

这样打招呼在前头，可知那句“老实话”，不会怎么动听。只是胡雪岩不是那么喜欢甜言蜜语的人，便点点头说：“没有关系！你尽管说好了。”

“我也打听过，胡老爷是了不起的人物。不过隔道门槛就像隔重山，有些事情，胡老爷怕没有经过。”杨凤毛略停一下又说：“江湖上的事，最好不沾上手，一沾上就像唱戏那样，出了上场门就不容你再缩回去了。”

“我知道。这出戏不容我不唱，哪怕台下喝倒彩，我也要把它唱完。”

“现在这出戏不容易唱，‘九更天带滚钉板’！”杨凤毛满脸诚恳地说，“能不唱最好不唱。”

一听这话，胡雪岩起了戒心。俞武成想动那批洋枪，显然的，杨凤毛也是能预其事的一个，而且以他们的关系来说，必还是一个重要角色。虽然三婆婆极其漂亮，俞少武相当坦率，然而都算是局外人，只有眼前这个杨凤毛，才是对自己此行成败，大有关系的人物，而照彼此的立场来说，是敌是友，还不分明，倒要好好应付。

因此，他很谨慎地答道：“多谢老兄的好意。事出无果，不要说是‘九更天’，就是‘游十殿’我也只好去。不过，‘花花轿儿人抬人’，承三婆婆看得起我，我唱这出戏，总要处处顾得到她老人家。”

这番表白，似软实硬，意思是不看三婆婆的面子，就要硬碰

硬干个明白。至于'花花轿儿人抬人'这句俗话是反着说:"我是如此尊敬三婆婆，莫非你们就好意思让我下不去？"

杨凤毛是俞武成最得力的帮手，见多识广，而且颇读过几本书，此来原是先要试探试探胡雪岩，看他是不是够分量、能经得起大风大浪的人？如果窝窝囊囊不中用，或者虽中用是个半吊子，便另有打算。现在试探下来，相当佩服，这才倾心相待。

"胡大叔！"他将称呼都改过了,"既然你老能体谅我们这方面，愿意担当，那么我就掏心窝子说实话，事情相当麻烦。"

果然，是胡雪岩所估计的第一种情形。这当然也要怪俞武成沉不住气，自己失去了镇江一带的地盘，寄人篱下，不是滋味，同时漕帮弟兄的生计甚艰，他也必须得想办法，为了急谋打开困难，以致身不由己，受到挟制。

"胡大叔，"杨凤毛说，"我师父现在身不由己。人是他们的，一切布置也是他们的，不过抬出我师父这块招牌，挡住他们的真面目而已。"

"那我就不懂了，莫非他们从镇江、扬州那方面派人过来？不怕官军晓得了围剿？"

"这就要靠我师父帮他们遮盖了。"杨凤毛答道，"镇江、扬州派来的人倒还不多，一大半是小刀会方面的。周立春的人本来已经打散，现在又聚了拢来了。"

"如果你师父不替他们遮盖呢？"胡雪岩问，"那会变成啥样子？"

"变得在这一带存不住身。"

这就是对方非要拦住俞武成不可的道理。事情很明显了，俞武成是骑虎难下，纵能从背上跳下来，亦难免落个出卖自己人的名声。江湖上最看重这一点，所以俞三婆婆的话，有没有效力，俞武成是不是始终能做个百依百顺的孝子，都大成疑问。

想是这样想，话不妨先说出来:"'萝卜吃一截剥一截'，我想第一步只有让你师父跳出是非之地，哪一方面都不帮。这总可以办得到吧？”

“那也要做起来看。”

“怎么呢？”

“那方面如果不放，势必于就要翻了脸。”杨凤毛说，“翻了脸能一了百了，倒也罢了，是非还在！胡大叔，请问你怎么对付？除非搬动官军，那一来是非更大了。”

这就是说，跳下了虎背，老虎依然张牙舞爪，如何打虎，仍旧是个难题。就这处处荆棘之际，胡雪岩灵机一动，不自觉地说出来一句话。

“做个伏虎罗汉，收服了它！”

杨凤毛不懂他的话，愕然问道：“胡大叔！你说啥？”

胡雪岩这才醒悟，自己忘形自语，“哦，”他笑道，“我想我心里的事。有条路或许走得通，我觉得这条路，恐怕是唯一的一条路。”

“只要走得通，我们一定拼命去走。胡大叔，你说！”

胡雪岩定定神答道：“我是‘空子’，说话作兴触犯忌讳，不过……”

“唉，胡大叔！”杨凤毛有些不耐烦，“我们没拿你老当空子看。胡大叔，你何须表白。”

“好！那我就实说。”胡雪岩回忆着老太爷的话，从容发言，“你们漕帮的起源，我也有些晓得。洪杨初起，你们都是很看重的，哪晓得长毛做出来的事，不伦不类，跟圣经贤传上所说的大道理，全不对头，简直可以说是逆天行事，决计成不了气候。既然如此，无须跟他们客气。再说，你们镇江、扬州的地盘，就失在他们手里。有朝一日光复了，你们才有生路。你说我这话是不是？”“是的！”杨凤毛深深点头，忧郁地说，“我师父这一次是做得莽撞了些。”

“歪打可以正着！老兄，”胡雪岩抚着他的背说，“我替你们师弟想条路子！小刀会这方面的情形，我也有点晓得，周立春他们那班人，亦不过一时鬼摸头，心里何尝不懊悔？只不过摸不到

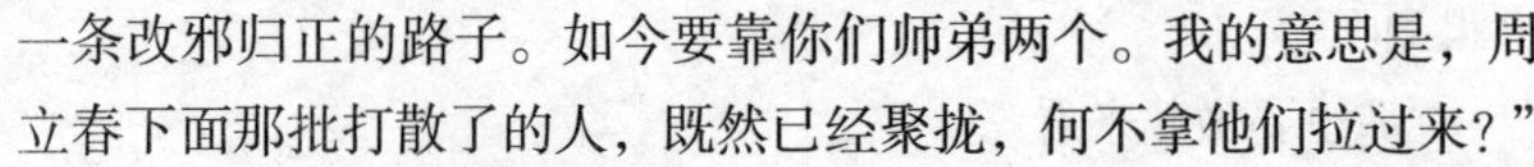

一条改邪归正的路子。如今要靠你们师弟两个。我的意思是，周立春下面那批打散了的人，既然已经聚拢，何不拿他们拉过来？”

一听这话，杨凤毛那张瘪嘴闭得越紧，以至于下巴都翘了起来，一双眼睛眨得厉害，不过眼中发亮，是既困惑又欣喜的神情。

“胡大叔，你是说‘招安’这批人？”

“是啊！”胡雪岩说，“赖汉英那里来的长毛，如果肯一起过来最好，不然就滚他娘的蛋，也算对得起他们了！”

杨凤毛觉得胡雪岩的做法很平和。再往深处去想，就算俞武成能退出来成为局外人，也只是表面如此看法，实际上是决不能置身事外的，倘或官军围剿，事情闹大了，江湖上还会批评他不够朋友。所以唯有这样子才是正办，退一步说，招安不成，他总算为朋友尽过心力，对江湖上也有了交代了。

想通了这些道理，顿时将胡雪岩敬如天神，站起来便磕了个头。胡雪岩大惊，急忙避开，接着他的胳膊说：“怎么，怎么，无缘无故又来这一套！”

“胡大叔，你算是救了我师父一家。你老怕还不晓得，三婆婆几十年没有为难过，这一趟她老人家，急得睡不着觉，在苏州，我们是客地，这件事要闹开来，充军杀头都有份！再说，她老人家又疼孙子，少武是朝廷的武官，我师父做这件事，传出去不断送了少武的前程？如今好了！不过，”杨凤毛又赔笑说，“你老送佛送到西天，我晓得你老跟何学台有交情，招安的事，还要仰仗鼎力。”说着，又作了个大揖。

胡雪岩倒不曾想到何桂清。如今听杨凤毛一提醒，立刻在心里喊一声：妙！何桂清纸上谈兵的奏折，上了不少，现在能办成这事，是大功一件，对于他进京活动，大有帮助。这样看来，自己的这个主意，平心而论，着实不坏。

于是他很爽快地答道：“一句话！这样好的事情不做，还做啥！”

“多谢胡大叔！”杨凤毛的脸色转为严肃，“我听你老的差遣。”

胡雪岩最会听话，听出这是句表示谦虚的话，实际上是杨凤毛有一套话要说，所以这样答道："事情是你们师弟的为头，我只能尽力，决不偷半分的懒。不必客气，该怎么办请你分派。""那我就放肆了！我想，第一，这话只有你老跟我两人晓得。"

"当然！"胡雪岩说，"你们杨家的堂名叫'四知'，天知、地知、你知、我知。"

"是。第二，我想先去一趟，请胡大叔听我的信息，再去见何学台。"

"那也是一定的。总要那方面点了头，才好进一步谈条件。"

"你老最明白不过，那我就不必多说了。"杨凤毛说，"马上我赶去见我师父，最多一昼夜的工夫，一定赶回来。"

"你师父怕是在松江，我们一起去也可以。"

"不！不在松江。"

不在松江在哪里呢？他不说，胡雪岩也不便问，不过心里已经雪亮，俞武成的行踪，杨凤毛一定清楚。说是最多一昼夜定能赶回来，则隐藏之地亦绝不会远。

"事不宜迟。我现在就走。"杨凤毛郑重叮嘱，"胡大叔！明天上午，请你无论如何不要走开，我人不到一定有信到。"

花花轿儿人抬人，跷脚长根思招抚

入席谦让，胡雪岩是远客，坐了首座，与跷脚长根接席，在场面上自然都是些冠冕堂皇的应酬话。吃完了饭，刘不才做庄推牌九，以娱"嘉宾"，俞武成则陪着胡雪岩和跷脚长根，到水阁中谈正经，在座的只有一个杨凤毛。

"长根！"俞武成先作开场白，"这位是胡老兄的如夫人，是我老娘从小就喜欢，认了干亲的，'大水冲倒龙王庙'，一家人不认识一家人，说起来也是巧事。老胡虽是空子，其实比我们门槛里都还够朋友，他跟松江老大、尤五的交情，是没话说的。还有湖州的郁四，你总也听说过，他们在一伙做生意。所以，那件事，

要请你高抬贵手！”

“俞师父，你老人家说话太重了。”跷脚长根的态度显得很恳切，“江湖上碰来碰去自己人，光是三婆婆跟你老的面子，我就没话可说。何况，我也很想结交我们的胡老兄。”

“承情，承情！”胡雪岩拱拱手说，“多蒙情让，我总也要有点意思。”

“笑话！”跷脚长根摆着手说，“那件事就不必谈了！”

洋枪的事，总算有了交代。于是谈招抚。

跷脚长根亦颇会做作，明明并无就抚之心，却在条件上斤斤较量，反复争论，显得极其认真似的，特别是对改编为官军以后的驻区，坚持要在嘉定、昆山和清浦这个三角形的地带上。

一直是胡雪岩耐着性子跟他磨，到了僵持不下之时，俞武成忍不住要开口，“长根！”他用低沉的声音说，“做事总要‘前半夜想想自己，后半夜想想别人’。我倒要问你一句：等招安以后，上头要派你出队去打上海县城，你肯不肯去？”

“这……俞伯父，你晓得我的处境的。”

“是啊！”俞武成紧接着他的话说，“别人也就是晓得你的处境，不肯叫你为难，所以要把你调开。不然的话，你跟小刀会倒还有香火之情，小刀会不见得跟你讲义气，冷不防要来吃掉你，那时候你怎么办？老实说一句：你想退让都办不到！为什么呢，一则，你当官军，小刀会就不当你朋友了，说不定赶尽杀绝，再则，你一退就动摇军心，军令如山，父子都不认账的，‘辕门斩子’这出戏，你难道没有看过？”

跷脚长根被驳倒了，沉吟了好半晌，做出情恳的神态，“俞师父，胡老兄，我实在有我的难处，弟兄们一份饷只好混自己，养家糊口是不够的，要本乡本土，多少有点生路，一调开了，顾不到家眷，没有一个人安得下心来。俞师父你老的话，当然再透彻都没有，我就听凭上头做主，不过‘皇帝不差饿兵’，请上头无论如何要发半年的恩饷，算是安家费。家不安，心不定，出队打仗也不肯拼命的，胡老兄，你说是不是？”

“是，是。你老兄再明白不过。”胡雪岩诚恳地说，“我一定替你去力争。半年，恐怕不大办得到，三个月，我一定替你争来。能多自然最好。”

“好了，好了！话说到这里，长根，你再要争就不够意思了！”

“是的。”跷脚长根略带些勉强地，仿佛是因为俞武成以大压小，不敢不听，“我就听你老的吩咐了。”

“好极！总算谈出个结果。”胡雪岩看着俞武成说，“大哥，我想明天就回苏州。官场上做事慢，恐怕要五六天才谈得好。不过，到底有多少人马，要有个确数，上头才好筹划。”

这是想跟跷脚长根要本花名册，俞武成虽懂得他的意思，却感到有些不易措辞，怕跷脚长根托词拒绝，碰一个钉子，则以自己的身份，面子上下不来。

谁知跷脚长根倒爽快得很，不待俞武成开口，自己就说：“对，对！”接着便喊一声，“贵生！”

贵生是他的一名随从，生得雄武非常，腰里别一把短枪，枪上一绺猩红丝穗子，昂然走了进来候命。

“你把我那个‘护书’拿来。”

取来“护书”，跷脚长根从里面抽出一张纸来，递给胡雪岩，打开一看，上面记得有数字：两千七百人，三百五十四马，此外记着武器的数目，如长枪、大刀、白蜡杆子，另外还有四十多支洋枪。

胡雪岩虽不曾经手过招抚的事务，但平时跟王有龄、嵇鹤龄、裘丰言闲谈之中，已略知其中的关键虚实，大致盗匪就抚，老老实实陈报实力的，例子极少，不是虚增，就是暗减。而就在这增减之中，可以看出受抚的态度，如果有心收抚，自然希望受到重视，所以人马总是多报些，用虚张声势来自抬身价，倘或一时势穷力蹙，不得不暂时投降，暂保生路，那就一定有所隐瞒，作为保存实力，俟机翻覆的退步。胡雪岩现在想探明的，就是跷脚长根真正的实力。

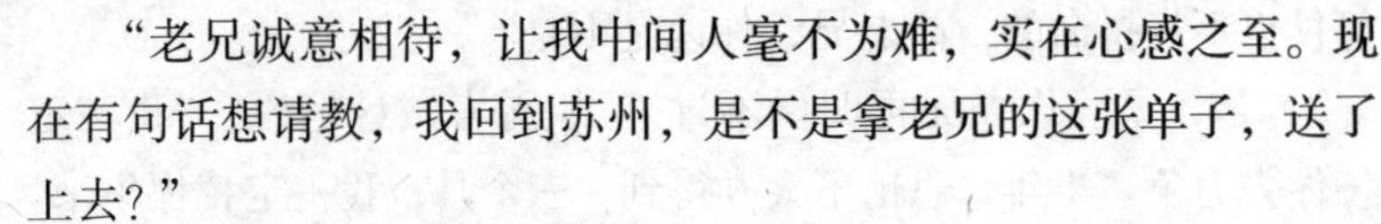

“老兄诚意相待，让我中间人毫不为难，实在心感之至。现在有句话想请教，我回到苏州，是不是拿老兄的这张单子，送了上去？”

这意思是说，单子送上去，即是备了案，“一字入公门，九牛拔不转”，将来就抚时，便得照单点验。他这样试探，就是要看看跷脚长根的态度，倘或有心就抚，听此一说，自然要慎重考虑，否则，便不当回事了。

果然，胡雪岩试探出来了，“尽管送上去！”跷脚长根答道，“将来照这单子点数，我可以写包票，一个人不少，一匹马不缺。”

越是说得斩钉截铁，越显得是假话，因为天有不测风云，人有旦夕祸福，这两千七百人中，难免没有暴疾而亡的事情发生，何能包得下一个不少？

他的心思深，跷脚长根和俞武成都想不到有这样的用意在内，只觉得事情谈到此，可以告一段落，当时约定，等他从苏州回来那天，便是在妙珍香闺畅饮庆功之日。

谈完正事，少不得有点余兴，这时在大厅上的赌，已经由一桌变成两桌，一桌牌九一桌摊，另外在厢房里有两桌麻将。俞武成陪着跷脚长根来坐庄，胡雪岩反对，认为庄家赢了钱该继续往下推，让下风有个翻本的机会。

刘不才这一阵子跟胡雪岩朝夕相处，默契更深，听他这一说，立即会意，当时便改了宗旨，不以赢钱为目的。赌钱想赢不容易，想输不难，不过刘不才就是输钱，也要使点手段，潜注默察，哪个大输，哪个小赢，一一了然于胸，然后运用大牌九配牌的巧妙，斟酌情形，该放的放，该紧的紧，调剂盈虚，很快地使得十之七八都翻本出了赢钱。自己结一结账，输了三千两银子，便笑嘻嘻地站起身“推位让国”。

这三千两银子输得跷脚长根的手下，皆大欢喜，一致称赞他是第一等的赌客。接下来跷脚长根推庄，照规矩，他一个做头脑的，跟他手下赌，必得送几文，一千两银子很快地输光。胡雪岩想输些钱给他，却不知怎样才输得掉。

“怎么？”跷脚长根不明他的用意，看着胡雪岩问道，“不下手玩玩？”

“我对此道外行。”胡雪岩微笑着答道，“再看一看！”

跷脚长根不知是忽发豪兴，还是别有作用，突然提高了声音，看着胡雪岩说道：“老兄，我们赌一记，怎么样？”

“好！”胡雪岩答得也很爽脆，“奉陪。”然后又问，“是不是对赌？”

对赌就没有庄家、下风之分，跷脚长根在场面上也很漂亮，很快地答道：“自然是对赌，两不吃亏。怎么赌法，你说！”

所谓“怎么赌法”是问赌多少银子，胡雪岩有意答非所问地说：“赌一颗真心！”

这话出口，旁人都不约而同地看一看胡雪岩，再看看跷脚长根，只见他一愣，双眼不住眨着，仿佛深感困惑似的，接着笑容满面地答道：“对，对！赌一颗真心！老兄，我不会输给你。”这意思是他亦有一颗真心，然而这话也在可信、可疑之间，借机喻意，当不得真，胡雪岩自己把话拉了转来：“我是说笑话。你我连俞大哥在内，待朋友哪个不是真心。何用再赌？来，来！赌钱，赌钱！”他看着刘不才说，“三爷，借一万两银子给我。”

等刘不才数了一万两银票，交了过去，胡雪岩顺手就摆在天门上。于是跷脚长根又叫贵生把那个护书拿来，朝桌子中间一放，表示等见了输赢再结算，但在赌场中，这是个狂傲的举动，有着以大压小的意味，俞武成看着很不舒服，忍不住就说了句：“我也赌一记！”

真所谓“光棍一点就透”，跷脚长根赶紧一面伸手去取护书，一面赔笑说道：“俞师父出手，我就不敢接了。回头你老人家推几方给我们来打。”

这是打俞武成的招呼，自是一笑置之，跷脚长根也不敢再有什么出格的花样，规规矩矩理了一沓银票，放在手边，然后问道：“赌大的，还是小的？”

“大的爽快！”

跷脚长根便将副乌木牌九，一阵乱抹，随手捡了两副，拿起骰子说道：“单进双出。”

骰子撒出去，打了个五点，这是单进，他把外面的那副牌收进来，顺手一翻，真正“两瞪眼”了！是十蹩十。

胡雪岩不想赢他一万两银子。他的赌不精，对赌徒的心情却很了解，有时输钱是小事，一口气输不起。特别是跷脚长根此时的境况，不用打听，就可猜想得到，势穷力蹙，已到了铤而走险的地步，一万两银子究竟不是小数目，一名兵勇的饷银是一两五钱到二两银子，他手下2700人，如果改编成官军，发三个月的恩饷，还不到一万两银子，就这样一举手之间输掉了，替他想想，心里也不是味道！

有钱输倒还罢了，看样子是输不起的，一输就更得动歪脑筋，等于逼他“上梁山”。这样电闪一般转着念头，手下就极快，当大家还为跷脚长根错愕嗟叹之际，他已把两张牌，抢到了手里。场面上是胡雪岩占尽了优势，跷脚长根已经认输，将那一万两银票推到了他的面前，脸色自不免有些尴尬。其余的人则都将视线集中在胡雪岩的两张牌上，心急的人，并且喊道：“先翻一张！”

胡雪岩正拇指在上，中指在下，慢慢摸着牌，感觉再迟钝的人也摸得出来，是张地牌，这张牌决不能翻，因为一翻就赢定了跷脚长根。

他决计不理旁人的怂恿关切，只管自己做作，摸到第二张牌，先是一怔，然后皱眉，继之以摇头，将两张牌，往未理的乱牌中一推，顺手收回了自己的银票。

“怎么样？”跷脚长根一面问，一面取了胡雪岩的牌去摸。

“丁七蹩！”胡雪岩懒懒地答道：“和气！”

怎会是“丁七蹩”？跷脚长根不信，细细从中指的感觉上去分辨，明明是张“二六”，有这张牌就绝没有“蹩十”，再取另外一张来摸，才知道十点倒也是十点，只不过是一副地罡。

“难得和气！”他说，“和气最好！赌过了，好朋友只赌一次，不好赌第二次。谢谢俞师父了，叨扰，叨扰！”

“时候还早嘛！再玩一会儿？”

“不玩了。”跷脚长根答道，“相聚的日子还长。等胡老兄从苏州回来，我们再叙。”

等他一走，俞武成悄悄问胡雪岩：“你到底是副什么牌，我不相信你连鳖十都吃不了它！”

“是副地罡。”胡雪岩说，“我看他的境况也不大好，于心不忍。”

“你倒真舍得！铜钱掼在水里还听个响声，你一万两银子就这样阴干了？”

其词若有憾焉，其实是故意这样讥嘲，胡雪岩一时辨不清他的意思，唯有报之以一笑。

“老胡，怪不得我老娘都佩服你！”俞武成这时才说了他的想法，“现在，你交情是放出去了！要看跷脚是人，还是畜生？是人，当然不会做出什么狗屁倒灶的事，是畜生，我们就当他一条毒蛇打，要打在七寸上！死不足惜。”

“我就是这个意思。”胡雪岩说，“这一来，我们就是下了辣手，只怪他自己不好，不但我们自己心里不会难过，就是有人替他出头，‘四方台子八方理’，我们也可以把话摆在台面上来讲。”

“一点儿都不错！你对江湖上的过节，熟透，真不晓得你是哪里学来的？”

胡雪岩笑笑答道：“闲话少说，我明天一早就走，大概三五天就回来。这里都拜托大哥了。”

第五天上，胡雪岩如他自己所预定的期限，回到了同里，周一鸣是跟他一起来的。一到便调兵遣将，周一鸣和杨凤毛守住运河两头的卡子，朱老大打接应，刘不才串清客，陪着胡雪岩和俞武成去赴那场“鸿门宴”。

等布置停当，跷脚长根的帖子也送到了，日期是在两天以后，所以不一到就请，理由是妙珍家的厨子，整治一桌水陆杂陈的盛宴，需要两天的工夫。

当然，谈正事归谈正事，送帖子的当天，跷脚长根专程来讨消息。

跷脚长根随身带一个蓝布包裹，不知包着什么东西。客人不说，主人也不便问，说过几句闲话，随即问起此行的结果。

“四个月的恩饷。”

四个月的恩饷，跷脚长根可以保为四品的武官，驻区此刻不能预定，但一定会调到他处。胡雪岩说了这三个主要条件，留神观察跷脚长根的态度，倒要看看他用些什么话来敷衍。

“既然要投过来，好坏都说不得了。有你老兄在，绝不会叫我们兄弟吃亏，我就谨遵台命了。”

说着，跷脚长根亲自解开蓝布包裹，里面是一沓旧簿子，封面上写着四个大字：“同心一德”。

“这是花名册。我就只有这一份，时间局促，来不及誊清，只好请你看底册了。”

胡雪岩和俞武成相顾愕然，竟不知跷脚长根是何用意？看那册子，油腻垢污，拿在手里都有些厌恶，翻开来看，里面涂涂改改，有些地方注一个“逃”字，有些地方注一个“亡”字，有些地方注着“改归某队”，是真实不虚的底册。

“好极，好极！”胡雪岩只好当他确有诚意，“这份底册，我借用两天，请几个人分开来赶抄。”

“不用你老兄费心，里面有些变动的情形，别人弄不清楚，我派人来抄。”不过，跷脚长根看着朱老大说，“我预备派三个人来，要在府上打扰两天。”

这好像是更进一步表现了诚意，当朱家是他自己办机密事务的地方。俞武成不等主人开口，便代为应允：“小事，小事！尽管请过来。”“谢谢！就这样说了。今天我还有点事，不打搅了，后天下午，早点过来，还有许多事要请教。”

等跷脚长根一走，胡雪岩大为紧张，也大为兴奋，将俞武成拉到一边，悄悄问道：“大哥，你看怎么样？这家伙，不像是要花样。”

“是啊！我也有点想不通。他把底册都拿了来了，竟像是真有这回事！我想，”俞武成说，“不如托老周再去摸一摸底看。”

“对！”

于是，周一鸣受命去打听跷脚长根的真实意向，如果真的愿意就抚，则前后的态度大不相同，何以有此突然的大变化？要找出能够令人满意的解释来，方可使人信其为真。

周一鸣的消息不曾来，苏州却有了信息，何桂清用专差送了一封信给胡雪岩，说是由江苏营务处得来的消息，青浦、嘉定之间，不断有一股一股的“匪徒”在移动，携带武器，形迹诡秘，自称是由各地集中，听候官方点验。生怕这是借机蠢动，请胡雪岩赶紧打探明白，是不是确有其事。如果并无其事，则将出动清军兜剿。信尾特别赘了一句：“此事关系重大，务望火速回示。”

这轻飘飘的一封八行字的信，在胡雪岩感觉中，仿佛肩上压下一副沉重的担子。地方的安危，跷脚长根的祸福，以及何桂清的前程，都系于他一句话中。说一声：是预备点验，不是别有用心，则清军自然撤围，但万一跷脚长根乘机作乱，则追究责任，岂仅何桂清不得了，自己亦有脑袋搬家的可能。倘或答说：情况不明，难做判断，则清军便可能围剿，有如杀降，自己在场面上如何交代，还在其次，身上等于背了一笔血债，以后的日子怎么过得下去？

跟俞武成商量的结果，只有这样答复：已经遵谕开始调查，真相未明之前，请何桂清转告营务处，按兵不动，加意防范。

这是搪塞眼前，究竟真相如何，亟待澄清，周一鸣却又不知到哪里去了？胡雪岩心想，形势像炉子上烘着一罐火药，随时可以爆发，这罐火药不早早设法拿开，令人片刻难安。因而当机立断，决定了一个开门见山的办法。

这天晚上打听到，跷脚长根歇在妙珍那里，胡雪岩请朱老大派了个人引导，径造妙珍香阁。这是不速之客，跷脚长根深感意外。

内心紧张，表面却甚闲逸，胡雪岩先打量妙珍，貌不甚美，但长身玉立，身段极好，而且花信年华，正是风尘女子中最妙的那段年岁。至于谈吐应酬，现见得气度不凡，配了跷脚长根那样一个草莽英豪，他倒替她觉得可惜。

等摆出碟子来小酌，胡雪岩才看一看妙珍问跷脚长根："有封信，想给你看。"

"哦，"跷脚长根会意了，"请到这边来。"

一引引入妙珍的卧室，请胡雪岩坐在妆台边，跷脚长根自己坐在床沿上，俯身相就，静候问话。

"我听你一句话，你说怎么样，我就怎么样答复前途。"胡雪岩一面说，一面把信递了过去。

看完了信，跷脚长根的脸色显得很不安，静静想了一会儿答道："老兄，你看我是什么意思？"

这话问得很有分量，胡雪岩很慎重地答道："如果我不相信，我就不拿这封信给你看了。"

跷脚长根点点头，表示满意："好的！我晓得你为难。该怎么办，请你吩咐。"

"言重，言重！"胡雪岩想了想答道，"也难怪官军！实在时世太乱，不能不防，弄出误会来，说句实话，总是我们吃亏。所以，我想不如等一等，到有了点验的日子，大家再来，官军就不会疑心了。"

"是！"跷脚长根说，"吃酒去！"

走到外间，他立刻找了贵生来，嘱咐他连夜派人，分头通知部下，各回原处。

这样明快的处置，胡雪岩也深感满意。喝酒闲谈之际，由于撤除了内心的戒备，两个人越谈越投机，胡雪岩不待周一鸣来回报，就已知道了跷脚长根改变态度，愿意就抚的原因，当然，这是出于他的自叙。

一言以蔽之，是为了胡雪岩的态度。那副牌九的"高抬贵手"，当然是促成跷脚长根改变态度的主要原因，但不是唯一原因。他认为胡雪岩讲江湖义气讲得“上路”，固然心服，而真正地使他能够信任的，还是胡雪岩的才干。讲义气也要有个讲法，同生共死算是最义气的了，但同年同月同日的同死，究竟不如一起吃酒吃肉的同生来得有味道。跷脚长根很坦白地表示，他就是相信胡雪岩有让他吃酒吃肉的本事。

这番推心置腹的话，自然令胡雪岩有意外的感动，不过他向来的处世之道是，人家越尊敬他，他越替人着想，所以一再谦虚，认为跷脚长根“够朋友”，给他这么一个面子。同时又极力推崇俞武成，让跷脚长根清楚地感觉到，能尊敬俞武成，则比尊敬他更能使他高兴。

这一番小酌，吃到深更半夜，俞武成却有些不放心，特为派朱老大来探，托词苏州有连夜送到的信，要请他回去看。到家相见，彼此说明经过，俞武成便越发对他刮目相看了。

第二天一早，周一鸣带来的消息，与跷脚长根自己所说的，大致相仿，而他，此刻又有了新的任务。在苏州那方面，胡雪岩的布置是七分防备，三分招抚，现在防备不需要了，关卡上所设的暗桩，应该撤回，而招抚的准备工作，只做了三分是不够的，必得立刻替跷脚长根去安排，特意先派周一鸣去见何桂清，报个信息，他自己打算在这晚上赴宴以后，连夜回苏州去料理。

不计其短专看才，刘不才从头做起

为了用刘不才的秘方开药店，胡雪岩特意找了郁四、陈世龙设下一个宴席。

茶罢入席，自然是刘不才首座，左右是郁、陈二席，胡雪岩坐了主位。酒过三巡，话入正题，是郁四提起来的。

“刘三哥，”郁四说，“老胡想开药店，原来我不赞成，现在我想想也不错。行善济世，总是好事，将来我也要加入股子。不过，老胡跟我都是外行，一切要多仰仗。”

“不敢，不敢！”刘不才说，“这是我的本行，凡有可以效劳之处，

在所不辞。不过，我还不晓得怎么样一个开法，规模如何？”

“这就要请教三叔。规模嘛，”胡雪岩想了想说，“初步我想凑十万两银子的本钱。”

十万两银子的本钱，还是“初步”！如果不是有陈世龙的先入之言，以及素有富名的郁四表示要入股，刘不才还真有点不敢相信。

“这个规模，”他兴奋之中又有顾虑，“就很大了。不过乱世当口，只怕生意不见得如太平年岁！”

“太平年岁吃膏滋药的多，乱世当口，我们要卖救命的药，少卖补药。”胡雪岩说，“三叔，生意你不要担心。大兵以后，定有大疫，逃难的人，早饥夜寒，水土不服，生了病一定要买药，买不起的我们送。”

“嗯，嗯！”刘不才心想，此人的口气，倒真是不小。

口气虽大，用心却深，“三叔，”胡雪岩笑道，“我想做生意的道理都是一样的，创牌子最要紧，我说送药，就是为了创牌子的。”

“这我也晓得。”刘不才平静地答道，“凡是药店，都有这个规矩，贫病奉送。不过，没有啥用处，做好事而已。”

“那是送得不得法！我在上海听人讲过一个故事，蛮有意思，讲给大家听听。”

胡雪岩讲的这个故事，出在雍正年间，京城里有家大药店，承揽供应宫里“御药房”的药，选料特别地道，雍正皇帝很相信他的药。有一年逢辰戌丑未大比之年，会试是在三月里，称为春闱。头一年冬天不冷，雪下得不多，一开春天气反常，春瘟流行，举子病倒的很多，能够支持的，也多是胃口不开，萎靡不振。这家药店的主人，配了一种药，专治时气，托内务府大臣奏皇帝，说是愿意奉送每一个举子，带入闱中，以备不时之需。科场里的号，站起来立不直身子，靠下伸不直双腿，三场下来，体格不好的就支持不住，何况精神不爽？雍正是个最能体察人情的皇帝，本来就有些在替举子担忧，一听这话，大为嘉许。于是这家药店奉旨送药，派人守在贡院门口，等举子入闱，用不着他们开口，在考篮里放一包药。包封纸印得极其考究，上面还有“奉旨”字样，另外附一张仿单，把他家有名的丸散膏丹，都刻印在上面。结果，一半是他家的药好，一半是他家的运气好，入闱举子，报“病号”出场的，并不比前几科会试来得多，足见药的功效。这一来，出闱的举子，不管中不中，都先要买他家的药，生意兴隆得不得了。

“你想想看，”胡雪岩说，“天下十八省，远到云南、贵州等，都晓得他家的药。你花多少银子，雇人替你遍天下去贴招贴，都没有这样的效验。这就是脑筋会不会动的关系。”

“真是，”郁四笑道，“老胡，你做生意就是这点厉害！别人想不到的花样，你想得到。”

“那么，”刘不才的态度也不同了，很起劲地问，“我们怎么送法？”

“我要送军营里……”

“那再好都没有。”刘不才抢着说道，“我有‘诸葛行军散’的方子，配料与众不同，其效如神。”

“真的再好都没有！”胡雪岩说，“送军营里送得多，这当然也有个送法。将来我来动脑筋，叫人出钱，我们只收成本，捐助军营，或者有捐饷的，指明捐我们的诸葛行军散多少，什么药多少？折算多少两银子。只要药好，军营里的弟兄们相信，那我就有第二步办法，要赚钱了！”他故意不说，要试试刘不才的才具，看他猜不猜得到这第二步办法是什么。

刘不才猜不到，陈世龙却开了口，“我懂！”他说，“胡先生的意思，是不是想跟‘粮台’打交道？”

这就无怪乎刘不才猜不到了，军营里的规制，他根本不懂。

胡雪岩对陈世龙深深点头，颇有“孺子可教”的欣慰之色，然后接着他的话做进一步解释。

“粮台除掉上前线打仗以外，几乎什么事都要管，最麻烦的

当然是一仗下来，料理伤亡。所以粮台上用的药极多。我们跟粮台打交道，就是要卖药给他。价钱便宜，东西要好，还可以欠账，让他公事上好交代，私底下，我们回扣当然照送。”

“这笔生意不得了！”刘不才失声而呼，他有个毛病，喜欢抢话说，“不过，这笔本钱也不得了。”

“是啊！”胡雪岩又说，“话也要讲回来，既然可以让他欠账，也就可以预支，只看他粮台上有钱没钱？现在‘江南大营’靠各省协饷，湖南湘乡的曾侍郎，带勇出省也要靠各地的协饷。只要有路子，我们的药价，在协饷上坐扣，也不是办不到的事。只看各人的做法！”

“只看各人的脑筋，雪岩兄，”刘不才高举酒盅，“我奉敬一杯！”

“不敢当。还要仰仗三叔。”

“一句话！”刘不才指着陈世龙，“他晓得我的脾气，我也跟他说过了，我就赌这一记了！”

说着，他从贴肉口袋里，摸出一个红绫封面、青绫包角、丝线装订、装潢极其讲究的小本子递过来，胡雪岩看着上面的题签是：“杏林秘笈”四个字，就知道是什么内容。

“这就是我的‘赌本’。说扑上去就扑上去。”他又看着陈世龙就问：“你说我做得对不对！”

在陈世龙看，不但觉得他做得对，而且觉得他做得够味，这样子，自己替胡雪岩探路的，也有面子，所以笑容满面，不断颔首。

“你请收起来。三叔既然赞成我的主意，那就好办了。回头我们好好地商量一番。”

两个人都很漂亮，一个“献宝”示诚，一个不肯苟且接受。推来推去，半天，是陈世龙想出来的一个办法，取张包银圆的桑皮纸，把“杏林秘笈”包好封固，在封口上画了个花押，交给郁四保管，郁四当即把它锁进了保险箱里。

饭罢品茗，那就都是刘不才的话了，谈起药店，如何开法，怎么样用人，怎么样进货，怎么样炮制，利弊如何，要当心的是什么？讲的人，兴高采烈，听的人，全神贯注，彼此都很认真。

“三叔！”胡雪岩听完了说，“这里面的规矩诀窍，我一时也还不大懂，将来都要靠你。不过我有这么个想法，‘说真方，卖假药’最要不得，我们要叫主顾看得明明白白，人家才会相信。”

“那也可以。譬如说，我们要合‘十全大补丸’了，不妨预先贴出招贴去，请大家来看，是不是货真价实？”

“就是这一点难！我不晓得你用的药，究竟是真是假？”

这对刘不才是一大启发，拓宽了他的视界，仔细想了想，有了很多主意：“既然如此，那就敞开手来干。”他说，“只要舍得花钱，不怕没有新鲜花样。”

“我们也不是故意要花样，只不过生意要做得既诚实，又热闹！”

“‘既诚实，又热闹’！”刘不才复念一遍，深深记在心里。

谈到这里，就该有进一步的表示了，陈世龙看看已是时候，向刘不才使了个眼色。胡雪岩自然也看到了，不等他有何表示，先就站了起来。

“三叔，你坐一坐。我跟郁四哥有些事谈。”

其实无事，只不过在里间陪郁四躺烟榻，避开了好让陈世龙说话。

“刘三爷，你看！”陈世龙递了个折子过去。

折子是个存折，聚成钱庄所出，但打开一看，并无存数记载，看起来是个不管用的空折子。

“为啥不记载钱数呢？”陈世龙问道，“三叔，你懂不懂其中的意思？”

“说实话，我不懂！”刘不才说，“雪岩的花样真多，我服了他了。你说，是怎么回事？”

“是尽你用，你要取多少就多少，所以不必记载钱数。不过，一天最多只能取一次。”

有这样的好事！刘不才闻所未闻，但当然不会疑心胡雪岩是

开什么玩笑。细想一想，问出一句话来作为试探。

“这样漫无限制，倒是真相信我！倘若我要取个一万八千两呢？”

“那要看你作何用处？只要你有信用，一万八千两也不是取不到的。”

这一说，刘不才懂了其中的深意。胡雪岩当然关照过，有个限度，超出限度，聚成的伙计就会托词拒绝。至于说一天只能取一次，那是防备自己拿了钱上赌场，如果只是正用，即使不够，也可以留到明天再说。唯有下赌注，是不能欠账的。

转念到此，刘不才又发了“大爷脾气”，把折子交了回去，“谢谢！”他的声音有点冷，“我怕我自己管不住自己，有了这么一条源源不绝的财路，一定输得认不得家！”

“刘三爷！”陈世龙的态度很平静，“你说过决心赌这一记！这话算不算数？”

“自然算数！那几张方子，就是我的赌本，已经全部交出去了，还有啥话说？”

“那不是赌本。刘先生，你果然有此决心，只要你做一件事，才算是你真的下了赌本，真的愿意赌一记。这件事说难不难，说容易不容易。我要等你想停当了，我再说。”

刘不才想了想问：“是我做得到的事？”

“当然！”

“好，你说。”

“刘三爷！”陈世龙的神态异常郑重，“外头跑的，说话算话！”

“那还用说。小和尚，”刘不才不悦，“你真是门缝里看人！”

陈世龙是受了胡雪岩的教，听了芙蓉细谈过她三叔，有意要逼刘不才发愤，因而若无其事地答道：“不是我门缝里看人，把你刘三爷看扁了，只因为我也跟刘三爷差不多，知道这件事不大容易办得到，而且说出来伤感情，所以不能不问个清楚。唉！”他有意做作，“想想还是不说的好！”

刘不才气得直咬牙，但不便发作。忍了又忍，才说了这样一句："说不说随便你！我倒不相信我刘某人会叫你小和尚把我看轻了！"

"这也难说。我说句话，你刘三爷不见得做得到。"

"好，你说！"刘不才用拳将桌子一搗，站起身来，双手撑桌，上身前俯，以泰山压顶之势，仿佛要把陈世龙一下子打倒在地上似的。

"那么我说，你能不能像我一样，从此不进赌场？"

听得这一声，刘不才的身子不自觉地往下坠，依然坐了下来，半晌作声不得。

"胡先生说过了，你要有这个决心，才显得是真心。他又说，他不希望你别样，'吃喝嫖赌'四个字，只希望你少一个！"陈世龙说，"照我看，如果连一个字都不能少，那……"他摇摇头，"不必再说，说下去就难听了！"

他不说，刘不才也想象得到，吃喝嫖赌，四字俱全，非搞得讨饭不可！

"胡先生又说，赌钱是赌心思，做生意也是赌心思，何不把赌钱的心思，花到做生意上头来？只要你生意做得入门，自然会有趣味。那时就不想赌钱了！"

刘不才沉吟不语，但神态慢慢在变，飞扬浮躁，带些怒气的脸色，渐渐消失，代之而起的是平静、沉着，最后终于点头。

"话不错！"他清晰地吐出来五个字，"我要戒赌了！"

"恭喜，恭喜！"陈世龙笑容满面地拱手，同时仍旧把那个存折推了过来。

"那么，我们谈正事。讲了半天，到底要我如何着手？我要弄个明白。"

这自然又只有请胡雪岩来谈。事情到了这地步，已经无须借聚成的地方，自然而然地，胡雪岩一邀就把他邀到家，跟芙蓉叔侄之间的芥蒂，当然也就不知不觉地消除了。

一夕之谈，谈出了头绪。胡雪岩的药店，定名“胡庆余堂”，请刘不才负责筹备，约定三天以后，跟他同船回杭州，细节到了杭州再谈。

“三叔！”芙蓉劝他，“你也真该收收心了。有适当的人家，娶位三婶娘回来。”

“现在还谈不到此。”刘不才只是摇头，“我现在的心思，完全在胡庆余堂上头。雪岩，”他马上把话题扯了开去，“我想，房子要图画样自己盖。”

“我也是这样想的。一切从头做起！”

“对，从头做起！”刘不才说，“我自己也是这样。”

果然，刘不才是重新做人，就在这三天工夫当中，他开了“节略”，把胡庆余堂从购地建屋到用人进货，如何布置，如何管理，都详详细细地写了下来。胡雪岩做生意，还是第一次有这样周到的盘算。

然而他做生意是这样不着实。如今说大话的不是刘不才，是胡雪岩，“初步我想凑十万两银子的本钱”，这话是说出去了，银子却还不知道在什么地方，郁四虽说过愿意加股的话，但他已倾全力支持，胡雪岩总不好意思要他卖田卖地来帮自己的忙，而况这个年头，兵荒马乱，不动产根本就变不成现钱。

好的是还不需要马上拿钱出来。胡雪岩的打算是，到了杭州跟王有龄商量，开药店是极稳妥的生意，又有活人济世的好名目，说不定黄宗汉的极饱的宦囊中，肯拿出一部分来，用他家人的名义投作股本。如果有黄抚台提倡，另外再找有钱的官儿来凑数，事情就容易成功了。

这当然是初步打算，只求把事业办成，谈不到赚钱，更谈不到照自己的理想去做。当然，刘不才绝不会想到他肚子里是这么一把算盘，依旧兴高采烈，见了面就谈药店，这样一路谈到杭州，胡雪岩把他安置在钱庄里，派了一个小伙计，每天陪他到各处去逛，招待得非常周到。

联络同行，善结人缘

胡雪岩常对帮他做事的人说：“天下的饭，一个人是吃不完的，只有联络同行，要他们跟着自己走。”话虽无奇，却透着胡雪岩这样一个深谙经商之道的人对于商场运作规律的深刻理解。人们常说，商场如战场，一般的人常常简单地将这句话理解为对商场竞争的形象概括，而往往忽略商场还有另一面，即商场上有竞争更必须有联合。一个简单的事实是，不管你实力多强大，也不管你的本事多高,你也无法占有整个市场。一个明智的生意人必须懂得，要在商场上站稳脚跟，不仅要有天时、地利，还必须结下人缘。

胡雪岩深深懂得这个道理。不仅懂得，他还特别善于结人缘。

不为赚钱结怨

为了浙江防务，胡雪岩建议向洋人购买洋枪，而且胡雪岩与洋人已经大体议定每支 25 两银子（其中 5 两为中间人的“好处”）上下的购进价格，不料浙江炮局的龚振麟父子走了浙江抚台黄宗汉三姨太的路子，斜插了一杠，以 32 两银子一支的价格与洋人签了购买 1.5 万支洋枪的合同。

本来是自己的生意却被别人抢走，而且对方一笔生意打下至少每支 12 两，共 18 万两银子的“虚头”以中饱私囊。以胡雪岩的为人和性格，自然是不会听之任之的。胡雪岩与朋友嵇鹤龄、裘丰言严密筹划，上串下联，由裘丰言出面向龚家父子展开攻势，终于迫使他们就范，同意拿出 5000 支由裘丰言经手，每支 32 两的价格不变，但他们只要每支 2 两的手续费。如果这样，就等于他们让出了 5 万两银子的好处。

胡雪岩认为不能要这 5 万两银子，因为这不是一笔小数，等于是剜了对方的心头肉，为了钱让对方记恨自己划不来。事实上按现在的情况也已经得不到 5 万两银子的好处了，因为以裘丰言

经手的洋枪每支的向上报价是25两，好处减半只有二万五千两，除掉抚台衙门的一万两，实落只有一万五千两。就这一万五千两胡雪岩也建议派作三股，裘丰言得两股，剩下五千给龚家父子，而自己和嵇鹤龄分文不要。

胡雪岩如此处理这桩生意也许会有人不理解。本来是自己的生意，被人抢去如今再夺回来，从道理上讲，这笔生意的好处胡雪岩无论如何是可以拿的。再说做生意就是为了赚钱，到手的钱而且应该说还是该拿的钱却不拿，自然是让人不好理解。但胡雪岩有自己的道理，那就是钱要拿得舒服。拿了以后会不舒服的钱，即使该拿也宁可不拿。

什么钱拿了会不舒服？简单地说，也就是那些拿了会留后患会带来不良后果的钱。比如这笔军火生意中的好处，就是可能拿得不舒服的钱。因为在胡雪岩看来，龚家父子之所以最终剜去自己的心头肉让出5万两银子的好处，实际上是在自己的强烈攻势之下迫不得已的忍痛牺牲，拿了这笔好处，等于与他结下大怨，对方心怀怨恨，以后寻机报复，这也就等于虽得一笔钱却为自己埋下一颗“不定时”炸弹，留下极大的后患，实在不合算。这是一笔拿了会得罪同行、结怨于同行的钱，虽然有可拿的道理，胡雪岩也是宁可不拿。

胡雪岩的这一番考虑确实有道理。事实上在这桩生意的运作过程中，龚家父子本就已经对胡雪岩心存怨恨，正是由于胡雪岩的这一番化解，使龚家父子不仅知道胡雪岩的手段厉害，而且也知道胡雪岩是一个办事极“漂亮”的人物，由怨恨而至钦服。

由此看来，做生意虽然是为了赚钱，但赚什么样的钱以及赚钱的后果也确实不能不谨慎考虑的。烫手的钱即使再多也不能要，这个原则任何一个生意人都应该记取。

同行不妒好成事

市场总是一定的。市场的扩大，意味着生意的兴隆；市场的缩小，说明生意在萎缩。市场是商务经营的生命线。

一行生意，同行之间由于经营内容的相同，也就意味着要分享同一市场。对同一市场的分享，说穿了，也就是利益的分享，因此同行间的竞争也是必然的和不可避免的，而为了各自利益，同行间互相忌妒，似乎也是常情了。由忌妒到倾轧、竞争，成了同行间的常事。在竞争中或者一方取胜，另一方被迫称臣；或者两败俱伤，第三者得利；或者一时难分胜负，双方维持现状，酝酿新的一轮竞争。这似乎是我们都能理解的，也似乎是我们大家也都能认可的市场规律。

在这种循环中有没有既不触动对方利益、己方又能得利的第三条路可走呢?

胡雪岩正是走的这第三条路。

胡雪岩看到在太平天国兴起的形势下，各地纷纷招兵扩军、开办团练以守土自保，尤其是江浙一带直接受到太平天国的威胁，更是大办团练、扩充军队。有了兵就要有兵器。胡雪岩便开始做起军火生意。他决定先买枪。在买不买炮的问题上，他却考虑得很远。使他犹豫，且最后放弃买火炮的主要原因，是因为浙江有一个炮局，由龚振麟、龚之棠父子主持。浙江炮局主要就是制造火炮。他们制造的土炮自然赶不上西洋的“落地开花炮”，但毕竟是自己造的炮。胡雪岩认为，如果他买进西洋炮，由于西洋炮威力大，质量好，必然要顶掉浙江炮局制造的土炮，因而也势必侵害炮局的利益，引起炮局的妒忌。炮局龚氏父子本来就得浙江大吏黄抚台的重用，他们为维护自己的利益，利用自己多年建立起来的影响，大肆挑剔买洋枪洋炮的弊端，反对浙江购买洋炮洋枪。如此一来，不仅洋炮买不成，连洋枪恐怕也买不成了。胡雪岩基于对这种世故人情的考虑，决定舍炮而不买，只买洋枪，这样就避免了对炮局利益的触及，选择了一条与众不同的经营项目，另辟市场，不至于引起同行的反对。

虽是同行，却能做到和平共处，这是胡雪岩为了生意的成功

而寻求的外部环境。他的取枪舍炮的做法，看似缩小了自己的市场，却是为了开辟另一市场而做出的必要让步，在这一新市场上，他不会遭到反对，也没有竞争，从而营造出良好的经营空间，更大地赢得利润。

不做伤害朋友的勾当

王有龄得胡雪岩资助进京捐官，顺利加捐为候补州县，分发浙江，旋即得补专为向京城解运“漕米”而设的海运局“坐办”。上任伊始，即面临一桩紧要公事：朝廷催促急速解运浙江未足数的漕米。这桩公事关乎王有龄的仕途前程，胡雪岩自然又是大力相助。

不过，要做好这件事也确实有相当的难度，一来在浙江难以很快征足所需漕米数量，二来即使有足量漕米，转运费时也会误了朝廷期限。几番筹划，最后确定了请漕帮在上海开办的通裕米行借垫，直接交由上海海运局承运的方针。不过，这事办起来也并不容易。由于朝廷改漕米由漕帮河运为海运，实际上是断了漕帮生路，漕帮现今正指望将这储备下的十几万石大米脱货变现以打点帮内弟兄生计。胡雪岩以他周到细致的手腕和圆通仗义的为人，终于获得漕帮首领的信任，答应将这十几万石漕米借垫出来，以解浙江海运局之急。按说目的既已达到，事情也就可以到此为止。但商办之中，胡雪岩了解了漕帮首领未说出口的难处，并不是事不关己便佯作不知，而是积极促成了信和钱庄向漕帮贷款解其燃眉。

在胡雪岩看来，做事总要能为别人着想，不能只顾自己不顾别人，更不能为了自己而糟害别人——无论主观上是有意还是无意。

这里自然也表现出了胡雪岩处世为人的信义。但往深层看，胡雪岩“江湖上走走，不能做害好朋友的勾当”这一处世为人的准则，实际上也适用于竞争十分激烈有时还显得十分无情的现代商界。换句话说，不仅“江湖上走走，不能做害好朋友的勾当”，即使对于自己的竞争对手，也不应该心存恶念，去做那种总思谋着“踹人一脚”的勾当。

俗话说，商场如战场。确实，商场上的竞争许多时候真就如战场上的搏杀，虽闻不到血腥看不到硝烟却常常外显为一种优胜劣汰的你死我活，而且这死活之间常常变化莫测又朝夕立见。但这只是问题的一个方面。从本质上看，商业竞争应该突出体现为敢于打破陈规大胆开拓，谨慎谋划商事运作的各个环节，通过科学管理提高企业自身的经营效率。换句话说，竞争的胜负不应以是否能有效地打击竞争对手使其遭至失败，甚至将其挤出同行同业而最终垮掉为标志。从商事运作的角度看，即使自己已经拥有了十分强大的实力，仅仅采取一种与对手拼死搏杀的态度，也是不明智的。相反，为了获得一定的市场和价格占有率，许多时候更需要的是一种与竞争对手在竞争中的联合，以求在涉及商事运作的许多重要方面达成某种必要的默契并形成一种有效的合作，共享其利最终共存共荣。因此，即使在激烈的商事竞争中也不能只顾自己而不顾别人，更不能总想着去踹人一脚，为了自己的利益安全下套以求整垮对手。实际上，竞争对手被整垮并不能带来真正的经济上的收益，一个简单的事实是，无论你的实力多么强大，你都无法占有整个市场。

从这一角度看，胡雪岩对于商场关系学的运用，也就成为他获得商务运作的巨大成功的必要技巧之一了。

善后赈抚，豪侠气概

蒋益澧率兵攻克湖州城，“浙杭肃靖”，一举升为浙江藩司，春风得意。

胡雪岩先以浙江士绅的身份，向蒋益澧道谢，然后谈到东南兵燹，杭州受祸最深。接下来便是为蒋益澧打算，而由恭维开始。

蒋益澧，字芗泉，所以胡雪岩称之为“芗翁”，他说：“芗翁立这样一场大功，将来更上一层楼，巡抚两浙，是指日可待的事。”

“不见得，我亦不敢存这个妄想。”蒋益澧说，“曾九帅有个好哥哥，等金陵一下，走马上任，我还是要拿‘手本’见他。”

浙江巡抚是曾国荃，一直未曾到任，现在是由左宗棠兼署。蒋益澧倒有自知之明，不管从勋名、关系来说，要想取曾国荃而代之，是件不容易的事。

但是胡雪岩另有看法："曾九帅是大将，金陵攻了下来，朝廷自然另有重用之处。至于浙江巡抚一席，看亦止于目前遥领，将来不会到任的。芗翁，你不要泄气！"

"哦？"蒋益澧不自觉地将身子往前俯了一下，"倒要请教，何以见得曾九帅将来不会到任？"

"这道理容易明白，第一，曾九帅跟浙江素无渊源，人地生疏，不大相宜，第二，曾大帅为人谦虚，也最肯替人设想，浙江的局面是左大人定下来的，他决不肯让他老弟来分左大人的地盘。""啊，啊！"蒋益澧精神一振，"雪翁见得很透彻。"

"照我看，将来浙江全省，特别是省城里的善后事宜，要靠芗翁一手主持。"胡雪岩停了一下，看蒋益澧是聚精会神地倾听的神态，知道进言的时机已到，便用手势加强了语气，很恳切地说："杭州的祸福，都在芗翁手里，目前多保存一分元气，将来就省一分气力！"

"说得是，说得是！"蒋益澧搓着手，微显焦灼地说，"请雪翁指教，只要能保存元气，我无有不尽力的！"

"芗翁有这样的话，真正是杭州的救星。"胡雪岩站起来就请了个安，"我给芗翁道谢！"

"真不敢当！"蒋益澧急忙回礼，同时拍着胸说，"雪翁，你请说，保存劫后元气，应该从哪里着手？"

"请恕我直言，芗翁只怕未必知道，各营弟兄，还难免有骚扰百姓的情形。"

"这……"

胡雪岩知道他有些为难。清军打仗，为求克敌制胜，少不得想到"重赏之下，必有勇夫"这句老古话，预先许下赏赐，但筹饷筹粮，尚且困难，哪里还筹得出一笔巨款可做犒赏之用。这就不免慷他人之慨了，或者暗示，或者默许，只要攻下一座城池，三日之内，可以不守两条军法：禁止抢劫与奸淫。蒋益澧可能亦曾有过这样许诺，这时候要他出告示禁止，变成主将食言，将来就难带兵了。

因此，胡雪岩抢着打断了他的话："芗翁，我还有下情上禀。"

"言重，言重！"蒋益澧怕他还有不中听的话说出来，搞得彼此尴尬，所以招呼打在先，"雪翁的责备，自是义正词严。我唯有惭愧而已。"

不说整饬军纪，只道惭愧，这话表面客气，暗中却已表示不受责备。胡雪岩听他的语气，越觉得自己的打算是比较聪明的做法，而且话也不妨说得率直些。

"芗翁知道的，我是商人。在商言商，讲究公平交易。弟兄们拼性命夺回了杭州城，劳苦功高，朝廷虽有奖赏，地方上没有点意思表示，也就太不公平，太对不起弟兄了。"

蒋益澧听他这段话，颇为困扰，前面的话，说得很俗气，而后面又说得很客气，到底主旨何在？要细想一想，才好答话。他心里在想，此人很漂亮，但也很厉害，应付不得法，朋友变成冤家，其中的出入很大，不可不慎。

于是他细想了一下，终于弄明白了胡雪岩的意思，谦虚地答道："雪翁太夸奖了。为朝廷征战，分所当为，哪里有什么功劳可言？"

"芗翁这话才真是太客气了。彼此一见如故，我就直言了。"胡雪岩从从容容地说，"敝处是出了名的所谓'杭铁头'，很知道好歹，官军有功，理当犒劳。不过，这两年几度激战，眼下早已十室九空，实在没有啥好劳军的。好在杭州士绅逃难在外的，还有些人，我也大多可以联络得到。如今我斗胆做个主，决定凑十万两银子，送到芗翁这里来，请代为谢谢弟兄们。"

这话让蒋益澧很难回答，颇有却之不恭，受之不可之感。因为胡雪岩的意思是很显然的，十万两银子买个"秋毫无犯"，这就是他所说："公平交易""礼尚往来"。只是十万两银子听上去是个巨数，几万人一分，所有有限，能不能"摆得平"，大成疑问。

见他踌躇的神气，胡雪岩自能猜知他的心事，若问一句："莫非嫌少？"未免太不客气，如果自动增加，又显得讨价还价地小气相。考虑下来，只有侧面再许他一点儿好处。

"至于对芗翁的敬意，自然另有筹划……"

"不，不！"蒋益澧打断他的话，"不要把我算在里头。等局势稍为平定了，贵省士绅写京信的时候，能够说一句我蒋某人对得起浙江，就承情不尽了。"

"那何消说得？芗翁，你对得起浙江，浙江也一定对得起你！"

"好，这话痛快！"蒋益澧毅然决然地说，"雪翁的厚爱，我就代弟兄们一并致谢了。"接着便喊一声："来啊！请刘大老爷！"

"刘大老爷"举人出身，捐的州县班子，蒋益澧倚为智囊，也当他是文案委员。请了他来，是要商议出告示，整饬军纪，严禁骚扰。

这是蒋益澧的事，胡雪岩可以不管，他现在要动脑筋的是，如何实践自己的诺言，将十万两白花花的银子，解交藩库，供蒋益澧分赏弟兄。

一想到藩库，胡雪岩心中灵光一闪，仿佛暗夜迷路而发现了灯光一样，虽然一闪即灭，但他确信不是自己看花了眼而生的错觉，一定能够找出一条路来。

果然，息心静虑想了一会儿，大致有了成算，便等蒋益澧与他的智囊谈得告一段落时，开口问道："芗翁的粮台在哪里？"

"浙江的总粮台，跟着左大帅在余杭，我有个小粮台在瓶窑。喏，"蒋益澧指着小张说，"他也是管粮台的委员。"

"那么，藩库呢？"

"藩库？"蒋益澧笑道，"藩司衙门都还不知道在不在，哪里谈得到藩库？"

"藩库掌一省的收支，顶顶要紧，要尽快恢复起来。藩库的牌子一挂出去，自有解款的人上门。不然，就好像俗语说，'提着猪砂，寻不着庙门'，岂不耽误库收？"

蒋益澧也不知道这时候会有什么人来解款？只觉得胡雪岩的忠告极有道理，藩库应该赶快恢复。可是该如何恢复，应派什么人管库办事？却是茫无所知。

于是胡雪岩为他讲解钱庄代理公库的例规与好处。阜康从前代理浙江藩库，如今仍愿效力，不过以前人欠欠人犹待清理，为了划清界限起见，他想另立一爿钱庄，叫作“阜丰”。

“阜丰就是阜康，不过多挂一块招牌。外面有区分，内部是一样的，叫阜丰，叫阜康都可以。芗翁！”胡雪岩说，“我这样做法，完全是为了公家，阜康收进旧欠，解交阜丰，也就是解交芗翁。至于以前藩库欠人家的，看情形该付的付，该缓的缓，急公缓私，岂非大有伸缩的余地？”“好，好！准定委托雪翁。”蒋益澧大为欣喜，“阜丰也好，阜康也好，我只认雪翁。”

“既蒙委任，我一定尽心尽力。”胡雪岩略停一下又说：“应该解缴的十万两银子，我去筹划，看目前在杭州能凑多少现银？不足之数归我垫，为了省事，我想划一笔账，这一来粮台、藩库彼此方便。”

“这，这笔账怎么划法？”

“是这样，譬如说现在能凑出一半现银，我就先解了上来，另外一半，我打一张票子交到粮台，随时可以在我上海的阜丰兑现。倘或交通不便，一时不能去提现，那也不要紧，阜丰代理藩库，一切代垫，就等于缴了现银，藩库跟粮台划一笔账就可以了。垫多少扣多少，按月结账。”

听他说得头头是道，蒋益澧只觉得振振有词，到底这笔账怎么算，还得要细想一想，才能明白。

想是想明白了，却有疑问：“藩库的收入呢？是不是先还你的垫款？”

“这，怎么可以？”胡雪岩的身子蓦然往后一仰，靠在椅背上，不断摇头，似乎觉得他所问的这句话，太出乎常情似的。

光是这一个动作，就使得蒋益澧死心塌地了。他觉得胡雪岩

不但诚实，而且心好，真能拿别人的利害当自己的祸福。不过太好了反不易使人相信，他生怕是自己有所误会，还是问清楚的好。“雪翁，”他很谨慎地措辞，“你的意思是，在你开给粮台的银票数目之内，你替藩库代垫，就算是你陆续兑现。至于藩库的收入，你还是照缴。是不是这话？”

“是！就是这话。”胡雪岩紧接着说，“哪怕划账已经清楚了，阜丰既然代理浙江藩库，当然要顾浙江藩司的面子，还是照垫不误。”

这一下，蒋益澧不但倾倒，简直有些感激了，拱拱手说：“一切仰仗雪翁，就请宝号代理藩库，要不要备公事给老兄？”

“芗翁是朝廷的监司大员，说出一句话，自然算数，有没有公事，在我都是无所谓的。不过，为了取信于人，阜丰代理藩库，要请一张告示。”

“那方便得很！我马上叫他们办。”

“我也马上叫他们连夜预备，明天就拿告示贴出去。不过，”胡雪岩略略放低了声音，“什么款该付，什么款不该付，实在不该付，阜丰听命而行。请芗翁给个暗号，以便遵循。”

“给个暗号？”蒋益澧搔搔头，显得很为难似的。

这倒是小张比他内行了：“大人！”他是“做此官，行此礼”，将“大人”二字叫得非常亲切自然，等蒋益澧转脸相看时，他才又往下说，“做当家人很难，有时候要粮与饷，明知道不能给，却又不便驳，只好批示照发，粮台上也当然遵办。但实在无银无饷，就只好婉言情商。胡观察的意思，就是怕大人为难，先约定暗号，知道了大人的意思，就好想办法敷衍了。”

“啊，啊！”蒋益澧恍然大悟，“我懂了。我一直就为这件事伤脑筋。都是出生入死的老弟兄，何况是欠了他们的饷，你说，拿了‘印领’来叫我批，我好不批照发吗？批归批，粮台上受得了、受不了，又是另外一回事。结果呢，往往该给的没有给，不该给的，倒领了去了。粮台不知有多少回跟我诉苦，甚至跳脚。我亦无可奈何。现在有这样一个‘好人’我做，‘坏人’别人去做的办法，那是太好了。该用什么暗号，请雪翁吩咐。”

“不敢当！”胡雪岩答道，“暗号要常常变换，才不会让人识透。现在我先定个简单的办法，芗翁具衔只批一个‘澧’字，阜丰全数照付，写台甫‘益澧’二字，付一半，若是尊姓大名一起写在上头，就是‘不准’的意思，阜丰自会想办法搪塞。”

“那太好了！”蒋益澧拍着手说，“‘听君一席话，胜做十年官’。”

宾主相视大笑，真有莫逆于心之感。交情到此，胡雪岩觉得有些事，大可不必保留了，因而向小张使个眼色，只轻轻说了一个字：“米！”然后微一努嘴。

小张也是玲珑剔透的一颗心，察言辨色，完全领会，斜欠着身子，当即开口向蒋益澧说道，“有件事要跟大人回禀，那几百石米，已经请张千总跟胡观察的令亲在起卸了。暂时存仓，听候支用。这几百石米，我先前未说来源，如今应该说明了，就是胡观察运来的。数目远不止这些。”

“哦，有多少？”蒋益澧异常关切地说。

“总有上万石。”胡雪岩说道，“这批米，我是专为接济官军与杭州百姓的。照道理说，应该解缴芗翁，才是正办。不过，我也有些苦衷，好不好请芗翁赏我一个面子，这批米算是暂时责成我保管，等我见了左制军，横竖还是要交给芗翁来做主分派的。只不过日子晚一两天而已。”

蒋益澧大出意外。军兴以来，特别是浙江，饿死人不足为奇，如今忽有一万石米出现，真如从天而降，怎不令人惊喜交集。

“雪翁你这一万石米，岂止雪中送炭？简直是大旱甘霖！这样，我一面派兵保护，就请张委员从中联络襄助，一面我派妥当的人，送老兄到余杭去见左大帅。不过，我希望老兄速去速回，这里还有多少大事，要请老兄帮忙。”

“是！我尽快赶回来。”

“那么，老兄预备什么时候动身？今天晚上总来不及了吧？”

“是的！明天一早动身。”

蒋益澧点点头，随即又找中军，又找文案，将该为胡雪岩做的事，一一分派停当。护送他到余杭的军官，派的是一名都司，姓何，是蒋益澧的表亲，也是他的心腹。

于是胡雪岩殷殷向何都司道谢，很敷衍了一番，约定第二天一早在小张家相会，陪同出发。

于是先到张家暂息，将善后应办的大事，以及要求蒋益澧支持的事项，写了个大概，方始应邀赴宴。

相见欢然，蒋益澧当面递了委札，胡雪岩便从身上掏出一张纸来，递了过去，上面写的是：

“善后急要事项”，一共七条：

第一，掩埋尸体，限半个月完竣。大兵之后大疫，此不仅为安亡魂，亦防疫疠。

第二，办理施粥，以半年为期。公家拨给米粮，交地方公正绅士监督办理。

第三，凡粮食、衣着、砖瓦、木料等民生必需品类，招商贩运，免除厘税，以广招徕。

第四，访查殉难忠烈，采访事迹，奏请建立昭忠祠。

第五，为战乱所害的妇女，访查其家，派妥人送回。

第六，春耕关乎今年秋冬生计，应尽全力筹办。

第七，恢复书院，优待士子。

“应该，应该！”蒋益澧说，“我无不同意。至于要人，或者要下委札，动公事，请雪翁告诉我，只要力之所及，一定如命。”

“多谢芗翁成全浙江百姓。不过眼前有件事，无论如何要请芗翁格外支持。”胡雪岩率直说道：“弟兄们的纪律一定要维持。”

蒋益澧脸一红，他也知道他部下的纪律不好，不过，他亦有所辩解：“说实话，弟兄们亦是饿得久了……”

“芗翁，”胡雪岩打断他的话说，“饷，我负责，军纪，请芗翁负责。”

蒋益澧心想，胡雪岩现在直接可以见左宗棠，而且据说言听计从，倘或拿此事跟上面一说，再交下来，面子就不好看了。既然如此，不如自己下决心来办。

于是他决定了两个办法：一是出告示重申军纪，违者就地正法，二是他从第二天开始，整天坐镇杭州城中心的官巷口，亲自执行军法。

这一来，纪律果然好得多了。善后事宜，亦就比较容易着手，只是苦了胡雪岩，一天睡不到三个时辰，身上掉了好几斤的肉，不过始终精神奕奕，毫无倦容。

左宗棠是三月初二到省城的，一下了轿，约见的第一个人就是胡雪岩。

“惨得很！”左宗棠脸上很少有那样沮丧的颜色，“军兴以来，我也到过好些地方，从没有见过杭州这样惨的！以前杭州有多少人？”

“八十一万。”胡雪岩答说。

“现在呢？”

“七万多。”

“七万多？”左宗棠嗟叹着，忽然抬眼问道，“雪翁，不说八万，不说六万，独说七万多，请问何所据而去然？”

“这是大概的估计。不过，亦不是空口瞎说。”胡雪岩答道，“是从各处施粥厂、平粜处发出的‘筹子’算出来的。”

“好极！”左宗棠甚为嘉许，“雪翁真正才大心细。照你看，现在办善后，当务之急是哪几样？”

“当务之急，自然是振兴市面，市面要兴旺，全靠有人肯来做生意，做生意的人胆子小，如果大人有办法让他们放心大胆地到杭州来，市面就会兴旺，百姓有了生路，公家的厘金税收，亦会增加。于公于私，都有莫大的好处。”

“这无非在整饬纪律四个字上格外下功夫，你叫商人不要怕，尽管到杭州来做生意。如果吃了亏，准他们直接到我衙门来投诉，

我一定严办。”

“有大人这句话，他们就敢来了。”胡雪岩又问，“善后事宜，千头万绪，包罗太广，目前以赈抚为主，善后局是否可以改为赈抚局。”

“不错！这个意见很好。”左宗棠随即下条子照办，一切如旧，只是换了个名字。

赈抚局的公事，麻烦而琐碎，占去了胡雪岩许多的工夫，以至于想见一次左宗棠，一直找不到适当的时间。

这样迁延了半个月，专折奏报夺回杭州的折差，已由京里回到杭州，为左宗棠个人带来一个好消息，“内阁奉口谕：闽浙总督左宗棠自督办浙江军务以来，连克各府州县城池。兹复将杭州省城、余杭县城攻拔，实属调度有方。着加恩赏太子少保衔，并赏穿黄马褂。”此外，蒋益澧亦赏穿黄马褂，“所有在事出力将士，着左宗棠查明，择优保奏。”

消息一传，全城文武官员，够得上资格见总督的无不肃具衣冠，到总督行辕去叩贺。左宗棠穿上簇新的黄马褂，分班接见，慰勉有加，看到胡雪岩随着候补道员同班磕头，特为嘱咐戈什哈等在二堂门口，将他留了下来。

等宾僚散尽，左宗棠在花厅与胡雪岩以便服相见。一见少不得再次致贺，左宗棠自道受恩深重，对朝廷益难报称，紧接着又向胡雪岩致歉，说夺回杭州有功人员报奖，奏稿已经办好，即将拜发，其中并无胡雪岩的名字，因为第一次保案，只限于破城将士，以后奏保办理地方善后人员，一定将他列为首位。

胡雪岩自然要道谢，同时简单扼要地报告办理善后的进展，奉“以工代赈，振兴市面”八个字为宗旨，这样一方面办了赈济，一方面做了复旧的工作。左宗棠不断点头，表示满意。然后问起胡雪岩有何困难。

“困难当然很多，言不胜言，也不敢麻烦大人，只要力所能及，我自会料理，请大人放心。

不过，人无远虑，必有近忧，如今已经三月下旬了，转眼‘五黄六月’，家家要应付眼前。青黄不接的当口，能够过得过去，都因为有个指望，指望秋天的收成，还了债好过年，大人，今年只怕难了！”

一句话提醒了左宗棠，悚然而惊，搓着手说：“是啊！秋收全靠春耕。目前正是插秧的时候，如果耽误了，可是件不得了的事！”

“大人说这话，两浙有救了。”

“你不要看得太容易，这件事着实要好好商量。雪翁，你看，劝农这件事，该怎么样做法？”

“大人古书读得多，列朝列代，都有大乱，大乱之后，怎么帮乡下人下田生产，想来总记得明明白白。”

“啊，啊，言之有理。”左宗棠说，“我看，这方面是汉初办得好，薄太后的黄老之学，清静无为，才真是与民休息。就不知道当今两宫太后，能否像薄太后那样？”

胡雪岩不懂黄老之学，用于政务，便是无为而治，也不知道薄太后就是汉文帝的生母。不过清静无为、与民休息这两句话是听得懂，便紧接着他的话说：“真正再明白不过是大人！要荒了的田地有生气，办法也很简单，三个字：不骚扰！大人威望如山，令出必行，只要下一道命令，百姓受惠无穷。”

“当然，这道命令是一定要下的。雪翁，你且说一说，命令中要禁止些什么？”

“是！”胡雪岩想了一下答说，“第一，军饷的来源是厘金，是殷实大户的捐献，与种田的老百姓无干。今年的钱粮，想来大人总要奏请豁免的，就怕各县的‘户书’假名追征旧欠。那一来，老百姓就吓得不敢下田了！”

“那怎么行？”左宗棠神色凛然地说，“若有此事，简直毫无心肝了，杀无赦！”

“第二，怕弟兄们抓差拉夫。”

“这也不会。我早就下令严禁，征差要给价。如今我可以重申前令，农忙季节，一律不准骚扰，而且还要保护。”左宗棠问道，

"还有呢？"

"还有就是怕弟兄们杀耕牛！"

"那也不会，谁杀耕牛，我就杀他。"

"大人肯这样卫护百姓，今年秋收有望了。至于种子、农具，我去备办，将来是由公家贷放，还是平价现卖，请大人定章程。好在不管怎么样，东西早预备在那里，总是不错的！"

"不错，不错。请你去预备，也要请你垫款。"左宗棠说道，"除了钱以外，我这里什么都好商量。"

"是！"胡雪岩答道："我是除了钱以外，什么事都要跟大人商量，请大人做我的靠山。"

"那还用说，要人要公事，你尽管开口。"

"有件事要跟大人商量。湖州府属的丝，是浙西的命脉，养蚕又是件极麻烦的事，以蚕叫'蚕宝宝'，娇嫩得很，家家关门闭户，轮流守夜，按时喂食，生客上门都不接待的。如今蒋方伯正带兵攻打湖州，大军到处，可能连茶水饮食都得预备，可是这一来，蚕就不能养了。还有，养蚕全靠桑叶，倘或弟兄们砍了桑树当柴烧，蚕宝宝岂不是要活活饿死？"

"噢！"左宗棠很注意地，"我平日对经济实用之学，亦颇肯留意，倒不知道养蚕有这么多讲究。照你所说，关系极重，我得赶紧通知蒋芗泉，格外保护。除了不准弟兄骚扰以外，最要防备湖州城里的长毛突围。"

"大人这么下令，事情就不要紧了！"胡雪岩欣慰地说，"江南是四月里一个月最吃重，唱山歌的话：'做天难做四月天'，因为插秧和养蚕都在四月里，一个要雨，一个要晴。托朝廷的洪福，大人的威望，下个月风调雨顺，军务顺手，让这一个月平平安安过去，浙江就可以苦出头了！"

第七章 正视商败

从太平天国时期到光绪六年（1880年）前后，在20来年中胡雪岩经过苦心经营和冒险奋斗，从一介钱庄店伙成为头戴珊瑚红顶帽、身穿黄马褂的朝野注目的头号官商；从家无长物到拥有银号、钱庄、当铺、药号、丝行，最阔时“积资三千万有奇”，这个数字几乎相当于1880年前后国家一年财政收入的半数。费行简《近代名人小传》说“同治间，足以操纵江浙商业，为外人所信服者，光墉一人而已”。其实，其影响所及何止江浙一隅！由于胡身份特殊，资金雄厚，经营网络遍布全国大埠，所以“一切商贾，莫不仰其鼻息，尊之曰财神，以其能左右市面也”。其影响也不限商业一域，连国家财政都赖其调拨，《异辞录》载：“国库支绌有时，常通有无，颇恃以为缓急之计。”当时谈胡雪岩，谁不信其建万世不朽之基，立永久不败之地。然而，富贵无常势，荣华如浮云，“福兮祸之所伏”，胡雪岩的事业发展到顶峰，危如累卵的局面也出现了。

作为左文襄公手下的红人，胡雪岩自然不讨左的政敌李鸿章派系的欢心，而胡在息借外债时多有“虚头”，也留人话柄，于是，诸事频受掣肘。萧瑟的秋意开始笼罩繁荣商厦，终使一代巨贾胡雪岩家破人亡。

智者千虑，必有一失

光绪九年（1883年）春，北洋大臣李鸿章因父丁忧，开缺回老家安徽合肥守孝。其时，中法关系紧张，法国在越南增兵，矛头对准中国。越南政府派使到北京，乞求清廷出兵援助，气氛骤

然紧张起来。

清廷在危难时刻，下旨命李鸿章到沿海监督海防事务。李鸿章不敢违抗圣命，遂从合肥起身，途经上海，到京城述职谢恩。因为预先知道要接管巡视沿海防务，李鸿章到上海后，打算逗留9日。上海道邵友濂是李鸿章的门生，自然格外殷勤，亲率部属到码头相迎，把李鸿章接回衙门小心伺候。

李鸿章到上海，有件心事需要解决。

李鸿章主政北洋事务有年，深知当今时代，列强争霸，海洋成为激烈冲突的战场。他主张建立强大的海防力量，对付列强进攻。因此，早些年间李鸿章就注重北洋水师的建设，把这支海军视为禁脔，他人不得染指。握着北洋水师，李鸿章的势力果然大增，朝廷视他为国家股肱。一帮大臣重吏也提出“海防”主张，言称中国若要强大，必以海防为要，正合李鸿章心意，他自然而然成为“海防”理论的首倡者。

但是，李鸿章并未独霸朝堂，两江总督左宗棠是他的有力对手。自从湘军统帅曾国藩与太平军对抗十几年，最终消灭太平军后，清廷中汉人大臣的地位日益重要，出现世人所称的“大清三杰”，即曾国藩、李鸿章、左宗棠。这三人手握重权，对朝廷影响举足轻重。曾国藩的湘军势力达江南数省，有“曾半天”之称；左宗棠原为曾国藩的幕僚，后脱颖而出，曾率10万军队进驻新疆，平定阿古柏叛乱，使俄国侵占新疆的美梦化为泡影，颇受国人称道。李鸿章执掌北洋大臣，护卫京师，热衷洋务，乃朝廷重臣。

这三人支撑着清廷天下，功勋显赫。

曾国藩功成名就后，悄然退隐，解散湘军，消除朝廷的顾虑，终得保全自己，于同治十一年病殁家乡，成为善始善终的楷模。曾死后，李鸿章与左宗棠分道扬镳，貌合神离，互相排挤对抗。左宗棠因有天山平乱和西北平回的经历，因此认为中国的安危，在于稳定内陆，故提出“陆防”论，恰与“海防”论针锋相对。

李鸿章也不和他计较，各行其是，加快水师建设，扩大海防势力。前不久，军机大臣张佩伦上书皇上，建议专设水师衙门，创办新式海军。慈禧批下奏折，拟交北洋大臣执行。这正合李鸿章的心意，打算把新式海军基地选在上海，进而控制南洋海防，将北洋水师的势力扩展到南方，成为名副其实的“海军王”。

此刻，李鸿章传见上海诸官吏，了解上海地理情况，筹划海军基地事务。

众多官吏中，盛宣怀是李鸿章最赏识的人物。他名为北洋大臣帮办，实则是李鸿章的“财政部长”，替他筹集资金，制订经济预算。盛宣怀是北中国有名的大商人，握有众多公司股份，在铁路、采矿、纺织、机器制造等行业中独占鳌头，富可敌国，被誉为中国“近代商人之父”。

李鸿章先派盛宣怀到上海筹划海军基地的选址工作，此刻见到盛宣怀应召前来，便满脸笑容，嘱他落座。因为是亲随，免去了拜见大礼。

盛宣怀面有愧色，对李鸿章道：“微臣愧见中堂大人。”

李鸿章略一沉吟：“莫非你遇到为难之事？”

“新式海军基地不能在上海办了。”

“为什么？”

“左大人已先鞭一着，到上海视察过海防情况。”

李鸿章大感意外，左宗棠向来是只“旱鸭子”，如何对海防有兴趣？

盛宣怀向他详细报告了收集来的情况。

左宗棠率西征军到陕甘平乱后，调京师军机处担了一段时间。其间，他亲眼看到朝中“海防”势力大盛，主张海防的大臣深受皇上重视。由于中国海军软弱，列强入侵，多从海路杀入，诸如“鸦片战争”“八国联军之乱”，全是清廷海战不力，阻止不了军舰水兵。各国在京使节趾高气扬，清廷屡屡卑躬屈膝，左宗棠看在眼里，急在心头。他是个彻底的民族主义者，历来对办洋务颇不以为然。但在诸多事实面前，左宗棠感到外患甚于内忧，不得不承认加强

海防的重要。兼以李鸿章手握北洋水师，权势如日中天，令左宗棠耿耿于怀，欲在海防方面削弱对方势力，扩大自己权力。

不久，朝廷又调任左宗棠为两江总督，署理东南半壁政务。

左宗棠感到机会到了，亲自到海口巡察，检视长江水师，并以长江水师为骨干，与水师提督彭玉麟商谈，创立新式海军。彭玉麟系曾国藩旧部，长期主持长江水师，有丰富的治军经验，请他主办新式海军，左宗棠可谓得人。左宗棠又从各省协饷中提出一批款子，创办福建船政，制造新式军舰。南方海防，在左宗棠倡导下如火如荼，全面展开。

“上海处在两江总督治下，我们想在此发展，岂非痴人说梦？左帅怎么肯在卧榻旁容他人打鼾？”

盛宣怀如是说，李鸿章不得不认真考虑。

李、左之争，在于权势。过去，左宗棠以“陆防”反对“海防”，李鸿章尚不与他计较，大不了各据一方，左宗棠喝他的“西北风”，北洋水师灌自己的“海水”，井水不犯河水，倒也相安无事。

如今，左宗棠一改“陆防”观点，赞同加强海防，并且把手伸到“海防”势力范围，与李鸿章争夺海军统领权，直接威胁到李鸿章的利益，不容他安心过日子，是可忍，孰不可忍！

李鸿章恨得咬牙切齿，两虎相争，恶斗在所难免，要紧的是估价对方实力，寻隙发起进攻，不可陷入被动。

李鸿章深谙人事争斗奥妙，自信比起大而化之、粗心坦率的左宗棠来，超乎其上，胜券在握。李鸿章想毕，问盛宣怀：“依你之见，南方海防只好拱手相让，丢给他人了？”

“绝对不行”，盛宣怀断然道，“中堂大人经营北洋数年，已固若金汤，他人不可染指，唯南方海防，统御权尚未确定，可奋力一争，岂肯甘落人后，让左帅捡个便宜？”

“两江总督势及东南半壁，如之奈何？”

“左帅西征北讨，流动不定，根基未固，与中堂大人不可同日而语。”盛宣怀作为智囊，充分显示他的才能，替李鸿章策划分析。

左宗棠虽然战功卓著，但为人坦率直露，居功自傲，易得罪官场同僚。在军机处期间，与众军机大臣不能和睦相处，众人嫌他脾气暴躁，皇上才调他到两江。可见人缘不好，是做官大忌。左宗棠长期征战，部属远离故土，难以扎根，在地方没有影响，自然少裙带关系，看似清廉，却如光杆司令，响应者寥寥。

“带兵打仗，明里是将士拼命，谋臣运筹有方，统帅用兵得当，实则是钱粮之功，”盛宣怀强调道，“譬如左帅率军西征，湖湘弟子跋涉天山南北，这许多兵马要吃要喝，都得大笔银子开销，若无浙江富商胡雪岩鼎力相助，为其筹款接济，休说作战用兵，连挪动一步亦困难重重。”

“哦？”李鸿章很感兴趣：“胡雪岩，这个名字好熟悉。”

“人人皆知‘胡财神’，中堂大人当然听说过。”

“听说过，但只知他经营钱庄很有一套，不知他如何帮助左宗棠。”

“自从浙江巡抚王有龄被太平军围在杭州，自缢殉国后，胡雪岩便失去靠山，找到左帅做后盾，多次筹款支持左帅，甚至不惜举借洋债维持左帅军队开销，才有今天。”

“胡雪岩到底借了多少外债？”精通洋务的李鸿章注意地问。

“经他之手尚未结清的外债，还有两笔，一笔是光绪四年八月向汇丰银行借银650万两，商定期限7年，每半年还一次，本息约50万两，平均每月10万两左右；另一笔是上一年又向汇丰银行借银400万两，两笔钱全用在西征事务上面，左帅经这几次‘输血’，自然血气方刚，精力旺盛，终获大胜。”

盛宣怀滔滔不绝，如数家珍，令李鸿章大感满意。

李鸿章细心盘算，左宗棠敢于同自己争锋，全在胡雪岩向他“输血”，若切断这根“血管”，则左宗棠阵脚大乱。胡雪岩必除之，此为心腹大患。几乎瞬息之间，李鸿章便作出决定，他对盛宣怀道：

“既然已找到症结所在，相机行事，宜早不宜迟，你们看着办吧！”

分明作了明白的暗示，胡雪岩大难临头了。

但还需要寻找机会，李鸿章虽未作过多的指示，盛宣怀自然心领神会，喏喏而退。

中法之间的矛盾迅速恶化，容不得李鸿章“相机行事”了。

法国政府欲侵占越南全境，越南屡次向清廷求援不得，不得已允许刘永福的“黑旗军”入境，抗击法军，不料想获得大胜，法国政府向清廷提出严重抗议，逼迫清廷召回黑旗军。法军乘机向镇南关进攻，又遭老将冯子材重创。捷报传来，举国欢呼。两江总督左宗棠上奏朝廷，力主抗法宣战，并积极募集军队，整装待发。云贵总督岑毓英亦遥相呼应。长江水师提督彭玉麟已组织军队向广西边境开拔。朝野一片主战声。

法国政府见在南中国捡不到便宜，效法当年英国发动鸦片战争的策略，故技重施，转而分兵北上，摆出进攻上海、天津的架势，威胁京城。

李鸿章顿时恐慌起来，北方旅顺、塘沽均驻扎北洋水师主力，系他多年心血所凝成，倘若开战，必败无疑，决非法军对手。他秘密向慈禧太后上奏，力陈主战的危险，主张向法军求和，以保存眼下实力，图谋今后。

慈禧太后接奏后，留而不发。她以太后身份临朝，垂帘听政，驾驭群臣，全靠铁血手腕，在中外人士眼中是英武果敢的人物，如公开言和，必然损害自己的威望，故表面上主张开战，却无实际行动。

主持政务的恭亲王、醇亲王都热衷于洋务，不愿与法军冲突，又怕被国人骂为汉奸，只好随声附和言战，内心却怕得不得了，背地里向李鸿章传话，请他定夺。李鸿章左思右想，唯有立刻切断左宗棠的“血脉”，绝其供给，才能阻止他抗法。左宗棠一旦偃旗息鼓，其他大员不战自消，对法言和才能顺利进行。

李鸿章命盛宣怀立刻除去胡雪岩，并非要他的脑袋，而是拆他的台，胡雪岩在劫难逃。

同治十二年春，胡雪岩到江宁，拜见两江总督左宗棠。言谈之间，左宗棠开口要胡雪岩拨银25万两，交给部属王德榜购枪支弹药。胡雪岩唯有诺诺连声，没有丝毫犹豫。他知道左帅的脾气，不问部下有无困难，只要开口，有令必行。左宗棠还要他设法购2000支洋枪运到江宁，合计3万多两银子，自然由胡雪岩支付。

左宗棠自恃有恩于胡雪岩，只管大笔向他要钱，不问他手里如何，令胡雪岩感到为难。近来他与洋商斗法，积压了几百万两银子的生丝，替左宗棠借的两笔贷款面临到期结算还本，头寸已感紧张，有些捉襟见肘、周转不灵。

离开江宁，胡雪岩火速赶往上海，找到上海阜康分号档手宓本常，查询账面往来数目。

宓本常是胡雪岩在上海的财务管家，除主持阜康分号业务外，还负责调剂头寸，应付到期的债务。

宓本常告诉胡雪岩："向英商汇丰银行借的400万两银子贷款，偿还的日期又到了，本息共50万两银子。"

这笔贷款，是左宗棠以各省协饷作保，托胡雪岩以自己的名义借的，风险全由胡雪岩承担。胡雪岩算算日子，预定向各省解到上海的头批饷银有40万两，应该已到上海道台邵友濂手中。胡雪岩立刻起轿到邵公馆追问。邵友濂打着哈哈道：

"胡先生别着急，这点银子还能难住财神？等饷银汇到，即刻划到阜康账上。"

胡雪岩见他说得恳切，只好告辞。

他前脚走，听差后腿便进邵公馆，告知邵友濂饷银40万两已汇到上海。邵友濂正打算写条子，将银子交给阜康。这时门外通报：

"盛老爷到！"

盛宣怀身穿三品补服，踏进邵公馆。

"邵公，一向可忙否？"

"托你的福，还算能应付。"

盛宣怀眼尖，一眼瞥见案上的笺"胡先生"字样，忙问："可是给胡雪岩写信？"

“正是，盛公好眼力，各省饷银解到，我要交给胡雪岩，这是左帅关照了的。”

“且慢！”盛宣怀按住纸笺，道：“这银饷千万交不得！”

“为什么？”邵友濂很觉奇怪。

“邵公，你可知道，法国人扬言要炮击高昌庙制造局，进攻吴淞口，没几天好日子可过了。”

邵友濂大吃一惊，法军即将在上海开战，自己作为上海台，守土有责，与城共存亡，必须亲率将士御敌。若弃城而逃，必遭灭亡大罪，前程尽毁。

“邵公可愿战死阵前，受朝廷谥封，流芳千古？”盛宣怀嘴角露出一丝嘲讽。

邵友濂打个寒战，感到背脊发凉。他想起前任上海道台逢小刀会起事，被乱民杀死的惨状；浙江抚台王有龄因守孤城杭州，自缢而死的噩耗，自己难道也要遭到那种下场？

“邵公休怕，法军尚未动手，只要你不想打仗，便可平安无事。”

邵友濂糊涂了，一介道台，能阻止洋人炮火军舰？

盛宣怀告诉他，只要压住协饷不发，胡雪岩便无法兑还汇丰银行的期债，信用一时发生危机，阜康立刻倒闭。如此，除去胡雪岩，切断他的经济援助，左宗棠只好干瞪眼，任主和派摆布，仗便无从打起。

邵友濂恍然大悟，差点跪下给盛宣怀磕个响头，他一迭声道：“就这么办，就这么办！”

胡雪岩得不到各省的协饷，无力还债，信用果然产生危机，他的日子屈指可数了。

缫丝大战，厄运降临

胡雪岩刚从外地归来，一踏进书房，立刻瞥见文案上一封请柬。拆开一看，是一个名叫贝尔的洋商邀请他出席一家缫丝厂的开张典礼。贝尔系德国商人，做生丝生意，与胡雪岩常打交道。

类似这样的邀请，胡雪岩已收到过好几次，上海近年来接连开张好几家缫丝厂，用洋机器缫丝，据说产量大、质量高，机缫生丝销往国外，颇受外国商人欢迎，直接与胡雪岩抢生意。

胡雪岩顿感不快，把请柬一扔，打算不理睬。

管家赵欣劝他道："胡先生为什么不去看看新鲜？听说缫丝厂用火油带动，转动飞快，效率很高，胡先生做丝生意，总该关心一下为好。"

胡雪岩想想，觉得有理，知己知彼，百战不殆。不了解对手实力，一味回避现实毕竟行不通。他掏出银壳打簧表，看看指针正指着9点，距典礼时间不多，于是匆匆换了一身便服，乘轿赶往缫丝厂。

一路上，他愁眉紧锁，心事重重。上海这两年丝价下跌，究其根本，洋商在本地设厂缫丝是主要原因。胡雪岩的生丝收自苏湖乡村农家，农民用土法缫丝，费工费时，成本原来不低，价格无法再降。而缫丝厂设备先进，用工节省，比手工成本明显降低，故而缫丝厂在价格上具有很大竞争优势。胡雪岩虽然清楚这一点，但他依然作转手买卖，没有缫丝厂，所以没法控制丝价，常感到烦恼，认为自己算不上真正有实力的大商家。能纵横市场，能自控物价，一呼百诺，才是商场英雄本色。

正胡思乱想着，缫丝厂已到。只见厂门口张灯结彩，一队洋鼓手正在奏乐。上海地方社会名流、官宦缙绅、商界人物，大多荟萃一处，可谓群贤毕集。

洋商贝尔上前招呼胡雪岩，用一口流利的中国官话向他介绍情况。这家厂子，是德国政府特批贷款，在中国建立的，花去款子折合银两300万，设计年生产能力为20万包生丝。

胡雪岩暗暗咋舌，外国政府多大度，舍得替商人出钱，贷款建厂，据说这样的厂子年内还有10来家开张。他十分羡慕贝尔，有这么开明的政府撑腰。想到朝廷，胡雪岩便感到寒心，清廷只顾向商人课以重税，大把搜刮，却很少扶持商人经营，更不要说贷款建厂了。他记得自己开钱庄，做丝生意，10多年来向官家缴

纳的各种费用不下500万两，而官府给予他什么支持呢？

贝尔陪同来客进入缫丝厂的生产车间，只听耳边机器声震耳欲聋，车间里线路纵横交错。许多机轮飞速转动，让人眼花缭乱，心惊肉跳。一锅锅雪白的茧子在汽蒸锅里煮后，经传送带运到缫丝机上。若干名被称为“湖丝阿姐”的女工站在机器旁进行缫丝操作。她们个个被蒸腾的水汽闷得汗流如注，穿着薄薄的工作服，胸口的乳房特别挺突，别有一番风姿。不过最吸引人的是湖丝阿姐们的工作效率，她们手脚麻利，从热水锅里捡出熟茧，抽出丝头往机器轴上一挂，机轴便飞快旋转，顷刻间便抽完一个茧子，机轴上绕着雪白的生丝。

胡雪岩见过乡下农人手工缫丝，虽然过程和机器大同小异，但速度极慢。他估量一下，机器比人工缫丝，起码快了六七倍。怪不得缫丝厂敢于降低价格，原来是机器在作祟。

看罢厂子，贝尔在厅房款待大家喝洋酒，吃西餐。外国人进餐不喜欢坐着，通常端着一只酒杯，盛着威士忌或者白兰地什么的，在大厅中走来走去，与熟人交谈。

贝尔抽空走到胡雪岩身边，同他对饮，问他感想如何？胡雪岩说大开眼界，受益匪浅，厂子如此先进，今后土法缫丝要饿肚子了。贝尔哈哈大笑，说在德国，土法缫丝早被机器淘汰了。胡雪岩如果愿意的话，不妨同洋商合作，停止收生丝，把蚕茧直接送到缫丝厂，可减少许多周折。

这话激怒了胡雪岩，贝尔分明揶揄胡雪岩敌不过洋商，早晚要将生丝市场拱手相让。他未怒形于色，只对贝尔说了一句话：“贝尔先生，并非所有的中国人都喜欢机器缫丝。”

贝尔一愣，似乎在回味胡雪岩的话。胡雪岩实际上已向贝尔下了战书，他要保住传统的土法缫丝市场，同洋机器做一番较量。

在后世看来，胡雪岩这举动可与西班牙塞万提斯的《堂·吉诃德》相提并论，显得既愚蠢又顽固，人工和机器怎么能相匹敌呢？

但当胡雪岩说这话的时候，他不无自信，他有遍布江南的无数手工缫丝农户，有几百万两银子的雄厚资本，有多年来操纵市场的经验，同洋商抗争并非不可能。

归来之后，胡雪岩立刻作出决定，大量投入资金，收购生茧，囤货入库，不卖给洋商。他估计经此措施，会刺激千家万户农户加速手工缫丝生产，本来有限的蚕茧大部分被消化。洋人的缫丝厂收不到蚕茧，只好关门大吉。到头来，外国丝厂收购不到足量的生茧，只好向他胡雪岩求购，那时自己任意定价，大捞一笔。

胡雪岩的策略果然奏效，上海的外国缫丝厂纷纷原料告急，开工不足。英国驻华公使收到商人们的控告,立刻向清廷提出抗议，认为中国商人垄断茧源，囤积居奇是对外国政府最不友好的举动，违反通商条约。各国公使群起响应。朝中洋务派大臣亦推波助澜，指责胡雪岩无事生非，开罪洋人，挑起事端。胡雪岩深恐成众矢之的，只得停止收茧。洋人又以高价向茧商收购，渡过难关。

一场争斗下来，胡雪岩未占到便宜，反而积压了400多万两银子的生茧。他暗暗发愁，生茧积压久了变色生黄，价格更低，而400多万两银子的资本滞留库中，使胡雪岩周转不灵。其时，他已在全国开了30多家阜康分号，承担着近千万两银子的外债风险，尚有多家典当行、丝行的日常开支用度。胡雪岩分明感受到沉重的压力。

但他是极好面子的人，不甘心灰溜溜地败在洋商手下。在中国，胡雪岩因筹款助军立下大功，深受左帅赏识，朝廷破例赏穿黄马褂、赐紫禁城骑马，授二品顶戴，成为朝中唯一的戴红顶子的商人。殊荣已至登峰造极，怎肯受洋鬼子欺负，屈人于后呢?

胡雪岩决意孤注一掷，同洋人作最后一次较量。

他想起贝尔的缫丝厂，高速运转的机器显然是令他败北的根本原因。俗语云：以其人之道还治其人之身。胡雪岩对此话领悟极透，他曾用此法击败许多商场对手。此刻，他思忖：何不出资收购缫丝厂，生产机制生丝，直接向外洋销售呢?

他有些后悔，明知手工缫丝赶不上洋机器，却不惜硬拼，导致功败垂成。若早些购买缫丝厂，当不致如此。

经过一番深思熟虑，胡雪岩找到朋友古应春，托他出面向洋商洽购缫丝厂。一则古应春是洋行翻译，精通洋务，不会上洋人的当；二来用他掩护，洋人不会怀疑到自己头上而有所戒备。

此时，胡雪岩能够动用的存银已经不充裕，汇丰银行尚有30万两存银可支取。胡雪岩叫古应春着手办理购厂事务，并叮嘱阜康上海分号的档手宓本常，随时向古应春提供购厂银子。

胡雪岩安排妥事务，回杭州去了。

古应春有股本在阜康，两人交情非同一般，胡雪岩的事便是他自己的事，他见胡雪岩囤积了大量生茧，暗暗替他着急，生茧放久了，蚕蛹会咬破茧壳钻出来，生茧便不值钱。现在胡雪岩决定买缫丝厂，这是高明的一着，加工生丝外销，不受时限干扰。古应春四出奔走，寻找目标，不几天，果然有了下落。

上海的丝厂，大多是洋商开设，由洋人管理，制度严格，生产效益好，断不会转让。

有一家缫丝厂名叫公永和，老板却是湖州人黄佐卿，他买了上百部意大利的丝车，聘请意大利人麦登斯做技术顾问，开工才一年多，却连连亏本，几乎难以为继。

缫丝厂的工人大多是湖州阿姐，离乡背井到上海做工，无依无靠，地位低下，免不了受工头的欺负。有的男工头便乘机揩油，作威作福，胁迫女工，强奸蹂躏的事情，时有发生。公永和丝厂亦不例外，但比起其他丝厂有过之而无不及。

意大利顾问麦登斯，本是一个好色淫棍，到公永和丝厂做技术顾问，他每日借巡视为名，在缫丝车间转悠，见高温之中，女工们都露出粉颈酥胸，便于散热，麦登斯便淫心大动，常常借口指导技术，将看中的女工叫到办公室，强行奸污。有时甚至不避嫌疑，在丝堆里亵玩女工，几乎每天发泄兽欲。

女工时常向厂里投诉，工头与麦登斯勾结一气，肆意玩弄湖州阿姐。终于闹到忍无可忍的地步，女工们停下活计找黄佐卿评理。黄佐卿打算解雇麦登斯，但厂里没有技术顾问无法生产；英国领事又出面保护侨民，弄得黄佐卿进退不得，骑虎难下，便萌生脱身之念，打算将丝厂卖掉。

古应春听到消息，立刻与黄佐卿面谈。黄佐卿已焦头烂额，愿以 8 万两银子将丝厂廉价脱手。当初缫丝厂建立时花去足足 15 万两银子，如今减半出售，真是天大的便宜。古应春满心喜欢，立刻找宓本常开银票。

谁知宓本常毫不动心，告诉他不能付款。

古应春好生奇怪：胡雪岩临走时交代明白，用款时随要随提，怎么又变卦了？

宓本常推口说钱庄的常例，几十万两银子不会留在银行里吃微利，早已放出去生厚息，若急用须提前打招呼，调头寸，所以要过些日子才能拨款。

古应春没有钱庄的经验，不知宓本常的话是真是假，只好满怀懊丧请黄佐卿宽缓几天。便宜人人会捡，潮州帮“鸦片大王”陈和森闻风而至，甩出白花花 10 万两银子，将公永和买去。

古应春忙活一阵，鸡飞蛋打一场空，好不伤心。

宓本常心里暗笑：要凭斗法，你还差得远。

原来，宓本常心计极深，他表面替胡雪岩总管阜康财务，支度款项，暗里却寻觅机会，不露声色揩油敛财。他从事钱庄生意多年，精通业务往来。知道大凡款子转手流通，都有不同的计利方法，而这些方法非常复杂，外行人绝难看出破绽。阜康钱庄真正的内行只有胡雪岩比宓本常高明，但近年来胡雪岩忙于官场应酬，疏于钱庄事务，把钱庄生意都交给宓本常负责。用人不疑，疑人不用，胡雪岩向来如此。但这次应该疑的人，胡雪岩却大意失荆州，反而放手任他作为，给宓本常营私舞弊以极好的机会。

购买缫丝厂的 30 万两银子，胡雪岩叮嘱宓本常专款专用，不得挪腾。宓本常原计划将款子取出汇丰银行，存到他的兄弟钱庄里，弄几个利息钱。现在这想法落了空，又见古应春整天为胡雪岩忙上跑下，不知又得几多回扣？宓本常怒从心头起，恶向胆

边生，妒性大发，索性一不做二不休，借口钱庄业务需要，不付款项。破坏了古应春的计划，也使胡雪岩同洋商的抗衡再次以失败告终。正是：用人不当终害己，大厦将倾先坏基。

当胡雪岩接到古应春来信，汇报购买丝厂经过时，他极为震惊，再要补救已来不及。

胡雪岩当机立断，电报通知上海货栈，将库存的茧子和生丝立刻脱手，哪怕亏本也在所不惜。

当时上海与各省的电报局刚刚开通，筹办这项工程的主管便是李鸿章的门下红人盛宣怀，亦是胡雪岩的对头。这天，盛宣怀闲来无事，踱到电报局看电报生们操作。电报传递消息极快，瞬息可达，非其他通信可比拟。许多官宦、商家都喜欢电报的快捷，却没有保密意识。

盛宣怀知道电报房常有重要消息传递，喜欢到此逗留。此时，他忽然发现胡雪岩拍发给上海货栈的电报内容，大喜过望：这个不可一世的红顶商人，终于支撑不住了！

盛宣怀之妒恨胡雪岩，不单是李鸿章的授意，作为北方商界的大亨，同行相轻，他十分眼馋胡雪岩的发迹：以一介伙计，10数年间扶摇直上，红得发紫，成为全国最大的钱庄老板，戴二品顶戴的红顶商人。

盛宣怀当即抄下电文，回到书房，草拟信件，向洋商通报胡雪岩的大动作，并严令自己掌握的丝商一干人，不得收购胡雪岩的茧子。商场即战场，胡雪岩在明处，盛宣怀在暗处，暗箭伤人，胡雪岩厄运到了。

半个月下来，胡雪岩400万两银子的存茧，竟未卖出一包！真是咄咄怪事，他百思不得其解，派出人员四处打听详情，得到众口一词的回答：胡雪岩的茧子，只有作价官卖。胡雪岩一听便明白自己已输到底了，官卖等于拍卖，400万两银子的货能作价十分之一就不错了。如果再延宕时日，茧子破壳出蛹，则一钱不值。

胡雪岩明白大势已去，他已悄悄着手准备破产清理的工作。

谋事在人，成事在天

胡雪岩乘船刚离开上海，挤兑的风暴倏然而至。宓本常见势不妙，脚下抹油溜之大吉，上海阜康分号立刻倒闭。

消息顿时轰动上海。挤兑的风潮立刻随着电报的传递，转眼间刮向天津、北京、太原、长沙、福建、杭州……刮遍全国所有阜康分号。

中国最大的钱庄阜康在挤兑风潮中轰然倒塌。

胡雪岩回到杭州公馆，喘息未定，朝廷的文书已到杭州抚院，严令抚台处理善后事宜，安抚民众，以防变乱。

胡雪岩被摘去顶戴，软禁在家，只候处置。

胡家公馆外，平时冠盖云集，宾客络绎，此时冷冷清清，门可罗雀。平日要好的朋友，大多避之不及，唯恐灾难加身，断绝了往来。

人情冷暖，世态炎凉。胡雪岩深有所感，蛰伏家中，听天由命。

此刻，他已无权处理善后，但又于心不甘，平时忙碌在外，现在可以整理一下家务了。

瘦死的骆驼比马大。胡公馆婢仆成群，开销甚巨。胡雪岩预感到今后再不会有挥金如土，纸醉金迷的日子。他让婢仆们自寻生路，离开胡家。偌大的公馆顿时寂寞寥落，安静下来。

胡雪岩估计朝廷查封了他的钱庄、典当行和丝行后，资不抵债，这座公馆早晚得易手他人。胡雪岩打算整理一下家务，看看自己还有多少本钱，可做日后东山再起的资本。

离家日久，每次回来都如匆匆旅客，胡公馆里到底蕴藏了多少财富，不甚了了。现在，胡雪岩趁着闲暇，可以好生料理一番。

十二房姨太太仍住在公馆，她们大都浓妆艳抹，青春常驻；依旧珠光宝气，嬉笑有声，仿佛什么事儿也没发生。“商女不知

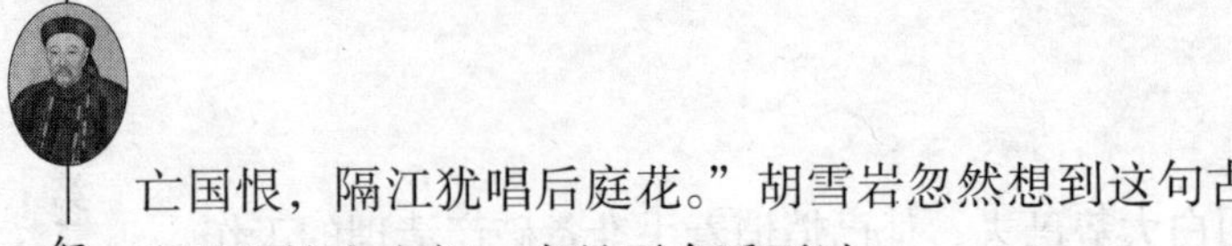

亡国恨，隔江犹唱后庭花。”胡雪岩忽然想到这句古诗，用来形容眼前姨太太们，真是再合适不过。

胡雪岩站在卧室中，隔着窗棂观看姨太太们在花园里嬉戏玩耍。

这些姨太太有十二位，或从吃官司的人家中赎来，或从逃荒的人群中买来，或纳寡妇，或托媒人说合的正经人家，都花了大笔银子弄到公馆，把胡家变作温柔之乡、仙境瑶池。

胡雪岩玩够了，乐够了，又到外面寻花问柳，使她们长期独守空房，有如后宫嫔妃。有几位年长色衰的姨太太，胡雪岩竟至忘了她们的名姓，毕竟生疏太久，已同路人。

胡雪岩看着这些女人，升起恶毒的念头。

他叫来胡太太，如此这般吩咐一番。

第二天一大早，各房姨太太们尚在睡觉，胡太太便挨门挨户，告诉姨太太，说老爷要见她们，有要事相商。

姨太太们猝不及防，匆匆聚集到客厅。有的来不及穿戴，只着内衣；有的未梳妆打扮，蓬松着鬓发；有的搓着睡眼，呵欠连天。

胡雪岩心中一阵厌恶，暗想：我真是作孽，当初怎么昏了头，收了这么一堆活宝？要是收敛一些，何至于有今天？他认定这些女人带来了晦运，使自己破财如此，充满了恨意。

待姨太太们到齐后，胡雪岩开口道：

“眼下的处境，你们都知道了，我的生意蚀了大本，官府已查封了公馆，不久便要派兵前来抄家，拍卖房屋。”

姨太太们面面相觑，不知所措。她们整日关在公馆里，除了吃喝打扮，无事可做，突如其来的变故，使她们感到茫然。

“我们怎么办？”有人轻轻问道。

“按大清律，待罪之人，妻妾儿女官卖为奴。”胡雪岩故意吓唬她们。姨太太们果然脸色大变，有人吓得“哇”地大哭起来。

胡雪岩制止道：“慌什么，我请你们来，就是要趁官兵未抄家之前，放你们出去，各自逃生。”

姨太太们总算明白了，离开胡公馆并非坏事，她们中有人早就盼着这一天了，但事情如此突然，不免有些疑虑。

“若不快离开，待会儿官兵到了，一个也走不脱，只好让官府卖到妓院，你们愿意吗？”胡雪岩虎视眈眈地问道。

姨太太们无人表示反对，胡雪岩吩咐太太发给她们每人10两银子做盘缠，叫她们赶快走路。

“啊，我的衣物还在后院。”一位姨太太忽然想起，其他人也要回后院去。女人少不了首饰衣物和体己钱，她们刚才并没料到要走，都忘了带随身用品。

“不要去了，”胡雪岩沉着脸道，“后院已经锁上，奉官府命令，不得擅入！”

女人们愣住了，霎时间悄无声息，随即有人呼天抢地，哭号起来。客厅里顿时乱成一团，哭声震耳欲聋。姨太太们大多积蓄有私房钱，预备做后路用，平日穿戴的金银饰物和衣物，亦是她们的私物，没想到竟不能取出。姨太太们痛心疾首，悲恸欲绝。

胡雪岩嘴角一撇，有位老仆走出客厅，不一会儿带进两个看守大门的兵勇，挎着腰刀，凶神恶煞对女人们吼道：“有不听从者，任官府处置！”

女人们被震住了，悲悲切切离开胡公馆。

胡雪岩立刻搜查姨太太们的卧室。女人们的私房极为可观，有多达万两银子的，总计下来，金银首饰和银钱，共约30万两银子之多。

胡雪岩暗自庆幸：多亏了这些女人，替他攒下一笔本钱。想起客厅里的哭声，不免有几分内疚。但人已落魄，顾不得许多了。

胡雪岩又叫太太打开箱子，清点箱底，珠宝玉器算在内，尚有50万两银子的家底。虽比不上先前的富有，亦可过小康日子。

可是这些东西，都要等待朝廷抄家之后，盘查折卖，抵债后才能退还，胡雪岩知道十有八九不属于自己。眼下要紧的是设法把这些财物转移出公馆，避开查抄，以免落入官府之手。

人人都知胡公馆即将查抄，朋友几乎绝了踪影。胡太太决定铤而走险，自己走一遭。

胡雪岩把贵重的几样珠宝装进一个枕头里，有东珠12颗，钻戒两只，宝石50枚，约值50万两银子，外面用线缝上，看不出破绽。

因为还未奉到抄家的官文，守门的兵勇受了贿银，胡太太出大门时无人阻拦。她直奔一位要好的女友家去。女友姓朱，是一位观察的内眷，人们管她叫朱太太。朱太太见胡太太来访，十分惊讶。但立刻又笑容满面，盛情接待。两人平常在一起搓麻将，是要好的牌友。胡太太曾借给朱太太一笔钱做生意，免收她的利息，朱太太很感激，把胡太太奉若神明。

朱太太百般安慰胡太太，说像胡先生那样能干的人，定能逢凶化吉、履险如夷，扭转劣势，转危为安。她已替胡雪岩在菩萨面前烧了高香，祈求神明保佑胡先生，不会有什么事的。

朱太太一番巧舌利嘴，说得胡太太转忧为喜，破涕而笑，道："果真如大妹妹那样的话，我一定让胡先生捐银子给福临寺，重塑菩萨金身，吃长斋念佛啦！"

两个女眷又谈论了一阵，末了，胡太太神色凝重，对朱太太道："大妹妹，你是我最好的朋友，我有一事相托，不知你肯不肯帮忙？"

朱太太忙道："看姐姐说到哪里去了，我们姊妹家亲同手足，不分彼此，你有难事，做妹妹的还能不全力相助吗？姐姐请讲，我一定尽心办。"

胡太太长叹一声："也没有什么大不了的事，我们胡家运气不好，官家要查抄，我平日积攒几个体己钱，原来不属于胡家的东西，怕官兵不分好歹，一齐抄了去，指望妹妹替我保存几天，待事后再还给我。"

朱太太道："就这点小事，还劳姐姐多费口舌？我们做女人的，哪个没有私房体己？男人若有三灾六难，叫姐妹们喝西北风？妹妹替你担待着，官兵也不会到我家来搜，姐姐尽管放心好了。"

胡太太见她如此仗义爽快，感动得潸然泪下，泣不成声，道："平常只听人说世风日下，人心不古，哪知妹妹如此侠胆义肠，援手相助，叫人不知怎么感激你，我们胡家的命运，全在妹妹手里了。"

朱太太眉头一扬，眼睛瞟着胡太太手里的枕头，有些困惑。胡太太把枕头交给朱太太，朱太太立刻把它锁在床头衣箱里。

胡太太千恩万谢，辞别而去。

胡雪岩听太太道起朱太太的豪爽侠义，也感到欣慰，长舒一口气：这样最好，即使抄家后腰无分文，靠那枕头也可以支撑日子。

胡雪岩到底是见过许多世面的人，商场上见人说人话，见鬼说鬼话，认识的人三教九流都有，听太太不住声称赞朱太太，便有些不相信：世上哪有完美无缺的人？倘或好到无可挑剔，问题反而大了，宓本常便是一例。其时，胡雪岩已得知宓本常的死讯，后悔自己用人失察，引为终生之恨。

这时有位张先生求见。张先生是杭州城的说书艺人，因胡雪岩喜欢听书，与他相识，经济上接济过他。张先生见胡雪岩失势，不怕受官府拿问，贸然进胡公馆看望胡氏夫妻。胡雪岩很感动，要在往常，胡公馆气势逼人，张先生是进不来的。落难之际，张先生来了。

两人品茗谈心，张先生劝胡雪岩看开些，荣辱富贫，命中注定，不必放在心上，随波逐流，顺其自然，才能过得愉快。言谈中，胡雪岩忽然想到，问张先生可认识朱太太？

张先生提高了嗓门道："怎么不认得？我跟她是同乡，看着她长大的。"

胡雪岩问他："此人口碑如何？"

张先生沉吟片刻，给他讲了一件事。

朱太太娘家在绍兴，姓汪。还在做姑娘时，就以巧言善辩闻名于乡间。一次，有位客商路过绍兴，投宿无着，住到汪家。汪姑娘见客商行囊鼓鼓，殷勤款待，炒几样拿手好菜，沽一壶绍兴黄酒，亲自陪客商饮酒。汪姑娘豆蔻年华，几分姿色，客商被她迷得神魂颠倒，当夜便住一处，成就了一对露水鸳鸯。

汪姑娘已和别人订婚，不能悔婚，天明时客商依依不舍，同汪姑娘惜别。

孰料客商走了没多远，返回汪家，索要一颗南珠，据称是他家的传家宝。汪姑娘矢口否认，还反咬一口，说客商乘着酒兴，企图污辱她。客商气极，告到县衙。汪家是本地大户，族人势盛，官司可想而知，客商被判责打40大板，驱逐出境。客商受此冤枉，又气又急，趁夜在汪家门前槐树下自缢身亡。汪姑娘被人耻笑，闹得沸沸扬扬。后来汪姑娘出嫁时，有人注意到陪嫁中便有一颗硕大的珍珠。

胡雪岩心里一沉，预感到太太所托非人，待张先生走后，立即上楼把朱太太的故事讲给她听。

胡太太脸色大变，将信将疑："朱太太赌咒发誓，会害我吗？"

"以她做姑娘的劣迹看，不是安分守己的人，快去索回枕头，莫要迟疑！"

胡太太立刻打轿去朱家，见到朱太太，一时难以启齿，说东道西，不肯离去。朱太太心中雪亮，胡太太绝没有雅兴在这个时刻来聊天神侃。她故意问道："姐姐是不是要回枕头取些东西？"

胡太太就势顺水推舟，道："我还有一些东西未装妥，索性拿回去装好了，再交给妹妹。"

朱太太从腰间摸出钥匙，当着胡太太的面打开衣箱，从箱底拿出枕头。胡太太摸摸里面硬邦邦的，东西尚在，便放下心来，再三致歉，回到家里。

胡雪岩催促她："快看看少了什么？"

胡太太见枕头外面针脚依然完好，责备丈夫道："做生意的人都成了鬼，反而不识人了，别人好心好意替你收藏，硬要回来，弄得我猪八戒照镜子，里外不是人。"

胡雪岩不听她唠叨，操起剪子嚓嚓几下，扯开枕套，见一段段木块纷纷坠落，枕头中藏的珠宝全然不见。

胡太太脸色发白，呆若木鸡，不能言语。

胡雪岩扔下剪子，仰天长叹：

“罢了，谋事在人，成事在天。我胡雪岩谋算别人无数，如今也该遭报应了。气数已尽，怨不得别人！”

身处绝境，勇敢面对

生意场上，没有人敢说自己可以永远立于不败之地，也没有一个人可以永远立于不败之地。从根本上说，做生意，成功的把握总是相对的，而失败的可能却是绝对的。没有生意人会愿意自己正在进行的生意出事，但没有一个生意人会不遇到出事。那么，当事情来到的时候，应该如何应对呢？

输得起，才能赢

以前种种，譬如今日死；以后种种，譬如今日生。

（《胡雪岩全传·烟消云散》）

胡雪岩终于回天无术，一败涂地，所有的卓卓辉煌，所有的荣华富贵，都似乎在一夜之间化为一丝过眼烟云，随风飘散。

想想真如南柯一梦。

不过，胡雪岩也真算得上一条赢得起也输得起的汉子——

他没有为自己匿产私藏，输得光明磊落。他本来是可以，也有条件为自己私匿一些钱财的。想想他几十年驰骋商场，创下偌大家业，仅二十家典当就值二百万两，“百足之虫，死而不僵”，不说现银，就是家中收藏的首饰细软，私藏几许，大约也可以让他生意倒闭之后维持一个相当阔绰的生活。说他有条件这样，是因为即使在他的钱庄、丝行全面倒闭之后，由于有左宗棠的转圜斡旋，他只是被革去二品顶戴，责成清理，而并没有最后查抄。而且，螺蛳太太、乌先生也都提出过如此建议，但他没有接受他们的建议，只是为了满足螺蛳太太不认输的心性，才勉强同意为她转移出一些女眷的私房，即使这一点，他也没能做到——“一切都是命”。他认命了。这不能不让人感佩。

在自身已经不保的情况下，他也还没有失他宽以对人的心

性。宓本常在阜康无救之后自杀身亡，在胡雪岩看来实在“犯不着”——这时候他其实已经原谅了他的过失和不义。他特别嘱咐古应春料理宓本常的后事，虽然宓本常确实不厚道，但朋友一场，他的后事也不能不管。

身处绝境，他还能为别人着想。夜访周少棠，回来由自己身上的寒意想到今年的施棉衣、施粥应该照常；他并不怕官府查抄，因为公款有典当做抵，可以慢慢还，他可以不管，只是没有清理之前，私人的存款不知只能打几折偿还，用他自己的话说：“一想到这一层，肩膀上就像有千斤重担，压得喘不过气来。”由此也使人想到，胡雪岩常常挂在口头上的那句，“不能不为别人着想”的话，确实并不是生意人的冠冕之辞。其实，胡雪岩夏天施茶、施药，冬天施棉衣、施粥，另外还施棺材，办育婴堂，甚至都不是因为所谓“为善最乐”，他只是觉得发了财就应该做好事，就好比每天吃饭，例行公事，应该的，也就无所谓乐不乐了。

一个旧时的商人，一个自称只知道“铜钱眼里翻跟斗”的商人，能够在彻底输光的时候，如此洒脱地“认”了，实在是相当不错了。

一个生意人要输得起，最重要的，大约还是要对于“钱财身外物”这句老话，有真正属于自己的体验。即如胡雪岩，如此洒脱的一个人，也说自己的所谓看得开也不过是自己骗自己的话。这也不难理解，常人切于己身的苦与乐，很大程度上都与这身外之物有关，哪能就那么容易轻飘飘地将它视之如粪土！

可是我们对这身外之物，确实又需要有一个合于人情常理的正确的态度。这个态度，说白了，也就是人以驭物而不可为物所驭。

由于生意人有着与钱财斩不断的天然的联系，所以生意人更应该知道，自己由钱财而来的乐趣，应该是从超脱于钱财之上，自由驭使钱财而来的，应该是从生意过程本身而不是从钱财本身而来的。

不要怕事

越怕越误事，索性大胆去闯，反倒没事。

（《胡雪岩全传·红顶商人》）

杭州被太平军团团包围，此时已经做到浙江巡抚的王有龄，率杭州军民据城坚守，已达一个多月。王有龄派胡雪岩冒死出城筹办粮食，自己守在城中，决不弃城图存。之所以如此，一是因为全城军民的眼光都注视在他的身上，容不得他逃；二是即使有机会能够逃出，不仅已经吃过的苦头都算白吃了，而且还会像在常州做了逃将的何桂清，为朝廷议罪严办。除这两点之外，还有一点，那就是被围在城中，与外界不通消息，不知情况严重，心中总还存着一个想法：救兵一到，便可解围。

其实，杭州的情形，从外面看，才知道事实上已无可救了。当时太平军由忠王李秀成带领，是以主力大军进攻浙江。杭州被围之后，官军虽有李元度率衢州新军驰援浙江，但实际上进兵艰难，不是指日可待，同时，即使他们能够打到杭州，也并不一定能够击退重重围住杭州的太平军。从杭州到上海办粮的胡雪岩，综合各种情况，心里已经明白杭州破城只是迟早间事，也知道王有龄与杭州玉碎“殉节”也只是迟早间事。但他不顾古应春、七姑奶奶夫妇的劝阻，仍然要将在上海办到的10万石大米，冒死运往杭州。

古应春夫妇劝阻胡雪岩的原因，自然是此行凶多吉少。此时江苏、浙江大部分地区已为太平军占领，自上海至杭州，一路上太平军关卡重重，而胡雪岩在江浙一带本来就富盛名，不便隐匿，如果被太平军认出，且被他们知道是为杭州城里的军民送粮，则必死无疑。另外，杭州被围，与外界联系已经完全断绝，即使粮食运到杭州城下，也没有办法送进城去。但胡雪岩以为，信用所在，此行断无取消之理，因而必有一“闯”。至于危险，胡雪岩说

了一段既是安慰古应春夫妇，事实上也很有道理的话。他说:“我当然不会闯到死路上去。我说的闯,是遇到难关,壮起胆子来闯……这一路来，我遇到太平军，实在有点怕，现在我不怕了。越怕越误事，索性大胆去闯，反倒没事。”

胡雪岩的这番话，自然不是指商事运作中发生不利情况甚至危机时应该怎么样。但他从自己的亲身经历中得到的经验，所谓“遇到难关，壮起胆子来闯”，所谓“越怕越误事，索性大胆去闯，反倒没事”，用于商事运作中危机来到之时，也是十分合适的。

≪第三篇

珍闻逸事

第一章　雪岩外传

第一回

精测绘湖山入画　托寓言月夜逢仙

中国富饶之地，除粤东外，当推江、浙两省，而浙江又较江苏加胜一筹。西湖濯秀，代出奇士，甲第连云，人物隽雅，洵称第一。豪华之家，往往食客数百，不少孟尝君其人。

同治间有一位名士，姓尹名芝，乃湖北人氏，学问渊博，三通六艺，无不精晓。曾为京师某王爷门下清客，凡王治园辟地，山林花鸟，皆是他一手布置，精巧绝伦，因此名重天下。这回因浙江一位富室聘请来杭，改造一座大园。那园本来是这位富翁新造的，因不合意，须得重新拆造，他便一面雇工，命将所有新造亭台尽行拆去，自己一面先绘起图来。费了许多心血，绘了四五种图式，终合不得这位富翁心愿，他也便搜索穷了，心想浙江的人口口只称赏西湖为天下第一名胜，到底西湖的胜处却在哪里？有人说是西湖名胜之区虽指不胜屈，但山林奇郁，总要算飞来峰为第一个胜景。

尹芝听得此说，暗暗点首，即日便带了家童，袱被买舟，直抵飞来峰，借云林寺暂时安榻。每日向前山后洞，搜奇探胜，至晚回寺，便参以心境，绘成一片奇山怪壑的图样，心里颇为得意。这夜月色大明，心里没事，觉得雅兴勃发，便呼家童尹儿去向三天竺沽一壶酒来，自己却抱着琴，径先往冷泉亭上来凭栏小坐，把琴横在膝上，先呷口酒，便和准冰弦，鼓起《广陵散》派头的一曲流水来。

刚弹了两段，忽闻亭外有人咳嗽，停琴看时，却是一位白衣老叟，曳杖而来，飘飘然有如神仙态度。看他径走入亭来，与自己似曾相识地笑道：

“尹先生连日辛苦了。”

尹芝忙推琴起立道：

“也没什么。敢问老丈尊姓？”

那老者道：

“我姓袁，先生不知道吗？”

尹芝唯唯，便也不好多问。那袁公道：

“连日见先生在此山前山后测量形势，闻说是替某富室治一园亭，意欲仿此凿石为山，可有此意吗？”

尹芝道：

“是。”

袁公笑道：

“但不知这位富翁是哪样一类人物？”

尹芝道：

“老先生难道不知道吗？如今普天下的富绅巨室，都赛他不过。况当今圣眷正隆，荣贵无匹。若讲起他的姓氏来，连孺子妇人也都知道的。”

袁公笑道：

“这人到底姓甚名谁，便有这等势耀？”

尹芝伸一个指头道：

“便是胡君雪岩。当日国家收还伊犁，俄人多方狡展，关内外防营需饷孔殷，协借迫不及待，旋又议给伊犁守费，饷力愈难，而山右陕、豫各省却当荒旱，西征之饷几难为继，三次均经胡公一手措借华洋商款，至千二百五十余万两之多，当蒙圣恩予以极品，赐黄马褂入朝。此外钱江义渡难民局，指不胜屈。凡浙江最大的善举，不是他为首倡，也是他为协助，由是名噪天下。人皆以胡君可信，以金贵交代收储，动以万计，迄今凡十有八省，各省皆设有金银等号。使石崇、邓通尚在，想亦无过于彼。”

袁公笑道：

“原来就是此人！但先生可知道他的来历？”

尹芝蹙额道：

“若讲他的来历，也却是从艰难辛苦中来的呢！当初他老大人在日，家境也并不素封。当此公弱冠时节，也曾弃儒为商，在某钱铺学徒数年。继以故旧吹嘘，得入前浙抚王中丞之幕，因其为人有古道风，得中丞赏识。当时贼匪乱临城下，中丞早拚捐躯以报君民，将细累家事重托此公。讵适奉运饷差遣回，而城已陷，胡君遂将饷转运江苏，以济急需。嗣为人所诬，谓以浙饷运售江苏，私得重价，于是逻者四出，君固尚未自知。适四边不靖，遂挟赀遨游国外，聊复贸易。后贼兵溃散，时难中官民苦无所归者以千计，君独力开发火轮，四方接渡，造德亦匪鲜浅，致有今之荣贵，使其老母妻儿得共安乐，亦天报之耳。”

袁公听罢，不禁呵呵大笑起来道：

“原来先生只知其来历如此！实对先生讲，此人本与我契好，但目下移气养体，大非昔比了。土木经年，宅第埒于王侯，朝野风气未开，人事尚难与天道争胜。且此老立于商战之世，素来不明商学，全靠这些天生的宿根，动要与外人争衡，窃恐骄奢事小，顽锢祸大，逃不过盛极必衰的道理，冰消瓦解，便在指顾之间。先生却不知棒喝醒他，还要替他治这园亭，先生休矣！”

尹芝听说，不禁愕然道：

“老丈虽如此说，只是他正在热中时候，怎能瞥地将冷水浇醒他呢？”

袁公笑道：

“既先生不信，且看后日罢了。”

说罢，便曳杖欲行。

尹芝忙一把扯住道：

“依老丈说当如何？”

袁公道：

“呸，你等同在黄粱未熟时，还问我什么？”

言罢狂笑一声，竟化为白猿而去。尹芝不觉愕呆了半天，适尹儿沽了酒到来，才定一定神。打四下一看，只见明月在天，林影满地，四山无人，瀑雷自吼。回忆前境前言，犹在耳目。

其时夜已过半，远听寺钟已打百八，恐再遇着山魈木客，便抱琴携酒，踅回僧舍。坐下细想一番，不禁奋起道：“罢，罢，既不能当热中下一冷语，不如退休，免后人讥笑。我明日就此起身，还做我的王侯清客去的干净。”又想到，“我已教他把以前所造亭台拆毁尽了，如今我不替监造起来，可也没得这理。”想着便又进退两难起来。

忽想到了道：“有了。我昔年在此，曾有一位好友，姓魏字实甫，住在湖墅，他也是胸中有丘壑的，工于营造布置，何不就荐他去了此一事，岂不甚好？”

主意定了，次早起来，便叫尹儿收拾起琴樽书剑，竟先回到城中元宝街胡府，见了雪岩，先将绘图呈上。

雪岩看了大喜，说：

“果然能照此造成，真是移湖山大，观于几席间矣。”

言次，尹芝便托词须回乡探问母病，只索走遭，此间图样既成，只需一监造之人，亦无大关键，因把魏实甫保荐了上去。雪岩苦留不住，只得允如所请，款留一日。

当晚大排筵宴，即请尹芝缮写一帖，飞骑前去请魏实甫来。

第二回

借衣冠热衷魏实甫　望门墙冷窥胡雪岩

却说胡府家人接了请魏实的帖子，趁着斜阳未下，飞马赶出武林门，到了湖墅。好容易找到魏家门子，便一片声喊接帖进去，

直到了一所小小厅上，也不见一人。

喊了好半日，才见走出一人来，年纪四十上下，一张削刮脸儿，两片短须，滴溜溜一双眼睛，见来的家人是戴着红缨帽子，仿佛官差形景，当是什么包揽词讼的案件发了，忙问：

“什么事？什么事？”

那家人道：

“我们大人差来请你们老爷的，快进去通报。”

那人道：

“慢呢！既是来请的，该有帖子，知道是哪一位大人呢？”

那家人听说，便把帽子摘下来向帽笼里取出帖子，递与他看。那人接来一看，见是尹芝的一张条子，并胡雪岩请吃酒的帖子，心里放下了一半，因道：

“你们大人请酒，可有什么事件吗？”

那家人不耐烦道：

“你知道什么！你进去回你老爷去就是了。”

那人道：

“慢呢！我知道什么事，该送封礼儿不送呢？”

那家人性急不过，只得说道：

“是请你们爷去商量监造园子的罢了嘛。”

那人点点首道：

“这个呃，晓得了。你先去替回一声，就来。”

那家人定要他进去回了出来，那人不禁笑起来，指着帖子封签儿上，又指指自己鼻子道：

“这魏大老爷字实甫的便是我，你叫我还回谁去？”

那家人听说，便上下打量了他一眼道：

“那么就请过来，家大人等着呢！”

说毕，便出门上马自去。魏实甫见他去了，便一手擎着帖子狂笑进去，找着他母亲、妻子道：

“可想不到吗？胡大先生来请我去造园子呢！想不到，想不到。”

他母亲陆氏早嘻开了嘴，连心花儿都开了，讲不出话来。

他妻子宋氏，小名纯翠，赶着问道：

“胡大先生是谁？你去替他造园子，你又不是泥水木匠，你有什么好处呢？”

魏实甫笑道：

“好吗，连胡雪岩胡大先生胡大人也不知道！亏你，亏你！那好处多呢！他家里有的黄的是金，白的是银，只要巴结得上，便要他些来家里做假山子堆，他也肯的，你们还愁少了什么！快去把衣裳换上那套出门穿的绸子的，不要把这粗布衣服给人看见，知道是我魏大老爷的宅眷，伤了牌面啊！我的那副袍套呢？快拿来我穿了去呢！”

他母亲见他说得要紧，便去把他一副旧袍套取了出来给他穿，魏实甫接来一看，不禁顿足道：

“这样的袍套，怎好穿了到大户人家去？真正要命！往常也不做一件好衣服，这怎么处呢？”

他妻子也看不过道：

“怎样处呢？便马上做也来不及呀！现成买去，此刻也没有钱在这里，我看你么还是去间壁富户翁莲生那里去借一套来穿罢。他那个倒是簇新新，现甩剪刀的呢。”

陆氏道：

“只怕他们不肯借穿呢。”

魏实甫道：

“你们真正……他晓得我到胡大先生家去，他要不知道，知道了早早送上门来了。”

刚才告知原因，不一刻，果然见翁家的一个丫头叫作轸儿捧了衣服过来，说：

“衣服连靴帽，全套都在这里了。”

魏实甫接了衣服，正忙着穿戴，也不暇去应她。装束停当，

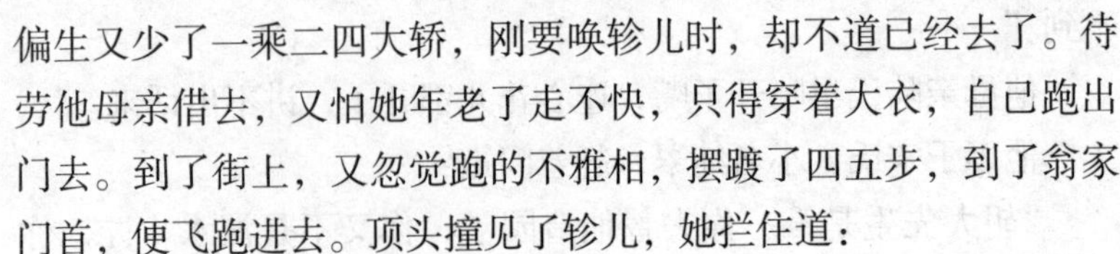

偏生又少了一乘二四大轿，刚要唤轸儿时，却不道已经去了。待劳他母亲借去，又怕她年老了走不快，只得穿着大衣，自己跑出门去。到了街上，又忽觉跑的不雅相，摆踱了四五步，到了翁家门首，便飞跑进去。顶头撞见了轸儿，她拦住道：

“大相公跑哪里去？”

魏实甫道：

“我和你们大爷借乘轿子坐一坐，到胡大先生那里去。”

轸儿道：

“你站在这里，我替你去回。”

魏实甫正在心不是心的时候，一会儿轸儿出来道：

“回过了，说就叫我们的长班马上抬了去，快些！”

魏实甫喜出望外，又亲自去门房里请了两位长班来，好言央告着抬得快些。那两个轿班想他胡府里荐荐看，所以分外巴结，抬上肩飞也似的进了城，径望大街直上，过望仙桥向元宝街而来。

只见四拐角上真有一只石元宝横嵌在地下，那街道可有四匹马可以并行，中心凸起，两边低下，也像元宝心的形势。街道上全是青石海漫，两面墙脚石砌有一人多高，一片黑墙，打磨得和镜子一般，人在那里走都有影子。仰面看那瓦脊，竟要落帽，可有五六丈高，气局实是巍峨。当不得轿子快，没看旁的，早已到了门首。见对面开着一座大方井，墙门圈可容得两乘轿子进出。四边石器都雕的极细花样，磨得绢光雪亮。便两扇大门的铰链，也是膏铜浇造成的花篮。

进门见门楼下有许多兵役坐着，看是布政司的号衣。转弯抬入二门，见已有一乘八轿歇着地下。那轿子便也靠着旁边歇了下来。虽有许多管家人等站着，因魏实甫没投帖子，都不来接问。魏实甫也不及理会下轿，向四下一看，见是七开间一所极宏敞的大厅，正中悬着御赐的匾额。方待看时，猛听背后有人喝问自己的轿班道：

“是什么人？把轿子靠到这里来干什么事？”

实甫回头看时，一个长干黑须六品顶戴的家人，在那里喝问，后面并站着几个叉腰凸肚的悍役，也装着威势，眼盯着自己的轿夫。那个轿夫早吓得口也不敢开，一味子忙着把轿子打退出去。魏实甫因随机应变上前赔笑道：

“是在下。投帖的家人失跟到来，帖子在他手内，所以在下在此略等一等。既经动问，敢请代回贵上一声，说是承大人唤动的魏某已到，伺候传唤。”

那管家打量他一眼道：

“魏什么名字？是什么前程？干谒咱们大人有什么事？才好去回。”

魏实甫道：

“在下叫魏实甫。前程说来惭愧，是个奉旨钦准南北乡试的监生。并不敢干谒大人，是适奉大人遣差传唤来监造园子的。”

那家人便不再问，因回头道：

“便去回一声。”

那一班子都一齐答应声是，早进去了。一时回出来，高喊一声道：

“请！”

魏实甫心下突突地跳了两下。那六品顶戴的管家便先在前引导魏实甫进去。

因这一番，有分教：尽将珠玉装楼阁，多买珊瑚。

第三回

入芝园初仰丰仪　做工程严除弊窦

却说魏实甫跟着那管家进去，转入厅后，见迎面居中朝南一个极大墙门，两边备巷，均有小小的两座石库便门，西面又是一座大墙门，望去里面是一带回廊甬道，东面是一座月洞门，上面榜着“芝园”二字，那管家便从这门进去。

魏实甫跟入看时，见进门一道抄手游廊，迎面有一座短短的花墙挡着，向花墙角上转出，接一座短短的石桥，装着碧瓦栏杆，两边扑着两株梅树，过桥便是一座白石露台，上面是一所三开间的四面楼阁，两边缝墙都是太湖石砌成冰纹的。再回头一看，突见一座高楼，飞出云际，原来对面是一座怪石的大假山子，可有五丈多高，再盖上一座三层的高楼，所以突目。

待再看时，那管家已向那露台东面绕去，见是接着两带游廊相夹，中间露一线天井，种一株大洋枫树。正是新秋天气，那叶红得十分可爱，遮映着一口六角雕栏的石井。一面一带曲曲的花墙，那墙洞内及墙上滴水檐，都嵌着彩瓷极工细的人物花卉，开着一座长八角式的洞门。

入门，只见修竹数竿，绿阴满院，一所朝南的三楹精舍，窗户都是黄杨紫檀坯子的，雕琢极工极细，嵌着五色玻璃，而多蓝色，觉得仿佛置身在潇湘馆中了。

那管家只向院门口站住道：

“尹老爷客来！”

听里面接应了一声，出来一个垂髫小厮，却是尹儿，便向魏实甫道声：

“请。”

实甫才踏进门去。那管家归自去了。

实甫进得门来，也不暇四顾，但觉静悄悄的没些人声，及走入中间，才见尹芝从左首房内笑迎出来，见实甫居然公服，因笑道：

“怎么要这样装束来？雪翁先生听说你是着大衣来的，他懒于去换，便服又不便相陪，所以请你在此小坐，更了衣再请过去讲。”

实甫刚进门没开一言，便被尹芝说了这一番话，不禁自觉汗颜，早把脸儿涨红了，急道：“那我没带便衣怎么处呢？”

尹芝笑道：

“不妨，且从下了，我有着，给你换去。”

因命尹儿去房内取出一套罗衣，给他换上。实甫坐下，尹儿送上茶来，然后各道契阔。

寒暄了一会儿，实甫才觉脸色定了，尹芝方说到正文道：

“兄弟此番来是承雪翁先生廖嘱，因这园里那座假山叠得太老实些，没有丘壑，那大池又贮不满水，意欲将此园重新拆造。我意思也不须全行拆造，不说别的，便这些花墙石础阶砌，做的时候都是千牢万固，用枭浆打住的，拆下来包管坏了没用。不过这山却是没一点儿空灵奇气，我因此向飞来峰小住多日，把那山前的丘壑缩紧，已绘成一图在此，意欲请你代劳监造起来。我试把图你看怎样？”

说着，便自走进房去，从文具内抽出一幅素绢画的卷子来。

魏实甫接来看时，果然是一片好山，奇状百出，注着亩弓地位，洞窟高低，大小尺寸，竟把一线天、百狮洞诸胜都收入里面，不禁顿足称赏，因道：

“别的不去问他，这假山石子须得形状奇突的方可用得，不知道可有的预备下没有？”

尹芝道：

“这个尽多着呢！府后门街牛羊司巷那所大空园子堆着不少，任你选用便了。尚有前月新办到的松皮石笋八十一株，还没有用着，你也替他布置种去便了。”

魏实甫点首，因道：

“我且和你把这园子大势看看明白去，回来大先生问时好回话。”

尹芝道：

“这倒不妨，也不是朝夕可成的事，明日你住在这里了，怕不好仔细看去。”

刚说着，听有人在门口报道：

“大老爷来了。”

魏实甫忙低问是谁，尹芝低声道：

“便是雪岩。”

实甫便心里动了两下，跟着尹芝站起来等候。见从窗外游廊上踱进一个胡雪岩来，果然好一副模样，身体肥胖，面貌堂皇，两道浓眉，一张方脸，只下颌略形尖些，却有一部好髭须盖住，越觉方福，双目灼灼有光，精神颇足。那身上衣服，倒也并不华丽。身后面跟着一个俊俏可爱眉目如画的小丫头，一手提着一支烟袋，一手执一柄轻罗小扇，款步跟随进来。

两人迎上去接着，雪岩便满面笑容道：

“说魏先生来了？”

随即一眼射到实甫身上，道：

“这位可是？”

实甫忙退一步道：

“不敢。尚未拜见，请上面见礼。”

说着便待侧身拜下，被雪岩一手拦住，才各罢了。

三人分宾主先后坐定，早有两个小厮捧着两个茶盘至楹外面伺候多时，此刻便送上茶来，分头摆下，便垂手退了出去。那小丫头却早自婷婷袅袅地站在雪岩身旁，将那小扇儿轻轻地替他扇着，那一双俏眼，却似含情凝睇的，颇不自胜。

实甫方看得出神，只听雪岩向自己问道：

“尹先生画的那张山图，想必赏鉴过了，如今要照此建造起来，可要多少日脚方能成就？”

魏实甫道：

“只要工匠手多，应用石料俱备，至多五十天可以告竣了。”

雪岩点首，因道：

“照此日限，须得多少工匠动手？”

魏实甫道：

“但有一百二十人足矣。先以十人一圈，捣和枭浆五日，尽够敷用，随后即分四十人搬运石料。此山照图计有洞壑四处，宜先延聘清客胸有丘壑者四人，分监一处，每一处派工匠廿名，大约五日可成一洞。合力计之，二十日四洞俱成，预备十日假期，以备改作，其不须改作者，放假十天，余十天以便结顶。但此山形势既高，不无死伤人匠，当结顶之日，运石已完，即以运石之四十人并入工作，庶不致延宕日期。"

尹芝道：

"工匠既多，不无有学徒下手混入，恐百二十人中只六十人可以用呢。"

魏实甫道：

"要杜这个弊端，也极容易，其匠作工资定例，一概不许先支后领，每日于日晡后散工之际，当场给发工资。于园门口置八尺高凳一张，每散一班十二人，将十二人工资排列凳上，命各自取，不得辗转递手。那年轻学徒势必无此长手，凡取不到者即作罢论。"

尹芝不禁大笑起来道：

"好便是好法，但是有种上手身矮的，可不冤苦？"

实甫道：

"只也是摒弃劣材之一法，凡人身矮及手足短缩，必无力；实作无力，便无所用处，自然该斥退的了。伊一次取不到工资，下次势必不斥自退了。"

雪岩一面吸着烟，一面听着，到此不禁呵呵大笑道：

"好极，好极，果然胸有丘壑，名不虚传。明日便传总管进来，应用什物作料及工匠人等，可请代为吩咐下去，以便早日开工。"

魏实甫应诺。

其时已是薄暮，早有三四个家人各捧着一具大长木盘，中间摆满了各色洋灯心子，已点齐了火，四五个小厮都手提着绿油小老虎凳，向凡有檐灯之处一齐分头摆下，站将上去，向盘里取了灯搁上。一霎时，早把满个园子高低内外都点得如星桥火树一般。

三人再谈一会子，便有三个小厮掌着羊角风灯进来，回说席摆在大花厅上，请入席去。于是雪岩便让两人同行，命小丫头添

掌一灯照着，一齐至大花厅上小饮。

因此一番，有分教：园门许客题凡鸟，镜槛分头贮美人。

第四回

乘兴踏月访佳人　把酒对花谈故事

却说魏实甫自入胡府之后，尹芝便自起身回京。这里芝园里面，早大兴土木，起造假山。除魏实甫而外，又添了冯凝、程欢、蔡蓉庄三位清客，将四洞分列嘉名，一曰“滴翠”，一曰“颦黛”，一曰“皱青”，一曰“悬碧”，各自监造一处。魏实甫当日虽说得容易，到底哪里五十天工夫赶得起来？再加这位胡大先生的心思是极活络的，才造好了一处，便请人去赏鉴，但有人说一个不字，立刻鸠工拆去，再行改造，定要到穷奇极巧，无可批摘的地步，方才算了。那些工人遭跌死压死的，也不知有了多少。幸亏这位大先生有钱，一个个的都替他们好好成殓，并安抚他的父母妻子，因此那些工匠也多肯尽心竭力的造作。待造完备，自非一日之功，且暂时按下。

却说魏实甫自那日进了胡府，由来两月有余，也没得空闲回去一趟，衣服铺盖都是在胡府里新置起来的，手头也攒了好些钱，场面便很像起来了。

这日散工之后，没甚大事，便邀着蔡蓉庄和冯凝、程欢三人，出府来闲逛。

其时已经天晚，四人互相计议道：

“天已晚了，也没甚去处，咱们不如荡到庆余堂去坐坐，看怎么样？”

魏实甫道：

“庆余堂是什么去处？”

程欢笑道：

“亏你在府里蹲了这几十个早晚。”

蔡蓉庄道：

“也不怪他不知道，只怕连冯凝兄也不十分知道这府里的底细呢？”

冯凝低声道：

“是，我正要问你呢！听说老东是讨了一位什么螺蛳太太才陡然间好起来的，有的讲，说他两个，一个是青龙，一个是白虎，凑拢来所以发的，可有这事没有？”

程欢接着笑道：

“这些他知道什么，我却明白得很！若要问我时，须得好好地请我一个吃局，我才讲给你们听。”

蔡蓉庄道：

“果然我也欲要问问这些故事，既如此，咱们去庆余堂什么，不如到吴美儿家去玩玩，便喊他去揽点子好酒菜，替他润喉怎样？”

于是大家说好，便四人同行，出元宝街迤逦转东，到了一个僻静的所在，看是一片空地尽处，小小的一个朝北墙门，上面画着一个八卦，两扇金漆的避窃门却是掩着，门楣上标“吴公馆”三字。

魏实甫低道：

“咦，这是什么所在？”

程欢笑道：

“你莫管着，进去便知道了。”

说着，便把那门轻轻地扣了两下，听里面问了声道：

“啥人？”

程欢应了声“我”，便听“呀”地那两扇门开了一扇，却是一个极可意的小女孩子，看见程欢，便嫣然笑道：

“哎哟，伲当是啥人，落是程大少。”

又回头见蓉庄道：

“哟，蔡大少搭冯大少才来里一淘。”

说着，把一双水波的媚眼向魏实甫身上转了一遍，便“哧”

地一笑道：

“进里向坐嗄。”

于是一手扯着程欢，先向里面走去。

魏实甫等跟着进来，看是一所小三间厅屋，虽不华丽，却也收拾得精致。

转入厅后，向东一座秋叶门进去，是一所小小书室，也有回廊抱山、好花扶月的景致。

帘子里现出一点灯痕，那女孩子便唤道：

“阿姐，程大少来哉！”

帘子卷处，见一人掌只羊角风灯，扑向窗外来看，远望不清楚，及至向回廊绕到窗口，魏实甫定睛一看，不禁吃了一惊。

你道那人是什么样一个人？只见：

春山凝黛，秋水含青；眉似蹙而笼烟，眼欲笑而凝睇。双肩削玉，着轻罗尚怯秋风，那堪凭妆；小口绽红，唤小玉似闻春燕，况是呼郎。比飞燕之轻盈，等玉环之肥瘦。若使五云楼上住，分明一个画中人。

那魏实甫看着，只见他见了程欢，便含情一笑道：

“难得！一径勿曾来哉，今朝啥格风吹得来个吓？”

程欢笑着，也学他苏州口音道：

“故两日末西北风哙。”

说着，已一齐走入房内。

美儿因见魏实甫是生客，不便向程欢撒娇，但暗暗怒之以目。却被蔡蓉庄看见，因道：“哎，美阿姐，你也不要去怪他了，此刻我替你请了他来，并且来借你的地方来讲故事的，你也好听个新闻，还不快把酒来请我。”

美儿哼了声道：

“要讲故事，俚自家格故事倒多得野哚，像前夜头格注事体，阿要讲出来拨勒大家听听。”

说着，一手靠在妆台上，一眼直注向程欢脸上去看他脸色。

程欢果然红了脸，苦苦地央告，叫他不说，美儿也便一笑罢了，才转身向魏实甫问了个姓，又笑谈一会儿。却见方才那个女孩子进来，向美儿耳语几句，美儿点点首，那女孩子出去，美儿又唤他转来道：

"荔枝，耐转来。"

魏实甫到此，方知道她唤作荔枝，见她转来，美儿又向她耳语了几句，荔枝点首出去。冯凝笑道：

"这又什么鬼鬼魆魆的了，你只管自己交代买菜去，回来我不爱吃，可又不是白费了心不见情。"

美儿笑笑不理，须手去理鬓发，猛记起道：

"坎坎耐哚来浪说啥格故事，倗倒要问声耐哚看，耐来浪胡省庵屋里向，阿晓得俚有个姨太太姓吴格来浪？"

冯凝笑道：

"姓吴个是有格，伊为仔搭格程大少要好勿过，故歇一径住来里外势哉。"

美儿因向程欢道：

"阿真有概事？"

程欢笑道：

"耐阿要听俚瞎三话四！"

美儿因知道冯凝是取笑的，自己因嗔了冯凝一眼，随又向程欢道：

"当真阿有一位姓吴格来浪？"

程欢点首道：

"有格。"

因向冯凝道：

"你问的那位螺蛳太太就是了。"

冯凝未应，美儿皱着眉儿问道：

"啥个罗四太太？阿是吃格螺蛳呀？"

程欢道：

“蛮准。”

美儿笑道：

“阿要好笑，啥落要起第个名氏格？”

程欢笑笑，因道：

“素概我拾耐哚说明白子罢。”

正说着，适值荔枝送上酒菜来请用夜膳，荔枝先斟一杯，刚待送与魏实甫去，程欢便且不说，笑着先从荔枝手里擎的杯子来呷口酒，却被美儿用手把他肩头一拍道：

“说！”

程欢把头一撞，荔枝不曾留意，一脱手，把个粉窑的一只小酒杯子滴溜溜地向程欢怀里滚下地去，一时便哄然大笑起来。

不知那酒杯破也不破？结得新知良宴会，且谈旧事佐芳樽。

第五回

八万金落成大假山　十六院标题新匾额

却说那只酒杯子跌在地下，倒不曾打破，却把个美儿笑得和花枝儿似乱颤，有一会儿才各笑定了，方才相让入座。

饮次，众人问起方才的话，程欢方才一长一短地说数出来道：

“这螺蛳本来姓吴，住在螺蛳门头，所以人人唤她做螺蛳的。手头也很有几个钱，专门借人放息。那些人欺她是个妇女，多被图赖不还。可巧嫁到胡大先生后，事事精明能干，可不是阅历得多了吗？”

美儿道：

“伲一径也惦记煞俚，想去望望俚，就是为个蓦生造次格，勿好意思走得去。耐今朝去，阿好搭伲带个信拨俚，说伲惦记煞俚，尚望俚出来个辰光，到伲搭来趟，阿好？”

程欢点首道：

“这个容易得很，我只向他的丫头讲声便了。”

美儿欢喜道：

“好。”

一会子谈长说短，不觉天已明了，四人同用了早膳，便起身告辞，一笑而别，径回胡府来。先后向门房里销了号，便进园子里来，见众工人都早齐集上工了，立谈一会儿闲话，便各自监工去了。过了两日，那座神工鬼斧的假山径自落成，便托总管进去报明。一时传话下来，说着各工人暂行退出，听候给奖；定于明日在大花园上设宴，替四位师老爷酬劳。并着总管把园子内外各处打扫干净，铺设齐备，以便请客赏鉴标题。一面着书启房发帖出去，专请名士高人，并不邀动官宦。

只因官宦场中都是批胸无点墨的，邀了来不过是请他吃杯酒，讲两句大话的事情，若要他题一个字，便似要了他的命去一般。胡雪岩虽是个富翁，不解文墨，却也洞悉人情，知道这个弊端，所以单请那些骚人名士到来。至于是哪两位名士，在下却也记不了这许多，大约百家姓上的姓，也都齐备快了，所以叙来也不用指名摘姓的了，这且交代明白。

到了次早，诸名士俱陆续到齐，雪岩尚睡未起，便派他三个兄弟出来陪话。那些名士也知道这席不能白白吃的，便都打叠腹稿，唤两个抄吏备纸笔伺候。一众人便相率出厅，先向各处游玩一番，庶看个大局，好打主意。遂从园门口看起，见入门第一处是个四方半亭，两头俱接着抄手游廊，向南去是一带随山随高的游廊，上去便是新造好的假山上面，向北游廊上转去，却是一座小小的暗阁，便题了个“绿暗瑶厢”的小额。

出来向东走去，便是大花厅的后轩，那后轩天井里也新补下了一座假山，数株石笋，靠西的墙是假山石做的峭壁，却嵌着一块六尺多高的秋叶式石碑。

程欢走上来指说道：

“这门是新开的，通里面正院的翻轩。外左厢藏春亭，那亭子也是因这门露相不好看，新盖起的，却用五色玻璃门窗遮蔽过

去，这边却没法想，所以做了这块假碑。”

众人都道：

“甚好。”

说着，蔡蓉庄上来，请这一干人向东首的花墙洞门出去。

接着是一道夹廊，从大花厅前面石台下六角井边起直接过来，到墙开了一座洞门。进去却是一所朝南的大三间西洋式的楼厅，天井里的花木扶疏，左首墙角起了一座半圆亭子，装满朱红栅子，里面关着一双金翠孔雀，就是前儿德藩台送的，众人因拟了个“锁春院”的匾额。

回出，从游廊上向东进一个小门，便是当初尹芝住的所在，天井对面花墙上新开了一座月洞，进去看时，却也添造了一座半圆亭角，容得一席，补种几株芭蕉，有一对鹤在那里哈呀哈呀地叫。

众人因榜那亭叫作“绿梦亭”，榜尹芝住过的所在叫作“洗秋院”。

出来，仍向那游廊向南走去，却是一带曲曲的花墙，便是洗秋院和绿梦亭的围墙外面，都造了回廊，一直蜿蜒到假山上去，半中间高处，悬空的扑出一座亭角，亭外面一座牌楼，仿佛和西湖上“日月光华”的神气，因题了“水木湛华”四字。

再上去，到了山顶第一处，便是一座三间楼阁，靠山口凌空架出一座月台，却用青石亭柱，一直从平地上竖起来的，望下去便有十分危险之势，众人都赞“好个所在”，因便题这台叫作“扑凉台”，题那楼阁叫作“冷香院”。

向东进一重月洞门，是一所三开间正厅，四面用石栏围着，望下去正对延碧堂正面，那边的飞楼画阁，碧槛红窗，都隐约在花梢树杪之间，芳菲可爱，众人因题这处叫作“荟锦堂”。

冯凝上前道：

“这上面还有三层楼呢，须得题个匾额。”

蔡蓉庄道：

“荟锦堂后面下去便是悬碧洞，还有一所镜槛，也须请题。”

魏实甫也来指东首垂花门道：

“那边也有一座镜槛，后面下去是皱青洞，也须题额。”

众人见他各人都赶着献胜，因笑道：

“下面山洞，且待把这些院子题完了，再去赏玩，如今先上这楼去看看。”

冯凝听说，便忙去开了中间的落地风窗进去，见中间一座云石嵌成大十景槅子，天然凑成的一幅山水，转过槅子后面是一所翻轩，低窗绣槛，精细极伦，却不见楼梯。众人刚待问时，冯凝已把那十景槅子横面一块嵌云石的门随手一推，便“呀”地开了，现出楼梯。原来这槅子是夹层的，特地为遮藏这楼梯地步。

上得楼梯不多步，便是第二层楼，看那楼板却都是用磨砖砌成的，并非木板，四面绕转赶台栏杆，全是用红砖琢出空心花儿的。向赶台上一望，满园的景致，连里面的上房楼院都在目前，认得高而无顶的是座晒台，高顶而圆的是亭子，唯东南一座大楼，飞檐四起。碧瓦盖顶，玻窗五色，层层相映，四面楼栏又与别处不同，却是蔡蓉庄指着那楼道：

“那便是当初在下监造的那座百狮楼，是敝东太太住的所在。敝东吩咐须得与寻常迥异，所以想出用一百个紫檀磨成的狮子，用黄金做了眼睛，装作栏杆，便觉光彩四射，华丽莫及。”

众人都赞好极，因题这第二层楼叫作“蹑云”二字。

再上第三层看时，那满园的景致却都被树木遮蔽了不见，只见远的所在，如江干、湖墅、西湖、吴山等处，都列在几案之前。正是十一月初旬天气，一阵朔风，把人的衣裙都倒吹起来，几乎要乘风飞去的光景，便取这楼名叫作“御风楼”。

下来便从刚才魏实甫指的东首垂花门进去，看是一所横长的精舍，中间落地风扇，两旁却是和合低窗，用紫檀打成葵花槅子，嵌着五色玻璃，并用黄杨木嵌上花结子。那窗臼都是用云铜铸成半个香炉式子的，用大螺蛳镟在上面，很觉古媚。那窗槛踢脚却用紫檀独块板，雕空五云棒月的花样，用云石嵌在里面，便觉异

样精致。进内看时，中间也不用分间，两边云石砌墙，嵌了两大块金边大镜，可有八尺多阔，五分多厚，是英国的一位钦使送的。两面镜光互相激映，一层一层的也数不出有多少层次。再居中悬着一架十三层的水法塔灯，是日本定造来的，府里共有三十余架，因地方大了，挂着也不留意，此地有了这两面镜子映起，便觉好看。况这灯又全是湖色洋瓷描金花的，六角挑起水法龙条，上面擎着灯，下面坠着瓷做的檐铎，风吹起来，满园子只听得琳琳琅琅地响着，真便是王宫后院也赛不过此。众人称赏了一会儿，便题了个“影怜院”三字。

走出前天井，向循山游廊上走去，魏实甫道：

“那里下去，便是园门口出去的岔路了，这山上的楼阁尽在此了。请打后面下去，到各洞品题去。”

于是众人都跟着魏实甫，仍穿过“影怜院”，打假山洞里走入，便由山坡转弯抹角，直下山去。两边都有栏杆扶手，那栏杆又比别家不同，却是用铁杆子做了中心，用五色彩瓷做了竹节式的，按照用处长短，是烧成的，再也不能移截一点儿，但不要打碎，便经一百年也不会霉烂。

向山下走去，不多步，便是平地。

抬头看那山洞，可有三丈多高，二丈多宽，结顶的山石都是奇形怪状，形象百出，有的像狮象，有的像人物，有的像凤凰，有的像鬼怪，一块块都是凌空扑出，险伶伶要打下来的光景，其实便是五丁去开它，一时也开不下来。

众人都赞好极，因道：

“这一番改动，自是可观，但这许多奇石，却又从哪里去采办来的？”

蔡蓉庄道：

“这里四洞的石子是四处去找拢来的，这悬碧洞的石头是贡院西桥赵文华的祠堂里去买来的，那顶上面石额上的‘绿天’两字，还是原旧生成的呢！”

大家仰面望去，见顶上面一个小孔，和一线天相似，旁边有一块平石，凿着“绿天”两字，都点首称妙。

蔡蓉庄又道：

“此地夏日乘凉最好，所应用的石桌凳，已专人去宜兴用紫砂定烧去了。”

正说着，见两三个小厮从洞口石桥上面跑进来道：“快些，老爷来了！”众人忙迎出洞来。因这一番,有分教：堂成燕雀梁争贺，壑隐龙蛇格不齐。

第六回

造镜槛艳夺乌铜屏　缠莲铭春在红芸院

却说小厮报说雪岩来了，众人迎出假山洞来，见他用两个小厮扶着，轻裘缓带地款步到来。果然是好个从容模样。一面走着，一面看那座石桥是盖在水面的，两边却不用扶栏，曲曲折折地通入洞去，上面那假山石子都做得奇形怪状的直扑下来，离桥面只不过恰恰一人高的地步，下面一泓清水映着山石，青的和锭花一般，再有许多翩翩雅度的名士站在石桥尽处迎他，便仿佛自己是个神仙洞主的一般，心里很觉欢喜。一过桥来，便和诸人接见，谈笑之间，山洞俱作瓮声，因问蔡蓉庄道：

“这洞可便叫作‘悬碧’？”

蓉庄指着横面一个石洞道：

“‘悬碧’是在那边过去，此处就叫‘皱青洞’的便是。”

诸名士都道：

“好个‘皱青’两字。”

于是雪岩命蔡蓉庄引道，从右首石道上转去，便是刚才蔡蓉庄指点有那“绿天”两字的“悬碧洞”。雪岩四下看转，竟是无瑕可指，但只是点首不已。蔡蓉庄和魏实甫、程欢、冯凝等都觉头上插了纱翅的一般，十分得意。

转向西首山嘴里转去，见鸟道暗处，开着一井，四边围着石栏，做成了方池的式样，却用一支铜管，一头放入井内，一头从山壁上直盘上去，也不知道是什么用处。

雪岩回问蔡蓉庄时，蓉庄且不回答，径引着转出鸟道，见是一个奇鏊擘成的大洞，四面峭壁嵌满了碑迹，顶上面都有石乳累累下坠，还有泉水从石乳上润下地来，一滴滴作响，众人方知那铜管的用处，是仿那过山龙样子造的，因问：

“这里光景便是‘滴翠’了？”

蓉庄称“是”。

雪岩点首道：

“这才算人力可以夺天工了。”

再转入西去，却是一带暗道，黑不通光，走五六步，转过一角，才有一线光亮从顶上透下。迎面有一扇石扉掩着，蓉庄上前开了，顿觉别有天地，与各洞不同。靠西危岩下起造了一所半边跌角的楼阁，那楼却望石洞上直穿上去，望不见顶，下面立脚是青石凿成的平台，围着红栏。那窗槛都用狭长式的，嵌着一色蓝玻璃，便仿佛是神仙家的丹房。阶下种着一株六尺多高的珊瑚树，宝气耀满一洞。再有一只白鹤，躲在山石背后，在那里偷看人，蓉庄早先上前去，把那阁门一齐打开，众人打眼望去，见那阁子却又是四面开门的了，那面也有一株珊瑚树，长短相似，阶下也很觉宽空，也有一只鹤、一群人在那里，及至走入阁内看时，方才明白，原来这阁子的两面墙壁却是两大块镜砖做的，把前面的栏杆山石树木门窗都映入里面，便和四面开窗的一般。看那山色，越显得黛绿相映，如同美人新妆似的。因名这洞叫作“颦黛”，这阁便名作“镜槛”。

雪岩左顾右盼地赏鉴了一回，想起隋炀帝的乌铜镜屏的艳事，便不禁魄荡魂摇起来，因道：

“这园里数处，要算这里决胜了。”因问：“这楼上去是通哪里？”

蔡蓉庄道：“便是冷香院的后轩平地。打前面出去便通‘水木湛化’的游廊。”

雪岩因问上面几处却题了什么匾额，那跟着的两个抄吏忙呈上册底。雪岩接来看时，见取的名目却用院字，又仿佛似隋炀帝的十六院的一般，暗自屈指一算，恰恰连内里住院，刚正十六所院子，只少了一座迷楼。但是大太太住的那座百狮楼，五花八门，曲折无穷，也可谓工力悉敌的了。想到此处，不觉一手拈着髭须，满面都堆下笑来，因吩咐小厮们传话出去说：

“午席便这里开下一桌，冷香院一桌，余多的便荟锦堂、影怜院两处分开了就是。”

众小厮一片声答应了“是”，早便退了两个出去，一个叫作瑞儿，一个叫作双子。

程欢本来知道这两个乃是胡雪岩最得意的小厮，穿房入户，没一处不到的。程欢因受吴美儿之托，便留心他两个出去，自己就推做解手的模样，丢下众人出来。向远一望，只见那瑞儿和双子两个站在桥亭上，望那池子里看着笑。

程欢慢慢地走到背后，笑问道：

“你两个在这里做什么？”

瑞儿回头见是程欢，因指着池子里道：

“你瞧，这池子底里怎么会和镜子一般，晶汪汪的？那金鱼儿游着不好玩吗？”

程欢道：

“这池子本来盛不满水，前儿你老爷吩咐下来，是魏师爷想这法子，用点铜做了底，所以才贮得这样满的水。”

双子道：

“那么这金鱼儿又是哪里来的呢？”

程欢道：

“这是我去办来的。这池子里五寸长的共有二百头，三寸长的有四百头，你瞧放着还看不见鱼！”

瑞儿道：

"你买这许多鱼也不给我们两个玩。"

程欢笑道：

"你爱这个容易，明儿我去买些来送你，只是我要托你们两个一件事儿，不知道你们可肯不肯？"

双子笑着吐吐舌头道：

"好吗，鱼没送到手，便要托我们事体了。"

程欢也笑道：

"这不是这么讲，便不托事儿，你要两个鱼也不值什么，难道一定要送了鱼才好托你们事儿？这鱼算什么？你只要替我讲句话，明儿你要什么我都依你。"

双子因向瑞儿道：

"你不响，听他讲呢！"

程欢因四下看看，见没人，便扯他两个向桥栏上坐下道：

"吴姨太太院子里你可进去吗？"

瑞儿道："我们这里的姨太太没有姓吴的吗。"双子也一样说。

程欢道：

"那么光景你们叫太太的了。"

瑞儿道：

"太太是姓陈呢！"

双子笑道：

"呆吗，嫁了我们爷，自然是姓胡了。"

程欢道："不是，不是。"因不好讲得螺蛳两字，因道：

"那么总是姨太太里面的了，你且把各位姨太太的姓背给我听。"

瑞儿笑道："这就难了，我也背不了这许多。"因屈着指头道：

"嗯，一位是戴姨太太，是现下在那里缠足的；一位是朱姨太太，是绍兴下方桥朱郎中的女儿；一位是宁波的周姨太太，还有一位叫宁娘子，还有顾姨太太、倪姨太太、兰溪姨太太、福建姨太太、苏姨太太、大扬州姨太太、小扬州姨太太，还有角落头姨太太。”

程欢笑道：“怎么叫作角落头姨太太？”

瑞儿笑道：“我也不知道是什么讲究。”又道：“是她住在一个角落头的一所院子，人家都叫她角落头姨太太的，想来就是这个缘故。”双子在旁听着，早咯咯地笑个不了。

程欢道：“那么她敢是姓吴？”

双子道：“不是，她是姓郭。”瑞儿把手一扬，佯嗔道：“皮呢！”

双子还自笑个不了，程欢没奈何，只得硬着头子低问道：

“可是他们叫她做螺蛳的那位姨太太？”

双子急掩耳道：

“放屁，放屁！给老爷听见，可不要一顿儿活活打死。”

瑞儿道：

“你嘛，背地里讲讲怕什么来，这样大惊小怪的，倒要给人听见呢！”

程欢笑道：

“到底瑞儿好，没孩子气了。归根可是不是？”

瑞儿道：

“你说的那位嘛，她是我们叫太太的。”

程欢道：

“那么你怎么说姓陈？”

瑞儿道：

“姓陈的是正太太，不是这位太太。”

程欢道：

“那不问了，我托你便去这位太太面前通个信儿。说她有位姑娘，叫作美儿的，便住在这里后门口转弯的巷儿里，说带个信儿望望她，出府去的时候，请她过去谈谈，别的也没什么。”

瑞儿道：

“这个容易，回来我看见我姐姐，叫她说声去便是了。”

程欢道：

"你姐姐是谁？"

双子道：

"她姐姐便是眉儿浓浓的，笑眯眯儿，鹅蛋脸儿的偶儿。"

瑞儿嗔了一眼道：

"偏你有这许多讲说。"

因回头向程欢道：

"我有数了，明儿给你回信，鱼可不要赖了。"

程欢连连点首，见背后有人走来，三人便自分手。瑞儿和双子两个，便一溜烟向延碧堂石台上跑过，出园门，一直对冲，向北便门里跑进去，大厨房里喊了摆席，一面叫双子去外面吩咐管家们伺候开饭，自己却整整帽子，抖抖短衣，向园门对冲那朝西的墙门里走进，是一带左右坐廊的甬道。

正当开饭时候，丫头们都在各房伺候，自不出来，便在腰门口探望了一下，见也没有人出来，心想进去，也没有什么正经事儿做个引子。眉头一皱，计上心来，便打叠起一副正经脸儿，低倒头颈，顺便向戴姨太太住的红芸院来。径从备巷里左首小墙门内走进，便是红芸院的后轩。进门，见居中垂下软帘，里面静悄悄地，略有些脚步声和呻吟苦楚的声气。因向门帘缝里一张望，见左首房门口站着几个丫头，在那里望房里看。

瑞儿悄悄地踅向左首玻璃窗外望去，见遮着一带粉红绣花的窗帏，从隙里望去，见是两个丫头夹扶着戴姨太太，在圆桌边四围转，荡圆圈子，心里知道是刚用毕饭，又缠紧了足的缘故。

原来男女平权之风尚未行到中国，故胡宅的缠足是一桩极考究事，家里有一个大脚的，便以为耻，竟不知万国九州什么叫作天足世界呢！所以一个个连太太小姐以至丫头，都是纤不盈握，娉婷可爱的。

这胡大先生又要精益求精的考究，务必要那双脚尖儿瘦得如一支笔头儿似的，才合他的心意。这戴姨太太本来是与朱姨太太并宠的，因要占人头地一步，所以分外地用心在这一双小脚上，专门雇下两个老妈子给她缠足，已经小得不过三寸了，因布条子缠不紧，用白纺绸扯成条子，拿来缠着，便觉又薄又软。缠紧过之后，一定又要走地松来，痛了走不来，便叫丫头们夹扶着走，两个一班的轮流扶搀，走松了再缠。夜间疼得了不得，只把那双小脚搁在床栏上养力。后来果然缠到要人魂夺人魄的地步，这大先生爱的如香枕儿一般，不忍暂时释手，那两个婆子都得二百块钱一个去。这是后话，顺便叙明。

却说瑞儿见了这般形景，便也不敢进去打谎，忙蹑手蹑脚地回出。刚走出门，蓦地有个人把他脑后啪地打了一下，瑞儿回头一看，不禁哧哧地笑将起来。

欲知那人是谁，且看下回分解。正是：且抛上客哄堂饮，来捉痴儿俏地行。

第七回

睡鸭炉求沽得善价　走马楼分派住诸姨

却说瑞儿从红芸院转身出来，突被一人向脑背后啪地打了一下，回头一看，却是戴姨太太身边的大丫头奴儿，因哧哧地涎着脸笑道：

“好嗄，嘴唇儿点的血红，敢是叫我给老爷带去下酒吃吗？”

奴儿把帕子向嘴上一掩，啐了一口道：

“你还这样臊呢！太太瞧见你在窗子外面张望她，着我带你进去打嘴巴子呢！”

瑞儿着了慌，连道：

“嗄，好姐姐，这怎么处呢？快回去说我早出去了。”

奴儿见他真个慌了，因笑道：

“原来你也只有这一点儿胆量，下回敢不要顽皮了！”

瑞儿对笑对揖地道好不已，奴儿因低声道：

“你这会子不时不节跑来干什么事？回来看见，可不要疑心

到呢？”

瑞儿道：

“你吗，自己在那里鬼，他们晓得什吗？况且我此刻正正经经地来看我姐姐来的。”

奴儿道：

“你姐姐刚在这里，听说她太太着她到甥王爷那里去了。有什么事，回来我替你讲就是了。”

瑞儿因把吴美儿嘱代致声的话说了，奴儿应允，瑞儿便自出来。刚到宅门口，只听外面一迭声喊瑞儿，忙跑出去接应，却是账房里谢师爷叫。瑞儿即忙到账房，只见萧山老谢芙明在账桌上架起眼镜，一手打着算盘，一手向指缝里夹着一支笔，桌上铺着一张红单，把个头旋来旋去地看着打着。瑞儿见有事着，不敢进去，等谢芙明打好了账，自己回过头来，看见道：

“倍来哉啊，呕得倍格许多辰光，倍来浪作好个事体？”

瑞儿道：

“将将老爷着我到上房去了来。”

谢芙明把他看了一眼，因把那篇账又看一看，递与瑞儿道：

“倍驮格篇账去，问总管勒驮四百两银子，倍搭胡升两个人去办去。”

瑞儿接来看，开着的是一篇绸缎账，是做园子里各处门帏拔垫用的，便接了自去。

谢芙明见此刻没事，因适才蔡蓉庄的哥子蔡颜庵来请他去看一件古董，一则是大先生吩咐下来的，不敢怠慢，二则那该古董的人又是他萧山同乡，便叫自己小厮长生出去喊轿，自己慢慢地随后出来。见轿已备好，便坐上轿。轿夫抬起轿子，长生跟着走出大门，谢芙明便吩咐到华光巷赵怀宝家里。轿夫答应，径到地头。长生认得赵家，便先飞帖子进去，谢芙明随即落轿，大模大样地径入内厅。

恰好赵怀宝正和一个客人同靠在正中炕上吸鸦片烟，见芙明到了，便一齐跳下地来。一看那客人，也是认识的同乡，叫作来柔卿的，一手好书画，也是善考博古金石的朋友。相见之下，各道契阔，赵怀宝便让谢芙明吸烟，芙明本来是有烟霞癖，就也不逊让，竟倒头睡下。见有一筒打好着，便拿来吸着，却嫌气味不佳，便唤长生把自己的烟箱拿来打开，长生便坐在踏脚上替他打烟。谢芙明因问赵怀宝道：

"颜庵话倍有只鸭炉来咚，有弗有架事？"

怀宝摇摇首道：

"勿成功个。我买来呵三百银子咚，其说话即肯三百。阿怕其是个呆人咚哉，胡大先生里勿挣两连，到哈块起挣呢？阿柔卿哥，倍话才弗才？"

柔卿不禁笑将起来。

芙明听他这样说，因把烟枪丢下，地坐起，笑道：

"怀宝哥，吾话末实概话，到底倍末哪概套一件东西，也驮打出来拨我看看。才话道好个，我末也驮来话声价钱看。"

柔卿道：

"概也弗错起个。"

怀宝因便笑点点头，叫小厮长龄进去捧了出来。自己亲手接了，郑重其事的摆在中间圆桌，叫芙明来看。柔卿便也跟着来看。见那鸭炉只不过斤把重的古铜造的，也看不出什么好处。却是芙明有眼色，把来仔细一看，确是宣外铜质地的，那鸭子两只眼睛是两粒透灵的宝石，奕奕有光，因只是点首。怀宝却嘻着嘴接连地问道：

"那话？"

芙明道：

"还好。倍要其多少银子？"

怀宝伸一手道：

"我也良心蛮平个，五百。"

芙明道：

"五百末也弗值格，我看格两连倍也落得大方些，竟格照本

钱送得伊，伊也晓得好个，别地方照应些倍就来咚哉。”

怀宝却还刺刺泥泥地不肯，经柔卿做了个屏风，才脱口应允了，还带便买个情与芙明。芙明便向身边掏出一个皮匣，取出一沓票子，拣了张恰恰如数地递与怀宝。怀宝接来看时，清和坊阜康金号的，因便收下，叫长龄把那炉子用紫檀嵌银丝的木匣子装了起来，摆在芙明身边，便丢开别谈闲话。

芙明让柔卿过来吸烟，柔卿因问道：

“格爿阜康，到底有格多少进出？”

芙明道：

“概倒我也勿明白，拢总胡府里是有三十二爿典当，十八爿金号，都从阜康里通个，倍想交关弗交关？”

怀宝道：

“其经后哈自？”

芙明道：

“经手是外头请个，其总管是其外甥范毓峰来咚管个。”

柔卿道：

“范毓峰才勿才就实范老五个倪子？”

芙明点首。怀宝道：

“我倒也要问声倍看打，其勒话胡雪岩个娘还来咚？”

芙明正在吸烟进斗，但只点首。怀宝道：

“阿还有个甥王爷是其好个人？”

芙明把烟吸完，慢慢地道：

“甥王爷就是老太太个内侄，胡雪岩有个表兄弟，姓叶，住咚哼头柳翠井巷里。人家为伊阔气落，呕伊王爷，单实拨伊养养鸟人有四个咚，唤得什个鸟匠。其个鸟笼也实天下少有个，象牙做个笼丝，白玉做个笼钩，所以人家话，做其个鸟，也实前世修来个。”

说得两人都笑起来。芙明又道：

“要话伊屋里个家谱，一日一夜也话不完。”

因站起来道：

“起哉，歇日再作话。”

怀宝还要问时，芙明已自走了。

怀宝送至大门，便自转来，立刻叫长龄去阜康里把票银取来，随即拿二百两专人送与蔡颜庵去，却把一百两和柔卿对分了。原来那只鸭炉是蔡颜庵从无锡惠泉山茶会上收来的，只花了五十两银子，因自己是府里看古董的副手，不好自己出面，却教赵怀宝做了卖主，让谢芙明看去，那便失了眼，也不干他事。因此一番做的有味儿，落后蔡颜庵便老用这把刀子，做些假古董字画，甩人进去求买，自己从旁吹嘘，每每得了善价而去。不多几次，便被他骗去了几千吊钱。这胡大先生府上该的古董，谁还敢批一个不字，明明是假的，大先生当他真的夸耀，人家也不敢说了。所以胡府上的珍珠贵宝，先前那真的好的果然不少，后来你也哄他，我也骗他，大家都就心照不宣，你不说破我的，我也不说破你的，所以胡府上出去的人，都会发了财；不然，钱有的是胡家的，他们进出见，哪里便会和芝麻似的身上脚底粘了出来呢？这是闲话。

且说那日诸名士题园之后，雪岩甚是得意，因那镜槛造得有趣，想起隋朝的迷楼来，心里实在羡慕得很。一日，想到住宅里的楼屋原来是走马楼，处处都通的，地方曲折又多，也不亚于迷楼风景，便叫各位姨太太一律搬上楼去住了，却把儿女的房户都搬过来住了平地院子。主意定了，便开下单子来给各房看，是写得列列清楚：

红芸院给大小姐和二小姐住

凝香院给三小姐和四小姐住

澄碧轩给五小姐住

安吉院给二房住

春晖院给二房两位小姐住

古香院给二房大少爷和二少爷住

后面藏翠轩给二房三位小少爷住

对薇轩给三房和一位小姐住

左边带青山馆给三房两位少爷住

碧梧院四房住

绮红轩给小姐住

静绿轩给本房大少爷住

红药山房给本房二少爷和三少爷住

这个条子一下，各房丫头便都擎着条子，各自分头去照此施行不提。

且说那各楼，原有匾额题名，极容易记认的，雪岩恐那地处有宽窄，路途有远近，各房势必争霸宽处，因也派下一单道：

红芸院之软尘楼给戴姨太太住

凝香院之梦香楼给太太住

澄碧轩之麝月楼给宋娘子住

安吉院之百狮楼给仍太太住

春晖院之花影楼给朱姨太太住

古香院之攀桂楼给倪姨太太住

藏翠轩之玉笙楼给兰姨太太住

对薇轩之醉春楼给顾姨太太住

带青山馆之扑翠楼给周姨太太住

碧梧院之秋声楼给福建姨太太住

绮红轩之听莺楼给苏州姨太太住

静绿轩之琴梦楼给小扬州姨太太住

红药山房之宝香楼给大扬州捷太太住

因这一番分派，有分教：十三楼阁花成队，一万金铃护不牢。

第八回

德律风传儿女话　侵晨雪请高堂安

却说胡雪岩把诸姨搬上走马楼住下，自己便和穿花蝴蝶似的，东眠西食，几至没一刻儿空闲。

过了几日，因这楼上再没有岔路可以抄近走的，譬如要到梦香楼去，却定要走过软尘楼，要到麝月楼又定要走过梦香楼，自己虽是雨露均匀的，无奈这些女儿家总免不了一些醋意。因想了几日，又想出个好法子，仿那洋人的法子，用一座大德律风摆在正院楼上，却用十三条电线通向各房，那便只要自己认定德律风的门子，该给哪房知道，便对那一个风门进一句；该唤她来，她自然便来；或唤她在哪一座楼上等他，便知道了到哪座楼上去。

定了主意，便立刻专人去请外国人打样，着洋匠做去。果然是有钱的好处，不上一个月，竟已置备妥当，便向各楼通了电话。试验之下，实是灵便，不但可以传话过去，并且可以传回话转来。谁的声音，竟是谁的声音，也不曾变了一点儿。雪岩自是得意。

这日正是十二月下旬天气，雪岩把正楼打扫干净，居中摆下座极大的圆桌。这桌子中心却特为挖空了，用一架古铜的宫薰补在中间，四围设下十四个座儿，每一个座儿旁边都有一架宫薰、一盆子大梅桩。又四角排列下四架立台，这立台又是与众不同，下座是古铜铸成一只三脚蟾，从背上插起一支铜杆，是做成夔龙样子，把尾子弯将转来，挂下一张明角灯球，下面坠着七八两重猩猩红金丝大穗，便觉古雅异常。又用四座大着衣镜屏做了围屏，正中敞梁上挂下一座十五副的水法塔灯。到上灯时节，楼窗四面一齐点上五色瓷壳的檐灯，楼里面各灯点上，映入镜屏里面，真觉月宫里也没这样的好看景致。

雪岩上来，便叫丫头们把德律风的十三扇风门打开，先打了报钟过去。不一刻，那十三处的钟都陆续先后回报转来，因便打话过去，请各姨到来共宴。一刻百狮楼的回电转来，说有事，恕停一会子来席。随后各姨回电，都说来了。稍过片刻，早见软尘楼的戴姨太太和梦香楼的螺蛳太太，都用两个小丫头扶着，款步而来。

雪岩一见，先笑道：

“有了这德律风，可便当得多了，也省了丫头们跑得落乱。”

戴姨太太尚未开口，螺蛳笑道：

“刚才那报钟猛地响将起来，倒把我吓了一跳呢！”

正说着，麝月楼宋娘子和花影楼朱姨太太、攀桂楼倪姨太太、玉笙楼兰姨太太、醉春楼顾姨太太、扑翠楼周姨太太，陆续俱到。落后秋声楼福建姨太太、琴萝楼小扬州姨太太、宝香楼大扬州姨太太等也都到齐。一式都穿的大毛四出风的粉红平金花的袄裤，都不着裙子。

原来胡雪岩有一个脾气，他生平最厌恶的是裙子，他说一个女人穿了裙子，便像了半截美人了，所以除老太太之外，自太太起,以至丫头婆子,都是不穿裙子的。到现在杭州女人多不着裙子，还是他开的风气呢。再加这几位姨太太的莲钩，都是缠得究工绝技的，缠得小而又小，但用裤脚笼着，露出一点儿水红菱似的鞋尖儿，果是令人魂销。以前的服式，原是各房从早晨去老太太院子里请安的时候，预先着丫头们去各房约齐，螺蛳爱穿什么颜色的衣服，戴什么花样钗环，大家便都跟着她穿戴；如今有了德律风，但见螺蛳穿戴起了什么，便有丫头打话向各房通知，所以今日十几位姨娘都穿了一样颜色的袄裤，头上都戴枝累金丝的衔珠凤钗。每人带四个丫头，一个捧着锦绣的坐褥，一个捧着白银的脚炉，一个掌着羊角风灯，都有红字写着楼名，一个提着镂金烟袋，一串儿走来。灯光下只见珠翠腾辉，锦绣耀目，一个个都生得粉妆玉琢，黛绿指红，也分不出谁好谁歹。

雪岩见诸姨俱已到齐，因太太未到，俱不敢入席，不得已再用德律风打话过去，回电转来，却竟因有小恙，已自睡了。雪岩知道她意思，恐怕有她在座，使诸姨不便畅乐的缘故，也就由她去了。那诸位姨太太见说太太有恙,便要前去问安,经雪岩阻止了，便各派一个丫头前去问安。这里便自安排序次，团团坐下。一时珍馐错杂，水陆俱陈，真个是花香人语，满室皆春。

雪岩饮到半醺，也就情不自禁，或与这个凭肩，或与那个调笑，螺蛳略稳重了些，雪岩便怫然不悦道：

“今儿太太不来，大家该潇洒些，怎么你倒装起太太的形景来了？”

这一句话讲出，大家便众眼成城地看他脸色。

螺蛳本不是自己要装体面，被雪岩这么一讲，不禁满脸通红起来，待分白一句，却又恐反恼了雪岩，待不说又觉委屈，生怕合席因了自己不欢，便忍着气推醉起来，一语不发地竟自回梦香楼去了。雪岩待喊人去追回来问她，经戴、朱、倪三姨劝住，雪岩方才罢了。丫头们忙送上酒来，诸姨都引逗着雪岩猜枚，才把螺蛳的气忘了，依旧欢饮。

直至自鸣钟打了十下，雪岩方始尽欢而起，诸姨也便一齐站起，一个个都望他同回房去。不道雪岩已自沉醉，却随手靠在偶儿肩上，教她扶着。各姨知道是仍回梦香楼住去的，便和应试的举子见榜上没名的一般，一个个把头垂下，没了兴采。

偶儿扶着雪岩，便早有梦香楼的丫头，打起红绸软宕提灯，在前引导。各姨便落后随行，各自归楼睡去。

却说雪岩扶醉走到梦香楼来，才进门，便闻见一股浓香，沁入鼻管，把酒醒了一半。入门，见满楼灯火齐明，暖腾腾地打着薰炉，房门口早自两个贴身的丫头，可儿、伶儿，把软帘卷得高高的伺候着。偶儿扶到房门口，便换了伶儿扶入房内。雪岩打眼向地下一望，见螺蛳不在，上面大床上却垂下了红账，旁边矮凳上摆着一对大红平金缎的小鞋儿，并那猞猁狲的膝裤等件，衣架上搭着刚才那件平金粉红缎的袄儿，心里便知道是早经睡了。因便叫丫头们替自己宽了大衣，可儿忙送上一盏参汤，雪岩饮了，便自进床去睡。伶儿便自熄了各处挂灯，回房睡下。

不多刻天已明了，再蒙眬一会儿，已是满窗日影，听备巷里的各房丫头来来去去的脚步声，真个和走马一般，伶儿便自起来。早有三等丫头听见，替她送脸汤水进来。

伶儿披了衣服，站在地上，觉得窗缝里钻进来的风尖冷异常，因向玻璃窗外一望，原来那满窗刷亮的，却不是日影，也不知道是什么时候落下的大雪。望下去，只见高高下下的飞檐画甍，都

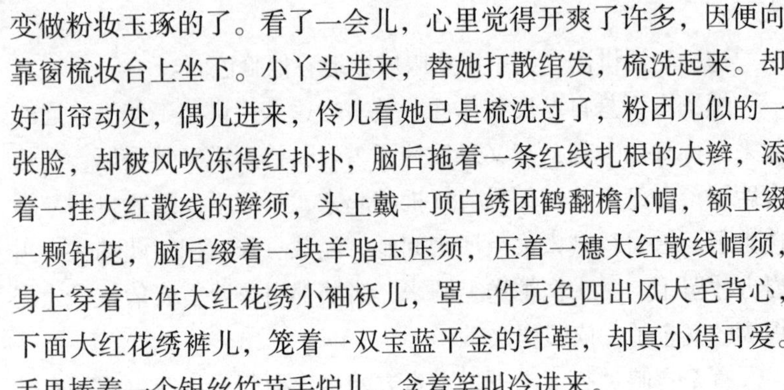

变做粉妆玉琢的了。看了一会儿，心里觉得开爽了许多，因便向靠窗梳妆台上坐下。小丫头进来，替她打散绾发，梳洗起来。却好门帘动处，偶儿进来，伶儿看她已是梳洗过了，粉团儿似的一张脸，却被风吹冻得红扑扑，脑后拖着一条红线扎根的大辫，添着一挂大红散线的辫须，头上戴一顶白绣团鹤翻檐小帽，额上缀一颗钻花，脑后缀着一块羊脂玉压须，压着一穗大红散线帽须，身上穿着一件大红花绣小袖袄儿，罩一件元色四出风大毛背心，下面大红花绣裤儿，笼着一双宝蓝平金的纤鞋，却真小得可爱。手里捧着一个银丝竹节手炉儿，含着笑叫冷进来。

伶儿打量了一眼道：

“大早起来，哪里吹了风来？”

偶儿摇摇首道：

“没下楼去呢。”

伶儿因问太太起来了没有？偶儿又摇首道：

“睡着呢，没有声息。”

一面说，一面便站立伶儿背后，看小丫头绛桃替她梳头。那绛桃却因头发是冷的，手里握着，早把指尖儿都冻僵，待绾那头发时，便再绾不好，见偶儿站在旁边，更自乱了手脚。

偶儿看不过，把手炉儿向桌上一放道：

“走开，不中用的蠢材！”

绛桃只得把头发递给她手里，站开一步。偶儿把头发重新打散，用梳子通了两下，便用油塌子润做一绺，随手拈根扎根子扎起根来。带眼见伶儿正把自己放下的那个手炉子捧来摆在膝上，却把一双纤手在炉盖上翻来覆去地烘。

偶儿一面扎着，一面道：

“姐姐，我要请教你一句话儿，咱们太太敢有个姑娘在外面？”

伶儿道：“谁说的？”

偶儿道：“本来我也不知道，前儿我听我弟弟瑞儿讲，说这位姑娘小名叫作什么吴美儿，说和太太是多年不见面的了，想进府里来望望，又嫌不好造次，想着太太出府去的时候，到她那里转转去呢。我说太太也没这心思，所以没敢回上去。”

伶儿道：

“这个便回回也不值什么。”

偶儿因便不语，替她扎好根，把那一绺腻发，从稍子起，一套一套地卷在手上，一气儿套上根子去，用支簪儿别了，便随手向四围掀了一转，因对绛桃道：

“怎么我便一梳就梳好呢？”

绛桃不敢多说，见偶儿已走去向妆台侧首坐下，便自上来替伶儿簪戴首饰。

伶儿把手炉递给偶儿烘了，自己拿帕子拍一拍衣兜，便把帕子缩在袖里，因向偶儿道：

“你瞧瞧去，太太醒了没有？回来不要老太太那里请安的人齐了，独太太不到。”

偶儿道：

“早呢，怕什么！”

伶儿道：

“那么你试到老太太那里张张瞧去，看是时候了不是？”

偶儿点首，略逗留了一会儿，便仍捧着手炉子出来，竟穿过软尘楼后楼，向穿楼里扶梯下来，便是红芸院后轩的左首，顺便到前院来给大小姐和二小姐请安，却都尚睡未起。刚待转身，见一个小丫头从后面跟将出来，把自己的衣服一扯。偶儿回头，看是二小姐身边文杏，因道：

“做什么？”

文杏却含着一眶眼泪，一声儿不语，只扯着她走。偶儿不懂，只得依着她扯去，直到澄碧轩旁边花墙夹道，才站住，回身向偶儿道：

“姐姐，你想可有这样的事？把我们小姐委屈到这样一个地步。”

偶儿骇异道：

“谁敢委屈了你小姐来？你告诉我，我给你告诉老爷去。”

文杏道：

“原来老爷委屈了她，还告诉谁去呢！”

偶儿笑道：

“这就没得说了。到底为什么事，老爷便会委屈了她？你讲我听。”

文杏道：

“你想瞧，老爷便有了这五位小姐和三位少爷，哪一位小姐和少爷不是老爷亲养的？怎么便也要分出个高低来？大小姐许给了陈家，是好好的门第；三小姐许给了上海郁家，也是个有名望的；四小姐许给了顾家，也是清高的宅第；五小姐是小呢，不讲她。论理大小姐许给了，就该轮咱们小姐了，偏又把两个好人家去跳档儿许给了那两位小姐，如今却把个当铺子里的小郎儿来给咱们定了亲事。姐姐你瞧，咱们这么样一个人家，这么样一个小姐，怎么有出这样一个煨灶猫的二姑爷来呢？”

说着径自哭了。

偶儿也觉奇怪，因道：

“这是几时的话？你可不要听差了呢！”

文杏道：

“哪里会听差来！你们一径子蹲在楼上，自然不知道。便是前儿，红也缠了，因那小郎儿家穷，绷不起场面，所以就悄悄地过了礼，不举动，原是那当里的朝奉王六先生做了大宾呢。”

偶儿道：

“那么可也古怪，想来这小郎儿总有一着好处在呢，不然老爷哪里肯。”

文杏道：

“有什么好处呢？听人说，老爷不过见他会吃，因前儿同桌，见他一下子搬下了五六大碗干饭，老爷便爱上了他，竟一口子把个咱们小姐许了，这可不是哪里来的冤枉呢！”

说着又咽泣不已。

偶儿也没得什么说了，半晌道：

“好吧，事情已是木已成舟的了，便你哭死也不中用，倒是你好好地安慰二小姐，把些故事讲给她听，和那王三小姐把彩球儿抛着了花子身上，后来这花子竟会做了皇帝，可知一个人总不是一眼望得底的。明儿那小郎儿中了状元，那时你小姐可不快心呢！你去，回来我来讲给她听，教她不要把自己身子懊恼坏了。”

文杏点首道：

“小姐自昨儿和前儿，都整整地哭了一夜，看照这样，可不要哭死了，当真你来劝劝她才是。”

偶儿点首，便自丢下文杏，竟回向红芸院的夹道里出来，到老太太住的正院里来。进门见照厅上还没甚人，两面抄手游廊上挂着许多的鸟笼，都有鸟儿在那里加食添水。廊下两三个婆子，在那里扫雪。向正院里面一望，兀自垂着帘子，里外面统静的鸦雀无声，知道尚不是请安时候。

原来胡府规矩，每日早晨，合府大小男妇都要到老太太这里来请安的。大约总在九十点钟时候，老太太起来，梳洗将毕，合府自雪岩一辈起，以至下一辈孙男孙女，俱络绎到齐，先在两廊下静候。各人都有丫头挟带着皮马椅褥。诸姨先到正楼及百狮楼、梦香楼请安，下楼顺向各房问好，至此一同会集。一律坐用绣褥交椅，下一辈便是红皮交椅，比雪岩坐的略低下五六寸光景。等老太太梳洗毕，坐出正院中炕，便有八个大丫头八字儿排，站立两旁，另有六个大丫头出来，一齐打起正中的三幅帘子。却准上面双龙捧日的那座大自鸣钟打了十一下，于是两廊下候着一班儿辈，都鹭序鸳班地上去，分两排请安毕，八字分开站住。各人带的交椅，都就一字斩齐地铺排下了。总是老太太开口问些雪岩外面的事务，又问些螺蛳的家务事情，以下如苏州、兰、闽等诸姨，是一无话分的。

这是什么缘故？因胡府一家内外家政事务，全是螺蛳一人一手，掌理得井井有条，所以请安的时候，总是她有话问些。你说这合府里的人敢不要趋奉着她？便是她房里的丫头出来，也是不同，所以别人再不敢一早到正院里来偷望一眼，只偶儿一则是螺蛳宠爱着当作干女儿，二则又是老太太时常赐珍宝物件与她的，自是占人一步。此刻她看时候尚早，便不进院去，径从照厅的中门里款步出来，见园门开着，心想这园改造过了，我倒没来走一趟，此刻打量没人，因便信步走入园门里来。

因这一番，有分教：镜槛藏花春有影，玉楼映雪月无痕。

第九回

掷果误投怀王爷涎脸　看花齐拍手公子开心

却说偶儿散步走入芝园，一看果然好个景象，只见桥横玉带，庭绕珠栏，那高高下下的花木，都变了万枝琼树，一座大假山也成了冰岩雪，一派的雪光，耀得眼光都酸了。心里想道：这好的地方，怎么也不请太太来逛逛，可不埋灭了景物？因见去延碧堂的石桥旁两株梅花开得极盛，便想去折一枝来，无奈那桥上铺满了一寸光景的雪，走不过去。

呆看了一会儿，忽想这个雪，原是天上落下干干净净的，便踹过去，也搅不坏鞋子，怕什么呢？想着，便一手提了手炉子，一手扶着栏杆，款步走去。那栏杆上的雪，本来是粉薄的，扶着还不觉冷，偏那石桥上雪，厚的足有一寸，一脚踹下去，早把她的一钩纤笋陷地没了影儿。

欲待不走过去，又舍不得那梅花，便蹙着眉儿，不顾好歹地踹了七八步，便走过了桥去。看那梅花真开得可爱，却被雪压着，垂下枝来，似有意待人来折它似的，因便把手炉子放在树根雪地下，把手来折这梅条。才用手一攀，那梅梢上的雪，早和粉团儿似的满头满脸打将下来，忙别转脸儿，挨着冷，拗了一枝在手。

回身用帕子拍去了身上的雪花，去提那手炉子时，见那一块玉似的雪地，却漾了一个大窟窿，不禁哧哧地暗自好笑。

待望延碧堂的石台上走去，只见前路茫茫，一白无际，几无插足之地。看还是绿暗瑶厢近些，便踏雪径向延碧堂右边石栏上绕来。走上石砌，便向卷篷下站住，低头看那双鞋儿，已和凌波的罗袜一般，早把脚尖儿冻得疼了。便暗自埋怨，想把鞋儿脱下来烘烘干，又怕这里有人撞来，走不去。便打定主意，忍着冻，提了手炉，执着梅花，转过延碧堂后，向锁春院走来。

进门一看，见没有人，便入左边房内，看有现成铺设着一张美人榻子，并立着一面大着衣镜，因先自照看，见自己的脸儿白娇红艳得和梅花相似。顾影自怜了一会儿，便向美人榻上坐下，将梅花放在枕边，就把那双小鞋儿褪下来，向手炉儿上烘了，便盘膝儿坐着，等它燥来。看看窗外面一对孔雀，在那踱来踱去的，侧着头只是看她。见榻儿上有一盆子香橼摆着，因随手捡了一枚儿，照准那只看她的孔雀打去，猛听"啊呀"的一声便不响，忙从榻上站起来看时，却不是孔雀叫，是一个人捧着脸儿，在游廊上站着揉痛。

偶儿慌了，忙问：

"谁吃我错打了？"

那人听说，把手放开，回转头来看时，偶儿不禁吃了一跳，原来那人不是别人，便是大家叫他甥王爷的便是。

他因爱这一对孔雀，不时走来看它，今儿进来，可巧吃偶儿打了这一下，正待发作，瞥回头见是偶儿，便把一腔火丢向爪哇国去了，因笑嗔道：

"好吗，谁教你到这里来玩的？"

说着已走进房。

偶儿穿鞋不迭，便笑跪在榻儿上磕头央告。

甥王爷看她可爱，便一榻儿坐将下来，一把搂住道：

"你往常做得那么样规矩，今儿可在我手里。老实向我说，

你大早起到这里来，和谁睡着？”

偶儿被他这样一说，不禁急得脸红道：

“王爷也会得取笑儿，回来不要给人听见了，当是真呢。”

甥王爷笑道：

“真假我不问，快把嘴来，同外国人的亲昵亲昵罢了。”

正在玩笑之际，忽前面有人唤香官，偶儿忙推开他道：

“快，大少爷来了。”

甥王爷怕真有人进来，看见不雅相，便放了偶儿，笑嗔道：

“好，你不依我，回来我和你算账！”

偶儿红了脸不理，一面忙穿上鞋儿，站下地来，对镜子理理发鬓，把帽子整了整，自觉满脸都是羞红，热灼得了不得。因仍把梅花拿在手里，笼了手炉出来。却见甥王爷尚在前面游廊，同着一个老婆子向延碧堂走去，便站住一步，让他两人远去，便从延碧堂后面，转向绿暗瑶厢里出来。却好在游廊上，与那刚才同着甥王爷走的那婆子撞着，近前一看，却是大扬州房里的婆子，叫倪嫂的。见她穿着一件元色羊皮背心，下面宝蓝裤儿，乌蓬头鞋，高插一枝金耳挖，却把两只手都叉在背心里面，俏角角地走来。看见偶儿，因问道：

“姐儿，你看见了香官没有？”

偶儿摇首说：

“我没瞧见，你问他什么？”

倪嫂见问，因向四下一看，见没人，因低声道：

“刚才老爷在们倍太太那开会，你们太太说，要替老太太做生日了，着倍喊大爷去来，吩咐他话。倍到得大爷住的那个带青山馆去，说那批丫头子也不知道做甚的，概倍玩，说大爷鞋子是在床前，那人却不知道那快。倍去可不能这样地回上面去呢，我所以来找他。却满园子喊转，也没得，这是什么讲究？”

偶儿笑笑不语。倪嫂又四下看了一看，伸手握着偶儿的手道：

“你可真个不知道吗？倍告诉你来，可不要对人家讲去。倍听他们说，大爷和四太太房里的胡嫂有得交情呢，你可听得说没有？”

偶儿不禁缩脖子一笑，吐吐舌道：

“哎吓，咄咄丑死人了，可真有这事吗？”

倪嫂道：

“怎么不真？他天天这个样，晚晨睡觉，把双鞋子摆在床边，他人便到对过那个亭子上去，干这个把戏去了。”

偶儿只一味地憨笑，不置一语。倪嫂又笑道：

“姐儿，你看比倍那胡嫂怎样？”

偶儿忍不住哧地笑了，怕她厌烦，便一手甩脱了，夺路走去。刚走出园门，迎面见香官从对面宅门里带着两个小厮出来，头上戴一顶拉虎皮帽，上面缀一颗大红绒球，面前缀一粒桂圆大的珠子，身上着一件蜜黄开气袍，罩着一件天青团鹤四方大毛出风马褂，脚下蹬一双薄底靴儿，越显得面如傅粉，目似点漆。偶儿忙上前请个安道：

“老爷适在宝香楼等爷呢。”

香官点首道：

“我去过了。”偶儿道：

“那么倪嫂还在园子里找呢，爷这会子到哪儿去？”

香官笑道：

“你干你的去，管我什么！”

偶儿便低下头，待自走去，却被香官一手拦着道：

“你恼了吗？”

偶儿抬起头，见他满脸都堆着笑容，因道：

“我吗，哪里敢恼爷呢！”

香官因顺手把脸上抚了一下。不防那两个小厮，都一片儿喊声“噎好”，偶儿不禁满脸都红了，从香官胁下夺路，奔入宅门去了。香官因笑着回首看看两个小厮，笑嗔道：

“怎么在家里也这样地胡闹起来？”

那两个小厮都只缩着脖子，咯咯地笑，香官便不再讲，放步向甬道上出来。到大厅斗门口，略站一站，那两个小猴儿早哼五哈六的喊伺出去。香官随后出来，见两旁的管家都站班伺候着了，一排儿上来打千请安。香宫略一点首，因问马备了没有？那些管家一迭声应道："备下了。"香官便不再问，紧步儿走出大门。天井里早有两个马夫，夹带着一个雪花儿马等着。香官一跃而上，马夫送上鞭子，香官把踏凳一扇，那马儿便嘚嘚地走去。那两个小厮也忙各上了马，随后赶去不提。却说雪岩等一干人在老太太那里请安下来，便都约在园里大假山上赏雪。早有丫头们上去，把冷香院及荟锦堂、影怜院等处都铺设定了，打起地炉。随后雪岩及诸姨并三房六口子及甥王爷俱到，便一齐挤在荟锦堂里，早乌压压地满地都站了人。幸而椅座尚多,便各依次座下。于是先计议，老太太的生日当如何做式？大家也都没甚主意，还是螺蛳说：

"老太太有了年纪，理当替老太太做些功德，不如做堂水陆大斋，再当此隆冬天气，施舍些米的为是。"

雪岩说："好。"

甥王爷却说：

"舍米果然是好，当我来替你们拨发，但老太太大庆，亲戚家知道，总要来贺喜的，也得设个寿坛，唱几本戏，才像个样儿。"

雪岩道：

"这也不错。"

螺蛳道：

"那么我已着香官去云栖吩咐设坛去了怎么呢？"

甥王爷道：

"那么便在云栖唱七天戏，设七个寿堂，开七天贺，也没有什么。"

螺蛳未应。雪岩道：

"就这样也很好。"

因问三个兄弟意见如何？那三位本来也不十分管事，都说甚好，于是便照此定了主意，一面吩咐外面去订戏班，一面请甥王爷去酌量办米施舍，这里便大开筵宴，一齐坐下席来，且暂按下。因这番举动，有分教：且上园亭开雪宴，预传鼓吹到云栖。

第十回

摆体面连朝奉差委　剃眉毛拼命来哄堂

却说那日雪岩在荟锦堂赏雪宴后，连日无话。那甥王爷奉了舍米的差委，便在云栖山门外立下一场，着香官监视；又于本府左近设立一场，命蔡蓉庄和冯凝监视；又向湖墅设一场，命魏实甫监视；又江干设一场，命程欢监视；自己却得了个总理的名目。其实也不曾理得什么事，倒作成了那个魏实甫，自从湖墅设局起后，把米施舍一半，变卖一半，早弄下了好几个钱，在便装潢门第，招留奴婢起来，那一派气象，竟与对门借冠服的翁莲生家相埒了。

一日，正在场监视粜米施舍，有两三个汉子争多嫌少地闹嚷不清，势将和粜米的扭打拢了，实甫因挺身出来弹压道：

“什么事？便胡闹得这样！”

场里的人道：

“他两个前儿来说是一家有五口子，讨了五斗米一个去，昨儿又来，却改了个姓，说家里有着八口子，他们没察出，又给了他八斗一个，谁料他今儿又来，说家里有十口子了，家要掮一担子米去，被我们看破就是前儿来诳米的人，因此不肯给他，他在这里硬要呢。爷在这里，请爷做主。”实甫因看着那两个汉子道：

“那个不行。便算米是该派舍给你们的，怎么你家里人一天便会多上这许多来？”

那汉子哼了一声：

“爷也替我少说罢了，咱们家里生来是几口子，正是几口子，咱浑家又没去开门养汉，哪里便一天会多上许多人来？

”实甫道：

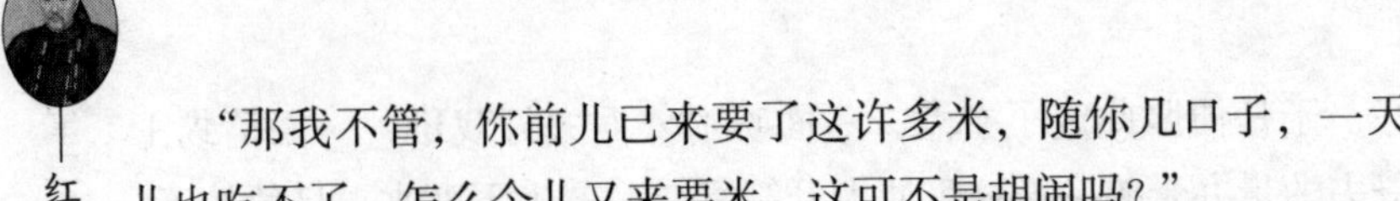

“那我不管，你前儿已来要了这许多米，随你几口子，一天儿也吃不了，怎么今儿又来要米，这可不是胡闹吗？”

那汉子道：“爷省吗，咱们要去的米是一家几口子一粒粒分着吃下肚子去的，不比似爷，拿了米去变了钱。”

正说着，满场子讨米的人都哄然大笑起来，厂里人只面面相觑。

魏实甫哪里下得脸去，便气涨了，大叫道：

“反了，反了，左右快给我拿下！”

场里人初犹不敢下手，当不得那汉子兀自挺撞不休，左右只得用权拿下，当场交与地保管押看来，这一下子不打紧，倒把满场子讨米的人激变，呐一声喊，一拥而上，竟不由分说，把场里的人不拘上下大小，抓起便打。有些乘巧的，却只顾尽量抢米，把一场的米抢得净尽。魏实甫见势不对，忙乘间走了，待奔入城去告救。

到得胡家，便着管家入去通报，不一时雪岩出来，实甫抢先谢罪，并把刚才索米滋事的一番情节回明了。

雪岩若无其事，说不妨事，一面教人拿名片去县里把人放了，一面教把甥王爷请来商酌其事。一刻甥王爷到来，雪岩接见，因问这儿处场里怎样？

甥王爷道：“别的也没什么，只是这些讨米的人太贪心不足些，今儿去了，明儿又来，甚至一日来两三次的也有。强的得了米去还吃不了，拿去变钱，弱的却连一颗儿也吃不到口，便是这个须得计议个妥善章程才是。”

雪岩点首道：

“这还不算，便是司事吞吃的，我也打量着有了许多，哪里有一半儿真散给穷民的！别的不问，便是蔡蓉庄一个儿也舞的弊不少了。他前儿替我买的那些古画古董，昨儿王六先生看见，说全是假的呢。”

魏实甫听了这话，犹如顶上打了个焦雷，待替蓉庄回护几句，一则见自已破绽，说也无益，二则恐搭一句牙，又疑到自己身上来，因便落得缄默。雪岩又道：

“便前儿那只鸭炉子，颜庵替我作下价，教芙明去买来的，哪里知道昨儿客来，我兴抖抖地喊人捧出来给他赏鉴，谁知道他才看一眼，便说是在惠泉山茶会里亲见颜庵拿五十吊钱买的。你说，怎么后来又会落在那什么赵怀宝和来柔卿的手里，这还不是舞弊吗？好，他也占的我的钱有了，你们对他讲，教他兄弟两个家里去享几年子小福去吧。这里场里，便着程欢进来办理，所遗江干一场，着乃鑫、乃恺两个孩子办去吧。”

这话一说出口，早有人飞报蔡蓉庄、程欢知道去了。这里雪岩笑问魏实甫道：

“你瞧，我历来去留朋友的事件，办得公不公？”

实甫只落得满口恭维，再也不敢多说一字。雪岩忽记起一件事来，因向实甫道：

“我忘了一个大功的朋友。”

实甫道：

“敢是说尹芝先生吗？”

雪岩道：

“他倒和我信札常通的。就是前儿监假山工程把作的，那个叫什么捷三，那人现在哪里去了？”

实甫道：

“这便是郭连元，一月前已蒙东翁大先生恩荐，到左宫保大人营里去了。”

雪岩拈须道：

“哦，郭连元便是捷三，这就罢了，我先还当是两人呢。”

还说，“连元已受抬举了，却没有好处到他呢。”

说毕，呵呵大笑。

恰好管家进来，报说程欢来了，雪岩传命请见。

程欢入来，相见礼毕，遂依次坐下，开口便也告了一番米场

的难办处。

雪岩道：

"那就该着实定个妥善章程下来才是。"

程欢道：

"章程也算妥善了，江干一场是分为两局的，一局专发凭票及填明姓氏、年貌、里居、口数，一局专凭票给米，对验年貌，有不符者，即扣留不给。哪里料他还有法子，把凭票改大了升头领去，次日又来发票局里领票。今儿是本色脸儿，明儿他便打上些颜色，装做病了的模样，教人认他不出，甚至今儿髭须的，明儿把髭须剃了再来。"

说得雪岩大笑起来，因道：

"这剃髭须的法子倒也想得极通，咱们何不就仿他的法子，每一局里派下四个待招，索性限定三天散讫，每人都给五斗米一个，凡已得了米去的，把他眉毛剃去，做了记号，那他第二次再来，便一望而知的了。"

甥王爷拍手称善，因便吩咐管家传谕各场，照此办法行去。这里雪岩因湖墅闹了事故，想魏实甫再去时，定要吃亏，因复改章，蔡蓉庄所遗一场，着甥王爷和冯凝两个办理，复命乃鑫、乃恺两人襄理；江干、湖墅两场，命程欢和魏实甫对调，各场再添发五百担米一处。各人领命，便都出来，各自照办去了。

过了三日，平安无事，大家便都陆续到来销差，蔡颜庵和蓉庄两人，便也入府告辞回籍。蓉庄却留赠一柄亲手镌劂的象牙摺扇骨子，上面套的扇面便是颜庵画的，后来胡氏中落后，这扇被人偷出去卖，还值了五十两纹银，可见蔡氏兄弟的手段也就不平常了。

又过了一天，不料这些穷民被剃了眉毛，都弄得不像个人了，起先因要这五斗米，权且忍耐着，任他们剃去，此刻见米也散尽，又是年关到了，正没法子弄钱，却好剃去了眉毛，便在这眉毛上想法子。依旧是湖墅里那个汉子为首，对众人道：

"胡大先生有钱舍这许多米，哪里管是谁得了去。前儿那魏家小龟子吃我骂走了，他还没剃咱们的眉毛，如今换了这程小子来，他替魏小子报复，剃咱们的眉毛，难道是地皮上的草吗，随他割去罢了？可知咱们身上的一丝一发，都是父母的遗体，哪里好毁伤了一样？何况眉毛是一个人五官里最要紧的物事，吃他剃了去，你们不到茅厕里自己照瞧，还像个人吗？”

众人道：

“这也没奈何，剃也剃去了，还讲什么？”

那汉子道：

“论理，干我什么事，我也没吃他剃了眉毛去，若剃了我时，我可有饭吃呢？”

众人都道：

“正经，我们合诈他去，可去得吗？”

那汉子道：

“去得去不得你不问，只问你们敢去不敢去？”

众人都一片声拍胸道：

“去，去，去！”

那汉子跳起来道：

“既这么着，快把我的眉毛也剃掉了，我替你们出头去。”

真个便有人把他双道虬眉一齐剃去，便率着一干人，可有三百余个，径到胡府门口来。一到门口，便发声喊，一拥入去，把门上人吓了一跳，忙出来问：“什么事？”众人一口子叫：“快把程小子和魏小子两个交出来，不干你们事。”

门上人再欲问时，一众人已蜂拥而入，在大厅上鼓噪起来。雪岩正在大花厅上延碧堂和程欢、冯凝、魏实甫、谢芙明等讲话，突闻外面人声鼎沸，当什么大事，忙着瑞儿出去看来。瑞儿领命出来一看，见满厅都挤满了人，因站在高处喝道：

“老爷有话下来！”

众家人听说，忙东拦西阻地教他们止声，好一会子，才渐渐把声浪平静了下去，听瑞儿高声朗朗地问道：

"什么事？好好地讲来，咱替你们回上去，再做理论。"

那汉子挺身道：

"你家大人舍米给咱们穷民吃，原是行的好事，怎么叫这两个狗男女出来苛刻我们，还把我们眉毛剃了去？如今没的说，米我们去买来还你，你只把我们眉毛还来，不啊，教这两个狗男女出来，吃俺也把这毛拔得一根不剩，才罢了手。"

瑞儿道：

"这不干两位师爷事，原是咱老爷出的主意。"

那汉子道：

"噫，好吗。"

因指着那上面的御赐匾额道：

"你不自己瞧吗，什么叫乐善好施？你们施施米，把人眉毛剃了，叫人一世不得好日，这还是乐事吗？善事吗？"

一个道：

"哼,老哥,你知道什么,这匾原赐的是'勉善成荣'四个大字，后来换了这个，你怕还不知道吗？"

众人便都哼个不住。瑞儿道：

"住了，咱问你到底闹些什么？待要怎样？"

那汉子道：

"咱要眉毛还来，要什么呢？"

瑞儿道：

"哼，你昏了头了，也不看清楚了什么地处，这里敢是你们讹诈得下的地方吗？"

那汉子道：

"咱怕什么，砍了咱的头，不过碗大那么一个疤，你家有势耀，叫你那大先生出来讲话，咱不耐烦和你这小狗奴才吵嘴！"

瑞儿见弹压不住，只得走下地来，进去回雪岩去。这里管家等见用势不得，便做好做歹地开导他们说：

"咱府里没有讲不了事件，不要只一味子胡闹。你们无非为剃了眉毛，听人讲，说不得好日了。凭在咱身上，替你们回去，给些钱，你们做生计去，也就值得了。”

众人见说出一个钱字，便都软了下去听进，还是那汉子说：

“既爷们这样讲，是了，烦你把这番苦衷回上去，说咱们也是出于无奈，才来惊动府上，一切总看过一层，我们总是愚民，不知道礼节，明儿上面的话来，烦你传唤一声就是了。”

正说着，甥王爷头戴一顶红绒缨拉虎皮帽，平金寿字图四方马褂，泥金黄的一股原袍子，脚下一双粉底京靴，脑后拖着大辫，额前缀着珠圆帽花，眉似笼烟，目若点漆，颇有种英俊气象，一手笼着马蹄袖儿，一手握一管京八寸的荷包烟袋，在嘴里吃着出来，站定，先把眼光向人丛里溜了一转，猛地把双眉竖起道：

“出去！站在这儿干什么事？”

早有管家们过去好说，将他们一干人拦出阶沿下去。甥王爷又看了一眼，见众人额上都光秃秃地没了眉毛，实在不成个人相，心里好笑，面上却愈板将下来，回头喝问管家道：

“怎么还不撵出去，待怎么样？”

仍是那汉子出头，扑地先跪在甥王爷面前道：

“小人们哪敢怎样，只一世不得好日了，求爷体恤下情，代小人们做主。”

甥王爷道：

“哪有这话！我对你讲，你若说是来求周济点儿，倒不值什么，你若竟说是纠众索诈，你可知道王法吗？”

因回头向家人道：

“你们向账房讲去，叫酌量着周济他们几吊钱就是了，出我的账。”

众家人一片声答应个是，那汉子带着众人，都如山角崩地磕下头去。甥王爷也不理会，竟掉头走入里面去了。这里由账房里的酌量，每人发给了五两银子一个。账房先除了九扣，管家们又

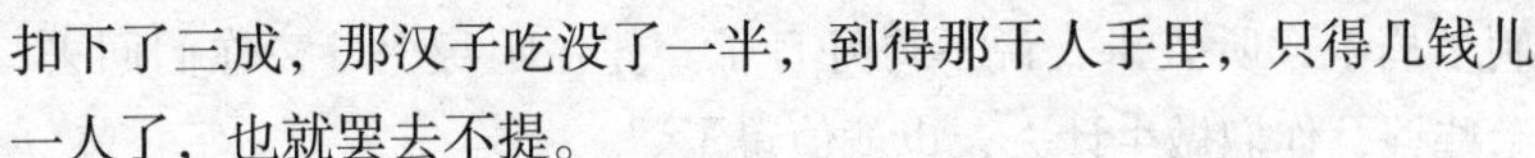

扣下了三成，那汉子吃没了一半，到得那干人手里，只得几钱儿一人了，也就罢去不提。

正是：法如无弊皆安化，人若有心不滥穷。

第十一回

做生日云栖设坛　发死昏佛龛看戏

却说胡府自散米之后，已届年节，外面各友都只顾了账目，里面各房只顾了热闹，咱一支笔也就记不了这许多，便记也只不过是赏灯开宴等事，也是部部书里所有，人人心里想得到的事。唯庆余堂里看灯的一节，是从十三日上灯起，直至十七日落灯止，竟有举国若狂，趋之如鹜之势。

其实也并无别的灯彩，不过就是胡府平常所点的那些各种洋灯，以及琉璃做的葫芦、蝴蝶、花篮等各式檐灯罢了，哪里有外国水月电气灯的明白如昼一般。

这边府里的花园里，也从十三日起，准外人进来看灯闲玩。这些城乡人都没见过，个个称是星桥火树，琼宇瑶台，任人游赏，高兴得了不得。里面自十五夜元宵起，演了三夜堂戏，因班子好，便连落定了老太太做生日戏文。一等灯节落后。略养静几天，便先着甥王爷和香官，带领魏实甫、程欢、冯凝等，去到云栖料理一切。先收拾下十余所起坐房间，预备居住。又排设起七个寿堂来，分作七日。

第一日，一个是文职三品以上官员拜贺的，一个是武职三品以上拜贺的所在。所请知客陪宾，多是三品以上。如来客是三品的，即请三品的知客，如来客一品、二品的，便请一二品的大员作陪，以免拘碍礼节。还有两个寿堂，是五品以下文武职官拜贺的，再有一个是候补选文武职员，一个是现奉差委之佐贰人员，均各有身份相埒的人作陪。

第二天是各庄铺号伙友作贺的日子，也分作七处，是丝、茶、盐、钱、药、绸、棉等业。

第三天是应洋人作贺，也分七处，是英、法、德、美、日、俄、比七国。

第四天是各衙局朋友，也分七处，是刑钱账征书教等一处，吏户礼兵刑工六科书吏一处，各厘局司事等一处。

第五天是僧道女尼等，第六天是亲朋友戚至，第七天才是女眷作贺。

所以雪岩和三个兄弟及子侄辈，俱从第一日便到云栖。里面开堂庆寿，设筵演剧，殿上鸣铙动钹的，设放水陆大醮。头山门外面，却也搭起一台，开锣演剧，做给地面上看。二山门内也是一台戏文，是演给随来的客官以及轿班差役人等观看。里面才是请来客看的，所演的戏，却是里外一样的，里面演什么，外面也演什么，以免那些人说好嫌歹地吵闹。但是这云栖地方，本来是清静佛地，除去钟声梵呗，鸟语松涛，别无异响，此番把里外三台戏一齐唱起，那鼓乐之声以及车马节旄之影，早就散满一山。这地方上人，便都当作神仙降临了样儿，个个携儿挈妇，挤来观看。

到了第六日上，老太太和各房太太以及小姐丫头们出来，总共不下百余乘大轿，并经统领拨营护卫出来。到了云栖山门口，早就挤得人山人海，但见万头攒动，和着啧啧称羡的声音。老太太等轿子直从大殿里穿过，到内堂下轿，先着丫头们看定了房间，安顿下来，然后出来率同小辈等，向各处礼佛毕，才回内院坐息。计所来的是四房四位太太，及螺蛳、戴、倪、朱、顾、宋等姨，以及本房大、二、三、四、五小姐及二房两位小姐，以及宝王官、兰生等，及三房二子一女，四房炳生官及佳官等，俱各带丫头婆子，共有七十余人，也就记不下许多名字，姑且从简不表。这夜殿上僧众施放五方瑜伽焰口，里面所有诸亲友早就散讫，戏已停演。

老太太因香官说连日的戏好，便高兴起来，立时传话下去，当晚重复开锣，把三班戏子尽拣那头等名角，并入一班，就在正寿堂里登场开演起来。四下排设下筵宴，正中是老太太一席，左边一席

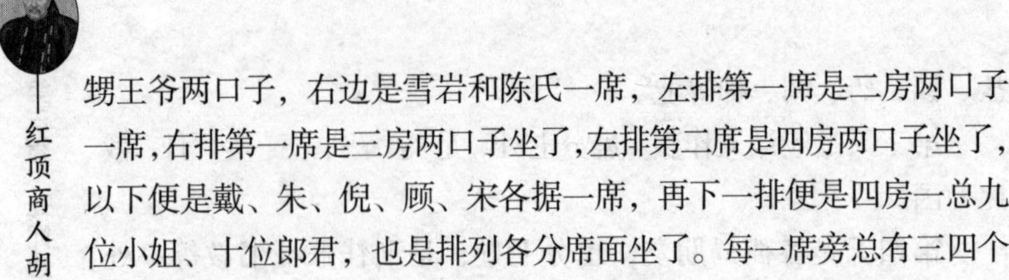

甥王爷两口子，右边是雪岩和陈氏一席，左排第一席是二房两口子一席，右排第一席是三房两口子坐了，左排第二席是四房两口子坐了，以下便是戴、朱、倪、顾、宋各据一席，再下一排便是四房一总九位小姐、十位郎君，也是排列各分席面坐了。每一席旁总有三四个丫头站着伺候，斟酒送菜，满堂里灯烛辉煌，珠围翠绕的充满一室。堂下演得正好，亦且座无外客，真个天伦乐事，莫过于此的了。

那戏班中有个唱花旦的金小翠，生的好一个台面，由来演了六天戏了，出出都唱得出神，所以无论什么人都单爱瞧她的戏。当第一天在内堂演剧的时候，被人传说出去，于是外面的人都说胡大先生不公道，把好角色藏在里面自己看，不放出来与人家赏鉴赏鉴。却好传到雪岩耳朵里听见，次日便着小翠去到二山门台上唱了一天，第三日又着去头门台上唱了一天，第四天才回进来。昨儿又在二山门唱了会儿，轮当头山门唱，因日间被雪岩传了进来，便退下一日，待明日补唱去吧，此刻正在台后闲看，被老太太看见，因赞道：

“好个孩子，怎么不演一出？”

雪岩听说，忙喊管班呈牌子上来，亲手接了，请老太太点。老太太笑道：

“这个也不用我点，只叫她把最擅长的唱来便了。”

香官因出席上来道：

“这小翠演的《小宴》甚好。”

老太太笑道：

“敢便是杨妃醉酒吗？”

香官道是，老太太因点点首道：

“就《小宴》很好。”

才出口一个“好”字，早有丫头们一迭声递传下去。台上接应着，便把刚才做的戏半腰儿截住，手锣响处，箫鼓登场，只见绣帘一动，早有一个好台面老生，扮了唐明王携着个千娇百媚的杨玉环出来。

老太太忙架起副老花大圈子的眼镜看时，果然好个声色，不禁点头称好。甥王爷早助着兴致喝一声彩，那些阶下的小厮等也就跟着一片声喝起彩来。早有管家们捧着一盘锞儿赏牌上来，满台和雨点似的散去。那小翠儿越做越出神了，做那醉软了样儿，口里衔着一支玉杯，把腰儿软扭转来，便像身子是粉条儿做得一般，满堂纷纷喝彩不迭，连香官也都不拘礼数，喝起彩来，老太太自是高兴得了不得。等这出下来，便叫停演用膳，因唤金小翠上来，仔细赏鉴了一会儿，问了些闲话，复又赏了个金表，着了明晚再演，日间且到头山门演去。话毕，金小翠退出，这里也就用膳毕了。却好外面的五方焰口也散了，便各自归房安息。一夜无话。

次日诸亲各眷的女客陆续俱来祝贺，也就不下六七十人。香官因今日是女客贺期，与自己没相干，心里舍不下不看金小翠的戏，便带两个小厮踱出头山门来。看时，见满台下乌压压地站满了人，小翠正在登台演出《海潮珠》的戏。看那做齐王的小丑，是叫小猫儿的，正在奇形怪状地装做。因看自己没得站处，又生的矮小，瞧不见，回头见山门正中供着一座佛龛，里面坐着尊老佛，凸着肚子对着他呵呵地笑，因笑道：

“对不起，请开，借我坐一刻儿。”

因对小厮们道：

“搬开去，搬开去！”

小厮笑道：

“爷，这个菩萨不是玩的呢。”

香官哪里肯依。小厮们拗他不过，只得一齐上去，七手八脚地把尊弥勒佛笑呵呵地扛下地来。

早轰动了看戏的那些人，有的骇异，有的好笑，便觉哈哈嘻嘻之声，震动天地，连小翠在台上望下来看见，也不禁抿嘴儿笑了。

香官立在佛龛上坐下，正见小翠在那里忍笑，早故意地一迭喝彩叫好，远远地调情儿，惹得那些看戏的人连戏都不看了，只挤着回转脸昂起头来看他，你谈我论地笑个不了。早有老成的管

家看见，知道自己是讲不相干，只得进去把这节故事回上雪岩知道。雪岩不信，即着瑞儿出去看来。一时瑞儿回报，说：

“爷真个把菩萨扛开了，自己坐在那里呢！”

雪岩怒道：

“唉，这畜生真太胡闹了，快给我去拿他进来！”

正说着，双子已早听得明白，忙乘闲逸出，见大殿阶下有马系着，便不问谁的，解了一个跨上，一溜烟跑到头山门口。跳下来一看，见香官正坐在佛龛里面，稳稳妥妥地看戏，忙跑近喊：“爷快下来，老爷出来拿你了！”

香官听说，吓了一跳，急忙跳下地来道：

“这怎么处？”

双子道：

“快逃回家去的为是。”

香官已是手忙脚乱，见双子有马牵着，他一脚跨上，向双子手里夺过鞭子，狠打了一鞭，径向人丛放马跑去。那两个贴身小厮怕有疏虞，连忙也解了两个现成人家的跟马跨上，随后赶去。远远望见香官的马在前，出趟子大跑，两人高声喊着，也不见应。

原来香官在前面马上听得背后马声人喊，只道来追拿自己的人，一发狠命地加鞭疾走。看看天色傍晚，猛不防草地里飞起一只老鸦，那马一个眼岔，径向义冢坟堆子里乱踹进去。

香官急收那催手时，那马便应手竖起一个牌头，香官叫声不好，早已连人带马向坟窠箩里滚了进去。不知性命如何，且看下回分说。

正是：富贵纵教人艳羡，骄奢何待鬼揶揄。

第十二回

发寒热香官逝世　惊炎凉左爵赉书

却说香官连人带马滚下坟堆子去，早吓得一身冷汗。那马只顾自己爬起来，跳了几步，见地下有草，早埋头在那里吃草去了。

自己却把腰子跌得酸痛，打地下一看，原来是一个坟头上的凉食瓶子掉在地下，却正垫在腰里，所以痛得，不禁打了一个寒噤。

正待挣扎着坐起来，瞥闻马铃声响，有两个马飞也从堤上掉转过来。香官恐是追来的人，忙躲在坟里等他们过去，直听得铃声远了，看看天色已晚了下来，便支撑上马，加一鞭急奔入城。到府见那两个马拴在门口,便有些胆怯,不敢进去。刚下马迟疑间，只见自己的两个小厮出来接见道:“哎呀，爷，我找呀！我只道爷跑到哪里去了，急得了不得，爷往哪里来的?”

香官至此，才知道那两个追马就是他两个，才把心放下了，投鞭径入府来。一班管家都站班伺候，香官也不理会，回至带青山馆来，睡下床去，不由得腰里酸疼，叫声哎哟。丫头们问时，才知道是掉下马来了。

一时喧传出去，早惊了几位姨太太，想雪岩不在家里，倘或有些长短，干系不下，便都前来问安。如苏、兰、大扬州、周、郭、闽等人，都先后到来问好，香官只推说起不得床，谢了罪不见。落后四房里剩下着管屋的胡嫂到来，才趁空儿缠绵了一会儿。不料这夜便发起寒热来了，见神弄鬼地整整闹了一夜。次日便越加沉重，竟真个起不来床了。至下午雪岩等一大批人回来，也不能出去迎接。

至晚，雪岩才知道香官病了，便着人先来看视，见说真个病重，于是大家都发急了，连老太太都一起前来看病，见香官只是热得发昏过去，满口子说的呓语。老太太因埋怨雪岩，说不该昨儿吓他太甚，一面延医，一面添派丫头服侍不提。

谁料这香官自此一病，竟病得长久，至二月初旬尚未复原。却值小考到了，香官听人都说要考去，便自己也要进场与试，雪岩禁他不住，见病体也七八分好了，只得依从了他。却好那当铺里的小郎二姑爷自定亲之后，也早弃商而儒，比番也去应试，两人在场内遇见了，甚为投契。至五月间道考过了，揭晓出来，香官竟与那小郎同登泮案，雪岩等一家都喜之不已。却好香官这年刚正二十岁，便替他做生日，带便开贺，仍传了金小翠的班子，

演了三天戏剧。过后不道香官因劳瘁过度，旧病复发，竟一日沉重似一日起来，雪岩等自是担忧。

正为香官担忧间，猛不防一道讣闻到来，说是二姑爷作古了。其时雪岩正在院里，因高兴，和螺蛳及大、二、三、四、五位小姐同席用晚膳，接到这道讣文，雪岩不由得把碗箸一放，喟然长叹道：

"不料这孩子竟不长寿！"

二小姐在旁，看见讣文，心里痛了一下，想起当初定亲的时候，已是自叹不辰，今日才进了个学，便又身故了去，却教自己做了望门孀媳，不由得心里一酸，咽声大哭起来。大家也只有惋惜，没得别的劝解。哪里知道这位二小姐过于伤感，竟就此得了个怔忡的病症，嗣后便手舞足蹈，不知礼节起来。雪岩见她真个疯了，也就没法处治，只抱怨自己罢了。

过了几日，丫头们报说香官的寒热越发重了，医生已自回复，雪岩便分外着急，到处赶接名医诊视。终究药石无灵，不上数日，可怜把一个粉团儿似的郎官，竟奄奄地下了世了。报入上房里去，便满屋子造了反似的，自老太太起，以及各姨诸姐，一齐奔到，放声大哭。那香官却早已溘然长逝，无声无息地了。于是即便赶办衣衾棺椁，次日落材，三朝理忏，七七超度。因他是长子，吩咐合府里都挂轻孝，停上一年，才出了材，给他安葬落穴不提。

一日，恰好假山司务郭连元从左宫保大营里奉差到来公干，顺便寄封信与雪岩，雪岩当即厚视连元，命账房里排席请他。自己袖书进来，到梦香楼上，就灯下拆开。螺蛳在旁，见他看毕，便把封信搁在一边，发声长叹。

螺蛳因问是什么事？雪岩道：

"宫保也算知我了。他说是盛极必衰，是古今必然之理，咱们家里眼下也算盛极的了，但朝中和我不合的人多，深恐一旦有甚疏失，势必不了，教我趁此把三个兄弟将产分析了，并置备些恒产，为日后地步。我虽也有意思，只是教我一下子哪里好和兄弟们讲的分析两字？”

螺蛳道：

“这也是分久必合、合久必分的天下定理。即如当初老爷在宁波的时候，二老爷却在苏州候补，三老爷和四老爷又各自一处，何尝本来是合在一处的？如今虽合在一处，日久终免不得树大枝多的分出去住。况这屋子又不见甚大，至于日后分枝，不如现在便分定了的干净。”

雪岩因道：

“这宅子果然太小，如今已是挨挤得满满的了，明儿几个孩子成了亲，也就住不下来，所以我打算下半年便把大女和三女四女都嫁了出去，也可宽空些出来。便是那园里锁春院旁边，望仙桥直街的那所剃头铺子，和酒栈的屋子，不肯卖与我的可恶。”

螺蛳道：

“那个我曾听说，那两所屋子是有钱的主子该的，断不肯卖，倒也不必讲了。只是我想起来，咱们府里的用度，如今太大了，什么前儿除夕，各房送压岁钱，竟都向账房支了元宝来送，总共十几房，竟领去了五十余只元宝。再那赏给丫头们的赏封，也竟拿了金锞儿十锭五锭的，也不问个价值的赏给。照此，哪里还搅得下去？虽咱们府里不愁的没钱，到底也抵挡不住。像年底结下账来，庆余堂折了七万两，阜康折了十一万两，再加京城、上海、镇江、宁波、福州、湖南、湖北等处银号，也亏了不止数十万两。不是我讲，若竟托信了人，如范姑老爷那么样搅去，恐三五年下来，也就招架不住了。”

雪岩便点首无话。这夜没兴睡了。

次早起来，梳洗毕，便下楼来，挨班到正院请安过了。雪岩走出外厅坐下，叫管家请谢芙明到来，因问各处银号报册是怎么样亏折了的？芙明也回不出所以然。及查到清册，都是因开销过大的缘故，却唯上海和宁波两处亏耗最大，因当时不则一声。待芙明退去，立即着人去把范毓峰和魏实甫、程欢三人请来。不一

时三人俱到，雪岩因叫三个计议个整顿那两处银号去的长策，三人先都缄默不语。到底范毓峰是雪岩的外甥，容讲得一句话，因便保举魏实甫、程欢前去查核整顿。雪岩见保举得尚是不谬，因便点首，就此重托了程、魏两个。实甫、程欢自是兴头，略推了一句，也就分别到上海、宁波去了。

不多几天，就有户部尚书阎敬铭奏请拿办的折子，幸而护理江督曾制台是与左爵最要好的朋友，极力保全，得蒙浙江巡抚刘中丞一气相生，同上一封免拿的折子，看来还多是左爵的力量呢。

唉，勿可话保全商家，老成人到底有些识见了。

正是：漫说胡家关系小，朝廷无人莫做官。

第二章 闺帷秘史

十二金钗入住娇楼

北风呼呼作响，寒气彻骨，大街两旁的店铺都关闭紧严。然而东大街的尽头怡红院却红灯高悬，烛光闪烁。公子王孙、富商大贾熙来攘往，接踵摩肩，十分热闹。

东厢房内灯红酒绿，欢声笑语。4支酒杯粗的红烛发出嗞嗞嗞的声音，火舌跳动，照得房内如同白昼。胡雪岩搂抱着翠花，红光满面，精神奕奕。陪坐在一起的还有怡红院的琴琴、芳芳、阿姣，她们是胡雪岩特邀的嘉宾，特来吃“花酒”助兴。翠花约莫15岁，身材颀长，穿着一件粉红色的旗袍，胸前一朵特别大的牡丹精绣其上，足穿一双软底红布鞋，丝绸缎面小巧精致，她略施粉黛，凤眼生辉，偎依在胡雪岩的怀里，小鸟依人般妩媚丽雅讨人喜爱。大家围坐在一张圆桌旁，兴之所至，无所不谈。一会儿，“吱嘎”一声门被推开，几名侍女捧着热气腾腾的美味佳肴走将进来，“茄汁虾球”色泽红艳，“绣球鱼丁”白中带绿，“鸳鸯鸡丝馄饨”汤色鲜亮，皮薄滑润，大盘小碟堆了满满一桌。一名侍女拿出一瓶上好的“女儿红”替胡雪岩斟满，接下又为下首的翠花斟上，待众人杯满，胡雪岩站立起来举杯在手说道：“难得翠花错爱，钟情于我，我饮此杯以示谢意。”说罢一饮而尽，一口气又干下两杯，众人相陪，轻呷一口以示应付。胡雪岩3杯酒下肚时满脸通红，再看众女子也生出些许红云，特别是翠花不施粉黛却俏脸红润。众人举杯执箸，谈笑风生，猜拳行令，乐不可支。

席间翠花鼓乐操琴，载歌载舞。胡雪岩见翠花低颦一笑都有十足魅力，压不住心中的狂喜，随即从包里掏出百两赏银，然后又如痴如醉地观看表演。当翠花回到胡雪岩身边时，胡雪岩不禁伸出双手将翠花整个儿抱入怀里，谁知一不小心将一碗燕窝汤撞翻了，一碗的汤水全洒在胡雪岩的衣衫上，翠花惊得不知所措，急忙掏出手帕去揩，动作非常轻柔，目光水灵灵地注视着胡雪岩。胡雪岩连忙将粉白细嫩的玉手抓住，张开嘴亲吻了一下，翠花娇羞一瞥，胡雪岩捡过手帕自己揩起来，然后将手帕放在鼻子上一嗅，嗬！清香扑鼻。翠花见状说道："胡大先生喜欢就留下吧。"两人眉来眼去，调情骂俏全然不顾他人。酒足饭饱之后，其余人告辞各自回到自己的客房，胡雪岩抚摸着翠花光滑柔美、弹性十足的纤纤细手，欲火难禁，迫不及待将翠花抱至帐内，安然就寝。

次日天明，胡雪岩醒来，见翠花正恬静地躺在自己身边，非常温柔可爱，眉毛舒展，红唇微启带有笑意，似乎她正沉浸在美好的梦境里。胡雪岩不忍破坏她的好梦，禁不住又将整个房间打量一番。房间不大，但却布置得十分典雅温馨，崭新的苏绣窗帘白底黄花，淡雅又不失豪华，一张楠木圆桌上摆着胭脂粉妆、西洋圆镜、檀香木梳，全是些女儿装饰打扮之物。他将目光收回到帐内，这蚊帐是薄如蝉翼的白绫精心缝制，被褥也是新做的细软缎面，十分暖和，上绣鸳鸯戏水图，使缎面十分惹人注目，"啊，全部是新鲜的。"胡雪岩自言自语，自是别有一番滋味在心头。他轻轻揭开被子坐在床沿，穿戴完毕正要起身走出房门之际，一个小侍女捧着个盘子走进来，将盘子举到胡雪岩面前，说："这是老妈妈的酬谢，请收下。"胡雪岩这才发现盘中有一红绸包裹的东西，他立即抓在手里，将它打开，"500两银票"。他恍然大悟，原来这翠花第一次接客，照例要请院中的常客、经验丰富的子弟破身，鸨儿由是请他行此大礼给以重谢。胡雪岩心中欢喜不堪言表。他忍不住又走向床前，俯身亲吻翠花，翠花被惊醒，二人又窃窃私语，共享柔情。

在怡红院吃过早饭已是11点整,胡雪岩稍作修饰走出怡红院。此时大街上已是车水马龙，行人如潮，他忽然想起一件事来，约见直隶安国县最大的药材巨头孙大头。“大头”是因其头大而得的诨名，药材买卖中的生意人除了少数几个人外，极少人知晓真名。想到这他急匆匆向白云楼走来，谁知踏进白云楼，连人影儿都未见着，胡雪岩心中不由得着急起来，由于左帅西征将士水土不服，急需大批丸散膏丹，恰恰孙大头有大量现货，可解左帅进兵之忧。莫非此人不讲信用，临时变卦，这在生意场上是常有的事。终归人去楼空，胡雪岩没精打采回到家里，颓然跌进沙发里。夫人罗四见状，柔声问道:“什么事使你如此萎靡不振？”这轻言细语犹如甘甜的乳汁滋润胡雪岩的肺腑，他眉头为之一展，罗四不失时机俯身亲吻，柔柔抚摸，胡雪岩便将未见孙大头的事说了出来，并索性把在怡红院里昨夜的风流吐露。罗四一听，突然目光直直地盯着胡雪岩,心中漾起一丝不易觉察的醋意,她问道:“现在是几点？”胡雪岩从内衣口袋里掏出洋表一看:“哎呀，11点半了。”“这就对了，此时已近中午，哪里去见人，说不定以为你不要见呢？”罗四太太见胡雪岩耷拉着脑袋，满脸失望，话锋一转，“嗯，要等你办这事，恐怕左帅要另请他人。”原来，按照事先的约定白云楼面谈，9点钟孙大头去白云楼见胡雪岩不在，以为有事耽搁，谁知焦急而又耐心地等到10点3刻仍未见着，他动了走的念头，但一想不如直接上胡家问个清楚，到得胡家受到罗四热情接待，二人就有关事宜商谈起来，最后全部买下孙大头的货，价钱比一般的便宜，可以赚近万两银子。听完罗四的叙述，胡雪岩眉开眼笑亲吻罗四，神采飞扬，十分愉快，但不禁为去怡红院险些误事而后怕，同时又暗地里佩服太太的精明能干，想到这里，便将罗四搂进怀里，称赞道:“贤妻不愧女中丈夫，可替为夫独当一面。”胡雪岩的夸奖使罗四太太激动盈眶，泪水滚滚而出，他将手伸进手兜摸出手帕替罗四拭泪，香喷喷的丝绣手帕被罗四抓在手里。胡雪岩尴尬一笑，他以为罗四太太会大发醋意，哪料到

罗四浅浅一笑，说:“如若再这般沉湎于酒色，一是坏名声；二是带坏头误事业；三是伤身体；特别是如果手下的钱庄、典当、丝号、药店都仿效东家茶楼酒肆，青楼花巷狂嫖滥赌，这样偌大的生意便要荒废，家道岂有不衰败的道理?”胡雪岩倒吸一口凉气，不断点头称“是”“言之有理”。

午饭过后，李知府夫人王太太来访，罗四将心中的顾虑告诉了王太太，为了避免胡雪岩逛妓院，欲替他物色女子做小，但又怕家庭不睦，影响事业。王太太说:“皇帝三宫六院，佳丽三千，胡大先生家大业大，三妻四妾那才光宗耀祖，十分风光。一来保住名声又不耽误正事，二来更不会伤及身体。至于以后进门争风吃醋，你罗四太太理财持家，经商筹划，韬略无穷，处理这点小事简直微不足道。”王太太一番话使罗四耳根发热，热血沸腾——她心中有了主意。

重阳日这一天，天气较好，太阳老早就升上了天空，胡雪岩携妻子罗四及一丫鬟小梅游览西湖。西子湖畔，堤上垂柳已枝黄叶枯，全没了春日袅袅轻盈之态。湖水虽近深秋仍素湍绿泽，静影沉璧。渔舟竹筏、游船画舫穿梭往来，增添不少乐趣。此景真可谓不是春光胜似春光。

一画舫引起胡雪岩的关注，只见几名歌妓正操琴鼓瑟为两位贵族公子演奏，琴音悠扬，歌声悦耳，其情形让人羡慕。缓步踏上断桥，他不由得想起白蛇娘子和许仙的故事，心中啧啧称奇，于是伫立桥头举目远眺，内心十分激动，这一瞧才发现桥下正有一青春女子在湖边埠头上浆洗。只见她青丝秀发，手儿红润，清澈的河水倒映着她粉红的衣裙；虽然已是深秋，但姑娘却累得热汗直冒。她扬手轻轻理了理眼前的刘海，又继续忙碌。这青春勃发的少女仿佛浣纱西施，胡雪岩心里赞道。他随即将桥面一块石子丢入湖中，“咚”，声音轻微，但仍溅起水花，少女扬眉仰视，忽然发现一个头戴翎子的官员正凝视自己，急忙低垂双眸，俊脸羞涩。随后她端起木盆拾级而上走回屋中，将门一带，隔断了胡雪岩的视线。胡雪岩这才注意到少女的家麦秸草房傍河而筑。胡雪岩被女子的美貌吸引住，他怦然心动，渴望再一睹农家女的芳容，然而注视良久，未见少女出门，他怅然若失，遗憾而去。罗四将丈夫的一举一动都看在眼里，不露声色陪着丈夫。此时此刻胡雪岩游兴索然，悻悻而归。

第二天，罗四身着尼姑衣服，手捏念珠来到少女家，轻叩柴门，门被打开，只见一个瘦骨嶙峋的老太婆出现在她面前。罗四口中念念有词，念珠在她手中移动，她说："施主，讨口水喝。"老太婆见是化缘的尼姑，忙迎进屋内。房矮小昏暗，罗四被引进客堂，客堂里供奉着"观音菩萨"和"妈祖"的塑像，香案桌上青烟缕缕，星火点点。"阿妹，快去给师父倒碗水。"客堂里一位正在纺纱的少女站了起来，亭亭玉立，漂亮无比，难怪胡雪岩魂不守舍。罗四边喝水边拉家常，了解到这是5口之家。大儿、二儿都在太平天国里战死，老伴被西湖渔霸关起来，现在家里就剩下母女俩。阿妹年方17岁，与邻村渔民周乐生自小指腹为婚，及至长大成人。两人常借打鱼之机偷偷约会，感情日深，双方互换生辰，定下了拜堂成亲的良辰吉日。哪知祸从天降，由于阿妹出落得貌若天仙，上门提亲的人络绎不绝，都遭到她们的拒绝。然而西湖渔霸仗势欺人，以太婆儿子参加太平军、老爹抗交渔税为由，把老爹关了起来，另叫人捎信说，只要阿妹答应嫁给他的白痴儿子，立即放人。阿妹誓死不从。渔霸已威胁好几次，流露强抢之意。一想到父亲，阿妹没了主意。

罗四听了阿妹娘的叙述也难过得流下眼泪，十分伤心，别了将50两碎银送给阿妹，阿妹捧着银子连连称谢。一回到家里罗四脱去僧衣，立即嘱咐管家给阿妹家送百两黄金，另外去叫渔霸将阿妹爹放了，然后又将嘴贴近管家耳朵吩咐一阵，管家领令而行。

这一天午后，阿妹正坐在纺车旁织布，忽然周家的人来报信说，周乐生今日早晨不幸落水身亡。这消息犹如晴天霹雳使阿妹

痛不欲生，她真想一死了之，面对年迈的母亲、受困的父亲又于心不忍。她强忍悲痛，把泪水往肚里咽。几日后心情稍微舒畅，阿妹静心一想，乐生一死渔霸更会穷追不舍，要她嫁给白痴真是恶心，但又无计可施。正当她一筹莫展的时候，父亲被放了回来，身体更加虚弱。阿妹赶紧给父亲生火煮饭。饭后，父亲精神好转，他问道："这些日子渔霸来过吗？"阿妹气愤地说："岂止来过，还妄想抢婚呢！对了，爹，他们咋把你放了呢？"父亲说："渔霸告诉我有人替咱们交了钱。我寻思这是谁呢？细问之下，他们才不情愿地告诉我一个叫罗四的太太救了我。"全家人沉浸在相聚的欢乐之中。傍晚时分，胡雪岩的管家揣着百两黄金来到阿妹家。管家说明来意："这百两黄金是我家太太送给你们的。"见阿妹全家都莫明就理、非常不解，管家说："前些日子我家太太去灵隐寺还愿，穿着尼姑服来你家讨过水喝。"母女俩都"啊"地叫了起来，"这真是大好人。"管家又将罗四太太吹嘘一番，末了很惋惜地说："可惜，我们太太无子，偌大的家业无人继承。"阿妹娘一听也替罗四太太垂泪，她问道："何不纳妾取小生个小子呢？""啊，想只是未遇着合适人家。"管家又接着说道，"你们家阿妹未许配人家吗？"阿妹娘两手一摆："这不行，人家大好人，我阿妹未出嫁未婚夫就死了，想来命苦，哪攀得上这样的亲戚。其实我们当下人使唤都不敢妄想呢，看来，他们的大恩大德我们只有来生再报。"管家见阿妹娘话中有话，不由双眼一亮，见阿妹正专注地盯着自己，眼里满含希望，便说道："此事有待禀报我家太太，天色已晚，我得告辞了。"管家被全家人送至门外。

不久，胡家张灯结彩，唢呐声声，人们簇拥着新郎胡雪岩、新娘陈阿妹来到大厅。大厅正中大红"喜"字端挂墙壁，一对红烛火苗窜动尺余，发出嗞嗞嗞的鸣叫。新人参拜完毕被迎入东楼洞房，人们则在酒桌上分享快乐。胡雪岩与罗四感情如日中天，与新欢如胶似漆，事业发达，一帆风顺。在这之后罗四先后又为胡雪岩娶了十名黄花闺女为妾。东楼十二钗住在一起显得十分拥挤。罗四太太便与胡雪岩商议修一座新楼。胡雪岩一听不谋而合。但声名在外，就不能简简单单造一座楼，必须精心设计，与之配套的花园水榭也要修建得豪华气派。两人商量停当，便请来能工巧匠勘察设计，但怎么摆放都是住宅拥挤，布局顾此失彼。胡雪岩心中思索良策，有个手下人向他献计：胡府临街毗邻铺面较多，何不将靠向胡府院墙的住宅全部买下，那样整个胡府将增大许多，随意建造都显宽敞。胡雪岩听后连称妙计，心中欢喜，他准备修筑一幢专供"十二钗"休憩的娇楼，取金屋藏娇之意，当即吩咐管家去收买街房。大多数人见价钱出得很高欣然同意，但少数几家由于一时未找到合适的去处，犹豫不定。于是胡雪岩用千两银子贿赂知府，强行增加官税，迫使那些人慑于官府的压力忍痛割爱，另寻他处安身，但一吴姓人家就不肯搬迁。原来吴姓户主吴氏有一个腿残个矮、右臂僵硬的儿子吴成，娘儿俩靠打草鞋、替人浆洗为生。听到胡雪岩收买街房，吴太太就坚决不出售。胡雪岩十分恼火，多次派人去劝说都告失败。如果他们不搬走，那购买到手的街房就突然间被切成两段，一点儿整体感都没有，胡雪岩和罗四太太商量拔掉这颗钉子。

一天，吴氏正在河边浆洗衣服，儿子吴成一拐一跛来到面前，吴氏一见儿子满脸是血，丢下衣服捧起儿子的脸一看，鼻血还在汩汩外流，冷水止血后，吴氏才细问缘由。吴成说，他正在替人捡叠衣服，突然闯进来几名流氓，不容分说，将货架全部推倒，他上前制止，一个凶神恶煞的家伙扬手就是一巴掌，打得他眼冒金星，这帮人折腾一阵后，拣了几件上好的面料扬长而去。听过吴成的叙述后，吴氏气得肺都快炸了，眼看着这是胡家所为，但又无可奈何。起初吴氏不愿意卖房，是因为她不愿祖上传了数代的基业葬送在她的手里。急急忙忙回到家，一片狼藉，损失惨重。货架断的断，残的残，有的被撕破，有的被踩在地上。娘儿俩收拾好一阵子才将房间理顺。一会儿后，有几家来取货，吴氏不能按时发货，有两家的绫罗衣裙已被抢劫，她不得不加倍赔偿。吴

氏心如刀绞可是又有什么办法呢？娘儿俩抱头痛哭，闻声落泪。

第二天，胡雪岩的管家又前往吴家。这一次倒没费多少周折，很快成交。吴氏母子俩满眼含泪，在寒风中踽踽而行，不知走向何方。

收买街房后，胡雪岩便立即着手修他的十二钗住宅——娇楼。3个月后，胡雪岩新居落成。他带领罗四、陈阿妹等众妻妾登临娇楼。环顾四周，华屋气势恢宏，金碧辉煌。极目远眺，海天茫茫，空明澄碧。南望山岳峰峦叠嶂，绵延不断。站在此楼上可观海上日出，夜看海潮新月万叠金光。再看此楼有仙阁凌空之感，俯视脚下，娇楼傍水而建，人工湖清波绿水，“三潭映月”“柳浪闻莺”“蓬莱阁”景点错落有致，叫人赏心悦目。原来人工湖仿西湖而建，可以说游家中即似游览西湖。面对眼前如此巧夺天工的娇楼，妻妾们心旷神怡，走进屋里，室内装饰异常豪华，红色地毯，一色红木家具，件件都是精雕细琢的佳品，叫人目不暇接。胡雪岩当即将房间分派与十二妻妾，众妻妾喜不自胜，此后胡雪岩便泡在娇楼，自得其乐。

甜蜜初恋修成正果

他觉得身上有点热腾起来

胡雪岩最早是在钱庄做学徒。由于父亲死后家道败落下去，母亲只好把他送到一家名为信和的钱庄当小伙计。起先，什么杂活都干。每天早早起床后就替师父师兄们倒尿壶，端洗脸水，然后扫地，买早点，接着就到店面帮着擦桌抹凳。开店后，有客户来办理事务，小胡雪岩就立于一旁，见机做事。有时帮客人拿外套，遇着老人还扶进扶出。这般做法自然会博得客人们的认可，碰到客户心情好，更可以得几个小费。只因他生得伶俐，嘴快且甜，加上店里上至老板下至年长的伙计都满意他，所以对他收些小费也不刻意去管教。因此胡雪岩平日里虽然没有工钱，做学徒的都如此，但也有些收入，偏偏他乖巧过人，收了客人小费后，把大部分交给持家的母亲，留下一小部分存着，却也不像平常孩童自己去买吃食解馋，而是把钱攒到一定数目，时不时上街去买回瓜子糖果之类的小吃孝敬那些伙计。逢年过节，更买一些东西送给老板娘。虽是些针头线脑或者头饰之类极便宜的东西，可这些出自一个小孩之手，就显得可贵了。这些举动更增加了大家对他的怜爱，一传出去，个个都知道信和的小胡人品好，人缘也好。许多大伙计也乐得常常教他一些钱庄知识，这样，胡雪岩从小就接触这些知识。到了十六七岁上，对钱庄的一般操作早已了如指掌。这时的胡雪岩已经长成个大小伙子，年纪不大，但从小就在人堆里跌爬滚打，所以看上去显得很成熟，加上能言善辩，博得老板的赏识，同时也招来了许多少女的爱慕之心。

出师以后，信和老板立刻就派他立柜台，就是直接与客户打交道，办理各种钱庄业务。这期间，更增加了胡雪岩的交际能力，使他对人的了解更深入了一层。慢慢地，他成了这里一名得力的伙计。钱庄的伙计们发现自从胡雪岩立柜台后，来办理汇兑的客户中增加了许多女子。按理说她们一般是不进钱庄的，其中奥妙不言而喻。因此，伙计们常常与胡雪岩打趣，说些带荤的笑话，逗得他面红耳赤。这样也使得胡雪岩动了青春之心，他也慢慢学会打量从店门口经过的姑娘小姐们。

这一天，一大早胡雪岩像平时一样收拾停当，站在柜台后手里拨着算盘。时候尚早还没有什么客户来钱庄，但是钱庄对面的布店却早已开张了。时值春夏之交，大概到了替换衣服的时候，人们要把春天的厚衣服换掉，该换上凉爽的夏装了。于是太太小姐纷纷上街采购自己喜欢的布料，然后送到裁缝那里做出时兴的样式，一连几天以来，对面的布店就因此热闹起来。胡雪岩闲着无事，手上有一阵没一阵地拨着算盘珠子，眼睛却不时望着布店门口进进出出的女人们。

突然他眼睛一亮，从布店里出来一位小姐，生得十分标致，

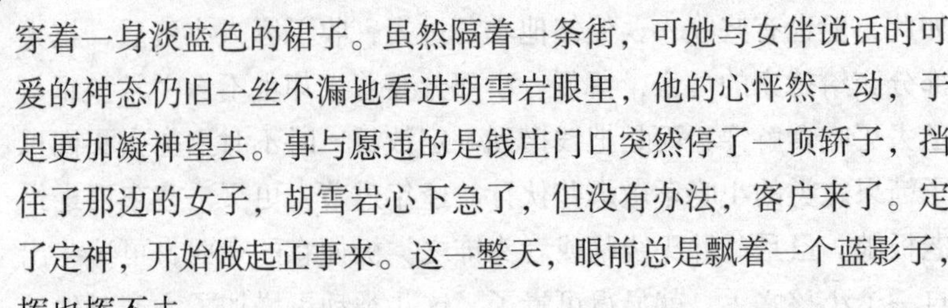

穿着一身淡蓝色的裙子。虽然隔着一条街，可她与女伴说话时可爱的神态仍旧一丝不漏地看进胡雪岩眼里，他的心怦然一动，于是更加凝神望去。事与愿违的是钱庄门口突然停了一顶轿子，挡住了那边的女子，胡雪岩心下急了，但没有办法，客户来了。定了定神，开始做起正事来。这一整天，眼前总是飘着一个蓝影子，挥也挥不去。

晚上回到家里，闷声不响地躺到床上，连晚饭也不吃。胡母做好了晚饭，见儿子回来连招呼也没打，就神情恍惚地到他自己的屋里去了。她好生奇怪，寻思着儿子是不是病了。她走进里间，来到儿子床前，关切地问道："雪岩啊，怎么了？哪儿不舒服？"边说边用手撩开蚊帐去摸胡雪岩的额头。

却见胡雪岩睁着两只大眼，直勾勾地望着天花板。胡母问了他好几声，才回过神来，看见母亲正慈爱地望着自己，立刻觉得自己的失态。"娘，是您啊！"他连忙坐起来，"没事，我没事。""那你怎么无精打采的？你可把娘吓着了。起来，出去吃晚饭吧。"

娘儿俩坐在桌旁，像往常一样，母亲总要问问儿子今天在钱庄有什么新鲜事，这一问，胡雪岩登时来了个大红脸。

"娘，今天也……没什么……"

一见儿子吞吞吐吐，做母亲的很奇怪。儿子一向能言善辩，为何今天大反常态？便问："是不是生意上出了差错？人总是会犯错的，但要学会吃一堑，长一智，不要……"

话没说完，胡雪岩脸更是红了，连忙将头埋下去，猛扒了几口米饭，边吃边打断母亲说：

"娘，您别瞎猜了。我，我……"

"你什么？说呀？"看见儿子这副窘态，知道不是生意上的错误，便有心逗逗他，"是不是看中谁家小姐啦？"

"娘，我，我……"一向机灵的胡雪岩此时被问个正着，有点结巴了。

"哈哈！"他娘忍不住笑了，"先吃饭，别噎着了。"

好不容易把这顿饭吃完，胡雪岩放下碗筷便走。

“雪岩，去，帮我把外边晾的衣服收进来。”

“好。”

天已经黑了，但是不远处仍旧传来小商小贩的叫卖声，集市上还是挺热闹的。

待胡雪岩收了衣服回来，母亲已经收拾了碗筷，坐在灯下缝衣服，由于家境不太宽裕，虽然衣服旧了或破了，仍不舍丢弃，能缝的就缝一下。

“娘，您歇会儿吧，别累坏了身子。”

“好吧，我就歇会儿。那你说说你的意中人是谁呀？”

“唉，娘呀，我实在说不过您，我还小呢，您就急着抱孙子啦！”

“哟哟哟，我不是急着抱孙子，我是急着看儿媳妇哪。”

母子俩你一言我一语地聊着。

“时候不早了，雪岩，早些休息。”等到儿子睡下后，母亲接着把儿子换下的衣服洗干净，晾好，又从衣柜里取出一件外套，放在他的床头，这样忙到很晚，自己才安心睡去。

胡雪岩照旧站他的柜台，天气也照旧一天天地热起来。

这天，老板关照雪岩，中午抽空买些扇子回来。江南的扇子可有讲究，什么样的人用什么样的扇子。普通人用蒲扇，便宜也方便，文人爱用纸扇，还喜欢在扇上题字作画，小姐爱用有香味的绸扇，如此等等。老板之所以派他出去买东西，一是他眼力好，心计多，买回的东西令人满意，二是他诚信有加，不会从中捞折扣。

午饭吃过后，雪岩拿了钱就出门去了，他知道离钱庄不远有一家杂货店，那儿的东西比较实惠。路上挺热，他走到茶摊前，要了一杯凉茶，一仰脖咕咕地喝下去，顿时觉得全身舒服了不少。

忽然，那熟悉的蓝色在眼前晃了一下。他的心一阵狂跳，放下碗，拔腿就追。

“嗨，小伙子，还没给钱呢。”摆茶摊的老太太以为自己又碰上白吃白喝的市井无赖。

“对不起，不好意思，老妈妈，我忘了。”赶忙从零钱中拿出几个铜板，看也不看，放在桌上，回头再看，目中人已无踪影。

他懊恼地顿了一下脚。愣了一会儿，发觉还有正事没办。等到了杂货铺，就有一个小伙计迎上来招呼他。

“这位大哥，你看点什么？”

“小兄弟，我来买几把扇子。”

“您请进。老板——有客人来。”

进得门去，掌柜的笑容可掬。胡雪岩还未开口说话，只听得背后传来两个年轻姑娘的轻笑声，紧接着那笑声已经到了背后。

“爹，您看我新做的衣服好看不？”

胡雪岩向后望了一眼，顿时就呆了。他朝思暮想的姑娘此刻就站在眼前。

“爹呀,您看这花边,多漂亮！小芳也喜欢这种样儿的。”说罢，她还转了一圈。

这一转，把自己的曲线无意地暴露在胡雪岩面前。他痴痴地盯着这姑娘，只觉口舌干燥，不由得咽了一口唾沫。

“兰兰，去，回屋去，跟你娘说去。”老板也发现了胡雪岩的神态，赶快叫女儿离开。

兰兰才注意到除了爹和小伙计，那边还站着一个陌生男子，四目相对，她从胡雪岩的眼中似乎感觉到什么，一低头，拉着小芳绕过柜台进里边去了。

“小姐，刚才那男子直勾勾地盯着你看哩。”

“去，别瞎说。”

“唉呀呀，脸都红了，是不是看上他了？”

“再说我打你！该杀的。”

两姑娘边走边打闹着，兰兰忽然问道：“小芳，我问你，他是谁呀？”

小芳是店里的丫头，常到外边去买东西，所以认得的人多。

她略一想，脱口答道："是那边钱庄里站柜台的伙计。"

"哦。"她虽然只见了一眼，但还是能回想起这个年轻人的样子。他虽然年轻，但并无一般年轻人油滑的神态。虽然"直勾勾"地望着自己，但这目光不同于街上无赖的眼光，上上下下在浑身搜索，无聊至极。面孔和善，英俊之中透出几分老练成熟。衣服左肩虽有一个小补丁，但洗得干干净净，给人一种纯净的感觉。反正，他在她心里的印象还不错。

在外间柜台上，胡雪岩左顾右盼的神态令老板有些不快。他自己也稍有察觉，马上恢复常态。"老板，我想买几把扇子回去，上等的5把，中等的和下等的各10把，价钱好说，但一定要制作精细、耐用的。"

"好，好。"老板应承着，"我到后边给您挑几把最好的来。"

"多谢老板。"

胡雪岩这才打量起这个杂货店来，店面中等，不大不小，而且货架上的商品种类齐全，平常的日用品和一些可以当作礼品送人的都有。虽不常来，但可以看出生意还不错，这一阵正赶上中午吃饭，所以也没几个顾客，不过从货架边的一张桌上可以看到有许多个打好的包，这是准备送到客户家中的商品，来此订购货物的真不少。

想着想着，门帘"哗"地一掀，与此同时，他又听见那清脆的声音：

"爹，娘叫你去吃饭啦！"

兰兰眼也没抬，一掀门帘就喊。等她看见已经晚了。

"咦，我爹呢？"说这话，脸却红了。

"这位小姐，老板上后边取货了。"

兰兰一听，转身要走。

"哎，小姐，"胡雪岩灵机一动，"店里可有年轻女子用的手镯？"

这兰兰本不是富贵人家的大小姐。寻常百姓家的闺女并不是那么讲究礼数，因此兰兰也就站定，回身在货架上搜寻。

从侧面看，能看到她长长的睫毛，忽闪忽闪的眼睛四处转着。

她一只手扶在柜台上，恰恰在胡雪岩的面前，这只手可称得上是几段春葱，细细的，长长的，让人一看见，就想握住它，他就这样欣赏着，像品味一幅名画。

“手镯……手……镯……”兰兰嘴里喃喃地念着。

他觉得身上有点热腾起来，那不是因为天气闷热，而是这画中人催动他血液的流速，不由自主地心跳加快了。

随着“吧嗒吧嗒”的脚步声，老板抱着一大怀扇子进来。

“这小伙计跑哪儿去了，半天不见人影，让您久等啦！”老板放下扇子，拿出手帕擦汗，忙不迭地道歉，“兰兰，你在这儿干什么？”

“啊，爹，娘叫您去吃饭。”

“知道了，告诉你娘，我马上就去。”

“对了，爹呀，这位客人要一副手镯。”

老板望望胡雪岩，不解地问：“您？”

“老板，刚才我突然想起还要给我的表妹买一副手镯，便顺口问问，要是有，我一道买回去。”看着兰兰苗条的背影，他答道。

“不巧，小店一时没有。不过您过几日再来看看。”这本是一句生意上的套语。

不料，胡雪岩立刻接口说：“好，那我过三天再来。”

老板一时语噎，半天也未表达出异议。见胡雪岩摆弄扇子，就问道：“客官，您府上有这么多人口啊？”

胡雪岩一听，“扑哧”一声笑了：“在下是信和钱庄的。老板吩咐天儿热了，买几把扇子回去。我寻思，上等扇子买几把，给老板和贵客用，中等的摆在外面，给一般客人用，那下等的发给伙计们。”

“是你们老板这样安排的？”胡雪岩已经验过货，老板边说边把扇子打包。

“不是，只是我自作主张，若都买好的，有些浪费，都是次的，又上不了台面，所以想出这折中的办法来。”老板听着，赞许地点了一下头。

说话间，扇子已包好，老板对这青年也变得客气了，这次是由衷的。

“您拿好。有空来坐坐。”

胡雪岩付了钱，一路回到钱庄，把扇子分发到各处。

老板知道这事后，不由得生出些许赞赏。这小胡办事虽然大刀阔斧，但没料到还有这般细致之处。从这件小事就可看出他做事周全的一面，做钱庄这行必须有这一优势，否则一不小心，就会牵动许多事端，所以要求面面俱到。

于是老板找来大伙阿祥商量了一下，大伙是钱庄里仅次于老板的一个职位，是店员中权力最高的，若把钱庄比作国家，那么可以说大伙是“一人之下，万人之上”了，所以大伙的话一般是极有分量的，遇着急事或棘手的问题，老板总是在第一时间里找大伙商量。

这天晚上，老板特意留下大伙在家里吃饭，通常这就意味着有事要和他商量。饭桌上，一家大小与大伙吃得很愉快，大家有说有笑。吃得差不多了，老板娘吩咐丫头把剩菜撤下，换了几碟花生、泡菜之类的冷菜，又上了一小壶青酒。然后自己带着孩子们回屋去了。

老板这才开口提起正事。

“阿祥，最近这段的生意还顺手吗？”

“回老板，还可以。”

“哎呀，阿祥，你瞧你，别太客气了嘛，有外人你客气是应该的。现在就咱们俩，别这么生疏，来，喝酒喝酒。”

几杯酒下肚，两人都是脸泛红，气氛也更加随便了。

“阿祥，你看小胡这个伙计怎么样？”

“老板的意思是？”

“你有什么就说什么？”

“我是说，老板问哪方面？”

“当然是人品呀，做事呀，不外乎这些啦。”边说边夹了几颗花生丢进口里嚼着。

“小胡这孩子从小就在咱们眼皮底下，这些年从一个小娃娃一下变成个大小伙子，真是不容易呀。”阿祥边考虑边说。

顿了顿，他又说：“小胡在人品方面，我看是没问题，也从不去赌馆花楼，从不沾些市井少年的坏习气。在家孝敬母亲，这是众所周知的。在外尊老爱幼，最重要的是他极讲信用。”

“这话怎么说起？”老板饶有兴趣地问。

“我记得上一次，有一位老客人，跟钱庄也挺熟。他来取些银票，一进门，就是面带病色，小胡忙上前问长问短。原来这客人有风湿的毛病，一到阴雨天就犯。”

“啊，我记得，他住城南，离我们这儿还挺远。他已经在钱庄销号了吧？”老板问。

这销号就如同现在银行里的结算账户，全部将钱取走一样。

“说的就是，正是那一次。小胡听说是风湿，随即说他认识一个亲戚在乡下给人看病，懂一点儿医道，治风湿有一套，过几天去问得药方给客人送去。”阿祥喝一口酒，接着说。

“我只当是他拉拢客人，客套几句，后来那客人也不再来了。小胡也没什么动静，我也没放在心上。过了将近一个月，小胡接到一封信，说是乡下来的。第二天一大早向我告了假，就奔城南去了，因为没有客人的详细地址，找了一天他才找到人家。”阿祥看看老板的神情。

老板表示赞许地点了点头。

“所以从这件小事就能看出小胡行事有些原则的，类似这样的事还有许多。”

“对。”老板接着阿祥的话说，“我也有些体会。”

“老板今天提他做什么？”

“我看是不是派他出去收账？他虽然年纪轻轻，但是在钱庄这几年来，结交了不少人，在场面上说出的话、所办的事都挺漂亮，你看……”

阿祥略一沉吟，点点头。

“您看哪天合适，我把他找来，您和他说说？”

“好，那就明天吧。”

第二天，胡雪岩刚开铺，阿祥冲他一招手，说：“雪岩，你过来。等会儿去掌柜屋里，有点事要和你说。”

到了掌柜房内，见老板脸色并无异常，知道并不是自己做错了什么事，便坦然行了个礼说道：

“老板，您找我来有事？”

“没事能找你？”这一问，倒把他问住了。老板和善地笑了笑，接着说：“来，坐到这边。听阿祥跟你说个仔细。”

于是阿祥从头到尾，如此这般，把昨天商量的结果告诉胡雪岩。

“真的？”胡雪岩一阵惊喜。

实际上这等于升了他一级，从一个小伙计直接跨入钱庄“中级”阶层了。而且这个职务虽累，整天在外面跑，与各色人物打交道，有时免不了受些气，碰见蛮横的，还可能吃亏，但有一点，就是工钱涨了，还有就是手上可以有些活钱了。

替钱庄收账，就是去讨债。有些人欠了钱庄的钱，出于个中缘由，没有及时还给钱庄。那么钱庄就派人去要，能不能要回来，要回来多少，全看收账人的本事了，根据银根的涨落松紧，利息也有不同的算法，所以一般收账的总能得到不少油水。

说完了正事，老板随口问了几句家事，问到胡雪岩有没有心上人时，他赶紧打了个马虎眼儿，借口谈起其他事。谈到这儿，也就算是结束了。胡雪岩就是这样，不太愿意向别人透露自己的私事，也不怎么炫耀自己的某些事，所以老板一看，站起来拍拍他的肩膀，亲切地说：

“雪岩，好好干，有什么事多向你祥哥请教，他也是从你这条路走上来的。”

一句话，暗示了胡雪岩的前程，他使劲点点头说：

“请老板放心。”

当天回到家里，胡雪岩兴奋地把这个消息告诉母亲，虽然她不太懂这些事，但从儿子那高兴的神情能看出来，收账这活肯定不错。于是她也跟着高兴起来，马上出去买了一只鸡，回来炒了几个菜，算是庆祝了一次。

做母亲的心里看到儿子有了一点儿出息，自是欣喜十分，在听过儿子仔细解释后，更是高兴。

母子俩边说笑边吃饭，忽然做母亲的放下碗不吃了，却撩起衣襟去擦那眼角流出的泪。

“娘，你怎么了，不舒服吗？”胡雪岩挺奇怪地、不解地望着母亲。

“唉，”母亲长叹一口气，“要是你爹还在，那该有多好，只可惜，丢下我们娘儿俩，自顾先去了，呜呜……”说罢，伤心地哭起来。

“娘！”一见这情景，胡雪岩赶紧起身去劝她，“娘，您别难过，就是爹在九泉之下知道这个消息，他老人家也会高兴的，您还哭什么？”

看着儿子望着自己，她又备感欣慰，自己含辛茹苦，终于把孩子拉扯大，总算有点出息，没有辜负九泉下丈夫的期望。

想到这儿，心情才稍稍好了一点儿。

“来，雪岩，喝一碗鸡汤，里边有你最爱吃的蘑菇和笋子。”

入夜了，胡雪岩躺在床上，母亲像往常一样在灯下给他准备明天穿的衣服。因为从明天开始，就要去做收账这份差事了，不论怎么说，穿的都要体面一点儿。好在胡雪岩带回老板给他的几两银子，她上街扯了布，回来准备亲手给儿子做一身衣服。

雄鸡高唱，已是黎明。胡雪岩这一夜睡得很好，好像还做了一个梦，梦见自己开了一爿钱庄，还娶到了自己的意中人。她美极了，坐在红烛旁，头上的盖头一颤一颤的，仿佛迫不及待地要胡雪岩去揭开，他慢慢走近，闻到了一股清新的花香，眨眼间，这花香变得浓重，几乎使他喘不过气来。他觉得自己开始沸腾，像走在云层之上，每一步都轻飘飘的，他仿佛看到了雪白的肌肤，仿佛已经触到那鲜红的双唇。突然，他惊醒过来，觉得那里已经起了变化，一转身，哎呀，怎么湿了一点儿……

即使没有人看他，此刻胡雪岩也觉得面红耳赤。听见了几声报晓的鸡叫声，他知道天亮了。可怎么也不愿起来，仍旧闭着眼睛，想再次回到刚才的梦境中去，那花色、浓香、滚烫的唇。

母亲在外面喊道："雪岩，雪岩，起床了。"

他极不情愿地从梦中回到现实，懒洋洋地应了一声："哎，起来了。"

他穿好衣服，睡眼惺忪地准备去洗脸。

"雪岩，你过来，试试这身衣服。"

他走过来，顿时呆了。

母亲昨天买的布到现在已经变成了一身簇新的长衫。他捧起一看，针脚细密，显然是精心缝制的，眼一热，差点滚出两颗泪珠。

"娘，您，您真是太好了。"他抱住母亲。又看看母亲那一双因为彻夜不眠而红肿的眼睛，不知再说什么好。

穿上这一身合体大方的衣衫，整个人顿时面貌一新，真正是"人要衣装，马要鞍"。胡雪岩出门望望扶在门边向他招手的母亲，想像往常一样笑一笑，然后说："知道啦，我早点回来，您放心。"

可是话没到嘴边，却在喉咙里噎住了，这时候，他怎么也忍不住了，两行热泪喷涌而下，他赶紧转过来，用衣袖拭干眼泪，复又转过去，朝母亲使劲挥了挥手。暗自下定决心，一定要努力干，将来一定要发大财，让辛苦了大半辈子的母亲好好享几天福。想到母亲那灰白的鬓发，充血的双眼，年纪不大却已微驼的脊背，胡雪岩不得不再次用袖子去擦流下来的泪水。手抬到眼前，又放下去，他舍不得用这满含母爱的衣装，于是用手背抹干眼泪，大步向前走去。

他懂了女人的奥秘

这收账的差事的确辛苦，每日早出晚归，到各家磨嘴皮，回到家里已经精疲力竭，几个月下来已经瘦了一圈，不过成绩也不小，为钱庄收回了许多已经被认为是收不回来的债。这一点深得老板赏识，也在同行中打响了他的牌子，大家都知道信和有个胡雪岩，口才一流，才干顶尖，有一些钱庄还想把他挖到自己一方去。这是胡雪岩初步的成功，他并不会满足，在他心中，还有更高的目标。

殊不知，世间之事，有得亦有失，不可能事事如意。胡雪岩从收账起，也从收账落。这其中之缘故还得慢慢道来。

这一日，胡雪岩查看了账本后发现有一家的账从未被追回，上一任也不甚了了，于是拿着账本去问阿祥。

“祥哥，这一家叫什么秀姑的为什么欠了很久的债，却没有要回来？”

“说来话长——”阿祥眼望着天花板，接着又说：

“长话短说，这女人死了丈夫后，丈夫借的债自然落在她头上。若是一般女人，问题早就解决了。”

“但她不是一般女人，对不对？”胡雪岩不怀好意地眨眨眼，插嘴说道。

“对你个鬼！”阿祥被他问住，伸手去拧他的耳朵，两人大笑。

“是，你说得对，这女人仗着自己年轻漂亮，勾搭了些地痞无赖。我去了几次，都被这帮人挡了回来。”

“不是被她挡回来的吧？”胡雪岩想起平日伙计们说的那些荤话来，有意将“她”强调了一下。

“你小子，还笑！看我不收拾你。”阿祥笑骂道。

“祥哥，我错了，错了，还不行？”胡雪岩假装做出惧怕无比的神情，可怜兮兮地告饶。

阿祥白他一眼，又说：

“后来闹到衙门里去。这泼妇却装起一副可怜相，披麻戴孝地跑到公堂上大哭一通。结果反成了我们钱庄骗一个小寡妇的债，搞得好没面子。打那以后，就没有人去要了。”

“那她大概欠多少银子？”

“我算算，连本带息，得有……”阿祥噼里啪啦拨了一阵算盘，“得有四百两左右。”

“嗬，还不少呢！”胡雪岩说罢，便寻思能不能把这钱要回来。如果成功，自己不就又多了一件业绩，年关分红可以多拿一点儿，攒些钱，不但可以过个好年，还能给娘买些衣服首饰。

看见胡雪岩突然不说话了，阿祥奸笑几声：“嘿嘿，小伙子，是不是对寡妇动春心啦？”

胡雪岩正在想心事，以为阿祥问他是不是准备去收这笔账，便严肃地点点头，还想要说什么。这下可把阿祥逗乐了，哈哈笑得合不拢嘴。又加上胡雪岩那莫名其妙的神态，更觉滑稽，乐不可支。

这时一个小伙计跑进来，叫道：

“祥哥，岩哥，下……下……”一边想说一边又喘不上气。

他俩一看便明白了，小伙计浑身几乎湿透，刚才出去买茶叶的，出去时日头高照，不料一眨眼，一阵暴雨从天而降，两人竟只顾说话没有注意到下雨。

阿祥让小伙计下去换身干的衣服，自己走到门边看了一眼。满街的人们都在跑，四下寻找遮雨之处。只一会儿，钱庄的大屋檐下已经聚了不少行人。有些滑头的，装作进钱庄办事，借口挤过人群，竟跑到钱庄里边躲雨来了。

看这阵势，雨是一时半会停不了的，行人不禁对天叫骂起来，大诉倒霉。这时候可乐了商家，不少小贩抱着些伞，居然沿街叫卖起来，这会儿卖伞，即使比平日贵一倍，也还是供不应求。不多时，钱庄屋檐下的路人走了大半儿。

正看着，小伙计从后边换了衣服过来，告诉他们俩说：“二位哥，老板说今日下雨，估计也不会有什么人来，让你们也早点回去歇着吧。”说罢，将手里的两把伞递给他们。

阿祥和胡雪岩一听，也好，于是两人便迅速清点了当日账目，到后面交给老板后，两人边聊边出门了。

雨比刚才只大不小，一股清鲜的雨雾扑面而来，阿祥被冷气一激，打了个喷嚏，胡雪岩正要笑他，眼角余光忽然瞥见一个人。

一个姑娘。

由于被雨淋了，瑟瑟发抖。双手紧抱在胸前，似乎怀里有什么东西，皱着眉头，可怜巴巴地望着天。微张着小嘴，大概心里盼着雨赶快停住。

胡雪岩立刻想起了那长长的睫毛，忽闪忽闪地四处转着的黑眼珠，耳边仿佛又听见了银铃脆响的声音，是她？啊，老天爷！真该谢谢这场雨。他的心口像被堵住了一样，喘不过气来。

阿祥已经发现了这一幕，他大叫一声："雪岩，我先走了！"

这喊声吓了胡雪岩一跳，也惊得那姑娘循声望来，阿祥用胳膊捅捅胡雪岩，又是奸笑两声："嘿嘿，明天来了，老实招供。"说罢转身就走。

胡雪岩侧头一望，正对上那双眼睛，接触到了她的目光。姑娘赶紧低下头，因为她已经从射来的眼波中感觉到一点儿不对头，他正在似笑非笑地看着自己。一脸年轻人的朝气，却又挡不住一丝成熟。虽然他也长着鼻子，长着嘴，也长着一双眼，但是看上去怎么就比周围的人好看得多呢？她不敢再想下去，脸上掠过一道红霞。

眼睛望着他，雨点不断射溅过来，沾湿了她的裤角。忽然一双脚出现在眼界中，脚尖冲着自己的脚尖，少女一抬头，哎呀，差点碰到他的鼻子尖！她下意识地退了一步，左右一瞧，行人已经散尽，这偌大的屋檐下只有他们俩，她不由得松了一口气。还好，没有人看见，街上的路人恨不得一步跨进温暖的家门，哪有工夫去注意路边屋檐下一对春情萌动的少男少女？

"姑娘是不是那边杂货店里的？"还是胡雪岩打破了僵局，"我以前去买过扇子的。"他不知道她会有什么反应，现在可以算是"孤男寡女"了。

谁知姑娘却立刻接口道："还买过一副镯子。"

原来上次买过扇子后，过了几天，胡雪岩又去买了跟老板订购的手镯。虽未与她说上话，但已经见过面，彼此早已在心中熟稔。

"小姐，在下胡……"

"胡雪岩，对不对？"

"小姐怎么知道？"

"……"她脸又红了。

正是这个表情让胡雪岩心大动不已，他情不自禁地伸手握住了她纤弱的肩头。

"你！"姑娘有点吃惊，有点生气，但同时又感到那只手是那么温暖，给颤抖的身体注入一阵暖流。但手马上又移开了，因为她嗔怒的表情。

"我……没有……哦，我送小姐回家吧。"还是胡雪岩变得快，掩饰住自己的一分尴尬。他告诫自己不可冲动，坏了名声，坏了自己在这姑娘心中的印象，因为他知道他在她心里还是挺不错的。

胡雪岩"砰"的一声，撑起自己的伞："小姐，请上路。"说罢，像京剧舞台上一样作了一揖。

"扑哧"一声，她被逗笑了，手尽管捂在嘴上，但掩不住一口玉牙和两片鲜红的娇唇。

雨仍旧往下倒着，丝毫没有减弱的迹象。两个人挨得这么近，胡雪岩几乎能闻见一股兰花香味。

"敢问小姐芳名？"胡雪岩明知故问。

"我叫……"

"兰兰。"

"你怎么知道？"这回轮到她感到奇怪了，同时心里甜滋滋的。

胡雪岩没有回答。此刻他看见了更令他心动的景象，他一侧眼，就从姑娘的头顶一直看到脚。

目光从上向下倾泻下去，甚至有些贪婪。她衣衫单薄，而且由于刚才那一阵雨淋，几乎有点贴在身上。少女美妙的曲线被毫

不掩饰地暴露出来，从纤弱但又浑圆的肩头向下，有一对奇妙的高弧，随着她的步伐，轻轻地跳动着，他觉得它们似乎要从衣衫里跳出来，再向下又缓收来，复又放开，那是……他的目光终于越过那儿，落在了那曲线柔和的腿上，啊，他不禁心猿意马起来。

突然天空一道闪电，接着噼里啪啦一阵炸雷，震耳欲聋，胡雪岩不由得打个冷战。在这同时，淡淡的兰花香突然浓郁起来，姑娘吓坏了，靠在他身上，而且本能地抱住他的胳膊，为了不使自己胸前抱的小包掉下，只好又从他的胳膊那边把手绕过来，仍旧抱着小包。这一切只是出于本能，在刹那间完成。

胡雪岩也出现了本能的反应，在浓郁的兰香的熏撩下，胳膊外侧又触到了一团烫烫的、软软的胸脯。也不自觉地深吸了一口湿冷的雨气，但再冷的东西此刻也会沸腾。

他觉得自己仿佛靠着一团火，只宁愿被这火烧灼。起初，他还不知道究竟是什么地方不对，后来才知道是自己身体的那个部分已经有点变化，他想抑制住，可又无能为力，他好像回到那天夜里的美梦中……

在抱住他的一刹那，姑娘只是因为害怕。但发现他也在微微颤抖，可是他身体是热的，抱着那胳膊，好像冬日里抱着暖炉，自己贴着他，又不愿分开，好想就这样靠着走下去，心中说不清是害羞还是甜蜜。她情不自禁地向他靠了靠，想更多地感受到那温暖，还有那充满男子气的气息。

与此同时，胡雪岩也感到这羞涩但又饱含渴望的一靠，他更加清晰地感觉到她，不禁产生了要抚摸她的念头，但他也察觉到自己的心在“怦怦”地跳，脸颊也有些热，有点做贼心虚的感觉。

这样心不在焉地走在马路上，若在今天，早就出车祸了。但他们没有，只不过两人同时滑倒。在过一座桥之后要过一片池塘，塘边的泥路经雨水一泡，走在上面的后果可想而知，何况又是他俩这样痴迷地走。

胡雪岩亏得反应快一点儿，在滑倒的刹那，他一下把她搂在怀里,结果自己仰面朝天跌下来。就算跌下去,他也没有把那柔软、馨香的胴体放开。

兰兰先是尖叫一声，紧闭上双眼，可自己并没有亲吻大地。一阵惊慌之后，她感到自己被抱着，被紧紧地拥抱着，心头不禁一阵战栗，想起来，可已经酥了。只好微微闭着眼，温柔地被他拥着，任那雨点砸在脸上。

胡雪岩倒下后只是摔在泥上，衣服脏了，并没有被摔坏，不知为什么,她怎么不出声。等了一会儿,雨水已将自己彻底淋湿了,还是没有回答，不禁大吃一惊，用手托着她的臂膀，叫道:

“兰兰，你怎么了?!”

又喊了一声，兰兰才迟迟抬起头，一句话也未说，却是两颊绯红，从她脸上滴下的雨水又滴落在他脸上。

两人站起来，胡雪岩捡起雨伞，兰兰掏出手帕抹了抹自己脸上的雨水，迟疑了一下，伸出手去也轻轻地擦去他那张可爱的脸上的雨滴和泥水。

雨伞又在雨中辟出一块无雨的空间，胡雪岩一把抓住还留在自己脸上的小手，怔怔地望着兰兰的眼眸，这一次，她没有回避。

她喜欢他的双眸，喜欢被那热烈的目光所沐浴。迎着他的眼光看去，发现那眸子有个小人，细细一看原来是自己。他发现她正含情地望着自己，不由得向前走了一步，两个人挨得更近了。她看到了那双眼中燃烧的火，也看到了那小人被火焰燃烧着。

刹那间，胡雪岩被自己的火焰熔化了，心底的温柔猛然冲破了理智的最后一道防线，忽地一下，将兰兰紧紧地抱在怀中。

暮色悄悄地染过天空，雨中的池塘虽然充满雨水敲击水面的声音，但仍然显得静谧。一阵阵冷风对于这两个人来说变得清凉舒心，一个人也没有，连他们也忘记了自己的存在。

一瞬间，她手里的小包掉在地上。什么也顾不了了，年轻的心受到对方温柔的冲击，此刻也沸腾了，她忘情地把柔软的身体紧贴在他的身上，两只软软的胳膊勾住了他的脖子，母亲关于莫

近男子的训诫早已消失得无影无踪，只留下一声软弱无力的近乎呻吟的话：

“雪岩，别，别这样！”

两个人都感到一阵阵幸福的颤抖袭遍全身，她微闭眼睛，紧紧地贴着他。

胡雪岩才发现女人的唇就像一朵奇妙的花，而那花蕊更是让人酥软。虽然两人的动作还有点不和谐，但是从两人的神态上看得出，他们已经找到了热吻那种心神荡漾的感觉。

她想就这样永远在雨中，永远在这池塘边，她微微睁开双眼，要将这一切永远留在心里。

“啊！”她突然尖叫起来。一双偌大的眼睛瞪着他们。

胡雪岩一听，心想：“是不是碰到无赖？”

可看见兰兰惊叫一声后，又把头深深埋在他胸前，他奇怪地回过头去。

原来他们站在塘边小路上，挡住一头牛的去路，他转回来，两人相视。

“哈哈！”

两人同时爆出一阵笑声，弥漫在雨中。

看着牛过去，他们才从迷乱中清醒，兰兰突然眼噙泪花，动情地望着胡雪岩。

“兰兰，”他抚摸着她余温未褪的脸颊，一字一顿地说，“嫁到我家来。”

“我……”她幸福地低下头去，猛又抬起头来，“不行！”板着脸说。

胡雪岩心一沉，沮丧地望着她。终于，她憋不住了，顽皮而又羞涩地笑了。

她用微风一样轻柔的声音说道：“还没找媒人去我家呢。”说完，踮起脚尖，扒着胡雪岩的肩头，头枕在上面，幸福地望着远方。

胡雪岩长出了一口气，用脸轻轻擦着她的脸……

雨渐渐停了，两人身上的热度也降了下来。胡雪岩将伞扔在地上，想要用两只手搂住她，重温鸳梦。

“再不回去，爹娘要着急了。”兰兰撒娇说，可身子却乖乖地依着他，一动不动。

胡雪岩点点头，两手捧起兰兰的脸，轻轻地吻了一下，她愉快地闭上眼，许久才睁开。

夜色已经降临。两个人回想起今日的经历，都不免面红耳赤，好在夜色里谁也看不清对方的脸色，只是黑暗中，握着的两只手更紧了。

回到家里，胡母诧异地问一向好干净的儿子，他略带兴奋又有些忸怩地告诉她，为什么衣服弄脏了，做母亲的一听，喜笑颜开。

兰兰的父母只是责备她粗心，出门连把伞都不拿。她也不回嘴，吃过饭，独个儿躺在床上，慢慢又陶醉在那迷人的细雨之中去了。

往后的日子里，胡雪岩出去收账的时候好像多起来。阿祥奇怪，没有任务，他也出去大半天，问起来，他又一本正经地说去查旧账。

本来就不是大户人家，礼教没有那么严，所以兰兰常常也有机会偷着跑出去，半天才回家。父母责怪她，长那么大还成天瞎窜，她也只是调皮地吐吐舌头，然后撒娇要吃食。

就这样，胡雪岩和兰兰的身影常出现在闹市的大街上，或者是戏楼书馆，还有那碧绿的池塘边。

两人相爱了，而且他们相信付给对方的爱越多，自己得到的也越多。

得宠

阿祥和胡雪岩分别去打听了关于那个寡妇的一些事。知道她现在好像没有再和什么无赖混在一起，而且日子过得似乎不错。胡雪岩好胜心很强，一心想做些别人做不成的事。

他拿了账本，把关于这笔债的一部分抄到另几张纸上，带了

这几张纸出门去了，一出钱庄的门顿时感到一阵酷热扑面而来，胡雪岩皱了皱眉。

才走了几步，汗就慢慢在背上渗出来。可是也没办法。收账这活就是这样，活该风吹日晒雨打，不想受也得受。

穿过几条大街，就来到一片胡同前，他找到名叫“竹叶”的巷子，走了进去。顿时觉得清凉无比，一方面这里有许多树木，另外青石板路旁有一道不大不小的溪。胡雪岩走在树阴下，边走边看。

有一家门前弄得挺漂亮，在门前的一点儿地上种了些花，给绿树中添了一分艳丽。没错，就是这儿了，胡雪岩看着紧闭的门，心里有种怪怪的感觉。

“笃笃……”听见敲门声，秀姑懒洋洋地应了一声。这几天身体都不舒服，都怪那个倒霉的，月月来骚扰她。总算能睡个好觉，一大早又有人来烦，说不定又是隔壁的大妈。

她心里这么想着，不禁有点恨这个敲门的人，不情愿地去开门。

“请问李夫人在家吗？”这秀姑的丈夫姓李，丈夫死后，很久没有人这么叫她了，而且这个男人的声音也很生疏，走了一半只好又回去匆匆忙忙地收拾一下，梳了梳头，擦了擦脸。

胡雪岩等了半天，除了一声应答外，再没有动静。不知是不是她发现自己是讨债的？便凑近门缝儿，想看见什么。

只见一个女人揉搓着眼睛，慵懒地走过来，还没等胡雪岩将头拿回来，那女人又转身回去了，正好让他看见了丰满的臀部。他心里好像挺痒痒的。自从和兰兰在一起之后，胡雪岩对女人有了许多了解。他知道，女人好看的地方不仅仅只在脸上，还有……比如说眼前的丰臀。

门终于开了。

看着眼前这个男人，年轻英俊、清秀的脸上似乎还有阅历颇丰的痕迹，这是个能使女人们动心的小伙子，如果把这身普通衣物换成华丽的另一套，无异于一个富家公子，而且更比他们成熟稳重。

“请问，李夫人可在家？”

她猜不出他到底是干什么的，但是脸上却先笑了：

“您有什么事，若不嫌弃，请进屋说吧。”

没有说是，也没有说不是。此刻，胡雪岩跟在她身后，闻着浓浓的槐油香，这是女人们用来养发的，他倒宁愿要找的人就是她了。

坐下来，又送上一杯茶，她这才说道：“我是李……”停了一下，“还是叫我秀姑吧。”一双可人的眼睛流连在他脸上、身上。

“李太太，我……”

“先生，我丈夫已经过世了。”

“秀姑。”胡雪岩只好这么叫了，“我姓胡，是信和钱庄的伙计。我……”

“是来讨债的。”她接着说道，“是不是？”

“这倒不是。”胡雪岩突然灵机一动，“我这次来并不是讨债的。”

他一边看她的反应，一边在想如何说下去。

“我……啊，是这样的。首先我得向您道歉，为我们钱庄上次来的伙计。没有考虑到您当时心情不好，只管要账。无论是谁，都会认为不通情理。”

秀姑想起上次在衙门的撒泼，听到他这番话，倒有点不好意思，连忙站起来为胡雪岩添茶。

阿祥说她是泼妇加破鞋。但胡雪岩好像还没有感觉到，至少没有感到她很泼。其实最不道德的女人也是最女性化、最性感的女人。庄子说过“天之君子，人之小人；人之君子，天之小人”。这位秀姑可能就是一位天之君子，因此她才敢潇洒地充分发挥上天赋予的女性特征。在男人面前展示自己最美好的地方。

“今天来，是老板派我来看看，您现在有什么困难。钱庄会

以最低息计，给您解解急。”

哪有这么好的事？虽然她现在已不缺那几个钱，她是个能干的女人，用自己的一些私房钱加上从亲戚借来的，开了一家饭庄，虽然规模不大，但生意挺不错。除了其他开销外，自己一个人过是绰绰有余的。

可她看到胡雪岩那张真诚有嘉的脸，真的相信了。其实她看到的与其说是真诚有嘉不如说是英俊有嘉，真是“美人难过英雄关”。

或许基于此，两个人谈话的气氛似乎融洽了许多。

“其实我现在手头还不紧，而且不像从前那样难，只可惜，他去得太早！”

说着说着，眼圈又红了，显得很可怜。

“不，不，秀姑，我也不是来讨债的，您何必要提起伤心事？我……我……”

“唉，请您别见怪，我也不是有心的。”又起身给他添茶。

看着茶杯里，水又多起来，胡雪岩觉得身边倒茶的她，散发出的一股热烘烘的极成熟的女性气味，汹涌而来。

“敢问府上都有些什么人？”还是她打破了沉默。

虽然胡雪岩阅人已不少，和女人打交道的机会也很多，但像今天这样，身处僻静的小巷里，和一个成熟的女人，据说又是风骚的，单独待在一起，那么近，近得甚至可以看见她脸上的汗毛，听得见她轻轻的鼻息。这，是头一次，所以不知该说什么。

秀姑倒是很自然，在表示对钱庄的一片谢意之后，坦然地告诉他自己现在经营一个小饭庄，生意不错，近一年了，本钱已经赚回来。其实也有心去还那几个钱。但钱庄已认定这笔钱是倒账，反正收不回来，干脆不来理她了。再加上她那次一闹，自己若再去钱庄还钱，岂不是很没面子？所以就这样，也索性不去想它了。

胡雪岩借机大肆渲染钱庄这方面是如何后悔将这样一件小事对簿于公堂之上，有点小题大做。这也是不得已，做生意嘛，谁都希望自己少损失，多赢利。

几番话下来，秀姑情绪很好，便和他拉起了家常，问起他家里人。

胡雪岩立刻答道：“家里只有母亲了。”

秀姑不便再问，就随口开句玩笑说：

“那你还不赶快给你母亲找个儿媳妇做伴儿？”

他本想告诉她自己与兰兰的事，一想，和她又没甚关系，就说：“还没有人来说媒。”这也不算骗人。

秀姑又问起其他事，例如他的经历、志向，等等。胡雪岩看她仍没有要主动还钱的意思，就那么和她有一句没一句地聊着，她倒是听得极认真，一双眼始终落在他脸上。

待到近中午，胡雪岩才发现自己在这儿坐了一上午，时间竟不知不觉地过去了，他起身准备告辞。

秀姑话犹未尽，见他要走，一时愣了。胡雪岩朝她笑笑：

“不知您有什么吩咐，告诉我，回去我好向老板交代。”

她若现在说，不论说什么，得到答复，他就不会再来了，她心里突然涌起一阵激动，希望再见到他。

“这样吧，您先别回老板的话。过几天你再来一趟。我好好想想，如果真有什么困难，我一定会请你帮忙的。”

“过几天？”

说话间，两人已到了门口。开了门，她朝他意味深长地一笑：

“对，过几天。”

两人道别后，胡雪岩回到钱庄，仔细回想他们今天的谈话。他感觉到这次似乎能够成功，不过似乎不那么容易……

这天下午，闲着没什么事，和老板、阿祥一道吃了中饭，然后把这段时间的账目查算了一遍。

阿祥也是一个理财好手，加上胡雪岩这个“讨债高手”，这段日子，钱庄的生意顺利极了，而且信誉一天比一天好，这一点对钱庄来说是最重要的，看着两个得力助手，老板满脸荡漾起笑容。

胡雪岩站在柜台里，随意地拨着算盘，“噔噔噔”地跑进一个人来。原来是小芳，兰兰家店里的丫头，手里拿着一张纸。

她四顾一看，找到胡雪岩，将字条递给他说：“我家小姐给你的。”还没等他说点什么，扭头又“噔噔噔”地跑出去了。

胡雪岩向四周看了一下，还好大家都有事情做，并没太在意，他打开字条，上面只有几个字：“池塘边。”

他心一沉，莫非兰兰出了什么事？要不然小芳来得急去得更急。心里这样一想，登时着急起来。跟阿祥打了个招呼，就快步向那个难忘的池塘走去。

天有些阴，但有些闷热，这比被太阳晒着还难受，有汗也出不了多少，身体里憋着一股热，怎么也散不出去，心里着急，又碰上这种天气，有种说不出的憋闷，他恨不得一步走到池塘，也想一头扎进水里，好好爽一下。

终于走到目的地了，他四下望了望，并没有发现兰兰，沿着池塘走，很快就走到发生初吻的地方。

胡雪岩焦急的眼光四下搜索，始终没有看见她。怎么回事？难道她约我出来，是和我开玩笑？演一个恶作剧（当然那时候，并没有恶作剧这个词）？

或者是她真的约了我，但中途突然遇到什么事？

胡雪岩胡思乱想着。

不会，她不会失信的，她并不是那种把自己的欢乐建立在别人的痛苦或无奈之上的女孩子。

她若不来，肯定是无可奈何的，一定有什么事拖住了她，可能是她的父母不准她出来。

现在，他又开始为她开脱着。

想着想着，他信步走进路边的一大片林子。本来就是阴天，一进树林，茂密的树叶更是把光亮尽可能地挡在树林外。留下的，就只有昏暗，但又不是像夜晚的树林，伸手不见五指。

走进树林，才觉得有些凉快，忽然胡雪岩看见一株很窈窕的没有树冠的树木，甚至树干也不是笔直的，有曲有张。

他的心又跳起来，原来在这儿。他伸手去抓那肩膀。兰兰背对着他，听得出熟悉的脚步声。她“怦怦”跳的心再也不能平静，他的大手轻抚在肩膀上，一股热流立刻传到她的身上，她不由得闭上了双眼，长长地出了一口气。

“怎么跑到这儿来？叫我好找。”胡雪岩虽然是责问的语气，但脸上全是爱意。

她一下子转过身来，猛扑进他怀里，全身微微地颤抖着，他双手搂紧她。

“我担心被别人看见嘛！”她撒娇地解释道。

胡雪岩轻轻抚摸她的背，上下滑动的手使她很舒服，像一只小猫偎在主人怀中那样舒服。

“你找我有什么事？”

“别问了！”她抬起头看着他英俊的脸庞，从他手里把纸条抽出，把它揉了，抛了出去。脸上红霞飞过。沉默了好一会儿，她手轻轻地放在他的两个肩头，头枕在他的胸脯上，温柔地说：“我给你写这纸条，只想约你出来，和你说说话，靠着你。”

“傻姑娘。”他爱怜地拍拍她的头。

那股兰香又飘进了他的鼻孔里。他深深地吸了一口，想让那香味进入他的心里。突然他一下把她搂在怀里，慢慢地轻吻她。

他已经是个小伙子了，早已开始养家糊口，他身上的那种人的天性也已随年龄和阅历的增长而不断被开发，而且在怀中这个女子的身上真切体会到了女性的温柔，因此他对自己的变化觉得自然，只是有些慌乱。

“雪岩，我们……”

他用手压住她的唇，打断她说：

“嫁给我吧。过几天，媒人就到你家。”

“雪岩！”

她惊喜地叫了一声，将他抱得紧紧的，嘴里却说：

“干什么那么急嘛，人家又不会飞走。”

“嗬，你还想飞走？”他打趣地反问道。

没有回答，只有更热情的拥抱，更深情的吻。

这天，胡雪岩和阿祥去喝茶，到了茶馆，里边闹哄哄的，茶客特别多，把伙计忙得够呛，一点儿闲工夫也没有。两人也一下找不着座位。阿祥扭头一看，那边棋局又开战了，忍不住棋瘾大发。本来两人说好喝完茶就走，此刻阿祥早就忘在脑后，一连忙了好多天，也该放松一下了，跟胡雪岩说了一声，就摩拳擦掌地走了。

伙计见有客人，连忙来招呼。将胡雪岩带到靠里边一张桌上，桌边只坐了一个人，还空着一个位子，这是茶馆仅剩的一张空座了。

这位客人穿着一身灰布长衫，还有好几处补丁，袖口积了一层油垢。只见他碗里的茶都已泡成白水，可知他已经坐了很久了。这样一个大男人衣衫落魄，在茶馆里穷泡，无所事事，不是不得志就是不想得志。有人走到一张桌子边，连头也不抬。

胡雪岩倒认识他，知道他叫王有龄，其余还不太清楚。喝了两口茶，一半是无聊，一半是出于结交朋友的喜好，就招呼他：“王有龄，坐了多久啦？看看茶水都白了。走，咱们去喝两盅！”

王有龄抬头一看，是信和钱庄的伙计！人往往就是这样，遇见境况好过自己的人，总是有点谈不来，多半是自惭形秽，再加上一点儿妒忌，内心总是不平衡。所以大多时候是独来独往，见有人邀他，自然是拒绝。他淡淡一笑：“还是你自己去吧。”说罢，两眼看着天，不再说话。

胡雪岩看他这样，知道再说下去是自讨没趣，当下便无话，自顾喝茶。

按照皇历，第二天就是个吉利的日子。这天，胡母一大清早就起来，买了些东西，又邀了一个要好的邻居，一同去找媒人了，媒人是个老太婆，嘴快得很，而且经她说的媒都十拿九稳准成。看到提来的东西不少，她也乐得接待。胡母将自己儿子的情况讲了一下，又提到兰兰一家。媒人问：“是不是姓刘，开杂货店的？”

“对，正是他家的独女。”

“哎呀，不好说呀！”

看到她有点为难的脸色，知道是找借口要钱呢，连忙掏出银子。老太婆连忙按住胡母：

“我不是这个意思，大嫂有所不知，这姓刘的对客人面上挺和气的，生意也做得不错，只是为人极小气，而且一心想把女儿嫁到一个境况好的人家去。”

“这不是全靠您一张巧嘴了吗？您一出面，哪有说不成的媒？”

这样一说，老太婆脸上露出得意的神色。

“这样吧！我去说说，只当试一试，说不成我再帮您物色一个，保管您满意。”

胡母自然是满心期望，马上掏出银子，摆在桌上，恳切地说：

“您老多费心了。”

“哪里，哪里，我就不送了，二位走好啊！”

胡母回到家，把这事告诉雪岩。

“娘，太好了。”胡雪岩一蹦三丈，兴奋得搂住她叫起来。

“瞧你猴急的样儿，八字还没一撇呢，今天才去托了媒人。”母亲戳了一下儿子的头。看着他高兴，自己也高兴。

那老太婆到了刘家后，坐定喘了口气，即向刘掌柜说：

“咱们开门见山，这趟来是为柳桥街胡家儿子来说亲的。”

“等等。”刘掌柜没听说过本城家道不错的家姓中有“胡”这一姓，心想肯定也是个一般人家，前几天就来个说媒的，没说几句话就彻底拒绝了人家。

“这个……我家女儿年龄还小，可能还不太合适。您看……”他打起马虎眼来。

“话不能这样说，就算年龄小，也该早早打算呀。等到了年龄再找婆家，您就不怕耽误您的宝贝闺女的前程呀！”不愧是媒婆，什么话都能够拿来为自己作引子，引出自己的意思。

“这丫头又不是什么富贵公主，到了时候，有人要，嫁出去，

做父母的也就省心了，总算放下一件心事。”话虽这么说，其实女儿在他心目中可重要得多。

“而且上次来说媒的，连我女儿也不同意呢。”他又接着说。

这时候，丫头小芳早就把有人来说媒这个消息告诉给兰兰了。兰兰一听，不禁急起来。雪岩不是说过几天就叫媒人来吗？怎么还不见踪影？上次还以为是他家的，差点告诉爹她愿意嫁到那家去呢！真是的，男人说话果真如娘说的那样没有信用吗？管他是谁，让小芳告诉爹，我谁也不嫁了，哼！

“这胡家的儿子可是不一般呀，从小就死了爹，在钱庄里当伙计，现在刚刚二十出头，就被钱庄老板派出去收账啦！以后可是前途无量呀！再说……”

“是不是信和钱庄的？”

“哦！”刘掌柜点点头，他想起这个小伙子确实还不错，因为那次买扇子的事，给他留下了很深的印象。

但这只是一面之交，并不是深入了解了他的为人，所以刘掌柜留了个活头。

“这样吧，过两天您再来一次，不知您方便不方便？”

他想私下里去调查一下胡雪岩，看看他可靠不可靠。

傍晚，他们一家人吃过晚饭后，刘掌柜对女儿说：

“兰兰，今天你早点睡去吧。”

想支开女儿，和老婆商量一下。

“我已经找人打听过了，胡家确是正经人家，从未有过出格之事。她母亲很会操持家事，虽然穷点，但还过得井井有条。胡雪岩呢，人很能干，在信和钱庄里是一把好手，有些顶梁柱的味道，而且在同业人中，他的名声也很大，人还是不错的。只可惜……”

“可惜什么？可惜人家没钱？”老婆反驳道，“留得青山在，不怕没柴烧，只要那孩子人品好，人能干，那苦日子还能过一辈子？”

“这也是。”

“你别整天钱呀钱的，小心真的耽误了女儿，到那时候，你这老不死的，看你怎么办！”

“扑哧”一声笑。

“咦？兰兰，怎么不去睡呀？”

“我这就去。”她听到了父母的谈话，一颗心终于落下来，满心欢喜地走了。

接下来的事情还算顺利，双方的家长也见了面，该见的礼也见了。只是刘掌柜心里还有一个结，不知女儿同意不同意，毕竟这是自己的亲生独女啊，还是问问她好。

令他惊讶的是，当说出来提亲的人叫胡雪岩时，女儿既没有明显的反应，也没有默不作声，只是看着他笑，说了一句：

“我听爹做主。”就跑出去了。

一连几天，胡雪岩都沉浸在幸福之中，他不断憧憬着未来的生活，尤其是洞房花烛夜。

他总算没忘记还要去收账。

他这次去对自己还是有一些信心的，因为他认为自己和秀姑已经谈得挺熟的。以前要回的账中，有许多就是因为和欠债人彼此谈熟了，人家看他的面子，答应还清所欠的债，加上他觉得秀姑对他好像很有好感，说不定更容易把事情解决。

在钱庄做完手上的一点儿事，又磨蹭了一会儿，当他敲响秀姑的门时，已经到吃中午饭的时间了。

一听是他的声音，她那一颗期待了几天的心终于得到了回应。没有直接去开门，而是先去照镜子，把已经梳得油光光的头发压压，又涂了些腮红，然后朝镜子里来一个娇笑，这才去开门。

只见她满面春风，腮如桃花，紧身夹衣，下身虽然穿着宽大的裙子，但在臀部又有些收紧，这身衣着，把一个女性所独有的线条美充分地展示了出来。

他一阵心神荡漾。

“哎哟，您怎么今天才来呀？”话一出口，她觉得似乎露出一

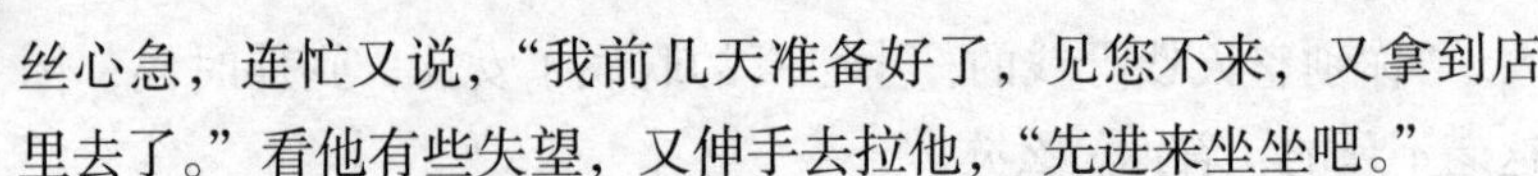

丝心急，连忙又说，“我前几天准备好了，见您不来，又拿到店里去了。”看他有些失望，又伸手去拉他，“先进来坐坐吧。”

这几句漏洞百出的话居然也过关了。看见一只细嫩嫩的小手伸过来，胡雪岩想都没想，就握住它，绵软、细柔。

“胡先生，您这是……”连她也没料到他会这样做。

“没关系，没关系！”他连忙松开后，不自然地笑道。

有了这第一次接触，她心里也摸不透胡雪岩的心思。他到底是不是个没经历过女人的男子，如果没有，又怎么会有刚才的动作。

两人又坐在上次那张桌子前，仿佛回到故乡一般，神态自然，一点儿也不像才第二次见面的人。“李夫……不，秀姑，不知我这次来，您有什么要吩咐的？”

“嘿，胡先生，你就别太客气了，总是您呀您的了。现在都中午了，你不饿，我可饿了。先不说别的，我们先吃饭吧。”

胡雪岩打定了既来之、则安之的主意，反正今天要有所进展。不管三七二十一，吃饭就吃饭。

秀姑已经做好了，端上来。

“就是一般的菜饭，你不嫌弃，就凑合吃一点儿吧，这里还有一点儿酒，助助兴。”

虽是一般的蔬菜，但经她一做，好像耐吃了许多，两人面对面坐下，一边吃，一边说几句闲话。

“最近生意怎么样？”

“还不是老样子，既不赚，也不赔，能够过下去，我也就满足。”

看着她又要幽幽怨怨的，胡雪岩忙举起酒杯。

“来，我们喝一杯。”

“不行，我不能喝的。”

“不是你说要助兴的吗？”

“好，来。”

这样你来我往的几个回合下去，秀姑显然有些支持不住了，脸透红透红的，一双眼笑眯眯地望着胡雪岩。

“来，雪岩，我敬你一杯。”“胡先生”已经变成“雪岩”了。

“秀姑，你快醉了，别喝了。”

胡雪岩挡住她要给自己倒酒。她站起身来，说：

“你不让我喝，那你喝。”

她要给他斟酒，要拦她已来不及，带着酒香与花香，她已站在了他身边，香气冲入他鼻孔，心里不禁一荡。

“秀姑，别斟了！”他把杯移开，又要起身想把她扶回座位。还没起身，他感觉到她坚挺丰满的双乳贴在自己的肩上，软绵绵又胀鼓鼓的，他脑海里突然掠过了一片池塘，似乎又闻到淡淡的兰花香。

“雪岩，来，再陪我喝一杯，已经好久没有人陪我了。”她说的“人”其实就是男人。

也许是酒精发挥作用，她稍弯腰倒满酒后，竟一下向前倾下来。胡雪岩连忙抱住她，把她扶正，她的双手自然搭在他肩上，鼻息声就在耳边，香气袭人，娇躯烫手。

他赶快扶她站起身来，掰开她放在自己肩上的手，说：

“我去拿些凉水来。”脚下却是“哗啦”一声，原来他手中的酒杯与她手中的酒瓶也不知什么时候摔在地上，连声音都没听见。

“你不要走！”她猛然拉住他的手，“你陪着我，抱着我！”

胡雪岩一愣，她带着酒香的双唇已经牢牢地吸在他的脸上。

一霎时，和谐终于实现。

她毁了他的童贞，粉碎了他关于女人的一些年轻的幻想，赤裸裸地告诉他什么是女人。

他并不恨她，因为从今天起，他变成了真正的男人，是她给他以洗礼。不论她是怎样的坏，他也不会恨她。从这一刻开始，一个男人诞生了。即使她不是新娘，不论真正的洞房中坐的是哪个少女，在洞房之中，在他的心灵深处，都会闪现她的笑脸。

她不是他真正的新娘，但她是他永远的新娘，他要感谢她。

他不恨她。

然而他恨自己。恨自己为何把持不住自己，从而伤害另一个纯洁天真的少女，他后悔了。所以他一言不发，坐起来穿好衣服，他该如何面对另一张脸，该怎样去呼吸那淡淡的兰香，如何去抚摸那双小巧的少女的手。

听不见她的叫声，他失魂落魄地在极度欢愉之后走了。

一连数天，他恍恍惚惚地过去了。

“胡雪岩！我女儿就全交给你啦！今后可要好好地照顾她呀！”

胡雪岩一惊，一看自己满身红色，耳朵顿时充满了鼓乐声、祝贺声，眼前的人个个喜笑颜开。

面前站着一个人，头上盖一块红头巾。

“好了，天地拜过了，该入洞房了。”

“噢！”众人欢呼起来。

烛光闪闪，满屋都是红色，到处贴着“喜”字。那边床上坐着刚才那个头上蒙着红布的人。

一股久违了的兰香飘进了他的鼻孔，在他不知怎样呼吸这香味时，他已经吸进去了。啊！好一股兰香，沁人心脾。

他如梦初醒。

他结婚了。坐在床边的那个蒙头巾的不是别人，就是兰兰。他走过去，轻轻将盖头取下，她低着头。他双手轻轻地把她头上的钗簪全部拔下来，秀发如瀑，倾泻下来。

他感到自己对不起她。

“兰兰。”他忽然跪在她面前，双手抱着她的膝，头深深地埋进她的双腿之中，他对不起她，他在忏悔。

“雪岩！”兰兰欢快地叫了一声。她朝思暮想的人此刻正紧紧地抱着自己。

“从今天起，我就是你的人了。”

他抬起头，注视着那两汪清泉，她就像庙里的观音。那么纯洁，那样神圣，容不得一丝亵渎。

他站起身，抱起她，庄重地放倒在床上，看着她脸上的羞红在烛光映衬之下，更加清丽。

他帮她脱衣服，她就像一只温驯的羊，任凭他摆布，脸上浮着笑，慢慢地微闭上双眼，她在享受她的丈夫。

她感觉到了他赤裸的颤抖的身体温柔地贴在自己身上，想说点什么，却只是喘气，她也表现出完全的温柔和爱。

第二天，她一睁眼，只有自己一个人，心里一阵恐慌，她怕失去他，一刻不见他就怕。听见他的脚步声了，他来了。

“兰兰，你醒了？来，洗洗脸，小懒蛋。”他为她打来洗脸水。

“你坏！”她不穿衣服，反倒把他拉过来，自己要依偎在他怀中。

“雪岩。”

“嗯！什么事？”

“嘻嘻，没什么事。只是想喊你的名字。”

从这天起，胡雪岩发誓一定要好好地对待兰兰。

情深义重

以后的日子，胡雪岩肩上的担子又重了一点儿，他更加辛勤地做事，老板也不断给他加薪。不多，但也不少，所幸的是，不管在外边有多苦多累，一回家就立刻放松了。娇妻、慈母加上他，真是满心的幸福感，只是老太太常常念叨着什么时候也让她抱抱孙子，这话也常常让胡太太——兰兰满脸羞红。

这天一大早，胡雪岩如往常一样起得挺早。现在早晨给他弄早点的是兰兰了。他悄悄走到厨房，看见她正在煮稀饭，便蹑手蹑脚地走过去，突地从后面一下抓住了她的胸。“啊！”兰兰惊叫一声，还没来得及说话，已经被转过来，一张嘴压在她唇上。原来是丈夫，“讨厌！”她挣脱来，娇骂道：“昨天晚上还不够！馋猫！”他赖皮兮兮地笑她：“是谁不够的，嗯？”她昨夜缠着胡雪岩再爱她一回，没想到今早被他这么调侃，不由得羞起来，举起一个锅

铲要打他，手还没伸出来，又被他抢住吻起来，她双手挥舞着直捶他后背。

“嗯哼！”只听一声咳嗽，他们连忙分开。胡母也起床了。

“娘。”胡雪岩讪笑着问好，“您起来啦！”

“嫌我碍事啦！”反问他一句，转身回屋去，摇摇头，笑了起来，看来小两口还挺亲热的。

娘一走，两人不禁相视而笑。

“看你还敢乱来？拿去吃吧，馋猫。”她盛上一碗稀饭，又羞又恼地说。

吃罢早点，小两口又亲热了一会儿，胡雪岩才去钱庄。

一进门，小伙计送上一封信。说是昨日傍晚一个女人拿来的，信封上一个字也没有。胡雪岩拆开一看，原来是秀姑写的。

奇怪，都好几个月没有来往了。从那个狂野的下午以后，胡雪岩也未去找过她，他不想再惹是生非。

往下一看，原来她准备还清欠钱庄的账，约他后天去拿钱，去不去？他显然对自己没有足够的信心。她的诱惑实在太大了，他不去找她，并不说明他忘记了她。夜阑人静的时候，他时常会想到她，也会将她与身边的兰兰相比较，尽管这比较是荒唐的。兰兰冰清玉洁，一往情深地爱着他。和她在一起，感觉好像喝一口香茶，沁人心脾，让人久久回味。而秀姑，就好似一口浓烈香醇的酒，诱人，喝下去之后，后劲足，但是酒醉醒过之后会头痛。他想这次去找她还会醉吗？他真的拿不准。

找了个借口，他就出了钱庄，漫无目的地走着，不远处有一家“又一村”，干脆去喝上两杯，也好解解烦恼。

刚走进店门，就有人招呼他，不是酒店伙计，而是王有龄。

“胡雪岩！”

“怎么今天不上茶馆，倒泡进酒馆了？”

“你就别拿我开心了。昨天打牌赢了几个钱索性到这儿来快活一阵。”平时里，总是胡雪岩邀他，但每次都遭到自己不客气地拒绝，其实也因为别人请了自己，但自己又没钱回请别人，所以干脆一股脑地拒绝。今天碰到胡雪岩，自然热情招呼他，否则也说不过去，对不住人家对自己的抬举。

“伙计，再添只酒杯！”

不一会儿，又上来几个小菜，一壶酒，两人就喝起来。

“你老弟怎么不吱声！平日不像这样寡言少语的？”

“王有龄，你不知道？”

“嗬，我当然不知道，甭管是什么，今天不去想它，只顾一醉方休！来，喝了这杯！”

“干！”

胡雪岩心想，反正不去考虑那些心烦的事了，大家何不随便聊聊，开开心。于是也想趁这个机会多了解一点儿王有龄，因为从他外表看，不像一般落魄人物。平时总是深锁眉头像是有心事，他就说：

“王有龄，你三十多岁了，为什么不找个事做做，成天泡在茶馆？你若有心干，我倒可以帮你找个活。不管怎样，一个大男人家，什么都不做，不是长久之计啊！”

这一番话正说在王有龄的痛处。几杯酒下肚，也不在乎什么不好意思，当下就讲起来。

原来王有龄也算个官哩。他的父亲在世时，曾经在吏部给他捐过一个盐大使。虽说这浙江沿海有不少盐场，但是这盐大使是个虚衔，只是取得了某一类官员的资格，并没有实际的职位，所以王有龄这个官是有名无实的，当然就谈不上什么事业，更别提俸禄了。

“唉。”王有龄叹了口气，一仰脖喝下一口酒，“我父亲去世以后，也没留下什么家当，这几年我又没什么事做，本来银子就不多，一天天就这样被耗费了。要不然，无论如何我也不会落到这个地步，天天让人看笑话呢！”

他苦笑了一下，说："其实，我这么过，也是无可奈何呀，要是有点本钱，去北京走走活路，能给个一官半职，那就不一样了。"

"那能做个多大的官呢？"

"如果运气好，能够'改捐'，做个知县也不错啊！"

"原来如此。"

看见胡雪岩面露轻视神色，王有龄解释道："别看知县官小，在整个朝廷来说，当然微不足道。可是在地方上，一个知县管几万人，身为父母官。当好了，能让百姓富足平安，当不好，可就草菅人命啊，所以当个知县，也能好好地干一番事业啊。"

胡雪岩本来就觉得他不错，听他这么一说，心里那点瞧不起他的想法也随之散去。再想想今天，他就那么一点儿银子，却还要请别人吃酒，一看便知是个仗义之人。他觉得王有龄还是个可交的朋友，总比在街面上混的那些庸人强多了。

胡雪岩这个人极爱交朋友，他觉得人生之中没有几个知已，那么这一辈子也就算白过了。遇到他觉得不错的人，不论贵贱，他都会视为知已。对待朋友应该全心全意，你付出了，也一定会得到，所以不必吝啬自己的热情，尤其是朋友在危难之时，这是胡雪岩的人生原则之一。正是这一点原则，使他在日后的商场、官场中能够左右逢源，每次遇见困难都能化险为夷。正是在他周围有一群和他互相信任、患难与共的朋友，才有他的辉煌。

"你如果真的去打通关节，需要多少银子？"胡雪岩想开一爿钱庄，但就是苦于没有本钱，这不是和王有龄一样吗？于是乎，心中产生了"英雄惜英雄"的感慨。

"差不多 500 两就够了。"

"哦！"胡雪岩一听，在心里盘算起来。

看他不说话，知道是自己提到钱的事，虽然没有开口向别人借，但人家也不好说借，也不好说不借。只管自己大意，有点不好意思，连忙又劝了一回酒。

"来，来，再喝一盅！刚才我都说了，什么烦心的事都抛在脑后，今天只管一醉方休！”

喝过酒，他又突然想起什么来。

“胡雪岩，这雪岩是你的名字吗？”

“不，我叫胡光墉，字雪岩，你呢？”

“哈，你想不到的，我叫雪轩，只和你差一字。”

“雪轩，雪岩！好极了，像兄弟的名字一样。”

“来，为了兄弟，我们干了这杯！”

酒菜都差不多了，两人也喝了不少，都有点面红耳赤的，王有龄付了酒账，两人一摇一晃地走出“又一村”。

胡雪岩往东，王有龄往西，出门就要分手，两人含含糊糊地道了别，就朝各自的方向走。胡雪岩走了几步，不动了。他略一思忖，赶忙转过身去喊王有龄。

王有龄摇摇晃晃地又走回来：“怎么，雪岩，还想再喝？好，我奉陪到底了！”

“不，雪轩。你记好了，后天这时候，你在这儿等我，不见不散。”

“有什么事吗？要我帮忙？”

“哎呀，你来了就知道了。”

“好啊，不见不散，不过你……你要带……带上喝酒的钱。”王有龄的舌头直在嘴里打转。

回到家后，王有龄连鞋也没脱就上床睡了，呼噜声震天响，难得有这么痛快的时候，心里话一吐为快，又喝得十分尽兴，还认了个兄弟，所以这一觉睡得很香，直到第二天中午才算醒过来。

他恍惚记得胡雪岩邀他明天下午才去“又一村”，但又记不清到底是什么事。算了，反正到时候准点去就行了。

等着时间过去是最难的事儿，平常总是混一天算一天，也不觉得怎样。第二天下午有约会，在这之前，王有龄心里总也放不下，一直好像手足无措。

第二天一大早他就醒了，有些莫名其妙的兴奋，干脆去刮刮脸，换下衣服洗一洗，到中午，他穿上一身干净衣服，又刮了胡子，

乍一看上去，年轻了七八岁，人也精神了不少。

他按时到了“又一村”，找了个地方坐下，身上有些碎银子，自己要了一盘煮花生，点了一小壶酒，自斟自饮，边喝酒边等胡雪岩。可是白米酒喝光了，花生也吃完了，仍不见雪岩的影子，再喝下去又没那么多钱，干脆出去溜达一圈儿，待会儿再来。他告诉店里的伙计，一会儿胡雪岩来，让他等着，便沿街走着。平时他一副落魄样子加上没有心情，很少去逛那些店子。今天换了衣服像换了个人，看上去还有模有样的，索性今天逛一逛，看个新鲜。他一家挨一家地看，直到太阳快落山了，还是没见雪岩。这期间他回过“又一村”两次，但伙计都摇头。

这叫王有龄有些为难了。不回去在这儿死等着，他要是不来，连晚饭也赶不上吃了。回去吧，又怕胡雪岩来了找不见他。他急得原地打转。就在这时候，胡雪岩气喘吁吁地跑来了：“对不起，雪轩，我来晚了，我们进去说吧。”

刚坐下来，王有龄就想数落他几句：

“怎么搞的，约我下午来，你晚上才到，这不是捉弄人吗？”

可是看到胡雪岩坐下后还在大口喘气，满脸汗珠，又不好意思说出来，只是随便一笑，说：

“没关系，你来了总比不来好。”

胡雪岩要了酒菜，却迟迟不说话。王有龄直纳闷，直到伙计上完菜走了，旁边没有什么人了，胡雪岩才开口说道：

“雪轩，我帮你凑了一些银子，给你上北京用的。”

王有龄一听，愣住了，不知是不是自己听错了，直到胡雪岩从怀里掏出一整沓银票，他还像在梦里一样。

胡雪岩说话了：“雪轩，你拿好了，这是一张400两，这几张一共是100两，其中有一点儿是我攒下的，其余全是向朋友借的。”

“你这是……”

“行了，别发呆了，快拿着吧，丢了我就再也没办法了。”

“雪岩，你？”王有龄这才明白，他今天来晚原来是给自己筹款去了，而刚才自己还不断地在心里埋怨他。这……唉，惭愧呀。

“雪轩，我看你不像无才无志之人，但又因为缺几两银子被困于这种艰难的处境之中，我们又谈得拢，作为好朋友，我真想帮你一把。可是我自己也是能力有限，只能筹到这么多，只希望物尽其用，能尽我一点儿微力。”

听了这一番诚心诚意的话，王有龄心里除了十分的感动之外，别无他物，两行热泪滚滚而下，一句话也说不出。

胡雪岩伸手拍拍他的肩，安慰安慰他。王有龄双手握住他的手，想说句感谢的话，可是喉咙被什么噎住了。终于遇到知己，这样的知遇之恩如从天降，许多年了，没有人像他这样真诚地对待自己，想到这儿，泪水止不住地往下流，他干脆埋下头来，轻轻抽泣起来。

“雪轩，雪轩，男儿有泪不轻弹。大丈夫能屈能伸，将来得了实职，一定要干出一番轰轰烈烈的事业来。不辜负我这个朋友，更对得起你自己！”

“对。”王有龄停止了抽泣，端起酒杯，“来，好兄弟，干了这杯酒，你我的情义就与天齐老！”

“来，干了！”

两个人豪情万丈地喝了一通酒，心情好，喝了不少，却仍没有丝毫醉意。

晚上，胡雪岩回到家里，母亲和兰兰已经做好晚饭了。他把今天和王有龄喝酒的事告诉了她们，就推说不吃了，想早些休息，便回房去了。

入夜之后，他仍旧没有睡着，心里很乱，今天上午去拿那笔附带着诱惑力的欠款。他不希望发生一些事情，可潜意识总有冲动，想做一些事。一走进竹叶巷，他就走进了狂野之城，带着矛盾的心情，敲开了那扇外面种满艳丽花朵的门。

接下去，就是两片滚烫的唇和一双充满渴望的手。她几乎什么也没穿，只是外面随便罩了一层衣服。他们缠在一起，从门口

飘进堂屋，又飘到里屋的床上。

不知过了多久，两个人才分开，像两具尸体，静静地躺着，呼吸也很平缓。

“呜——”她突然哭起来。

胡雪岩丈二和尚摸不着头脑，“怎么回事？”

“啪！”她重重地打了他一下：“你为什么这么久不来找我？”

他感到可笑。

她却趴在他胸膛上呜呜地哭。

“我已经娶了媳妇。”

突地，她停住了抽泣。

“什么？你？”

“我一直为那天的事后悔。就因为你是个女人，我是男人。我不是个浪荡子，而你？”

“雪岩，”她打断他，“我的名声是不好，可那是过去的事，见到你以后，我的心真动了。你比我单纯得多，难道就因为我的过去，我就不配和你在一起吗？”

“我不是这个意思，我们之间不可能。”

“你是我所遇见的男人中最出色的一个，你有责任心、有良心，诚实。”她想了想，“无论是哪个女人跟你过，都会幸福的。”

两个人都沉默着，谁也没有说话。

她打破了沉默，想说些什么，但又没有勇气说出。咬了咬嘴唇，她颤声说道：

“雪岩，我真的喜欢上你了。”

说着拉住了他的手，紧紧地抓着。

“我已经成家，而且也很喜欢这个家。”

“现在我知道了，你成家了。我的命为什么那么苦？不喜欢的成天像蚊蝇一样围着我，自己喜欢的，却又抓不住。”说罢，又哭起来，很伤心，双肩一抽一抽地。

胡雪岩于心不忍，伸手轻抚她的肩头：“别哭了，秀姑。只要你认真地找，一定会遇见你的知心人。”

“算了，这就是命。既然老天不让我得到你，我也只好认命了。你这样诚心诚意地坦白地跟我讲出心里话，更说明我没看错人。雪岩，你是一个好男人。”她深情地望着他的两道眉毛和双眼。

“我这样做，感到对不起自己的妻子。”理智渐渐占据了他的思想。他拉过一件衣服，准备穿上。

“雪岩，”她急忙拉住他的手，“我已经想过了，如果不和你在一起，我就把饭庄卖了，回乡下住去，我怕以后遇见你。”

“不要这样，事情总会变好的！”

“不，你别说了，我已打定主意。”她轻轻地伏在他身上，可以感觉到他那宽阔的胸膛和有力的心跳，多么惬意啊。她愿意永远这样伏在他身上，和自己的心上人在一起才是最快乐的事情。

“你是我第一个也是最后一个爱过的人。”说完，她又止不住地流泪。

他感觉到滴滴热泪落在脸上，要用手去擦。她赶快擦干自己脸上的泪水，却不让他动手，捧着他的脸，温柔地吻，一下一下，吻干他脸上的泪，自己却又开始流起泪来：“雪岩，雪岩！”她一遍一遍轻吟他的名字，一边流泪，一边又去吻落在他脸上的泪。

他被感动了，被她这一份专注的神情所感动，被她那一份热烈而执着的爱所感动。他搂住她的后腰，带着一丝歉意回吻她。

“雪岩，你要我吧，最后一次。”她怕遭到拒绝，十分乞求地说道，“最后一次，求求你，让我高高兴兴地走吧。好吗？”

他没有说话，用动作代替语言，是最好的回答。

他忘不了这些，忘不了他送她出门时的一双泪眼。他不知道什么时候拿到了银票，不知自己怎样走出那扇花门，走出那条名叫竹叶的长巷，却看得见她一直倚在门边，泪流不止，滴落在那些艳丽的花朵上……

一只手搭过来，是兰兰的。

幸好满身酒气盖住了那奇异的香味，不属于兰兰的香味。

他度过了有生以来第一个不眠之夜。

雪岩求婚，阳琪遂意

天阴沉沉的，仿佛要下雨的样子，天宇下原野迷迷蒙蒙，一片混沌。傍晚时分，一群衣衫褴褛的逃难者拥着来到石头镇。这是一个不大的集镇，毗邻一条大河，散居着百来户人家。集镇的街道狭窄，枯枝败叶散落地面，积了厚厚一层，萧瑟的寒风呼呼穿街而过，寒气袭人，这群人一连走了十来家铺面，都是店铺紧闭，不见人影。虽然有两家房门敞开却无人应声，任凭寒风吹得房门嘭嘭直响，但他们不敢贸然进屋，只好拖着疲乏的身躯继续前行。难道这么大个集镇无人居住吗？真叫人心惊胆战。眼看街已过半仍没有寻着住宿之地，不免有些失望。正当此时，前面一盏高悬的灯笼跃入他们的视野，灯笼昏暗，摇摇欲坠，灯笼下店铺大开，里面的伙计正伫立柜台望着他们。原来这是一家客栈，门匾上书“迎宾客栈”四个浓黑大字。这群人一屁股在客栈的阶沿坐下来，信手将破破烂烂的包裹扔在一旁。其中一名须发斑白的老者进入房内，双目闪烁激动的泪花，他说道：“先生，我们住店，要三间大房，多少银子？”店里的伙计见是一群难民，不予理睬，突然目光落在阶沿上一位少女的身上，虽然她衣裤破旧，但姿容娟丽，十分动人。他狡黠地眨眨眼睛答道：“一两五钱。”“怎么这么贵，能少点吗？”“不贵，要是往常还三两银子呢？”伙计丝毫不松口，老者想到寻了半天才见着一个客栈，此时若再去找别家恐怕会更困难，他狠了狠心从贴身衣兜里摸出些碎银递给伙计。伙计接过银子让他们进入院内。

这是一个宽敞的四合院。在伙计的带领下，他们分别被领进不相邻的三间大房。这大房间可住八九个人，陈设相当简单。房间里的八九个床铺不过是在地面上铺些草，草上面放着一床凉席而已。平时一般无人居住，只是到了买卖的繁忙季节，客多房少时急用，房客就着凉席裹衣而睡。眼下，老者被领进房间，紧随其后的是老太婆、少女。房内黑洞洞的让人害怕，一股呛人的霉气味直钻鼻孔，伙计将油灯点燃，屋子里亮起来，房间里有5个地铺，一根长条凳横放屋中，一张方桌。老者仔细一看，发现长凳上血迹斑斑，心中不由得紧张起来，这该不会是一家黑店吧？老者将包袱扔在方桌上，坐在席上沉思片刻后，他对老伴说："今天够累了，你休息吧。"又对少女说道："琪儿，你今天晚上要多留神。不要睡过了头。"少女用美丽的双眸望着父亲，点了点头："爹，您休息吧，我坐会儿。"父女俩正在摆谈之时，门被推开了，店小二领着个人走进屋内："这是我们东家，阳爷。"只见阳爷身材魁伟，面色红润，双目和善地注视着少女全家，他问道："老哥，你从何而来？"老者介绍了自己的姓名阳海生，安徽宣城人。阳爷捋着胡须说道："你我同姓，当以本家相称。"当即吩咐店小二另外收拾一个房间让阳海生全家居住，其情至诚，阳海生好歹推辞不过，只好领着家人跟着店小二来到小间客房，房间里有两张床，床帐洁净，看起来都觉舒服，阳海生感激不尽。安排停当，阳爷便亲热地和阳海生拉起家常，谈得随和，渐渐消除了阳海生的戒备心理。不一会儿，店小二端一盘牛肉，提着一瓶酒走进房间，阳爷说道："你们还不曾吃饭吧？我叫人简单弄些吃的，你们将就着填一下肚子。"说着用眼望了望海生，又看了看母女俩。其实他们一行人已经整天没有吃东西了，此时真是饥肠辘辘，饥饿无比。见阳爷态度和善便接受邀请，来到饭堂，另外两家人也都到齐，桌上摆了几大盘素菜，其中有一盘牛肉。十余人坐下来开始享用。一阵狼吞虎咽之后，桌上已是空盘空碗，一片狼藉。吃过饭人们精神愉快，话多起来。阳爷又当着众人重复一遍自己的心意，由于兵荒马乱，小店里生意清淡，大房间已多日未曾住人，现在单间客房也空着，于是请大家在单间客房就寝。众人七嘴八舌感谢阳爷厚意，把阳爷捧成了活菩萨。阳琪不愿多听，央求母亲回房休息。

深夜，阳琪躺在床上辗转难眠，屋外传来轻微的脚步声，她

轻轻下床，把回房时准备好的菜刀握在手里，立于门后，侧耳一听，由于声音太小无法听清说些什么。此时深更半夜他们干什么呢？忽然一股清幽的香味从门缝里钻进来，阳琪心中叫道：不好，闷烟。阳琪听父亲讲过江湖上一些盗贼惯用此计，打家劫舍。莫非这迎宾客栈是歹人开设？闷烟直入鼻孔，她感到头昏沉沉的难受，双腿支撑不住，栽在门后，不晓人事。

次日天明，阳琪醒来，见父亲躺在床上酣然入梦，而母亲却不翼而飞。她急忙推醒父亲，好一阵子父亲才醒来，见妻子不在，心中大惊，连忙呼救，众人进房都不知所措，父女俩伤心地抱头痛哭。阳爷安慰一阵后，说道："此镇对面山中有一伙强人，住在庙里，常常来镇上骚扰，抢劫财物，另外还要抢劫奸淫姿色娇美的女子。由于他们常到镇中骚扰都是傍晚，因此每到天黑人们就紧闭房门足不出户。"听完阳爷的话，众人义愤填膺，摩拳擦掌，阳爷见状无可奈何地说："这伙强盗连官府都无法收拾，我们切莫痴心妄想。如果能铲除，我也不会按月奉送白花花的百两银子给他们。"

阳海生一行逃难者暂时在客栈住下来。阳海生失去妻子后终日不语，竟忧郁成疾，病倒客栈。这对阳琪来说真是雪上加霜，她强忍悲痛，一方面照顾好父亲，另一方面出外觅活。看着阳海生家的困境，阳爷对她说离镇不远的陈家村有专替人缝缝补补的女工活，你不妨去看看。

陈家村在石头镇的下游，由于水势平静，水域宽阔，乾隆初年建成了一个码头。附近农民收获的稻谷、棉花、蔬菜瓜果都运往码头，再装上船运往省城杭州。由此每到收获季节便聚集不少的人。他们有的离家久了，难免弄脏衣服，划破裤子，因此当地替人缝补的女工应运而生。第一天，阳琪叫一同逃难的小丹姑娘陪着走向陈家村。走过石头镇不远的一道索桥，她们爬上了牛头山，这牛头山不高，山上树木稀稀疏疏长着几十棵，人高的茅草却漫山遍野，站在山头可以清楚地看见对岸的石头镇房屋鳞次栉比，星罗棋布。脚下就是碧波荡漾的富春江。远处，陈家村近在咫尺，村里几十户人家。陈家码头在村后，码头上停泊着几艘货船。此时正值收获棉花的高峰期,因此码头上人来人往,一片忙碌。阳琪心中充满喜悦地拉着小丹快步走下山坡，陈家村就坐落在山下一个羊坎子里。一进村，河边一排柳树上绷着长绳，晒着一长溜的衣服、裤子。再看河边石埠头上一老妇正在河边清洗一大盆衣裤。这衣裤湿漉漉的淌着水，分明是刚洗不久。果然有专替人洗补的女工。阳琪寻思如何接近老妇，老妇清洗完毕，端起一大盆衣服吃力地走向晒衣绳，突然手一滑，木盆着地，尽管阳琪冲得急也没有帮上忙，衣服还是撒落地下，她俯身替老妇捡起衣服，只有 3 件落地。老妇感激地望着阳琪，充满慈爱地说："姑娘不像本地人，寻亲戚吧？"阳琪见问说道："路过，顺便看看。""乘船来的吧！"老妇边说边将阳琪打量，见姑娘眉清目秀，身材窈窕，讨人喜欢。这不像个寻常人家的姑娘。她不解地望着阳琪,阳琪说："不是，我是石头镇的。"老妇更吃惊："什么？石头镇。"又压低嗓音说道，"姑娘这般貌美可要当心哪。"语音里充满爱怜，阳琪见老妇诚恳直率也就无须隐瞒，她说："我是逃难在石头镇。他们说，陈家村可以觅到替人家浆洗的活，于是走了来。"老妇一听面色凝重，忙把阳琪拉到一旁说："这活可不是好拣的。真正替人洗衣服，缝缝补补的没有几个，倒是供男人消遣的颇多，本地的外地的都有，我看姑娘心地质朴，还是别处找事做吧。"老妇的话非常诚恳，阳琪满心的欢喜顿时化为泡影，目光黯然，失望地低垂着头，不言不语。老妇见问道："姑娘有什么为难的事吗？你讲给大婶听听，看能不能帮上你的忙？"不等阳琪回答，便把她拉到院中，原来眼前临河而建的几间草房就是她的家。院墙低矮，站在墙外，就可以窥见院内情形。老妇等阳琪坐下，也找条凳坐在旁边，和阳琪拉起家常，老妇陈氏，丈夫陈定生在码头上卸货，家里就老两口。陈氏替人洗衣挣几个钱，才勉强能维持生活。陈氏问起阳琪的家事，阳琪忍不住嘤嘤哭泣，涕泪涟涟。她含泪把

自己的遭遇倾吐出来，陈氏一听叹息不已，十分同情。她捧起阳琪的脸，替她拭去泪水，然后说道："闺女，你干脆就在我这儿拿些货回去，浆洗缝补后给我送来，工钱算你的。"阳琪起身推辞，陈氏执意相助，她说道："眼看十月就到，恐怕这活也不长久。"阳琪向陈氏叩头谢恩。临别，陈氏抱出一捆衣服说："这几件衣服你把它们拿回去补好吧。石头镇离这也不远，你小心就是了。"听着陈氏的叮咛，阳琪频频点头。她抱着衣服和小丹兴高采烈地回到石头镇，暂时忘却了心中的悲伤。

第二日天气寒冷，阳海生咳嗽时累得气喘吁吁，脸色苍白。阳琪把父亲托付给同客栈的张大伯，然后一个人兴致勃勃走向陈家村。她来到陈氏院外，见陈氏正坐在屋檐下折叠衣服，便亲热地叫了声："陈大婶。"一听到这甜美的声音，陈氏放下手中活计，起身迎接阳琪走进屋里。她见衣服折叠得整整齐齐，说道："闺女心真细。"说完打开一件查看，见布疤剪裁得体，缝补针脚匀称，万分满意，当即夸道："闺女真是行家好手。"听了夸奖，阳琪竟羞得脸煞红，越发娇媚。两人正在查看之时，陈定生回家了。阳琪起身问候。陈大伯身材矮胖，膀阔腰圆，但身体有些佝偻。他也是个热心肠人，今天专门为阳琪拿了几件脏衣服回家。他放下脏衣服就又出门了。

阳海生的病一日不如一日，阳琪不分白天黑夜飞针走线，她想多挣些钱为父亲治病。然而半月后阳海生病死客栈，阳琪哭得死去活来，在众人的帮助下草草安葬了事。阳海生安葬后，阳琪整个人都消瘦下去，两眼深陷，陈大婶待阳琪像亲生闺女，她也从乡亲热情的帮助中找到安慰。

一天，她又前往陈家村，她昏昏沉沉走上牛头山，站在山头踌躇之时，看见山坡下迎面走上来几个人，想躲已来不及了。她假意看风景，目光却密切注视着那伙人。那伙人走近了，只见他们一个个面目猥琐，衣冠不整。他们径直来到阳琪面前，一个歪戴毡帽的人说道："果然貌美如花，赛过西施。看来张小乙没有欺骗俺寨主。”一个斜眼说道：“阳姑娘做我们的压寨夫人吧。”其余人随声附和。面对眼前困境，阳琪想急躁不得，于是镇定地说：“我可以跟你们走，不过你们得回答我几个问题。”像头目模样的三角眼说：“这么啰唆，你提吧。”三角眼舔舔嘴唇盯着阳琪，阳琪柔声问道：“你们怎么知道我的名字？”问题还没提完，三角眼摇手制止，他说：“这简单，索性全告诉你。那天晚上张小乙连夜进山禀报寨主，说客栈来了位天仙。寨主心动叫人下山抢美，哪知阴差阳错，竟偷了个老妇人回寨，寨主大发雷霆，杀了老妇不说，还下令责打张小乙。吓得张小乙不敢见寨主，几天前张小乙给寨主送客栈孝敬的银子，又旧事重提，于是今天我们恭候在此。阳姑娘，我的话完了，跟我们走吧。”阳琪气得七窍生烟，恨不得将杀母仇人碎尸万段，但一个弱女子手无缚鸡之力，谈何容易。她想自己绝不能落进狼窝，受人凌辱。她心一横，眼前退路只有一条：投水而死。不等这伙人靠近，快步奔向崖边，纵身一跳，身子像千斤巨石坠入江中。歹徒见了面面相觑，失望而返。

这一日，由于天气寒冷，陈家码头稀稀落落没几个人影，往日喧闹的码头变得冷清。陈定生怀抱一捆衣服来到码头，将洗补干净的衣服分给在船上休憩的人们。分发完毕，站在码头眺望，突然远处江面上漂来一红色的木箱，他忙借艘小船前往，打捞上来一看，全是衣服。他的心“咯噔”一下：不好，阳姑娘出事了。他逆水而上，奋力划桨。终于水面上漂下来一个人。靠近一看，果然是阳姑娘，她正死死拉着一根大树枝。陈定生不由分说，跃入水中，把阳琪拉向船舷，继而又吃力地把阳琪抱至船中。他不顾疲劳奋力划向岸边。一靠岸，抱起阳琪跑向家里，陈氏也连忙配合，忙碌一阵后，阳琪吞吃的水全吐了出来，面色开始红润，心脏开始起伏，陈定生长长舒口气，这才意识到自己全身湿淋淋的，只穿着衬衣短裤，一连打了几个喷嚏。他进屋换上衣服，走进堂屋，发现阳琪的呼吸开始恢复正常。一个时辰后，阳琪睁开眼睛，一见陈大伯、大婶，泪水夺眶而出，她欲起身，被陈氏按住，

她明白了自己没有死，煞白的脸上有了笑容。

几日后，阳琪在陈氏的精心照料下完全恢复健康。面对陈大婶、陈大伯无微不至的关怀，她很过意不去。陈氏对她说："现在你孤身一人，我膝下无儿无女，就做俺闺女吧！"阳琪举目无亲，对陈氏的深厚情意激动得泪水滚滚而出，她双膝着地跪在陈定生、陈氏面前："母亲、父亲在上请受女儿一拜。"陈氏老两口乐得合不拢嘴。陈氏扶起阳琪，阳琪高兴得像一只快活的鸟儿扑进陈氏怀中，享受母亲的爱抚。阳琪在陈氏家中安顿下来，一家人相处得非常和睦。然而天气渐冷，码头上装卸的货物越来越少，陈定生挣的钱也就越来越少。针线活也结束了。家里主要生活来源成了问题，阳琪急在心里。她想与其在这挨饿，倒不如去省城闯闯。她把自己的想法告诉二老。老两口觉得阳琪说得在理，也欣然同意。

一日天气暖和，他们将能带的东西尽量搬上货船。江水碧绿，倒映着蓝天白云，这是入冬以来难得见的好天气。阳琪无心欣赏美景，前途未卜使她忧心忡忡。夜晚，清寒的月光洒满江面，江面冷清寒气逼人。阳琪坐在船舱内不能入睡。船在江中航行了一天一夜。第二日凌晨，他们来到杭州。杭州城里人头攒动，车水马龙。在城里转了一圈后，他们在距码头不远的六和塔旁租了寺院的一间房子，安顿下来。经过一天的了解，阳琪决定重操过去替人缝补练就的针线工夫。开始替人缝补衣服进展得十分顺利。积攒了些银子，阳琪不再满足替人缝补。她见来六和塔旅游的人很多，于是她试着绣些手帕，没想到第一批货一上柜就被游人买了去。她信心十足又绣些枕套，还在团扇上绣上梅花。不久阳琪的"奇绣行"正式出现在游人眼中。

"奇绣行"价廉物美很受游人的青睐。一天阳琪正在绣制订货，在缎面上绣一朵硕大的牡丹，突然走进来一个青年，他注视着她，欣赏着她娇嫩的细手在绣架上龙飞凤舞。阳琪被看得耳根发热，凝眸一视，青年急忙避开目光，问道："你有多少绣件，我全要。"阳琪一惊，大买主上门了。她答道："除了货柜上的陈品，另外可以订制。”于是第一批货全部脱手，阳琪赚了10两银子。当阳琪把绣制品按青年的嘱咐送到枫桥路阜康钱庄时，才知道那个青年人叫胡雪岩，是钱庄老板，另外经营丝绸及苏绣、顾绣、蜀绣的买卖。她不由多看了几眼，心中佩服不已。

如此几次阳琪和胡雪岩熟识起来。彼此都谈得来，说话也投机，两人心中都有一种莫名的感觉。胡雪岩常常借游六和塔来阳琪店中闲聊，阳琪也很希望他能到店中来玩耍。他们的频频交往陈氏看在眼里。一天陈氏把阳琪叫到房中，她说道：“闺女你已十七芳龄，该出嫁了，我想男大当婚，女大当嫁。我看胡先生一表人才，又精明能干，他佩服你心灵手巧，对你非常爱慕，不知你对他如何呢？”母亲的问话羞得阳琪脸颊绯红，低头不语，陈氏继续说道，“胡先生与你般配呢！”一朵红云直上阳琪眉梢，像绽开的花蕾，异常娇艳。阳琪低声说：“此事全凭母亲做主。”说完走开了。

哪知生意蓬勃发展之时，陈定生不幸染上风寒，一命呜呼。母女俩痛不欲生，以泪洗面，春节在悲哀的气氛中度过。此时“奇绣行”已小有名气，绣制品供不应求。清明节这一天，淫雨霏霏，杭州城里人声鼎沸，钱塘江边游人如梭。只见钱塘江上“画舫舟楫”整装待发，箫声悠悠，慑人心扉。钱塘大堤俊男倩女，老妇稚童站得满满的。特别是一个个深锁闺门的富家小姐也出门观看放河灯的壮观场面。她们或姿容媚丽，或体态轻盈，或浓妆艳抹，或轻描淡写，风姿绰约，成为一大风景。胡雪岩没有心思观看，他心中惦记着阳琪。

胡雪岩悄悄穿过大街来到“奇绣行”。店门紧关，他伸出手轻轻敲了敲铺板，里面没有声音，他正欲再敲，门却打开，阳琪见是胡雪岩，心中喜悦，把他让进屋里。胡雪岩说他给她送钱来了，他还欠阳琪500两银子。胡雪岩双手把钱递给阳琪，顺势握住了阳琪的手，他一双热辣辣的眼睛正盯着她，她忙低垂双目，轻轻说道：“你坐吧。”胡雪岩像未听见似的，却把她拉入怀中，阳琪也不挣扎，幸福地偎依在胡雪岩的怀中。阳琪轻启红唇，吻得胡

雪岩春心荡漾，心摇神驰。正在忘情之时，后院传来“阳琪”的喊声，二人大惊，莫不是陈氏看灯归来？阳琪推开胡雪岩，叫他躲起来，然后她理了理头发，扯了扯衣角走出屋。原来是邻居刘妈前来借剪刀。打发走刘妈，她惊魂未定，对胡雪岩说：“险些被人撞见，说出去不好听，母亲也快回来了，你走吧。”胡雪岩一步一回头终于走出院外。

这一年的初夏太平军攻打杭州城，阳琪携母亲流落到了上海。一到上海阳琪用积攒的钱开了家绣行。绣行处在十里洋场。这儿是上海城的繁华地段，生意兴隆。一天一群人走进绣行，见柜里摆着精美的绣品，赞不绝口，然而其中一个脸色红润、身材魁伟的男子突然被“胡雪岩”三个字代替。她发现他也正用双目凝望着她，似乎若有所悟，未挑选绣品便随他人匆匆出店。次日一早店里来了位大嫂，只见她身着红色缎面旗袍，体态丰腴，头戴金簪，耳坠宝石，一望便知是贵富人家。她笑着问这问那，阳琪耐心回答。最后贵妇只买床缎面被子，阳琪接过银票一看，阜康钱庄，心中一愣。杭州阜康钱庄醒目的牌匾金光闪烁，琉璃屋顶辉煌灿烂，门前石狮气势凌人，这一切都记忆犹新。她不由得又打量了一下贵妇。下午一顶轿子在绣行门前停下来，贵妇走出轿子迈向绣行。由于有了上午的交情，阳琪热情地招呼，把她迎进店中，端凳让座。贵妇问道：“这些手工活都是你一人所为吗？”阳琪答道：“只有少数是我绣制，其他是请人代绣的。”二人一问一答，不知不觉之间缩短了距离。贵妇问起阳琪的身世，阳琪又不免伤心落泪。听完阳琪的身世，贵妇问道：“你还记得一个叫胡雪岩的人吗？”阳琪愣了一下，说道：“不太记得。”贵妇又拣些绣品告辞回家。

又是阜康钱庄，阳琪望着它心潮起伏，11 年前胡雪岩的音容笑貌又浮现眼前。她怎么会忘记使她魂牵梦绕的情人呢？前日他一来到店中就被认了出来，只是生活的磨炼使她不便相认。但是静心一想这贵妇是谁呢？他的夫人？心念至此，内心无限凄苦，泪水夺眶而出。

第二日，贵妇借故到店中闲坐，现在她们彼此已经熟悉。贵妇说她姓李排行老三，人称李三姐，她来店中所购之物都送给亲戚胡雪岩了。阳琪不失时机问起胡雪岩，李三姐把胡雪岩的近况着实渲染一番，钦佩之情溢于言表，最后又说道："胡雪岩还记得你啊,你们见见面吧。"阳琪心中想到如果还念旧情就会欣然前来，到时可以了解得更确切；不来，则万事作罢。她柔声说道："你引他一见吧。"

第二日胡雪岩应约前往。二人相见少不了惊喜，问候寒暄过后，胡雪岩说他在杭州沦陷后一年就来到上海，当时生意顺畅。后来太平军被剿灭，他又回到杭州。现在主要的生意都在杭州，此次到上海来是为左帅借洋款。听得阳琪心中欢喜。她问道："这么多的事情要你做，不累吗？"胡雪岩顿时眼睛灰暗失色，他喁喁细语："唉，有什么办法呢？她又帮不上什么忙。""她"像针似的刺了阳琪的心，她失望地低下头，提不起谈话的兴致，只简略地把自己的遭遇讲出来，平平淡淡毫无夸张之词。胡雪岩仍然听得眼圈湿润。两人随便闲谈一会儿，胡雪岩告辞回家。胡雪岩此次见面后，常常见缝插针来到阳琪绣行。他们的心渐渐被往事唤起，热情像从前一样炽烈，情深意长。一天，胡雪岩说："你目前境遇较差，我资助你一万两银子，切莫推辞。"阳琪推辞不过，说道："好。我暂时替你收下。"接过万两银票揣进衣包。然后两人开始促膝谈心，其乐融融。

胡雪岩走后，阳琪怀揣万两银票兴冲冲来到江海关。由于阳琪每月要替他们绣一面大清国旗，和主管熟悉。江海关守门的士兵得到好处后放她进去。她敲了敲总署大人的门，总署见是貌美的阳琪，忙问："什么事？"总署大人听明阳琪来意后，忙道，"南京路那段目前看起来离城远，但马路一通，洋房修到那里就热闹了，地皮一定看涨，你真是有眼光。只是这酬劳嘛……"阳琪顺手掏出 500 两银票递给总署大人。总署大人与阳琪一同到了洋人那里"挂号"，洋人见是海关总署领来的人，当即按照阳琪的吩咐照办一切手续。片刻之间，办理好手续后阳琪高兴地回到家里。

胡雪岩已在家恭候了。阳琪春风拂面，得意扬扬，把买地皮的手续凭证推到胡雪岩面前。胡雪岩打开一看，全是买地皮的契单。胡雪岩不解地问："这是谁的？""你的。"见胡面露疑惑又说道："我擅作主张，用你的万两银票替你买了南京路东段的地皮。"胡雪岩一听方才释然。但他说道："我对炒地皮一窍不通，更何况要办理权柄单、道契，手续烦琐非半月不成，你怎么这样快就搞定成交，真叫人佩服。"听了胡雪岩的夸奖，阳琪便把买这段不起眼的地皮的缘由分析给胡雪岩听，胡雪岩虽是门外汉，但也不得不被阳琪的远见卓识所折服。一种希望阳琪帮他的念头油然而生。但自己在杭州已有妻室，她肯答应吗？于是他寻找机会博取阳琪的爱恋。

事情的发展果不出阳琪所料。一个月后洋人开始在南京路大兴土木，胡雪岩所购地皮不断看涨。胡雪岩喜得合不拢嘴。他决定邀请李三姐夫妇、阳琪一同在"天星"宾馆吃大菜。四人兴趣盎然走进饭厅，酒菜备齐开始享用，席间胡雪岩不断称赞阳琪的"丰功伟绩"。李三姐夫妇也用敬佩的目光看着阳琪。席散，李三姐把阳琪拉入自己的轿中，十分亲热。李三姐问："你听见胡雪岩说的什么吗？他是多么希望得到你的帮助啊！"对于李三姐开门见山的询问，阳琪不知怎样回答才好。她缄默不言，心中激起了万丈波澜，如果跟了他无疑做小，不跟他则孑然独处。但做小老婆不知要受多少罪？她内心矛盾重重，犹豫不决。她把自己的心事告诉给李三姐。李三姐暗想，她有嫁与胡雪岩之心，但顾虑太多，就不以为然地说："你是他事业上的帮手，唇齿相依，哪会当作'小'来看待呢？更何况你身在上海，照顾胡先生起居，谁人又会责难？胡先生离不开你是有目共睹。"李三姐一番颂扬，阳琪心动了。

一回到家，李三姐便把询问阳琪的情况全部说给胡雪岩听。他听后心花怒放，托李三姐为媒，向阳琪求婚。胡雪岩如愿以偿，终于和阳琪拜堂成亲。他有了阳琪的帮助如虎添翼，事业更加辉煌。

忍痛割爱笼人心

江南三月，春江水暖，草长莺飞，正是郊游踏青大好时光。

胡雪岩约上衙门蒋师爷、挡手李治鱼、牙行经纪赵先生，都是平日要好的朋友，到郊外踏青。半是春游，半是谈论生意，不知不觉，在野地走了小半天。路旁茅舍一角，挑出一幅招子，上书“杏花村”。

蒋师爷食欲大动，随口吟道：“借问酒家何处寻，牧童遥指杏花村。”赵先生接口应道：“大好春光，不如美酒一杯。”显见得，他们都饿了。胡雪岩早有准备，招呼大家进店，捡一处清爽的角落坐下。店主是个中年人，很快上了几样家常菜肴：松鼠鱼，奶汤膀蹄，油焖大虾，五香兔丁。一罐花雕打开泥封，酒香浓郁，满屋飘散，馋得赵先生直抽鼻子，连声嚷：“好酒，好酒！”

胡雪岩又命随从小厮打开带来的食盒，里面早备好了精致的下酒菜，有酒糟鱼、松江水煮螃蟹、燕京烤鸭、湖南腊肉，都是杭州少见的名菜。一桌丰盛的菜肴引人垂涎欲滴，喜得蒋师爷搓着手道：“叨扰，叨扰，雪岩兄如此破费，倒叫我们于心不安。”

“都是自家弟兄，区区几杯薄酒何足挂齿，”胡雪岩道，“大家只管放开肚子，尽兴吃喝，别辜负了大好春光。”

哄笑声中，众人果然不讲客套，筷箸翻飞、觥筹交错，猛吃海喝，放浪形骸。酒至半酣，蒋师爷摇头晃脑道：“山野小店，杂花迷离，满目生翠，别有一番自然野趣，令人想起孟浩然诗句。”他卖弄地吟道，“故人具鸡黍，邀我至田家。绿树村边合，青山郭外斜。开轩面场圃，把酒话桑麻。待到重阳日，还来就菊花。”赵先生不喜欢他掉书袋，有心和他抬杠，反唇相讥道：“蒋师爷原来这般喜欢自然野趣，不如带了你那梨园相好到乡下结草为庐，躬耕陇亩，学陶渊明‘采菊东篱下，悠然见南山’，才是真正的大名士呢！”

说到梨园相好，蒋师爷果然怀念起新近结识的戏班旦角小玉凤，叹惋道："好酒好菜，若有唱曲的妙人儿相陪，那才似天上神仙呢！"

恰好酒店主人听见，殷勤地说："几位老爷要听唱曲，今日我店中倒有一位姑娘，不知可中老爷们的意儿？"

胡雪岩听了，大感意外，大凡唱曲的姑娘都在城里酒肆茶楼热闹之处，此地偏乡僻壤，怎会有此角色？"果真能唱曲？"他发话问道。"千真万确，"店主道，"昨晚天快黑时，来了一老一小父女俩，说是从安徽逃难到杭州投亲，借小店暂住一宿，今天还未起程，那女儿生得乖巧动人，是个唱曲的行当，老爷们若有兴趣，不妨请她出来瞧瞧。"

众人齐声说好，店主兴冲冲走进后院，不一会儿，果然领来一个女孩儿，年约二十，不施脂粉，清纯可人，一双丹凤眼左右一扫，撩拨得大家耳热心跳。姑娘上前给众人行了礼，自称姓黄，小名黄姑，原在安庆班唱旦角，只因湘军与太平军在安庆展开拉锯战，故逃难到杭州投亲。黄姑说话清脆悦耳、珠圆玉润，光景是艺伶人家出身，且落落大方，毫不怯生。

胡雪岩听她自叙，觉得口音好熟，一时记不起在什么地方听到过。黄姑请众人点曲，大家推让一阵，蒋师爷点了"情探"，赵先生点了"罗成叫关"，李治鱼点了"秦雪梅"，胡雪岩则摆摆手，说先唱了再说。

黄姑拿出响铃儿和锣钹儿，首先致歉说因父亲病了，不能操琴伴奏，眼下只好清唱。然后拉开架势，做出一个"白鹤展翅"亮相动作，口里"嘚嘚锵锵"模仿敲打乐，走了一个小圈儿，开口唱道："焦桂英来到王魁府上……"

声如银铃，倏然飞起，直上云霄。众人暗暗叫好：音色甜美，合韵合辙，如瀑布飞泻，似银蛇绕峰，果然是个好角儿。

大家屏气敛息，全神贯注，陶醉在曲儿中，胡雪岩却心烦意乱，另有一番心思。他听黄姑唱曲，愈听愈觉熟悉，但总想不起来，直觉告诉自己，黄姑准是个熟人，一时记不得是谁。他努力搜寻记忆深处，一边仔细观察她的动作，企图从中找出点儿凭证。黄姑一曲终了，随手将大辫子往脑后一甩，这动作如电光一闪，点燃了胡雪岩记忆的火花。啊，是她，没错！胡雪岩想上前去，但忍住了。胡雪岩是有身份的人了，阜康钱庄老板，海运局执事，新近又捐了个候补道台，好歹是个老爷，若贸然上前相见，岂不被朋友们笑话。

他不动声色，装模作样听曲儿，脑子里飞快地旋转：黄姑，你不叫黄姑，分明是孙幺妹，化成灰我也认得你。

说来话长，还要从十几年前说起。安徽绩溪乡下胡家，一片破败景象。胡雪岩的祖父因嗜好大烟，家中良田、祖屋几乎变卖一空，只好多次迁居，最后在祠堂旁边族人公房中安身，成为全族笑柄。胡雪岩的父母终日为三餐奔忙，无暇管束胡雪岩。刚学会走路的胡雪岩摇晃着瘦小的身子，来到邻居孙家，同孙家的小女儿一道玩耍。随着岁月流逝，胡雪岩慢慢知道孙家是个卖葫芦糖的人家，他家总有吃不完的葫芦糖。还知道孙家小女儿叫孙幺妹，比自己还小几个月。物以类聚，人以群分，贫穷人家的子女生来就是好朋友。胡雪岩和孙幺妹终日形影不离，白天一起拾柴火、过家家，夜晚并膝听讲故事、数星星。有一次胡雪岩通宵未归，家人四处寻找，到了天明，竟发现他和孙幺妹钻到稻草堆里睡得正香。青梅竹马，两小无猜，胡雪岩对此有最深刻的体味。

可惜好景不长，10岁刚出头，胡雪岩被叔父带到杭州学艺，从此与孙幺妹天各一方，音讯杳然。

记忆的闸门一旦打开，种种往事便奔涌而出，难以遏制。此刻，胡雪岩见黄姑唱曲，一招一式，莫不隐含着孙幺妹的影子。他忆起自己砍柴受伤，孙幺妹撮起嘴巴替他吹拂伤口；在燃起的堆火边，两人烧山芋，互相推让；恶犬扑来，自己挺身而出护卫孙幺妹。往事不堪回首，捐了候补道台的胡雪岩想起这些往事便有种种自卑，觉得尴尬。但混迹官商，识透人情世故，反而倍觉童贞可爱、

童心宝贵。

故而，胡雪岩产生一种冲动，要设法同黄姑私下里见一面。

众人听罢曲子，纷纷赏了黄姑，准备离去。胡雪岩付了账，偕大家向城里走去。才走了里许，胡雪岩随手往袋里一摸，突然脸色大变，惊叫道："我的褡裢哪里去了？"大家都感愕然，胡雪岩着急道，"丢了银子事小，里面有本明细账，万万丢不得。"这么一说，众人都觉非同小可。蒋师爷以手加额回忆道："我记得雪岩兄听曲的时候，把褡裢放在桌上，大概忘了拿走吧。""对了，是这么回事。"胡雪岩恍然大悟，急着要回去取褡裢。大家都要陪他返回，胡雪岩执意不肯，阻拦道："游乐一天，都疲乏了，早早回家歇息，我自会处理。"带着小厮告辞而返。

黄姑尚未离店，见胡雪岩返回，诧异道："老爷有事？"胡雪岩道："正是为你而来。""为我？"黄姑大惑不解。胡雪岩道："你当真认不得？"黄姑仔细端详他半晌，摇摇头，平时捧角儿的观众不少，哪能记住许多？胡雪岩颤声道："孙幺妹，还记得我们在山洞里烧芋头吗？"

黄姑愣住了，儿时的欢乐齐涌脑际，她蓦然醒悟："你是，胡老爷！""叫我雪岩好了，他乡遇故交，真是巧得很。"黄姑泪水涟涟，泣不成声，向胡雪岩哭诉自己遭遇。孙幺妹10岁时，一场瘟疫袭来，父母均病亡，孙幺妹被一黄姓人家收养，改姓黄。黄家是江湖艺人，四处卖艺为生。黄姑学唱旦角，逐渐有了名气，在安庆班做了台桩子。

黄姑带胡雪岩去后院看养父，养父枯槁如柴，卧床不起。胡雪岩忙掏出10两银子，吩咐店主去请大夫诊治。一连几日，胡雪岩都在奔忙，他为黄姑父女赁下一处院宅，叫了老妈子、小厮伺候。又和杭州城的戏班"三元班"老板谈妥，让黄姑补一个角儿。做完这些胡雪岩才松了一口气，有一种偿还了感情债的轻松。他向来极重乡邻关系，凡有家乡来的故人，不论高低贵贱，一律殷勤款待，待如上宾，致送馈赠。对黄姑，不单是乡亲，还多了一分说不清的眷念。

黄姑受到胡雪岩的照顾，生活安定，忧郁一扫而空，平添几分颜色。每次胡雪岩光临，黄姑精心装扮，光彩照人。渐渐地，胡雪岩到黄家的次数越来越多，不单是乡亲情分，也有“窈窕淑女，君子好逑”的意味。胡雪岩本是寻花老手，黄姑正当妙龄，尚未出阁，对胡雪岩有心巴结，百般趋奉，两人日久生情，便有爱慕之意。因青梅竹马，胡雪岩不愿轻率从事，把黄姑当作烟花女子玩弄，他希望保持儿时的纯洁感情，然后明媒正娶、顺理成章结成夫妻，无愧于对方。在生意场上久了，尔虞我诈，钩心斗角，胡雪岩特别希望得到真情实意，安慰疲劳的心灵。

胡雪岩不惜重金，替黄姑的养父买到衙门的一个差事，这样，黄姑好歹也算公人的千金，面子上也光彩。黄姑体谅到胡雪岩的苦心，感动万分，把胡雪岩已当作是自己的丈夫，更加温柔体贴。这夜，胡雪岩到黄家小坐，不觉天色已晚，养父借故出去待会儿，屋子里便只剩下他两个。摇曳烛光中，黄姑两颊红云，娇艳动人，她双眼低垂，粉颈微露，丰满的胸部剧烈地起伏。胡雪岩一时看呆了，恍惚间像是面对天仙。黄姑见他发傻，扑哧笑道：“看什么，难道没见过我？”“唉，女大十八变，越变越好看，当年的孙幺妹哪里去了？”

“可是总有人瞧不起我呢。”黄姑娇嗔道。

“谁会这样有眼无珠、不识美人？”胡雪岩道。

“眼前就有一位，”黄姑白他一眼，自怨自艾道，“整天往这里跑，邻居都有了闲言碎语，不明不白是怎么回事儿？”

胡雪岩心里一热，黄姑的情义溢于言表，自己不可无动于衷，他道：“有句话，不知你听了生气不？”

“只要不是存心气我，咋不能听？”

胡雪岩凑近她耳边，恰好窗外一阵风刮来，烛火跳跃几下，熄灭了，屋里漆黑一团。正是天赐良机，胡雪岩一把将黄姑搂在怀里，少女特有的馨香顿时充满口鼻，他忘乎所以。黄姑颤声道：

“你愿意的话，都拿去吧。”

胡雪岩抑制不住冲动，双手伸向她的下体，忽然，似曾相识的情景使他停止了动作。我这是干啥？玩弄一位风尘女子吗？既然有心娶她，就应当有始至终，完美无缺，毕竟娶妻和嫖妓，天壤之别啊！胡雪岩感到内疚，愈加清醒，他珍视从小培养的感情，不愿轻易玷污了它。要保持完美，必得按规矩办，明媒正娶，洞房花烛，才无遗憾。

于是胡雪岩松开手，点燃蜡烛。黄姑又羞又气，哭出声来：“你，不要我了？”

“要，才不敢唐突，”胡雪岩道，“明天我便央人来下聘。”

黄姑有些惭愧，原来误解了他。

第二天，一件意外的事彻底打乱了胡雪岩的计划。一大早，王有龄便差人送来一份官报，上面刊有一则消息：太平军踏破清军江南大营，逼近上海，苏南地方失陷30余州县。胡雪岩震惊不已，苏南高邮设有阜康一个分号，进出数十万两银子，一旦被太平军没收，损失巨大。胡雪岩忧心如焚，立刻派心腹前去打探分号的情况。分号的挡手叫田世春，从前在信和当小伙计，为人机灵，生意场上是把好手。战乱之中，钱庄成为乱兵洗劫的目标，阜康这家分号凶多吉少，胡雪岩茶饭不思，夜不成寐，密切注视苏南方面情况。

挨到第八天晚上，阜康门外忽然响起敲门声。伙计打开门，一个血糊糊的人滚进门倒在地上，骇得伙计惊叫，惊动了所有的人。大家点灯一照，此人正是高邮阜康分号的挡手田世春。胡雪岩闻讯赶来，吩咐把田世春扶到床上，灌了一碗参汤，田世春才清醒过来。

“胡老板，总算又见到你了。”田世春喜极而泣，又哭又笑，神经都显得不正常。

“回来就好，回来就好，慢慢再谈。”胡雪岩安慰道，连夜叫来医生，验明田世春身上竟有18处刀伤，众人惊愕万分。田世春慢慢道出缘由。

田世春不愧是个精明商人，他不单埋头做生意，而且眼观六路，耳听八方，密切注意社会动态。早在太平军大败湘军回师安庆时，他便预料到太平军必然挟胜者雄风，对江南地方有所动作。田世春以做短期生意为主，快速出击，见好就收，竭力回笼短期货账，以备不测。当太平军向江南大营动手时，田世春已将钱庄存银40万两雇了几辆马车向杭州起运，幸免于战火。但辚辚马车，毕竟比不上太平军的战马来得快捷。一天，运银的马车同一支太平军的前哨马队遭遇。见马队只有10来个士兵，田世春索性破釜沉舟，叫伙计们操刀备家伙，同马队干上了。

训练有素的太平军士兵没料到商队伙计竟敢同他们较量，一时慌乱起来。田世春仗着年少时学过几手武艺，殊死抵抗，身上中刀十几处，血流满身，仍不退让。伙计们见挡手如此，也都平添勇气，拼力砍杀。这支前哨马队本有忌惮，见商队如此亡命，不敢恋战，匆匆遁去。钱庄的银子得以保全。从来只听说兵劫商，此番居然商队赶跑兵士，胡雪岩真是难以置信。

“马车现在何处？”胡雪岩急切问。

“我怕再遭乱兵，藏在乡间一个隐蔽处。”胡雪岩当即派人去取银子，分文不缺。

“了不起，了不起，田世春千里护银，可歌可泣。”胡雪岩一叠声道，激动得忘乎所以，在客厅中来回踱步，大声嚷嚷。银子失掉了尚可赚回来，一名忠诚的伙计，可谓千金难求。对田世春，当行重赏。可是银钱，似乎还不足以奖励田世春的大功，田世春的忠心不是银钱所能换得的。为了采用何种奖励的方式，胡雪岩破天荒第一次难下决断。他知道自己的事业需要大发展，尤其需要田世春这样的助手，一旦得到主人的信赖，便会像猎狗一样去冲杀、撕咬，即使付出生命也在所不惜。自己应该制造一只猎狗的项圈，去笼络、羁束对方，永远为己所用。

田世春父母双亡，是个孤儿，正当青春年少，尚未娶亲，如

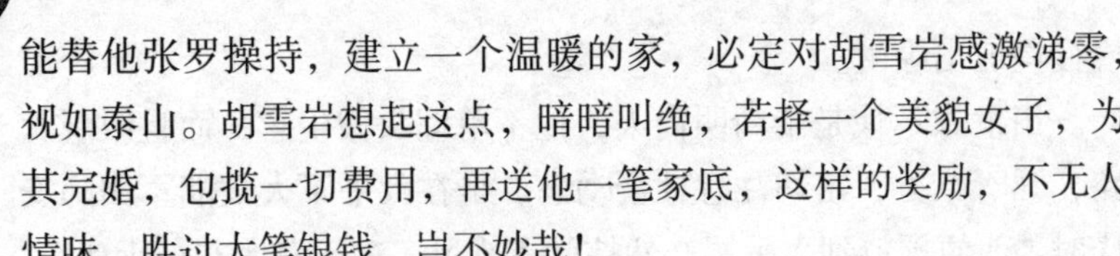

能替他张罗操持，建立一个温暖的家，必定对胡雪岩感激涕零，视如泰山。胡雪岩想起这点，暗暗叫绝，若择一个美貌女子，为其完婚，包揽一切费用，再送他一笔家底，这样的奖励，不无人情味，胜过大笔银钱，岂不妙哉！

胡雪岩细细盘算，杭州城里，有面子、有身份的姑娘家谁可择娶。想了半天，都不如意。田世春的妻子，不单应有才有貌，更重要的是应该和胡雪岩有一定亲缘，对胡雪岩应言听计从，才能起到项圈的作用，约束丈夫。花街柳巷有几个风尘女子，与胡雪岩有肌肤之亲，且拜他为干爹，但做田世春的妻子，太不够格，反而有损田世春的面子，致招愤恨，弄巧成拙。一定是个处女身子，令田世春深为喜爱，才能达到奖励的目的，体会胡雪岩的一番苦心。

冥思苦想，忽然一个念头悄悄潜入心底，胡雪岩吓了一跳："我怎么了，能这样做吗？"然而过了一会儿，那念头又顽固地占据了他的脑子。理智告诉他，把黄姑嫁给田世春，再恰当没有。胡雪岩有一种负罪感，对于黄姑，他已有了"妻子"的感情，是他感情世界最后的堡垒。生意人讲交易，什么都可以买卖，难道感情也可以交易？胡雪岩困惑了。但他几乎是本能地、不由自主地盘算起把黄姑嫁给田世春的利弊来，尽管是极不情愿，然而人一生中不情愿干的事还少吗？为利所惑，无利不贪，只要有利，何乐不为？

黄姑是自己的同乡，俗话说，美不美，乡中水，亲不亲，故乡人。同乡人总是互相庇护的，乡情如同牢固的纽带，令她永远忠实于自己。黄姑对自己一往情深，青梅竹马，这份特别的感情可谓金不换，少女的痴情可以相伴她终生，是忠实的保证。谁都知道黄姑和自己的关系，而一旦把她嫁给田世春，他会感激主人的割爱，并且具有特殊的意义，主人能把初恋的女人毫不犹豫地转让给伙计，这份信赖价值如何？

胡雪岩被自己高尚的行为所感动，他庆幸自己没有像在妓院那样轻率冲动，占有黄姑，因而可以把这个纯洁的女人送给田世春。但又有几分肉痛！唉，那可是个尤物呀，足以令男人陷入温柔乡中失魂落魄。但这遗憾只几分钟便被男子汉大丈夫固有的骄傲代替了：女人算什么，不过换件衣服罢了，天涯何处无芳草，有钱什么样的女人买不到，送走一个黄姑，换得的好处，十个黄姑也不止。人生便是一场交易，只有赢利或亏本，没有其他存在。胡雪岩主意打定，他不再留恋儿女情长，他是个精明的商人，把黄姑的情义换算成筹码，投入交易，并且从此不再为情所惑。

选个日子，胡雪岩把田世春带到黄家，介绍给黄家父女。对胡雪岩的朋友，黄姑十分殷勤好客，并无特别的想法。她奇怪胡雪岩为何迟迟不来下聘，眼睛里满含怨艾和忧郁。胡雪岩躲避着黄姑目光的探询，竭力称赞田世春的功劳，并宣称说要提拔田世春坐阜康的第二把交椅，今后黄家父女见了田世春就和见到胡雪岩一回事。

回钱庄后，胡雪岩问田世春，对黄姑的印象如何？田世春颇感困惑，老板和黄姑从小要好，现在即将成亲，钱庄上下都在传言，老板问这话什么用意？田世春小心谨慎答道："黄姑才貌双全，温柔贤惠，是位相夫教子的理想女人。"

胡雪岩高兴道："太好了，嫁给你做老婆怎样？""我？"田世春大出意料："胡老板，你不要她了？""我根本就没要过，"胡雪岩解释道，"看在同乡情分上，我照看她父女俩，也算尽了心意。如果黄姑能有你这样的丈夫托付终身，真是一桩功德无量的事。"

田世春疑云丛生："你俩整天在一块儿，大家都把她当胡太太。"

"哈哈，你放心，"胡雪岩爽声笑道，"信不信由你，我没动她一个指头，她还是处女身。"

田世春不由得激动万分，老板把心爱的女人送给自己，该是多么大的信赖和关照，便结结巴巴道："若能与黄姑为侣，田某感念老板恩惠，效犬马之劳，万死不辞！"

胡雪岩感慨道："人非草木，孰能无情。黄姑对我多情，岂能不知。但她与你郎才女貌，更能相配，只要你不负我厚望，便是十个黄姑也不足惜。"

胡雪岩暗中叫来养父，许以重金，要把黄姑嫁给田世春。养父见胡雪岩主意坚决，田世春也非等闲人物，慨然应允，只瞒着黄姑。按照杭州人家嫁女的规矩，胡雪岩差媒人前去黄家下聘，黄姑从此便不得出门，等候成亲日子到来。黄姑仍然蒙在鼓里，沉浸在巨大的喜悦当中。她以为胡雪岩兑现诺言，将娶她为妻。

择吉迎娶的日子到了，黄姑头顶红帕，在鼓乐声中被伴娘搀扶着离开家门，踏进花轿，走向夫家。朦胧中她看到胡雪岩的身影在前后晃动，张罗忙碌，心中便充满甜蜜。进夫家，拜天地，拜祖宗，夫妻对拜，一切行礼如仪，黄姑懵懵懂懂，全然不知，被拥进洞房，独自一人坐在婚床上，听着门外喧嚷的人声，只盼望喜筵早些结束，她和胡雪岩洞房相见。

延至午夜，洞房门开，田世春喝得醉醺醺的，被人拥入洞房。咔嗒一声落锁，房里只剩一对新人。田世春见新娘美艳绝伦，顾不得去揭红帕，搂住黄姑不停亲吻。黄姑早有许身意，一任他轻薄，身子软如一团泥。女人的敏感使她觉得有些不对味儿，这男人温存不足，粗鲁有余，动作未免太野蛮了些。黄姑就着灯光细看，差点昏迷过去，哪是胡雪岩，分明是田世春。

黄姑惊叫一声，推开田世春，柳眉倒竖，杏眼圆睁，怒声喝道："好个大胆的贼，竟敢来调戏你家主妇，该办什么罪？"

田世春笑嘻嘻道："黄姑娘误会了，胡老板做媒，把你嫁给我做老婆，大家都知道的。"

黄姑一阵天旋地转，道："胡说，当初胡老板亲口告诉我，要来下聘娶我。"

"没错，起初是这样，后来他改变主意，把你给我，作为奖赏。"

黄姑细想一遍，回顾近日来胡雪岩躲避不见的动作，以及他对田世春的称颂，只觉血冲脑门，恨从心起，发抖道："你们，怎么连感情都可以转让？”话未说完，便昏倒过去。田世春酒气上冲，色心萌动，放肆地抱起她，扑向婚床。一番疯狂的发泄后，田世春才相信胡雪岩的话，黄姑果然是处女。

黄姑苏醒过来，生米做成熟饭，木已成舟，一切都无可挽回。

此事过了许多天，传到知府王有龄的耳中，他大为惊叹，竖起大拇指夸赞道：“雪岩老弟深谋远虑，不为色动，忍痛割爱，有古哲先贤之风，了不起，了不起啊！”

田世春从此死心塌地为胡雪岩效命，忠心耿耿，宛如孝顺父母，直至胡雪岩破产，也从未变心。

求内助，翠环登堂入室

八月十八这天，秋高气爽，阳光灿烂。胡雪岩特地关照钱庄挡手田世春，给伙计们放假一天，去钱塘江大堤观潮。一班要好的生意中人也相约一同游玩。胡雪岩安排停当，已有几位朋友驾到，于是几乘轿子迤逶穿行在杭城大街，向钱塘江进发。

忽然街上人群纷纷骚动，有几个兵丁提着铜锣，一路“嘡嘡嘡”敲着跑过来，高声喊道：“众位百姓，乡亲父老，快去海宁大堤祭潮神啰！”霎时人流潮涌、车马杂沓，一个劲儿向城外涌去。人们扶老携幼、兴奋不已，呼朋唤友，十分热闹。

原来杭州钱塘江大潮，为天下一大奇观，自古以来闻名于世。每年八月十八日，月亮最圆之际，海潮受到月亮吸引，潮汐涌起，倒灌入钱塘江口。因为钱塘江口形状如喇叭，外口宽阔，内里浅狭，潮水与江水迎面相撞，无处湍溢，便迎头相撞，潮头像墙壁一般腾起，波涛直指天空，其势撼山动地，蔚为壮观。所以有诗赞曰：八月十八潮，壮观天下无。

胡雪岩一行在人流中缓缓移动，好容易登上高高的钱塘江大堤。堤上搭了许多看台，论价出租给看客。胡雪岩他们选了一处绝好的位置，临江而坐，观看胜景。只是堤上万头攒动，观者如堵。官宦人家彩旗猎猎，华盖如云。庶子百姓如蚁涌动，来往络绎。堤上人声喧嚷，卖糖果瓜子的小贩高声吆喝，穿插人群中间。人们纷纷引颈张望，踮起足尖，极目远眺，只见水天一色，江流茫茫，海鸟上下翱翔，十分悠然自得。水上波光粼粼，微澜时起，钱塘江面显得很平静。

突然间，听见前面人声鼓噪，惊扰不安，许多人一齐大喊："来了！来了！"

霎时间，胡雪岩远远望见那水天相接处出现一条白线，渐渐愈来愈粗、愈来愈近。侧耳细听，有如闷雷在天际滚动，由远及近，发出轰隆轰隆重的声响。一忽儿潮水倏然而至，满江旋涡卷卷，银花朵朵，像亿万条银鱼在跳跃翻滚，又好似数里长的天鹅群排成一条线，银翅齐扇。忽儿翻江倒海，浊浪排空，潮水混沌汹涌，波飞云乱，冲天而起。鸟儿来不及飞，鱼儿来不及避，都葬身江中。一时间，惊涛击石，千堆雪溅，平地一道水墙荡决南山，背击北岸，气魄恢宏，惊心动魄。正所谓：滔天浊浪排空来，翻江倒海山可摧。

胡雪岩在杭州生活多年，钱塘潮也看过多次，但今天所见，别有一番感受。人生搏击，生意如战场，好比钱塘江，波涌涛乱，瞬息万变，稍有不慎，便如飞鸟游鱼，被江涛埋葬。回想经商以来，败在自己手下者，不计其数，他们不过江中一点儿浪花，转眼即逝，如过眼烟云。而自己虽立于不败之地，焉知不会在哪一天，被险风恶浪吞食。遐想间，竟生出急流勇退的感觉。

忽然听见一声炮响，原来每年趁大潮起时，浙江水师都要进行水上表演。只见一群弄潮好手，各自驾着一叶轻舟，舞刀弄枪，在练习武艺。许多善于泅水的士兵，手执大旗，踩着浪头探起身子，争先恐后逆流而上，好像一队龙兵虾将，腾身翻滚，各显手段，而旗尾一丝儿也不沾湿，令人叹绝。

直到过午，江上表演才告结束。

"宣泰"绸缎庄孙老板倡议道："今天我做东，请诸位到'醉瑶台'小酌一杯如何？"大家才想起肚子已经饿了，纷纷赞成。胡雪岩笑道："那店里的'东坡肘子'很有名气，我叫下人抬一瓮陈年花雕来助兴。”

一行人赶到“醉瑶台”酒家，捡雅间坐了满满两大桌。这时仆人抬来一个大瓮，胡雪岩亲自揭开封皮，只见瓮中酒面上漂浮着几团白毛，果然是陈年老酒。仆人撇去白毛，勾兑上新酒，阵阵浓香飘逸，引得大家垂涎不止，都说口福不浅。

酒保布上菜肴，其中“东坡肘子”盛在大圆盘中，肉色呈琥珀状，香酥绵软，入口即化。美酒佳肴，众人赞不绝口，纷纷提议，要请庖厨到场,敬他一杯。这原是客人对菜肴极为满意的习惯做法。酒家老板拗不过众人的请求,果然去叫主厨。待厨师来到餐桌前时，众人不免吃惊：原来烹制绝妙好味者，竟是一位妙龄女郎。只见她面若桃花,略带羞涩,向客人们福了一福,道:“工夫欠佳，味道不好，务请诸位多包涵。”话语不多，落落大方，显示出一种精明能干的气魄。胡雪岩见过许多女子，或扭捏作态，或浓妆艳抹，以艳诱人，或娇嗔缠人，不胜其烦，都是俗不可耐之辈。但眼前这位女厨工，却令他耳目一新，不可小看。胡雪岩只一瞥，便觉气味相投，怦然心动。听酒家老板介绍：她名翠环，祖上曾是嘉庆爷宫中御厨，烧得一手好菜。翠环得家传熏陶，耳濡目染，成为杭州烹调高手，其烹制的“东坡肘子”一菜，连曾大帅也极赏识呢！

翠环谢过客人离去后，桌上又恢复了热闹气氛，大家猜拳行令，兴致甚高。唯有胡雪岩有些神不守舍，精神恍惚，错出了几次酒令，被罚了几大杯酒。“天一阁”书画铺江老板揶揄道：“雪岩兄莫不是还在回味那道‘东坡肘子’？”

众人哄然大笑，调侃不已，有的说，其味妙不可言，齿颊留香，岂能忘怀？有的怂恿胡雪岩，何不将女厨工延请到家，专事烹制，那才尽兴。大家知道胡雪岩性好风流，所以言笑放肆猥亵，不怕他气恼。

胡雪岩含笑不语，心里自有主张。他是风流少年，寻花老手，常常自谓：一不做官，二不图名，但只为利，娶妻纳妾，风流一世，此生足矣！因此对中他心意的女人，决不轻易放过。

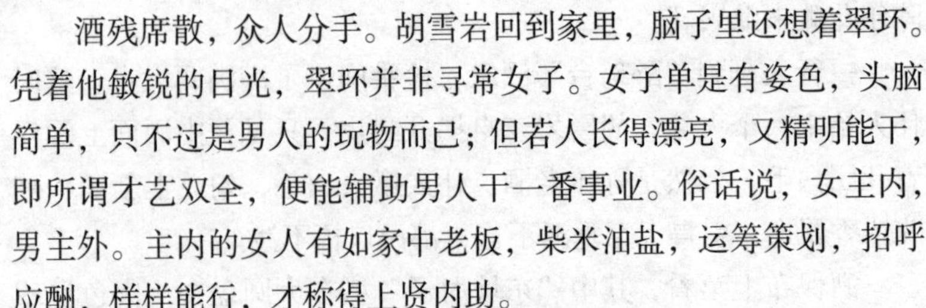

酒残席散，众人分手。胡雪岩回到家里，脑子里还想着翠环。凭着他敏锐的目光，翠环并非寻常女子。女子单是有姿色，头脑简单，只不过是男人的玩物而已；但若人长得漂亮，又精明能干，即所谓才艺双全，便能辅助男人干一番事业。俗话说，女主内，男主外。主内的女人有如家中老板，柴米油盐，运筹策划，招呼应酬，样样能行，才称得上贤内助。

胡雪岩现在的太太，系父母包办，人才尚可，肚中无货，且不善应酬客人。每有客至，胡雪岩嫌她上不得台面，不让她见客。作为成功的商人，家无贤妻支撑，不免感到遗憾。所以胡雪岩虽然寻花问柳，遍撒情种，却常常有知音不遇的感叹，心中十分孤寂。

翠环的出现，令胡雪岩十分兴奋，既是御厨之后，烹调高手，调节筹划，主持家政，必然十分熟稔，若能娶来家中，入掌内务，可免他后顾之忧。

胡雪岩主意打定，每天必到“醉瑶台”酒家用餐，而且一定要点“东坡肘子”，指明由翠环亲手烹制。食后自然赞不绝口，给翠环许多赏银。日子长了，“东坡肘子”吃厌了，令胡雪岩一见就想呕，但他依旧做出高兴模样，索性叫仆人带了食盒，把菜装进食盒，口称带回家去，出门便倒在小河里。

有一天，胡雪岩正在“醉瑶台”用饭，面对“东坡肘子”一箸未动，只盼着翠环出现，好给她赏银。不一会儿，翠环来到桌前，胡雪岩刚要给她赏银，却见翠环掏出一卷契纸，递给胡雪岩。

胡雪岩见是一张土地契约，写明购买万福桥一带土地百余亩。胡雪岩困惑不解。翠环道：“胡老板每次给的赏银，我都积攒下来，无功不受禄，就算帮胡老板存着，买了这片土地还给你。”胡雪岩吃惊不小，原来翠环如此有心计，他又问道：“买地哪里都一样，何必要买万福桥一带的地？那里离城太远，荒凉少人。”

“胡老板难道不知道？”翠环莞尔一笑道，“万福桥虽然并非闹市，但濒临钱塘江，如今五口通商，洋货源源运到中国，不久的将来，万福桥必定是很繁荣的码头，到那时地价猛涨，胡老板准能大赚一笔。"

胡雪岩惊愕万分：一介女流，竟有如此远见卓识，生意眼光超过自己，实在难得！他无话可说，想了片刻，说："翠环姑娘筹划有方，实在敬佩，只是赠送给你的银子怎好意思收回，这片土地当属姑娘。"

翠环正色道："胡老板非亲非故，却把许多银子慷慨送人，如此奢侈浪费，纵然金山一座也会被淘空的，那时悔之晚矣！"翠环说罢，径自走了，撇下胡雪岩呆立在桌旁，怔了半晌。

经此一事，胡雪岩越发下了决心，非娶回翠环不可。

胡雪岩托人请"醉瑶台"谢老板出面做媒，向翠环提亲。

翠环家在京城，因父亲在恭王府家中掌厨，不慎误烹了毒蘑菇，使恭王食后中毒，被定为"谋杀未遂"罪流放，老死边塞。翠环南下求生，到"醉瑶台"做厨工，已近十载。她性情刚烈，不少纨绔欲求为妻，均遭拒绝。谢老板见她厨艺精湛，不恋虚荣，把她当女儿看待。谢老板受人之托，选个闲暇时间，把翠环叫到一边，向她拱手道：

"恭喜恭喜，姑娘马上将要大福大贵了。"

翠环明知故问："我一个罪人的女儿，有什么富贵可言？"

"杭州城首富胡雪岩先生托我做媒，欲与姑娘结为百年之好，姑娘若是愿意，胡先生家财万贯，你便是阔太太啦！"

翠环冷笑道："胡先生家有太太，各地钱庄皆有主妇，我嫁过去，到底算第几房？"

谢老板脸上的笑容僵住了，他只顾高兴，却忘了胡雪岩风流成性，到处均有专宠，翠环恐怕不肯做他的小妾。

谢老板劝道："女人终归要嫁人，姑娘年龄已大，青春无多，应及早寻个依靠。胡先生号称财神，纵然做个偏房，也可保你终生吃喝不尽。俗话说：嫁汉嫁汉，穿衣吃饭。宁可给富儿做妾，不可与穷鬼当妻。姑娘万不可意气用事，错过了大好机会。"

谢老板一再规劝，翠环硬生生抛下一句话："若要嫁胡先生，

必须当正室。”

胡雪岩听了谢老板报告，心里凉了半截，太太是母亲做主，明媒正娶，若要休她，年迈的母亲决不同意，反而落个“不孝”的恶名。再者，胡太太虽不甚贤惠，但恪守妇道，并无大的过错，算是贫贱之交的患难夫妻。糟糠之妻不下堂。抛弃发妻，必遭人耻笑，今后在官场上如何做人？思来想去，休妻万万不可，翠环的要求绝难办到。

但放弃娶翠环，胡雪岩亦不愿意。他苦苦追觅多年，好容易遇到这等聪慧女子，怎肯轻易舍弃？

胡雪岩辗转难眠，茶饭不思，平生第一次遇到如此棘手之事，田世春向胡雪岩献计道：“这事不难，有人娶亲，怕妻妾相处，家中内讧。不堪其扰，便想办法在外新购一处公馆，金屋藏娇，一切称呼与夫妻一样，娶来的妾也穿红衣，叫作‘两头大’，只要妻妾不见面，可保平安无事。”胡雪岩得此提醒，大为高兴。

翠环本意亦喜欢胡雪岩，只是要为自己争一个名正言顺罢了，现在见胡雪岩让步，她是聪明人，知道凡事不可过分，便应允了这门亲事，但提出一个要求，把远在黑龙江的父亲坟墓迁回北京。胡雪岩做得更漂亮，他派人到北京恭王府，使出银子上下打点，让恭王记起翠环父亲的种种好处，奏请朝廷为其平反，恢复了御厨身份。

翠环因此十分感激，一颗心拴在胡雪岩身上，再也离不开。胡雪岩在杭州城外选一处僻静地方，大兴土木，建造了一座公馆。其豪华堂皇，不亚于京城王府宅第，为掩人耳目，取名赵公馆，盖借他母亲姓氏。一切停当，择定日子，迎娶翠环，礼仪均按正妻待遇，坐花轿，穿红衣，戴盖头，放二十四响炮，热热闹闹，只是瞒着胡太太。杭州城人们都知道胡财神娶有两个“正妻”，一时传为美谈，沸沸扬扬。

世上没有不透风的墙。胡雪岩娶了翠环以后，因她风姿绰约，能说会道，待人接物落落大度，非常赏识，常偕同翠环在生意场上应酬，向别人介绍翠环时冠以“胡太太”称号。久而久之，南来北往的生意人都知道“胡财神”娶了位能干的太太。

有一天，比利时商人斯特利因做一笔西洋参买卖，从上海赶到杭州去见胡雪岩。斯特利同胡雪岩打过几次交道，人极熟识。若按外国人的习惯，斯特利很想同胡太太攀交情，做她的情人。可是中国传统不允许，胡太太很委婉地拒绝了他。斯特利并不认为有伤自尊，反而更加敬重胡太太，不惜千里迢迢到杭州胡宅，一来为生意奔忙，二来很想见见胡太太，同她说几句话。

痴情的斯特利并不懂得胡雪岩家里的名堂，他带了一名翻译，犹如不速之客，大咧咧到了胡宅，要见胡雪岩。因事先并未联络，胡雪岩并不知斯特利驾到，去外地公干了。门口仆人告诉斯特利：“胡老爷不在家。”斯特利很高兴，真是天赐良机！照比利时的风俗，男主人不在，正好同女主人调情，男主人回家亦不见怪。斯特利便指名要见胡太太。

仆人再次通报进去，胡太太很诧异：自己平素深锁闺中，大门不出，恪守妇道，哪里会认识洋人？缘何洋商会口口声声要见自己？因为丈夫不在家，女眷不能见男客，胡太太便拒绝了。斯特利认定机会难得，以为胡太太托词回避他，觉得有伤面子，发了牛脾气，打定主意非见到胡太太不可。斯特利在胡宅外面傻等，引来许多市民围观。那时杭州很少有外国人，偶有“洋鬼子”来访，便足以当作新闻传播。人们见洋鬼子待在胡宅门前，都感新奇，观者如堵，指指点点，议论纷纷。管家见实在不像话，劝告胡太太道：“太太，洋人的习惯与中国不同，他们男女不避，可以随便握手拥抱的，或许这位洋人有要事和老爷商量，才如此固执要见太太，不妨叫他进屋来，免得被别人笑话。”

胡太太满脸通红，叮嘱管家，一定要转告洋鬼子，不得逾越规矩。

斯特利总算获准进宅，到了客厅，他照例热情似火，迎上前要同胡太太拉手。不料胡太太躲开他，吓得变了脸色。斯特利定神一看，连呼奇怪，眼前这位胡太太，姿色寻常，不施粉黛，脸面蜡黄，布满皱纹，活像安徒生童话中的森林老巫婆。斯特利叫“NO！ NO！ NO！”，摇头不止，用半生不熟的中国话，连比带画道：“你，保姆，不是太太！”

翻译告诉胡太太：洋人说请你们太太出来。胡太太闻言满脸不高兴，回敬道：“我就是胡太太，有什么事儿尽管告诉我。”

斯特利说，胡太太不是这样的，她年轻，漂亮，还会跳交际舞。

胡太太听翻译一说，立刻心如发细，猜测其中必有原因，追问道：“你在哪里见过年轻漂亮的胡太太？”

斯特利回答说是在上海。管家情知不妙，胡雪岩事先曾关照过他，不得把翠环的事告诉太太，否则便要开除他。此时管家怕斯特利说多了露馅，喝住他道：“不要胡说八道，眼前这位才是胡先生的太太！”

翻译如实相告，斯特利吃惊得瞪大蓝眼睛，他无论如何也不明白中国人怎么允许有两位太太？按他的理解，中国男人所纳的“妾”，地位和西方“情人”一样，不能称为妻子的。斯特利也弄糊涂了，喃喃道：“胡先生，两个太太？”这话胡太太听得明明白白，刚要问个清楚，管家很粗暴地对斯特利斥道：“别说了，我家太太很不高兴，请便吧！”翻译见不对头，忙把斯特利生拉活拽带走了。

胡太太此时定了定神，冲着管家冷笑道：“哼，你们男人家干的好事，只瞒着我。”管家背脊阵阵发凉，嗫嗫讷讷道：“太太休听洋人胡说，那家伙准是喝醉了，到这儿撒野。”

胡太太冲着门外喊一声：“史先生在哪里？”

账房史先生匆匆跑来问：“太太有什么吩咐？”

“立刻给他发三个月工钱，请他走路。”

史先生吓呆了，不知平素优柔寡断的太太为何此刻竟如此干脆利落，要开除管家，他可是胡先生跟前的红人呀！史先生不知怎么办，一时立着未动。胡太太火气愈盛，哭骂道：“你们这些没心没肝的东西，平素我待你们一片好意，全给狗啃啦，串通一气哄我，你们不走，老娘走！”说着便要朝门外去。

太太负气而走，事情闹大了。管家见没法隐瞒，伸手打自己几个嘴巴，自责道：“都是我不好，只记得胡先生吩咐，不要告诉太太，让太太生那么大的气，现在我说实话，太太千万别走！”

胡太太气呼呼道：“你说吧，我听着！”

管家和盘托出内情，胡太太气得脸色煞白，浑身发抖。

胡太太此刻满脸怒火，恨不得将翠环撕得粉碎。盛怒之下，追问管家，新太太的公馆在何处？管家情知不妙，死活不肯说。胡太太自有主意，不去管他，回到卧室，唤来贴心丫头，密嘱如此如此。不到半日，丫鬟打听得明明白白，回禀胡太太。

胡太太点了几位长得粗壮剽悍的仆人，有如带兵出征的将军，气势汹汹，直奔翠环住的公馆。

胡宅上下都捏着一把汗，等待传来凶讯。

不料胡雪岩喜爱新宠，带翠环一同外出未归。胡太太面对紧锁的大门，无可奈何，只好鸣金收兵，撤回人马。虽然没有出事，但着实吓了众人一跳。

胡太太不吃不喝，躺在床上生闷气，眼泪止不住往外流，成了一个泪人儿。

管家偷个空子，派人密报胡雪岩。胡雪岩其时正在江西办事，闻讯后顾不得公事，星夜赶回杭州。进家门之前，他已想好对策，索性一不做二不休，和太太大干一场，毕其功于一役。

胡雪岩不去理她，直奔母亲房中。自从胡父病逝后，胡母便是家中老祖宗，有如《红楼梦》中大观园的贾老太太，具有“一言九鼎”的无上权威。胡母年近八旬，尚耳聪目明，身体健康。胡雪岩进门去，先冲老母亲磕个响头，口称：“孩儿向母亲大人请安。”胡母笑呵呵叫他起来，胡雪岩立刻献上一盒“长寿膏”，言称从江西庐山带回来孝敬老母。胡母拉着儿子，仔细观看他的头发，心痛道：“我儿，你头发怎么又白了几根？”

胡雪岩叹道：“母亲大人不知，孩儿心中有事，伍子胥过韶关，

一夜愁白了头发，孩儿白几根头发，又有什么奇怪！”

胡母诧异道：“孩子，这些年你生意兴隆，银钱大把进，我们家有吃有穿，比你爹在时好了不知多少，还有什么不高兴的？”

胡雪岩做忧愁状道：“人无远忧，必有近虑，孩儿虽然事业兴旺，财势皆有，但偌大家业，后继无人，一旦有个三长两短，谁来续我胡家香火？俗话说不孝有三，无后为大，孩儿至今没有儿子，实在对不起母亲大人。”

这话点中胡母心事。原来胡雪岩娶亲后，太太只生有两个女儿，一名荷花，一名荷珠。荷花已嫁到京城，荷珠待字也闺中，胡母望眼欲穿，巴望儿媳生个男孩，至今不能如愿，成为她心中最大憾事。胡雪岩提起这事，母子俩心思合在一块儿了。

胡母老泪纵横，道：“我每天吃素念佛，替你祈求送子观音大发慈悲，为我们胡家添个男孩，天见可怜，菩萨总会顾念我们的。”

胡雪岩叹道：“母亲大人的心意孩儿领了，但总不见动静，岂不让人着急。”

胡母想想，实在没有办法，只好让儿子纳妾生儿子。她刚提出来，胡雪岩便反对道：“小妾生的儿子，到底不是嫡出，名不正言不顺，终究让人抱憾。”

胡母惊讶道：“难道你想停妻再娶？使不得呀，你媳妇是我替你做主娶的，如今休了她，让我这老脸哪里搁？何况她素来孝敬公婆，恪守妇道，糟糠之妻不下堂，孩儿莫要胡来！”

胡雪岩早料到母亲会有此说，回答说：“我不会休妻的，但也不甘心从此绝后。”

胡母说：“既不纳妾，又不休妻，还能有什么好办法？”

胡雪岩侃侃道：“办法总是人想出来的，从前有些富贵人家为得到儿子，娶两个太太，分开居住，生的儿子都是嫡出，叫作‘两头大’，我们为什么不照此办理？”

胡母想想，颔首道：“这办法我也听说过，只是你太太愿意这样做吗？古云：家和万事兴。我可不愿见你们两口子吵闹不休。”

胡雪岩道："传宗接代是我家大事，只要母亲大人出面，劝她想开些，我认为不会有什么纠纷。"

胡母点头应允道："你太太是明白事理的人，待我劝她几句，只是新娶的太太一定要有宜男之相，能生儿子。"

胡雪岩笑道："母亲不必担心，孩儿已为你选了一位新儿媳。"说着拍拍手，早已准备停当的翠环娉娉婷婷上前来，对胡母行礼道："愚媳见过母亲大人。"

胡母把翠环从头到脚打量一番，暗暗夸赞：乳房肥硕，好奶孩子，屁股圆大，光景是生儿子的模样。笑道："好好，都依你，为娘老了，不中用了。"

当即赏给翠环一只玉簪，两副宝石耳环，作为见面礼。

有了母亲撑腰，胡雪岩越发胆壮，走进太太房中，见她暗自垂泪，不理睬自己。胡雪岩做出神态肃然模样，对胡太太道："妇道人家，不明事理，怎么搅黄我一笔生意，白白丢失了10万两银子？"

胡太太一听，吓了一跳，10万两银子不是小数。她立刻忘了和胡雪岩算账的事，诧异道："我大门不出二门不进，怎么能坏你生意？"

"那位比利时商人斯特利特意从上海来见我，商谈一笔大买卖，事先早已谈妥签约，却被你赶出门外。丢掉这笔生意不算，外国人讲究信用，倘若追究起来，告到朝中，官府办个'欺诈友帮'之罪，抄家流放，你还能安然坐在这里吗？"

胡太太被他一唬，脸都黄了，带着哭腔分辩道："我一个妇道人家，如何知道这些，现在该怎么办才好？"

"只好听天由命啦，"胡雪岩长叹道，"都怨我少叮咛一句，致有这种事情发生，你若不听我的话，恐怕只有在大牢里相见了。"

胡太太没了主张，那股凶悍劲儿早飞到爪哇国去了，一个劲儿点头道："听你的，都听你的。"

胡雪岩和缓了口气，道："事情并非不可收拾，我得讯后立刻向斯特利拍电报致歉，并保证和他合作，人家洋人既往不咎，开通大方，不和妇人一般见识，这不，又和我签了合约，赚了几万两银子，你也分一些做贴己钱。”

胡雪岩手里握一张 8000 两银票，伸到胡太太眼前。胡太太眼睛都直了，没想到自己差点闯下祸，还有这大笔贴己进款，她呆呆望着丈夫，不知所措。

胡雪岩心中暗喜，又打又拉，软硬兼施，看来太太不经折腾，早知如此，只给 2000 两银票足矣。

一番周折，胡太太没了锐气，气焰减少了许多。这时胡雪岩趁机提出生儿子的事，胡太太顿时面有愧色。旧时大凡妻不能为丈夫生儿子，便是天大的短着，见人难抬头。胡太太还能说什么呢？胸中的妒火早已熄灭，只剩一股怨艾之情，恨自己肚子不争气。

胡雪岩提出“两头大”的办法，胡太太没有吭声，自身难保，还敢多管闲事？

此后，翠环登堂入室，成了胡宅真正的女主人。她善体丈夫心意，四处网罗，连娶了十二房姨太太，使胡雪岩受用不尽、感激万分。

为求发展，雪岩不惜嫁女

午夜时分，秋风瑟瑟，怡情院中达官贵人、富商大贾麇集，商女弄弦、娼妓调笑，一片脂香粉热世界，好个温柔梦乡场所。

一乘小轿倏然而至，停在门外。胡雪岩走出轿外，掏出碎银打发轿夫走路。望着小轿消失在黑暗里，他回过头来，发现两个门人已酣然入梦，不由得暗笑机会难得，蹑手蹑脚跨过两条身躯，向院里潜行。按说，以胡雪岩的身份和排场来说，他大可不必做贼一般偷偷进院。哪一次到怡情院，鸨母莫不是笑脸相迎、姑娘们列队欢迎这位胡财神？但今天，胡雪岩不想张张扬扬，他要出其不意，给自己心爱的姑娘一个惊喜，同时想探知，自己不在院中时，这位姑娘接的什么样客人？

姑娘名叫李翠喜，原是京津名妓，因一次接客中得罪了军机处宝大人，害怕受到报复，便到上海重张艳帜，被怡情院鸨母重金收买留在院中。李翠喜生雍容华贵，一般小家碧玉难以相匹，故而名噪上海，风流人士趋之若鹜，莫不一亲芳泽以为荣幸。

胡雪岩一次到上海谈生意，经朋友引见，到怡情院与李翠喜相识，即爱不释手，不惜千金据为专宠。

这次胡雪岩又到上海谈一笔生意，船靠码头，他已止不住心里发痒，急着到怡情院去。但洋商麦得利亲自到码头迎接，事体重大，他也只得耐着性子，到麦得利寓所洽谈生意。谁知一谈便是大半天，待双方签完合约，已是午夜时分。胡雪岩心生一念：何不来个突然袭击，同李翠喜开个小小的玩笑，更见趣味？

怡情院楼下一片黑暗，正值客人与姑娘的销魂之时，院中了无人迹。胡雪岩悄悄登上二楼，来到李翠喜的香闺，见里面灯火阑珊、隐约传来娇嗔人语，不禁醋意顿生。

但，理智告诉自己：此乃烟花风月之地，娼女操皮肉生涯，

人尽可夫，有钱便是客人，本无可非议，吃的哪门子醋？若闹起来，倒显得自己鸡肠小肚，尽失潇洒风流。想罢，胡雪岩咽下一口气，悄然离开，踱到小客厅里，高叫一声："妈妈在哪里？"

鸨母原已入梦，听到叫声，本不想理睬，但细细一品，声音好耳熟，忙走出房门，见到胡雪岩，拍手笑道："哎哟！刚才老身正做好梦，梦见胡先生拉了一马车银子，骨碌碌直往院中来，果然驾到，真是再巧没有。"

胡雪岩打断她的话，道："别啰唆，李姑娘在什么地方？"

"她吗？"鸨母眼球儿转了几转，道，"她身上来红，有些不舒服，早早睡下了，还是别打扰她吧！"

胡雪岩架起二郎腿，从腰中掏出一串珍珠项链，说："可惜呀！这串合浦珠链，要值 2000 多两银子呢，她既无缘见我，还是别家姑娘得了吧。"说罢，收起项链便朝外走。

鸨母哪里肯放这位财神出门？她忙拉住胡雪岩，赔笑道："胡先生莫动火，我这就去叫李姑娘，你稍候片刻，去去就来，去去就来。"

胡雪岩又重坐下，鼻子里哼了一声，暗想："看你怎么从客人怀中拉出李翠喜来，今夜倒要看个笑话。"

不一会儿，隐隐约约从厢房里传来叱骂声："势利老鬼，一样是白花花银子，凭什么半路夺爱？"鸨母一叠声道歉："老爷不要发怒，只去片刻就来，千万通融一下！"

又听啪的一声，好像银锭摔在茶几上，有声音骂道："就这一刻，俺出 50 两银子，绝不低于他人。"

胡雪岩知道遇上个有钱的对手，故意把珍珠项链摇得哗哗响，叫道："妈妈，再不叫李姑娘出来，我可要别寻新欢啦！"

屋内窸窣一阵响声，李翠喜云鬓散乱、衣冠不整，疾步奔到客厅，对胡先生下跪道："倚门卖笑之人，身不由己，万望先生饶恕。"紧接着，一黑脸大汉跟进厅堂，去拉李翠喜，口里说："小心肝，千金买得一夜风流，这才半宿，快回房里去。"

胡雪岩开口道："胡某不才，愿出2000两银子买这后半宿，如何？"

黑脸大汉不肯认输，较劲道："再给4000两银子又何妨？老爷我多的是钱。"

两个男人眈眈相向，怒目而视，各不让步，慌得鸨母左劝右拦，不知如何是好。恰在这时，一个男子走进客厅，见了此状，哈哈大笑，道："这真是大水冲了龙王庙，自家人不认得自家人了。"

胡雪岩见了，认得是上海金行老板童德元，商场中常打交道的老朋友。那黑脸大汉也拱手为礼道："童兄，你被惊扰了，多有得罪。"

童德元忙向胡雪岩介绍道："胡老板，这便是我常提到的河北恒林货栈老板孙明伦先生。"

胡雪岩心中一亮："恒林"独占南货北运的生意，商场上气魄很大，被人称为"孙半天"，不想在这里见面。立时，他拱手致歉道："久闻孙先生大名，素未谋面，不知大驾光临，无意冲撞，还望孙先生恕不敬之罪。"

孙明伦岂有不知"胡财神"大名之理？顿时消了气，不好意思道："哪里哪里，孙某不知这小妞是胡老板的专宠，横刀夺爱，大有不敬，见笑，见笑！"

童德元笑道："一美连双雄，皆因孙、胡二位先生风流多情，才撞见这等奇缘，来来来，老童为你们摆酒息怒，千万不要伤了和气！"

"不打不相识！"孙明伦和胡雪岩几乎异口同声，说出这句名言。他俩对视一笑，奥妙尽在其中，都有无限歉意。

于是鸨母挑灯秉烛，重开宴席，收拾了一桌佳肴，三人坐定，推杯把盏，觥筹交错，刚才的不快，早已抛到九霄云外去了。

胡雪岩并不在意谁家客人与李翠喜交欢，他极看重实际利益，女人再好，不过是供男人消遣的工具罢了，否则他就不会在娶了12房姨太太之后，还要遍游各地妓院、饱览春色了。今晚偶遇孙明伦，令胡雪岩大为兴奋。阜康钱庄分店遍布东南，最近达及湖

南长沙，可谓势力广大，极其雄厚。

然而，若论财富，他还远在“孙半天”之下，充其量不过是苏杭地方的土佬肥，要做中国的富商大贾，非要拓展事业，向北方发展不可。

北方地处京畿范围，财源集中，官宦如云，又在朝廷卵翼之中，信息灵通，关系繁杂，做生意的机会极多。胡雪岩朝思暮想，欲向京畿地方发展钱庄业务。无奈北方商界强手如林，“山西帮”“陕西帮”“齐鲁帮”等商家派系经营多年，划地为界，排斥他人，南方商人难以契入。“孙半天”是河北土著，根基雄厚，家族庞大，与他攀上交情，好处不言自明。

就在杯酒谈笑之间，胡雪岩便定下行动方略，决心讨好孙明伦，携手共图发展。但因为刚才的不快，孙明伦只是虚与周旋，十分客套。

“明伦兄，”胡雪岩举杯向他道：“小弟有眼不识泰山，多有得罪，请干了这杯，宽宥小弟一回。”

孙明伦一饮而尽，道：“区区小事何足挂齿，为一个小妇人伤了和气，实在不值，胡老弟别放在心里。”

胡雪岩见他如是说，却瞟了一眼隔壁厢房，似有无限留恋，便了然于心：原来是个好色之徒。对付登徒子一类角色，胡雪岩向来得心应手，便道：“小弟已付给鸨母一笔包银，原说定李姑娘不再接客，明伦兄若有意，小弟索性将她送给你，让明伦兄饱啖春色，心满意足而归，如何？”

孙明伦一听，喜得眉梢乱抖，咧开大口笑道：“胡老弟有心割爱，俺老孙敬谢不已，”他想起枕席之间，李翠喜无限风情，不禁咽了一泡涎水，却又皱眉道，“只是美意难以尽爱，过不几天，俺要回北方去了。”

“哦？”胡雪岩大出意外，问，“上海乃烟花之地，温柔之乡，南国多佳丽，江南尽美女，明伦兄怎么匆匆归去，有福不享？”

孙明伦不慎露了口风：“刚刚谈成一笔上百万两银子的生意，

急着回去筹款交割，否则过期违约，生意便告吹了。”

胡雪岩脑中飞快转动：上百万两银子的生意，若以两分利润计，则有 20 多万银子进项，不可谓不大，可惜给别人做了，要是……他不动声色，继续道：“明伦兄在北方待久了，看惯了北方牛高马大，粗手长足的妇人，哪里知道南国丽人的特别滋味，别有风情呢！”

“哦？”孙明伦一听来了兴致，他本是色中饿鬼，到上海已初尝南方姑娘韵味，自然不肯放过任何掠美的机会。“你且说说这里的小姑娘有何特别之处？”

“江南出美人，”胡雪岩侃侃而谈，“古来西施、昭君、太真、苏小小、薛涛……”

孙明伦听他一番高论，正如痴如呆，忽然见他打住不言，着急道：“怎么个妙不可言？快讲、快讲！”

“到底怎么个妙法？”孙明伦催问道。

“此中绝妙明伦兄只可亲身体验，能意会而不可言传，譬如江湖艺人变戏法，本来神奇妙绝，一旦揭穿便索然无味了。明伦兄如不羁留几日，品尝南方美人绝技，将会终生抱憾呢！”

一番话说得孙明伦色心大动，拱手求道：“胡老弟可否为俺物色几个尤物，以供一试，看看老弟之言真假如何？”

胡雪岩慨然允道：“明伦兄的要求，小弟尽力满足，我们杭州便有这等尤物，比李姑娘有过之而无不及，明伦兄可愿屈尊随小弟前去一饱艳福？”

孙明伦跃跃欲试，刚要答应，忽又想起自己身负重任，便犹犹豫豫，久久不作声。

童德元在旁边察言观色，见胡雪岩竭力怂恿，知他别有所图，乐得做个顺水人情，劝道：“上海到杭州已有小火轮通行，一两日便到，孙老板可快去快回，不会耽误生意。”

孙明伦屈指一算，时间尚可，喜道：“就依胡老弟所言，和你去一趟杭州，不过有言在先，如不尽我意，俺可饶不了你。”

“一定一定，”胡雪岩举起酒杯道，“明伦兄若未尽兴，小弟当设宴赔罪，罚酒三杯！”

谈笑之间，他们商定了行期。

胡雪岩告辞而去，离开怡情院回到寓所，他叫来一名心腹伙计，密嘱几句。伙计连夜乘上小火轮，回杭州去了。

第二天，孙明伦依约来到码头，坐上一艘小火轮。胡雪岩陪着他，闭口不谈生意事，和几个心腹朋友开一桌牌，侍奉他赌钱消遣。这一天，孙明伦手风出奇的好，连连大满贯，赢得高兴，不知不觉，船到杭州，立刻被抬到胡宅。

初来乍到，孙明伦在途中买了几样时鲜礼物，到胡家拜见胡老太太。胡雪岩为了表示亲近，把孙明伦当自家弟兄看待，叫出胡太太和两个女儿和孙明伦见面。论理，亲眷不应当见外客，孙明伦懂得规矩，对胡雪岩此举大为感动。胡太太进客厅见客人时，孙明伦满脸通红，慌忙还礼。胡太太身后两个女儿，一个叫荷花，一个叫荷珠，也趋步上前，叫声：“孙叔叔！”

孙明伦只一瞟，顿时像中了定身法，眼珠儿也不会动了。

胡雪岩的两个女儿，姐姐 16 岁，妹妹 14 岁，都出落得亭亭玉立，如美人临风，似出水芙蓉清纯可爱。姐姐荷花，冰肌玉骨，芳香袭人，一对水汪汪大眼如两泓清潭，秋波荡漾，撩拨人心；樱桃小口发出的声音如微风振箫，黄鹂鸣春。孙明伦暗暗惊叹：“俺也是寻花老手，竟不知道天下有如此美人儿。”

家眷见过客人，都回后院去了。孙明伦还呆立着，半晌未回过神来，眼睛只盯着后院门。胡雪岩轻轻咳了一声，孙明伦才知觉，忙掩饰窘态道：“宝眷如此美貌动人，雪岩老弟福分不浅呀！”胡雪岩故作烦恼道，“过奖过奖，小女才初长成，说媒提亲者便络绎登门，不胜其扰。”

孙明伦忙问：“如今她们可有合适的人家？”

“还不曾，”胡雪岩答道：“王孙公子，富豪人家，不知选了多少，高不成低不就，至今尚待字闺中，没有下聘。”

孙明伦道："大小姐中意什么样的人家？"

胡雪岩道："也没有什么特别的要求，总要对方未曾婚配，明媒正娶做原配夫人，若论门当户对，最好是生意场中人，家里用度不在我们之下，年纪大些亦不要紧。"

孙明伦一听，满心欢喜，这些条件他样样具备。原来孙明伦虽然三十出头，却从未婚娶，因小时候订下"娃娃亲"，成年后待要成亲，女方突然暴病身亡。测字先生算孙明伦八字冲，命中克妻，劝他晚些结亲。孙明伦乐得成天寻花问柳，无内人管束，亲事便一耽至今。

胡雪岩见他如此，也不道破心事，两人话题转到其他方面。待安顿好孙明伦后，胡雪岩去后院见自己的太太。

一见面，胡太太便责怪丈夫交友不慎，引来不规不矩的客人。胡雪岩诧异道："这话怎么讲？"

胡太太道："那厮贼眉鼠眼，一双色眼只在我们身上转，叫人怪不好意思，哪是守规矩的人。"

胡雪岩道："做生意的人当眼观六路，耳听八方，养成习惯了，改不过来，照你说来，我也成了不规不矩的人了？"

胡太太用尖尖食指戳他脑门，嗔道："你们都是一丘之貉，没一个好东西！"

胡雪岩道："你可不要冤枉别人，人家可是京城有名的'孙半天'。"接着，胡雪岩向妻子述说孙明伦在京、津地方的势力，以及他与江南商场的关系。胡太太听了，不以为然道："你要和他做生意，尽管做去，我们妇道人家不懂生意经，说这些和我有什么关系？"

"大有关系，"胡雪岩提醒道，"将来我们的钱庄要向京城发展，就必须和孙老板热络关系，夫人若是出马，孙老板必然拜倒在你石榴裙下。"

没等胡雪岩说完，胡太太柳眉倒竖、杏眼圆睁，骂道："好个没廉耻的东西，为了和别人做生意，竟把自己的老婆拱手相送，天下有你这样的男人吗？"

“夫人你误会了，”胡雪岩啼笑皆非，解释道，“你徐娘半老，人家怎么会理睬？再说我也不肯把你送给别人污辱，依我之见，夫人做孙老板的丈母娘，倒是十分合适。”

胡太太有些窘，知道自己弄错了，听了胡雪岩的话，发问道：“你把哪个女儿嫁给孙老板？”

“荷珠尚幼，当然是荷花喽！”

胡太太倒吸一口凉气，抗辩道：“亏你想得出，荷花鲜花一般的人儿，多少俊男美少追她，都未松口聘人，想不到选来择去，却寻了个丑八怪，也不怕左邻右舍笑话我们。”

“夫人差矣，”胡雪岩耐心解释道，“我们这等人家，最讲求实际，祖上没有积德，既非书香门第，又非将门之后，生意场上看重的是钱，哪怕你貌比潘安，兜里没钱，别人也不正眼儿瞧你。孙老板家财万贯，富可敌国，做了胡家女婿，财势大张，谁还敢小看我们？老话说得好，嫁汉嫁汉，穿衣吃饭，荷花嫁了这等富豪人家，婢仆成群，穿珠着翠，一辈子享用不尽，还担心什么？”胡太太一向听胡雪岩惯了，想想他的话也不错，只是心犹不甘，小声嘟哝道：“荷花那么光艳漂亮，真是委屈了她，鲜花插在牛粪上，让人心痛死了。”

“若不是模样儿好，怎能嫁给大财主，还不知道孙老板肯不肯娶呢？”停了一会儿，他又向胡太太吩咐道，“你是当妈的，多做做荷花的工作，不要说客厅那位见面的‘孙叔叔’要娶她，就说是一位富家公子求亲，待花轿抬过去，拜了天地进洞房，生米煮成熟饭，就容不得她大小姐脾气了。”

胡太太泪水夺眶而出，骂道：“你们男人家的心是铁做的，自家女儿也毫不心痛。”

胡雪岩不再听她唠叨，心里盘算着，眼下最要紧的是陪孙明伦玩得高兴，延宕时日，瞅准空子提亲，了结这桩大事后，孙老板那笔百万两银子的买卖便非他莫属了。

一连几日，孙明伦在胡雪岩陪同下，漫游西湖山水。

孙明伦感慨道："上有天堂，下有苏杭，此话不假，照我说来，杭州城比天堂还强十分呢。"

胡雪岩凑兴道："月中嫦娥哪有杭州姑娘美貌多情？明伦兄以为如何？"

"不假不假，"孙明伦忆起这几日枕花眠柳的销魂滋味，恋恋不舍道，"古人说，牡丹花下死，做鬼也风流，我真想长住此地，美人相伴，颐养天年呢。"

胡雪岩故意道："明伦兄尚有大生意要做，肩负重任，怎能沉迷脂粉堆中，不思北归？"

孙明伦叹道："我何尝不想起程北去，只是人生在世，劳碌奔忙，皆为攒钱享乐，有如此快乐地方，怎舍得贸然离开，何况杭州姑娘中最绝色者，我还无缘一亲芳泽，故而不甘心就此离去。"

胡雪岩问："究竟哪家姑娘引得明伦兄痴迷神往，不妨告诉小弟，愿为兄长奔走效劳，定然如愿以偿。"

孙明伦支支吾吾，不肯明说。胡雪岩心里明白，不便道明，出计道："杭州姑娘看重面子，明伦兄看上谁家娇娃，可到西门麻蓬桥下求一个人，让她替你筹划，明媒正娶，做个杭州女婿。"

"那人是谁？"孙明伦急切问道。

"做媒的李大妈，生一张能把死人说活的利嘴，专替官宦富豪人家拉纤做媒，杭州人家的女儿，谁的生辰八字、谁家待字未嫁，全在她心中一本账，明伦兄多给银子，准能成事。"

一番指点，孙明伦喏喏点头称是。酒到残席，孙明伦坐不住了，口称有事，先告辞而出。胡雪岩看他雇了轿子，径直向麻蓬桥而去，忍不住笑出声来。

果然不到两个时辰，李大妈踏进胡宅门槛，提起亲事，胡太太做好做歹，还要犹犹豫豫，不肯贸然应允。李大妈命人送上聘礼，计有金元宝 50 锭，绸缎 100 匹，上好花雕 10 罐，果然豪商气派，出手极其大方。胡太太一见，只好不再多话。

一切都在胡雪岩意料之中，彼此商定了迎娶事宜，鉴于孙明

伦行商在外，单身一人，故免去一些繁礼缛节，一切从简。

孙明伦特意在杭州购下一处大宅院，作为新房之用，日后又可当作他在杭州的行馆。新婚之夜，孙明伦洞房拥娇，胡雪岩之言果然不假。

待三日之后，胡雪岩瞅个闲暇，把孙明伦请到书房。此时两人已是翁婿身份，不再称兄道弟。孙明伦恭敬道："岳丈大人有何见教？"

胡雪岩问："你多日不归，那笔大生意现在怎么样了？"

孙明伦摇摇头："原本谈妥10日之内付现银，时间早已过去，生意自然告吹。"

胡雪岩道："以我们翁婿之交，不如我做这笔生意吧。"

孙明伦道："这样最好，岳丈有意到北方发展，小婿愿鼎力相助。"

不出几年，阜康钱庄大举向京、津进发，在北方设立了若干分号。阜康的银票开始在京城官宦名流圈中流行，跻身于中国一流钱庄之列。

胡雪岩情迷船家女

众船迎风扬帆，青山一抹渐渐地远了。

早晨，所有的这一行人全在为这次出行跑东跑西，老李办了钱庄的一些手续，王有龄从衙门支了一大笔银子做出行的费用，另两个人是他手下的，去办了两船本地有名的土特产，预备到时送人的，胡雪岩则去向朋友联络了一下，找了些关系。大家都没顾上吃饭。一坐到桌边，几个人也不说话，只管埋头吃饭，叽里咕噜地一片咀嚼声。

看这些人饿鬼投胎的样子，站在舱口给他们端饭送菜的水叶"扑哧"一声笑了。这一清脆的笑声使男人们几乎同时停止了咀嚼，纷纷抬头看个究竟，没想到船上还有妙龄少女，真稀奇，她倒是反应快，遇这情形，一闪身跳到另一边儿去了。等胡雪岩抬头看时，什么也没有。

他们的小船队沿着运河缓缓而行，只听见从岸上飘来的低远的喧闹声和船家划船时有节奏的划水声。没有什么事可做，离目的地还远，他们吃吃睡睡地过了一两天。

这样过久了总会腻味的，一行人中官场的商界的本来就是不甘寂寞的，到第三天，干脆打起麻将来，以此打发时光。但是五个人只能有四个人上桌，胡雪岩又总是赢钱，以老李为首，剩下的四个人一齐将他轰下桌。他一个劲地嚷着他们要赖，四人只是得意地笑，不理睬他。他只好去舱外坐着，随手将他们的零食也一并拿走，独自一人边喝酒边吃，也是怡然自得。

“胡老爷，一个人吃酒不闷呀。”水叶一边准备午饭一边和他说话。

“唉，被那帮人给赶出来了。”他指指舱里正凝神打牌的四人。

水叶自打开船起就注意到胡雪岩了。长相不是特别英俊，但时间一长，却觉得很耐看，眉宇透着一股男人气，而且她还看出来，几个人中似乎都以他为中心，什么事都要找他拿主意，他们都挺敬佩他。

在船上，多半是胡雪岩的出手大方，她妈妈也有心和他搞好关系，说不定以后还能和他做生意，因此这几天的饭菜特别可口。她使出浑身解数招待他们，吃了几天，饭菜还没重样呢。把阿妈分派的活儿干完了，水叶大出了一口气了。捶捶弯累了的腰，再伸个懒腰。

胡雪岩边吃边喝，一边还看着她。她正在择菜，低着头，一条大辫子从后面垂到前面，可以从衣领看到一截雪白的脖颈，不停地动着的一双手十分灵巧，长长的手指飞上飞下。因为总在劳动，有时还要做些力气活，小小年纪身体就长得大人一样，丰满诱人。

“水叶，你过来，你今年多大了？”

“回胡老爷！”水叶低着头，毕恭毕敬地答道，但是初次讲话，

又不好意思说。

“水叶，不要这样客气，啰里啰唆的。不愿告诉我就算了。”胡雪岩逗她。

“哪个不愿告诉你，我17岁！”话一出口，发现胡雪岩一脸得意的笑，才知道自己似乎被激将法激中了，满脸羞涩地又低下头，手里拿着辫梢。

他“哈哈”地笑了。里边四人循声望出来，看见他俩在舱前坐着。他们也打累了，把牌一推，也都过来坐在舱口，这样一来，五个大男子围住水叶，使她浑身爬了蚂蚁一样，不知怎么办了。好在是穷人家孩子早当家，片刻就恢复常态，给他们几个斟酒。

“水叶，刚才你和胡老爷说什么呢？那么高兴。他从来都不笑的，这回倒被你逗笑了，你本事还不小啊。”说完老李喝了一口酒。

“哪里哪里，昨天我还看见胡老爷和你们说笑呢！”水叶急忙辩解。

“哎哟哟，这么留心胡老爷。”一旁的王有龄又将她一军。

众男人三言两语地把个小水叶逗得笑也不是，哭也不能，撒娇地喊：

“真坏，真坏，不说了。”

然后一起身，一扭一扭地跑去找她妈妈了。看着她的背影，老李阴阳怪气地对胡雪岩说：

“雪岩，是不是老牛吃嫩草呀？”

他一听，抓起一粒花生米向老李掷去。他慌忙告饶。

不一会儿，午饭端上来了。看着这几样菜，都是时令鲜菜，颜色又好且味香扑鼻，几人食欲大动，不住地夸赞水叶娘的手艺。

“水叶，我什么时候才能吃上你做的菜呀？恐怕这辈子是吃不上喽。”老李故作叹气状。

“你当然吃不上了，人家水叶是做给她的胡老爷的。”王有龄对老李认真地教训道。

“胡老爷，你看他们！”水叶红着脸望着胡雪岩，想他帮着说句话。

胡雪岩一脸无辜地说：“难道你不想做给我吃吗？”

“你们……坏……娘……我……”见谁也不帮她说话，急得直跺脚。

看她这样，连她娘也在笑她。水叶气鼓鼓地朝后走去。胡雪岩看她摇摇摆摆，不禁大喊：

“水叶，慢些走，掉下去我可不会游水呀。”

她心里虽然气，但也是因为害羞而致，再一听胡雪岩为她担心，心头一甜，脚下也放慢了，规规矩矩地走起来。到了后舷，听着前面的说话声，心里却禁不住想着胡雪岩，他还是挺关心自己的。

水叶洗完衣服，听见娘叫自己给胡老爷送碗姜汤去。

“娘，胡老爷他怎么了？”

“大概是昨天受了凉，你把这个端去让他喝了发发热，我给你爹做点吃的。”

“嗯。”水叶乖乖地端起一个大碗小心翼翼地走到胡雪岩舱里。

“胡老爷。”

他一下醒了过来，睁开双眼看见水叶坐在自己身边，她的手被自己握着。水叶虽然心里惊了一下，喊出声来，手却没有动，任他握着，他的手真大，而且也很……很温柔，她想着，脸上泛出红晕，好在点着灯，看不出来的。

“咦，他们呢？”他有气无力地问。

“王老爷他们去和陆上的老爷吃饭，我爹去买酒和肉，我娘在那边做饭。”

“那，水叶呢？”他明知故问。

“我，我给胡老爷送姜汤。”说着连忙抽出手，要去端汤。

“胡老爷，那您喝的时候就自己喝，没事我就过去了。”说要走，却仍旧坐在床边。

“你别走，水叶，陪陪我。”胡雪岩一时心动又牵住她的手，心里凭空生出许多寂寞，更多的是由那槐香引出的旧事。水叶也爱用槐花油做发油。

“是。那我就陪着您。”

晚上，王有龄他们四个摇摇晃晃地回来了。水叶她娘已沏好了浓茶，给他们解酒。第二天，还有一桌席要吃，喝过茶早早地睡了。

客人们上岸以后，水叶娘给她几个钱，让她也上岸：

“去买些喜欢的东西吧。午饭想在上边吃，就不用回来了。记得给娘带些线回来。”

天阴着，街上的人反而多起来，这时出门不受日头毒晒。水叶今天换了衣服，穿了一身荷绿色的裙子，加上她身材又饱满，走在路上很是显眼。

不远处有敲锣声，一听就知道是耍杂技的。水叶买了一包瓜子，过去边嗑边看。这个杂耍班子像一家人，其中几个长得很像，另两个大概是收的徒弟。开始表演的都是些一般套路，打拳舞剑。

虽然平常，但表演的两个姑娘一招一式有板有眼，尤其是舞剑的姑娘人长得漂亮，如飞燕一般，在众人面前飞来舞去，博得一阵阵喝彩。

正高兴的时候，水叶觉得有点挤，便往前挪了一下。可是仍然挤，她又往右，咦？怎么会……原来一个小无赖乘人多摸她的圆臀。水叶又羞又恼，猛一回身，扬手就是一巴掌。她平时也帮父亲摇摇橹，手上有些力气，过猛一掌，没把那无赖打昏，也打蒙了，一时没回过神来。周围的人一看就知道是怎么回事，哄笑起来。无赖一看并没人出来帮她，胆子大了起来，恶声叫道：

“小贱人，你凭什么打爷爷？”

水叶挨了骂，气儿不打一处来，二话没说，抡起胳膊又是一巴掌。旁人笑得更起劲了，还有些人起哄。

这种地痞无赖平时欺压别人惯了，哪里受得了这个，也顾不得什么脸面，一把扯住水叶的衣领要撕，就在这时只听一声断喝：

“住手！来呀，抓起来！”

这无赖回头一看，两个如狼似虎的衙役，腿登时就软了。两衙役一人扭住他一只手，把他拉了出来。水叶只以为遇见官府的巡捕，不料两人却直接叫出她的名字：

“水叶姑娘，胡老爷在那边。”

水叶顺着衙役手指一望，胡雪岩站在那儿朝她一笑。她跑过去，刚才那股劲儿全没了，只剩下一箩筐委屈，一头扎进他怀里，竟哭了起来。胡雪岩连忙拍拍她说：

“水叶，快别哭了，你看那些人正望着我们呢。”

这一说，水叶不敢哭了，连忙擦干眼泪，偷偷地瞥了一眼那边，其实没人注意他们。她“扑哧”一下笑了：

“你又骗我。”

胡雪岩一大早和王有龄他们去见当地县太爷，有些事需要商量，自然免不了吃饭，于是胡雪岩先出来，让两个衙役带路去钱庄取银子，正好碰上水叶。此刻那个无赖哭爹告娘地求二衙役高抬贵手，末了，把身上的几两银子全给了他们，这才得以脱身。

“胡老爷上哪儿去呀？”

“我去钱庄，正好路过这儿。”

“哦！”水叶以为可以和他待在一起，他还要办事，不免有些失望。

“跟我一起去吧。”

“真的？”她立刻又多云转晴，脸上露出灿烂的笑容。

到了钱庄，因有县太爷的门帖，钱庄老板自然奉为贵客，请进套房，看座上茶，开口自是免不了一番客套，然后才言归正传。

这次胡雪岩一行从杭州至上海，是为了解决漕米海运这一政策下达后，漕海两种运输系统没有完全交接好，致使京城缺米的窘况，他想了一个办法来解决这个难题。从杭州运米到北京，中间路途不但远，而且有水路有陆路，时间较短的情况下这种运米

方式是行不通的。延误了皇粮，谁也担待不起。干脆几个人带着巨额银票去上海那边买米，然后直接从陆路运到北京。但是这种事亦不能走漏风声，否则在上海买米却禀告说是杭州来的，这是欺君之罪。浙江巡抚十分头疼这件事。王有龄刚到任，正愁没有机会表现自己，于是问了胡雪岩之后，就去面见巡抚。他果然大受赞赏，还得到事成之后保他升官的许诺。胡雪岩的朋友极多，他通过关系和自己一张利嘴，说服一些当地官员，当然还要花大把的银子。

费了一些工夫才做到现在这个地步。由胡雪岩的黑道朋友出面四处买大量的米。他自己就在沿途以信和钱庄的名义将信和的银票换成现银，这对信和扩大名声，扩展业务有很大帮助，所以老李对此事也不遗余力。这样一来，信和拥有如此大的存户令许多钱庄刮目相看，同时也将胡雪岩这个名字打得更响了。他从各钱庄支出现银，然后老李再从信和将银子汇过去。这样紧密配合之下，买米的银子就够充足，一手交钱，一手交米。

跟这家钱庄老板谈妥，用信和的银票换当地钱庄的银票，过半个月，信和将银子连本带息汇来，这一转手，等于送了他一大笔收入，何乐而不为？这老板喜笑颜开。正事谈完，他跑进里屋拿出一把绿绸扇，对水叶说：

“胡太太，这把扇子是我的一个朋友从西洋带回来，一直没舍得用，您要是中意，就拿着用吧。”

“这？”水叶一双大眼望着胡雪岩，看见他点点头，就不再说什么，美滋滋地接了过来，打开一扇，还有一股奇异的香味。

“胡太太既年轻又漂亮，你老兄真是有福啊！”

胡雪岩淡淡笑了一下，看了一眼水叶，她羞涩地低着头，把玩着那把扇子。

从钱庄出来，胡雪岩改变了主意，告诉两个衙役，让他们把银票带回去，并告诉王有龄他有事，就不去吃席了。两个衙役领命回去了。

“胡老爷，你怎么不去了呢？”

“我陪你吃午饭，不行吗？”

水叶高兴得几乎跳起来：“真的！”

他索性拉起水叶的手，毫无顾忌地走在大街当中，有说有笑。水叶本不是忸怩的人，他这样主动，她更是无拘无束，走着路，慢慢地也偎近了他。

胡雪岩此刻好像回到了几年前，心也变得年轻了。不错，以前的想法是对的，有钱了就不愁女人，现在正是这样。他心情大快，领着水叶一家一家地逛，买衣服，挑首饰，也不问价钱，只要她喜欢或他喜欢就买。水叶从来没有买过这么多东西，以前总羡慕租她家船的小姐们，时髦漂亮，现在她们有的她也有了。

吃午饭的时间早过了！两人才想起还未吃午饭，胡雪岩打量了一下，城里最大的饭庄在南边，二人就一路说笑而去。今天的一切对水叶来说都是新鲜的，在饭庄里也一样。胡雪岩点了一些菜，都是挑着点的，广东菜点一两个，湖南菜点一两个，这样一下就点了一桌子，连伙计也有些吃惊：两人吃一大桌，准是碰上有钱人了。连忙来献殷勤。

“两位，今天店里还上了一些时鲜水果，都是从广东运来的，不知先生是不是要一点儿？”

“伙计，今天是我太太说了算，你不用问我了，她要你就上。”说罢，斜瞟一眼水叶。

她居然也摆起了太太的架子：“我要一盘芒果，一定要新鲜的。”

“马上就来。”伙计唱了一句，走了。不一会儿，就送来一大盘黄澄澄的芒果。

胡雪岩从桌下塞给她一点儿银子，伙计把盘子摆好后，水叶又说：

“喏，拿去，买壶茶喝吧。”

伙计一看，哟，这么多小费，又是一番好话。太太长太太短，

水叶的面子挣得十足，自然对胡雪岩更加倾心，竟想嫁给他，哪怕是做妾这样活一世也不枉此生呀，今天她实在是太开心了。

只怪时间快，水叶一玩就是一天，到了傍晚，胡雪岩去官府了。他找了一个脚夫，帮水叶把买的东西和从饭庄带出的大半桌好菜全部送到船上。

“娘，我回来啦！”大老远地，水叶就喊上了。

女儿出去一天，也没有其他人打搅，两个人在船上整整一天，尽了兴，心情也很好，刚刚收拾好，水叶就回来了。水叶早将今天上午的事忘得一干二净，心里除了兴奋还是兴奋。

“这么多东西，我没给你那么多钱吧？”水叶娘疑惑地问。

“嘻嘻，待会儿我再跟你说。”给了脚夫一些钱打发他走后，水叶就在舱里试起衣服来。

“娘，这条裙子好看吧。”

“爹，你喜不喜欢这身衣服？”

两口子看得眼花缭乱，又丈二和尚摸不着头脑。水叶正试着，王有龄他们回来了，因为明天就到上海，还差一批米，今天也解决了。到了上海，所有的米就已经能按照以前的约定从那里起运到北京了。大家都很兴奋。这一路他们各有所得，王有龄办成一件大事，令整个巡抚府都刮目相看，老李通过这次出行，使信和结交了不少钱庄的生意，得到了他们的认可，信和的钱票以后也能在各地流通，最高兴的就是他了。那两个王有龄的手下一路得了不少好处，银子白花花地流进口袋，自是得意，胡雪岩表面上看没有什么好处可捞，但办成这件事，王有龄更加相信他的能力，而且以后一定会尽全力照顾他的生意，而且在抚台心里也留下一个十分好的印象，即使没什么交道，将来有事王有龄罩不住，抚台也不会不说句话，这就是胡雪岩的高明之处。钱不是最重要的，辛苦了一路，赢得许多人的心，这才是成事的关键。因此，大家决定晚上回到船上后，再喝个痛快。

水叶正忙不迭地穿穿脱脱，一眼望见胡雪岩，扬着手就喊：

“胡老爷！”

然后在原地转了一个圈，得意地把自己的新衣服和她的喜悦展示给大家看。

“这么快就换上了，来来，让我好好瞧瞧。啧啧，好像换了个人。”胡雪岩也挺高兴。

“娘，是胡老爷。”水叶娇滴滴地对她娘说。

“胡老爷，您真是太好了，我不知怎样感谢您呀！”

“咳，不用说谢啦，都是一家人嘛。”这话在别人听来，只是一句客套话，而对水叶来说，却是有亲身体验的，脸蓦地红了。

“雪岩，你是我们的功臣，大家敬你一杯。”

“不不，雪公，”当着外人的面，他称王有龄为雪公，“这次出来，如果只有我一个人，那么事情也许不会这样顺利，而且很有可能办不成。咱们五个人是缺一不成的。所以我感慨很大，要想办大事，一个人不行，必须有一班铁了心的朋友相帮，否则什么也干不了。”他一半谦虚一半属实地说。

“雪岩说得对，”老李接着话茬儿说，“我看钱庄生意最重要的不是钱，而是人。以后，我想诸位在生意场上、官场上能够出一点儿小力的话，那生意好了，大家自然都有好处！“正所谓众人拾柴火焰高嘛！”王有龄手下年长的周姓官员说道。

“老周说到我心坎儿上了！雪公，我们就为这句话干一杯吧。”胡雪岩见别人说出了自己心里的意思，就不再说什么，提议干杯，得到大家的响应。

水叶娘在一旁看见五个人之中年纪最小的胡雪岩居然在其中是龙头的角色，心下生出许多赞叹和感慨来。自己的丈夫要是有他一半，那就不是今天这个样子啦。老天注定的，也没有后悔之路可走。她心里忽然闪过一道亮光，今天胡雪岩不是给水叶买了许多东西吗？莫非他……

“水叶，去给胡老爷、王老爷斟酒。”她眼睛一转，计上心来。

水叶正愁自己插不上话，一听娘叫她，忙不迭地拿了一壶

酒来。

“唉，我说水叶，这可是偏心啊，先给他们俩倒酒，我们三个呢？”老李有意逗水叶。

“那好，我也给您三个斟一杯。”水叶甜甜一笑。

“那可不行，这么勉强，有什么意思，老周，是不是！”老周也明白他的意思，在一边帮腔。“老李，你不知道，水叶给我敬酒，那是我给了红包的，五两银子，雪公给了八两，你们三个少说也每人十两吧。”王有龄已经在回来的路上听胡雪岩略微说了一下他和水叶的事，知道他对水叶有意，于是现在见他替水叶说话，也就帮他圆话。

“是啊，我们可是付钱买酒啊。”

老李他们也是大方的人，这一下，水叶得了30两银子。水叶娘连忙推辞，不敢要。一艘船的租金还不到5两银子呢。

“没关系，老板娘，该收的您就收下吧。”

“有胡老爷这句话，那我就不客气了，水叶，还不谢谢三位老爷。”

“不要谢，叫水叶陪我喝杯酒，就够了。”老李一摆手。

“要喝,也得先和胡老爷喝嘛。”王有龄端起一杯酒,递给水叶。

几杯酒下肚，水叶的脸像熟透的西红柿，连眼皮都泛出红色，和她雪白的脖子正好相映衬，显得更加妩媚，带着三分醉意，大胆地坐到胡雪岩身边，给他夹菜斟酒，俨然一副夫妻的样子。

水叶娘看在眼里，也没有说什么。回到自己舱里，跟丈夫说起水叶的事来。

“唉，你看胡老爷这个人怎么样？”她先绕个弯子。

“他人不错，为人诚恳，大方，心地善良，不像一般有钱人那样刁蛮倨傲。”

“我看也是。”

“你说他干什么？”

“我是想我们水叶若能找到他这样的男人，那一辈子还不舒舒服服的？”

“人家是大商人，能娶一个船家女？你呀，癞蛤蟆想吃天鹅肉。”

“哪里是！”水叶娘和丈夫争辩起来，“刚开始几天没什么，后来几天我看出来胡老爷他对水叶有点变了，总是和她逗话，今天又买了这些东西，花不少银子哪。而且水叶整天胡老爷长胡老爷短的，你是聋子听不见吗？”

“……”

丈夫不说话，显然是被自己的话说服了，她又接着讲了些胡雪岩的好处。

这一夜大家很尽兴，都醉倒在舱里。水叶最先醒来，发现一只手搭在自己右乳上，心里一惊，但见是胡雪岩的，反而任他放着。这样久了，心又突突跳起来，身子有点燥热。

胡雪岩的又一个女人

船到了上海，大家精神大振，把这一关过了，就万事大吉了。

就从刚才的买卖等事落到女人身上。

“雪岩，你年轻有为，家有娇妻，真让人羡慕啊。”

“哪儿的话，你老兄没人管束，自由自在，今儿小红明儿小翠，还不是逍遥万分？”

“唉，雪岩，你不知道，一人过日子，也苦啊。”老李丧妻后一直独居，心里也有很多苦处，一打开话匣子，索性将苦水全倒出来，然后就闷声不响。

过了一会儿，他问胡雪岩：

“雪岩，你看水叶这姑娘怎么样？”显然，他不知道胡雪岩与水叶之间发生的事。

如果老李不说前面自己的事，那他可能和盘托出发生过的事。他认为老李是自己生意上的伙伴，而且私交又不错，当然不该隐瞒，但此刻老李问话的用意再明显不过了。他就只好随便敷衍了

几句，说了些水叶年轻漂亮的话。

两人边走边海阔天空地聊，累了就找一家饭馆吃饭。到了傍晚，老李赌兴又发了。胡雪岩对赌没什么兴趣，就一个人沿街信步走着。

他心里正盘算着回到杭州后该做什么。从王有龄做官起也两年多了，自己靠着他手中的权势做了不少生意，现在少说也有万贯家财了。但他并不满足，开个自己的钱庄是他很久的愿望了。他觉得时机也差不多成熟了，各方面的关系，上至全省的首脑巡抚，下至杭州的大大小小的官吏，黑白两道，各大钱庄等，自己都有了不浅的交情，资金也不是什么重要问题，几乎万事俱备了。

只是还缺几个在钱庄里干活的人。按理说找几个伙计应不成问题，可是钱庄的伙计不同，如果他对钱庄的生意一窍不通，那还得花几年时间教他，这样太不划算，十分懂行的伙计又是各钱庄的顶梁柱，即使挖过来，也不合适，对自己的声誉不好。

想来想去，他突然想到了阿祥。后又摇摇头，不可能，现在信和的大部分生意都靠他了，就算他愿意，老李也不愿意。嗯！老李？老李怎么才会愿意呢？

胡雪岩就这么一路想着，走着走着，一抬头看见水叶家的船。哎呀，他才发觉自己走了很长一段路。来了，干脆坐一坐，这么晚了，住在船上也行。

他“砰”地一声跳上船，舱里传出一声问：

“阿牛，是你吗？”问话的人是水叶，阿牛是撑船的伙计。

“我是胡雪岩。”

“呀，胡老爷，您怎么来了。”随着声音，一个惊喜的身影出现在舱口。

胡雪岩料到她会这样，笑笑，并没有回答她的话：

“你爹娘哪儿去了？”

“他们昨天就去走亲戚了，要过两三天才回来，留下我和阿牛。他刚才上岸喝酒去了，我以为是他哩。”水叶的话里有掩饰不住的高兴。

“我还没吃饭呢，走啊，我带你去吃饭。”

“胡老爷，我一走船就空了。”

“要不……”

“要不我做给你吃！”水叶终于可以一露身手，而且是给胡雪岩，当然是喜滋滋的，马上接着话茬儿喊道。

“好啊，我倒要看看水叶有多大本事。”

不一会儿，水叶端上来几个菜，还有一锅已经熬好的粥。

“嗯，”胡雪岩夸张地使劲一吸，“好香啊，尝尝才知道好不好。”

他拿起筷子夹了一块豆腐：

“真嫩！快赶上你娘了。”

水叶得到褒奖，只是倚在舱口，含笑看着他。

“咦，你怎么不吃？来，坐到这儿。”胡雪岩拍拍自己旁边的坐垫。

“不，我看着你吃，我就高兴。”

胡雪岩吃了几口，突然皱起眉头，不满意地责问水叶：

“怎么搞的，这肉都变味了，还拿来给我吃，真是。”说完，又连忙喝了一大口茶漱口。

水叶大惊失色，这些天她还没见过他这样生气呢。一下跳过来，坐在他身边，连筷子也顾不上拿，用手指拈了一块放在嘴里，心想：不对呀，这是上午她亲自去买的，怎么会？

她偷偷看了一眼胡雪岩，想跟他解释一下，却发现他一脸得意的神色，才知道自己上当了，一下撒起娇来：

“你太坏了，怎么要骗我？”

双手不停地捶他。

“哈哈！我叫你吃，你偏不过来，我只好这样了。”他大笑起来，一下搂住她。

水叶被胡雪岩揽在怀里，嘴上骂着，身子却不愿再动。她自然地贴着他，静静地听他的心一下一下地跳动的声音。他搂着她，

感觉到她热烘烘的肉体，散发着青春的气息。

天一亮，趁她还没醒，胡雪岩想悄悄地走了，他倒不是有事，是怕自己再和她在一起真的把握不住自己，误了他的大事。然而她真的没有醒，胡雪岩扭过头上了岸，心中有一股苦涩的滋味。

水叶一直睡到太阳升起来才算够。她微微睁开眼，想亲亲自己心爱的人，一伸手却什么也没有。

胡雪岩一路往旅馆走，一边在心里斗争，到底该不该这么做，他的脚步随时都有可能停下来，然后转过身回去找水叶，告诉她他要娶她。他无助地抬眼看了一下四周眼花缭乱的招牌，几家大钱庄的门面映入眼帘，他的决心一下坚定了：男子汉不能总是儿女情长的，将来成了大事，再卿卿我我也不迟，自己太优柔寡断了。想到这儿，脚步立时变快了，他要把与他有过肌肤之亲的纯真少女水叶当作一件商品去完成他的交易。

此后的两三天胡雪岩故意不去找水叶。为了冲淡心中的那一点儿感情，他第一次走进了妓院，喝花酒，睡闺房，将心里的不快与犹豫全部发泄在妓女的身上。

很快，王有龄一行的任务完成了。在上海待的这几天一晃就过去了，王有龄他们三个几乎跑断了腿，连上海的街景都无暇顾及，所以临行前要买上海土特产的活儿都推给了老李和胡雪岩，以便好好睡两天。

他们俩反正也玩了个够，不再推辞，拿了银子走了。这几天把他们的心都玩野了，一路上，两人就互相讲述几天的见闻感受，大部分话题最终还是属于女人的。

“雪岩，这么些天去逛花店有什么新鲜事？说起来，你还算个‘雏’哩，哈哈！”老李揶揄胡雪岩。

“去你的，这算不了什么事，就比如你从未吃过上海菜，现在来了，岂不是要尝尝？”他有板有眼地解释道。

“几天不见你的踪影，我们还以为你再也不回来了呢？”

“哪能啊？我胡雪岩绝不是重色轻友的小人，不会为了个女人撇下一班好朋友的。”胡雪岩买了一杯茶，“咕嘟”一口灌下去。

“老李，那天你不是提起水叶吗？我看你对她挺有意思的嘛。”胡雪岩试探性地问他。

“不瞒你说，我是有点对她动心了。你知道，我老婆死了以后……”

“哎呀，你不用说了，我耳朵都起茧子了，我老婆死了以后，日子不好过呀，在外边风光得很，无拘无束的，其实心里……”胡雪岩打断他的话，又学着他的口气说起来，还没说完，自己先哈哈大笑起来。

“你这小子！”老李装着生气的样子要挥拳揍他。

胡雪岩这一问，就已经知道老李的意思了，心里算是有点数儿了。于是正了正脸，对老李说：

“老李，你若真有心，我去帮你撮合撮合，这事包在我身上了。”他虽不知水叶愿不愿意，但他相信自己能促成这件事。他的聪明之处在于现在并不提什么条件，等到事成之后，老李必会感谢他，到时隐约提一提，老李这个明白人不会拒绝他的。

两人分头去办货，很快就把该买的买齐了，还额外给五个各家的亲属捎带了一些东西。老李因为有求于他，想买一些好东西给胡母和兰兰，胡雪岩一摆手：

“不用这些！现在事还未成，我无功不受禄，办成了再谢我也不迟。”

老李越想越觉得胡雪岩够意思，心想，如果以后自己能够为他出力的地方一定出力，也不枉人家看得起自己。

一切就绪，这五人才回到船上，当时就起航了，这和来的时候又不一样。那时大家踌躇满志，雄心勃勃地要干一番事情，现在重担已卸，每个人轻松无比，心情也很好，回去论功行赏不说，以后在同僚面前地位也会大增，所以大家没法不高兴。老李心中虽有事，却有胡雪岩替他出面，还打了保票，也就不去多想，唯

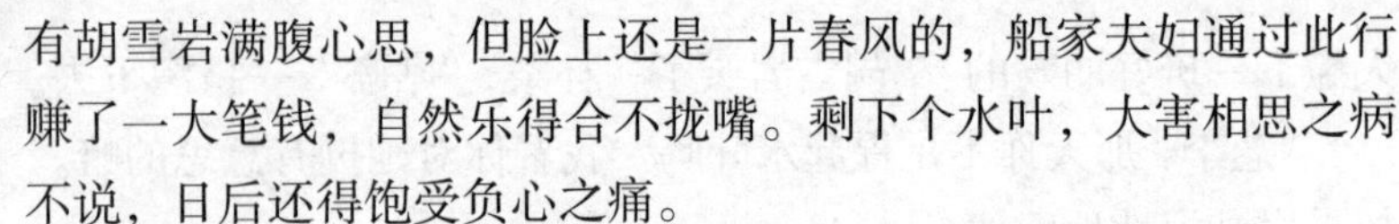

有胡雪岩满腹心思，但脸上还是一片春风的，船家夫妇通过此行赚了一大笔钱，自然乐得合不拢嘴。剩下个水叶，大害相思之病不说，日后还得饱受负心之痛。

麻将又开了，胡雪岩打了几局，也没有心思，于是坐在外面喝酒。水叶还是照旧在船舱外洗菜，仍然是黑黑的长辫子、白白的脖颈。在胡雪岩心中早已失去了当初那份浪漫春情，他心里在想怎样让水叶对自己死心，嫁给老李那个鳏夫。他明显地感觉到水叶眼中含有的爱和欲。

“水叶，这几天都干什么去了？”他终于打破了沉默，轻轻地尽量不带感情色彩地问她。她抬头看了他一眼，反问道：

“胡老爷，怎么好几天都见不着您的踪影？”话里含着一股怨气。

“这几天忙啊，”他假装听不出她的责备之意，仍然不紧不慢地说，“整天都在办货，还有朋友请去吃花酒。”

水叶手里忽然停住了，她心里一阵委屈，原来几天不来竟然是去逛窑子了。

“水叶，”胡雪岩又喝了一口酒，“有些事我做得身不由己，也不是故意伤害你的。”他指的是那天夜里。而她以为他是为自己几天未归的行为道歉，心里好受了一点儿，伸手拭干了眼泪。

“水叶，你多大了？”他又重复这个问题。

“您不是问过了吗？”她又想起那天的情景，低头不语了。

“怎么还不找个婆家？”

“胡老爷，你怎么？”她觉得这是明知故问，又不好回答。她想既然都和他那样了，自己的人已经是他的了。

“水叶，你想过没有，你若是跟了我，只能做个小的，你愿意吗？”

这个问题她压根没想过，什么大呀小的，她想跟了他，夜夜都像那样，每天都能逛街，她一听这话，就心里茫然了。

“做个小的，我就不能只顾你一个。而且你还要听她的。”胡雪岩继续说些让她害怕的话。

“我……”水叶一时无以应答。

见她有些犹豫，他知道自己的话发生了一点儿作用，于是转个话题：

“不说了，这么些事，够让我烦心的了，说说你喜欢吃什么？”

“我喜欢吃……”水叶的思路又被他调走了，随即滔滔不绝地讲起来。

到了晚上，胡雪岩借口肚子饿要吃些东西，去喊水叶娘。舱里只有他们两人，水叶娘很快地弄了两个菜，舀了一碗紫米粥，端了上来。胡雪岩吃着，她坐在灯下做针线活儿。

胡雪岩想了一会儿，决定开门见山地说比较好。

“老板娘，水叶这么大了，再不找个人家的话，就有点晚了。”

“承蒙胡老爷操心，”水叶娘见胡雪岩主动问起此事，一时有点受宠若惊，“如果我们水叶能跟了您这样年轻有为的人家那就最好了。”

“话不能这么说，我已是有妇之夫，况且感情尚好，即使水叶跟我，也是小的。”

“那有什么关系？做小总比在船上好嘛。”水叶娘坐近了一些。

“我家里的别的好说，唯独这事不许我乱想，我有心而力不足啊。其实我对水叶也有些心意，所以前段时间待她不错，但后来几天仔细想了想，这样做家里不同意，那就委屈了水叶。这样一个姑娘，到哪家不是掌上明珠，何必在我这里受气呢？”

见水叶娘不讲话，他又说：“正是我对她有一份情，更觉得不应让她走错路。若是能给她找一个好人家，安安稳稳过日子，我良心上也过得去呀！”

他言辞中肯，说得她很感动，越发觉得胡雪岩是个好人，自己的水叶碰上他真是前世修来的福分。本来想把女儿嫁给他的目的就是想让女儿过上好日子，现在有了他打保票，即使不是跟他，也能有个好出路，想到这儿，就稍稍放心了。

到了家一进门，兰兰顾不得有婆婆在旁边，扑上去抱住丈夫狠狠地亲了几口，然后才去接他手上提的东西。几天不见，兰兰又漂亮了许多，小别胜新婚，夫妇俩都很焦灼地等待夜幕降临。一回到杭州，胡雪岩就四处活动，准备开钱庄的事情。王有龄到了抚台大人那儿去复命，也得到了嘉奖，他趁机提了一下有个朋友在这件事中出了不少力。

“那就把他请来，安排个事做嘛，做到人尽其才。”巡抚大度地说道。这件运粮的任务完成后，朝廷会对他刮目相看，好处是少不了的，安排个人自然是毫无问题的。

“大人，我那朋友不喜欢做官，却喜欢经商，还望大人在今后多多关照。”

“好说，好说。”抚台一口应承。

王有龄欢喜地将此事告诉给胡雪岩，他听后也是很振奋。有了巡抚大人的关照，许多繁杂的手续很快就办齐了，就剩下找伙计的事儿了。

这天中午，他找到水叶一家。只有水叶一个人在船上，他也不上船，在岸上对她说：

“水叶，我替你找了一个好婆家。你不高兴吗？”

虽然她心中还存一丝希望，这些天来娘对她说了好多做小的害处，她有点动摇，但是还对胡雪岩念念不忘。一听他这么说，心顿时凉了。你一个劲儿要把我往外推，像躲瘟神一样，我就不信除了你，嫁不到好人！她心里很生气，理也不理他，一扭头进了船舱。

胡雪岩知道她在赌气，这时候来提亲她一定会答应而且毫不犹豫，他只希望以后老李能对她好一点儿，否则他真会感到良心不安了。他马上去找老李让他找人去说媒。

说媒的事挺顺利，果然如同胡雪岩预料的一样，水叶一点儿不反对，而且表现出高兴的样子。他告诉老李此事不可拖，夜长梦多。这时候老李对他是感恩戴德，因而言听计从。过了不久，就办了婚事，水叶家是穷人，攀上这一家有钱的，在旁人看来，已是很幸运的事，都说水叶有福气。老李虽是再娶，但也答应胡雪岩尽力铺张婚事的排场，以此冲掉续妻这个阴影。到了结婚前一天，水叶在舱里哭了整整一天，她显然后悔了，可木已成舟，自己又找不出合适的理由反对这门亲。旁人都说好，她也只好认命了。

好在她对老李的印象本来就不坏，加上老李拿出浑身解数来安抚她，不论在家里还是外边，她都尝到了做阔太太的滋味。她对老李好，老李也不再去外面拈花惹草，有这样一个梦寐以求的家，全靠胡雪岩，他想来想去也不知怎么谢他才好。这已经是半年后的事了。

胡雪岩的阜康钱庄也开张了不少日子。自从开了钱庄后，见胡雪岩的面儿少多了，除了一些必要的来往，老李几乎见不到他，所以这天老李特地请他吃饭。

“雪岩啊，这段日子总也不见你，人也瘦多了。有什么事跟老哥说一声，自己人别那么客气！”边说边不断地往他碗里夹菜。

“老李，你不是不知道，这钱庄的事儿杂，我一个人根本忙不过来，还尽是些小事。”胡雪岩皱了皱眉，叹口气说。

“要不哪天我派个人过去帮帮你？”老李自己也是百务缠身，不可能亲自去帮他，好在信和已开了多年，钱庄里能人不少。

“唉，帮忙也只是暂时的，远水解不了近渴。要是我这也有一个阿祥一样能干的伙计就好了。”胡雪岩满脸羡慕地说，“我这个伙计呀，咳，别提了！”

看他这么为难的样子，老李心想，人家帮自己找了一个好老婆，自己就不能替他找个好伙计吗？阿祥虽说是个好手，店里缺不了，但是自己以后肯定还要靠胡雪岩，人家的钱庄将来会大过信和，把阿祥送过去，他的生意好了，那信和不是可以大树底下好乘凉吗？现在正是雪中送炭的时候，一来还个人情，二来从长远看仍旧对信和有利，当即就拍着胸口说：

“雪岩，你的事就是我的事，我自己不能过去帮你，那我明天就让阿祥去你那儿，马上开始干！”

“可是信和也需要……”他还是要着意推辞一番的。

“没那么多可是！雪岩，一句话，你认不认我这么个朋友？”

胡雪岩低头，像是在沉思。

“雪岩，你从来都是个痛快人，别这么婆婆妈妈的，来，喝了这杯！”

胡雪岩这才抬起头，一仰脖“咕咚”喝了一杯酒：

“老李，你这样雪里送炭的举动我胡某一生也不会忘记。”

“算了，少说这些外人话。”

“老李，有福同享！”

“有难同当！”老李接了下半句，两只杯子又碰在一起。

第二天一大早，阿祥来了，昔日的小伙计今天变成自己的老板，他还有点不自在。

接下来，胡雪岩告诉他，自己不只是开这一爿钱庄，他还想干更多的生意，开这个钱庄只是其中一部分。所以他不可能把精力完全放在这儿，也就是说不能完全亲自料理各种业务。让阿祥出任这个老板，希望他能担负这个责任，有什么事可以找自己商量。

一番话说得阿祥心服口服，他感激胡雪岩给了他这样一个机会，否则他赵阿祥永远是一个伙计。

阿祥到柜台后，胡雪岩吩咐人送100两银子给信和李太太，告诉她是做零花用的，同时又买了几样点心外加一张50两银票送到阿祥家。知道这事的人无一不佩服胡雪岩为人手段高超，御人有方。

有了阿祥在钱庄里，胡雪岩顿时轻松了。他干得好，胡雪岩也挺满意，两个月连涨了三次工钱，第四次再涨时，他无论如何也不要，甚至说再这样他就另谋一个钱庄。话说到这个地步，胡雪岩知道阿祥已经被自己收服了。

有了钱庄这个基础，等于在商界站稳了脚跟，有大笔资金可以调动周转，胡雪岩的生意渐渐大起来。阜康钱庄的名儿本来是王有龄题写的，现在他已经升至浙江巡抚，这块招牌的名气也更大了。很多公款包括粮饷有时候都通过阜康来往汇兑，这时候的胡雪岩已经称得上富商大贾了，阜康也不断地增开分店，兼并了许多小钱庄，只有它和信和、德鸿等一些较大的钱庄在做生意，而这些钱庄平常没少受胡雪岩的恩惠，有什么事都唯他马首是瞻，这就等于他垄断了当地的钱庄业。

有了钱，胡雪岩的生活也铺张起来，到处镶金嵌银，整个胡宅都散发着豪富的气派。”

眨眼到了中秋节，几个老朋友相约到西湖赏月。

老李最先到，他点好了菜，租了条船，泊在岸边等着其余两人，却没买酒。照他们几个之间的规矩，谁最后到谁买酒，而且一定要最好的，因此自从发迹后，每次吃饭都有最好的酒佐菜。

他等了一会儿，胡雪岩来了。

天有些阴，天上的云越来越密，看情形恐怕是赏不了月了，反正三人主要是喝酒谈天，也不在乎。一时间船上不断传出欢声笑语。酒过三巡，话题又落在生意上。

王有龄做了巡抚后，消息自然要灵通得多，对时局变化和一些商界大事他总是说得头头是道，胡雪岩和老李也只有听的分。

“现在洋人已经在上海站住脚跟，做的生意面很广。那些洋人好在讲信用，谁的货好就与谁谈，只认货不认人。他们买丝贩烟，茶叶药品，甚至军火都敢买卖！”

“什么，洋人这么大胆！”胡雪岩很诧异。

“当然不可能明目张胆吧？”老李问王有龄。

“是啊。洋人支持长毛（太平军），认为他们能成事，暗地里卖给他们许多长枪，否则清军怎会一败再败呢？”虽然是朝廷命官，但他是汉人，所以对官军称“清军”，并不是什么蔑称。

“怪不得，最近常常有难民，都是外地口音，在市面上找活做，

还有些干脆乞讨，很苦呢。”

“流民最难管，雪轩，你打算怎么处置他们呢？”老李问道。

“我一时还想不出什么计策，朝廷也下了公文，要各省安抚外地流民。”

“能不能这样，我出钱盖一个粥厂，然后大头我出，小头官府出，买些米赈济灾民，肚子饱了，他们便没有理由滋事，否则就法办，这样衙门也站得住脚。”

“太好了！”王有龄一听，击掌大叫。因为他为此事很伤脑筋，设粥厂他也想过，只是开销很大，快到年终，很多地方都等着钱用，有胡雪岩支持，这难题便迎刃而解了。

“设粥厂以后，立刻报给朝廷，让皇上知道我们已经开始动手赈济灾民，顺便提一下有些小困难，皇上一定会最先给浙江拨款，而且只多不少。因为有我们这个榜样，皇上一定会让各省效仿，他树的典范一定不能倒，所以肯定会大力扶助。到时拨下的款不但能够咱们的支出，而且肯定会有很多盈余，可以做很多事。比如有了这笔钱，明春可以适当免一两项税，减轻农民的担子，大得民心，皇上知道大家都说你好，自然会另眼看待你的。”

“雪岩，你真是深谋远虑啊。”老李由衷地赞叹。

胡雪岩只是淡淡一笑，也不推辞也不接受，面对别人的夸奖他总是报之一笑。他知道过分推辞有点不识抬举，欣然接受又似乎太傲，最好是淡然处之，他的做法也是常常奏效，很多人觉得他谦虚而且深不可测。

他望着窗外沉吟了一会儿。

“想什么呢？雪岩。”王有龄看着若有所思的他说。

“哦，也没有什么。”胡雪岩收回目光，呷了一口酒。

“不用问，准是他心里又来主意了，雪岩，我没说错吧？”老李知道胡雪岩有这种表情时一定是在考虑什么事情。

“何妨说出来，三个臭皮匠顶上一个诸葛亮嘛。”王有龄也在一旁说，“说不定我们也能出个好主意呢。”

“我想和洋人做生意。”话一出口，着实让他们俩吃了一惊。因为当时对洋人还不太了解，做生意讲究知己知彼，不知道对方的脾气性格就等于在交易中少了一个筹码。

“但是我对他们的习性还摸不透，而且语言不通也是很麻烦的。”他接着说。

“这些都不是问题，多打几次交道，怎么也能摸着一点儿道儿，至于语言不通，可以找一个可靠的人做翻译，关键是你有勇气想出这个点子，就一定做下去。”王有龄和老李虽然一时不能想出点子，但也知道不断给他鼓劲。

“这件大事得从长计议，不能凭一时冲动而行。”胡雪岩慢慢地说，“雪轩，你知道现在洋人最大的正当生意是什么？”

“我觉得应是丝，就是蚕丝。在西洋，中国的丝绸非常受欢迎，而且很昂贵。洋商从南方购丝，运到国外去加工，做成后就运到世界各地去卖。”

“这才是我的愿望，把生意做到全天下去，看来洋人比我们先走了很多步啊。”

老李常到外地去，见多识广。

“这都是兴洋务的功劳，没有洋务，永远都是小舢板大木船，瞧人家的大铁轮，真能跨洋越海啊！”

“看来，我们中国也要兴洋务。又扯远了，我是想，既然洋人最大的生意是买丝，那我们就从这里下手，看看怎样从中找到赚钱的地方。”

老李笑了笑，拍拍他的肩膀：

“雪岩，看来你对洋人做生意还不了解啊。”

“怎么？你说说看。”王有龄也蛮有兴趣地说。

原来洋人是通过丝商来买丝，丝商到农村去收购。洋商同时和好几个丝商打交道，亲自验货，谁的丝好就当场付款取货，然后立即装船运走。近一年来，洋商联合起来，压低定价，使许多丝行纷纷倒闭，洋人趁机低价收购。而丝商却没有联合起来，无

异于以卵击石，洋人说多少就是多少。

“就是嘛，我们也应该把丝商拉过来，拧成一股绳，跟洋人斗一斗，不能让他们太嚣张！”胡雪岩一擂桌子，决心已定。

还差一个能与洋人打交道的，老李忽然想起自己的一个亲戚，叫古应春，名像女人名，但人长得仪表堂堂，男人味十足，而且身强力壮，这位远房侄子留过洋后就在上海的外国商行里做事，有一次因为一个洋人喝醉闹事惹了他，他抄起椅子将人打成重伤，被开除回家。他家很有些积蓄，所以一直就闲在乡下。

胡雪岩一听连声叫好，认为他很有骨气，敢想敢干，有一股狠劲儿，当时就决定去请他。

乌云越来越厚，终于兜不住上面的雨，被闪电撕开一条裂缝，雨水倾盆而下。胡雪岩不止一次地在雨夜里待在船上，这一次更浮想联翩，除了以后的生意，他还想起了可爱的水叶和那些逍遥浪漫的日子。

舍弃一朵花，抱得万锭银

咸丰四年（1854 年）初，太平天国定都金陵后，军威大振，跃跃欲试，即行北伐，兵锋进逼，安徽、湖北两省告急，人心骚乱。朝廷驰诏湘军统帅曾国藩出兵援救安徽。太平军乘湖南空虚，挥师突袭，太平军石贞祥、林绍璋部连陷岳州、湘阴、宁乡，直指长沙。湘军急忙回师抵挡，保护长沙，林绍璋在靖港水面袭击曾国藩的帅船，湘军水师 40 艘炮船非焚即掠，伤亡惨重。曾国藩面对败局，心灰意冷，投水自杀，被随从章寿麟奋身救起。此役虽然最终击退太平军，保住长沙，但震动华中，影响全国。

浙江虽然远离湖湘，但受战局影响，人心浮动，流言纷纷，物价飞涨，行情飞跌，大有山雨欲来风满楼之势。人们猜测：浙江距金陵不过千里，太平军若挥师南下，占领江南天堂，比突袭湖湘更来得容易，照此局势下去，杭州成为太平军的目标并非杞人忧天，市面上确实有人传言金陵天王府中便挂有进攻浙江的军用地图，足见此说不谬。言之凿凿，活灵活现，听者不得不担心，富贵人家便有打点细软，提取现银准备逃亡避难之举。

对于市井小民来说，远在湖湘的长毛战事如何，似乎只是酒后茶余的谈资，并未触动自己的根本利益，何况太平军起事已非几年，谈得多了，见惯不惊。但胡雪岩却暗暗叫苦，肉痛万分。阜康钱庄刚刚在湖南岳州开了一家分号，投本10万两银子，没想到才半年，尚未赢利，就遭战乱，清兵和太平军互相争夺，几进几退，把岳州当作战场，蹂躏得不成样子。阜康分号银两被乱军劫掠一空，档手失踪，伙计逃散，据说连店屋也付之一炬。损失之惨重，当是胡雪岩开办钱庄以来最大的一次。

痛定思痛，胡雪岩去见王有龄，骨鲠在喉，欲吐为快。其时王有龄大得巡抚欢心，已署理湖州知府，尚未赴任，心情十分愉快。

“雪岩，何事愁眉不展？”一见面，王有龄诧异地问，两人的关系亲如兄弟，故免了一切客套，称呼十分亲昵随便。“岳州的分号毁了。”胡雪岩哭丧着脸说。“哦？不过10来万两银子，区区小事，何必挂在心上。”王有龄在海运局发入外快几十万两银子，即将上任的湖州又是浙江的粮仓，银钱滚滚来，故而说话胆也大了，气也粗了，与当年候补苦度天壤之别，判若两人。但胡雪岩听着却很不顺耳，商场如战场，得失进退，锱铢必较，何况这10万两银子，相当于一个“信和”，白白地丢失了，岂能小视。他轻轻叹口气：“要是早知道战局如此，我也不会轻易出手开那家分号了。”创办岳州分号，乃是王有龄听信一位在岳州任臬司的同乡鼓吹，言岳州拱卫长沙，当入湘要道，商贾往还，市面繁荣，湘军骁悍，保境安民，湖南最为平安，开办钱庄正是择机而动，可获厚利。王有龄遂主张在岳州发展，可经办湘军粮饷银款，前景甚为美妙。不想时局陡变，事与愿违。王有龄知道雪岩难过，安慰道：“眼下有一批粮食要办海运，我们在账上做做手脚，10万两银子不过早晚之间，唾手可得，何愁之有。”

“长毛回攻湘湖，难道朝廷竟无半点觉察？”胡雪岩犹不心甘，

总想问个所以然，寻找失败根本，以诫将来，这也是他处事精明之处。

“天子圣明，岂有失聪。”王有龄文绉绉地说了一句，两手做出朝拜的姿势，忽然觉得面对雪岩，有些做作，便恢复常态道，“官报上早已写得明白，说洪逆定都金陵，必有觊觎帝都之意，晓谕各省督抚大员，严密注视洪逆动向，且特别指出安徽、湖南为洪逆必犯之地，饬令严守，可惜曾大人求功心急，率湘军悉数出省，冒进轻敌，反中洪逆圈套，连吃败仗，事难逆料啊！”

胡雪岩顿足失望道：“雪兄大哥早些说明官报所言，我们就不会轻率出手，血本无归。”

王有龄觉察胡雪岩责备他口风太紧，赶忙分辩道：“官报每日尽言战事，令人心烦意乱，谁记得住许多，再说，战场瞬息万变，胜负难料，谁又能运筹全局、胜算在握呢。”嘴上虽这样说，心里却又是另一番意思：官报是朝廷公文，布衣小民岂能与闻，胡雪岩虽然聪明能干，毕竟没读过几天书，能读懂官报？不要看个似懂非懂，拿出去张扬炫耀，反招人笑话。商人到底是商人，莫谈国事为要，自己之所以倚重胡雪岩，无非看上他有度支之才，经营有术罢了。想到此，王有龄恳切地劝道：“老弟不必气馁，这类事毕竟罕有，一生遇不到几回，你尽管放心赚钱，何必关心军情大事，以后局势有变，我给你提个醒好了。”

胡雪岩本想再说几句，王有龄大权在握，银子来得容易，不会体谅从商之难，既要趋奉官宦要员，左右逢源，上下熨帖，又要算计百姓，口中夺食，才有钱赚。如今天下大乱，北有捻子，南有长毛，西有回回起事，商道时断时阻，行情涨落不定，逼得商家非得眼观六路，耳听八方，国事军情，了然于心，才可防患于未然，安渡商海。但，这些道理，王有龄是不会听的，他自恃饱读经书，才堪管仲，有经世治国之才，故为人傲岸、刚愎自用，不谙经济，喜欢清谈，言必圣贤，行必纲常，是个读书迂腐的酸文士，若不是靠同窗相助，恐怕又蹈其父覆辙，候补终生，老死异乡。胡雪岩自然心中明白，即使亲同手足，也有不当谈的话，于是话到嘴边留半截，告辞回店。

诚如胡雪岩所担忧那样，局势果然大坏，太平军在湖湘两破湘军，曾国藩三次投水自杀未果；山东捻军遥相呼应、大有迎接太平军北上之势。而新从上海传来消息，小刀会有心举事，反抗清廷，与金陵太平军互为犄角。胡雪岩从街谈巷议中收集到这些消息，稍做分析，立刻采取相应措施，调整经营范围，把资金投向少有战火的两广、云贵川地区，虽无大利，亦有小获。胡雪岩因此深感掌握国家大事的消息对经营活动尤为重要。乱世出英雄，乱世焉能不出巨商？天下大乱，行情才能涨落飘忽不定，某些商情瞬息万变，稍纵即逝，抓住了机会，一夜之间便成巨富，丧失了机会，终生追悔莫及。而战乱时代，这些机会很大程度上靠明了世情、早获国事变化而把握。胡雪岩渴望从官场获取可靠消息的心情更加迫切。但王有龄的心思和胡雪岩截然不同，他热衷于官场应酬，留意升迁降谪，对国势变化，或寥寥数句，轻描淡写，或吞吞吐吐，语焉不详，保持一种高深莫测的神秘感，不能使胡雪岩满意。胡雪岩终日冥冥苦想，寻找可靠的消息来源。

一天傍晚，胡雪岩处理钱庄事毕，命伙计打烊关店，正躺在椅上小憩。忽然门外有人叫门："胡先生在吗？"

胡雪岩应声而出，见一个小厮模样的后生，手提一只牛皮灯笼，上有一个大大的"梨"字，立刻明白是"梨花春"鸨母派来的。胡雪岩是这家堂子的老主顾，几乎玩遍了全部妓女，甚觉乏味，已许久未去光顾，不想鸨母竟派小厮来请。胡雪岩这几天另有心思，无意寻花问柳，便推辞道："告诉李妈，本先生心劳体乏，今日多谢了，改日再来。"

小厮立定不走，笑意微妙，说：

"胡大先生是我们的常客，衣食父母，无奈院里都是残荷败柳，难中胡大先生的意，妈妈内心愧疚，觉得十分对不住胡大先生，到处罗致新鲜可意的角儿，要报胡大先生的大恩大德。"

“这么说，寻到了吗？”胡雪岩精神一振，兴趣盎然地问。

“刚刚从外地买回一个妞儿，听说原是官宦人家千金小姐，父亲犯了事，举家查抄，家属官卖，才到院里。”

胡雪岩谈色兴起。

匆匆换了衣服，随小厮去“梨花春”。一路上犹自兴奋不已，原来他自幼贫苦人家出身，自惭形秽，十分自卑。眼下听到有如此可心的千金小姐，怎能不如蝇逐臭，急切看个明白？心生急念，脚下生风，不一会儿到了梨花春，鸨母李妈迎接住，冲他神秘一笑，向后房歪歪嘴。烛光映照下，窗户显出一个女儿身影，亭亭玉立，苗条多姿。胡雪岩似乎嗅到一股幽兰香味，身子立刻酥了半截，顾不得烦琐规矩，掏一张500两的银票往李妈手上一塞，说句：“李妈多担待，今日叨扰了。”如同色中饿鬼，闯进门去。

那姑娘坐在窗前，如冰雕玉琢一尊观音菩萨像，气质高雅，仪态万方，流露出无限伤感神情，顾盼之间，举手投足，莫不显出大家闺秀风度。胡雪岩顿时停下步，他被小姐的魅力慑服了。蹑手蹑脚上前，彬彬有礼拱手道：“小姐久候，小生有礼了。”小姐慌忙起身福了一福，道：“罪过，罪过，待罪之妾，怎敢受公子大礼。”她显然被胡雪岩的着装和举止所迷惑，认为他是大家子弟。胡雪岩心里极是舒坦，蒙绝色美人抬举，此生尚是第一次，真是受宠若惊，他打算将错就错，继续博得美人的欢心。

胡雪岩捺住性子，装模作样坐到姑娘跟前，说：“小生虽不才，也曾饱读诗书，听说院里来了位小姐，殊为惊讶，此处蜂乱蝶狂、藏污纳垢之地，怎容得下小姐清白之身，所以唯恐小姐受辱，赶来看个究竟。”

一番巧言合情合理，颇显侠胆刚肠，决不像轻薄的嫖客。姑娘受了许多委屈，正无处倾诉，此时见到他如此通情达理，言语体贴，不禁垂泪涟涟，模样更加楚楚怜人。启动樱桃小口，述说自己身世。她名芸香，家住广东惠州，世代官宦门第，祖父官至藩台，父亲又放了学政，不料年前乡试，一桩贿赂考官案告到京里，皇上震怒，严旨勘察，坐实证据，芸香父亲革职流放伊犁，全家拍卖为奴。李妈抢得快,以2000两银子买下她,转辗千里带来杭州。

胡雪岩暗暗惊叹：妙绝！妙绝！果然是地地道道的大家闺秀、千金小姐。观其双目有神，聚而不散，凭借自己多年枕花眠柳的经验，必定是个处女身子，多亏李妈有心，今番才有此艳福，真是难得、难得！

胡雪岩热血上冲，心旌摇曳，欲要上前抱住求欢，又恐露出庐山真面目，被小姐看出他粗鄙本性，瞧他不起，于是依旧扮作秀才模样，文质彬彬，叫来一桌酒菜，与芸香小姐对酌，好言相劝，哄得她高兴。芸香小姐几杯酒下肚，雪腮飞红，冲淡了不少忧愁。她自小深居闺阁，奴婢侍候惯了，不谙人世是非；及至突遭变故，家破人散，并无充分的估计，以为凭借美色非凡，必有豪侠公子前来相助，如同古书里所写一般。今晚遇见胡雪岩，年轻俊美，衣着光鲜，言语文雅，在房中颐指气使，婢女小厮敬畏若神，都听他调遣，深信便是救苦救难的豪门公子，便有以身相托之意。渐渐地借着酒力上涌，芸香不再拘束，推杯把盏，放开胆子，平添了千般风韵，万种媚态，非烟花风尘女子所能做到，令胡雪岩眼界大开,如坠温柔乡中,愈加敬爱芸香,不敢半点非礼。酒至半酣,芸香取过一张凤尾琴,纤指移动,弹了一曲《高山流水》,其意不言而喻。可惜胡雪岩终日泡在银钱堆中，哪里懂得钟子期典故,只是摇头晃脑故作雅态倾听,并无明白表示。忽然芸香“锵”地一声，拨断一根琴弦，胡雪岩吃了一惊，见小姐满噙泪花，似有无限幽怨。胡雪岩不愧是摘花老手，观此神色，立刻悟到芸香用意，心里一热，上前拥住她肩头，致歉道：“小姐身份高贵，唯恐亵渎了你，小生不敢张狂。”

芸香不由他说，倒在他前，嘤嘤啜泣道：“公子不弃，奴愿以身相托！”说话间，吹灭烛光，拥向牙床。

然而胡雪岩饱享艳福的愿望落了空，他不知自己患了“恐贵症”，见了官儿要叩头下跪，遇着千金小姐便膝盖发软，自卑得

来不上劲儿，这真是千古奇事，偏偏让胡雪岩摊上了。两人虽相偎相抱，一个是百依百顺、身心相托；另一人却力不能胜，无法消受，金山轰然倒下，不禁颓丧万分，徒唤奈何。胡雪岩见事不谐，索性好人做到底，脑子里蓦地冒出一个念头，愈想愈兴奋，暗暗叫绝。芸香已老着脸皮，任他摆弄，不料许久不见动静，胡雪岩默不作声。芸香心里便有些发慌，忙问："公子不喜欢我？""哪里话，千里挑一的美人儿，谁人不爱？""那你是坐怀不乱的柳下惠。"胡雪岩不知道柳下惠，但也猜出她的话意，索性与她明说："我并非富贵人家的公子哥儿，不过一名听人差遣的钱庄伙计罢了，因此不敢以卑微之身，玷污了小姐的贵体。"

芸香目瞪口呆，又羞又急："你来此地做什么？"

"前来搭救小姐，求脱身之计。"

"此话当真？"

"哪个男人不好色，但我刚才对小姐秋毫无犯，可有歹意？"

芸香想想，自己反不好意思，顿时双手蒙住脸孔，道："天下真有坐怀不乱的柳下惠，就是你胡先生。"

胡雪岩得意道："我真时常来院里走动，唯有对小姐的敬重之心，才止住意马猿心，此心之诚，唯天可表。"

芸香感动万分，泪水涟涟，泣不成声道："你若能救我出去，愿终生为婢，侍候到老，绝无二心。"

"那大可不必，"胡雪岩道，"我要你仍享荣华富贵，做大官夫人，不减你姑娘时风光。"

"若如此，愿永为你用，忠心到底。"

"太好了，"胡雪岩拍手笑道，"说了半天，讨的就是这句话。"于是两人整衣束冠，重摆夜酒，叽叽咕咕，直谈到东方发白，金鸡高唱，胡雪岩才步出房门，对鸨母李妈吩咐道："从现在起，不经我许可，不准芸香接客。"

"哎哟，白养个千金小姐，我们可担当不起，那2000两银子的身份。"

胡雪岩掏出1000两银子的银票给她："这是包银，看管好了，另有重赏。"

李妈双眼眯成一条线，千恩万谢。

胡雪岩走出院门，深深呼吸一大口清冷的空气，头脑似乎才清醒过来，拍着脑门儿惋惜道："可惜，一朵娇花，自己消受不了，却要拱手相送，真是一段'今生奇观'哪。"凭着他精明的生意经，略加心算，便知是一本万利的好买卖，宁弃一朵花，抱得万锭银，何乐不为？

王有龄尚未起床，便听见胡雪岩的脚步声，他俩见面无须通报，也不拘小节。王有龄探起身子，诧异道："这么早赶来，又有啥事？"

"好事，好事，特来向大哥道喜。"胡雪岩兴冲冲道，眉飞色舞，溢于言表。王有龄大惑不解："湖州尚未赴任，还能有什么喜事？"

"大哥，你即将走马湖州，形单影只，身边没有照料你的人，小弟很不放心，已寻着一位妙人儿，陪伴大哥左右，枕席之欢，足慰孤独。"

王有龄眉开眼笑，他本来在老家已有妻室，千里求官，抛下家小单身赴任，常与胡雪岩寻花访柳、纵情声色，倒也快活自在。听胡雪岩此说，问道："此为何处名花？""梨花春。"王有龄失声笑道："老弟真会开玩笑，杭州哪家堂子我没去过？俗不可耐，上不得台盘，怎好做知府姨太太？倘若被人得知底细，岂不扫了大哥面子。"

"大哥有所不知，"胡雪岩一脸正经，不似调侃，"梨花春新来一名姑娘，是广东学政之女，因犯考案被官卖为妓，小弟刚去见过，果然绝色佳人，天仙下凡，做大哥的红粉知己，有面子又风光，正是天作之合的姻缘。"

"哦！"王有龄意味深长道，"你见了她，待多长时间？""仅昨晚一宿。""行了，既已被老弟高枝独占，名花有主，怎可横刀夺爱，大哥索性替你做媒，娶了家去做太太，大哥也为你高兴。"

“大哥误解了，”胡雪岩着急道，“小弟见她天姿国色，正合与大哥相配，所以不敢专美，不曾动她一根毫毛，大哥若是不信，可亲去察看，足证小弟一片苦心。”

“果有此事？”王有龄呆住了，难得胡雪岩如此忠心，竟能坐怀不乱，实为天下罕有，难能可贵。当下王有龄同胡雪岩匆匆用过早茶，乘两乘小轿，悄悄溜到梨花春看个究竟。

王有龄一见芸香，惊叹万分，顿生怜意，芸香诗书文章，样样精通，引经据典，对答如流，俨然女才子，果然非凡俗。王有龄倾慕万分，有心要纳她为姨太太。芸香急切要寻找可靠主儿，脱身火坑，两人情投意合，迫不及待拥及香衾，初试云雨，芸香果然是处子。王有龄甚是感激胡雪岩。

胡雪岩见她俩合契合拍，便悄然离开梨花春，心里又妒又喜，妒的是本属口中美食，反被他人安享，酸溜溜不是滋味儿，喜的是顺水人情做得漂亮，在王有龄身边安插了一位忠心的眼线，今后但凡王有龄的公事往还，官场应酬，都会通过识文断字的芸香告知胡雪岩，令他早做筹划。利弊之间，孰得孰失？胡雪岩掂量一番，觉得这桩交易十分划算。他自知已不能奢望与富贵人家女儿结缘，倒不如在烟花女子、婚妇遗孀中风流自在。果然，在胡雪岩日后所娶的十几房姨太太，都是这类角色，这是后话。

王有龄出价 5000 两银子，赎芸香出去，娶为姨太太，心满意足前去湖州赴任，从此他的行踪无不掌握在胡雪岩手中，筹划谋断无不听从芸香，直至他官至浙江巡抚、坚守杭州抵御太平军，城破自杀之时，也不知道胡雪岩与芸香之间订有秘密约定。

乌先生得赏春梅，俏佳人香消玉殒

大年三十这天晚上，胡家空前的热闹老太太端坐中央，笑容可掬。罗四太太走马灯似的一会儿走过来，一会儿走过去。胡太太还没过来，也不想过早过来参与这种乱糟糟的场面。

昨天罗四太太找到她，说自己很难应付这么大的场面，请胡太太她能帮的帮一下。她面上一口答应，心里说："给我卖什么关子，你不是有能力吗？你就干呗！"

于是，她虽答应了，可还是在屋子里待着。此刻，她还在床榻上，闭着眼睛，美滋滋地抽着大烟，丫头莲儿在不停地给她捶着腿。

忽然丫头翠凤来说老太太叫她去。别人不听，老太太的话她不能不听。于是赶快爬起来，叫莲儿把衣服拿来换上，由丫头陪着朝老太太那儿去了。

见她来了，老太太停止了和别人的说笑，对她说道："大家都等着给你拜年呢，怎么来得这么晚。"话语中带着笑意。

"回妈妈的话，我身子骨不大舒服，头痛得厉害，想多躺一会儿，不想躺过了头，该死。"

"行了，你也不必赔不是了，快见过众姊妹。"众姨太太早就准备好了，一起向胡太太问安，胡太太感觉很不好意思，赶忙回了礼。

胡雪岩最后才到，告诉大家一起去看放烟花。这年又买了好多的烟花，一时间五彩缤纷的烟花把天空装饰得异常美丽。好热闹的丫头和小孩子们高兴地拍起手来。热热闹闹地到了快下半夜，大家又聚到一起共享年夜饭。

胡雪岩心中因为七姑奶奶的病，一直很郁闷，便不停地喝酒，罗四太太见状，夺过他的酒壶，轻声地劝他不要再喝了，他粗暴地一把把酒夺过来，一个人倒起酒来。胡老太太见状赶快问道："怎么了，你？"

"娘，我没事。"胡雪岩说着，一杯酒全部倒进了肚里。转身离开席，踉踉跄跄地走了。

罗四太太欲起身，胡老太太止住她说："让他去好了，又要什么猴脾气，我们吃我们的，别去管他。"

罗四太太站起来的身子又缓缓地坐下了。

胡雪岩迷迷糊糊地向后花园走去，到凉亭中消遣一下郁闷的心情。忽然想起要去解手，便走下小路，向树丛中走去，待他解手完毕，系上裤带时，忽然听到一阵窸窸窣窣，听声音像是有人。这么晚了，谁会在这里，不去热闹呢？胡雪岩感觉很奇怪，悄悄地走了过去。两个衣衫不整的男女已经站了起来。其中男的还在紧张地系着未系完的腰带。

奇怪，什么人敢在这里乱搞？

胡雪岩借着酒劲，问道："什么人？"

两个人立即双膝跪地求道："老爷，您放过我们吧。"

胡雪岩听声音像自家的丫头阿珍，便问道："是阿珍吗？"

"是我，老爷。"

"你们跟我过来。"胡雪岩本来就烦，遇到这件晦气的事，他气不打一处来。

两个人畏畏缩缩地跟着胡雪岩来到他的住处。

"跪下！"一进门，他便厉声喝着，自己坐到了靠椅上。此时，他才看到，男的，便是他一向很信任的伙计阿金。

若在往常，这事在胡雪岩看来算不得什么，可今天不同，一是本来就心烦，二是借着酒劲，三是在这样热闹喜气的日子里，二人却在后花园……

他没听他们的解释，也没容他们解释，只是很无奈地挥了挥手道："你们爱去哪儿去哪儿吧，找个好地方过你们的好日子，我眼不见心不烦。别让我再见到你们，给我走。"

两个人眼泪汪汪，知道解释也是无用的，相互扶着走了。

胡雪岩仰身躺在椅子上，身心疲惫，他越来越感到自己用的人不得力了。

罗四姐的房里透着灯光，他轻轻地敲了敲门。里面传出一声："门没插，进来吧。"一听就是罗四姐那可爱的声音。

胡雪岩推门进去，罗四姐抬眼看他，满眼的嗔怪和关切，待他坐定，才问道："今儿是怎么了，大过年的，弄得大家都不高兴。"

胡雪岩一把将她搂过来，罗四姐挣了挣，还是顺从了。只听胡雪岩细声软语道："心里不大高兴，我知道我错了，向你赔罪。"说完，低下头去吻了一下罗四太太。

"你就会马后炮，当初干什么了，像灌了迷魂汤，有什么不高兴的，不能跟我说。"待胡雪岩抬起头，罗四太太一连气地说道。

"本来这事不想告诉谁，可闷在心里憋得慌，跟你说怕你挂心。"

"什么事情你就说嘛，婆婆妈妈的，哪像个男子汉。"罗四太太伸出手来搂住他的脖子。

"那么，我说了你别告诉别人，特别是不能告诉老太太，免得她担心。"

"我不会说的，你相信我。"

"我相信你。这件事情其实是由我引起的。"他忽然觉得不应该这样直接告诉她，免得她又要吃醋。便道："我做了一件错事，一件令七姑奶奶很失望的错事，将她气出了病。"

"什么错事？"罗四太太追问道，"你一定又是做了什么见不得人的丑事。"

"什么事是次要的，重要的是我辜负了七姐，把她气成了重病，她的病很重。"

"重到什么程度？"罗四太太担心地问。

"起初是昏迷不醒，然后是神志不清，到后来神志清了，人却不能讲话，总之以后要瘫到床上一辈子了。"

"一辈子？你是说七姐病得要瘫痪一辈子？"罗四太太提高了声调。

"医生是这么说的。"胡雪岩不敢正视罗四姐。

"七姐处处为我考虑，担心我树大招风，而且帮我指出许多用人不当之处。建议我将23家典当的管总来一个大调换，顺便清算一下账目。唐定生这个家伙心里有鬼，便和他的老婆妙香一起使了个美人计，我当时鬼迷心窍，料想也不会有什么大事，结果上了当。"

“什么鬼迷心窍，你这明明是色迷心窍。”罗四太太也很生气。

“不要再说了，我已经向七姐下了保证，只此一次。你就别再让我头痛了。”说着，轻轻地捏了一下她那细腻的脸蛋。

“好了，我不再说，但愿别再让我听说还有下次。”罗四太太很识趣，“那你以后打算怎么办？”

“放心，七姐就是我亲姐，以后，有我享的福便有她享的福，至于唐定生，我早就让他滚蛋了。”

“但愿以后你别再犯这样的错误。”罗四太太又说了一句。

“我会记住的。”胡雪岩轻声说，“我们休息吧。”

“好吧！我也很困了。”此时，罗四太太才感觉眼皮很沉很沉。

第二天一早，拜年的人便纷纷踏上门来，这样一连四天，过了初五，来拜年的少了。胡家出现了往日的宁静。丫头、伙计们陆续回来，该忙碌的还要忙碌各自的事儿。

这天，罗四太太和胡雪岩吃过晚饭后，闲谈中，罗四太太说道：“怎么没发现阿珍和阿金回来？”

“阿珍和阿金？”胡雪岩突然想起了那天晚上发生的事，“我把他们辞了，让他们该干吗干吗去了。”

“为什么把他们辞了，又不告诉我一声？”

“忘记了告诉你，那天晚上（就是除夕那天晚上），我不是多喝了几杯吗？在后花园林子里解手时，发现了他们两个在那里鬼混，当时一气之下便打发他们走了。”

“你太鲁莽了。”罗四太太责备道，“你知道吗？他们还是老太太从中搭的桥呢，以后老太太问起来，你怎么向她交代？”

再把他们寻回来？”

“到哪里去寻，又哪能那么好寻。”罗四太太道，“干脆跟老太太撒个谎，就说他们私自跑了。”

“可他们为什么会跑呢，这里好吃好住都有，没什么理由啊？”

“那怎么办？你没来由地又犯了个错误。”

“不如说，他们偷了钱后逃跑的。”

乌先生又来拜年了，每年他都是来得这么晚。乌先生是罗四姐母亲的一个本家，罗四姐小时候去外公外婆家里经常能见到他，他那时很年轻，懂得很多，又能说会道，经常带着罗四姐去玩，罗四姐很是喜欢他，可惜后来人世漂泊，母亲父亲相继去世，她定居上海，几乎与乌先生断了联系。乌先生是在罗四姐到了杭州后才找到她的，对罗四姐来说，这也是她唯一的亲戚了。见到他异常的高兴，热情地款待他并盛情挽留，乌先生只说来看一看，认认路，以后来的机会多着呢，不久便告辞了，以后每年春节都来一次，带了很多土特产，没滞留多久便又回去了。

胡雪岩对乌先生也早就熟了，每次来把他当作亲人一样。听罗四姐讲他肚子里很有点墨水，只是没有发挥的机会，便有意留他在自己这里做事，而且更为可靠些。

于是，趁这次来的机会，胡雪岩把事情向乌先生打算挑明。

“您也知道，四姐在这里过得很好，我想你以后也过来帮我做事，一是可靠，二来也减少我一些负担，我不会亏待你的。”

乌先生也早有此意，只是此刻也不好直接应承下来，便谦虚道：“我没什么本事，而您这里又净是能人，您还是不要屈就的好。”

“您太自谦了，您的本事我还是多少有些了解。”

“胡大先生若是真的看重我，我就恭敬不如从命，只是我的家……”

“让他们搬过来好了。”罗四太太在一旁插言道。

“我有必要跟家里人商量一下。”乌先生出言谨慎。

“还商量什么，你是一家之主，这事还做不了决定？”罗四太太又加了一句。

“倒也是，那我就先在这里应承着，回去马上搬家。”

“最好是越快越好，庆余堂药房正缺个能顶个事的先生，我觉得你最合适不过了。”胡雪岩显得很急。

乌先生吃过午饭后告辞回去了。

几天以后，在胡雪岩的帮助下，乌大先生把家安在了离庆余

堂不远的一处僻静之所。乌大先生就此干起了庆余堂的先生，果然不负众望，不久，便赢得了大家的赞赏。

胡雪岩又添了个得力助手，心下高兴，便把贴身丫头春梅赏给了乌先生。

这春梅本来是个孤儿，平常时间的独自生活使得她孤僻而有心计。胡雪岩见她心灵手巧，便让她来服侍自己。春梅倒是没让胡雪岩失望,每天尽心尽力,唯恐照顾不周。胡雪岩每天起床穿衣，早饭、早茶、午饭、午睡、晚饭，直至上床睡觉都被服侍得舒舒服服的，还要为他洗脚、捶腿、捶背。

春梅早就有个心思，那便是：找个合适的时间失身于胡雪岩，到时不怕他不把自己纳小。于是，一天，胡雪岩酒醉而归，夜晚口渴醒来，突然发现身边缠着一个光滑而柔软的肉体，以为是哪个姨太太又要什么新花样。待完事之后，听到嘤嘤的哭声，才知道了真相。

春梅当时并没有说什么，弄得胡雪岩倒觉得愧得慌。对春梅加倍地关心和爱护，有了第一次，又有第二次。

那是在年前刚从上海回来，肚子里都是气，可又没处发泄，不能找胡太太去说，不能讲给芙蓉，更不能讲给罗四太太。偏巧春梅这时来了，样子很温顺，胡雪岩忽然来了一种冲动，站起身来便要搂住她，春梅一闪身躲开，道："我已经是老爷的人了，多个一次两次也无所谓，只是您不能总让我以这种身份过吧？"

"什么意思？"

"老爷又不是糊涂人，我担心这事让罗四太太知道了，您倒没什么关系，我可怎么办？如果我的身份变了，她就什么说的没有了。"

"你是在要挟我？"

"春梅不敢。"春梅有点退却。

从此，二人的心里有了芥蒂，很少言语。此刻借这个机会送给乌先生，也算了块心病。他料想春梅不会到乌先生那里乱说，即使说了，乌先生也不会怎么样的，毕竟是自己有恩于他，可这样，越发觉得自己犯了什么大罪似的。

春梅到了乌家，整个变了个人，整天不言不语，受了这样的冷落，她觉得像是从天上被打到了地狱，虽然乌先生家生活也还可以，可这是一种心理上的问题，她受不了这个，没几天便病倒了。乌先生没想到胡雪岩对自己的恩赐一下倒变成了累赘，每天要请人看病，让人侍候，怕她有什么意外。

胡雪岩也知道了这个消息，他的负罪感更重了。他觉得有必要去探望一下春梅，给她一个安慰。

春梅人变了，面黄肌瘦，目光也有些呆滞。见到胡雪岩来了，禁不住泪水要涌出来，赶紧把脸转向床里，不去理他。

“春梅，胡大先生来看你了。”乌先生叫了一句，便转身自觉地出去了。

胡雪岩拉了一把椅子在春梅的床边坐下来，拉住她的一只手轻轻叫道：“春梅。”

春梅依旧是面朝着里面，眼泪如泉涌，理也没理。

“春梅，”胡雪岩又叫了一句，“我知道你心里很不好受，你尽可以恨我，把我想成衣冠禽兽，可你不能折磨你自己，你这个样子叫人心不安呢！”

春梅终于哽咽着张了口，语气中满是幽怨：“我怎么敢恨您，您是大老爷，我只不过是个下贱的婢女罢了。”

“春梅，不要这样说。”胡雪岩毕竟有些理亏，“你不知道，我这一阶段心情一直不好。”

“倒也是，心情不好拿下人发泄，合情合理，我还怎么敢怨您呢？”

“春梅，你这不是不让我说话吗？”

“有什么好说的，我命该如此，生来就命贱，死活对谁都无所谓，更何况现在我已经不是胡家的人了，你就更加可以问心无愧了。”

“不，我问心有愧，我知道，我最近经常犯错误，尤其是不该这样对你。”

“现在说这些又有什么用，一切都是我的错，我不该妄想高攀。”春梅说着，苦笑了一下。

胡雪岩不再言语，他觉得自己背的感情包袱太多了，如果春梅再有个什么好歹，他的包袱会更重……

他终于决定重新把春梅再接回去，纳她为小，精心给她治病，也许她会好起来的，他也就不会太愧疚了。于是他低下头去问春梅：“春梅。”他先叫了一下。

春梅也正在侧过脸去想事情，听见他叫缓转过来，看了他一眼，表示听见了。

“我想把你接回去做小，你愿意吗？”见她有了回应，胡雪岩才问道。

“没那个必要了吧！把我折腾来折腾去的，像什么，你这时候接我过去，无非是想补救一下你的心灵。”春梅一口气说了这么多。

“随你怎么想，反正我已经决定了。”胡雪岩说完，放开拉着春梅的手，转身去找乌先生了。乌先生在外间等着，见胡雪岩出来，迎了上来。

“乌先生，同你商量件事儿。”胡雪岩说着，将他拉到了一边。

“春梅的病一时半会儿怕好不了，还给你添了累赘，刚才和她聊了一会儿，我想她可能是因为不愿离开我那里才会致此，如果这样，不如我领她回去，给她好好地治一治，也许她会好起来。这样也免去了你的一个累赘，以后有合适的我再给你安排一个。”

乌先生细细地听着，一边听一边想，见他说完了道：“累赘倒是谈不上，不过我觉得春梅在这里也不高兴，与其让她在这郁闷着，不如让她再回到你那里。”

“春梅回到胡家，又不能干活，大家议论很大。终于，有一天，胡雪岩到罗四姐的房中时，被问起了此事。

胡雪岩没敢实言相告，因为上次他已经向罗四太太保证不再犯类似的错误，又没想好个有根据的理由，便说道："她本来在我们这里生活得很好的，突然被打发到别处去做小，心里一定不舒服，因此会生病，我想把她接回来，她也许会好得快一些。"

"不知道你还有这么好的心肠。"罗四太太伸手戳了他一下，俯身依偎到他的怀中。

胡雪岩轻轻拍着罗四太太，心里想着怎么撒谎。

"春梅这是心病，一时怕很难治好。不如就让她做个姨太太，心情一兴奋，也许就会好起来。"

"姨太太？"罗四太太抬起头来，吃惊地问。

"别紧张嘛，挂个名，有其名无其实。也是为了她早一点儿好嘛。"

"难道不做姨太太病就不会好了？"罗四太太有些生气。

"那倒也不是。多病一天，多一天烦嘛，你说是不是？"

"哪能就那么见效，恐怕是你的心又不安分了吧？"

"这是什么话，要是不安分，我找个堂堂正正的姨太太多好，干吗这样。"

"谁能猜透你是怎么想的，反正你爱怎么办就怎么办，你认为对就可以，我这儿管不了你，只是老太太那我就不能担保了。"

"你能答应真是太好了。"胡雪岩又激动地吻了她一下，两个人缓缓地倒了下去……

在胡雪岩的游说下，老太太最终也答应了，于是，春梅的身份一夜之间变成了姨太太，胡雪岩亲自去照顾，请医生也师出有名了，人们的议论少了，春梅的病也一天天见好。

可没过几天，胡雪岩和春梅以前的事情不知又被谁在下人们中间传开了。胡老太太一向主张"眼见为证"，对这些议论倒不以为然。罗四太太则不同，她受不了这个，一定要找胡雪岩问个究竟。

"你说，你到底为什么要她做姨太太？是不是你心中有鬼？"

罗四太太的气势咄咄逼人。

胡雪岩的目光中掩饰不住的慌乱，他尽量装得很镇定。

“又在听谁乱咬舌头，你会相信他，而不相信我？”

“我是对你太相信了。”罗四太太丝毫不让步，“我说怎么奇奇怪怪地把人送出去了又接回来，还说什么为了养病。你又做了什么见不得人的事？”

“不要这么对我吼。”胡雪岩毕竟已不是一般人，对她说道，“人一做了姨太太，自然会有一些议论，这些事情你也轻信，你还有没有头脑？”

“我没头脑，你有头脑，用谎言来蒙骗人，算什么本事？”

“我求求你不要吵了，好不好？”毕竟是理亏使胡雪岩的态度开始软下来，“什么事情不可以好好商量？”

“别的事情还可以商量，这种事情没商量。”罗四太太气得呼呼直喘。

“就是说，你已经肯定外面那些议论是真的了？”

“本来是想找你肯定一下，看这表现和态度就知道十有八九。”

“好吧，就算有了，你打算怎么样？”

“我当然不能把你怎么样。”罗四太太说着，低声抽泣了起来。

“别这样，其实是我伤害了她。如果她以后有个什么三长两短，我会很内疚的，你不会让我内疚一辈子吧？”

“我当然不愿意，可你也太伤人家的心啦。”罗四太太还是抽泣着。

“你相信我，以后我会依然对你好！”胡雪岩轻拍她的头安慰道。

罗四太太被安慰好了，可其他人胡雪岩就不能一个个地去安慰了，于是议论越来越多起来，越来越公开化，时不时地便飞入春梅的耳朵，“骚货”“狐狸精”……什么难听的都有，一颗本已渐渐平静的心，又不安起来，加之胡雪岩因慑于罗四太太的威力，来的时候也少了，她的病情又开始严重，终于到了不可救药的地步。

胡雪岩很不安，一次次地来探望她、安慰她，可是不能阻止她离开人世。

临走前，胡雪岩守在床边，握着她的手，泪潸然而下。她瘦得已是皮包骨头，眼里无光，目光呆滞，虽然二人感情谈不上很深，可有了这样的经历，彼此也都感到了对方的好处，因此越发恋恋不舍了。

春梅说起话来很吃力，可她还是努力要说，胡雪岩把头低下去，让她在耳边说话，她说：

"千万不要……难……过，本……来就是……我的错。你……要……保……重。"便说不下去了。葬礼很隆重，持续了近四天，人们才陆陆续续地散去。胡雪岩经历了这件事，越发显得苍老了。

可他还有事去忙，要见左宗棠，要给母亲拜寿。

处世办事堪一流，罗四姐掌管胡家

整整一条元宝街，又分外忙碌起来。

不只是元宝街，偌大一座杭州城，也似乎格外的忙碌——这也难怪，胡大先生胡雪岩的老母要做寿，既然杭州城有差不多一半的人都和胡雪岩有千丝万缕的联系，或者自己直接吃着胡记买卖的饭，或者是有亲戚朋友在胡家的买卖里，或者和他打着交道、受过胡雪岩的好处，还有许多人，因为把银子存在阜康钱庄，胡雪岩的任何消息都成为他们的核心话题。

这么多的原因，加上胡雪岩的豪富名动天下，胡老太太的这次寿诞，杭州城里立时沸沸扬扬，就毫不奇怪了。

胡老太太的生日是三月初八，但从一过年，胡府上下就已经开始忙碌不停了。胡老太太的意思是不要太铺排，因为她近来有好几次梦到胡雪岩早已过世的父亲，还是当年死的时候那一身粗布衣裳，但在梦里几次面对面撞见，却丝毫没有相认的意思，总是直着眼睛擦肩而过，不管胡老太太怎么又哭又喊地拉扯，都没

有用。每当这时，胡老太太往往会大叫一声从梦里醒来，一摸身上，已经汗津津的了。

胡老太太睡不安稳的事搅得内宅老太太身边的人一天到晚心神不定，但胡雪岩却毫不知情。

这是罗四太太和大太太的主意，在这件事上，两个人出人意料地达成了一致。

胡雪岩最近太累了，一方面是买卖越做越大，虽然各处都有足可以独当一面的挡手、大伙，但他只要每处都去坐坐、看看，就非得马不停蹄不可了；另一方面，胡雪岩又忙着在丝茧的收购上和洋人斗法，这是他近来劳神最多、思虑最甚的大事，而且，罗四太太凭直觉就能感到胡雪岩在这件事上似乎不大顺手——虽然胡雪岩从不把生意上的消息在家里说，但精明无比的罗四姐还是隐隐约约地有所觉察。

一直到了二月初七，离老太太的生日还有一个月，胡雪岩还在上海没能回来。人虽然被事情绊住，但打了一封电报回来，说是要把胡老太太的生日办得比以前哪一次都要热闹、气派。

这下，胡老太太再也坐不住了，破天荒地一个电报把胡雪岩叫了回来。一到杭州，胡雪岩直奔元宝街胡府，不过匆忙归匆忙，他仍然在去见母亲之前先上了趟百狮楼。

罗四太太知道胡雪岩回杭州的消息时，胡雪岩已经到了元宝街口了。她是赶着把自己料理了一下就来迎胡雪岩。

一看到胡雪岩走进来，胡老太太头一句话就把胡雪岩吓了一跳。

“雪岩，生日别办了。”

说完，好像什么垮下来似的，胡老太太向后一靠，好半天再没有一句话。

胡雪岩小心地抬眼看了看母亲的气色，并不像有什么不好的样子，只是脸有点红，可能是刚才说不办生日的那句话时太激动的缘故。显然，这句话已经压在老太太心里好久了，十万火急地把他从上海找回来，多半也是为了这个。胡雪岩略舒了一口气——只要是母亲身体安泰，家里也没有出什么事，生日办不办，怎么办，都可以慢慢商量。

“母亲把儿子找来，就是为了这个？”

“嗯。”

“那是为什么呢？您办生日，正是儿子尽孝的时候。况且，您的寿诞年年都办得红红火火，杭州城里谁人不知，哪个不晓？突然不办了，让外人疑神疑鬼，真要这样，就是我对不起母亲了。”

看见老太太欲言又止的样子，胡雪岩不得不问了一句。

“您是不是有什么话？”

老太太顿了一顿，屋里的仆人丫头很快从两边退了出去，现在，屋里只剩下母子两人。红通通的炭火盆把早春江南屋中还残留着的一点儿寒湿赶得无影无踪。

“雪岩，我又梦见你父亲了……”

声音不高，但胡雪岩立刻明白是怎么回事了。

当初，阜康的事业突飞猛进，各联号的存款几乎是翻着跟头往上长的时候，胡老太太也做过一个这样的梦。那时请来圆梦的是个游方的和尚，听了这个梦，疯疯魔魔地写了四句话在桌子上，然后头也不回地走了。因为那时胡雪岩春风得意，所以虽然和尚的那几句话并不讨人喜欢，胡雪岩还是让人赶出去送了100两银子给他，可是这个和尚只拿着瓦钵到胡家的厨房舀了多半钵白米饭，就连哼带唱地不知道跑到哪去了。最后仆人只好把银子又原封不动地端回来。事情过了这么久，要不是胡老太太又做了这个梦，那个和尚和那几句话真不知要在胡雪岩脑海里埋藏到什么时候。

“你还记得那个和尚写在桌上的四句话吗？”胡老太太幽幽地问。

“我记得是这么四句……”

胡雪岩记性极好，随口把那四句偈子背了出来。让他感到奇

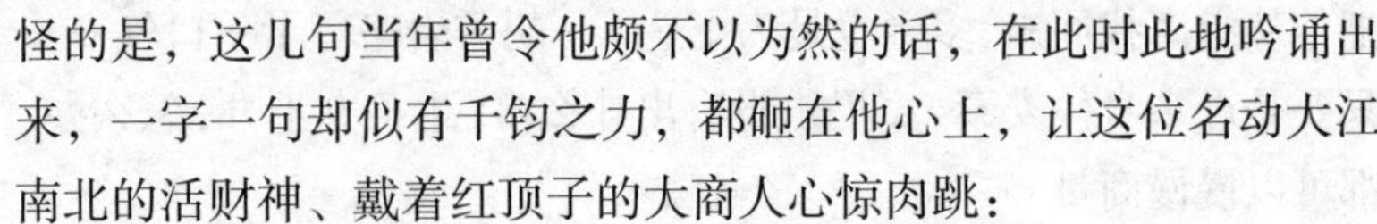

怪的是，这几句当年曾令他颇不以为然的话，在此时此地吟诵出来，一字一句却似有千钧之力，都砸在他心上，让这位名动大江南北的活财神、戴着红顶子的大商人心惊肉跳：

“成未必俭，

败或者奢；

功成身没，

执着什么。”

一面念，胡雪岩一面看着母亲的脸色，话音落定，胡老太太终于开了口。

“雪岩，我想，这么些年，你也富了，也贵了，也太惹眼了；要是真应了和尚的这几句话，不是竹篮子打水？”

胡雪岩赶紧接口：“您别这么说。眼看就是您的好日子了，别跑了福气。和尚的疯话不足为信！我知道，您是怕我太招摇了，让人说三道四。可是如果胡雪岩把老娘的寿辰都办得潦潦草草，恐怕更让别人说闲话。您放心，我一定能办得像模像样！至于那个梦，大概是您最近思虑过甚。我这就去关照一下，让他们明天在杭州城里再舍一万服时令药，给母亲祈福。”

这话说得有理有据，又显出挡不住的孝顺和豪气；而且，胡老太太从胡雪岩的眼神里也看出，他已经不想再说了——胡雪岩很孝顺，但是同时，任何有可能折了他财神爷锐气的事都是决不允许的，所以，胡老太太早就明白：寿诞不但要办，而且还会办得比哪一次都豪华铺张——在这个问题上，是没有什么商量余地的。

胡雪岩几乎是逃回了百狮楼，在胡老太太房里听到的那个梦，和回想起来的几句偈子，都让他憋闷、烦躁，现在，他急切地要在罗四姐那里找一点儿慰藉。

胡雪岩仿佛根本没看见罗四太太，径直走到里边的暖房，拉开酒柜，那里面摆满了各国的洋酒，但胡雪岩一般只喝专给他预备的泡着吉林老山参的法国白兰地。还没等罗四太太犹犹豫豫地跟到里间里去，胡雪岩已经一连喝干了两大杯了。

罗四太太一惊，急步走进去，顾不得多想，劈手夺过了胡雪岩正端在手里的第三杯酒。那杯子一抖，一半的酒都泼了出来，溅在罗四姐的袖子上。

胡雪岩却像是着了魔一样，抢过罗四姐还拿在手里的杯子，把剩下的半杯酒从罗四姐头顶上直浇下来。罗四姐还没明白过来是怎么回事，流下来的酒液已经糊住了罗四姐的眼睛。惊慌之余，她刚想找件东西擦一擦眼睛，只觉得自己被人一推，身子一晃，已经被胡雪岩重重地压在了床上。

罗四姐早就觉出胡雪岩这次回来与过去大不一样，但是没想到五十来岁的人会突然来了这么大的精神。财和色几乎占满了胡雪岩的生活，过度的消耗让胡雪岩的身体颇为虚乏，即使是庆余堂的良药也没起太大的作用，所以，罗四姐已经有好久没有体验过胡雪岩如此的热烈了。

罗四姐一夜没有合眼，等胡雪岩一觉醒来，正看见罗四姐的一对黑眼圈。

胡雪岩已经从昨天的迷乱中完全清醒过来，他知道自己昨天太失态了。胡雪岩从出道以来一直是以善于矫情作态而闻名——这一点虽然人人都知道，但是胡雪岩的矫情仍然每每奏效，这原因就在于他无时无刻不处于极度镇定的状态，让人看不出这镇静什么时候是装的，什么时候是真的。所以胡雪岩永远能给他周围人以强大的信心支持。

正因为此，昨夜的失态才尤其显得非同一般。

这也是罗四太太最为担心的地方。

她迫切地想知道，是什么让胡雪岩如此焦躁不安，尤其是急于知道胡雪岩丝茧生意的情况——如果真的像她一直担心的那样，是这笔生意不顺手，那就太可怕了。

但胡雪岩一觉醒来，却好像什么也没发生一样，只是对着疲惫的罗四姐略带歉意地笑了笑。显然，胡雪岩不愿再提昨天的事

情，这又让罗四姐心头一紧。

“老太太的生日准备得怎么样了？”

胡雪岩避而不答，语气里甚至还有责备罗四姐不识轻重的意思。罗四姐鼻子一酸，委屈得差点儿掉下泪来。

“各处的喜帖都已经发出去了，府里面分了八拨人负责寿典前后的大小事务，今年的寿典应该和往年大致仿佛。”

“仿佛？”胡雪岩注意到了罗四姐神情的变化，不过，他现在的心思全然不在罗四姐身上，“仿佛是什么意思？我不是打电报回来，说老太太的生日要大办，要办得比哪一次都热闹吗？”

胡雪岩的声音越来越大，吓得楼下刚要走过来跟他请安的两个丫鬟都犹豫着不敢过来。

胡雪岩也意识到自己的表现太强烈了，这让他更加懊恼，从昨天到现在，他一直被心里面一股收束不住的狂流冲荡撞击着，表现在外就是行为的乖张、失控。胡雪岩从没有像现在这样对于自己的下一步行动毫无把握，一想到这里，胡雪岩心里就会蓦然升起一种迟暮的悲哀。虽然这种悲哀转瞬即逝，快得任何人都难以觉察，但也足以给胡雪岩一向的刚愎自用以致命的打击。

罗四太太的神态又恢复了往常的柔顺、干练，相形之下，胡雪岩的态度确实显得夸张。

“老太太的意思是不要太张扬，何况今年又不是大日子，所以接着你的电报，把你的意思说给老太太一听，老太太怎么也不愿意。我想，不如把你和老太太的意思来个折中，办当然要办，但也不大办，也不小办，办得和历年一样，也就可以了。”

话说得无懈可击，但胡雪岩却别有心事，因为这次寿典，意义已经远远超过了寿典本身，他急需这样一个机会，向世人显示自己的实力，也给自己打一打气。

胡雪岩的买卖做得太大，大得首尾难顾，偏偏这时候他挑起了和洋人的丝茧大战，骑虎难下；从京里和各地传来的消息看，李鸿章和左宗棠的明争暗斗多半也会波及自己，多年行走于商场、官场之间的经验，让胡雪岩清醒地意识到一旦这两把钳子同时夹在自己脖子上，两力相合，立刻就可以要他的命。而且，这两把钳子躲是躲不掉的，唯一的办法，就是让它们钳不下来——在洋人那边，要让他们相信胡雪岩有绝对的实力，使他们不敢钳；在李鸿章和左宗棠那里，不但要一如既往地支持、帮办左宗棠，还要尽力去交好李鸿章，让两边都不会对他胡雪岩有什么恶意，甚至还会援手保护，让他们不忍钳。如果真能这样，虽然两把钳子无时不在，但胡雪岩自信凭自己的实力完全可以在夹缝中游刃有余。

所有这些，都需要以胡老太太的寿典做一个舞台，让他胡雪岩再扮一台大戏。可惜，这些苦衷胡雪岩始终不愿意和罗四太太说，而除了罗四太太，胡府内宅里又实在没有别的人可以让胡雪岩一吐心曲了。

“老太太那边，我昨天已经过去问好了，老太太不反对大办。”

胡雪岩摆手制止了罗四太太想打断他的表示，不容置疑地接下去说。

“老太太担心太铺张，会惹人家的闲话，可年年如此，别人不会说什么，怕就怕有一回办得不如以往，那才是人家要说闲话的时候。不但要办得不比过去差，还要更好、更气派！树大招风，现在说不准有人正盼着我有什么不遂心，我把寿典的场面办得大大的，正好让这些人看见——我胡雪岩的买卖还是天下第一块金字招牌！”

最后这句话才是最要紧的。罗四姐一下子明白了胡雪岩大办寿典的用心，太多的她也说不清，但胡雪岩要“做给别人看”的心思是明摆着的。虽然这还是不能完全回答罗四姐对于胡雪岩从昨天晚上到现在种种失态的疑问，但她已经顾不上这么多了。

“既然这样，寿典就不只要大，而且是越大越好。”

罗四姐惊讶地注意到，胡雪岩的脸上突然泛出奇异的光彩。罗四姐知道，又有一个宏大的计划在胡雪岩脑子里酝酿成形了，

就像每一次胡雪岩面临事业的关键时刻一样，以往，这种光彩总是给罗四姐以无穷的信心和保证，可是不知为什么，这一次胡雪岩的表情却让罗四姐隐隐约约有一种不祥的预感。

但胡雪岩的的确确要把胡老太太的寿典当成最大的事情来办，因为这次寿典，差不多有千百万两的银子在里面，一出一入，既可以让胡雪岩富甲江南，也可能会抄家没产，一贫如洗。

这里的关键在于“信用”两个字。

而胡雪岩这次回来，之所以变化如此之大，也在这两个字上。

胡雪岩偌大事业的基石就在阜康钱庄，虽然后来又有了南北二十余家典当行和名重江南的庆余堂，但“阜康”早已经成了胡雪岩成败攸关的金字招牌。

胡雪岩担心的是，这块招牌有一天会光彩顿失，令他补救不及。虽然这只是胡雪岩影影绰绰的担心，但也足以让他头皮发紧，汗湿后心了。

阜康最大的麻烦，在于它几乎要无钱可支，无款可派——对以存、放现银的钱庄来说，库里没有银子，无疑是灭顶之灾。

这也正是胡雪岩在上海逗留的原因，可是直到他拿着胡老太太的电报匆匆赶回，上海那边的事情仍然没有太大起色。

首先，胡雪岩有 900 万两的银子压在丝茧上调不出来。为了让洋人的几家丝厂无料可用，达到挤倒它们的目的，更主要的，也是胡雪岩实在看不过洋人肆意压低丝价，机器制丝害得江浙人家纷纷破产，胡雪岩不惜高价收丝。而且，为牵制洋人，胡雪岩对丝茧一律大批吃进，一包丝也不留在外边。这样一来，就要压住大量现银，死钱压在那里，不但不生钱，还要白搭利息，占货栈，误买卖。

本来，胡雪岩算定了洋人丝厂“无米下锅”时会再转过头来买他的丝茧，可洋人心很齐，没有一家来找他接洽。胡雪岩本想在上海活动活动，打开一个突破口，可逗留月余，劳而无功，这不能不让他又急又气。

更让他气愤的是，在上海隐约听到一些传闻，说是有人暗中给洋人那里送信，暗示他们不要急于购买胡雪岩的丝茧，又听人说有人给李鸿章出主意，说什么“倒左必先倒胡”。让胡雪岩意识到自己正处在腹背受敌的境地，最大的敌人不是洋人，恰恰是自己人，因为他们肯定比洋人更有把握把匕首扎在你毫无防范的地方。

在胡雪岩看来，洋人诚然不是什么好东西，但最坏的人肯定出于长袍马褂的同胞中。

真正让胡雪岩担心的，正是自己人不知什么时候会突然卡住自己的脖子。900万银子压不倒胡雪岩，只要他可以全力对外。但是，这实在太困难了。

胡雪岩要充分地展示一下自己的实力，让别人不敢把刀扎在自己身上。当然，他还要让那些人明白：一旦把胡某人扎死，他们肯定得不到现在这么多好处。

胡雪岩智娶罗四姐

唐定生的美人计终于见了效果，可事情的内幕，也被元宝街的下人们传开了。胡老太太多多少少也有些耳闻，但老人家一向主张“眼见为实”，没有真凭实据，她不会责怪自己的儿子，也不到12楼去问、去说，因而在胡府里倒也没生出什么风波。可不知什么时候，这传闻也飘到了上海，连古应春夫妇都听说了。

胡雪岩终于又来到了上海。

被请到了古家。

“老太太和夫人等都好吧？”七姑奶奶照规矩寒暄道。

“好得很。最近上海又有什么大变动没有？”

“上海倒是没有，只是听说那23家典当管总调动的事不知何故放着不动了。”

“那是担心生人到生地生意会不好做。”

“恐怕不是吧？”七姑奶奶和胡雪岩乃生死之交，说起话来也

不加考虑。

胡雪岩面露窘色，古应春在一旁连连向七姑奶奶使眼色，可七姑奶奶装没看见，继续问道：

“我也不怕你生气，凭咱们的交情，有没有，你说一句清楚话。”

“什么话。”

“我听说你是中了人家的美人计才停止这个计划的？”七姑奶奶的话有点太直接了，古应春真怕胡雪岩接受不了，赶忙站起身来，解围道：“道听途说你也信，怎么会有这样的事？”

“要他自已说。”七姑奶奶气势逼人。

“是有这事。”胡雪岩坦白地说。

“你真浑呀！”七姑奶奶愤恨地说，突然一头向后仰去。

胡雪岩和古应春赶忙上去扶，人已经昏了过去。这次七姑奶奶对胡雪岩是动了真气，一口气没喘上来，竟然昏了过去。

“七姐！七姐！”胡雪岩大声地叫着，使劲地摇着。

“快去叫医生。”古应春对闻声赶来的丫头说道。又低下头去，一声声地叫着七姑奶奶的名字。

过了好久，七姑奶奶终于一口气喘了过来，徐徐睁开眼睛，看了一眼面前的两个男人和其他人，又慢慢地合拢了。

医生很快就到了，事情紧急，大家也顾不得什么礼数，赶快把医生叫到床前，热切地希望早些知道七姑奶奶的病情如何。

医生沉吟了一会儿，徐徐抬起头说：“她的病很奇怪，我也没办法确定，不如再叫位西医来看一下吧！”

“快去叫西医！”古应春赶忙吩咐站着的伙计，同时转过头来问道，“她的病是不是很重？”

“她的脉搏时快时慢，让人摸不清病情到底如何，不过我估计可能是大脑出了毛病。”

好不容易又把西医请来了。诊断之后，医生也没言语，叫人撬开病人的牙关，用温水设法将他带来的药片给她灌了下去，站起身来告诉古应春：病人是长时间用脑过度加之受了刺激，大脑出了严重障碍，如果六小时以后能醒过来，性命还能保得住，天亮后再来复诊。

胡雪岩和古应春一起在七姑奶奶的身边守了一夜，终于见她睁开了眼睛，胡雪岩却困得睁不开眼睛了。

“你尽管放心去睡吧，下午还要接左大人，这里有我，到时候我去叫你。”

“可我怎么能睡得着！”

“唉，死生有命，你也不必这个样子，而且她现在不是有了好转吗？”

话虽这么说，胡雪岩一颗心还是为七姑奶奶担心，虽然眼皮重重的，却怎么也睡不好，一会儿惊醒，一会儿又睡去了，这样折腾到中午便起身了。

起身便赶忙去看七姑奶奶，人已经睡了，古应春也在床边打着盹，听见有人进来，急忙抬起头：

“你睡好了？”

胡雪岩点了点头，轻轻地问道：“怎么样了？”

“医生又来看过病了，说大致没什么危险了，不过可能就此卧床不起了，活上十几年倒还没问题。”古应春说道，“你还是办正事吧，我不能陪你去了，见到左大人代我问声好。”

“我会说的。”胡雪岩一边点头，两眼已经潮湿了。他慢慢踱到七姑奶奶的床前，两行热泪从他的脸上滑到了地上。

不想这次胡雪岩又扑了空，左宗棠走的陆路，延误了时日，便没有到上海转道，而是走捷径直接到了江宁接任。胡雪岩只接到了左宗棠的一封来信，告诉他因为路上耽误，原来的行程取消，径赴江宁，约胡雪岩灯节之后在江宁相会。

回了左宗棠的信，胡雪岩又来看七姑奶奶。”

坐在七姑奶奶的床边说道：“七姐，我还有很多事，不得不回去了。你自己一定要好好养病，我记得以前有人给你算命，说你44岁有一关，过了这一关，能活到七八十岁。今年你刚好44岁，

等你这一关过了，老太太还等你来喝寿酒呢！”

七姑奶奶口不能言，但却听得懂，便一个劲在枕头上点头，表示知道了。

“七姐，我知道你是为我气成这样，以后那样的糊涂事，绝对不会再有了。”胡雪岩说着，眼圈又泛红了。

回到杭州，已到年末，胡雪岩因为惦记着七姑奶奶的病，心情不好，过年的事就全交给罗四太太一个人忙碌了。

罗四太太在 12 楼中排行第四，是胡雪岩儿时的相识，此人料理起家庭事务娴熟得很，于是在胡雪岩将她娶过来之后，便把家里的大小事务交由她处理了，胡夫人则被闲置了起来。说起罗四太太的经历，这里面有着一个曲折的故事：

胡雪岩和罗四太太小时候两家住得很近，从小两人形影不离。在胡雪岩穷困潦倒时，曾接济过他，两人感情很好，只可惜后来太平军起事，一家人都去逃难了，从此二人就断了音信，再没见过面。

同治六年，他已经奉委主持西征采运局，长驻上海，清明前后，他和古应春夫妇去静安寺祭吊一位旧友。看见有个在烧香的少妇，非常面善，却怎么也没想起在哪儿见过。

胡雪岩不死心，在妇人起身走后，悄悄跟在后面，看着她带着个十来岁的小女孩走了出去。

静安寺地处山上，台阶很多也很陡，一排一排，好长好长，小女孩爱玩，顽皮地一蹦一跳地往下跳，少妇心里担心，便喊道：“小心点，别摔了。”一口杭州口音，使胡雪岩猛地想起了她好像是以前的罗四姐。

可大庭广众之下又不能贸然上去相认，于是便叫来身边的一个丫头跟着她去了。

丫头好久才回来，告诉说她现在住在南市，一楼一底的石库房子，家境似乎还不错。胡雪岩又派人到那附近打听了一下，罗四姐在这里人缘不错，一打听便知道了。这下胡雪岩非常高兴，又听派去的人说她新近丧夫，如今正在守丧，心想，她一定是经历了好多的磨难，那天看到她变了很多，变得沉稳成熟多了。

胡雪岩很想马上就去看看罗四姐的情况，可又怕孤男寡女的遭人非议，想想还是先让七姑奶奶去看看再说。

看到七姑奶奶的到来，罗四姐很惊讶，她不明白这样一个雍容华贵的少妇找自己会有什么事。

“您是罗四姐吗？”七姑奶奶开门见山。

“我是姓罗，别人也都这么叫我。”罗四姐回答着，还是一脸的困惑，“您找我有事吗？”

“我想向你问一个人，不知道你知不知道？”

“问我？什么人？”

“他姓胡，叫胡雪岩。”

“胡……雪……岩，雪岩，你是说以前在张胖子那里做伙计的胡雪岩吗？”

“对，就是他，你还记他，真是太好了！”

“您是？”罗四姐的一脸困惑消失了，变得若有所悟，只不过这种领悟有些偏差，她错把七姑奶奶当成了胡雪岩的夫人，可又没敢那么直接，便隐约其词地说道。

“您别误会，我是胡雪岩的结拜姐姐，这次是他托我来的，你叫我七姐就行了。”

“那，雪岩他人在哪里？”

“他在万盛酒楼等你，孤男寡女的不方便，所以便请我来了。”

一想到马上要去见胡雪岩，罗四姐的神色由刚才的激动变成了犹豫不决，毕竟都是已成过家的人了，没个理由的便去见面，况且大家都是十几年未见过面了，不知道对方的变化如何。想到这里，她马上又问道：“他，现在怎么样？”

“你还不晓得？他现在可是有名的阜康钱庄的大老板。”

“阜康的老板是他？他，已经到了这种发达的地步？”

“当然了，雪岩很能干，脑袋又机灵，加上有做官的朋友帮忙，

他现在已经是个大富商了。”

七姑奶奶颇为胡雪岩的成就而自豪。

听到这些，罗四姐更是犹豫不决了，问道:“他为什么要见我，又是怎么知道我在这里的?”

“前天去静安寺祭一个朋友时，偏巧你在那里烧香，怎么样，你过得还好吗?”

“我?”罗四姐似乎很迷惘，继而又道，“你不是也看到了吗?我正戴着孝呢!”说着，指了指头上戴的白菊花。

“瞧，我们光在这儿谈了，雪岩恐怕已经等急了，我们还是早一点儿去吧!”七姑奶奶忽然想起了此行的目的，便催促道。

“我……我……我收拾一下。”罗四姐犹豫一下，终于下了决心。七姑奶奶的爽快和平易近人让她有了一种亲近感，一时间觉得胡雪岩也不是那么陌生了，早年那个聪颖机灵的可爱面容又在她眼前浮现了。

胡雪岩已经等得心急如焚了，此刻七姑奶奶笑眯眯地走了进来，知道事情进展顺利，一颗悬着的心徐徐落了下来，但跳动的速度又比平常加快了。

罗四姐简单收拾了一下，一件白色的罗衫，浅蓝色镶着白边的袄裤，头发盘着，后面是一朵白色的菊花，一个素洁的形象。

胡雪岩大略打量了一下，人已走到了他身边，只觉得以前天真幼稚的罗四姐如今平静多了，也美丽多了。

一边等菜，胡雪岩一边转过头去，略显激动地问道:“一别十几年了，这些年你是怎么过来的?”

“说来话长。”罗四姐一边静静坐着，一边讲起了以前的经历。

“你的命真不好!”胡雪岩听完，感慨地说，“不过，相信下半辈子你会有好命的。”话里有话，也不知罗四姐能不能听得出来。

大家说到这里，菜已经渐渐地摆满了桌子，胡雪岩出手阔绰，一要就是一大桌山珍海味，10个人吃也够了。

于是，胡雪岩带头伸出筷子，大家又一边吃一边聊着。

“你准备怎么办，以后还这么过下去吗？”

“不这么过又有什么办法？这样过也挺好的，平平静静，没什么风险。”

“我想你以后过得好一些，不如我帮你开一处店铺怎么样？”

“这个，你还是考虑考虑，我也得考虑一下。”

毕竟是久别后第一次见面，许多话还不便多说。两个人告别时，桌上的菜只吃了一半，有一半还未动筷子。

胡雪岩叫了辆车，把罗四姐送到弄堂口，又折回去了。

回到行馆，胡雪岩的心还在罗四姐的身上，罗四姐的言行、神态、举止，搅得他一夜不宁。第二天，他终于找了个堂而皇之的理由，一个人坐上洋车到了罗四姐的楼下，见到这样一位达官贵人来拜访罗四姐，街坊邻居都羡慕不已，他们真的把胡雪岩当成了罗四姐的姨表兄。

罗四姐在家里穿得很随便，然而更显露出了她那动人之处，见是胡雪岩来了，罗四姐慌忙让了进来，让座、倒茶。

胡雪岩仔细打量着这间简陋的屋子。

“雪岩，”在昨天的酒席上，罗四姐已经接受了这样称呼，今天拿来使用，“你怎么突然就来了，跟我说一声，也好让我有个准备。你看这……”罗四姐转回头去。

“没什么，挺好的。”胡雪岩赶忙解释，低下头去喝了一口清茶。

“你今天过来有什么事吗？”罗四姐站在旁边，问道。

“没什么事，就是想过来看看。”

“有什么好看的，这么破旧的地方。”

“对了，我昨天问你的事情你想好了没有？”

“我想还是不必了。”

“为什么？”胡雪岩直起身来问道。

“不为什么，我知道你是对我好，可这个样子让你的家里人会怎么想？”

“倒也是，我欠考虑了。”胡雪岩想了一下，说，“我会有办

法的。”

罗四姐不知道他的所谓办法是什么，可她隐隐约约地感觉出胡雪岩语气中的一种坚决、一种不容置疑。

胡雪岩离去了，留下了一大包带给她和她女儿的礼物，给自己的是一些珠宝项链和戒指，给女儿的是一身漂亮的新衣服，穿上去略微大了些，但小女儿还是高兴得不得了。

……

一清早，七姑奶奶又派人来接罗四姐，罗四姐仔细收拾了一下屋子，又叮嘱了小女儿几句，便坐上洋车走了。

第一次到七姑奶奶家做客，罗四姐对七姑奶奶家的豪华向往不已。宽大的庭院，别致的阁楼。

室内豪华的摆设，她浏览了好久，才缓缓地坐在七姑奶奶为她摆好的椅子上。七姑奶奶站起身，走到橱柜前问道：“喝点什么，茶水还是洋酒？”

洋酒其实算不上一种酒，味道芳香，是一种很爽口的甜饮，只是略微的有一点儿酒味。七姑奶奶想她肯定会要茶水，便倒了一杯洋酒道：“你还是尝一下这种洋酒吧，味道很好。”

罗四姐欠了欠身，把杯子接了过来，低头抿了一口，缓缓抬起头，等着七姑奶奶开口。

七姑奶奶在她的身边坐下来，轻轻拉着她的手说：“如今一个人过日子一定很不好受吧？”

“有时候是有一点儿，也许时间久了就会好一些。”

“我想你还是应该再找一个，年纪轻轻的，就这样一个人过着总不是办法。”

“哪有那么合适的，而且……”罗四姐没说下去，七姑奶奶也知道她要说什么，她是怕世俗的压力。

“不要想那么多，到头来苦了自己。”

罗四姐动了动身子，没有再言语。过了一会儿，又说道：“七姐，雪岩有你们这样的朋友真是他的福气。”

“还不是他这个人够朋友，有魄力。”

“这一点在以前同他的交往中也能看得出来。”

“所以我说，在他面前不要受拘束，只管该说什么说什么，该做什么做什么。”

“毕竟不能同以前相比，而且又这么多年未见面了。”

“其实我觉得十几年没见面，如今能见到真是不容易，说不定这就是缘分。”七姑奶奶开始旁敲侧击。

“缘分归缘分，又能怎么样呢！”

“有缘分就应该珍惜，机会有了就不应该错过。”

“可……”罗四姐欲言又止。

“我相信你对他是有感情的，只因为他已有了家室，所以才……”

罗四姐没言语，七姑奶奶显然说到了正题。“其实也许命就该如此，如今男人有了出息，有个三妻四妾的算不了什么，何况雪岩的家中如今没个能把家务料理得井井有条的。胡太太还可以，可这么多年了，她也累了，并且动不动便病上十天半月的。”

罗四姐没有说话，她是在想问题，如今胡雪岩已有家室这是个事实。无法挽回也不得不承认的事实。而自己已经是结过婚的人了，强求那么多也是枉然，更何况七姑奶奶说了，家里面缺少一个能管事的人。

七姑奶奶见她半天没说话，料想她差不多已经接受了，便继续说道：“你若是愿意就到胡家来吧！我去跟雪岩和家里人说一下。”

“七姐，”罗四姐此时抬起头，说道，“这事还得让我仔细考虑一下，雪岩，雪岩他愿意吗？”

“这里面的意思都是他让我转给你的，你要考虑就仔细考虑一下吧！”

两个人谈着谈着，不觉已到中午，古应春风尘仆仆地从洋场赶了回来，见到罗四姐，先是一愣，七姑奶奶赶紧做了介绍，罗

四姐很大方地叫了声："七姐夫。"

古应春赶忙应了一声，七姑奶奶转身去准备午饭，叮嘱罗四姐一起吃午饭，罗四姐便也跟进了厨房。

两个人忙就是比一个人来得快，不一会儿便摆满了一桌子丰盛的饭菜。古应春按惯例又拿出了一瓶茅台，一个晶亮的酒杯，三个人一顿午饭吃得很愉快自然，罗四姐因为担心家里的孩子，便急急地告辞了。

门上了锁，室内空无一人，依旧是光线暗淡，她一时慌了，大声地叫着小娟的名字跑下了阁楼，邻里的听到她喊，便探出头来，告诉她，小娟几个时辰前被以前来过的她的那位表兄带走了。"表兄？"她一时蒙住了，她何时来过这样的表兄呢？

"就是昨天来的，穿得像个达官贵人的样儿。"邻居见她没有反应，又补充了一句。

"谢谢你了，张妈。"罗四姐这才想起昨天来过的是胡雪岩。

果然，到傍晚时分，小娟怀抱着一大堆东西跑了回来，后面跟的是胡雪岩。

"妈妈，我没有告诉你就跟叔叔出去了，你一定担心了吧？"

"嗯，妈妈是很担心你，告诉妈妈，你都干什么去了？"

"我们去看马戏团的演出了，真好看，叔叔还带我去买了这么多东西。"小家伙说着，举了举抱在怀里的东西，让妈妈看。

"谢谢叔叔了吗？"

"谢了。"

罗四姐抬起头来，眼里满是感激和亲情，对胡雪岩说："这么忙，你还带她去玩。"

"最近没什么事，我想她一个人在家一定会很寂寞，便接她出去玩玩。她一定是很少出去玩了。一天下来，她还是兴致勃勃的，小家伙倒蛮有精力的。"说完，拍了拍小娟的头。

小娟又仰起头，瞪着一双可爱的眼睛看着胡雪岩。

二人都已经吃过晚饭了，罗四姐便也没吃几口，安排小娟睡下了。

又是两个人的世界，罗四姐定定地看着胡雪岩，道："今晚别走了。"眼里似有好多话要说。

胡雪岩巴不得她这么说，便欣然应允。

于是这一夜又是一个不平静的夜了。

胡雪岩坐在外屋的椅子上，等着罗四姐安排好孩子休息又去关好门窗。

终于一切都收拾停当，罗四姐坐到旁边的椅子上，看着胡雪岩，眼里满是疑问，却等着胡雪岩开口。

胡雪岩呆了好半天，才一咧嘴，笑了起来："光听你讲你的过去了，还没有给你讲讲我是如何到了这个地步的，想听吗？"

"你尽管讲好了。"罗四姐还是一脸笑容。

于是胡雪岩端坐好，慢慢地将他如何在张胖子那里做伙计卖力干活、如何周济王有龄、如何被开除……

罗四姐听得很认真，似乎深深地为其所陶醉了，末了才抬起头问道："就这些了？"

"就这些了。"胡雪岩答道，"你还想听什么？"伸过手去抓住她的手。

"不想听什么，只是在想我们年轻时候的事情。"

"是啊，那时候确实给人留下了抹不去的回忆。对了，还记得那个我给你送钱的夜晚吗？"胡雪岩突然问道。

"当然记得，从见到你的第一天就记起来了。"

"多想有个补偿！就现在。"胡雪岩故作遗憾地叹道。

"你如今已是妻妾成群了，何必还要在乎我一个呢？"

"不。"胡雪岩抓住罗四姐的手更紧了，"你和她们不同，我需要你，真的很需要你。"

罗四姐欲言又止，犹豫了一下，终于说道："你需要我什么？"

"什么都需要！"胡雪岩大胆地表露了自己的心迹，"我不能忘记你在患难中对我的帮助，我需要你的安慰、你的关怀和你的

能力。”

“真的？”

“当然是真的。”胡雪岩一把将她拉了过来，把她放到了自己的腿上，“到这个时候你还不相信我吗？”

“不是不相信，我是怕……”

“怕什么，难道你连我也不相信？”

“我不是不信你，我是怕这个世道！”在倒在胡雪岩怀里时，她的话还没说完，两片渴望已久的唇已经迎了上去。

这一夜是极尽缠绵的夜，这一夜是恩恩爱爱的夜，这一夜又是一个短暂的夜。

胡雪岩要赶回杭州，要尽量说服家里人。老太太早就认识罗四姐，相信她一定会喜欢和接受她的，担心的就是胡太太，胡雪岩心里一横，管她呢！到时随机应变。果然不出胡雪岩所料，老太太一听罗四姐便是以前罗二家的女儿，又是惊奇又是高兴，急切地想见到她。本来老太太就挺喜欢小时候的罗四姐，谁知上天却让她漂泊到了异乡，还以为再也见不到了，加之老年人常有的那种怀旧感，因而急于想知道如今的罗四姐是什么样子。

胡太太那里胡雪岩心里没有底，只好有个合适的机会向她提出。一次极尽殷勤的恩爱之后，一边抚爱着她，一边把这事讲了出来。

胡太太没有言语，胡雪岩这类事情向她提出不只一次两次了。

胡雪岩对她能接受罗四姐窃喜，但这种口气又不是那么让人能够接受，便道：“不要这么说嘛，我也是为你好。”

“为我好？这我倒要听一听。”

“我是说，她来了，人是灵巧能干的人，会减轻你好多繁重的负担的，不是为你好吗？”

“你是说，让她来管家？”胡太太大吃一惊。

“哪里，我只说让她帮你。”

“帮我？我有什么需要帮的？家里面就这一点儿事儿，谁都能对付得了，用不着她画蛇添足，碍手碍脚。”胡太太越说越气。

“好好，那就不让她帮你，不让她帮你。”胡雪岩感到了自己的失策。不该这么早向她挑明让罗四姐来的目的。此刻只有临时应付她一下了。

胡雪岩还是把罗四姐接来了，连同她的女儿小娟，他是让刘不才刘三爷去接的，刘不才当时已是胡庆余堂的管总，这种事情他乐得去做。

胡太太毕竟是胡太太，她不能失掉该尽的礼数，她也是慑于胡雪岩的威力，因而罗四姐的到来，倒也顺顺利利。

渐渐地，胡雪岩把家的事多交给罗四姐处理，罗四姐会处事，又有办事能力，像《红楼梦》中深得贾母信任的王熙凤。胡太太心里有气，可又不能不佩服罗四姐的能力，也只好忍气吞声了，只是时不时地暗中给罗四姐拆一拆台，但罗四姐很容易就能将其化解。罗四姐对胡雪岩也是极体贴，但管得很严。胡雪岩在外面拈花惹草，如果传到她的耳朵里，她一定会让胡雪岩头痛好几天，胡雪岩对她是既爱又怕。

老马也有失蹄时

阳春三月，春暖花开，西子湖畔，雷峰塔下，游人如织。兴盛典管总李春带着夫人也游行在踏青的行列。他们簇拥着来到灵隐寺，灵隐寺钟鼓钹响，香烟缭绕，善男信女进进出出，喧嚣繁华。不远处，庙门左侧的一块空地上围着一群人，李春挤了进去，只见场中一位青年正在舞枪弄棒一阵拳脚之后，他随手拾起一顶毡帽，将脸上的汗水揩了一下，然后捧在手里，抱拳说道：“在下阿彪，安徽人氏，因寻妹路过贵地，盘缠用尽，请大叔、大婶、少爷小姐赏几个铜钱，捧捧场，在下感激不尽。”说罢，将毡帽举过头顶，单膝跪地，向四周膜拜致谢。然后捧着毡帽绕场而行。一枚、两枚、三枚……铜钱投入了帽中。他来到李春面前，见李春身穿缎面长衫，头戴黑色绅士帽，手握拐杖，一望便知有钱人，李春从长衫

里掏出一块银子放进帽中，银元雪白引人注目。他来到李春夫人旁，哪知她左寻右找也摸不出半个铜钱。当着这么多人的面她窘迫得面红耳赤，不知所措。情急之中，她信手脱下一枚金戒指放进毡帽里，霎时，掌声四起，啧啧称奇。阿彪一副受之有愧的样子，又是点头又是哈腰："多谢，多谢夫人恩典。"阿彪心中十分欢喜，表演得更加卖劲。临近中午，阿彪简单收拾了一下，来到一家小餐馆吃午饭。

午饭过后，阿彪一路哼着小曲向月来客栈走来，他还是第一次看见这么大、这么漂亮的戒指，少说也值百两银子。

月来客栈在城东郊，大多是些贫民、流浪者的栖身之地。。月来客栈的老板娘"肥婆"看见阿彪兴高采烈地走过来，满脸不悦地对阿彪说："阿彪，你的房租已 3 个多月没交了，今天推明天，明天推后天，总是拖下去，我看今天你非交不可，否则滚出月来客栈。""胖婆"毫不留情地将阿彪挡在门外。只见她一手叉腰，一手扶着门框，一只脚踏在门槛上，一副盛气凌人的样子。阿彪见状，拱手作揖请求宽限，他说："明天，我一定给房钱。"可怜兮兮的样子让老板娘心肠软了下来，她想：赶他走，岂不白住这么长时间，再说他的行李也当不出几个子儿。想到这儿，她叹了口气："唉，明天一定要交，你得想办法。到时别怪我不客气。"阿彪唯唯诺诺，毕恭毕敬。他说："一定！一定！"走进房间，他便躺在床上，实在累极了，和衣而睡。

次日，"肥婆"向楼下走来，迎面碰上阿彪，阿彪将所欠房租交给了肥婆。肥婆捧着白花花的 15 两银子，眉飞色舞，对阿彪说："我说呢？阿彪哪会欠账嘛，就是那个死鬼再三逼我。唉！"边说边走，噔——噔——噔，几步走回到她的房间。

肥婆一走进房间，见丈夫仍沉睡不醒，她蹑手蹑脚将床抽屉打开伸手端了个木匣出来，取下锁，她突然感到头昏目眩，原来木匣中的纸钞、碎银、铜钱都不翼而飞，她惊叫起来："谁偷了我的钱？"气愤得将周乐生打醒。周乐生懵了一懵，一听钱丢了，振作精神听完肥婆的唠叨，他说道："这就怪了，你叫阿彪给房租，他早不交，晚不交，偏偏今天交，这木匣中的钱，莫非是他偷了吗？""嘿，这么久都没有钱，今晨，竟然会有大锭银子。"肥婆收敛哭声，很有见地说："那，我去他房间，查一查，说不定我50两银子的零碎散钱被它兑换成锭，掩人耳目。"肥婆随手又将15两银子放入匣中。

夫妻二人来到阿彪的房间，房间陈设简陋也无什么摆设，他们很快在阿彪的行李中找出三锭亮铮铮的银子和少许零碎铜钱。肥婆高兴得手舞足蹈，为失而复得激动万分。

中午过后，阿彪前脚进屋，肥婆后腿就跟了进来。"哼，跟我老娘装糊涂，你偷了老娘的钱，还想耍赖。"阿彪强压心中怒火，推开肥婆抬脚出门，一听话不对劲，厉声问道："什么？谁偷你的钱？说清楚。"于是二人争吵起来，众人劝说无效，只好同意见官。

两人吵吵嚷嚷来到知府衙门，刘知府端坐案桌后面，头戴三品顶子，眯缝着双眼注视堂下，一阵堂威唱诺之后，肥婆陈述了事情的原委，听来言之有理；又问阿彪，阿彪将得戒指进当铺的事一一禀明。刘知府见阿彪是个江湖人，巧舌利嘴，能言善辩，不禁起了疑心。不过事情也很简单，只要带阿彪去当铺一趟就可以真相大白。三人一走进当铺，一个差役对着柜台内的人说："此人昨天到你们当铺典当过东西吗？"柜台内伸了一个脑袋出来，戴上眼镜，将阿彪从头到脚打量了一下，傲慢地说："来过。"根本未把差役放在眼里，差役们哪个不知道这兴盛典是胡雪岩胡财神开的。不是怕胡雪岩，而是怕兴盛典管总李春，此人心狠手毒又神通广大，不得不小心谨慎。两名公差相视一会，问道："拿什么来当？""一枚不值钱的戒指。"柜台内的人答道。两名差役留下50两赎金外加赎厘二两的欠条，将戒指要了回来，见纸包完好无损，拉着阿彪又回到知府衙门。

刘知府打开封存好的纸盒，露出一块红布，再将红布展开，一块金戒指展现在他的面前。他仔细看了看，热血上涌，喝道："大

胆刁民，竟敢戏弄本官，这戒指充其量20两银子，哪值50两？”愤怒地将戒指掷向阿彪。阿彪心里一惊，捡起戒指一看，这戒指体轻，叶细，那镶嵌其上的翡翠色混而浊，一点儿也没有祖母绿的清澈明丽，他抬起头说道：“这根本不是我所当的戒指，而是搞错了。”刘知府立即又叫人去兴盛典当行查询清楚。须臾，公差气喘吁吁回到公堂对刘知府说：“根本没错。”这下刘知府显得为难起来，这封条上分明写着50两，难道是兴盛典站柜台的人弄错了？而阿彪说这不是他所当戒指，又怎么解释呢？原以为这件案子可以很快结案，如今却变得扑朔迷离。刘知府思索片刻问：“你的戒指是谁人所赠，还回忆得起她的模样吗？”阿彪想此人貌美如花，青春年少，还有什么特点呢？突然阿彪叫了起来：“此人只戴了半边耳环，耳坠是一颗红色透明宝石。”刘知府心中一怔，他说的这位夫人不正是兴盛典管总李春的夫人“一品红”吗？刘知府是外放补缺的京官，早就闻知胡雪岩的大名，但不曾结识。一到杭州任上，他便结交当地知名人士，扩大自己在杭的影响，为了能巴结到左相爷的红人胡雪岩，他处心积虑，采取迂回战术，先结识了胡雪岩的得意亲信李春，由是认识了他的夫人“一品红”。咦，阿彪说得一点儿不假，怎么办呢？刘知府坐在案桌前陷入沉思。一名幕僚走上前去，对着知府的耳朵小声低语。刘知府满脸微笑，拈着胡须频频点头。一会儿后，他说：“这件事有待进一步调查核实，你二人回去找出证据，等候传唤，对簿公堂。”说完就退回后堂。这话分明开脱了阿彪，知府不便明说，他怕肥婆报案要他查50两银子失窃案，这事天衣无缝，如何破案，绝无把握，倒不如先责令二人回去为上策。

时间尚早，刘知府乘坐轿子急急忙忙向胡雪岩的木庸山庄走来。

知府大人拜访胡雪岩，很快传进胡雪岩的耳朵，他翻身起床，洗漱完毕，穿戴停当，匆匆走向客厅。他一路思索，这刘知府刚上任还不曾结识，也不熟悉，这么早来干什么？百思不解，胡乱猜想。

走进大厅，刘知府拱手致礼，胡雪岩在他旁边坐了下来。刘知府是四品官，而胡雪岩却佩戴三品翎子。刘知府将近日自己接手的案子聊出来，胡雪岩片言应答，敷衍得很好。刘知府突然话锋一转："只是，今天遇到一个案子恐怕要牵涉你的伙计，你看能不能通融？"胡雪岩心下纳闷，什么事这么有分量？当即问道："因何事受牵连？"刘知府压低声音："此事重大。"胡雪岩立刻会意，遣走侍婢。刘知府将阿彪所见全部抖搂出来。胡雪岩本是行家里手，当铺个中奥妙岂有不明之理，一听非常愤慨，这帮家伙平时待他们不薄，今日却釜底抽薪，挥霍无度，长此以往，20来家典当行非垮不可。胡雪岩脸上的微妙变化没有逃脱刘知府的双眼。刘知府又讨好地说："此事关系你当铺声誉，应从长计议，我暂缓办此案，望速告佳音。"说罢起身告辞。胡府庭院深深，穿过绿阴小道，又经过一条曲径回廊，刘知府才走出大门，向胡雪岩拱手作揖，请求留步，然后乘轿而去。

胡雪岩快步回到自己的卧室，将此重大事件告诉妻子。他认为事不宜迟，尽快将20来家典当行管总全部调换，对当铺的入库、出库来个清查盘点。夫妻两人的谈话恰巧被打扫房间的婢女阿玲听见。她特别留意了李春。李春要下调去衢州，这不是要充军吗？她心里吃惊，想到昔日李春妻子柳青青的收容之恩，她寻了个理由出了胡府大门。

阿玲的话像一块巨石投进李春夫妇的心里，这一惊犹如冬日巨雷，击在李春头顶，他想，这一查，岂不原形毕露。他急得像热锅上的蚂蚁团团转。见丈夫左思右想也找不出一个好办法，柳青青说："不如向胡老爷认个错，请求原谅。""呸，妇人之见，这一清查，什么底都要暴露，恐怕把全部家产赔进去都无济于事，也许把你典当出去能够偿清债务。"李春愤愤地说，柳青青柳眉一竖："你这忘恩的家伙，把姑奶奶典出去，巴不得，谁稀罕你穷光蛋！"两人调情骂俏乘着兴致干完夫妻之事。李春面带愁容，

忧忧地说："如果东窗事发，将一贫如洗，说不定抄家问罪。"柳青青"嗯"了一声，心里想，这一调包舞弊必暴露无遗，以后粗茶淡饭，糠糟之食哪里咽得下，先不用说穿金戴玉，就是粗布破衣有几件就很不错了，这样的日子哪是人过的？想到这里，她说："怎么办呢？"李春眼睛骨碌一转，直直盯着夫人说："办法有一个，只有你合适呢？"说着嘻嘻一笑，柳青青脸"刷"地布满红云，伸手轻轻拧了一下丈夫的耳朵："哼，亏你说得出口。""我出此下策，实出无奈，你想想这穿的戴的，哪样不是我在典当上做的手脚所得，如果不是成年累月的徇私舞弊，能购置这宽敞的数间华屋吗？此次如果你不亲自出面与胡雪岩周旋，那就大祸临头。"于是夫妻俩在床上酝酿诡计。

一天，胡雪岩从他的钱庄出来，此时天色已晚，他乘着轿子往家里赶。忽然，"救命，救命"的呼叫声由远而近，只见一个女子冲着胡雪岩的轿子迎面而来，紧跟在他身后的是一名手提酒壶的青年男子。这女子一见轿子情急之下抓住花轿不肯松手，大声呼救。青年男子满脸通红，眼睛也红了，他偏偏倒倒，口中狂叫："小娘子，陪我喝——喝——"这酒鬼边说边拉，哪知未抓稳，被这女子一带，踉踉跄跄倒在地，爬起来又扑向这女子，醉鬼调戏良家妇女，胡雪岩见此情景，怜香惜玉的天性油然而生，冲着酒鬼厉声喝道："还不快滚，轿夫给我揍。"话音一落，两名轿夫将醉鬼掀翻在地，那醉鬼竟躺在了地上呼呼而睡。

胡雪岩再看这女子眉清目秀，一对柳眉像精心装饰过的，奇怪的是却只佩戴一只耳环。这打扮超凡脱俗。如今这女子被吓得瑟瑟发抖，泣不成声，可怜兮兮的样子仿佛病中西施。这不由得使胡雪岩想到了英雄救美人的故事，没想到戏上的事却发生在自己的身上，他不由得多看了她几眼，关心地问："敢问姑娘尊姓？因何受人追赶？"这女子见问，擦干眼泪，柔声说道："多谢老爷相救，我乃兴盛典管总李春之妻柳青青。"胡雪岩一听，兴奋地叫起来："啊，子昂家室，失敬，我叫胡雪岩。"子昂是李春的字，被胡雪岩叫得非常亲切。柳青青睁大双眼，打量了胡雪岩一遍，然后羞涩地低头致谢："原来是胡老爷，多谢，多谢。"语音甜美婉转，不胜娇羞。说完深深地鞠躬，回眸一笑，告辞而去。见她孤零零前往，胡雪岩坐轿追了上去："柳夫人，我叫差役送你回家。"说着双目直视柳青青，柳青青嫣然一笑，略作谦让不肯入轿，胡雪岩不由分说推柳氏入轿，相反柳氏却伸手拉胡雪岩入轿，胡雪岩心里一惊，这柳氏的素手柔滑细腻，忍不住顺理成章抚摸了一下，见柳氏只是微笑，无反对之意，心里也就安然了。胡雪岩跟在轿旁与柳青青边走边聊，不时将柳青青逗得哈哈大笑，银铃般的笑声激荡人心。胡雪岩寻思着如何勾引这柳氏。柳氏也谈吐随和，声音像徐徐春风荡漾着胡雪岩的心扉。通过交谈，柳氏告诉胡雪岩，今天她上灵隐寺还愿，法事做得迟，所以回家晚了撞见酒鬼，幸好有胡老爷相救。胡雪岩听后问道："李春怎么没来接你？""哼，他去了江宁还要几日才能回来。"柳青青说。胡雪岩心里想道，原想尽快找李春去通知各当铺管总调换，再查库盘点，看来此事只好等他回来再说。见胡雪岩不语，柳青青说："胡老爷相救之恩无以为报，等李春回家一定请他重谢。"胡雪岩嘻嘻一笑："小事何足挂齿，倒是有缘与夫人相识。"两人谈得甚是投缘，不知不觉就到了李春府。

胡雪岩急忙掀开布帘伸手去拉柳青青下轿，哪知自己的手却被柳青青拉住了。他轻轻地将手抽回，柳青青若无其事从轿中走了出来，一股女人特有的芳香直往胡雪岩的鼻孔钻。柳氏向胡雪岩眨眨眼睛，抿嘴一笑，含情脉脉地说："多谢老爷，烦请老爷进屋喝杯茶，以示小妾感恩之意。"胡雪岩听了心里像打翻的五味瓶，进也不是，不进也不是，须臾，他将心一横，说："天色还早，坐会儿再走。"

李春府第建造得豪华宏伟，富丽堂皇，大门左侧是一个回廊，通向花园，透过院门可见假山亭台及些许花草树木。大门右侧是一排青砖玻璃窗瓦房，飞檐龙头气势雄伟。一色的红木花窗，显

得高雅华贵。胡雪岩走进二楼客厅。柳青青说道：“请稍坐片刻，我去沏茶。”柳青青走后，胡雪岩忍不住将客厅打量一番。客厅两侧分别开有一个耳门，想来是主人家的卧室。“噔噔噔”柳青青满面春风走上楼来，她说：“夫君不在家，我陪老爷吃饭。”于是坐在胡雪岩身旁。胡雪岩欲站起来，被柳氏按了下去，柳氏说道：“我已打发轿子回去了。吃了饭我叫人送你回家。”胡雪岩又规矩地坐了下来，他想既来之则安之。

一会儿后，饭菜端上桌子。胡雪岩一看，嗬，满满一桌，有人参燕窝汤、珍珠虾仁、雪里蕻等名菜，都是胡雪岩平常十分喜欢吃的美味佳肴。柳青青拿起一瓶法国白兰地替胡雪岩斟了满满一大杯，然后又替自己倒了一杯法国香槟。她说：“这香槟不是时下吃的，但为了感谢老爷，也只好破例。”说罢一饮而尽。胡雪岩见状也毫不迟疑端起酒杯饮完一满杯烈性酒。柳青青又夹起一块珍珠虾仁伸向胡雪岩，一双秀眼水灵灵地凝视着胡雪岩，轻启皓齿：“这珍珠虾仁敬老爷搭救之恩。”话未完象牙筷已进了他的嘴里。其味清爽直达肺腑，胡雪岩细嚼慢品之后，柳青青又斟满第二杯……第三杯……柳青青话未说完，深情地望了胡雪岩一眼，继续说道，“祝老爷财源滚滚，洪福齐天。”胡雪岩心花怒放，三杯酒下肚更是春风得意，眯着眼张开嘴等待第三箸，哪知柳青青只是看着他不言语，一双眼睛火辣辣地注视着他，这样的眼睛分明充满着渴求，充满着企盼。胡雪岩本是风月场中的老手，见此情景，立即舀起一勺人参燕窝汤送向柳青青，结果全都洒在柳青青胸前的衣襟上。胡雪岩立即掏出手帕去擦。胡雪岩轻轻地擦着柳青青胸前的衣襟……

一会儿后，两人如胶似漆，无话不谈。胡雪岩把自己调换典行管总的计划透露给柳青青。柳青青听后嘤嘤哭泣，十分伤心。胡雪岩忙问什么缘故？柳青青只顾抽泣并不言语，胡雪岩再三安慰，他说：“我一定会好好待你，李春是不会觉察我们的。”柳青青噎着泪水，幽幽细语：“你是要把李春远调出杭州吗？”胡雪岩“嗯”了一声，没有否认，柳青青继续说道，“我是李春的老婆，他调往什么地方，我岂有不跟去之理，我们还有机会同床共枕吗？”说着泪水像不断线的秋水流个不停，泪水淌在胡雪岩的胸口，其态让人心碎欲绝。胡雪岩说：“那不调动李春我们就可以待在一块？”柳青青脱口而出：“对！这样既可以保持我们的关系，又可以更大地发展你的事业。”胡雪岩有些迷惑地盯着柳青青，柳青青眨眨媚眼，又说道，“他们各位管总都已在当地根深蒂固，生意兴隆。一旦到另一个陌生地方，天时、地利、人和都没有，能够图谋发展吗？”胡雪岩听后点头称赞。柳青青破涕为笑在胡雪岩脸上留下一个朱红唇印，羞涩地微闭双目，等待着胡雪岩的爱抚。

胡雪岩回到家里，回味着柳青青的韵味——其乐无穷，为了柳青青，他取消了典行管总调换的念头。

中圈套胡雪岩险遭美人计

年关将至，湖州知府王有龄忙不迭开始筹划，有一系列的事要办。给抚台、藩司大人的年终花红，得封好送去，还要致送几样湖州的土仪。省里衙门上上下下一干人，师爷、文案、差役，甚至门子，都要应酬。忘掉了一个，办事便多了一道障碍。曾经有个候补道，打点关节已到火候，只差面呈上司一个手本批下来，便可走马上任，就因为疏忽了抚院守门的小老爷，少送了一个红包，门子随口一个“抚台大人不在”，耽误几日下来，已被李代桃僵，一场好事鸡飞蛋打。

王有龄深谙官场世故，他得为自己前程筹算。湖州固然膏腴之地，然而铁打的营盘流水的兵，照官规三年一换，绝非久待的场所。若不趁早通关节，一旦出缺，又回到候补队列，不知要等到哪年哪月。王有龄左思右想，搜索枯肠，猛然间想起有个都老爷，是自己族中表亲，因父亲病逝，遵制丁忧，回故乡守孝。此人在京中与宝中堂过从甚密，有金兰拜把之谊，是京城官场中有头脸

能说话的人物。王有龄当下思忖要走他的门路，眼下正是极好的时机。一则都老爷守孝三年，卸交官职，与他打交道不会引起非议；二来，逢年过节，致送年货，人之常情，对方易于接受；三来呢，一旦守孝期满，都老爷回到京中，便是权势人物，稍加照看，前程可保无虞。

王有龄备了一份丰厚的土仪，另外准备了一万两银子的银票，是福州“元昌盛”的票，便于都老爷在当地支用。押运礼物的人，必得是自己心腹之人，而且能说话，替自己一吐衷肠。王有龄自然想到胡雪岩，以两人的交情，这趟差使非他莫属。

王有龄喜出望外，感叹道：“还是自家兄弟好哇，谁能有雪岩老弟这番忠心。”

胡雪岩极诚恳道：“有龄大哥切莫以为小弟当了钱庄大老板，就端架子做模样，叫不动了。我还是你的小兄弟，任大哥驱使，在所不辞。”王有龄没有任何顾虑，便向胡雪岩交代明白：都老爷名叫王德昌，在京中做御史，虽是言官，人缘极好，将来少不得仰仗他，现在福州乡下守孝，与王有龄的故乡比邻。

胡雪岩用心记下，请王有龄一百个放心，不日即起程，一定圆满而归，不辱使命。

胡胡雪岩事先办了浙江抚院的公文，拉大旗作虎皮，一路颇受州县主管的优待，顺利入闽。

这天，胡雪岩一行安抵福州。按照他的计划，先去投石问路，拜访福建巡抚徐水铭。徐抚台与浙江黄抚台是同科出身，有同窗之谊，胡雪岩可借黄抚台的面子，向徐抚台递片子致意，请求他的关照。

胡雪岩找到一家客栈，安顿妥车夫仆人，带了一名小厮，打听到抚院距此栈不远，便不乘轿，安步当车，慢慢向抚院走去。不知不觉走近福建抚院，忽然见衙门外人声嘈杂，黑压压围着一群人。

胡雪岩爱凑热闹，不由得挤进人圈中看稀奇。见当中空地一只大木笼，笼的四周许多铁刺，笼中心站着一个大汉，只见他赤裸着上身，浑身肌肉紧绷，青筋暴突，一副彪悍模样。那汉子浓眉大眼，络腮胡须，脸上几道伤疤，透出刚毅英武之气。胡雪岩暗暗赞叹：一条好汉！

汉子笔直地站着，腿肚子微微发颤，豆大汗珠从面颊滚下，滴在笼板上湿漉漉一片。他不能靠在笼壁上，尖锐的铁刺会戳破皮肤。胡雪岩第一次看见“站木笼”的刑罚，据说站上三天，再刚强的汉子也会活活累死。

围观者议论纷纷，从大家的口中，胡雪岩了解到事情大概经过：站木笼的汉子名叫晏云刚，本地洪门“青龙会”的一名会众，因在把守青龙会一家赌场大门时，与绿营清兵的哨长发生争吵，一怒之下，出手过重，击中哨长脑门，当场毙命。官府捉住晏云刚，为杀一儆百，压压洪门帮众气焰，将他处以“站木笼”刑罚，已在抚院外站了两日。

胡雪岩感到胆战心惊，瞥一眼抚院门外一队荷枪实弹的绿营兵，心中十分明白，晏云刚虽然在帮，但证据确凿，罪行在案，青龙帮有心相救，也奈何不得绿营兵。抚院大人显然抓住帮众的软肋，有意炫耀兵威，晏云刚自己太冒失，看来死定了。

胡雪岩想起自己的公事，向徐抚台叩行大礼，口称：“卑职胡雪岩参见徐大人。”徐水铭保养得很好的白胖脸上堆满甜腻腻的笑，用一副娘娘腔问：“黄大人一向可好？”

“好，好，托徐大人的福，黄大人身体也发胖了，饭吃得好，觉睡得香，不过还赶不上徐大人的气色。”胡雪岩察言观色，知道徐抚台很关心他的同窗，便竭力搜寻黄抚台的趣闻逸事，捡无伤大雅又引人发噱的闲碎小事娓娓而谈，不无亲切。

徐水铭从黄抚台的来函中知道胡雪岩的实力，对他异常亲热，超乎寻常，令胡雪岩很感动，觉得是个好兆头。不经意间，他忽然失声叫道：“瞧我这记性，差点忘了件大事儿。”徐水铭注意地看他。胡雪岩掏出一张5000两的银票，递给徐水铭：“卑职该死，

黄大人曾托卑职给徐大人捎来这张银票，我竟忘了，请大人务必笑纳。”

徐水铭接过银票，客气道：“都是同窗好友，亲同手足，这又何必呢！”随后扔在茶桌上。黄宗汉来函中并无此事，显是胡雪岩即兴之作，但做得极有分寸，徐水铭立刻便喜欢上他的精明能干。

胡雪岩的“神来之笔”原本并无计划，只是他见徐水铭态度友善，是个“婆婆官”，暗忖用5000两银票做见面礼，将来必有回报，故而有此动作。闲聊到后来，不经意之间，胡雪岩谈到门外站笼的情景。徐水铭忽然换了一副怒颜，恨声道：“青龙会这帮人，目无法纪，竟连官兵也敢加害，长此以往，如何得了？若不严加惩治，福州地面，岂不成了刁民的天下？”

胡雪岩悚然一惊，幸亏未向他求情，否则正好逆其鳞披，弄巧成拙。只好敷衍几句，掩饰过去，另外再作打算。

徐抚台聊着聊着，打了一个哈欠，看模样烟瘾已发，胡雪岩乘机告辞。徐水铭端起茶杯，差役立刻高喊一声：“送客——”

步出抚院大门，看到烈日下晏云刚在站笼中苦苦挣扎的模样，胡雪岩老大不忍，决意援手相救。但刚才徐大人的态度十分坚决，其中必定有蹊跷。胡雪岩沉吟之际，忽见看门的差役正在交班，他灵机一动，上前对原先那个门子道：“适才多蒙老哥传报，见到抚台大人，很是感激，请到酒店小酌一杯如何？”

门子见胡雪岩主动相请，惊喜万分，堂堂候补道台老爷赏脸，岂能拒绝？于是口称“不敢叨扰”，脚下却随胡雪岩跨进一家酒店。一顿饭工夫，内情尽知。晏云刚打死的那名绿营哨长，原来是徐抚台刚纳的小妾之弟，本为福州地面小痞子，素来同青龙会不谐。无奈小妾死活不依，要抚台为她弟弟报仇。徐抚台受不住枕头风，破例出面干预，给晏云刚很厉害的处罚。

胡雪岩长舒一口大气，要救晏云刚并非难事，只要堵住徐抚台小妾的口，一切都迎刃而解。他问明小妾的情况，请门子代为疏通，就说江南富商胡老爷与晏云刚有私仇，愿出高价买走他回乡处置，请小妾代为美言放了晏云刚。

胡雪岩先给门子100两银票做酬谢，门子欢天喜地，无所不从。胡雪岩又拿出2000两银票，托他转送给小妾，并要回执。门子揣着银票，畅通无阻，去抚院内房，见到小妾，言明情况。小妾又惊又喜，凭空得一大笔银子，晏云刚的死活与她有何相干？当晚又在徐抚台怀中做好做歹，一番纠缠，要他放了晏云刚。徐水铭莫名其妙，不知小妾犯了哪根神经，出尔反尔，叫他好为难。但美人的眼泪便是令牌，徐水铭拗不过新宠，答应放人。

第二天一大早，胡雪岩雇了一乘小轿，来到抚院门口等候。晏云刚在木笼里过了两天两夜，已奄奄待毙，口里一丝游气，若有若无。这时一位绿营军官手持抚台令牌，上前开笼放人。胡雪岩命仆人把晏云刚抬进小轿，飞快抬到大街上一家“惠仁堂”药店，请医家诊治。足足折腾了一天，晏云刚才苏醒过来。他睁开浓眉大眼，瞅瞅四周，有气无力问：“是谁救了我？”

仆人答道：“胡先生念你英雄本色，出重金赎你一条性命。”

晏云刚一听，翻身下床，扑倒在地，不断磕头，道：“胡先生救命之恩，晏某终生不忘，愿追随左右，效犬马之劳！”

“言重言重！”胡雪岩扶着他说，“壮士为民除害，可敬可钦，若心里愿意，可随我到杭州去，必有大用。”

晏云刚泪流满面，说：“只凭胡先生一句话，万死不辞！”

胡雪岩叮嘱他在福州好好养伤，待自己到外地办完事后，再带他回杭州。安排停当，胡雪岩便带着礼物去见王御史。王御史住福州远郊一处名叫罗昌的小村庄，此地山清水秀，景色宜人，尤以茶山著名，盛产乌龙、铁观音等名茶。

王御史闲居在家，有朋自远方来，自然不亦乐乎。胡雪岩献上厚礼，以晚辈自称，喜得王御史眉开眼笑，把他待如子侄，自有一番知心话谈。胡雪岩一连住了三日，完成王有龄的重托，不想陪着老眼昏花的王御史闲磕牙，便有归意，向王御史请辞。王御史留他不住，只得依依惜别，约定两年后京城里再见。

胡雪岩告别王御史，出门才走了里许，便托词尚有别的事要办，让一干挑夫仆人先返福州，他自己带着一名小厮，回返罗昌。众人不知就里，由他去了。

原来胡雪岩在王御史家勾留三日，除交际应酬外，还从御史管家口中，得知本地一个好去处。罗昌自古出美女，美女多在罗昌附近的茶山上，被称为“茶山姐”。茶山姐的韵致，胡雪岩早有耳闻。从福建经过的茶商，每每谈起罗昌的茶山姐，无不眉飞色舞，啧啧称奇。

胡雪岩一身便服，安步当车，顺着一条羊肠山径，慢慢向茶山走去。

山势渐陡，眼前出现茶园，一垄垄茶树依山势而生，像一条条葱茏绿龙，静静卧在山野中。胡雪岩在小厮的帮助下，手脚并用，登上山顶，居高临下，凭木远眺，但见满目苍翠、阡陌纵横，沟渠蜿蜒，炊烟冉冉。极目千里，山川平地尽收眼底，博大雄奇，令胡雪岩赞叹不已。顿感天地悠悠，人生渺小，青春倏忽，时光如驹，若不及时行乐，转眼老之将至，更待何时？

胡雪岩正胡乱想着，忽然听见身后传来嘻嘻笑声，转身一看，两位妙龄女郎在茶树丛中时隐时现，粉红的衣裙闪烁其间，随风飘动，有如两只翻飞蝴蝶。他心中一动，走上前去。女郎见他走近，直起身子，毫不回避，忽闪着大眼睛打量来客。两个女郎一身村姑打扮，背着竹篓，装满野草。胡雪岩上前发问：“两位大姐，附近可有村庄？”

一个女郎反问：“客人是打尖，还是过夜？”

“打尖怎么说，过夜又怎么说？”

“打尖吗？”那女郎嘴角一撇，热辣辣盯着他道，“寻个避风处，捡几枝柴火，支起锅来，煮一锅好汤，烧几只玉米棒，吃得肚儿圆圆，自管走路。”

“过夜呢，”胡雪岩分明见她红嫩的脸上几分挑逗神情，故意逗她说话。另一个女郎抢着道：“客人若是银子多多，菜随你挑，酒任你喝，一醉方休，睡到天明。”

“哦，都有些什么菜？”

“山花野味，地方特产，就看客人口味了。”说着，将背篓抬一抬，乳房更突。胡雪岩立时觉得她粗俗中带有几分风骚，几分野劲，有心要采这朵野花。便说：“我肚中饥渴，想打一顿尖如何？”

两个女郎嘀咕一阵，其中一位放下背篓，大大方方对胡雪岩说：“客人随我来，包你吃饱喝足。”

胡雪岩暗想光天化日，怕你什么。便随她走，到了一处山沟底，女郎停下步，就势往枯草丛中坐下，向胡雪岩招呼道：“客人来呀，你不是要打尖吗？”

胡雪岩四处看看，哪有什么火堆锅碗，只有眼前野性袭人的山姑。他霎时明白，原来天下竟有如此美妙的“打尖”，真是大开眼界。

过了两个时辰，胡雪岩和村姑又返回原地，另一个村姑望着胡雪岩身上的枯草根“哧哧哧”笑个不停。胡雪岩想起刚才的荒唐举动，不由得脸红起来。蓝天白云下，荒山野合，从前只听人谈过，没想到今日身临其境，果然韵味无限。胡雪岩总算领略到“茶山姐”的滋味，但他意犹不足，总觉这位村姑姿色平常，茶山姐名扬海内，定有绝色美人藏娇深山。

村姑看出客人的心思，打趣道：“客人若是过夜，村里有好酒好菜款待呢。”

胡雪岩摸出两张零头银票，送给她们，许诺道：“如能引见好酒菜，定有重谢。”两个村姑喜滋滋把他俩领到一座山村，来到一家院门，隔墙高喊：“茶花姐，客人来啦！”

晏云刚手持钢刀，仿佛从天而降，出现在胡雪岩眼前。他用刀尖指着黑脸大汉骂道：“你这蠢驴，用老婆做诱饵，不知骗了多少客商，今天竟骗到我的恩人头上，我岂能饶你！”

黑脸大汉脚下一软，扑通跪在地上，连连求道：“实在不知他是你的恩人，多有冒犯，望大哥手下留情！”

晏云刚叫胡雪岩穿上衣物，令众人找到一把太师椅，用树干绑成小轿，让农夫们抬上胡雪岩，点着火把，前呼后拥，连夜抬下山去。一路上，胡雪岩恍惚如在梦中，不明白晏云刚在村民中缘何有如此权威，令他们俯首帖耳、唯命是从？直到进了客栈，遣退村民，晏云刚才告以实情。

晏云刚原来是茶山上人氏，因他武艺出众，受村人拥戴，是茶山上青龙会小头目。他在养伤期间，见胡雪岩手下人回客栈中，称胡老爷回茶山去了，便知有异，连忙跟踪而来，不想被他料到，救了恩人。

“茶山姐虽然风骚浪淫，却心狠手硬，常与家人串通，设‘仙人跳’圈套,引人上钩。那黑脸大汉并非茶花姐的男人,是她亲哥，两人联通好哄骗你。”

胡雪岩耳闻“仙人跳”,不禁苦笑,茶花姐美若天仙,却毒如蛇蝎，真是知人知面不知心啊！晏云刚见胡雪岩一副呆模样，认为他还在留恋茶花姐，道:“茶花姐的哥哥是我徒弟，胡先生若愿意，我叫他送茶花姐下山，任胡先生尽性玩乐，谅他不敢取分文！”

“不，不！”胡雪岩惊魂未定，双手乱摇，“茶山姐的厉害，我已领教过了，若不是你相救，真不知要闹出多大的笑话呢！”

胡雪岩暗自庆幸未蚀大财，经此一遭，他对晏云刚十分信赖，认为能得此人为保镖，乃不幸中大幸，真是不虚此行。

从此，晏云刚在胡雪岩身边，拱卫左右，忠心耿耿，成为主人的得力护卫。

第三章　机关用尽

设连环套，胡雪岩制伏对手

天色大亮，“隆昌”米行挡手谭柏年一觉醒来，看到阳光已射入窗棂，梳洗已毕，阿灵端来莲子银耳汤，几样早点，伺候谭柏年用过早餐。谭柏年吩咐备轿，他要去“福轩”客栈会一位重要的客商。一路上，谭柏年脑中飞快盘算，思考见面时要做的事。今岁苏州乡下风调雨顺，谷米丰收，隆昌米行趁机敞开收购，仓房里屯集了上万石新米，需要寻找买主。谭柏年干米行生意，屈指算来已有 30 多载，精通业务自不必说，做米生意的个中奥秘亦了如指掌。

论谭柏年的资历和才干，本可以开一家米行，做真正的老板，但命运偏偏与他作对，家道本属小康，一场突如其来的兵火，房屋财产付之一炬。沦落到给人帮工的地步，慢慢爬到米行挡手，所靠的几位老板相继破产，谭柏年惶惶如丧家之犬，不断寻找新的避难地。幸而上苍有眼，天不灭曹，外甥石三官聘用他做“隆昌”挡手，无比信任。谭柏年蛰伏多年的念头又萌动起来。尽管在隆昌，大小事情他说了算，但还不是真正的老板，辛辛苦苦赚来的银子必得如数交给石三官，他心里就发痛。外甥待他不薄，年俸可观，外加不少红利，终究不是自己的米行。谭柏年打起“小九九”，要做老板，得靠自己的手段，账目上做手脚，略施小计，石三官看不出来，这里头揩的油，抵得上两三个挡手的年薪。但雕虫小技，难成大器，真正大把捞进的机会在于存米销出的方式。

谭柏年此刻便是寻找这种机会。

昨日，山东米商潘家祥抵达上海，谭柏年闻讯前去码头相迎。他俩是老相识，言谈之间，谭柏年得知对方有意要在上海收购大批谷米，运往北方。此前，潘家祥见到《申报》刊登快讯，知道齐鲁适遇大旱，庄稼歉收，急需赈米救灾。两相印证，潘家祥肯定要做一笔大生意。上海米行林立，各家竞争激烈，这块肥肉到底落入谁家之口，尚难料定。谭柏年决意拼力一争，做成这笔生意。凭经验，谭柏年知道潘家祥本钱雄厚，不屑于做零碎买卖。与小本米行锱铢必较，费力费神，且不能满足需要，能看得上眼的大米行，在上海不过三五家。谭柏年把几家米行加以排列，估量实力，隆昌属前三名，可以力争。谭柏年同样喜欢做大买卖，报损率高，回扣可观，一笔生意下来，除了应付石三官，自己还能落下一笔银子。

谭柏年正胡乱想着，不觉已到客栈，直入烟房，待吸烟泡过瘾。

潘家祥挪动肥胖的身躯，把烟枪递给谭柏年，示意他吸一口。谭柏年吞一口唾液，心里想吸，却不敢放肆，摇头谦让。烟客都有洁癖，自己的烟枪让别人吸，掺了异味，易引起不快。潘家祥见他懂规矩，很赏识对方乖巧，便不强求，继续咕噜噜吸下去，一连烧了几个烟泡，才过足瘾，长喘一声，很满意地起身，说道：

“柏年兄，怠慢了。”

谭柏年听他呼自己为“兄”，极亲近的表示，受宠若惊，连忙说：“不碍事，不碍事，打扰了潘公，实在抱歉之至。”

两人寒暄一阵，才转入正题。

谭柏年告诉潘家祥，隆昌米行存米充裕，质量上乘，只要价格合适，完全可以独家供给，满足对方需求。

潘家祥颔首表示赞同，他与谭柏年已打过几次交道，知道对方所言不虚，可以作为合作伙伴。末了，谭柏年提出可否草签协约，确定具体价码，并且希望能沿袭去年旧例成交。潘家祥却没有过去那样爽快，他眯着双眼，沉吟不答。

今年米市行情，潘家祥早有了解。俗语云：苏湖熟，天下足。

江南本年，米价下跌，各家米行，争相抛售新米。潘家祥初到上海，说客接踵而至，已有五六家米行挡手前来洽商，价格都很优惠。潘家祥不动声色，亦不轻言许诺，处于观望之中。

“隆昌”是大米行，与谭柏年打交道不能太虚假，须以诚意为信用。潘家祥挪挪身子，靠近谭柏年，做出亲密状，道：

“柏年兄，贵行的实力，我当然清楚，亦愿成交，只是货比三家，今年米价下跌，已有人愿以每石少5钱银子的价码，大量抛售新米，柏年兄似已迟了一步，实在抱歉得很。”

谭柏年吃了一惊，谁捷足先登，这么快就抢在头里了？

他眼珠一转，摇摇头：“潘公莫非是在同我开玩笑？以潘公的胃口，上海米行同业中，除了隆昌，谁还有能力满足潘公？恐怕是空头协议吧，潘公切莫轻信于人，以致上当受骗。”

“不会的”，潘家祥掏出钥匙，打开一只精巧的外国银制保险箱，拿出一张契约，“柏年兄不是外人，索性告诉你实情，与我签约的，是大名鼎鼎的杭州富商胡财神。”

谭柏年只瞅了一眼纸上“胡雪岩”三个字，便明白对方说的是实话，敢于把这事告诉他人，证实这桩买卖已铁板钉钉，笃定泰山，不会生变故的。谭柏年霎时充满失望之感，心里暗骂：去他妈的，姓胡的小子忒狠毒，竟把手伸到上海，虎口夺食！

胡雪岩在浙江把持海运局，改漕运为海运，干得相当成功，商界尽人皆知。但没想到他会在上海米行中抢生意，谭柏年事先排定的上海各家米行名单中，偏偏没有想到过胡雪岩。这是因为胡雪岩的海运局主要收购谷米北运，与潘家祥干同样营生，而非售米。这真是半路杀出个程咬金，令谭柏年的如意算盘落了空。按他的筹算，隆昌米行的存米全部出手，他至少可得2万两银子的外快，而今却打了水漂，怎不叫谭柏年锥心般刺痛。

谭柏年痛恨在心，却不露形于色，淡淡一笑，做出不屑的神色，说：“胡雪岩向来只做买进的生意，怎么这次会抛售谷米，真是奇怪得很。”

潘家祥道："我只要他满足我的需求，执行协约，管他买进还是抛出。"

"恐怕有些不对头，"谭柏年侃侃而谈，"据我所知，浙江海运局每年负责在江南收购谷米，向北方官仓输运，有时采购过量，超过运输能力，便屯集下来，年复一年，形成陈米，现在卖给潘公的，恐怕不是新谷吧。"

"哦？"潘家祥警觉起来，陈米和新谷，价码大不相同，并且官仓的陈米，花样百出，老鼠屎、沙粒、砖渣掺杂其中，以次充好，买家还不能挑剔，否则以"诋谤官府"论罪。潘家祥做米生意多年，如何不晓得其中蹊跷？之所以和胡雪岩签约，一则知道他的信用，在商界口碑甚佳，二来言明是新谷，不会有陈米的弊端。眼下听谭柏年一说，倏然心紧。

"你说的可是当真？"潘家祥目光如刀，直刺谭柏年。

"生意场上无儿戏！"谭柏年斩钉截铁道，"胡雪岩与官府关系密切，可谓千丝万缕，动辄有抚督做后盾，一般商家惹他不起，倘或以陈米充新谷，潘公即使上当，也只有打落牙齿和血吞，岂敢与他理论？潘公须三思而行。"谭柏年又加了一把火，烧得潘家祥焦躁不安。他决定毁约。

"柏年兄，多谢你的好意提醒，险乎上了圈套。"潘家祥感激涕零，同谭柏年谈起购买他的存米事宜。

胡雪岩很快得知潘家祥毁约的消息，他不因为对方愿付一笔罚金而高兴，反而陷入莫名的烦恼之中。

潘家祥听了谭柏年的挑唆，只知其一不知其二。胡雪岩此番抛售大米，的的确确想做一次米行生意。生意若要做活，必出奇招，改变套路，抓住机会，才有所获。海运局向来只购不粜，给人印象属官办机构，赢利不多。今年浙江谷米丰收，米价狂跌，胡雪岩知道北方连遭旱灾，粮食紧缺，于是当机立断，一改通常惯例，大量收购新谷，寻找米商脱手，打一次奇袭战，赚一笔银子，再转入常规运作。

在这次行动中，胡雪岩迫切需要寻找大宗买主，迅速成交，否则拖延日久，与同行产生竞争，难以脱手，待到海运季节一到，只得启仓北运，剩下的谷米只好屯集翻年，落个鸡飞蛋打一场空。所以胡雪岩必须卖了新谷腾空谷房，再购谷米应付海运，计划才算圆满完成。

潘家祥的毁约，令胡雪岩尝到了失败的滋味，倘若再传到圈内人中间，有损他的信用。潘家祥是山东富商，垄断了北方民间粮米市场，在商场中具有举足轻重的影响，而胡雪岩向来以诚为本，视信用为生命，如今不能取信于潘家祥，有何面目见商场同仁？

胡雪岩打定主意要为自己的利益而战，他很快派出眼线，收集情况，不日便有回报：潘家祥已同“隆昌”米行签订了新的协约，向谭柏年收购新米两万石。

“原来是他！”胡雪岩恍然大悟，他对谭柏年并不陌生。有一年，浙江谷米歉收，朝廷严令浙江海运局限期运送谷米，以解北方燃眉之急。紧迫之际，胡雪岩曾向“隆昌”购买一批谷米运送北方，彼此有了交道。此刻，胡雪岩努力回忆同谭柏年的交往，试图从中寻找可资利用的蛛丝马迹。

胡雪岩搜索枯肠，细细回想那笔交易的每一个情节。如果换成其他人，早已把这些陈谷子烂芝麻的事忘得一干二净。但胡雪岩毕竟是胡雪岩，他记忆力惊人，如电火闪烁，忽然记起一个情节：当时同谭柏年讨价还价时，谭柏年并不在意谷米的价码，只是要求按一厘二的回扣，把钱存到“裕和”钱庄户头上。胡雪岩敏感地觉察到这笔钱存得蹊跷，若是替主人赚的钱，必然随大笔米款同存入一个户头。分开来的目的，说明谭柏年私吞这笔回扣银，而石三官毫无察觉。生意场上，挡手欺骗东家，“账房吃饱、老板跌倒”，这现象比比皆是，胡雪岩见惯不惊。以此观之，谭柏年单是从售米私吞的回扣，当不是少数。可以推测，此次潘家祥毁约，与隆昌成交，谭柏年必然竭尽诋毁诽谤之能事，而为一大笔回扣力争他获得成功。

胡雪岩有些兴奋，他自知抓住对方狐狸尾巴，只需用力拖拽出洞，使其真面目大白于天下，则可战而胜之，挽回败局。

“裕和”钱庄挡手谷真豪，与胡雪岩同行中人，阜康与他有业务来往，交谊不错。

胡雪岩下帖子，请谷真豪前来赴宴，地点设在“景阳酒楼”。

胡雪岩乘机向他打听“隆昌”米行挡手谭柏年在裕和的存款数字。

谷真豪猛然一惊，讷讷无言。钱庄为存户绝对保密，这是起码准则，胡雪岩岂能不知？怎可打破行规，随意动问呢？谷真豪酒被吓醒一半，悟到胡雪岩相邀的真正用心，可谓“醉翁之意不在酒”。裕和若是失了密，被外间得知，信用势必一落千丈，非同小可，关系到钱庄命运。谷真豪甚至有些悔不该来。

“真豪兄，我何尝不知事体重大，只是请你务必帮一次忙，只此一回，下不为例，天知地知，你知我知，绝无泄露。”胡雪岩诅咒发誓，把谭柏年和他的纷争叙说一遍。谷真豪有些动摇，但仍徘徊犹豫，不肯轻易说出。

“今后阜康和裕和还应通力合作，真豪兄不必顾虑。”

分明用阜康做诱饵，言下之意，若不听从，20万两存银也化作泡影，遑论日后合作。谷真豪听出弦外之意，权衡利弊，与其得罪胡财神，不如舍弃谭柏年，去小利而就大益，何乐不为？谷真豪咬咬牙，道：“胡先生吩咐，无所不从，待我抄录齐全交给胡先生。”

第二天，谷真豪果然送来明细账，秀丽的小楷，把谭柏年每次存银的数目、日期誊写得一清二楚，明白在目。

胡雪岩大喜过望，立刻按谭柏年每次存银的数目，推算出“隆昌”近年来的生意情况，隆昌米行再无秘密可言，而谭柏年从米行中攫取的不义之财也暴露无遗。

“隆昌”米行老板石三官这天正在苏州家里生闷气，皆因他的一只蟋蟀“红头将军”在屡战屡胜的凯歌声中，昨日竟被邻县的蟋蟀王打败，而且当场身首异处，令他大失面子。为此，他在家中大发雷霆，责打仆人，掀翻桌椅，闹得不可开交。石三官家资巨万，婢仆成群，吃喝不愁，享乐不尽，每日除了寻欢作乐，要少爷脾气，似乎无事可干。此刻，骁勇善战的“红头将军”阵亡了，一时无可替代，他若有所失，不知该干些什么。

门外有人探头探脑，好像在偷看自己的笑话。石三官气不打一处来。“干什么？”他一声大吼。一个小厮畏畏缩缩出现，做出害怕的样儿。

“谭柏年先生的家在这儿吗？”小厮发问。

找舅舅？石三官随手一指：“往前走20步，左边就是。”小厮刚要离去，石三官若有所思，“回来，你从哪里来，找我舅舅何事？”

小厮自称是上海裕和钱庄的听差，给谭先生送一封信。石三官觉得奇怪：“我舅舅在上海隆昌米行，不送到米行，到乡下干什么？”

“米行里我找不到谭先生，东家吩咐务必交给他本人，所以到乡下寻找。”

石三官疑云丛生：“啥事这么紧要？”他让小厮把信交出来，小厮不肯，石三官把脸一沉，唬他说，要放大狼狗咬他。小厮只好把信交给石三官。

石三官拆开信一看，见是裕和钱庄例行便笺，告知谭柏年，所存两万两银子已经到期，可否延存，盼示。这本是钱庄业务，毫无奇处，坏就坏在“存银两万”这个词儿。石三官无论多么糊涂，也知道守紧自己的财产，当下读了，双眼发直：舅舅年薪不过一千两银子，到“隆昌”做挡手才3年多，哪来两万之数？显而易见，必定在生意往来中揩油所得，这钱不用说是米行的赢利。

石三官愤慨不已，仿佛聪明了许多，他决意立刻起程到上海，开销了谭柏年，自己掌管隆昌米行。

除掉谭柏年，并不是胡雪岩的本意。无论谭柏年上天堂还是下地狱，同胡雪岩的荷包毫无关系。相反，他得设法利用谭柏年的经营才干，为自己挽回损失。

胡雪岩遍布眼线，张网以待，注意石三官的动向。

石三官的快船刚抵达上海码头，胡雪岩便穿着候补道台的官服，派头十足，前去码头迎接。

“久仰久仰，雪岩得见三官老弟，真是荣幸之至！”石三官才下栈桥，胡雪岩便上前招呼道。

石三官一愣，见胡雪岩穿戴庄重，给了天大面子，却不相识，只好还礼：“幸会幸会，草民给大老爷请安。”

旁边有人介绍说，胡老爷和石三官的父亲交谊甚厚，听说好友的公子驾到，特来接风洗尘。石三官生性喜欢交际应酬，有人捧场，自然高兴，于是丢开念头，随胡雪岩到酒家赴宴。不过三杯酒，两人气味相投，同老朋友一般。借着酒兴，胡雪岩问他到上海有何公干，石三官想起此行目的，毫无顾忌，大骂谭柏年不是东西，有负他重托。

胡雪岩以生意场中老手口吻，劝石三官少安毋躁，暂不必惊动对方，以免打草惊蛇。

石三官睁大眼睛不解道：“依雪岩兄之见，我还要用这吃里爬外的老家伙做挡手不成？”

“究竟谭柏年挪占了多少银子，你并不清楚，两眼一抹黑，他在暗处，你在明处，倘若他被逼急了，携款而逃，损失更大。”

经胡雪岩指点，石三官才觉事情并不简单，他毫无生意经验，不知所措，急得要哭。胡雪岩心里暗笑，这等脓包，也敢开米行，不被别人吃瘪才是奇事。

胡雪岩安慰道：“天无绝人之路，凭着我和你父亲的交情，可助你一臂之力，米行的业务我很熟悉，只是以外边人的身份，难以插手。”

石三官像遇见救命恩人，他正需要内行人对付谭柏年，脱口而道：“雪岩兄如不嫌弃，何不与我合伙，米行里的事悉听你安排。”

胡雪岩就盼他这句话，假意推辞一番，石三官越发着急，恨不得跪下相求。胡雪岩答应入股隆昌米行，股本占三成，代行老板之职。

席散后，胡雪岩同石三官一道，前去隆昌米行。谭柏年见石三官突兀而至，暗暗吃惊，又见胡雪岩和他在一起，猜不透究竟怎么回事。及至石三官宣布胡雪岩入股隆昌，负责米行事务，谭柏年犹如五雷轰顶，差点晕过去。生意上的对头顷刻竟成上司，事情来得如此突然，谭柏年无论如何也受不了。

幸而胡雪岩立刻宣布，米行一切依旧不变，各司其职，只因入股需要盘点查账，亦在情理当中。

第二天，胡雪岩叫谭柏年到内室谈话，谭柏年怀着忐忑不安的心情，不敢正眼看对方。

胡雪岩和颜悦色让谭柏年就座，告诉他："隆昌"这些年全靠谭先生支撑，生意做得不错，劳苦功高，胡某至为佩服。

谭柏年不知他葫芦里卖的什么药，嘟哝道："胡先生能体贴下人的苦衷，我知足了。"

"我也是生意人出身，焉能不知其中甘苦，"胡雪岩话题一转，"作为挡手，忙中出错，账目上有些缺失在所难免，即使挪着一点儿头寸应急，也没有什么大不了，我替你在东家面前美言几句，大可不必担忧。"

谭柏年故意装糊涂道："胡先生，我不明白你所指为何？"

胡雪岩索性戳穿他西洋镜，背书似的把谷真豪开列的内容复述一遍。这下可真要了他的命，谭柏年急得嘴唇直打哆嗦，语无伦次："你，怎么，知道的？"

"要是报了官，你一文也取不出来，还要依律治罪。"

谭柏年宛如受了重重一击、双膝一软，跪了下来，求道："胡先生饶了小人。"

"我做事宽宏大量，不会把你逼上绝路，"胡雪岩扶他起来，"只要你照我吩咐，办事漂亮，非但既往不咎，裕和里的私款，分文不少属于你，挡手照样做，啥事也不会发生。"

谭柏年完全折服，感激道："胡先生叫我做的事，拼了老命也

要办到。”

“不消拼命，举手之劳而已。”胡雪岩告诉他，虽然入股隆昌，但海运局和米行到底是两家，那笔米生意，解铃还须系铃人，劳烦他去告知潘家祥，隆昌打算毁约，请他信守前约，和胡雪岩成交。

至此，谭柏年才明白胡雪岩的真正用意，暗暗佩服他的老成练达，自己绝不是他的对手。若依了他，隆昌算彻底栽了，不但付出一笔违约金，而且存米无处销售，石三官要关门大吉。皮之不存，毛将焉附，自己这个挡手还做得成吗？

胡雪岩看出他顾虑，许诺道：“事成之后，你到海运局做事，强过替石三官卖命，说话算数，决不食言！”

谭柏年无路可走，只好打定主意，死心塌地替胡雪岩效力。胡雪岩教他听候待命，不要轻举妄动。原来胡雪岩考虑到潘家祥既然敢毁约，一定对胡雪岩的信用产生了怀疑，贸然劝他信守前约，必遭碰壁。唯有设下圈套，令他钻入，不得解脱，情急之中，才可乖乖就范。

胡雪岩处理妥当隆昌米行的事，把精力转向对付潘家祥。

潘家祥并不知道隆昌米行的变故，他绝对信任谭柏年。签约付定金后，潘家祥急忙返回山东，寻找销售谷米的合作伙伴。其时，北方数省旱象严重，庄稼连年歉收，饥民成群，已出现“吃大户”“抢公仓”的情形。捻军、白莲教等团体，乘势号召天下，揭竿而起，攻城略地，对抗官府，局势危如累卵。

朝廷严令各省抚督，开仓赈灾，安抚饥民，以防民变。

潘家祥看到这情景，心中暗喜。饥民愈多，谷米愈不愁销路，正可囤货居奇、待价而沽，谋求最高的价钱抛售出去。

他正在物色代理商，一位官大人翩然来访，此人自称主持直隶粮道，急需购进大批谷米，缓解直隶灾情。潘家祥知道他说的是实情，几天来，前来拜访的粮道官员接踵而至，都企望潘家祥这位粮商提供米源，盖因朝廷公仓空虚，漕运迟迟不行，远水不解近火。潘家祥未便慨然相允，官府出价太低，差强人意。

这位粮道大人焦急不安，出手不凡，愿以每石 15 两银的价码，购买两万石谷米。潘家祥估算一下，已高出进价近两倍，除去运费打杂开支，这笔生意净赚10多万银子。他暗自高兴，却不形于色，大叹苦经说："江南战乱频仍，谷价腾贵，购之不易，路途迢迢，成本高昂，我已蚀不起老本，不敢多做了。"

粮道大人知道他在讨价还价，索性每石再添 2 两银子。潘家祥见火候已到，决定成交。

签约付定金后，粮道大人意味深长道："救灾如救火，还望潘公信守合约，按此交割，耽误了公事，可不是闹着玩的。"

"大人放心，"潘家祥决然道，"若有差错，愿受惩处。"他做粮商多年，十拿十稳，从无纰漏。

当下潘家祥乘小火轮飞快回到上海，只等谭柏年如期交米，他已雇下快船 20 多只，整帆待发，万事俱备，只等装船起运。

眼看第二天便是行期，隆昌米行毫无动作，船老大来客栈见潘家祥，询问哪天装船。潘家祥正在吞云吐雾，闻言吓得没了烟瘾，一骨碌从榻上翻下来，眨巴着小眼睛反问："隆昌没有运米到码头？"

船老大作了肯定的答复："米粒儿没见一颗。"潘家祥心急火燎，打轿到隆昌问罪，谭柏年迭声致歉，言称米行已换了老板，他做不了主，凡事可问胡雪岩。

潘家祥正要发作，只见胡雪岩背着双手，踱出内屋，招呼道："潘老板别来无恙？"

潘家祥气呼呼道："这是怎么回事？"

"没什么，潘老板既然有胆量毁约，我不过仿而效之罢了。"

潘家祥顿时省悟，一时放不下架子，扭头要走。胡雪岩笑道："粮道大人是我的至交，潘老板回去替我代问他一声好。"

潘家祥如钉在地上，走不动了：原来中了胡雪岩的圈套。交粮日期迫近，另找米行已来不及，倘若误了期，粮道大人是胡雪岩的至交，岂能轻饶了我？潘家祥愈想愈怕，惊出一身冷汗。

他小声问:“依胡公之见，该怎么办?”

“潘公聪明一时,怎么糊涂了?我们是老朋友了,能见危不救?只是近来粮价又涨，我那批谷米嘛，每石再加这个数。”胡雪岩手伸进潘家祥袖笼里，捏捏他手指。

“就照胡公所言，就照胡公所言!”

海运局谷米如期起运，胡雪岩信守诺言，把谭柏年弄进海运局当差。至于石三官,他天生是玩蟋蟀的料,商场多了一个失败者,毫不足惜。

乘势而起，胡雪岩一箭三雕

王有龄主持海运局事务，委派胡雪岩做了一名主事，替他处理具体事务。胡雪岩得了这个美差，十分卖力，不久便发现其中有个赚钱的奥妙。原来海船北上，必得通过上海，上海的米价，有时比浙江要低，如果再以次充好，那么两地的差价十分明显。胡雪岩便向王有龄献计，让海船空着驶向上海，用银子向上海粮商收购糙米,再运往天津卫,而粮价仍以浙江粮价计算,一趟下来,赚得上万两银子。乐得王有龄合不拢嘴，直夸胡雪岩脑瓜子活络,办法多。

两人商议这笔银子怎么花?胡雪岩想起自己的老行当，当初被信和撵出来时，曾起过誓，现在机会不是到了吗?但万把两银子开钱庄，本钱太小，难以做大。胡雪岩眼睛骨碌碌一转，立刻便想出一个主意，他同王有龄一说，王有龄拍手大笑:“好哇，既报了一箭之仇，又成全了我们，妙绝!”

第二天，王有龄身穿官服，戴六品顶戴，坐一乘四人蓝呢大轿，由两名执事在前面扛着“回避”的牌子开道，真是威风八面，官仪做足,招摇过市,直奔信和钱庄。早有人告知钱庄老板蒋兆和,蒋兆和一见来势，立刻猜到大主顾上门来，连忙上前，一揖到地，口称:“小号不知大老爷驾到，有失远迎，恕罪，恕罪!”王有龄端着架子，未置可否，鼻子里哼了一声，神色冷峻。蒋兆和小心翼翼迎到客厅，送热手帕，泡毛峰茶，人前人后忙个不了。待宾主坐定，王有龄开口道："贵号可有位伙计，叫胡雪岩的？""啊，有，有。"王有龄拿出一捧绸包，慢慢打开，里面银光锃亮足色官银，有500多两。王有龄道："去年我曾向胡雪岩借了500两银子急用，按月息一分，到现在共550两，我要当面亲自交割与他，不知胡雪岩在否？"蒋兆和暗暗叫苦，胡雪岩早已不知去向，说不定被野狗撕吃了，哪里去找？忙说："胡雪岩出省公差去了，三五日内回不来，老爷不如把银子留在柜上，我打一张收条，也是一样的。"

"不行！"王有龄断然拒绝，做脸做色，收起银子，说，"钱庄的规矩谁都知道，谁经手谁了结，一丝不苟，再说我还有话和他谈呢，若是找不到他，可别怪我欠账不还。"王有龄大步走出钱庄，轿夫齐声喊道："起轿！"扬长而去。蒋兆和心痛万分，方知自己干了天字第一号的蠢事，当初本不该赶走胡雪岩，眼下白花花的银子收不回来，又打听到王有龄是海运局主管，更加捶胸顿足、后悔不迭：海运局每年经手的粮银几十万两，若是能靠上这样的大主顾，钱庄的头寸周转就不愁了。

思前想后，蒋兆和决心找到胡雪岩，他派出伙计，四处打听，果然不负有心人，搁在先前，胡雪岩做小厮，还真不好找。而现在，听说他在杭州城买了一处院宅，很快便弄清了详细地址。蒋兆和置办了十条金华火腿，两罐绍兴花雕，又买些糕点糖果，叫伙计挑着，亲自造访胡宅。见到胡雪岩一身光鲜华丽，脸色红润，像是公子哥儿，蒋兆和感慨万端：人不可貌相，海水不可斗量，天晓得这小子怎么就发了？

胡雪岩见到蒋兆和，爱理不理，揶揄道："蒋老板，是不是我还欠你什么没了结？""哪里哪里。"蒋兆和双眼笑成一条缝，卑谦道，"不是你欠我，而是我欠你太多了。喏，这是欠你的薪俸。"说着，捧出100两银子，放在桌上。胡雪岩好生诧异，不解他的意思。蒋兆和解释道："自你负气走后，我后悔得了不得，派人到处寻找你，仍旧给你发薪饷，你走了十个月，我加倍给你计算，

务请笑纳。”

胡雪岩一脸冰霜：“这怎么可以？无功不受禄，银子不多，反让人落下话柄，说我胡某人无利不贪。”

“话不能这样说，”蒋兆和忙道，“你还是我们信和的当红伙计，今后一切还要仰仗你呢。”胡雪岩微微扬起眉毛，故作惊讶：“你是要我重操旧业，东颠西跑替你讨账吗？这……”胡雪岩哈哈笑道，“蒋老板未免门缝里瞧人，把人看扁了，我虽不才，尚有几分志气，如今在海运局谋了一份差事，比伙计强多了。”

蒋兆和恍然大悟：怪不得海运局那位王老爷指名要胡雪岩，原来胡雪岩已攀上高枝，今非昔比，不可小觑。凭着商人的精明，蒋兆和脑子里转了几转，立刻明白胡雪岩的分量，对信和来说无疑是位财神，可千万别放走了。于是，蒋兆和使出浑身解数，又是称赞他有出息，又是大谈昔日友情，猛灌一气迷魂汤，送上丰厚礼物。胡雪岩顺水推舟，与他渐渐亲热，气氛融洽了许多。

蒋兆和请胡雪岩到信和做个董事，情愿奉送股份若干，胡雪岩推辞一阵，敬谢允许。这样一来，他便成了信和的人，一根线上拴俩蚂蚱，可以同甘苦、共进退了。

往后几日，蒋兆和费尽心机，今日请胡雪岩吃花酒，明日替胡雪岩安排郊游，专在他身上下功夫，三日一小宴，五日一大宴。胡雪岩乐得大享其福，只由他安排。一月下来，两人捐弃前嫌，言谈融洽，俨然成了生死至交。看看火候已到，胡雪岩先把一万两银子存到信和，3 年为期。蒋兆和自然满心喜欢。

一日，酒足饭饱之后，胡雪岩好似满腹心事、欲言又止。蒋兆和见了说：“雪岩兄弟，你我亲如一家，你的事就是我的事，有什么危难之处，不妨说出来，老哥替你分忧。”胡雪岩说：“此事关系重大，恐怕你难当大任。”蒋兆和拍着胸膛说：“为朋友两肋插刀，在所不辞，上刀山、下油锅，亦不在话下，有什么大不了的事？”

胡雪岩告诉他，海运局有 70 万两银子的公款，想要寻找一家可靠的钱庄存放，月息低倒无所谓，应随时能支用。蒋兆和高兴得心都快跳出来了，他的信和不过20来万两银子的底储，常常苦于头寸不足，放掉许多大生意。如今海运局这大笔银子垫底，杭州城的钱庄谁有这般雄实？蒋兆和请求胡雪岩将银子存到信和。

“好是好，信和业务不错，信用也高，只是一旦公用，不要耽误了大事。”胡雪岩语气凝重。蒋兆和为庞大的数目所陶醉，根本没有注意到胡雪岩的弦外之音。所谓利欲熏心、忘乎所以，大概就是如此。

时隔不久，信和钱庄果然存进70万两银子，蒋兆和顿时觉着腰粗胆壮，说话也硬气了不少。为了使他放心，胡雪岩告知其中30万两银子可以长期入存，海运局不可能都支用。蒋兆和如吃了定心丸子，放大胆子放款吃高利息，业务蒸蒸日上。

胡雪岩当了信和董事，时不时到钱庄走走，同蒋兆和套近乎。蒋兆和自然求之不得，他觉得同胡雪岩关系愈密切，海运局这座靠山越稳当。为表示亲密无间，无所避讳，蒋兆和常把钱庄来往明细账簿送给胡雪岩过目，以示不欺。胡雪岩本是行家里手，稍稍一看，便知钱庄生意情况。这天，蒋兆和又将账簿给胡雪岩察看，胡雪岩发现蒋兆和急于放款求息，钱庄底银已不足10万两，这是十分危险的事。倘若有大户前来提现银，就可能告罄出丑。即使同业可以援手相助，调头寸解决，数目有限，也不能完全满足。倘若钱庄不能兑现，风声传出，用户一齐来挤兑提现，钱庄非倒闭不可。而眼下，唯一能提现银的大户，唯有海运局。想到此，胡雪岩嘴角露出狡诈的笑容。

第二天，信和钱庄刚刚开门，便有两名公人模样的人，手持海运局坐办王有龄签发的条札，前来提现银30万两。蒋兆和一听，如雷灌顶，底金不过10万两，如何能兑现？慌忙中，蒋兆和安排公人稍坐，赶紧去找胡雪岩。谁知胡宅告知，胡雪岩去上海公干。蒋兆和急得满头汗水，找到同行业公会，对方只肯调剂5万两。蒋兆和无奈，前去海运局求见王有龄。王有龄和蒋兆和没有

私交，打着官腔慢吞吞道：“这 30 万两银子用来购粮运往江北大营，朝廷与长毛战事激烈，耽误了军用，上面怪罪下来是要掉脑袋的。”其时太平军正与清军在南京周围激战，军粮是作战急需，这厉害蒋兆和清清楚楚，不禁吓出一身冷汗，还想通融：“能否推迟半个月，容我赶快筹措款子。”王有龄厉声道：“当初有言在此，海运局银子随用随支，怎么拿不出来？分明侵吞公款，以售其私！”蒋兆和战战兢兢，不敢再说。王有龄又道：“顺便再告诉你，余下 40 万两银子，10 天后将取出作为饷银解送曾大帅处，到时如有误失，请曾大帅处置。”这话几乎令蒋兆和昏迷过去，谁不知曾大帅执法严厉，嗜杀成性，老百姓暗地称他“曾剃头”。

从海运局出来，蒋兆和双腿发软，眼前一黑，扑通栽倒在地。

信和钱庄柜台上，不少存户手持钱庄银票，要求提现银，他们不知从什么地方得知钱庄亏空严重，面临倒闭清盘。此举无疑雪上加霜，蒋兆和支持不下去，他甚至想到了自杀，一了百了。恰在这时，胡雪岩奇迹般地出现，蒋兆和顾不得面子，一下跪在他面前，涕泪横流，哀号道：“雪岩老弟，你一定要救救大哥呀！”刹那间，胡雪岩感到无比痛快和惬意，真想放声大笑：蒋兆和，你也有今天！但他并不形诸色，反而做出痛心疾首的模样，顿足叫道：“怎么会成这样子？都怨我的不是。”他扶起蒋兆和，请他少安毋躁，然后对前来兑现的人们道：“信和是老招牌，信用从来不错，如今又有海运局做后盾，还怕赖了你们的银子不成？”人群中有人发问：“听说海运局要提走全部存银，信和无法兑现，快倒闭了。”

“这是什么话？”胡雪岩神态肃然，正色道，“本人与海运局王老爷是莫逆之交，掌管海运事务，我怎么没听说过提银的事？勿听信流言，扰乱人心，这可是要吃官司的呀！”人们不吭气，胡雪岩赠银救王有龄的事，杭城人尽人皆知，他俩的关系非同寻常，胡雪岩的话足以代表海运局，谁还会有异议呢？众人不再兑现，逐渐散去，柜台前总算清静下来。

蒋兆和有气无力地问胡雪岩：“海运局果真会停止提银

吗？”“据我所知，现在还没有用钱的计划。”“我是亲耳听王大人所言。”胡雪岩淡然一笑，安慰：“王大人统筹全局，提前作好筹划也是理所当然，但并非如此迫切，我们可以劝说他改变初衷，于我们有利。”蒋兆和眼里露出希望的光芒，将信将疑：“雪岩老弟可会说动王大人改变主意？”胡雪岩拍拍胸膛：“凭我们患难之交，当无困难，不过，”他压低声音，凑近蒋兆和耳边，嘀咕道，“俗话说，千里做官只为钱，王大人多年闲居，手头拮据，老早就想干点什么，尤其对钱庄生意颇有兴趣，只苦于一无本钱，二无人手，终未实现，大哥若是愿意，不如趁机奉送股份与他，交个朋友，大家在一口锅里捞食，还怕生意不红火？”蒋兆和一听，不免有些肉痛，但为避免彻底倒闭，此法确实高明。送多少股呢？他探询胡雪岩，胡雪岩握住他右手，在袖筒里捏了捏。“50？”蒋兆和差点失声叫出来，一副悲恸欲绝的模样。胡雪岩心中暗笑，明白蒋兆和这回牛踩乌龟背，痛在心里头。信和当初筹办时，蒋兆和以一千银子为一股，筹集了50股，加上自家的5万两银子，共10万两本钱。由于蒋兆和股本占半数，理所当然做了老板，包揽钱庄全部事务，独断专行，我行我素。别的股东既零散且股份少，只好由他做主。眼下，王有龄忽然要夺去他一半股份，白白损失5万两银子不说，加上胡雪岩的10股，超过半数，他蒋兆和还能赖在老板位置上发号施令吗？对蒋兆和来说，确是生命攸关的事，由老板降低为伙计，这和倒闭有什么两样，蒋兆和无论如何不愿意。他顿时陷入沉默。许久不语。

胡雪岩洞察他的心思，索性再加一把火：“你若是不愿意，得罪了王大人，发起狠来，提取全部存银，你能如数归还吗？”

蒋兆和有气无力道：“我设法筹集就是了。”

“哼哼，”胡雪岩冷笑道，“70万两银子，又不是变戏法，说来就来了，再说，你与洋人合伙从英国订购的一批洋油，船到日本就触礁沉没，血本无归，如何填补这项亏空？”蒋兆和闻言，脸色大变，知道碰上真正的对手，他怎么忽略了胡雪岩是吃钱庄

饭长大的呀。这批洋油贴进30万两银子，本来可获利数倍，不想遇海难,算扔进大海去了。这事做得隐秘,连账面上都看不出来，胡雪岩还是知道了。

“还不出粮银，王大人向上面递手本，参你个侵吞粮银，贻误军用，谁也保不住你，好自为之吧！”这不啻说，杀身之祸、抄家灭族，就在眼前。蒋兆和浑身颤抖、双唇哆嗦，断断续续说：“我，愿意，奉送股份。”

“好汉不吃眼前亏，识时务者为俊杰，”胡雪岩神情缓和，打算给他一点儿蜜糖，免得吓坏了他，今后还要用这把理财好手哪，“其实不必惶恐，只要讨得王大人高兴，安心做你的老板，主意由你拿，王大人是外行，决不来过问，将来生意做大了，年终分红，数目绝不比眼下少，发财大家得，有情有义，何乐而不为？”

一番甜言蜜语，蒋兆和心里好受一些，想想不独能保住性命，而且照旧做老板，局外人反正不明就里，凭着信和这块老招牌，再加上海运局做坚强后台，杭州城里也算同行老大，照样呼风唤雨，吃香喝辣，也算不幸之大幸。主意打定，蒋兆和向胡雪岩拱手道：“全仗雪岩兄弟做主，我把身家性命都交给你了，万望在王大人处多说好话。”

“这是理所当然，义不容辞，”胡雪岩斩钉截铁道，“胡某为朋友两肋插刀，讲究一个‘义’字，今后大哥若信得过我，荣华富贵全包在我身上。”蒋兆和感激涕零，视胡雪岩为重生父母，再造爹娘。从此钱庄大小事务，一切听从胡雪岩主张，蒋兆和名为老板，实为伙计，恰好与先前颠了个倒。

王有龄见胡雪岩略施小计，不费吹灰之力便一箭三雕，既报了前仇，又凭空进账大笔股金，连带收服了一个钱庄内行，不由得钦佩万分，赞叹道：“人才难得，人才难得啊。”从此，他更加倚重胡雪岩，两人相互配合，在官场商界干出一件件惊天动地、轰轰烈烈的大事业。

挤垮元昌盛，阜康趁机崛起

“元昌盛”钱庄坐落在福州马尾湾岸边，依山靠水，面对浩瀚大海。老式的箭楼船，新式的铁甲船，小火轮，这里是船的世界，船的家。水师几万官兵的吃喝穿玩，又是一大笔可观的开销，都在这港湾内外消费掉。

港湾周围，马尾造船厂汽笛不断，电弧闪烁，表明清廷的现代化造船事业正从这里艰难起步。而江南机器局每日震耳欲聋的试弹声，显示它在军火工业中的霸主地位。而这一切都是靠银子铸就的事业。谁能在马尾湾坚持愈久，便愈能受到同行尊敬，而老字号的店铺尤其如此。

元昌盛钱庄是马尾湾有名的老字号，它那门面上方微微暗淡布满灰尘的“元昌盛”三个镏金大字，让路人回忆起久远的年代。

元昌盛钱庄的第一代老板龚春和原是沿海打家劫舍的海盗头子之一，出没于惊涛骇浪之中，穿行于海边大小码头，对海情极熟识。当龚春和在渔民的哭泣声中聚敛了一批不义之财后，开始考虑金盆洗手、为自己找条后路。他决意开钱庄，而且把地址选在马尾湾岸边。于是龚春和某天携带巨款，悄然告别海盗生涯，放下屠刀，立地成商，在马尾湾岸上开张了“元昌盛”钱庄。

这是咸丰初年的事。

龚春和惨淡经营几年，清廷的洋务政策执行得太慢，他终于没能见到马尾港的繁荣时代，撒手西去，把家业交给儿子龚振康。龚振康接掌钱庄权柄后，似有神助，马尾港吹气球似的飞快膨胀起来，欣逢盛世，时不我待，元昌盛经过一番拼搏，资金翻番，财力雄厚，成为福州地面屈指可数的大钱庄之一。这时，钱庄同行才悟到龚春和的深谋远虑，推举龚振康做了同业公会会首，承认元昌盛在钱庄中的领袖地位。

但人生并非十全十美，事业上一帆风顺的龚振康，年届知天命，膝下无儿，只有一名千金叫龚玉娇。龚振康遍访名医，老婆肚子都再不肯鼓起来。无奈，连纳8妾，个个正当妙龄，如花似玉，宜男之相，始终未产下一子半儿。知情人传闻，龚振康喜嫖娼，生了黄梅大疮，早已失掉生育能力。妒嫉者暗喜，不孝有三，无后为大，偌大家业，断了香火，钱庄早晚要易手他人，元昌盛的气数将尽，衰败屈指可数了。

龚振康绝了生儿子的念头，精心调教独生女儿，要把她扶上老板位置，继承自己的衣钵。龚玉娇到底女流之辈，生在富贵之家，入则锦衣玉食，出则高车驷马，没有半点继承家业、拼搏商场的竞争心理，对钱庄账目数字不感兴趣。虽然每日遵父命坐在柜台后面，学习钱庄生意业务，那不安分的眼睛都只管在俊俏后生身上瞟来瞥去。

坐了几天柜台，龚玉娇无所用心，对枯燥无味的算盘、账簿毫无兴趣，却有了一个新发现。

有个叫卢俊辉的伙计，年约二十，生得唇红齿白，浓眉大眼，鼻梁高拱，身材修长，是个俊俏青年。他不单模样英俊，嘴上功夫也十分了得。接待顾主时口齿伶俐、能说会道，乖巧而又甜蜜，故而特别上买主，顾主都愿和他谈生意。

龚玉娇暗生爱慕之心，眼光在卢俊辉身上瞟来扫去，不肯离开。卢俊辉是何等精明之人，自然投桃报李，时不时还以多情地一瞥，四目对峙，便有无限话语，尽在不言之中。几天下来，两人虽无只言片语，却已同老朋友一般。龚玉娇越发来了劲儿，每日不等开庄门，便早早坐到柜台前，单等卢俊辉来点卯，眉目传情，与他神交。

卢俊辉知道老板有一个独养千金，但因小姐长居后院，两人很少见面。龚玉娇虽然容貌寻常，到底身为富家小姐，平时遇见伙计时两眼望天，从不正眼瞧他们，自然不会发现卢俊辉有什么特别之处。

但此时同在一个柜台内，主仆必须共同对付顾客，断不了有互相吩咐说话的机会，男女之间的大防似乎也冲淡了许多。卢俊辉胆子便大起来，不单频频向小姐还情，有时露出雪白牙齿，冲小姐甜甜一笑，撩拨得龚玉娇春心荡漾，情涛滚滚。

卢俊辉是个极有心计的人，眼见小姐待他如此放肆，便知火候已到，他无数次的梦想可望实现了。人是靠梦而生存的。卢俊辉虽然穷无立锥，白日经手成千上万的银钱，夜晚不免大做发财梦。

梦想距现实愈来愈近，卢俊辉加快了行动步伐，他有时不待小姐吩咐，主动替她端茶倒水，扇扇退凉，极尽殷勤之能事。偶尔也大胆同小姐调情。有一回小姐又拧他耳朵时，卢俊辉竟伸手在小姐大腿上摸了一把，喜得龚玉娇目迷神乱，神魂颠倒。女人的欲火一旦燃烧，很难扑灭。龚玉娇久旱的心田，渴望男人的雨露滋润。

这天晚上，龚振康有客应酬，外出未归。龚玉娇趁下人们酣然入梦，偷偷摸下闺阁，来到钱庄铺面。她日间已打听明白，今晚卢俊辉当值守夜。龚玉娇悄悄进了店铺，见卢俊辉在烛光下看账簿，便上前蒙住他双眼。卢俊辉拨开她双手，见是小姐，不禁有些畏惧。渴望已久的现实突然出现在眼前，却令他手足无措。龚玉娇不由分说，吹灭烛光，温热的嘴唇压了上去。于是娇嗔喘息之中，两人滚在一起，巫山云雨，成就了一段好事。

自此后，两人越发大胆，龚小姐索性不再到柜上学生意，频频托故叫卢俊辉到闺房伺候，钱庄上下人人皆知，但都慑于小姐威势，只瞒着龚老板一人。

日子久了，龚玉娇珠胎暗结，身怀六甲，行走不便。龚振康才看出有些不对劲儿，叫来女儿一顿训斥，龚玉娇索性全盘招供，看父亲如何处理？

龚振康虽然不甘心把女儿嫁给一介穷伙计，但生米已成熟饭，徒唤奈何。他膝下无儿，家业唯有交给女儿经营，倒不如招赘卢俊辉为上门女婿，帮助女儿管理钱庄，不失为上策。于是当即叫来卢俊辉，约法三章，规定生的儿女一概姓龚；小姐为钱庄老板，

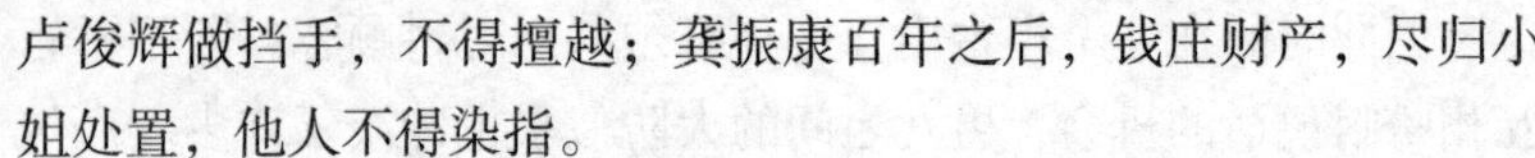

卢俊辉做挡手，不得擅越；龚振康百年之后，钱庄财产，尽归小姐处置，他人不得染指。

办完小姐的婚事，龚振康看破红尘，心灰意懒，把钱庄交给小两口经营，长叹一声，竟到武夷山法华寺出家为僧，从此超凡脱世，音讯渺然。

卢俊辉做了元昌盛挡手，夫人不懂钱庄业务，只管风流快活，卢俊辉事事当家做主，把“约法三章”抛到九霄云外，俨然成为元昌盛钱庄老板。他年轻气盛，血气方刚，少有韬略，凭借钱庄财力，作威作福，飞扬跋扈，比龚振康有过之而无不及，引起伙计妒恨，在同行业中口碑极差。一天，福州钱庄同业公会例行碰头，卢俊辉代替龚玉娇前去聚会。因他岳丈是会首，众人碍着面子，依然由卢俊辉以会首身份主持例会。

福建抚院给钱庄公会下文，要求各钱庄分摊朝廷新发行的“京票”银子数额。福建分得200万两银子的京票，钱庄同业公会要求各钱庄按财力多寡自行认报数字。

这不啻是从身上挖一坨肉，钱庄老板人人裹足不前，会场上悄然无声。

卢俊辉坐在会首的位置上，理应率先认报，以身作则，带动其余。但他不愿吃亏，目光在老板们当中搜寻，希望找个软柿子捏，让他认第一笔数目。通常情况下，第一个报数者起点不能低，否则其余难以出口，故吃亏显而易见。卢俊辉忽然发现有个陌生面孔出现在人群中。他年约三十，白净脸孔，几根稀须，一副善眉慈眼模样，光景是个和气的生意人。卢俊辉以手指道：“那位先生，我怎么没见过你？”

中年人站起身，满脸堆笑，拱手作揖道：“鄙人姓胡，名雪岩，字光墉，杭州人氏，因生意繁忙，未来得及登门访拜会长，乞望鉴谅。”

卢俊辉皱皱眉道：“你的宝号是……”

“敝号阜康，总店在杭州，此地是分号，千里做生意，出门靠朋友，还望大家相助。”

卢俊辉想起来，几天前有人送来帖子请吃饭，自己忙着和夫人温存未去，想来便是阜康分号开张吧。他对胡雪岩拱手道：“久仰胡老板大名，能到福州设号，是我们同业的荣幸，宝号新张大吉，头寸想必充足，不妨做个榜样，认报20万两京票如何？”

胡雪岩哭笑不得，分号不足10万两存银，怎能认报20万两？到时不能兑现，必罹欺诳朝廷大罪。他答道：“承蒙会长看得起敝号，不胜荣幸之至，区区小号，焉能与元昌盛老号相匹，若会长能认报50万两，则敝号一定从命，不减一文。”这巧妙的反击，使卢俊辉愣住了。元昌盛流动的头寸不过六七十万，当然不敢认报如此巨数。

但钱庄同行们纷纷起哄：“言之有理，卢老板身为会首，应当带头。”

卢俊辉怒火腾起，却不敢发作，好说歹说，只好认报了20万两，剜去一块大肉，恨死了胡雪岩。

回到钱庄，卢俊辉痛定思痛，诿过于胡雪岩，认为若不是他插那么一杠子，让自己下不了台，则损失不会如此之巨。卢俊辉决心报复阜康分号。钱庄同业中有不成文的规定，各家发出的银票可以相互兑现，借以支持信用。除非某家钱庄濒临倒闭，失去信用，大家才能拒收这家钱庄的银票，以免造成损失。

卢俊辉为了打击胡雪岩，不顾同行协议，决定单独拒收阜康的银票，动摇胡雪岩的信用。卢俊辉认为，阜康新张，立足未稳，福州人尚不知道它信用如何，来这么一手，必然坏它名声，永无出头之日，又多一名失败者。

第二天，元昌盛开门不久，有位茶商持一张5000两的阜康银票，到柜上要求兑换现银。卢俊辉听说后，接过银票反复看了许久，阴阳怪气道：“对不起，我们拒收这张银票。”

茶商大惊道：“我持阜康的票走遍全国，通兑无阻，偏偏你们不收，真是咄咄怪事！”

卢俊辉解释道:“这两年阜康信用不佳，不得不防。”

茶商拿着银票悻悻而去，听说福州新设了阜康分号，立刻找上门去兴师问罪。

胡雪岩正在店内料理业务，听到门外有人吵闹，见茶商挥舞一张阜康的银票，要找老板评理。胡雪岩吃了一惊，忙将茶商请入内室，好茶款待，询问缘故。茶商把卢俊辉的话重复了一遍。胡雪岩顿感事态严重。元昌盛是福州老号钱庄，信用足本钱厚，若拒收阜康银票，消息流传世间，立刻会引起轩然大波。大凡钱庄生意，一旦出现信用危机，无论当事人费多少口舌辩解，都无济于事。盖因战乱年代，风雨飘摇，常有钱庄老板携财外逃，宣告破产，坑苦了许多存户，故一有风吹草动，便如同雪崩一般，引起挤兑风潮。那情景，即使钱庄有足够银子应付挤兑，信用也会惨遭打击，一跤跌倒，永远爬不起来。故而钱庄生意之大忌，就在于拒收银票。

胡雪岩当机立断，好言安慰茶商，抬出5000两新铸的足色官制银锭，另外按一分二利息加倍奉送。茶商既得厚利，同意保持缄默，不向外面传布。

送走茶商，胡雪岩苦苦思索对付之策。他到福州开阜康分号，原本为扩大业务，吸收福州资本，染指地方经济。不料开张伊始，就遭这记闷棍,危及阜康根本。胡雪岩做生意,一贯主张与人为善、和气生财，并无挤兑同行、置人于死地之意。谁知卢俊辉不晓得天高地厚，张牙舞爪扑来，只好被迫应战。打蛇须打七寸。胡雪岩暗忖:若只是图个站稳脚跟，略施小计，给元昌盛一点儿厉害，让它知难而退,占个平手,并不难办到。但他以多年钱庄经历深知，一旦对方扼住自己喉头，要置自己于死地，便不能轻饶对方，反击必须沉重有力,务求击中要害,将对方打得趴下,再无翻身之日。

这念头,胡雪岩本来并不明晰,在卢俊辉的发难下,愈见清楚，迫在眉睫，非实现不可。虽然手段不免狠毒，在商场上，只有胜败之分，别无选择，胡雪岩必须为保护阜康的信用而拼力反扑。

只用了半个时辰，胡雪岩便想好了全部策略，对付卢俊辉这样的毛头小伙子，他自信胜券在握，并非太难。

胡雪岩亲自出马，像老练猎手，明察暗访，寻找猎物。

“元昌盛”伙计赵德贵，近来心绪烦乱、愁眉不展。他赌运奇差，连连告负，已欠债累累、一身赌账。而这一切，都是可恶的卢俊辉造成的。赵德贵恨死了他。

赵德贵和新老板的恩恩怨怨，都是龚玉娇所引起。赵德贵和卢俊辉年岁相当，除模样儿稍逊一筹外，赵德贵样样不输卢俊辉。当初，赵德贵在后院当听差，天天陪伴小姐左右，听她使唤。赵德贵有充足的时间接近龚玉娇，做龚家上门女婿的应当是赵德贵，而不是别人。事实上，龚玉娇深闭闺房，用心读书时，最贴近她的男性便是小听差赵德贵。小姐感到无聊时，赵德贵给她捉蛐蛐解闷，小姐困倦时，赵德贵给她捶腿。甚至有那么一次，他不经意间捏了小姐的乳房，小姐也没有怪罪。赵德贵想入非非，自己笃定是小姐的夫婿了。

天有不测风云。龚振康让女儿到柜台熟悉账务，龚玉娇见到更俊俏更风流的卢俊辉，移情别恋，日渐冷淡了赵德贵。赵德贵恨得咬牙切齿，真想一刀宰了卢俊辉，情敌之间的妒恨差点使赵德贵失去理智。但终究什么也没发生，事情顺理成章发展下去，小姐同卢俊辉结为连理，新的老板主宰了赵德贵的命运。

卢俊辉似乎知道赵德贵的心思，他对昔日的情敌毫不留情，故意叫赵德贵干最苦最累的活儿，还常常克扣他的工资。新老板像欣赏受伤的山鸡那样肆意触动赵德贵的伤口。

这天，赵德贵又输得精光，为避开讨债鬼的纠缠，一出赌场，他便专拣僻静小巷试图溜回钱庄。可是迎面一声断喝，几个彪形大汉拦住去路，向他讨账。赵德贵已身无分文，只得苦苦哀求。对方哪里肯听，一顿拳脚将他打倒在地。为首的拔出雪亮钢刀，狞笑道：“没有钱，割下两只耳朵抵债！”赵德贵吓得魂飞魄散，正在紧急关头，一位中年人走来，询问了缘由。中年人摸出

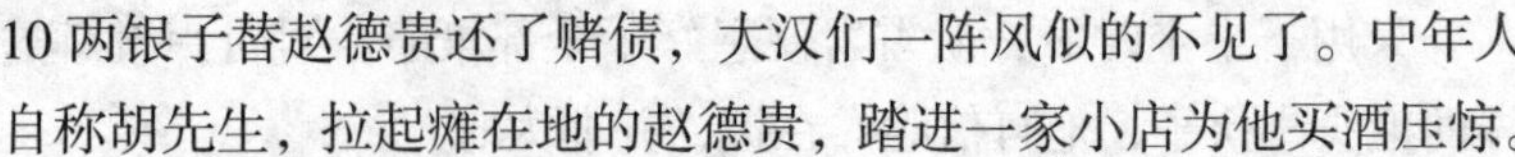

10 两银子替赵德贵还了赌债，大汉们一阵风似的不见了。中年人自称胡先生，拉起瘫在地的赵德贵，踏进一家小店为他买酒压惊。

赵德贵真是感激不尽，三杯酒下肚，把满腹牢骚一股脑儿抖出来。胡先生愤愤不平，深表同情，愿助他一臂之力，向情敌报复。如果顺利的话，让龚玉娇投入他怀抱。赵德贵听得愣愣的，世上哪来这样的好事？胡先生据实相告，自己是杭州有名的“胡财神”，只要赵德贵愿意，便可跳槽做“阜康”钱庄的挡手，俸银月入 50 两，外加分红。当然先要提供元昌盛的情况，另有重赏。

胡雪岩摸出 1000 两银票，满脸凝重，道：“这是预付的赏银，事成之后，还要加倍。”赵德贵惊喜交集，知道胡先生并非戏言，当即信誓旦旦，死心塌地做他的眼线，打探卢俊辉的机密。

元昌盛的命运，就在小酒店决定了。胡雪岩心安理得回到庄里，等待消息。

几天后，对手的情况胡雪岩了如指掌。卢俊辉执掌钱庄大权后，一反龚振康稳慎作风，大量开出银票以获厚利。元昌盛现有存银 50 万两，却开出几近百万两银票，空头银票多出 40 万两，这是十分危险的经营方式。倘若发生挤兑现象，存户们把全部银票拿到柜上兑现，元昌盛立刻就要倒闭破产。幸而元昌盛牌子硬，没有人会怀疑它的支付能力，便永远不会发生同时挤兑的现象。卢俊辉正是基于此，把赌注压在钱庄的信用上，而出此大胆举措。

胡雪岩暗暗叫好：“真乃天助我也！”他估计了自己的力量，目前尚有 70 万两现银的头寸可调，只要设法收集元昌盛 70 万银票，便掌握了对手的命运，扼住了卢俊辉的咽喉。只要高兴，随时用劲儿一勒，对方便呜呼哀哉！

胡雪岩立即行动，调集头寸，收购元昌盛银票，一切有条不紊，暗中进行。而卢俊辉尚蒙在鼓中，全然无知觉。

元昌盛的银票尚未收集够数，卢俊辉又作出一项加速自己破产的蠢举。他不知道胡雪岩正在囤集自己的银票，反而见存户少有兑现，钱庄存银白白放在库中未免可惜，便取出 20 万两现银，筹办开设一家赌场。致使元昌盛库中能兑现的银子仅30来万两，只够应付日常业务，达到十分危险的程度。

赵德贵及时送来消息，令胡雪岩大喜过望。他数数手中掌握的元昌盛银票，已有50万两之多，凭着这些银票，可以轻而易举击败对手，令卢俊辉败走麦城。为了看看猎物在倒毙之前的模样，胡雪岩趁卢俊辉举办30大寿之际，备办厚礼，亲自登门致贺。卢俊辉以为他拱手称臣，并不防备，两人以礼相待，说些热乎中听的话语，频频举杯，喝了不少陈年花雕。

没过两天，元昌盛柜上，忽然来了一批主顾，手持银票，要求提现银。一天之中，顾客提走20万库银。卢俊辉听伙计报告，以为偶然现象，并不在意。谁知第二天，更多的顾客蜂拥而至，纷纷挥舞手中银票提现。没等卢俊辉反应过来，库银已提取一空。

挤兑现象在元昌盛这家老钱庄门前发生了！

卢俊辉明白事态严重，连忙向同行各家钱庄告贷，请求援手支撑局面。但他平常少年得志，飞扬跋扈惯了，人缘极差，大家只是袖手旁观看热闹，并无行动。更有人妒恨他人财两得，发迹太易，巴不得他垮下去，替龚振康报仇。

元昌盛门前闹哄哄一片，不能兑现的顾客骂声不绝，义愤填膺。卢俊辉叫伙计关了店门，缩头乌龟一般不敢露面。眼看事情将要闹大，官府已派人来钱庄弹压，声言庄主若不拿出银子平息民愤，将按律治罪，抄家拍卖。意味着老板流放，妻儿拍卖为奴，家破人亡。

卢俊辉思前想后，唯有把店面抵押给他人，钱庄易主，才可免祸。但同行钱庄老板谁也不愿多事，只隔岸观火，作壁上观。这当口，胡雪岩翩然而至，他同卢俊辉谈妥，以接收元昌盛银票为条件，接管钱庄铺面。并当场向顾客宣布：凡元昌盛银票，均可在阜康分号兑现，决不拖欠分毫。持银票的顾客大多是胡雪岩有意安排而来，听他此说，一哄而散。一场风波，顿时云开雾散。接着便清盘，元昌盛财物大到房屋家具，小到一根铁钉，俱一一

作价。算到后来，卢俊辉只剩一身衣服，狼狈滚出庄门。一场富贵梦，终究成黄粱。

赵德贵趁机占了龚玉娇，玩弄一通厌倦后，卖到妓院做了娼妓。

胡雪岩名正言顺，将阜康分号搬进元昌盛旧址。面对马尾湾内穿梭的船只，胡雪岩脚踏黄金口岸，踌躇满志，暗暗发誓：以后要把生意做到外国，让洋人也知道我胡雪岩。

施义利，江湖朋友慷慨相助

八月中旬，正当桂树吐蕊，芬芳飘逸的日子，苏州城官民沉浸在桂花香溢之中。中秋之夜，江苏学政何桂清偕同妻妾儿女，来到府邸后花园，盘坐桂花树下，边赏明月，边尝桂花糕，欢声笑语，其乐融融。

这时，一名老仆悄然走近学政大人，在他耳边小声嘀咕几句。何桂清正在即兴吟诗，打算步苏学士“明月几时有”词韵，填一首新词。兴头上，他未及细听，挥手道：“客厅等候！”

老仆重复一句：“客人执意要在内室见大人。”何桂清霍然知觉，只得打消了雅兴，向妻子扔下一句“我去去就来”，疾步回到内室。

这是一间专门用来会见重要客人，作倾心密谈的小房间，四周窗户都挂上厚厚的毡布，连烛光也透不出来。何桂清匆匆步入密室，见一位戴墨色眼镜、身材高挑的男子坐在几旁啜茶，见他进来，起身上前，伸出右手来，嘴里叫道：“何老爷，晚上好！”

何桂清一怔，不打躬作揖却行洋派握手礼，此人是谁？

那人哈哈大笑，取下墨镜，露出一对蓝色眼珠，随手揭下黑发头套，光秃秃的脑袋上几根稀疏黄发。何桂清恍然大悟：“哈克利先生，幸会幸会！”

哈克利先生是个中国通，他早年间随父亲到中国居住，老哈克利是英国传教士，走遍中国山山水水，甘肃敦煌、四川大小凉山、云南傣寨，都曾留下过他的足迹。哈克利在中国住了十来年，学会满口中国话，并且用筷子进餐。不幸父亲在汉口教案中被暴怒的百姓打死，哈克利只好回到英国。没过两年，由于他对中国有透彻的了解，被英国东印度公司雇用，做了高级职员，从事商业贸易。

一次，何桂清到上海公干，在英国领事馆的宴会上认识了哈克利。何桂清与他很对味儿，两人来往几次，便成好友。其时，朝廷主张洋务，会洋话交洋友成一大时髦，连两江总督曾大人也向美国派出留学生，办洋务蔚然成风。

哈克利虽然从商，但在何桂清面前决不言商，他知道中国士大夫阶层鄙视商人。他尊重中国文化，常请何桂清帮忙购买中国字画古玩，带回国去。

哈克利有几次请何桂清利用学政大人的权威，替他向海关说情，放行一批私货。何桂清碍于情面，无所不从，事后哈克利知恩图报，致送大笔谢仪。你来我往，天长日久，两人结成了生意伙伴，各自承担不言自明的义务，只是避而不谈一个“商”字，心领神会而已。哈克利深得中国官场真味，知道何桂清“既要当婊子，又要立牌坊”的心理，每次到何府见他，都要乔装打扮一番，装成中国人模样，乘夜直入后院。次数多了，老仆也知其奥妙。

何桂清很赏识哈克利的机灵，他拉拉对方的手，寒暄道：“中秋佳节。

哈克利先生今晚光临，大概不是为了品尝月饼而来吧？

“何大人高明之至，”哈克利伸出大拇指，谄媚道，“有一桩很重要、很重要的生意，不知何大人可有兴趣？”

哈克利的好事不断，几乎每次都给何桂清带来大笔馈赠，岂止是兴趣，简直望眼欲穿，盼着他进府。何桂清做出洗耳恭听的模样。

哈克利这次到中国，带来一批东印度公司的鸦片烟土，打算和何桂清合作，在内地脱手。英国政府和清廷的恩恩怨怨，大多

集中在鸦片生意上。

但人们终究忘记不了鸦片给中国带来的祸害，朝野舆论都把鸦片视为祸水，做鸦片生意并不光彩，处于偷偷摸摸的地步。

哈克利做鸦片生意，单靠自己难以成功，必须寻觅一位官场大吏，利用他的庇护，才好办事。哈克利在何桂清身上下了很多本钱，现在该回收利润了。何桂清身为学政大人，虽非封疆大吏，亦是二品高官。学政在中国官场具有特殊地位，盖因中国科考制度中，学政主持考试，选拔人才。中榜的举子进士，都视学政大人为老师。中国官场中以门生老师相联系者，盘根错节，俯拾皆是。故学政在官场中，有时超越抚督大员的威信。哈克利深谙其情，他请何桂清入伙，在官场交际中便占了优势。

何桂清听明哈克利的请求，颇感犹豫。身为学政，自然熟知鸦片的危害，朝廷禁而不止，但不会公然支援烟贩，那会遭到清议的猛烈攻击。但千里做官只为钱。放弃了这个机会，实在可惜。

“何大人任期快满了吧？难道不想高升？到京城活动挺花费的，不过，我可以替你筹到这笔款子。”

何桂清暗骂哈克利鬼精灵，连自己的心思也猜个八九不离十。他正全力活动迁升户部侍郎，估计花费不下10万两银子。

何桂清探询合作条件，哈克利很爽快，只请学政大人派一只官船，几个兵勇押运鸦片，安全抵达目的地，事后五五分成。

何桂清沉吟片刻，这要求不难办到，花费甚微，几乎不出一文，便可坐享巨利。他点头同意，并约定押运时间。

哈克利喜形于色，手舞足蹈，他口称有事要办，匆匆告辞而去。

一个风雨交加的夜晚，押运鸦片的官船悄悄驶离上海码头，滑向内河水道。黑云沉沉，笼罩水面，星光隐匿，伸手不见五指。四野静寂，偶尔听见几声狗吠。官船上的兵勇瞪大眼睛，四方搜视，不敢有丝毫懈怠。船上熄灭灯火，隐隐只看见尾橹在水面划过波痕，响起极微小的吱吱声。

官船此刻正通向一片无人的沼泽地，丛丛堪比人高的芦苇掩没了船身，做了天然屏障。站在河岸上绝对看不见河道中悄悄行驶的官船。兵勇们放松了戒备，开始打起盹来。照此速度，天明便可安然到达目的地，何大人许诺的大笔赏银可望到手。除了摇橹的兵勇，船舱里响起阵阵鼾声。

没有人看到河边小湾里，有一只舢板泊着，船上一个老人，披着蓑衣，戴着斗笠，静静地坐在船中钓鳖。官船从河中驶过，惊动老人，他收起钓具，竹篙往岸边轻轻一点，小船箭一般射向一条水汊。

水汊中响起几声蛙鸣，隐隐有几只小船向老人聚拢来，他们窃窃私语：

“官船行夜路，定有名堂。”

“船身重吃水深，装的是干货。”

“几个官兵，睡得死猪般沉。”

“干他一家伙，手脚干净些，得手后扔到河里喂鱼，来个神不知鬼不觉。”

最后的话语，似下决心，一槌定音。小船又分散开来，隐没在沉沉夜幕。

一切都在夜幕掩盖下进行，河水依然平静，即使白天人们发现河里多了几具尸体，战乱之年亦不足为怪。

但学政大人何桂清府邸却搅起轩然大波。官船和兵勇一齐失踪，满船鸦片不知去向。哈克利心急火燎，向学政大人报告了这个噩耗。

何桂清闻言呆若木鸡，浑身冰凉，偷鸡不着蚀把米，而且这把“米”非同寻常。

哈克利急得跳脚，立逼何桂清派兵缉捕抢犯，夺回烟土。满船烟土价值10数万两银子，不明不白消失了，东印度公司知道后，不惩罚他才是怪事。

何桂清只会长吁短叹、一筹莫展。

他并非心痛那批烟土，而顾忌万一帮会中人抢了烟土，得知

真相，四处宣扬学政大人的劣迹，将何以堪？

哈克利眼珠一转，又生一计："何大人，中国乱民组织严密，并且与官府藕断丝连，互相容忍，如果找到一位与乱民有关系的人前去求情，用义气感化，或许还有希望。"哈克利不愧中国通，他对帮会组织和官府既争夺又拉拢的现状了如指掌，提出此法乃是目前唯一切实可行的办法。何桂清表示赞同，但却找不到如此合适的人才。

他急得抓耳挠腮，把当家师爷找来商议。师爷听明白学政大人的要求，释然道："这倒不是什么难事，几天前到府上造访的那位胡先生，便是最恰当的人物。"原来胡雪岩受王有龄之托，到江苏向何桂清致送一笔土仪。

提到胡雪岩，何桂清眼睛一亮：这个人做事极漂亮，交际谈吐，狡狯圆滑，滴水不漏，是生意场上风云人物。

何桂清立刻修书一封，仗着当年提携王有龄的恩德，请王有龄速派胡雪岩到江苏来替他设法转环。

信用八百里加急的方式，不到两日便送到王有龄手中。其时，王有龄正和胡雪岩嚗牙花子，闲谈生意场上逸事。

王有龄拆开信匆匆浏览一遍，对胡雪岩笑道："你的麻烦事到了。"将信递给他。胡雪岩看后默然无语，许久才说："咱在浙江，还能管得了江苏帮会弟兄的闲事？"

王有龄道："谁让你太能干，名声在外，像个多宝道人，出了妖魔鬼怪，自然就念到你。"

"满船烟土，价值10多万两，那边弟兄们大概穷得狠了，才出此毒策，若让他们吐出来，等于虎口夺食，怎么办得了？"

王有龄发愁道："他是堂堂学政，官位大我两品，又有当年提携引荐之恩，如今有事相求，怎能一摊了之？何况他渡过难关，日后官场上见面，真教人尴尬。"言下之意，一定要去。

胡雪岩向来重情义，为王有龄两肋插刀，见他为难，说："大哥不必顾虑，我设法完成就是。"

衔命而归，胡雪岩立刻给松江青帮帮主廖化生写了一封快信，请他设法打听劫船的弟兄究属哪路人马？又给何桂清回函，让他稍安毋躁，千万不要轻举妄动，发兵进剿，弄巧成拙。然后又给几位江苏有头脸的朋友去信，请他们代为关照、打听劫船内情。

几封信一一发出，胡雪岩感到疲惫，躺上床却难入眠，脑海如潮翻涌。这种事，与生意无涉，纯然是“替他人作嫁衣”，做成了，讨别人一声谢；失败了，反而大丢面子。近年来，他做了不少这类吃力不讨好的事，很得罪了一些江湖朋友。他担心将来万一自己有事，别人会不会像自己这般尽心尽力、拯人危难？

胡雪岩的担心并非杞人忧天，后来他失意败运，江湖弟兄们并无援手仗义相救之举，可见人情冷暖，世态炎凉，此为后话。

松江廖化生回函未到，人却突兀而至。胡雪岩惊喜交集，延入内室，有如此热心的朋友，料事必成。可是廖化生带来的消息，令他大失所望。劫船的弟兄原是上海“小刀会”会首刘丽川的堂兄、江湖人称“飞刀王”的“华山会”会首刘作斌。自从小刀会起义在上海失利、刘丽川被官府枭首示众后，刘作斌因官府追缉甚急，率手下躲藏在沼泽地带，几近弹尽粮绝、濒临瓦解。这次劫夺官船，原只是打劫一些货物接济几日，不想却发了大财。刘作斌大喜过望，盘算将烟土变卖，充作军资，重振旗鼓，为堂弟刘丽川报仇。

“胡先生，刘作斌与官府势不两立，又处困境，决不肯吐出这块肥肉，你别再管闲事了。”

胡雪岩的心倏地一沉，眉间皱起大结。

江湖上办事，讲究情、义二字。刘作斌身处困境，其情可怜，铤而走险为求生存，情有可原，名家帮会，同情者多数。若强要对方归还劫物，置对方困苦于不顾，是为无情。刘作斌为堂弟报仇，乃大义大节，悖其本心，是为不义。无情无义，于理不合，怎么能成功？

胡雪岩陷入绝望之中，他向来诸事如意，自信世间尚无难办之事，但此刻却无法可想，进退维谷，脸上浮现出痛苦的神情。

廖化生在旁边看得清楚，微声叹道："此事难办，除非……"

"除非什么？"胡雪岩急切追问，他相信廖化生亲自前来，不只是告诉自己办不到。

"若能解救'华山会'弟兄逃出江苏，转往他处，摆脱官兵，也许还有商量的余地，但那样一来，代价未免太大了。"廖化生叹息。

胡雪岩精神一振：有钱能使鬼推磨。世间有了钱，什么事情办不到？华山会劫船，不过为了十几万两银子，倘若许以重金交换，则有望成功。

他向廖化生提出赎金的数目，廖化生摇摇头："华山会那帮弟兄，被官兵逼得好惨，个个都是杀人魔王，最仇恨替官府办事的人，单靠银子恐难奏效，到时候肉包子打狗有去无回。

胡雪岩左思右想，唯有设法帮助华山会脱离困境，才显得有情有义，博得江湖弟兄的好感。但又与官府作对，违反大清律令。

两面讨好，八方摆平，最难做人。

胡雪岩打算做这样的难人。

他请廖化生设法告知华山会弟兄，暂不要动那船烟土，脱离困境全在这上面。旋即风尘仆仆，直奔苏州，面见何桂清，陈明利害关系，请何桂清动用官场人情，说动官兵撤离沼泽地，不要追缉太急。

何桂清自然理会，只要能追回船物，无所不可。

江苏抚台的同胞兄弟，即将参加乡试，何桂清许诺他为第三名，说动抚台下手本撤去华山会周围官兵，转而增援金陵攻城的湘军，做得干净利落，不留把柄。

办完这事，胡雪岩松了一大口气，成功的第一步已经迈出，往后的事便好办了。

胡雪岩亲自与哈克利商谈，要他设法提供一艘机器船，将华山会弟兄们运往外海，彻底摆脱清兵的势力。江苏濒临大海，路途不远，撤往外海不难办到。哈克利起初不愿合作去帮助乱民，但胡雪岩明白告诉他，没有自己的允许，哈克利休想在中国拿走一枚铜钱。哈克利立刻同意合作。

安排停当后，胡雪岩考虑到赎金的问题，叫何桂清拿出来，无疑是心头剜肉，这忙算白帮了。哈克利已押上一船烟土，再不能逼他，崩了关系。帮忙帮到底，这赎金只好自己垫上，待弄回烟土再作道理。胡雪岩暗地准备了10万两银票，相机行事。

华山会托人捎话，要胡雪岩亲自前去会见刘作斌，他们才肯挪窝。显而易见，是把他当人质了。胡雪岩身价百万，一旦华山会翻脸，强行勒索，其价值远远超过一船烟土。

胡雪岩心里有点发毛。廖化生表示，愿将百十号弟兄埋伏在沼泽地四周，万一华山会绑票，不惜火并，救出胡雪岩。

胡雪岩摇头不允，江湖朋友贵在讲义气，切不可虚虚实实，引起对方疑心。须待之以诚，感动对方，倘或真的蛮不讲理，撕毁协议，自己不负道义上的责任，华山会从此会遭人鄙视，难以在江湖上立足。

胡雪岩对江湖帮会的了解，可谓洞若观火，毫厘不爽。

虽然如此，廖化生还是坚持自己亲自陪同胡雪岩去会见刘作斌。

按照约定时刻，两人打扮成主仆模样，乘夜坐船驶向目的地。船到一片芦苇丛，岸边一声呼哨，射出一只小舢板，靠拢大船。有人道："胡先生请上船。"换船后，小舢板上船夫递给两人黑头巾，廖化生把头巾拴在眼窝间，胡雪岩也照办。

黑暗中，小船七弯八拐，不知走了多少水路，胡雪岩只觉时而清香扑面，时而腐臭难闻，耳边蛙声不断。末了，小船微微一顿，传来话语："请客人上岸。"

胡雪岩扯下头巾，天色已渐微明，晨曦中，隐约见眼前波光闪烁，水面宽广，当中一座岛子，几座窝棚升起袅袅炊烟。一位粗犷汉子上前，并不搭话，伸出手指弯成半圆。廖化生迅速以手势作答。互对暗号后，廖化生道："我陪胡先生来办事，你们不要难为他。"

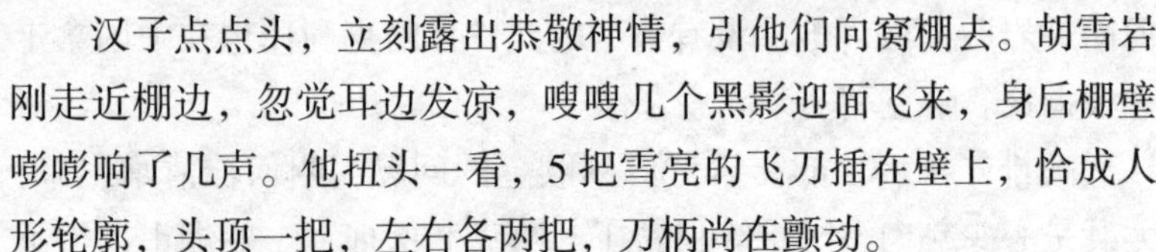

汉子点点头，立刻露出恭敬神情，引他们向窝棚去。胡雪岩刚走近棚边，忽觉耳边发凉，嗖嗖几个黑影迎面飞来，身后棚壁嘭嘭响了几声。他扭头一看，5 把雪亮的飞刀插在壁上，恰成人形轮廓，头顶一把，左右各两把，刀柄尚在颤动。

胡雪岩脸色发白，倘若稍偏分毫，必然扎中他皮肉。

廖化生见状，拔出腰间一只德国七响左轮，见头顶上一行晨雁飞过，扬手当当当几枪，相继有 7 只大雁惨叫着坠地，枪眼多在雁头。

窝棚里走出一人，五短身材，满脸横肉，额头上有一条刀疤横穿眉间，模样凶狠，上前抱拳施礼：“不知廖大哥驾到，失礼失礼！”

胡雪岩猜想他是“飞刀王”刘作斌，经廖化生介绍，二人客客气气拱手相见：“久仰久仰”，“幸会幸会”。

刚进门，棚中一张香案，上列牌位：亡弟刘丽川之灵位。案上布几道供菜，香烟袅袅。胡雪岩立刻抢上前，行磕头礼，极其虔诚。

刘作斌大生好感，发问：“胡先生与家弟非亲非故，何须行此大礼？”

“刘会首系洪门中人，胡某为会外弟兄，当以兄弟礼节相待。”

刘作斌觉得在理，对胡雪岩抱有好感。

窝棚里陈设简陋，桌凳俱是木墩做成，足见华山会生活窘迫。

大家寒暄几句，话题转入正事。

刘作斌问：“手下有几百号弟兄，如何能安然出海？”

胡雪岩答道：“会首不必顾虑，我已安排铁甲机器船，能装千把人。”

“从此地到海边有 200 多里，倘或官兵来攻，我们无险可凭，岂不自投罗网、束手就擒。”

“胡某愿以脑袋担保，陪弟兄们转移，如遭不测，会首可先拿我开刀，替弟兄们报仇。”胡雪岩斩钉截铁道。刘作斌始料不及，怔了一下。

廖化生补充道:“胡先生诚心相待,廖某可以担保,刘兄如出意外,我们青帮亦不好做人。”

刘作斌完全解除了戒心,答应照胡雪岩的安排行事。胡雪岩摸出10万两银票,说:“有这笔银子,弟兄们支持一年半载当无问题。”

刘作斌接过银票,看了看,眼睛竟有些湿润。

于是在窝棚里摆酒款待,菜肴都是河中物,红烧甲鱼,清炖野鸭,干煸蛙腿,蘑菇汤,别有一番风味。

挨到黄昏,刘作斌传话召集人马。有弟兄向岛外打起唿哨,便有人接着外传,四下里一片唿哨声。静悄悄的湖泊河岸,忽然,驶出许多只梭梭船,直奔湖心岛而来,不一会儿便聚集了两三百号人,都是手握钢刀的华山会弟兄。

胡雪岩大为惊叹,难怪官兵久剿不绝,弟兄们来去倏忽,行动快捷,眼线遍布,谁能奈何他们。

刘作斌请两人上船,如同头雁,领着小船在河中速驰。弟兄们百倍戒备,时刻做好搏杀准备,有这样敢死之士,谁还敢挑衅?途中遇到几道官兵卡子,胡雪岩递上盖有抚台大印的名帖,安然过关。

天刚破晓,船队已临海边,白茫茫水天相接,波涛中一轮红日冉冉上升,景致真是美极。

海中泊着一艘轮船,挂英国旗。船队划到轮船旁,哈克利亲自来迎,劈头便问:“我已信守诺言,那艘官船在什么地方?”

刘作斌道:“3天后到上海码头接船,不少分毫。”

胡雪岩对哈克利道:“这帮弟兄都是亡命之徒,若有半点差错,船毁人亡。”

哈克利连连点头:“不会的,英国政府从不干涉中国内政,我一定保证这些人的安全。”

临别时,胡雪岩拱手向刘作斌道别,刘作斌却摸出那张银票,神色凝重道:“胡先生救了弟兄们,天大恩情终生难报,请收回

银票。”

胡雪岩诧异道：“没有这笔钱，你们赖什么为生？”

“放心，天无绝人之路，钱财事小，义重如山，胡先生再要推辞，我只好扔到大海去，天公作证，刘某对得起朋友。”

“惭愧，惭愧，”胡雪岩只得收下银票，下到小船。轮船一声长鸣，劈波斩浪，渐渐消失不见。

“回去吧胡先生，海上风大，小心着凉。”廖化生关切道。

胡雪岩这才回过神来，感到两眼湿漉漉的，原来江湖朋友并非冷酷嗜杀，极重情义，交这样朋友，确是幸甚。

3 天后，官船原物归还，何桂清将死去兵勇名单，报了剿匪阵亡，呈递上去，按常例发放恤金，遮掩过去。

胡雪岩回到杭州，大概劳累奔波，中了风寒，病了一场，才有好转，依然回到钱庄理事。

第四章 网罗人情

救美成就大事业

四月十五，是湖州人朝拜送子娘娘的良辰吉日。因此，开化寺群芳争艳，秀色可餐，吸引着无数男子，是个热闹场所。

一大早，湖州洪门“顺生堂”帮主尹麻子就派弟兄抬了食盒，装了一些下酒菜肴，无非香酥鸭、白斩鸡、酒糟蟹之类，一罐花雕，到湖州阜康钱庄分号，恭请胡雪岩去开化寺游玩。

自从随知府王有龄到湖州履新以来，胡雪岩忙着筹办钱庄分号，收购生丝，生意兴隆，无暇游赏湖州地方胜迹。今日和尹麻子一道，闲适悠游，才发现湖州地方，山光水色，果然十分悦目。

往开化寺的路上，果然人流熙攘，摩肩接踵，内中女人居多，都穿红着绿，梳妆打扮，竞相争美。胡雪岩一路留心，见多是俗不可耐之辈，不禁大摇其头。

到了开化寺山门，广场上人声鼎沸，游客拥挤。有江湖艺人舞刀弄枪、走钢丝耍杂技，观者如潮，赢得阵阵喝彩声。女客多于男客，空气中弥散着浓浓的脂粉香。不时有轻薄男子穿行于脂粉堆里，如蝇逐臭。有谁家女人大腿被拧了一把，痛得小声咒骂：“杀千刀的。”也有吃了哑巴亏，默不作声，绯红了脸往僻静处钻，一时裙翻袖舞，别有景致。

山门外古木参天，葱茏碧油，围绕着一道金碧辉煌的门坊，上有金字宋体：敕赐开化寺，是乾隆爷的手迹。

胡雪岩一行人被许多妇女簇拥着，身不由已挤入寺门，一根

根白如藕节的粉臂在胡雪岩眼前晃动，身后不时有女人拥挤。有的女人越过他时，见他衣着光鲜、体态风流，还大胆地冲他灿然一笑，或飞一个媚眼。胡雪岩心身舒泰，无限惬意，觉得果然有一番韵味。古语云："男女授受不亲。"平时男女之间，鲜有肌肤相近、肩臂相接的，而今天却大开讳禁，绝无人指责怪罪，真是湖州一大奇景。胡雪岩十分开心。

人流涌到送子观音像前，燃香膜拜。许多妇女气喘吁吁，香汗淋漓，挤到观音脚前去摸鞋尖。据说有幸摸到的女人将来必生男孩，故而有的女子拼力一摸，以了夙愿。

胡雪岩一行人被妇女们冲撞得站立不稳，纷纷退到阶旁。尹麻子笑道："娘的，平日都是男人摸女子，今日反而倒过来了，被她们这么一摸，强过贴狗皮膏药，伤筋动骨的毛病怕不治而愈。"众人都开怀大笑。

胡雪岩忽然发现了什么，惊奇道："大哥快看，那几个年轻女子,不像出阁的模样,怎么也争着去摸观音的绣鞋？"尹麻子道："今天禁忌大开，女儿家早晚也得嫁人生孩子，所以早早许愿，免得将来到婆家受气。"说着,悄声在他耳边嘀咕,问可有上眼的女人？胡雪岩笑而不答，任尹麻子指指点点。

正在失望之时，忽然嗅到一阵奇香，扭头看去，背后不知什么时候站立着几个女子，其中一位主人模样的青年妇女通身着黑装，身段苗条，明眸皓齿，皮肤雪白，气质典雅高贵、仪态万方。胡雪岩一看便知道是孀居守寡的女人。这小寡妇年纪不大，约莫二十出头，凤眼含羞，鼻梁高挺，是难得的小美人。胡雪岩看得目不转睛，一时失态。小寡妇有些觉察，没好气地扭过身子走开，两个使女模样的女人忙跟在她后面。

尹麻子捅捅胡雪岩，道："胡老板莫非对她有意，眼睛都快落到人家心里去了。"胡雪岩支吾道："一面之缘，哪会说这些？"却仍止不住地张望。尹麻子拽住他手臂，远远地在后面跟着。胡雪岩见她脚步轻盈，袅袅婷婷，风韵无限，心里很喜欢。尹麻子边走边说：“这女子叫金秀云，原是湖州大户人家千金，嫁到剡溪没几年，男人害热病死了，丢下她和一个女儿，最后只好回到娘家……”

胡雪岩忽然停下来，脸上露出失望的神情。尹麻子不知究底，微微惊讶，道：“这也是湖州城数得着的美人儿，胡老板难道看不上眼？”

胡雪岩叹息道：“佳人倒好，只是拖了个油瓶儿。”尹麻子霎时明白了。人们常把寡妇的儿女叫作拖油瓶，意即累赘，男人大多不喜欢这种毫无亲缘关系的子女。胡雪岩家里虽有夫人，但多年不曾生育，指望姨太太为胡家续香火，决不愿去抚养别人的孩子。故而一听尹麻子言，立刻感到泄气。

大家信步朝禅堂后院走去。有许多僧人香客，席地而坐，围成一个大圈子。当中一只木雕坐墩，有位老禅师身披袈裟，盘腿高坐，须髯飘飘，童颜鹤发，如鹤立鸡群、佛祖临世，给人神圣威严的感觉。

只见他念了两句偈语：“菩提本无树，明镜亦非台，佛性常清静，何处有尘埃。心是菩提树，身为明镜台，明镜本清净，何处染尘埃。”

胡雪岩听了，觉得玄妙无比，闻所未闻。细细咀嚼了半天，却不明白说的什么，便悄悄扯旁边一个僧人的衣袖，问他这段偈语究竟是何意思？谁知那僧人并不回头，口中小声道：“心诚则明，心邪则昧。”胡雪岩很难堪，又见禅师面露神秘之色侃侃而谈：

“释迦牟尼，吾佛祖也，道德之元，神明之宗。恍惚变化……

众人听得如痴如醉，喏喏称善。禅师颔首微笑，又将佛祖诞生、佛学东传、流派纷争、佛门戒律一一道来，要言不烦，令人耳目一新。

胡雪岩是极聪明极有悟性的人，平日杂事缠身、迷于俗务，此时听禅师讲经，顿觉神清气爽、有如春风拂面，大彻大悟。不过这念头只一霎间便消失了，商人终归是商人，佛门弟子的超脱

他永远也难办到。唯有一点，即行善，胡雪岩深以为然。胡雪岩正胡乱想着，忽然听见一阵轻声啜泣，回头一看，又是那位黑衣小寡妇。只见金秀云双目含愁，泪流满面，发出阵阵抽泣，越发楚楚动人、招人怜爱。

胡雪岩暗自惊讶，不知这小寡妇听了讲经为什么伤感？这时老禅师已离开木墩，走出人群欲回禅堂。金秀云忽然上前拦住禅师，跪地求道："师父在上，弟子金秀云饱受人世磨难，看破红尘，大彻大悟，愿剃发修行，做个佛门女僧，不知师父可救弟子出苦海吗？"

众人都吃了一惊，老禅师双目紧闭，口里念道："阿弥陀佛，善哉善哉！你尘缘未了，凡心太重，佛门不收未受八戒之人，女施主还是多烧香火、广结善缘，好生修来世吧。"说罢，扬长而去。金秀云长跪不起，哭得呼天抢地。胡雪岩在旁，不禁动了怜香惜玉之心，暗恨老禅师如此冷酷，全不念别人一片诚心。他问尹麻子："她莫非还有什么悲伤事？"

尹麻子道："你刚才态度急转直下，我还来不及讲完呢，"便娓娓而谈，"金秀云出嫁后，娘家家道衰败，其父患急病死去，母亲气得上了吊，一个叔叔沾染了纨绔习气，成天赌钱，不务正业，将家产挥霍一光。金秀云带着女儿回来后，寄住在叔叔家，靠着夫家分给的遗产过日子，生活并不宽裕，大概有感于世态炎凉，人情冷暖，才动了出家修行的念头，鲜花尚未枯萎，竟要在青灯古佛前消磨青春时光，真是可惜呀！"

胡雪岩心里十分不忍，他本来很中意金秀云的模样，只是嫌她带了一个女孩。现在，反而很同情小寡妇的处境，有意帮她一把，也算一项善举。想着，心头活动起来，脸上便有微妙表情。尹麻子看得清楚，道："胡老板若有意，一切包在大哥身上，不要你破费半个子儿。"胡雪岩哪里肯依，摸出一张600两的银票，交给尹麻子作用度开销。尹麻子见他如此慷慨大方，更加乐意撮合。天有不测风云。胡雪岩正等着金秀云允嫁的消息，尹麻子却满脸沮丧告诉胡雪岩：事情弄砸了。

原来，金秀云的叔叔名叫金文辅，生性好赌，湖州大小赌场没有一个他未涉足。赌兴浓时，三天三夜不下场，精气足得出奇，旁人莫能相匹，因此人称“金三夜”。不久前，金文辅在赌场赌钱，手气特别不好，连连告输，欠了赌友上千两银子。金文辅这些年连赌带嫖，把家业折腾得精光。别人见他还不起钱，提出一个损德的条件，把侄女金秀云嫁给对方的傻儿子，方可勾销赌债，还能得一笔聘金。否则，按赌场规矩办。湖州地方赌场不成文的惯例，对赖账的赌徒，轻则抽筋砍手足，重则背石头沉水，一命呜呼。金文辅知道自己欠的赌债数目不小，死两次都够格。他别无选择，只好同意嫁侄女。

胡雪岩一听急了，道：“让金秀云嫁傻瓜，不是一朵鲜花插在牛粪上吗？太缺德啦！”

尹麻子说：“那有什么办法？金文辅当场给人家写了纸，白纸黑字，两相情愿，官府也管不着！”

胡雪岩顿足道：“什么两厢情愿？金秀云她自己同意吗？怎么不征求她的意见？”

尹麻子笑道：“胡老板真是菩萨心肠，我们湖州的乡风，女儿嫁人，按父母之言，媒妇之命办事；父母双亡的，叔叔便可做父母的事，金秀云只有一个叔叔，她不愿意也得愿意。”

胡雪岩叹息道：“什么父母之命，这金文辅分明把侄女往火坑里推，金秀云的父母若地下有知，断不会允许的，这事还能挽回吗？”

尹麻子说：“恐怕不能，人家年庚帖子都交换了，过两天就要花轿抬人成亲。”

“只要人未进洞房，便有希望，”胡雪岩急切道，“大哥可否帮个忙，出面制止此事。”

尹麻子诧异道：“为一个小寡妇，胡老板值得如此费心？这笔开销，满算起来，金文辅的赌债，赔偿对方的聘礼，外加活动开支，

怕不花上两三千两银子，还不知道对方肯不肯罢休，若对方固执起来，费用还要翻几倍，有这笔银子，买几个好看的姑娘也够了，胡老板何苦多此一举？”

胡雪岩道：“救人一命，胜造七级浮屠，那日开化寺中，金秀云心如止水，已有出家之意，若再逼嫁，只有死路一条，我们既然撞见了，也是有缘，正该救她，怎么可以袖手旁观呢？何况钱用在此当口，正如用在刀口上，即使上千上万，绝不吝惜！”

尹麻子听了，万分钦佩，道：“胡老板如此侠义刚肠，尹某人再要推辞，显见得不是人了，这事我一定亲自出马，包管一月之后，把金秀云用花轿抬到你卧室里来！”

胡雪岩笑道：“大哥莫自信，救人要紧，金秀云肯不肯嫁给我，尚属未定之数，倘若人家不愿意，岂不是刚出狼窝，又入虎口吗？”

尹麻子道：“哪是虎口，分明是菩萨院，我若是女人，也非胡老板不嫁。”

说罢，尹麻子认起真来，急急去找人。他是本地帮会老大，叫起人来毫不费力，没多久便找来一班帮中弟兄，商议已定，下帖子请金文辅和赌友到“顺生堂”吃饭。来客自然知“顺生堂吃饭”的重要，不敢不来。席间，尹麻子提出解除婚约的要求。那个赌友开初还有难色，言称儿子已近不惑，尚未婚娶，家无香火，恐怕要绝后。尹麻子瞪着一对牛弹子眼睛，怒言满面的模样，盯得对方心头发慌，不敢强辩。胡雪岩乘机提出代金文辅还债之外，致送一千两银子做聘金。

尹麻子说：“有这许多银子，买10个小姑娘也够了，还怕生不出儿子？何必硬要娶人家寡妇呢？”对方立刻软了态度，答应照办。于是当场兑现，交接银两契约。一场纠纷，终得善局。

金秀云已暗中作了必死的决心，只等婚期一到便要自尽。不想半路杀出个程咬金，救了她和叔叔，惊喜之余，便萌以身相许的念头。尹麻子才托媒一提起，金秀云毫不犹豫答应下来。叔叔金文辅经过这件事，受人诟笑，面子早已丢尽，何况胡雪岩又是出名的财神，高攀尚求之不得，哪里还有多话。论名分，胡雪岩家有原配夫人，金秀云嫁过去做姨太太，本不可铺张。胡雪岩打定主意让金秀云留在湖州钱庄，不和胡太太见面，即所谓“两头大”的做法，金秀云在湖州担当主妇责任，不是夫人，胜似夫人。

于是，胡雪岩打破惯例，在湖州大操大办婚事，请了湖州官场知府以下各级官佐、“顺生堂”一班兄弟、地方缙绅名流，热热闹闹一番。但婚宴上，唯独不见金秀云的叔叔金文辅。胡雪岩十分担心，派人四处寻找，都说不见。他心里沉甸甸地像压了一块石头，假如金文辅想不开，有个三长两短，真是美中不足，将来和金秀云过日子，难免有些隔阂。

婚事过后的一天，金文辅自己倒找上门来，见了胡雪岩先赔不是，然后从腰间掏出个油纸包，一层层剥开，现出一张字纸。他神色凝重地对胡雪岩道：“金家先祖是医道中人，曾入明宫为崇祯皇帝御医，调制成宫廷秘方‘散风丹’，专治跌打损伤有奇效，成为传家之宝，全家世代靠它起家发迹。”

说到这里，金文辅面露悲戚之色，哽咽道：“金家不幸，出了我这个不肖子孙，不但不能振兴家业，反而破败如此，真是愧对祖宗，手中徒有宫廷秘方，回天无力，不如送给胡老板，或许物尽其用，有个好的归宿。”

胡雪岩一听，忙推辞道：“这么宝贝的东西，我怎敢接受？金老伯的好意小辈心领了，俗话说浪子回头金不换，老伯若从此戒赌，好生营造家业，何愁振兴无望？小辈愿贴你千两银子做个本钱，开一家药店，配制秘丹，必能赚钱。”

金文辅感动万分，说：“胡老板慷慨大度，急公好义，我敬佩不已，请务必收下秘方，了却一片至诚。”

胡雪岩接过秘方，仔细一看，知道是珍品，喜不自胜，暗自叹道：“皇天不负有心人，本只是一心救人，没想到既得美人又获秘方，可见好人自有好报，禅师的话千真万确。”他灵机一动，打算办个药店，炮制散风丹，请金文辅监制，主持药店事务。主意一说，

大家都表示赞成，没多久，胡记药堂果然开张，散风丹成了抢手货。后来胡雪岩把散风丹大量送往军队，医治伤病员，大得左帅好评。

只是药堂开张之初，尹麻子对金文辅主持药店一事，不以为然，认为此人不务正业，嗜赌成性，难以归正。胡雪岩却满怀信心，说："用人当用一技之长，或许他的精于赌业，倒有用武之地呢。"

济困终得大回报

胡雪岩私自做主，将500两银子借给王有龄，犹如英雄完成一桩壮举，脚下生风、格外轻快，朝钱庄走去。穿过繁华闹市，来到街尾，"信和"两个斗大金字，蓦然送入眼帘。胡雪岩不禁心中"咯噔"一下，放慢了脚步。平素见到这两个字，胡雪岩油然而生自豪之情：杭城谁人不知、哪个不晓，信和是浙江第一号的大钱庄。老板祖传三代，由官而商，家资巨万，信誉极佳，口碑特好。作为"信和"钱庄走红的收账伙计，胡雪岩颇为自得，常露骄矜之气，出门在外，交朋结友，特别有面子。而那些与信和有经济交往的顾客，对胡雪岩另眼相看，十分巴结。

但此刻，这两个字特别刺眼，令他浑身不自在。行语说得好：端人碗，服人管。受人钱财，替人消灾。生意人最讲究行业公德，老板拿自己当人看，自己就得拼命干。胡雪岩明白之所以受到老板器重，靠的是一个"忠"字，靠的是收账从不出纰漏，经手银钱千千万，账目如菠菜煮豆腐，一青二白。

这一次破天荒坏了行规，胡雪岩觉得对不起老板，十分内疚，那两个金字也黯然失色，有些怪模怪样。胡雪岩强作镇静，低头蹿进钱庄，竟没注意旁边一个扫地的小伙计向他招呼，一屁股坐在柜台边，顺手拿起一本账簿，装模作样看什么，肚子里却在拟对付老板的词儿。

老板捏着一支翡翠玉嘴白铜烟杆，从楼上下来，瞥见胡雪岩，向他伸出一个小指头，这是用惯了的手势，招呼胡雪岩随他去。胡雪岩只顾想心事，竟忘了起身。老板见他呆坐不动，只好踱上前来，拍拍他肩头：

“今天又去哪家堂子了，跟丢了魂儿似的？”

“啊，老掌柜，你，叫我。”胡雪岩猛然醒悟，自知失态，结结巴巴地问。

“还用问，跟我来，”老板向楼上走，胡雪岩亦步亦趋跟在后面。

两人在老板卧室坐定，老板开门见山问道：

“那笔呆账，如何？”

胡雪岩眼珠一转，冒出词儿：“钱知县挺和气的，托我转告老掌柜，手头有些紧，一时周转不开，请宽几日，一定倍息奉还。”

“哦？”老板一愣，有些意外！“你那班弟兄，全然不起作用？”

“弟兄们当然很卖力，但今非昔比，钱知县大权在握，能杀人也能活人，弟兄们有几个犯了事枷号狱中，指望钱大老爷高抬贵手，网开一面，所以着意拉拢，不便撕破了脸皮，令钱知县为难。”

“原来如此，”老板狠狠吸了一大口烟，吐出一团白雾，“官大一级压死人，一方父母，谁敢招惹他，要是早几日去挤对他就好了，如今，悔之晚矣，这笔账只好勾销了。”

“也未见得，钱老爷说得明明白白，手头一旦松动，即当璧还，不会拖久的。”胡雪岩宽慰道。

“越有越狠，古今同理，”老板喟然长叹，忽然想起了什么，一双老眼在胡雪岩身上上下扫视，好像要透穿他五脏六腑，令他凉气贯顶、浑身冰冷，微微有丝儿战栗，“好了，你去忙吧！”老板声调冷冷地，颇有几分不满胡雪岩的铩羽而归。生意人的脸色，阴晴冷暖全在弹指之间，胡雪岩心中明白，如遇大赦，疾步下楼去。背后那双如剑的目光，刺得他脊背发毛。

回到柜台落座后，胡雪岩心儿怦怦直跳，好久不能平静。镇定下来，他发觉行事有欠妥当，当初只考虑到如何下这笔赌注，没想到老板十分在意这笔呆账，看来盯得很紧，自己搪塞得了眼前，今后又该怎么办？想着，愁肠百结，心绪烦乱，觉得自己未免草率鲁莽、办事荒唐，错走一着。

正胡乱思想，忽然柜外有人高喊："胡老弟！"胡雪岩探头一看，原是街头"弟兄"中的霍老大，外号人称"滚地龙"。约他去青龙会馆有要事相商。

胡雪岩一听，便有几分发毛。杭州人都知道霍老大的青龙会馆底细，不外是三教九流、无业游民的消遣场所，正经人家绝不踏进门半步。但胡雪岩不能拒绝邀请，弟兄们刚刚助他一臂之力，论理也应投桃报李、登门致谢。

霍老大穿过厅房，来到后房，屋里有个后生小子见到两人，悚然而立。霍老大叫胡雪岩坐下，唤后生道："李六子，快给恩人叩头。"后生趋前几步，扑通一声下跪，口里叫道："恩人在上，受小子一拜！"

慌得胡雪岩站起来，后退不迭，连声说："不敢当，不敢当，这算怎么回事儿？"霍老大说："李六子，你快起来，有胡大哥做主，说吧。"

李六子自称是霍老大的远房侄儿，家在安徽当涂，不久前与人口角，言语不合，负气抽出匕首，捅了对方几刀，当场毙命。官府缉拿凶犯，李六子仓皇出逃，对方是公子哥儿，买通衙门，拘捕李六子父母下狱为质，单等凶手投案自首，方可开释。胡雪岩听了十分为难，道："我一无官二无权，不过小伙计，能帮你什么？"

李六子磕头如捣蒜，口里说："若能借得大哥500两银子，买通知县大老爷，放了我父母，便是恩重如山，来世变牛做马，结草衔环，定当图报。"胡雪岩蓦然省悟，原来想赚他讨的账。这帮兄弟敲诈勒索、认钱不认人，没想到竟把主意打到自己头上。胡雪岩强忍怒火，对霍老大苦笑道："那笔银子，我已交到柜上入账了。"霍老大蓦地变了脸色，发急道："那是一笔呆账，钱庄并不抱希望，可还可不还，你怎么如此傻气？"

李六子站起身，泪水涟涟，哭道："胡大哥若能相帮，小子终生不敢忘恩，若有出头之日，加倍相报，不信，愿以血为证。"说罢，抽出匕首，往腕上一划，顿时血流如注，滴了一大摊。惊得胡雪岩倒抽一口凉气，半天说不出话来，他懂得青龙会的规矩，分明以血暗示：若不相从，白刀子进，红刀子出！胡雪岩知道事态严重，从袋里掏出一张借据，用哀求的声调对霍老大说："实不相瞒，银子已借给候补王老爷，北上投供去了，收不回来。"

霍老大双眼瞪得铜铃般大，反复将借据看了几遍，冷冷道："哦，胡老弟攀上高枝儿，顾不得兄弟们了。"胡雪岩申辩道："王老爷补实缺只在早晚之间，就差一把火候，若是他将来有个前途，弟兄们叨扰他的日子还多呢。"这话合情合理、冠冕堂皇，霍老大无法留难，他照李六子屁股上踢了一脚，喝道："去去去！"李六子委委屈屈溜出门。这出假戏到此落幕。胡雪岩暗自庆幸，幸亏自己早有准备，代王有龄写下一张借据，以防事情穿帮后有个交代，不想果然派上用场，躲过一难。

霍老大客客气气，把胡雪岩送出会馆，待他身影刚刚消失，立刻唤来一个小兄弟，在他耳边嘀咕几句。小兄弟会意，尾随而去。霍老大在杭州街头，从来飞扬跋扈、横行霸道惯了，无人敢拂他心意。胡雪岩此举无疑扫他一个大大的面子，心犹不甘，但胡雪岩并未入青龙会，不能照帮规处置，所以霍老大打算给他一点儿厉害看看，让他吃吃苦头。

果然，过了两天，老板又唤胡雪岩上楼，这回既不叫他落座，又不沏茶，见面劈头就问："那 500 两银子的呆账，怎么回事？"胡雪岩早有准备，将借据恭恭敬敬奉上，说："是我错了，见王老爷可怜，擅作主张，把银子借给他打点去了。"

"好呀，真有你的，"老板咆哮道，"偌大一笔银子，借给穷酸鬼，几时能还清？谁人作保？"

"就算我给他作保，还怕跑了吗？"

"你算什么东西？"老板轻蔑道，"一个小伙计，还值不了 500 两银子呢，有什么资格作保？给你一点儿面子，就不知姓甚名谁，居然越俎代庖，当起老板来啦！"

胡雪岩又气又恨，心里十分难过，原来老板平日的笼络，不过利用自己而已，在老板心目中，实在一钱不值，这些年对老板的忠心，竟不值500两银子，真是令人寒心！他平静地对老板道："银子终归借出去了，老掌柜若不放心，就在我每月的薪饷里扣除吧。"

老板冷笑道："擅作主张，胆大妄为，坏了帮规，还想赖着不走？另寻高就吧！"话说得明白，毋庸置疑，卷铺盖走人吧。

胡雪岩蒙了，没想到会招致如此严重的后果。他想开口讨饶，自尊心不允许，老板一脸冰霜，丝毫没有宽恕的神色，十来年的交情消失殆尽，无影无踪。胡雪岩心中痛楚、万箭穿心，他咬咬牙，罢了，此处不养爷，自有养爷处，头也不回离去。胡雪岩背着铺盖卷儿，在伙计们幸灾乐祸的目光中走出"信和"钱庄大门，心中暗暗发誓：等着瞧，有朝一日我要当老板，开一间比信和还要大的钱庄！

胡雪岩走出信和钱庄，一时感到茫然，不知往哪里去。左思右想，唯有重操旧业，做钱庄伙计，才免衣食之虞。好在杭州城里钱庄有上百家，一个信和钱庄走红的讨账伙计，不愁找不到饭碗。

主意打定，胡雪岩肚里排定了几家场面大的钱庄，先奔"庆隆"钱庄而来。庄隆钱庄规模并不亚于信和，与信和是行业上的冤家对头，老板是浙江巡抚的内亲，后台很硬。胡雪岩找到庆隆钱庄老板时，老板故作惊讶道："啊呀，信和最能干的伙计，怎么会放你出来？"乃至听胡雪岩陈说一番理由后，又紧皱眉头，为难道："行情不好，生意难做，钱庄人手已经富余，胡先生来此，本应竭诚欢迎，奈何没有缺位，委屈了你这把好手。"

"没关系，扫地抹桌子上铺板，这些活儿我也能做。"

"那怎么行？屈了胡先生的才，传出去教同行笑话，唉，庙小难容大神，老朽爱莫能助，还望胡先生见谅。"话说到这步，门已关死。胡雪岩无话可说，只得告辞。

正想着，不提防和人撞了个满怀，仔细一看，原是庆隆的讨账伙计阿原。“雪岩，你怎么了？一副丧魂落魄的模样？”阿原不胜惊讶。同行老板是冤家对头，伙计们惺惺惜惺惺，相处彼此十分友好。胡雪岩把刚才的事述说一遍，阿原直言相告：“你的事，钱庄同行们都知道，我家老板并不相信真有这回事，他说，平白无故把500两银子交给别人，莫不是疯了？八成是你逛窑子赌钱，把银子荒唐完了，编一套谎话蒙骗东家。老板还告诫大家，做人要老实，切莫迷了本性，自毁前程，胡雪岩便是例子。”

胡雪岩如梦初醒，原来行业中人，无不眈眈相向，一有风吹草动，顷刻刮遍全城。自己顶着如此恶名，谁家老板还敢聘用？

阿原劝慰道：“你的为人，大伙儿都清楚，只当老板胡说八道，乱嚼舌头，谁肯相信？不如再另找一家善心的老板，或许还有希望。”

胡雪岩摇摇头，在钱庄待了十多年，深知老板们的厉害，行业中有条不成文的规矩：若哪家伙计因偷拿盗骗被赶出门，同行任何老板都不得收留，视作共同敌人。这规矩不单杭州城，乃至全省、全国都有约束力

阿原同情道：“要是那位王老爷还有良心，做官发了迹，回来替你还了那笔钱，洗雪了你的冤屈，我们东家一定会欢迎你的。”

只盼如此了。胡雪岩从心底默默念道：“王有龄呀王有龄，你现在何方？但愿你一帆风顺、如愿以偿，我胡雪岩才有出头之日！”

朋友之间的真情实意，原本可以传感千里，飞越关山，互相维系。

就在胡雪岩满腹委屈，走投无路濒临绝境，向王有龄发出热切呼唤的同时，安卧北京浙江会馆热炕头的王有龄，忽然眼皮跳动，耳根发烧，心神不定。他惊讶莫名：莫非好友在背后议论，说我只顾在京师享福，忘了友情？王有龄索性坐起身子，理理紊乱的思绪，回想几天来的奇遇。

如果说胡雪岩正败运，那么王有龄恰恰来红运。

王有龄乘舟北上，恰遇秋风强劲，鼓帆奋进，一路通畅，没几天到了通州，舍船乘轿，直达京城。进城后，找到浙江会馆，安顿好食宿，顾不得赏玩京城秋景、西山红叶，直奔吏部投供。孰料到吏部投供的候补人员逾千人，吏部应接不暇，花钱运动关节，还要轮班排队，不知等到猴年马月。王有龄心急如焚，一筹莫展，有一天出门奔走，时至晌午，又饿又累，加之精神紧张，竟一下子跌倒在大街中心起不来。围观者正议论纷纷，忽然一乘绿呢大轿走来。开道的戈什哈喝散人群，发现有人昏厥在地。坐轿的原是户部侍郎何桂清，新近放了江苏学政，正赶往朝中陛见。他是个和气善心的官儿，见状亲自下轿观看王有龄，越看越眼熟，不禁脱口而出："王公子！"刚刚苏醒的王有龄见一位二品顶戴的大官儿注视自己，正要打千下跪，听他呼唤，斗胆看他一眼，也惊讶道："桂清，是你！"一段缘分，应在马路上。

原来，王有龄小时候，曾随父亲到云南曲靖府知府幕下混饭吃，门子老何的儿子何桂清聪慧伶俐，和王有龄同塾发蒙。论起身份，何桂清不如王有龄，称他为王公子，但两人交情很深，常同去同回。后来知府调迁，王有龄父子回福建原籍，从此与何桂清天各一方，断了音讯。何桂清天分极高，读书用功，科考屡屡中榜，由秀才、举人乃至点了翰林，做到户部侍郎，又受皇宠，圣眷正隆，新近放了江苏学政。当下两人寒暄唏嘘，一同回到何宅，叙谈同窗之谊。何桂清极重感情，有心要帮助老同学，当即赠银一千两，供王有龄四处打点，又写下几张条子，吏部侍郎一张，浙江巡抚一张，竭力保举王有龄，无非"胸有韬略，才堪大用"之类赞语。

王有龄得何桂清资助，即大肆活动，不几日，花银子加捐为候补州县，分发浙江，拿了一张簇新的"部照"和交银收据，打点回程，到杭州候补。浙江巡抚黄宗汉与何桂清私交极好，新近又因为一桩满人命案需要何桂清援手帮助，所以十分看重何桂清的荐条。没几天，委他做浙江海运局坐办，主管海上运粮事宜，是个很有油水的差事。

王有龄时来运转，身登宦门，欢喜之余，不禁想起恩人胡雪岩。他曾差人到信和钱庄寻找，未见到人，又派人四下查访，仍黄鹤杳然。王有龄思念愈切，望着天空呼唤：雪岩老弟，你在何方？

胡雪岩哪能听见王有龄的呼唤，衙门深似海，落魄的胡雪岩不能踏进衙门一步，当然不知道海运局坐办大老爷姓甚名谁。一天下午，王有龄公干已毕，闲得无聊，动了寻花问柳的念头，带上随从张保，来到杭州城有名的长三堂子"醉花院"。鸨母见来人乘蓝呢大轿，气势不凡，知道好买卖上门，便满脸堆笑，嗲声嗲气上前问候："哎哟，哪股风把大老爷吹来啦！"又向院里高喊："牡丹，快来见大老爷！"

到了后院一间书房，兰香袅袅，陈设雅致，琴棋书画俱全，格调与前院迥异。王有龄在紫檀螺钿太师椅上落座，感到十分惬意。门外响起轻微的脚步声，人未进门，莺声先到："老爷久等了。"接着，一个绝色女子悄然走来，身段婀娜，薄施粉黛，气质高雅，令王有龄眼睛一亮，脱口赞叹："好一位红粉佳人。""老爷过奖了，"莺转燕啼，楚楚可人，王有龄心神荡漾、魂不守舍。牡丹姑娘见王有龄一表人才，心里便有几分喜欢，着意巴结趋奉，令王有龄乐不可支，快意无比。两人推杯把盏，吟风弄月，忘乎所以，不知夜色深沉，更残漏尽。临了，抱红倚翠，效巫山云雨，欢娱无比，沉沉睡去。

不知什么时候，窗外黄莺啭鸣，惊醒王有龄，见天已大亮，再看牡丹姑娘，似醒非醒，梨花带雨，娇美可爱，不禁爱意顿生，抱住调笑一回，二度前曲。这时，门外响起敲门声，王有龄叫声进来，一名小厮端着铜脸盆，请他洗脸。两人目光相对，都愣住了。原来胡雪岩与王有龄闯个对面，吃了一惊，差点打翻脸盆。王有龄惊讶道："你，怎么在这儿？"胡雪岩也道："你，怎么？"其实不言自明，来嫖牡丹姑娘的嫖客莫不是商贾官宦，有钱的大爷。

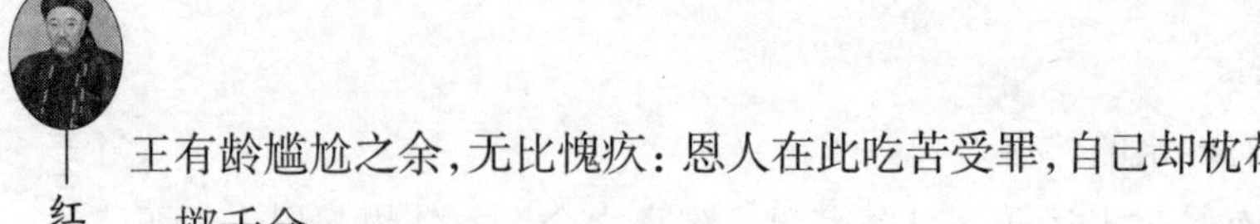

王有龄尴尬之余，无比愧疚：恩人在此吃苦受罪，自己却枕花眠柳、一掷千金。

王有龄一把抓住胡雪岩："老弟，我找得你好苦。"胡雪岩也潸然泪下："王兄，我等得你好苦。"两人迫不及待，互诉别情。原来，胡雪岩四处求职，一无所获，幸亏"醉花院"有个旧相好，介绍他到院里做名小厮，侍候牡丹姑娘。长三堂子的姑娘已被人看轻，小厮的地位更加低下，稍有侍候不周，姑娘和嫖客非打即骂。胡雪岩在辛苦劳作之时，听到嫖客与姑娘在鸳帐中寻欢作乐的娇声浪语，心里真不是滋味儿，他忍辱负重，咬着牙坚持下去，没想到会遇到王有龄。

"雪岩，这儿不是你待的地方，快随我去！"王有龄拉着他向外走。这一霎间，胡雪岩笑逐颜开，心里想，老天保佑，这一宝押准了！

牡丹姑娘呆望着他俩的背景，弄不明白是怎么回事儿。

真情挖来神算子

胡雪岩帮助王有龄主持海运局运粮事务，又暗中操纵蒋兆和维持信和钱庄，双管齐下，自然财源滚滚来。不到半年，总计得到两万余两银子。面对有生以来这一大笔财钱，胡雪岩的心思又活动了。他想起自己做了十多年钱庄伙计，还没尝过当老板的滋味，现在财大气粗、靠山稳固，时机到了，应当出面办一家钱庄，在杭州城撑起自己的棚子。

想着，便同王有龄商量。王有龄在海运局干得顺手，新近又风闻抚台大人要补自己的实缺，外放地方官是迟早的事儿，官运既亨，财源必盛，银子积蓄多了，正该用在恰当处，生出更多利息。办钱庄，两人一拍即合，粗算一下，钱庄号称底金 30 万两银子，至少应该有 10 万两做本钱，而两人手边存有不足 5 万两，即使把海运局公款存入钱庄，家底也不甚丰厚，头寸难调，便没有声誉。胡雪岩深知钱庄的信誉有如命根，招牌硬的钱庄，即使底金空了，老板稍作表示，同业公会便会调头寸相助，帮渡难关；而新开钱庄招牌不响，只有靠自己的本钱实进实出，渐渐打出信誉了才肯有人相帮。

两人盘算了很久，还是资金太薄，门面不硬。王有龄有些泄气："这事容我补了实缺再说吧。"胡雪岩忽然跳起来道："就冲你这句话，钱庄非马上开张不可！"

"为啥？"

"大哥细想，钱庄开办起来，谁都知道是我们两人的，现在开办，尚无人说闲话，将来大哥放了哪县哪府实缺，银子大把进，又有公款解省，那时再办钱庄，树大招风，财多招妒，正好授人以柄，说大哥横征暴敛，损公肥己，参上一本，岂非吃不了兜着走？"

王有龄细想，竟出了一身汗，道："老弟说得有理，当办则办，由你拿主意吧。"

胡雪岩咬咬牙："量小非君子，无毒不丈夫，只好对不住蒋兆和。"

"你打算怎样治他？"王有龄兴趣盎然。

"请他退股金，给我们输血。"

"那样的话，信和必然垮台，他只有死路一条。"王有龄不无担心。

胡雪岩想想说："不会，他要的是面子，我要的是银子，各取其一，相安无事。"

"银子没有了，还谈什么面子？"王有龄不解。

"大哥放心，且看小弟手段。"

胡雪岩筹划已定，来到信和钱庄。

胡雪岩吩咐伙计抬走约莫 7 万两股本银，回头看看瘫在柜前的蒋兆和，笑道："不管怎么样，你总还是信和的老板嘛。"言外之意，当年你把我逐出庄门，连伙计的饭也吃不成，孰善孰狠？蒋兆和明白，自己从此生不如死了。

开钱庄必得有几个得力伙计，柜台挡手尤其重要，杭州城十

几家钱庄中，能干的挡手只有几个，其中名气最响的要数“永康”钱庄挡手李治鱼。

李治鱼的身世与胡雪岩相同，也因家贫，少读书，自幼进钱庄学徒，从小厮、伙计、挡手一步步提起来，对钱庄业务十分熟悉。他尤其精于算术，口算神速，曾有同行用算盘同他比试，对方看着账本噼里啪啦尚未拨完珠子，他已提前报出数字，且毫厘不差。人们惊叹为“神算子”，称李治鱼为“神算李”。神算李过目不忘，记忆力惊人，钱庄积年老账，高齐屋梁，尚要查看，不劳动手，只问神算李年月期号，他便一口报出，清楚明白，从无谬错。神算李在钱庄是块宝，与胡雪岩并称钱庄双璧。同行提起“永康李，信和胡”，无不啧啧叹服。

也许各有仗恃，李治鱼同胡雪岩并无交情，且互相侧目，都不服气。有时偶尔相遇，不是反唇相讥、刻薄挖苦，便是抬头望天，冷脸相看。但胡雪岩此时需要他，肚量大了许多，不再计较他的小气。麻烦的是如何把“神算李”这块宝从“永康”钱庄挖过来，定在自己的钱庄里。

此事不易办到，永康钱庄老板赵得贵为人厚道，待伙计不薄，尤其视李治鱼为亲生儿子一般，薪饷优厚，敬为上宾，据闻有意把独养娇女玉菡许配给他，招赘为婿。李治鱼事实上已成了永康钱庄老板，岂有跳槽的道理。

蓦然，他脑子里跳出一个人来，喜得大腿一拍：就是她！

急忙来到杭州一个僻静处，寻着一家院门拍开，一个油头粉面徐娘半老的妇人见了胡雪岩便叫道：“哎哟！讨账的人来啦！”“马二姑，今天不讨别的账，只为一桩人情账。”胡雪岩笑嘻嘻地进了门。马二姑是杭州城有名的媒人，常周旋于达官贵人、太太小姐之间，拉纤说媒、撮合姻缘，胡雪岩曾向她讨过账。

马二姑瞅他一眼，调侃道：“又瞧上哪家的姑娘，要讨来做姨太太？作孽！”

胡雪岩道：“抚台黄大人的三姨太因家事想不开，吞金而去，黄大人悲恸万分，几乎不理公事，大家张罗着给黄大人另说一门亲，以慰枕边寂寞。”

马二姑愣住了，给抚台大人提亲说媒，可是天大的面子。“黄大人纳妾，姑娘家的门楣不能低，不知谁家姑娘有这样的福气？”

“全杭州好人家的姑娘都在你脑子里装着，还能难到哪里去？”胡雪岩恭维道，“选那快出阁的，模样儿看得上眼的姑娘，黄大人若是喜欢，少不了你的好处。”

马二姑心花怒放，屈指细算：“永康钱庄的赵老板女儿玉菡正当年，才貌双全，但又听说……”

“听说什么？”胡雪岩急切打断她的话问。

“听说赵老板有意招神算李为婿，故玉菡一直未聘人家。”

“只要新人未入洞房，此事还可再议。”胡雪岩提醒道。马二姑点头称是：“黄大人封疆大吏，多少人家巴望高攀，玉菡娶过去，赵老板一步登天，成了抚台岳丈，妒煞许多人。”

两人商议已定，胡雪岩马不停蹄，直奔抚台衙门。你道胡雪岩胆大包天，竟敢未和黄巡抚商量便擅自做主？原来黄大人好色成性，与王有龄、胡雪岩常在勾栏瓦子吃花酒、枕牙床，成了熟悉的嫖友。胡雪岩曾向黄巡抚打包票，替他寻一个出色的杭州姑娘做姨太太，一直未物色定，不想今日念头一转，正应了这桩姻缘。

门子通报进来，黄巡抚立刻传见，听了后眉开眼笑：“果如老弟其言，本大人立刻补你实缺。”胡雪岩叩谢再三，黄大人吩咐开 500 两银票做聘金。交马二姑前去赵家说媒。

马二姑有巡抚大人做主，脚下生风，飞快来到永康钱庄，面见赵老板夫妇，说起来意，两口子都傻眼了。本来，玉菡已到出阁年龄，媒人纷至沓来，赵老板有心招婿，笼络神算李，保住钱庄生意，故放出口风，谢绝了媒人。没想到，巡抚黄大人竟中意小女，欲娶为妾，白花花的 500 两聘银耀眼夺目，这事并非儿戏。

赵老板心眼活动，飞快盘算：神算李再好也是伙计，出身低微，赵太太还有些犹犹豫豫，她近来已把神算李当女婿待，好得

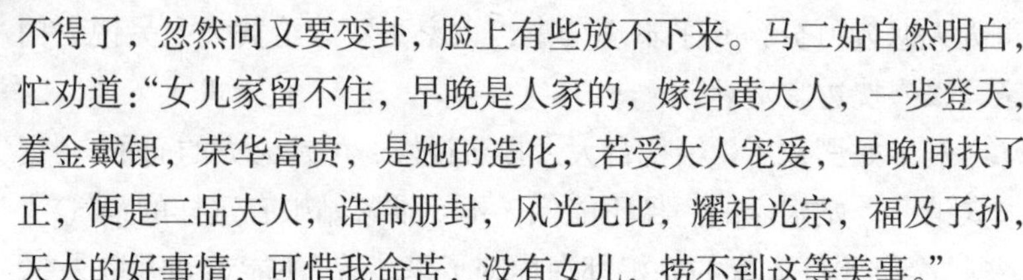

不得了，忽然间又要变卦，脸上有些放不下来。马二姑自然明白，忙劝道："女儿家留不住，早晚是人家的，嫁给黄大人，一步登天，着金戴银，荣华富贵，是她的造化，若受大人宠爱，早晚间扶了正，便是二品夫人，诰命册封，风光无比，耀祖光宗，福及子孙，天大的好事情，可惜我命苦，没有女儿，捞不到这等美事。"

一番如簧巧舌，说得赵太太默默无语，谁家母亲不疼女，自然要替女儿前途打算。

此事已定，马二姑喜滋滋赶回抚台衙门报喜讯儿，讨要口彩。黄大人夸她能干会办事，赏了5两银子。两家按部就班，各自行事，不出半月，娶期已临。一乘花轿儿，几个吹吹打打人，将玉菡姑娘抬离赵家，直往抚台宅院。因为娶妾，并非正室，所以免了不少礼数。黄巡抚只请了几桌至亲好友、幕僚同事，胡雪岩也在被请之列，令他喜出望外：若非斡旋此事，以区区候补县员，怎有资格添列酒座，与抚台举杯对酌？这可算是意外的大收获。

黄大人抱红偎翠、与玉菡共赴高唐，行云播雨，大做巫山好梦时，可怜神算子李治鱼，一场招赘美梦顷刻成泡影，只得躲到小酒店猛喝闷酒，借酒消愁。

胡雪岩看在眼里，喜在心头，他的如意妙算已走对了一半，不怕神算李跳出他手掌心。

玉菡姑娘出阁后，李治鱼如遭霜打的瓜秧，病恹恹地无精打采。赵老板自知有愧，也不来管他。主仆之间，便不如前，关系疏远了许多。

有一天，藩司陈师爷前来永康钱庄存银，临收银票时，直嚷不合数，少了800两的票子。李治鱼再三申辩已全数付给，陈师爷只是不肯，吵闹起来，惊动陈老板，一看不是小数目，忙核查账目、对证银票，希图找出纰漏之处。不知怎的，神算李此时却失掉记忆，结结巴巴答不出账数。赵老板查不到原因，只好自认晦气，补足陈师爷银票，心痛了好些天。

又有一次，一个外地人风尘扑面、行商打扮，来到永康钱庄，点着名字找神算李。恰巧神算李因公外出，那人口口声声说有重要物件转交。赵老板亲自接待，费了许多口舌，才弄明白此人远在云南，和李治鱼合伙做药材生意，近来获利，特奉送利银，并留下一包袱银锭。赵老板气得发昏，打开包袱一看，足足上千两雪花银。伙计私下做生意，为钱庄行业大忌，说明对主人不忠，有借钱庄发财的嫌疑。待李治鱼回来，赵老板严加盘询，李治鱼竟矢口否认，一问三不知。主仆之间，从此有了嫌隙。

便有好妒者向赵老板耳边叽咕：神算李做不成赵家女婿，想必记恨在心，有了别意。赵老板深信不疑，暗中提防。合该李治鱼败运，时近深冬，天寒地冻，这晚由李治鱼当值，为抵御寒气，在室中生火取暖。朦胧中忽被响声惊醒，见屋内火光冲天，烟雾弥漫。邻居一齐救火，好容易扑灭，门面已焚烧大半，积年的账册也付之一炬。赵氏夫妻痛心疾首，呼天抢地，把一腔子怨恨都泼到神算李身上。李治鱼见老板翻脸无情，一跺脚，头也不回离开永康钱庄。于是谣言伴着神算李一路散播开来：李治鱼暗算老板，亏空太巨，做假账糊弄赵老板，唯恐被查坐牢，纵火烧毁积账，来个灰飞烟灭无对证。

如此险恶的用心，本事再大的挡手，走遍天下钱庄，东家也没有敢用的。于是李治鱼的下场，比当年逐出信和的胡雪岩还要糟糕透顶。不但没有人替他洗雪冤屈，疑云愈积愈重，像一座大山压在他头顶，令他喘不过气来，被置于死地。李治鱼空怀绝技，在杭州街头流浪，无处收留，屡遭白眼，又气又急，看看囊中空空，只得含泪到乡下投靠亲友。

这日，李治鱼在崎岖山道踽踽而行，冬雪皑皑，遍山披素，他衣衫单薄，肚中饥饿，挣扎着来到一座土地庙，只觉天旋地转，脚下一软，扑通倒在墙角，便无力再爬起身。不知过了多久，隐约听见耳边有轻声呼唤："李师兄、李师兄。"睁眼一看，身边有两名汉子搀扶着自己，眼前一碗热气腾腾的鸡汤。不远处站着一个主人模样的男子，头披棉猴，身着貂皮大氅，脚蹬云纹绣花高靴，

十分富贵气派。

“李师兄，还认得小弟吗？”听着耳熟，李治鱼定神一瞅，脱口而道：“你不是信和的胡雪岩吗？”

胡雪岩看着自己亲手导演的这幕悲剧，得意万分，几乎笑出声来。人生不过游戏，自己俨然是个高明的游戏大师，玩弄他人如股掌之间，眼前再加一点儿劲，神算李便为我所用。想罢，胡雪岩做出悲恸欲绝的模样，顿足道：“小弟恰路过此地，要去乡下拜访故人，不想遇到师兄病倒在此，真是意想不到。”

李治鱼咬牙切齿道：“都是姓赵的不仁不义，翻脸无情，害得我无处吃饭，此仇不报誓不为人。”

胡雪岩道：“君子报仇十年不晚，你我师兄弟钱庄出身，身怀绝技，却为他人作嫁衣，到头反被一脚踢开，这账早晚要算，师兄且随我来从长计议。”

一行人来到一家路边小店，胡雪岩叫来一个羊肉火锅，一盘白斩鸡，一盘猪头肉，另有粉皮花生几样佐酒菜，满斟花雕，请李治鱼先饮。李治鱼也不客气，几杯酒下肚，恢复了体力。

胡雪岩问：“李师兄，到乡下有什么好活计？”

李治鱼叹道：“无非割麦插秧，笨重农活，只求果腹而已。”

“可惜一身银钱绝技，却派不上用场，难道就这样英雄末路，委屈一生吗？”

“恶名在外，谁还敢雇咱，只好认命啦。”

胡雪岩目光炯炯，逼视他道：“若有人相信师兄的为人，不信邪说诬陷，请师兄回钱庄主掌挡手，你意下如何？”

李治鱼疑惑道：“真如此，便是重生父母、再造爹娘，亦不为过，但谁如此大胆，敢违抗同业大会的意愿。”

“此人远在天边，近在眼前，便是小弟我。”

“果真？”

“小弟与师兄同业同行，英雄识英雄，惺惺惜惺惺，对师兄向来极为敬佩，今日愿请师兄主掌钱庄，共同干一番事业。”

李治鱼愕然道："你在说诳语？开钱庄哪来这许多本钱？莫非劫道发了横财不成？"

胡雪岩笑道："不瞒师兄，小弟自离开信和后，与一位贵人结为好友，受他委托办一家钱庄，正缺好手，师兄如不弃，可来做个挡手，如何？"

李治鱼方知是实，绝境之中，如从天上掉下的一桩美差，求之不得，如何不肯？当下便感激涕零，要给胡雪岩跪谢大恩。胡雪岩忙扶住他说："自家弟兄，不必如此拘礼，今后务必同舟共济，共兴钱庄大业。"又掏出一个 2000 两的折子给他，说，"从现在起，师兄便是阜康钱庄的挡手，每月定饷 10 两，年底另有花红，这折子拿去，随取随用，定房子、雇伙计、购什物，任你支配，不够再说一声，我时时补上。"

一番真言实语，慷慨大度安排，令李治鱼心悦诚服，高叫道："雪岩老弟不必多虑，只看咱神算李手段！"

胡雪岩道："从此以后，咱弟兄俩如同一根线上的蚂蚱，同呼吸共命运，吃香喝辣，都在一块儿。"他内心明白：在钱庄事业基础上，奠下一块无价之宝。

甘为朋友两肋插刀

天色微明，新城知县徐耀辉尚在睡梦中，发出轻轻的鼾声。突然，他伸出双手在空中乱抓，嘴里惊恐地发出哀号："放了我，放了我！"仆人急忙踏进卧房，急切呼唤："老爷，老爷，醒醒！"

徐知县霍然梦醒，睁开眼望望四周，心有余悸，气咻咻地问道："我在哪里？""老爷在做梦吧。"徐知县才放下心来：原来是南柯一梦。然而这梦做得太不美妙，徐知县恍惚觉得两个鬼样的差役，提了明晃晃的脚链手铐，对他怒喝道："汝负债累累，惊动阎王爷，特受命来捉汝前去对质。"徐知县拼命辩解，全不管用，被差役套了颈脖狠命拖走，他抵死不从，奋力挣扎……

徐知县心惊肉跳，郁郁寡欢，不知有多少次做噩梦，从梦中

惊醒。没有官，盼做官，做了官，滋味竟如此难受，他有些后悔当初真不该举借巨债，一心求官，以致弄到如此地步，平添了许多烦恼。

徐知县胡思乱想，不觉过了许多时辰，忽然门外响起脚步声，他下意识往被窝里缩，心里叫苦："天呀，该不会是讨债鬼上门来了。"

一颗枯槁人头伸进门，徐知县顿时放下心，师爷杨先生满脸堆笑，向他打个问好，道："时辰不早了，请老爷升堂问事。""不去，"徐知县断然回绝，"今日本县令身体不适，改日再议。"

杨师爷眼睛骨碌碌转了几下，说："别的日子，老爷不去也罢了，今日这大堂，老爷不去不妥。"

"为什么？"徐知县瞪圆金鱼眼问。

"本县农户陈山豹抗粮不交，已被差役拘拿到堂，老爷应该用心审理，防止此风蔓延，致成抗粮潮起。"

徐知县不由得打了个寒战："抗粮不交，岂不断了我财路，士可忍，孰不可忍。"他跳下床来，动作麻利，穿戴已毕，和师爷匆匆往大堂去。

"谁是陈山豹？"徐知县威严地喝问。陈山豹挣挣身子，昂起头硬挺挺一声答道："是我！"徐知县见他身子壮实，剽悍粗犷，声如洪钟，便有几分内怯，心里说：此人不好对付。"交税纳粮，本是朝廷所定，顺民百姓，理当好好遵守，你为什么抗粮不交，该当何罪？"

陈山豹咬牙切齿道："旧粮已纳，新谷尚在田中，拿什么来交？"徐知县明知理亏，他急于求成，下令提前3月交纳新粮，农户叫苦不迭，徐知县毫不通融：你不交粮，我哪有钱还债，每日派差役四处逼收，闹得民怨沸腾，群情激愤。

徐知县见陈山豹如此倔强，顿时火冒三丈，决心拿他示众，以儆效尤，便喝道："大胆刁民，敢顶撞本县令，来呀，大刑伺候！"

他吩咐差役重打一百大棍。旁人一听都暗暗咂舌：棍子里都灌了铅，打在身上，轻则骨折筋断，重则一命呜呼。陈山豹今天万难活命。

差役们正要施刑，一个女子披头散发、哭号着奔上堂，她抱住陈山豹叫道："要打，打我好了。"原来是陈山豹的妻子王氏。

徐知县见王氏粗布陋衣、面容悲戚，却有几分颜色，心里暗暗称奇！如此粗鄙村夫，竟有这等艳福。待要下令动刑，又有几分怜香惜玉的意思，一时踌躇难定。杨师爷在旁见了，有些乖觉，向徐知县递个眼色，小声道："打坏了同样收不到粮，何苦来呢。"徐知县立刻省悟，厉声道："顽冥刁民，死不悔悟，抗粮便是抗上，犯上作乱，罪及全家，来人，将刁妇一齐拿下。"

差役们上前抓住王氏，陈山豹虽然倔强，却很爱妻子，见王氏吃苦头，心便软了，叫道："放开她，我交就是了。"

徐知县冷笑道："凭你一句话，本县令怎肯相信，以什么为保？"

"我？"陈山豹茫然地看看左右旁观的人们，无人敢出面替他担保。陈山豹一贫如洗，谁也不愿惹麻烦。

杨师爷道："依老朽所见，不如拘押王氏在衙，让陈山豹去筹粮，一手交粮，一手取人，两无纠葛。"

徐知县连声说好，当场放了陈山豹。陈山豹见妻子被拘押，无可奈何，恨恨地跺几下脚，下堂去了。

徐知县退堂后，踱到王氏面前，仔仔打量，见她衣衫褴褛，遮不住肤白如雪，泪眼迷离，掩不住两潭秋水。正看得发呆，杨师爷过来道："此等尤物，不如老爷自己享用？"

"不是说一手交粮，一手交人吗？"徐知县有些诧异。

"陈山豹穷无立锥，一贫如洗，绝对拿不出粮来，凭他一身蛮力，必定纠集顽民来抢妻，与其平添风波，不如将她卖到风月场上，所得身银抵了粮款，亦不怕陈山豹来劫人。"

徐知县恍然大悟，王氏年轻貌美，风韵犹存，风月场中也属中上的货色，如果说陈山豹还有什么财产的话，王氏便值几两银子。徐知县拍掌叫好，当即唤来"香春院"老鸨，一番讨价还价，

20两银子的身价，把王氏卖了。

徐知县与杨师爷分了银子，扬扬得意，自以为办了一件漂亮的事，不知杀身之祸就在眼前。

陈山豹回到家，早有一帮要好的弟兄聚拢来，商量对策。有的提议劫狱救人；有的主张借粮赎妻。陈山豹强压怒气，担心妻子安危，东拼西凑，筹到一笔粮款，送到县衙。差役不让进衙，揶揄道："你的老婆正在香春院快活自在呢！"

陈山豹一听，犹如惊雷炸响，撒腿直奔香春院。香春院大门紧闭，陈山豹擂了一阵，才有一个老头儿懒洋洋地探出头来，呵斥道："干什么？"

"找我的老婆！"陈山豹怒吼，像一头发狂的豹子。

老头儿是鸨母的丈夫，见陈山豹杀气腾腾，不禁胆怯，问："谁是你老婆？"

"王春枝，快把她放出来！"

老头儿更加惊慌，支支吾吾，说不出个所以然，末了，干脆将大门一关，不再理睬陈山豹。这时，陈山豹的弟兄们赶到，带来确切消息，徐县令已把王氏卖了20两银子，抵作粮款。陈山豹悲愤交集，怒火攻心，一脚踢翻门前的石狮子，用尽平生力气，将石狮高高擎起，一声巨响，大门被砸烂。众人一声吼，拥进香春院，逢人便打，见物就砸。陈山豹抓住老鸨，叫她交出王春枝。老鸨战战兢兢道："她昨晚，想不开，跳井自尽了。"原来王氏正经人家，不甘为妓，乘客人疏忽的当儿，一头扎进井中。众人七手八脚，打捞出王氏。陈山豹抱住妻子的尸首，摧心裂肝叫道："春枝呀，我要替你报仇，杀死那狗官！"

众人义愤填膺，群情激昂，有人放了一把火，哔哔剥剥燃起来。浓烟滚滚，直上云霄。香春院成了一片火海，昔日销金风流窟，顿时化作生死场。

陈山豹振臂高呼："烧了这院，不是死也是死，今日豁出去，官逼民反，不得不反，有种的跟我来，杀了狗官，占了县城，痛痛快快干一场！”

他的朋友多是穷苦百姓，平日饱受差役敲诈盘剥，早已憋了一口气，听陈山豹此话，如泼油干柴着火，都七嘴八舌呼应道：

“杀那狗官，出口鸟气！”

“这世道活不下去，学学长毛，寻个眼前快活！”

“有难同当，有福同享，大碗喝酒，大块吃肉，论秤分金银，干哪！”

人们发声喊，随手抓起钉耙、锄头、木棍、桌腿之类，向县衙冲去。守门的差役不识好歹，上前刚要阻拦，被盛怒的人们一拥而上，砸成肉泥。其余差役见势不妙，逃之夭夭。

“冲呀，杀呀！”

愤怒的人们冲进后院，徐知县情知不妙，包裹了金银细软，刚要逃出后门，被陈山豹赶到，兜头一棍，脑浆迸裂，立刻毙命。

早有消息传到湖州府，知府王有龄大惊失色，他是文官，不谙军事，急忙派了一个营官，率州兵五百，前去新城弹压。不料队伍才到新城郊外，便中了陈山豹的伏击，州兵大败，非死即伤，人马折损大半。王有龄又气又急，便要向上面递折呈，请求抚台拨兵支援。幕僚中有个师爷，名叫涂松坡，头脑机敏，处世干练，见事不谐，出面提醒道：

“王大人是大动干戈呢，还是息事宁人？”

王有龄顿足道：“那还用说，当然是息事宁人最好！”

“对了，如今百姓造反，屡见不鲜，比比皆是，朝廷对策不外乎是两个字，剿和抚。正逢战乱，百姓易受蛊惑，民气正旺，朝廷忙着对付太平天国、捻军起义军，穷于应付，拿不出重兵帮助地方平乱，王大人若一个折呈上去，上头无非‘严令剿匪、勿使姑息’之类，并无半点实际表示，以湖州区绿营旗兵，面对万千烈火热油之众，怎能平息造反？到头来，贼众声势更添，打进州府来，王大人守土有责，不能弃城出逃，只好玉石俱焚、落个尸骨无存。”

一番话说得王有龄心惊肉跳、猛然省悟，千里做官只为钱，眼看官运正亨，太平几年便可满载而归、衣锦还乡。如今偏逢乱民造反，若身陷战火不能自解，纵然守土自尽，朝廷少不得抚恤有加，谥个“忠勇”之类名号，又有什么意思呢。剿，万万不可。王有龄又问：“依涂公所见，抚，又是怎么个做法？”

“乱民起事，多因地方官搜刮太甚，激起民愤，造反锋芒所指，不过几个贪官污吏罢了，官逼民反，激愤之中，大约民愤最大的官吏已丧身乱民之中，待民气稍敛，派干吏与对方谈判，减免赋税，好言相劝，晓以利害，造反原是迫不得已而为之，如今给他一条出路，谁还肯绝路走到底，求生乃是人之天性，如此则自息兵火，各求安居乐业。”

王有龄连声说好，当时便选了一个能说会道的衙役，奉了王知府的亲笔信札，去新城劝说乱民罢兵。衙役去了没几天，更坏的消息传来，新城暴民不接受劝喻，反而杀了谈判的衙役祭旗，声言要挥师湖州，踏平府衙，建立公平国。

王有龄手足无措，没了主张，一封急信，把胡雪岩从杭州召来湖州。

胡雪岩并非救苦救难的观世音菩萨，他精通商战，却不谙人战。根据多年的世事观察，胡雪岩深知百姓造反的苦衷，主张以抚为要，至于怎么个抚法，同样乏善可陈。王有龄大失所望，知心朋友毕竟不是救星啊。

州府衙门里，众幕僚热热闹闹议了几天，却无一条措施可行。坏消息接踵而至：陈山豹组织队伍，招兵买马，即将出城，杀奔州府；湖州城百姓人心惶惶，富贵人家正卷起金银细软出城逃难；城内已有谣言，陈山豹在湖州布有内应，一旦攻打州城，便开城迎接。山雨欲来风满楼。

胡雪岩在旁边道：“大哥，中用的人，眼下便有一位，只是大哥心情焦躁，没有发现罢了，此乃涂松坡涂师爷。”

“怎么见得？”王有龄微微诧异，他平日自诩伯乐相马，识才爱才，却没有注意到涂松坡。“我略知相术，见他面相端正，属善良忠直之辈，眉间英气凝聚，有传世之才，行动愚钝，大智若愚，不形于色，心计必定极深沉。”

“平时不烧香，临时抱佛脚，大敌当前，恐怕他很难出力。”王有龄有些后悔道。

“这要看我们怎么筹划，”胡雪岩道，“大哥不必着急，小弟用兵打仗不敢硬充，知人论世、笼络人心还是有办法的，不妨让我试试，替你招募一名敢死之士。”

再说涂师爷从衙门出来，惦记着家里的老母亲，谢绝同僚喝酒的邀请，急急忙忙往家里去。他是个遗腹子，父亲做商贩生意，早在涂松坡尚未出世时，父亲远去云南贩药材，竟泥牛入海无消息。母亲生下他后，矢志未嫁，将儿子一把屎一把尿拉扯大，送他入蒙馆，及至娶妻生子，在衙门里谋到差事。一家人本应和乐平安过日子，谁知天有不测风云，涂母操劳过度，一病不起，瘫痪在床。涂妻不堪伺服之苦，扔下5个儿女，跟人私奔他乡。涂师爷顿时陷入困苦不堪的境地。他是至孝，每日亲自伺候老母亲饮食起居，还要照料5个儿女，忙得不可开交。衙门俸银微薄，家用入不敷出，经济拮据，负债累累。涂师爷每日几乎忙于侍奉老母、借债还钱，无暇他顾，度日艰难。

涂师爷的家坐落在城郊烂泥塘边，几间破房摇摇欲坠、年久失修，充溢着腐草烂泥味儿。他刚走进屋门，一群孩子拥出门，有的抱脚，有的牵衣角，七嘴八舌乱叫：“爹，我饿！”“爹，我要吃饭！”“爹！”

涂母深深塌陷的眼窝里闪烁着埋怨的目光，说：“涂儿，你才离家半日，已经有5家债主上门讨账，为母苦苦请他们宽限几日，却不中听，把家里那只铜香炉也拿去抵债，往后再也找不到值钱的东西了。”

涂师爷垂手肃立，道：“孩儿不孝，连累母亲受苦，实在有愧！”

“我知道你的难处，”涂母说着，忽然猛烈咳嗽不止。

涂师爷忙着替老母熬羹，忽然门外一阵嘈杂，他探头一看，悚然心惊：10多个债主联袂而来，都是极难对付的货色。为首有个叫卞林的主，对涂师爷横眉瞪眼，急吼吼道："姓涂的，今日若不还清债务，跟我们见官去！"

涂师爷点头哈腰，连声道："得罪得罪，容我再想想办法，宽限几日。"

"想办法？"另一位债主抬腿往门框踢了一脚，朽木屑纷纷堕下，"就凭这点儿破家当，还有谁肯借钱给你？"债主们一拥而上，围住涂师爷，有的拽腿，有的扭臂，七嘴八舌叫道："休和他多说，一条绳索绑了见官去！"

正在一片混乱的当儿，一位衣冠楚楚、身材颀长的人走进来，他背剪双手，对众人道："你们这是干什么？"

有人眼尖，抢先问候道："胡老爷，多日不见，你发福了。"杭州人谁不知道胡雪岩胡财神呀，众人住了手，纷纷同他打招呼。胡雪岩满脸肃杀之气，并不理睬众人的问候，道："涂师爷在知府衙门听差，是我的好友，谁同他过不去，便是给我胡某难堪！"

这话把债主们镇住了，"胡雪岩道："把你们的字据拿出来瞧瞧。"

众人一听，知道有门儿，都掏出借据，胡雪岩扫视一遍，冷笑道："就这么一丁点儿账，值得你们大动干戈，伤了和气吗？"他从兜里掏出一沓银票，按借据所列账数，逐一还给债主。

涂师爷眼看着这一切，大惑不解，正要说什么，胡雪岩随手将一沓借据扔进火炉，熊熊火光中，借据化为灰烬。涂师爷翕动嘴唇，哆嗦半晌，挤出几个字："蒙受大恩，何以为报？"

胡雪岩道："区区小事，何足挂齿，涂师爷满腹韬略，却受困如此，正所谓'龙困浅水遭虾戏，虎落平阳被犬欺'，雪岩识人太迟，未能援手相助，是一大疏忽，涂师爷万勿怪罪。"

涂师爷激动道："胡先生言重了，涂某何德何能，蒙先生如此抬爱，真是受之有愧。"

胡雪岩极诚恳地道："王大人十分看重先生才智，嘱我前来探望，有不如意，尽管向胡某诉说，我当尽力而为。"

胡雪岩忍受住满屋的臭臊气，摇摇头，将一张100两的银票塞到涂师爷手中，告辞而去。涂师爷和孩子们送他出去，在门外站了很久，直到胡雪岩的轿子消失在远处，才回转家去。

胡雪岩径直到王有龄府邸，因为是至交，不避家眷，直入后院。

胡雪岩道，"孙子云：攻城者，战为下，攻心为上，这点小恩小惠，还买不到涂师爷的心。"他边说着，边向王夫人身后的丫鬟们瞅。王夫人笑道："雪岩兄弟又馋嘴了不是，喜欢哪个丫头，送给你便是了。"

胡雪岩双手乱摆道："错了，错了，我再胆大，也不敢夺夫人身边所爱，我只是想借夫人的丫鬟一用，大事可成。"

"不要说借，看上哪个，只管开口。"王夫人慷慨道。

凭胡雪岩一双色眼，他早看中王夫人的贴身丫鬟彩霞，这姑娘身材高挑，唇红齿白，丰臀秀臂，活脱脱美人胚子，是男人一见就动心的天生尤物。只因彩霞伺候王夫人时间久，深得王夫人宠爱，胡雪岩不好贸然提出要她。王有龄知道胡雪岩的心思，索性挑明了道："你打算把彩霞说给涂师爷做填房？"

胡雪岩含笑点点头，直拿眼瞟王夫人。王夫人有些惋惜道："涂师爷年过五旬，胡子拉碴一大把，邋里邋遢，彩霞嫁他，真是鲜花插在牛粪上，委屈了我们彩霞。"

胡雪岩摇摇头道："夫人言之差矣，你既爱惜彩霞，就应替她着想，女大不中留，迟早是别家人，涂师爷满腹经纶，有胆有识，新近要替王大哥办一件大事，若能成功，少不了要奏报上面，给他补个空缺，到那时便是堂堂正正的朝廷命官，彩霞若跟了他，命中有福，诰封断不会少，怎么委屈了她？"

一番话，说得王夫人回嗔作喜，道："都说雪岩一张利嘴，做生意厉害，如今看来，不单买卖，做宰相也够格哩！"

众人笑声连天，羞得彩霞低下头，脸红得像晚霞。

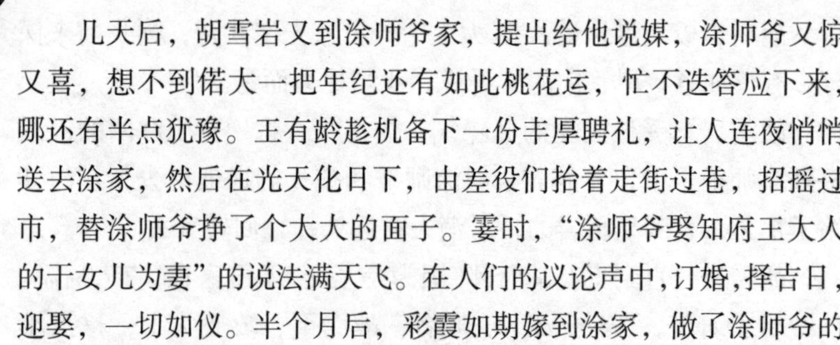

几天后，胡雪岩又到涂师爷家，提出给他说媒，涂师爷又惊又喜，想不到偌大一把年纪还有如此桃花运，忙不迭答应下来，哪还有半点犹豫。王有龄趁机备下一份丰厚聘礼，让人连夜悄悄送去涂家，然后在光天化日下，由差役们抬着走街过巷，招摇过市，替涂师爷挣了个大大的面子。霎时，“涂师爷娶知府王大人的干女儿为妻”的说法满天飞。在人们的议论声中,订婚,择吉日，迎娶，一切如仪。半个月后，彩霞如期嫁到涂家，做了涂师爷的妻子。

胡雪岩再去拜访涂家时，涂师爷和过去判若云泥。新买的青瓦大院气派华贵，涂师爷精神焕发、红光满面；五个孩子个个衣着整洁、活泼可爱；涂母也一扫阴霾、笑口常开。

“胡先生，你真是大慈大悲观世音菩萨再世，我们涂家子孙后代忘不了你的恩德。”涂母感激涕零对胡雪岩念叨。

涂师爷慷慨陈词：“胡先生，你待我恩重如山，有用得住老朽时，赴汤蹈火、肝脑涂地，亦在所不惜。”

“涂大哥言重了，”胡雪岩含笑道，“大哥是极爽快重义气的人，小弟至为佩服，如蒙不弃，愿与大哥结拜为兄弟，共进共退，有福同享，有难同当。”

涂师爷喜出望外，能与胡财神义结金兰，正求之不得，当下欣然应允，交换了年庚帖子，以涂师爷为兄长，胡雪岩为兄弟，燃香结拜，当场起誓：“不求同年同月生，但求同年同月死。”有了这层关系，感情自然非同一般。

胡雪岩见火候已到，故作愁苦状，道：“大哥有所不知，小弟与王大人情同手足，如今新城县陈山豹造反，危及湖州，苦不平定。王大人前途堪忧，性命难保。”

涂师爷心头雪亮，明白胡雪岩的心思，踊跃道：“小弟不必多说，你的难处便是我的难处，滴水之恩当涌泉相报，何况王大人还是内人的干爹，理当为他排忧解难，老朽不才，早有平乱妙计在胸，愿孤身前往新城，深入虎穴，消除祸患。”

胡雪岩摇头道："大哥虽然足智多谋，毕竟一介儒生，如何对付得了虎狼之敌，只怕白白送了性命。"

涂师爷把自己的计划一一告诉他，胡雪岩拍案叫绝，和他一道面见王有龄。王有龄听了涂师爷的陈述，大为赞赏，勉励有加，道："若能大功告成，我必上呈抚台，保你实缺。"当下调兵遣将，派一队绿营兵，带着烟火器具，开赴新城县四周山地，设立许多旗仗，点燃一堆堆篝火，以作疑兵，造成新城被大军团团包围的错觉。

涂师爷抱着以死报恩的念头，独自骑一匹青骢马，向新城县驰去。

盘踞新城的义军见涂师爷驱马而至，不由分说拖下马，一条绳索绑了，去见陈山豹。陈山豹视公差如仇人，喝令砍头祭旗。涂师爷全无惧色，冷笑道："今日我一颗头砍了事小，来日千万颗头落地，才是大事呢？"陈山豹见他不怕死，已觉惊奇，又听了他的话，不甚明白，喝道："你这话什么意思？"

涂师爷道："兴兵造反，犯上作乱，已是大逆不道，论罪当灭九族，虽然踞有新城一县，毕竟弹丸之地，难抵朝廷大军，如今新城四野已被官军团团包围，一旦破坏，必遭屠戮，千万人头落地，大祸就在眼前，岂能脱逃？"

陈山豹咆哮道："纵然如此，便来个鱼死网破，杀一个够本，杀两个赚一个，二十年后又是一条好汉，怕他什么？"

涂师爷道："大王固然英雄一世，视死如归，在下十分钦佩。但好死不如赖活，蝼蚁尚且贪生，何况是人呢？你部下许多人造反，并非都是为求一死，还有他们的亲朋好友，三亲六戚，无非盼个平安度日、香火不绝罢了。可是因为大王逞一时之勇，连累他们受血光之灾，成无辜冤魂，倘若九泉之下，众冤魂向大王评理，大王恐怕死也不得安宁。再说，人生在世，吃喝玩乐，富贵荣华，若有好端端的路可走，谁愿自寻死路？"

陈山豹听他巧舌如簧，似有道理，不禁熄灭怒火，问道："依你说来，我们还有什么路可走？"

“大王起事，无非报仇雪恨，如今贪官徐知县已死于非命，大仇已报，不必殃及无辜。若大王罢兵言和，向知府王大人缴械投降，王大人既往不咎，放大家各回家乡，免其赋税，安心务农，娶妻生子，其乐陶陶，保住许多人性命，也是一桩无量功德。”

陈山豹本是粗犷农夫，胸无韬略，激于一时之愤铤而走险，如今听涂师爷一番巧言，想起起事由来，部众人心惶然，力量薄弱，难与朝廷大军抗衡，不禁忧心如焚，没了主张。这时，一名义军匆匆进来，告诉陈山豹：“四周山上全驻扎着清军，旌旗遍野，烟火弥漫，兵力不计其数。”众人听报，都变了脸色，一片惊咋之声。

陈山豹回过头问涂师爷：“若是投降，王大人果能赦免我们？”

“王大人言之凿凿，说到做到，决不食言！”

有旁人道：“我们起事，朝廷恐怕早已得知，才派大军来围剿，纵然王大人有心成全我们，朝廷也不肯放过，又将如何？”

涂师爷道：“请诸位放心。王大人怜惜众人，不肯轻开杀戒，至今仍未呈报上峰，若大家各自罢兵回乡，朝廷只当一场骚乱，并不在意，可保无事。”

陈山豹见涂师爷头头是道，一切安排无懈可击，便放下心来，同意撤走义军，回乡保境安民。

一场血腥大战，经涂师爷巧言劝说，顿时烟消云散。陈山豹一声令下，众乱民失去斗志，纷纷作鸟兽散。待城内清静下来，四周绿营旗兵才下山进城，贴出安民告示，安慰百姓。不到三日，新城面貌依旧，看不到一丝暴乱迹象。王有龄启动车轿，亲自到城内视察，触目所及，一片平安景象，不禁松了一口大气，心中的石块落了地。此时他才向抚台呈文，称：新城知县暴戾百姓，引起民愤，死于暴乱，今暴民已平，枭首示众，云云。一场暴乱竟大事化小，小事化了。

涂松坡冒死涉险地，为王有龄化解了心中大患。王有龄才知他有辅国之才，更加器重，倚为股肱，向抚台竭力保他任新城知县。从此，王有龄幕僚中又添一名智者才俊，胡雪岩有了一位生死至交。

第五章 经营与法术

斗洋人用尽回天力

冬至一过，节日的气氛骤然浓起来。

胡雪岩商务繁忙，有时竟不知时日，年节将临，也忘了准备腊品。他是当家人，没有吩咐下来，谁敢擅自张罗。挨到冬至，胡太太忍不住了，向丈夫提起："家家户户都准备杀猪过年，我们也该动手了。"胡雪岩恍然，笑道："我忙得晕了头，竟把这等大事也忘了，你快差人去东门赵屠户家谈谈，约他到家开刀杀年猪。"

忙乱间，门外有人进来，拱手道："胡老板杀年猪，恭喜恭喜！"

胡雪岩一看，原是上海丝行的万应发，他是做丝行生意的老手，被胡雪岩聘来，派到上海丝行当差。胡雪岩诧异道："你不在上海卖丝回来做啥？"

万应发踢一脚瘫在地上的大肥猪，说："有人也想杀咱们的年猪呢。"

"哦？！"胡雪岩吃了一惊，他是极聪明的人，立刻理会到生意方面有了麻烦，便把万应发请到账房细谈。品茗之后，万应发告诉胡雪岩：英商麦得利一直包购胡雪岩的生丝，讲定每包25两银子，向来未改。可是最近，麦得利突然停止购丝，说国内存货太多，来电指示缓购。

胡雪岩摇摇头，不相信麦得利的理由。据他所知，英国丝厂主要靠中国供应生丝原料，而苏杭地区为大宗来源。丝厂的生产远远超过生丝供应，常常等米下锅。英商并未开辟新的丝源，哪

会仓存过多呢。他眼珠一转，想起万应发刚进门的情形，立刻哑然失笑：原来麦得利也学会了中国人的一套，要把自己当年猪杀了。商场上“杀年猪”，专指逢年节时趁生意人银根紧张，应付欠账的狠命杀价之举。麦得利此时停购生丝，分明意在杀价，从中牟利。

可是胡雪岩笑不出来，麦得利这着确实厉害。阜康钱庄到了年关，许多存户取钱过节，头寸本来紧张。年节期间，应酬往还，是一笔不小的开支。各省协饷账目，循例到年关归账，经办的官员为了弥补亏空，账面上过得去，少不得要向胡雪岩伸手求援。为了生意好做，胡雪岩又要调一笔头寸备用。细算下来，一个年节，前后得用七八十万两银子。原指望卖了生丝来筹措这笔巨款，不料麦得利来这么一手，如降价忍痛出手，只可缓解一时，收丝所用款子收不回来，亏空一大截，真所谓“饮鸩止渴”。

胡雪岩霎时神色凝重，一言不发。

万应发忙出主意道：“魔高一尺，道高一丈，麦得利要挟我们，何不来个将计就计，索性停卖生丝，囤积起来，待到英国丝厂告急时，再狠狠敲他一记，叫麦得利尝尝我们的厉害！”

主意不错，胡雪岩早想到了，但问题的关键在一个字：钱。

生意场上较劲，屡见不鲜，归根结底围着“钱”打转转，若双方对峙，谁的本钱大，后劲足，谁就占有优势，熬的时间愈长，愈有希望取胜。麦得利“杀年猪”，所能利用的时间，不过年节前后两个来月，若挨过这段时间，英国国内丝厂原料告急，麦得利便防线崩溃，举手投降，那时生丝还可卖更高的价。但是，上海丝行，不止胡雪岩一家，尚有许多大小丝行，都和外国商人有交道。麦得利停购生丝，必然引起其他丝行恐慌，面对年关急用，若有一家丝行顶不住，降价售丝，便会引起雪崩似的反应，丝行纷纷低价抛丝，麦得利如愿以偿。这时候，胡雪岩独自抗衡麦得利便失去意义。因为收购其他丝行生丝，可维持英国丝厂半年生产，到下半年新丝上市，英商便不愁丝源。胡雪岩反而因存丝过长，丝质发黄，蚀了老本。

眼下顶顶重要的问题，应当联合上海大小丝行，统一口径，一致对外，拒卖生丝给麦得利。以胡雪岩的地位和影响，登高一呼，响应必众，只要拿出一大笔预付款，分发众丝行，作为订金，表明今后销售业务由胡雪岩代理。众丝行不愁销路，又有订金稳住阵脚，联合抗衡麦得利的行动必定可以成功。

问题依然，“钱”从何来?

胡雪岩一时无计，他吩咐万应发暂不要动作，过几天看看行情再说，打发他快回上海坐镇，静观其变。

万应发诺诺连声，临走时请求道:“胡老板若有意联手对付洋商，头寸一定要快，不然大家熬不住，再有钱也晚了。”

这道理胡雪岩何尝不懂。当晚，他夜不成寐，转辗难眠。向麦得利认输，降价卖丝，暂度年关?他于心不甘。自打出来做伙计，耳闻目睹，洋商在中国飞扬跋扈，抢占中国市场，商界同行每每提及，无不咬牙切齿，痛恨万分。胡雪岩从心里憎恶洋商，却又不能不佩服洋货质地优良，洋人头脑聪明，发明的洋枪洋炮、火轮电报，确实先进。同洋人打交道，可以发大财。胡雪岩和许多中国商人一样，对洋商既爱又恨，爱他们肯做大生意，本钱足，恨他们不讲义气，不讲信用，反复无常，狡诈万分。骨子里恨占了主要。如今，麦得利同胡雪岩较劲，严重损害了胡雪岩的自尊心和面子。倘若屈膝认输，拱手贱卖，无疑遭国人耻笑，骂为洋奴，并且有损胡雪岩的信誉。试想以“财神爷”著称的胡老板竟经不起洋商要挟，被杀了年猪，阜康究竟有多大财力?岂不是一清二楚?如果存户有了不信任情绪，纷纷前来提现兑银，阜康还能维持生存吗?

胡雪岩愈想愈不妙，意识到此番与麦得利较劲，并非一般的生意纠纷，乃是生命攸关的生死之战，关乎自己命运，关乎事业成败。他决不肯轻易就范。兔子临死也要跳三跳，何况是人。

胡雪岩打定主意，要同麦得利斗法。他搜肠刮肚，在熟人朋

友当中寻找盟友，反复揣摩掂量，终于选定了吕公子。吕公子家资千万，为人豪爽，且国学深厚，常不满洋人所作所为，与洋人斗法，他一定支持。更重要的是，吕公子在上海也开有丝行，规模不在胡雪岩之下，若与他联手，便垄断了上海生丝十之六七，可谓英雄识英雄，惺惺惜惺惺。

主意打定，胡雪岩决定造访吕府，与吕公子晤谈。

胡雪岩带了金文辅，雇一只小火轮，不两日便到江苏昆山。到了吕府，通报进去，吕公子惊喜万分，亲自出门相迎，嘴里道："蒙二位亲临寒舍，有失远迎，罪过罪过。"

胡雪岩说："事关重大，来不及先告知公子，只好贸然登门打扰。"

吕公子诧异道："什么事情累胡老板动步？交听差办不行吗？"

胡雪岩道："有人要将我当年猪杀，特请公子相助。"

吕公子道："谁敢对胡老板动手，我吕某人第一个不答应，快说这胆大妄为的家伙是谁？"

待书房坐定，品着香茗，胡雪岩才慢慢告诉他："此人野心勃勃，非但要挟我，每一个中国商人，他都巴不得当年猪杀哩！"

吕公子会意，道："噢，我明白了，许是哪个洋鬼子居心不良，要为难胡老板？"

胡雪岩将麦得利的所作所为和盘托出，吕公子并不感到突然，道："麦得利的如意算盘，我在上海丝行的挡手早就密报了，我正盘算如何给他一点儿厉害呢！"原来吕公子同麦得利亦有生意往来，最近麦得利单方面停止了一项生丝合约，吕公子十分生气。

两人同病相怜，不谋而合，决定联手对付麦得利，盘算筹集款子。

吕公子慨然道："我手边尚有30来万两准备过年节的款子，索性用在刀口上，另外再收一些旧账，凑成40万两。"

胡雪岩也说："我从钱庄抽10万两银票。"

算来算去，统共需80万两银子，才能稳定上海丝行同仁的阵脚，缺口还差 40 万两之多。吕公子想想，皱着眉头道："我还有一笔呆账，只是讨不回来，若能想法子要回，难题迎刃而解。"

胡雪岩忙问是怎么回事？吕公子摇摇头道："算我多嘴，说了也是白搭，办不到的。"

胡雪岩道："世上无难事，只怕有心人，没有办不到的事，且说出来，总有办法的。"

吕公子露出悲痛的表情，如实相告。

吕公子有断袖之癖，喜欢养娈童，并因次在上海支出 50 万两银票。

对方居然开了一张借据。吕公子玩兴顿消，连夜逃回老家，足足一个月杜门不出，没脸见人。

胡雪岩听罢，沉吟良久，道："能否给我看看这张借据？"

吕公子叹道："本来知道这张借据毫无用处，对方既设圈套，决不肯还钱。但为了记下奇耻大辱，以警将来，我还是把它保存着，从不示人，你我极熟的人，万勿笑话。"说着，端来一只镏金首饰盒，打开从底层翻出一张字据，交给胡雪岩。

胡雪岩细细一看，上写：

兹向吕公子借银 50 万，立此为据。

落款具名：华林帮主。

胡雪岩立刻明白了是怎么回事，道："华林帮是上海洪门一派，他们极讲信用，既有借据在手，为什么不去讨账？"

吕公子苦笑道："此帮皆是三教九流之命徒，以复明灭清为宗旨，劫富济贫为号召，官府拿他都头痛，我有什么胆量去讨账？岂不是自投灯火的飞蛾，算了罢，只当风月场中一笔风流账罢。"

胡雪岩自告奋勇道："公子如肯信任，我愿出面去讨这笔账，如何？"

吕公子摇摆手："莫把胡老板连累了，罪莫大焉。"

胡雪岩道："不会的，试试看，万一能讨回来，总是好事。"

"胡老板若果能如愿，我们三七开，你七成，我三成。"

“见笑，见笑，”胡雪岩连连摇头道，“为朋友两肋插刀，我分文不取，只要公子体谅胡某一片至诚。”

胡雪岩告别吕公子，立刻打道松江，去见青帮帮主廖化生。廖化生听胡雪岩说明来意，眉头皱成一个大结，半晌不吭声。末了道：“胡老板这个忙，帮得不是地方。”

“怎么见得？”胡雪岩不解地问。

“江湖好汉，向来以‘劫富济贫’为幌子，号召百姓，受人拥戴，吕公子富甲一方，用他几个钱，原本无可非议，何况又有把柄被人拿着，蚀财免灾，借钱遮丑，天公地道，理所当然，现在向他们讨账，未免太不识相，冲撞了帮规，反招杀身之祸，胡老板还是不要多管闲事。”

一番话说得胡雪岩浑身冰冷，如坠冰窖。他原以为江湖行帮息息相通，托廖化生出面，青、洪帮500年前是一家，当好办事，谁知廖化生有这态度，讨账无望矣！

但胡雪岩是个认准了目标便要干到底的人，他不甘心这50万两银子打了水漂，何况依吕公子所言，至少有30万两银子已属自己，他要用这笔款子救急，同洋人斗法。于是，胡雪岩坦言相告，把自己的困境以及这笔钱的用处一股脑儿说给廖化生听。廖化生听着听着，脸色渐渐舒展，末了，他一拍大腿，道：“着哇！你怎么不早说明白，如果单是替吕公子讨账，我青帮弟兄犯不着和洪门弟兄伤和气，有钱人的钱，谁用都一样，如今牵进一个洋鬼子，我岂能坐视不管！”

一提起洋人，廖化生牙齿咬得格格响。

廖化生慷慨道：“胡老板既然与洋商较劲，廖某理当尽力助一臂之功，说钱没有，要命倒有几条，凭着弟兄们白刀子进红刀子出的拼命劲儿，这忙我帮定了。”

胡雪岩忧心忡忡道：“如果因此搭进几条人命，我反而心中不安，还是不要动武的是。”

“放心，”廖化生安慰道，“帮中自有规矩，不会出人命的，胡老板若有兴趣，不妨随我们行动，看看弟兄们怎么个讨法。”

原来帮会中有不成文的规矩：行帮中间讨账，动文不动武，打架动刀子决不可行，须由双方帮主事先商定，在茶馆酒楼协商解决。但如协商未成，双方反目成仇，那就是另外一回事了。故而廖化生立刻派人向洪门华林帮主白定国送信，说明讨账的目的，相约见面地点。

华林帮很快作答，约定在郊外一家茶馆见面。

这天，廖化生邀上胡雪岩，坐了两乘小轿，被百十个青帮弟兄簇拥着向茶馆进发。胡雪岩虽和帮会弟兄熟稔，但他毕竟属“门外”人，未经历过帮中大场面，心里不免有些发虚。一行人逶迤着来到茶馆，这里古木参天，竹林团团，把茶馆严严密密遮掩着。一湾小河曲曲折折流过面前，清凉幽静，别有景致。

华林帮的人早已在茶馆里恭候，也有百十来人，个个扎着腰，绑着腿，露出腰间一段匕首把儿，血红的眼睛泛着凶光。廖化生和白定国见面后，互相打着暗语，对坐一张茶桌前。茶馆里一时鸦雀无声，静得瘆人。

白定国瞄瞄胡雪岩，皮笑肉不笑地道：“这位便是讨账的主儿？”

胡雪岩拱手道：“胡某仗着朋友义气，代人行事而已，望白帮主行个方便。”

白定国不阴不阳道：“行了这个方便，弟兄们就要饿饭，胡老板又怎么办？”

“若能帮这个忙，待我赢了麦得利，一定要重谢帮主，感谢你的援手之功。”

白定国脸色有些好看，道：“胡老板倒是有情有义的人，反而显得我们弟兄不是了。”

廖化生接嘴道：“胡老板确是有难处，他同洋老板斗法，缺了钱怎么行？咱们江湖上不也讲‘扶清灭洋’吗？洋人歹毒，欺负中国人，得靠我们大家联手帮忙，才能与他们抗衡，白帮主就算

做一回漂亮事，帮助胡老板一次，弟兄们都称颂你宽宏大量，识大体明大义。”

白定国道：“吞下去的肉要吐出来，帮中向来没有这个规矩，不过胡老板同洋人斗法，弟兄们很佩服，只要你们能有本事拿到这钱，白某绝无二话。”

说罢，将手一招，几个弟兄抬进一只火炉，熊熊炭火冒起老高，光亮刺眼。

胡雪岩脸色大变，他听说过帮会中“火中取银”的故事，从未亲眼看到，今天恐怕要开开眼界了。

白定国掏出一锭银子扔进炉中，立刻染成金黄色，若不及时取出，转眼之间将化为汁水。说时迟，那时快，一个青帮弟兄跳出来，以迅雷不及掩耳之势，伸手去炉里拈出锭银，扔在地上，火花乱溅。他自己手臂烧得皮开肉绽，昏厥过去。

胡雪岩不忍观看，别过脸去，廖化生却神色泰然，纹丝未动。

白定国哼了一声，华林帮一个弟兄用手捡起一团通红炭块，摊在掌中，吱吱作响，焦臭难闻。他面不改色，炫耀似的伸向对方。青帮中有人上前，接过炭火，捏在掌心，指缝间冒出青烟，不一会儿，炭粉纷纷下落，伸开掌心，炭块已成齑粉。

一个华林帮弟兄抽出匕首，胡雪岩以为他要动武，惊叫出声。但那人在茶桌上宰下一只中指，扔到炉中烧得噼啪作响，然后从容地拈出来，放在口中嚼得有滋有味，仿佛在啃香酥鸭块。

青帮中一个弟兄也不示弱，也拔出匕首在大腿处割下一片肉，血淋淋地搁在炉火上烤了片刻，大嚼起来。

经过这一幕幕惊心动魄的表演，华林帮主白定国不再刁难对方，掏出一沓银票，“啪”的一声拍在桌上，道：“胡老板，后会有期。”说罢，径自向茶馆走去。华林帮手下弟兄一窝蜂随他而去。

胡雪岩惊魂未定，好半天不敢去接银票，廖化生在旁催促，他才拿起数数，正好50万两。“这钱，能用吗？”胡雪岩将信将疑，唯恐白定国还在玩花招。

“怎么不能用？”廖化生道，“弟兄们没白要他的，你刚才都看到了，受之无愧！”

胡雪岩抽出1000两银票，送给几个烧伤的弟兄疗伤。他知道若不是青帮弟兄鼎力相助，要从华林帮讨回银票，比登天还难。正所谓“卤水点豆腐，一物降一物”。帮会弟兄的本事，胡雪岩算亲眼看见了。

银子到手，胡雪岩立刻去见吕公子，谈起讨账过程。吕公子惊讶万分，对胡雪岩另眼相看，情同手足。

两人商定了行动方案，派人分头去说服上海各家大小丝行，坚持不得降价卖丝给麦得利，并按各家库存实数，付给订金，以安定人心。

此法果然奏效，麦得利在上海收不到一包生丝，又不肯就此认输，双方便僵持下去。

究竟谁胜谁负，还要拭目以待。

讨呆账手法独特

清朝咸丰二年秋，九九重阳，正是登高望远、遍插茱萸之日。

游山的人群中，有个来自江苏昆山的富豪子弟，名叫高谦。他身材高大，面容俊美，衣着光鲜，风流倜傥，在人群中鹤立鸡群，自有一股不凡之气，吸引了许多女孩子艳羡的目光，纷纷抛来媚眼，以求得他的青睐。但高谦似乎毫不为动，面无笑意，冷若冰霜，透出无比骄傲之色。高谦并非柳下惠角色坐怀不乱，他其实是个好色如命的纨绔子弟，仗着家道殷实，四处寻花问柳，玩遍了六朝金粉的秦淮河名媛丽姝，厌倦了上海洋场的金发洋女，此番乘着天堂杭州秋游的好日子，携重金买舟南下，寻觅西湖绝色女子。

高谦带着仆从在飞来峰转悠了半日，目睹佳人娇娃无数，如过眼烟云，皆不如意，失望之余，不禁怅惘万分，仰天长叹：“人常说越女秀色半天下，看来言过其实、不过如此啊。”话音未落，仆人手指山坳，失声叫道：“公子请看！”高公子急眼看去，顿觉

眼前一亮。

只见万绿丛中，一位妙龄女子莲步轻移，袅袅飘来，目如秋水，肤白如雪，身段婀娜，妙不可言。高公子脱口而出："美哉仙娥！"那女子瞅他一眼，掩口失笑，匆匆离去。高公子的魂儿似乎也随她而去，不知不觉也抬动脚步，追随下山。

妙龄女子走到大路旁，早有一辆油壁香车等待着，载了她，绝尘而去。高公子追赶不及，慌忙中只认识车壁外斗大一个"张"字。高公子顿足捶胸，懊悔万分，只怨用心不周，没有及早备下坐骑，好追赶美人儿，如今一切都晚矣。

仆人见状，劝他说："公子，何必如此？常言道：'有钱能使鬼推磨'，世间哪个不爱钱？不如携重金遍访杭州民间人士，四处打探，只要不是天上下凡的仙女，何愁找不到这张姓女子。"一席话提醒了高谦，赶快回到杭州客栈，派仆人到处寻访，果然不消两天，寻到张家妙龄女子下落。

原来那女子叫张秀娟，是杭州一位丝商的独养千金，3 岁时与北京一个都官的儿子结了娃娃亲，眼看快到迎娶的年龄，不料天有不测风云，人有旦夕祸福，都官的儿子患伤寒一命呜呼，张秀娟成了未过门的寡妇，孀居在家。本来，以她处女身子，求娶者络绎不绝，但丝商是个极古董的人，苦于无子求取功名，欲利用女儿守节终身，好向朝廷讨一个贞节名声光耀后世。因此丝商严拒一切说媒，终日将女儿锁在后院守节。

高谦弄明缘由，不禁喜形于色。他本是个久在风月场上厮混的人，深谙男女大欲之奥妙，世上哪个男子不好色，哪个女子不怀春？张秀娟正当妙龄，情窦已开，春心难捺，怎么会守得住？高谦自忖凭借一副好模样，只要锲而不舍以情相诱，不愁张秀娟不上手。于是，高谦在张宅附近寻了个客舍住下，换了青衣小帽，每日在张宅后院门外走动窥探，寻找机会接近张秀娟。

张秀娟本是个极聪慧的女子，对早早孀居守寡心有不甘，时刻想着做个卓文君第二。那日游山，邂逅高谦，虽然惊鸿一瞥，却已留下不灭印象，爱他俊美风流。回家后竟思念不已，没想到高谦终日在院外盘桓，令张秀娟又惊又喜。一个在院墙外窥探，一个在楼阁上偷看，两人虽无只言片语，却心心相印，胜过万千情话。这样过了几天，张秀娟终于熬不住，想出一个妙法子，从窗棂上向墙外扔出一枚铜钱。高谦正眼巴巴盯着张小姐绣楼，忽听“当”的一声响，见铜钱落地，忙上前拾起，反复看了一阵，不见有什么留言隐语。他好生纳闷，寻思片刻，忽然笑逐颜开，赶快离去。一般人并不了解铜钱个中奥妙，高谦是风月老手、偷情行家，自然识破张小姐苦心。原来铜钱象征满月，分明是张小姐告诉高谦，九月十五月圆之夜，两人幽会院中，成西厢之好。

高谦好不容易等到这夜，不带仆从，只身潜至张宅后院，轻推院门，门竟然虚掩着。高谦满心欢喜，热血上冲，迫不及待溜进院门，朦胧中似乎见院中有人亭亭玉立，料定是张小姐无疑，情不自禁呼唤着：“妙人儿！”扑上前去。不料脚下一绊，“扑通”一声跌倒在地，摸着软绵绵湿漉漉，一股血腥味儿直呛口鼻。高谦吃了一惊，定眼细看，吓得魂飞魄散。原来张小姐尸横院中，血流遍地。高谦是贵公子哥儿出身，哪里见过这种情形，顿时口中呜呜，浑身发抖，欲逃不能，只是站在尸前发着呆。

恰好有个打更夫路过院门，听见动静，推门一看，大喊起来。于是张宅上下一阵忙乱，家丁抓住高谦，送到杭州府。杭州知府升堂勘问，认定高谦夜闯民宅，欲行奸淫，小姐不从，持刀杀人。高谦大喊冤枉，知府哪容他分辩，一顿板子，屈打成招，押入死牢，呈文刑部，只等批文回来，便要开刀问斩。这件案子，知府自谓办得干脆利落，极为自得。

但大堂之上，高谦喊冤叫屈的情景，引起一位师爷的注意。此人名叫钱方伯，杭州人氏，屡试科举不第，连个秀才也不曾捞着，仗着一手好笔墨，在知府幕下屈就，做个刀笔吏。钱方伯年近五十，干了半辈子师爷营生，事业平平，从无晋升之机。他替知府做文案，不知屈死了多少平民百姓，从无半点怜悯之心，可

谓心硬如石、冷面无情的刀笔吏。高谦杀人一案，知府判得痛快，可是人犯喊冤不止,钱方伯冷眼旁观,怦然心动。凭他多年的经验,高谦系娇生惯养、锦衣玉食的纨绔子弟，长得细皮嫩肉，手无缚鸡之力，玩女人是行家，杀人却无贼胆，其中必有蹊跷。及至私下一打听，高谦乃昆山巨富之子，家资巨万，大有油水可捞。此案若是翻转,好处不言而喻。于是,钱方伯打定主意,要多管闲事。但钱方伯深知，若不能推翻知府原判，日后非但不能安享师爷俸银，还要因“诽谤上司”而吃官司，可不是闹着玩儿的。

钱方伯私下买通狱卒，与高谦秘密见面，弄清高谦的行为目的，心中便有了主意。他安排眼线，遍访街头巷尾三教九流、妇孺老者，没过几日，居然找到一个嫌疑人犯。当初案发之夜，张家仆人抓住高谦时，死者胸口上插着一把刀子，知府认定高谦用刀杀死小姐，证据俱全，定谳无疑。钱方伯鹰眼如电，识出那刀子系屠户杀猪所有，并非富公子之物。钱方伯便从调查屠户入手，查到张宅附近有个屠户皮驴儿，近来换了新屠刀。钱方伯料定皮驴儿与此案有关，说动知府，定下妙计。

一日，知府下令杭州城屠户集中到衙门，为绿营官兵宰杀牲畜。完事后，设宴款待众屠户，乘机将屠刀收集一处保管。待众屠户酒足饭饱之后，知府命人拿出一大堆屠刀，叫屠户们各自认领。钱方伯事前已将杀人的屠刀做了暗记，混入一堆屠刀中间。皮驴儿醉眼醺醺，顾不得考虑许多，下意识地认了自家用惯的旧刀。

知府见状，令人将皮驴儿带至公堂之上，将惊堂木一拍，大声喝问:“皮驴儿，这是你家的刀吗?”皮驴儿脱口道:“没错，正是我的刀。”

知府厉声道:“你的刀怎么会插在张小姐胸口上？还不从实招来！”

皮驴儿一惊，酒醒了大半，情知不妙，但事已至此，无法抵赖，只好如实招供。那夜，张秀娟虚掩了后院门，只等高公子前来幽会。

皮驴儿刚好路过张宅，发现院门虚掩，顿起歹心，希图溜进院中，顺手牵羊弄点儿酒资。不料进得院中，发现香味味嫩生生一个妙人儿伫立院中。皮驴儿淫心大发，上前抱住张小姐欲行非礼。张小姐见不是高公子，挣扎呼救。皮驴儿慌乱之际，顺手抽出屠刀刺向张小姐。可怜一场风月会，变作生死场。

案情大白，知府惊出一身冷汗：若依原判，高公子屈死九泉，其家人哪肯罢休？日后弄清真相，朝廷怪罪自己“昏昧无能”，官位难保，说不定还有充军流放之祸呢！知府由是无比感激钱方伯，向督抚衙门递上保折，保钱方伯擢升归安知县，补了实缺。高谦无罪开释，捡了一条性命，视钱方伯为再造父母，恩重如山，送银子两万两作为谢仪。

钱方伯一案显贵，官钱两得，一时震动杭州城，舆论沸沸扬扬，称羡不已。钱方伯比中了状元还要风光。

满城争说钱方伯，却只有一家老板平添了许多烦恼。原来杭州城有一家“信和”钱庄，专做存储银两、发放银票的生意。当初钱方伯家境贫寒、屡试秀才不得，迫于生计，向信和钱庄老板告贷，借 500 两银子打点送礼，活动师爷的饭碗。后来钱庄的伙计不慎丢失了钱方伯的借据，钱方伯便不肯归还银子。钱庄老板屡次催讨未果，打算告到官府。不料钱方伯时来运转，一蹴而就，势力大振，老板哪里还敢向他催讨欠银，这笔账眼看成了呆账，老板终日愁眉不展、唉声叹气。

信和钱庄有个伙计名胡光墉，字雪岩，安徽绩溪人。从小死了父亲，家道中落，穷困不堪。胡雪岩长到 12 岁时，叔爷在杭州做生意，见他聪明伶俐，便带他离乡背井，到杭州信和钱庄做学徒。

胡雪岩在钱庄拜师学生意，从扫地揩桌椅做起，渐渐学习招呼应酬、为人处世乖巧机灵，深得老板赏识。3 年学成出师，升为柜台伙计，经办银钱往来生意。他脑瓜活络，口齿伶俐，八面玲珑，左右逢源，成了老板的得力助手。到后来，胡雪岩专为钱

庄收账，处理棘手的事务。

不过话又说回来，是非曲直，众人心里都有一面雪亮的镜子。能做收账的营生，说明你有本事，薪饷加倍，还按收回的账分红，收入较一般伙计为丰。故而收账人多是老板信任的伙计。

胡雪岩收账从来十拿九稳，少有落空。凭着他巧舌如簧一张利嘴，任何赖账的主儿也说不过他，凭他一副笑口常开、和气生财的面容，多么凶悍的债主也消了气儿、友好相待，再加上他谙熟生意往还、行情升落、人情世故，处事得体，成为钱庄里威信最高的伙计。

这天，信和钱庄老板将胡雪岩叫到家里，沏上一杯上等的西湖龙井，摆上一盘从上海租界买来的洋糖。这是老板待客的最高礼数，胡雪岩真是受宠若惊、惶惶不安了。

“老板，有啥事你尽管吩咐，这样反而让我……”胡雪岩局促道。

“雪岩，自从你12岁进庄，我把你当自家孩子看，惹得周围伙计眼红，说我偏心。”

“那是，我知道，老板如再生父母，雪岩有出头之日，定当图报。”

老板满意地点点头，和盘托出自己的苦衷：“钱知县那笔账，十有八九收不回来，你若是能讨回那500两银子，我们二八拆账，如何？”

胡雪岩微微张大嘴巴，惊得伸伸舌头：二八开，自己可得100两银子,可是5年的薪饷啊！老板果然慷慨大方。但细细一想，又哑然失望：这如同水中月、镜中花，好看得不到，做起来千难万难。

“莫急莫愁，我们一起商量个好法子。”老板洞察胡雪岩的心思，安慰道。

两人凑在一块儿，叽叽咕咕，一时忘了主仆尊卑。

钱方伯官授归安知县，亲朋好友纷纷前来道贺，整日里高朋满座、应酬无暇。三日一小宴，五日一大宴，家中像开流水席。

有趋炎附势、锦上添花的；有希图讨个差事捧个饭碗的；有拐弯抹角前来认亲戚拉关系的；也有什么也不干只为看热闹瞎起哄的。真像众星捧月一般，把钱方伯捧得晕头转向不辨东西南北。待到即将赴任之际，钱方伯为感念各方眷爱，循例在杭州寓所大摆告别筵席，答谢上下左右一干人等。

这天，钱寓门前，车马麇集，冠盖如云。上至知府大人、总兵老爷，下至衙役公差、左邻右舍，大家济济一堂、把盏酹酒。实授知县，虽然官秩仅七品，但权倾一方，为民父母，强过许多候补道台。归安县是浙江膏腴之地、鱼米之乡，物产丰茂，人口众多，每年县官所获“孝敬”银子不下5万两之多。其实惠远胜浙西贫瘠山区的府台大人，格外令人垂涎。众人酒酣耳热之时，一拨拨人群轮流上厅，向钱方伯致送贺仪、道喜之声不绝于耳。钱方伯头戴蓝翎官帽，身穿簇新七品补服，喜笑颜开，应酬不迭。他酒已半酣，双颊飞红，脚下有些不稳，身子摇摇摆摆，恰似一只大肥鹅，煞是滑稽好笑。

这当儿，大门外一阵嘈杂声，一群人推推搡搡往院里挤。把门的公差见这些人衣冠不整、斜眉吊眼，不像是贺客模样，便挡住他们不让进去。不料人群像炸了锅，七嘴八舌起哄道：

“钱老爷高升，别人贺得，偏我们贺不得？”

“七品县令有啥了不起？一品老百姓可不怕他！”

公差没法子，只好让开道。人流涌到厅堂前停住。胡雪岩身穿藏青贡呢对襟小马甲，这装束立刻吸引了众客人的目光：钱庄的“讨债鬼”来啦！原来小马甲是钱庄伙计做生意穿的制服，特别的标记。胡雪岩以讨账出名，杭州城官宦商贾人家大都与信和钱庄有银钱交道，非存即贷，所以谁人不知胡雪岩的勾当？当下胡雪岩笑容满面，抢上前拱手对钱方伯高声叫道：

“恭喜钱老爷高升，小的前来贺喜啦！”

钱方伯一见到胡雪岩这身装束，悚然一惊，酒便醒了大半。他究竟欠着信和钱庄500两银子的债务，毕竟心虚。平时街头上

走着，见了钱庄伙计的影子，想方设法躲得远远地。现在面对胡雪岩，内心叫苦不迭：但愿别提那档子债务，免得当场出丑。但此刻不可避开胡雪岩，当官的不打笑脸人，何况人家是来致贺的。

钱方伯似乎方寸已乱，支支吾吾道：

“好，好，请坐，请坐！”

“钱老爷，”胡雪岩转身指指阶前的人群，道，“平素几个要好的朋友，听说钱老爷要去归安县赴任，有些舍不得，都要来给老爷道别。”话音未落，人群一字儿排开，齐声说:“恭喜钱大老爷高升！”

钱方伯直眼看去，认得这些人，无非青皮流氓、光棍无赖之类，平日专好打架斗殴、惹是生非，讲究“白刀子进、红刀子出”的亡命之徒。钱方伯做师爷多年，常与这些人打交道，深知他们令官府头痛、百姓厌恶，滋扰地方，唯恐天下不乱。便笑脸相迎，请各位入座。

胡雪岩掏出一张红封，双手捧上，说:“弟兄们凑份子，推小的做头，聊备薄仪，请老爷笑纳。”

钱方伯好生纳闷：平素这帮人天不怕地不怕，坐牢如同进家门，官府也奈何他们不得，怎么今天如此客气？莫非太阳从西边出来了？他心里直嘀咕，抽出信纸一看，脸色顿时大变，又恐失态，忙应口道:“都是自家兄弟，何必见外哩！”吩咐仆人添席摆酒，安顿这些“兄弟”。

红封里装的，并非银票，而是几个大字：五百两银子，免息。

钱方伯心头雪亮，胡雪岩果然上门讨账，但他做得十分漂亮，佯作登门致贺，众目睽睽之下，绝口不提要账之事，合乎情理，给了大面子，现在就看自己如何对付了。500两银子，不是小数目，钱方伯自然十分心痛。搁在先前几日，他仍是采取拖延战术，能拖则拖，能赖则赖，靠做师爷的菲薄俸饷，剥了皮也还不清，索性死猪不怕开水烫，看你钱庄其奈我何？故而一拖数年，钱庄也不来催讨。如今情势不同，放了实缺，荷包鼓鼓，500两银子不在话下。何况以一县之尊，谅信和钱庄也没有胆量向七品命官讨账。

可是胡雪岩偏偏就在大庭广众之下，向钱方伯作明白的暗示。胡雪岩讨账，钱方伯早有所闻，知道他花样百出、手段多变，一旦盯上债主，便穷追不舍，不达目的决不罢休。如今他盯上了钱大老爷，可知决心并非轻下，那一班弟兄便是后盾，千万招惹不得！

钱方伯沉吟片刻，决意缴械投降，一则为官最重名声，倘若被这班地痞流氓张扬开去，遭人诟骂，有碍日后前途；二来在浙江为官，须结交江湖中人，保境安民，免生事端，才可安然搜刮。说话之间，钱方伯笑眯眯端着酒杯，来到这班“弟兄”席前敬酒，县官敬酒，众人受宠若惊，纷纷起立回敬。轮到胡雪岩，钱方伯亲热地拍着他肩头道：“小兄弟，往后还要仰仗贵庄多多照看呢！”

胡雪岩分明感觉到钱方伯的手指头飞快伸进马甲内，留下点什么物件。他会心一笑，大声说：“只要钱老爷不嫌弃，小的随时愿意效劳！”

座中不少人瞪圆了双眼，伸长脖颈，要看一场笑话：人们知道胡雪岩鬼机灵，来者不善，准是向钱老爷讨欠账，且看他今日如何开口。谁知胡雪岩谈笑风生，猛吃海喝，与一班弟兄猜拳行令、推杯把盏，煞是热闹，待到酒残席散，随众人告辞而去。

一天风云，顷刻消散，什么事儿也没发生。

胡雪岩走出钱寓，来到小巷，看看四下无人，往马甲内伸手一掏，掏出一筒纸卷儿，展开看时，原是一张500两的银票，而且是江苏昆山的票。胡雪岩心中一喜——几乎乐出声来。

有谁知道，胡雪岩讨账无数次，就数这次讨得痛快、讨得干脆。500两银子，将成为胡雪岩飞黄腾达、大红大紫、炙手可热的起点！

借帮派生意大发展

王有龄补了湖州知府的实缺，要去湖州府上任。起程那天，胡雪岩和一帮朋友，定了5艘大官船，满载礼物馈品、地方土仪、陪唱戏子，在船上开桌子摆酒，张张扬扬、风风光光，给王有龄送行。

船行河中，笙歌阵阵，两岸绿树夹岸，次第迎来，十分赏心

悦目。忽然万绿丛中，几点红裙一闪，跟班尹升眼尖，叫道："老爷你看。"众人急眼观去，见一片桑树林中，几个采桑女子正在摘桑叶。她们撸袖奋臂，露出藕节似的雪白的手臂，粉嘟嘟圆滚滚，在翠绿的桑叶映衬下，十分娇艳美丽，撩人心魄。王有龄看得眼热，随口吟道："隰桑有阿，其叶有沃。既见君子，云何不乐。"众人似懂非懂，随声附和，恭维之声不绝于耳。王有龄道："此诗乃诗经原句，非我所作，不敢冒功。"

话题转到"湖州的桑林什么时候才产生"方面来。

胡雪岩怦然心动，叫过船家询问，船家告之说，湖州自古为丝米之乡，农家终年三件事：栽桑，养蚕，种稻。湖州丝质量上乘，运销海内，连上海外国洋行的丝厂，也要到湖州采购生丝呢。

说者无意，听者有心。胡雪岩暗暗叫好，他早就有心要做生丝生意，苦于无从下手，没想到应在湖州地面。做生意讲究天时，地利，人和。胡雪岩盘算，眼下正当产丝季节，可谓天时，湖州为产丝地方，正合地利，最后一个也是顶顶重要的条件，王有龄赴任湖州，自大一方，令行禁止，谁敢不从？可作丝生意的强大靠山。

想到就做，当夜，胡雪岩同王有龄在舱里促膝长谈，提出自己的设想。

王有龄不懂经营生意，但会用人，他相信胡雪岩具有经济天赋，只要放手去干，必会大发利市。自然言听计从，支持他在湖州开办丝行。

当王有龄在湖州府衙大堂坐定时，胡雪岩的丝行也在湖州城开张了。他原以为凭借知府大人的权势，湖州百姓自会源源不断将生丝送到丝行来。但开张几月，门可罗雀，眼见同业丝行生意兴隆，自己却无丝可收。胡雪岩猜测其中必定有蹊跷，派了一个贴心伙计四处打听，到底是谁从中作祟？没过几日，小伙计满载而归，把打探所得告诉胡雪岩。

湖州的丝行，统归"顺生堂"调遣。

"顺生堂"虽是民间会社，来历却非同一般。

明朝崇祯四年，燕人洪盛英中进士，官拜翰林，他为人精明练达，慷慨好义，豪侠之士纷纷慕名而来，投拜在他门下，时人称他“小孟尝”。后来清军入主中原，洪盛英联合明朝遗民进行反清活动。后战败阵亡。其徒众撤至台湾，在郑成功指挥下，创立“运论堂”，此为江湖“洪门”最早的秘密会社。

雍正九年，清兵火烧少林寺，洪门子孙四散逃跑。翰林学士陈近南力谏朝廷停止摧残少林寺，未能如愿。陈近南回湖北故乡，收罗洪门弟兄，以“洪”字为结盟之姓，创“三合会”组织，各地纷纷响应，借洪门为招牌，创立“天地会”“哥老会”“义兴堂”等洪门团体，从此，“洪帮”在江湖上形成浩大声势。湖州“顺生堂”是“洪帮”在湖州的一个分支，以“洪门”为正宗，信奉五字真言：明大复兴一。本来，洪帮与清朝对峙，屡遭朝廷剿围取缔，处于地下状态。但洪帮人多势众，深受百姓拥戴，清兵剿而不灭，愈剿愈多，反有燎原之势。同时，从洪帮分出的青帮也与洪帮遥相呼应，成犄角之势，朝廷对洪帮的态度也只有渐渐改变，改剿为抚，收买笼络为上。

湖州顺生堂打出“安清顺民”旗号，保境安民，排解纠纷，官府对它并不反感，时时还要借重它安抚民心，防止变乱。顺生堂在湖州的主要财源，乃是垄断生丝收购。湖州盛产生丝，每到收丝季节，顺生堂派出人员，保护商道安全，维护丝行秩序。丝行同业按一定比例缴纳保护费，大家相安无事，各不侵犯。胡雪岩贸然开设丝行，触犯了顺生堂的利益。顺生堂慑于知府权势，并不公开同他作对，暗地里传令养蚕人家，不得卖丝与胡雪岩。顺生堂的命令，在湖州百姓心目中有如圣旨，违抗不得。若有违反，便是违犯了洪门家法，轻则棍打、挂铁牌，重则活埋、凌迟、三刀六洞。

胡雪岩了解到上述情况，暗暗责备自己粗心大意，竟忘了江湖弟兄们的存在。有道是到了乡门，先拜土地，顺生堂便是湖州的土地神，没有他的首肯，胡雪岩一个子儿也休想拿走。

胡雪岩备下厚礼，去顺生堂见堂主尹大麻子。

尹大麻子在洪门是有一席之地，他的祖父是洪门盟主朱洪竹

的关门弟子，惠及子孙，尹大麻子便做了湖州洪门的首领。尹大麻子好勇斗狠，武艺不凡，性情猛烈倔强。一次，顺生堂弟子因械斗犯案，官府缉拿凶手，尹大麻子挺身而出，力保弟子无罪。知府冷笑道："你若能将身上的肉剜下作保，可不予追究。"尹大麻子一听，手持牛耳尖刀，大堂之上，众目睽睽，他用刀尖从两颊剜起，一共剜下15块蚕豆大肉块，鲜血淋漓，恰恰符合被押的15个弟子。知府大惊失色，只得放了洪门弟子，赐酒为尹大麻子嘉勉。从此，尹大麻子脸上布满15个疤痕，名副其实成了"麻子"。

如此侠义剽悍，只可做友，不可成仇。胡雪岩告诫自己。

顺生堂远在湖州郊外，一处僻静园林。四周古柏森森，白鹤飞翔，树木葱茏处挑出飞檐翘角，原是道观改造而成。

胡雪岩一行来到顺生堂门时，尹大麻子早已在门外等候，他身材魁梧，满脸黑肉，那15块疤痕星罗棋布，触目可见。胡雪岩猜想他便是堂主，满脸堆笑，上前拱手为礼，寒暄道："久闻堂主大名，前来打扰。"哪知尹大麻子冷若冰霜，无动于衷，逼视他良久，忽然开口道："客从何山来？""锦华山"。"山上有什么堂？""仁义堂。""堂后有何水？""四海水。""水边有何香？""万福香。"

见胡雪岩对答如流，山名、堂名、水名、香名，丝毫不差。尹大麻子略一停顿，又道："三子结拜？""义重桃园。""天下大乱。""英雄志立。"

"嗯，"尹大麻子神色缓解，对方懂得顺生堂的内外口号，说明来意为善，他又问："来客知书识礼，听说会作诗？"

胡雪岩答道："诗不会作，却会吟，锦华山上一把香，五祖名儿到处扬；天下英雄齐结义，三山五岳定家邦。"

听到此，尹大麻子绽开笑容，拍拍胡雪岩的肩膀道："失敬，失敬，堂规如此，不得不防，不要放在心上。"原来，洪门为了防止官兵偷袭，制定了见面的许多暗号，局外人浑然不知。来客若是对答有误，必怀异心，那么兵刃相见，一场恶斗不可避免。胡雪岩庆幸预先请教了洪门弟子，才顺利通过盘查。

顺生堂的香堂上，正中设天帝位，上悬“忠义堂”匾额，置三层供桌与青帮香堂不同的是，洪帮讲究一个“义”字，并特别突出。义薄云天，做生意亦要讲义，看来洪门与我有缘。胡雪岩边看边想。

香堂上的用物，都非摆设，有很深的含义。如香炉寓有“反清复明”之意；烛台、七星剑则有“满覆明兴”之意。

尹大麻子带领胡雪岩看过香堂，小厮在堂下摆上茶具，招呼客人入座。一套宜兴紫砂茶具，古朴大方，上等的碧螺春茶芬芳袅袅。尹大麻子对小厮轻声喝道：“走开。”自己操起茶壶斟茶水。胡雪岩正被他的殷勤好客所感动，堂主亲自斟茶，面子够大了。但却看出蹊跷：尹大麻子将茶壶嘴对着茶杯把儿。猛然间他省悟过来，这是江湖上茶壶阵的一个问句：你到底是门外还是门内？

胡雪岩从容地将茶杯嘴对着茶壶嘴，重新摆定，意即：嘴对嘴，亲对亲，都是一家人。

尹大麻子不语，将左手向上并拢三指，右手向下握紧四指，捧茶杯递给对方。胡雪岩知道他用“左三老右四少”的帮规考查自己，便以左手掌向下搭在杯口、右手掌朝上托住杯底，将茶杯接过，此为“上三老、下四少”的手势，意为帮中自谦者。尹大麻子把两个衣袖头的上边翻开，用大拇指挡住。胡雪岩则顺便解开衣襟第二、三个纽褡，表示胸怀坦荡、无所顾忌之意。做完这些，尹大麻子才完全放心，胡雪岩是来结友，并非刺探。他仍不言语，继续在茶桌上摆弄茶杯。8个茶杯围成一个大圈，开口处置放茶壶，意即：“虎口夺食，欺人太甚。”胡雪岩将茶杯摆成双雁行，茶壶放在领头，回答他：兄弟同行，有福同享。

尹大麻子把5个杯子摆成半弧形，将3个杯子倒扣在弧内，意为：权势压顶，鱼死网破。胡雪岩明白他指责自己倚仗知府势力强行收丝，表明不服的意思。胡雪岩将一张银票压在3个杯子下，说明以票致歉，多有得罪。尹大麻子将两个杯子一个朝上，一个朝下，表示湖州地盘狭小，一山难容二虎，双方难以共处。胡雪

岩笑笑，将8个杯子合在一起，又用茶壶在另一边倒一摊茶水。明白向尹大麻子建议：我们合作一块儿，共同对付外洋。

尹大麻子眼睛一亮，起身向胡雪岩拱手道："幸得先生指点，几乎坏了大事！"

局外人并不知道他俩摆的茶碗阵内容如何，都对尹大麻子突然拜服感到诧异，唯有胡雪岩颔首微笑，端起茶杯吹拂茶沫，一副心领神会模样。

胡雪岩精于买卖行情，湖州甫至，便把当地收丝行情打听得一清二楚。按时价，当地每担上好生丝不过2两银子，而据他掌握的情况，上海洋商出口到英伦三岛的生丝起运价达每担11两银子，两地相差5倍之多。胡雪岩为洋商利润之高而咋舌。洋商在湖州压价收丝，固然因为湖州百姓交通不便，消息闭塞，洋人钻了空子。更因为顺生堂为维护当地秩序，获得稳定财源而听任洋人压价，为"洋"作伥的结果。胡雪岩打算同尹大麻子携手合作，垄断生丝收购，把洋人挤出湖州地方，便可同洋人讨价还价，提高生丝价码。

尹大麻子并不傻，他明知洋人收丝压价，苦于无好搭档合作，垄断生丝市场。所以当胡雪岩主动提出团结一致、对付外洋时，尹大麻子如遇知音、眼中一亮，立刻放下架子，向胡雪岩致歉认输。以胡雪岩的财力，加上知府为后台，顺生堂若和他携手，该是多么理想。一旦垄断可行，顺生堂的财源将如滚滚巨流，前景极是诱人。

胡雪岩好生得意，茶壶阵中，他又胜一着。

两人不再打哑谜，摆上酒席，觥筹交错，推杯把盏，煞是亲热。席间，胡雪岩和尹大麻子约定，合伙做蚕丝生意，垄断湖州市场，把洋人挤出湖州。

以后许多年间，湖州洪帮为胡雪岩所用，成为打击洋商、垄断丝行的得力助手。

巧转舵胡雪岩乱中取财

炎炎盛夏，暑热逼人，骄矜了一整天的太阳，此刻已经落到地平线下，一弯新月又升上树梢，好像与太阳轮班当值。借着银色的月光，蛰伏一天的人们趁着夜晚的凉意，开始走出家门，继续没完没了的事情。官道上马蹄嗒嗒，铃铛叮咚，夜行的商人兼程赶路。树阴下，纳凉的人们高谈阔论、人语喧哗。直至午夜时分，四野才稍有安宁。

月亮似乎疲惫，躲进一片乌云里小憩，大地笼罩在沉沉黑幕中。上海近郊一处小村口，乘凉的人群刚刚散去，野地稻田边，忽然蹿出一个人影，飞快扑向村口。他像猴子一般敏捷，躲闪跳跃，绕大街，穿小巷，有时纵身跳上屋顶，猫一样蹚过瓦盖。不一会儿，黑影接近村中一家高门大宅，蜷伏在路边窥探多时，见周围一片沉寂，便发出吱吱声，像两只老鼠在撕咬打架。

大门竟然悄无声息地打开，黑影飞一般窜入门，大门又关闭得严丝合缝，恢复了沉寂。院里一位管家接待了来客，来客扯下头上的蒙面，急切道："我有紧要信札面呈刘会长。"管家点点头，领他向后院走去。穿过长长的夹道，进入一片黑松林中。月光下，一片开阔地，当中一座小房子。房内一片漆黑，管家掏出火镰，打着一段火绳，就着微弱的火光，掀开地面一堆玉米秸，露出一片木板，再推开木板，赫然出现地窖口。顺着地窖台阶拾级而下，露出黄白的灯光。来客看清里面是一个大房间，靠墙一排祭台，烛火摇摇，人们衣衫褴褛，都腆着肚子，透出股股杀气。他们全都在额头包裹一条红布，像一群红冠雄鸡。

案桌上手位置，一位汉子面部稍长，下颏剃得发青，穿一件青绸暗云袍，显得高贵脱俗，如鹤立鸡群。来客的出现，惊动了这伙汉子，齐刷刷射来凶狠的目光。管家趋步到青绸袍面前，嘀

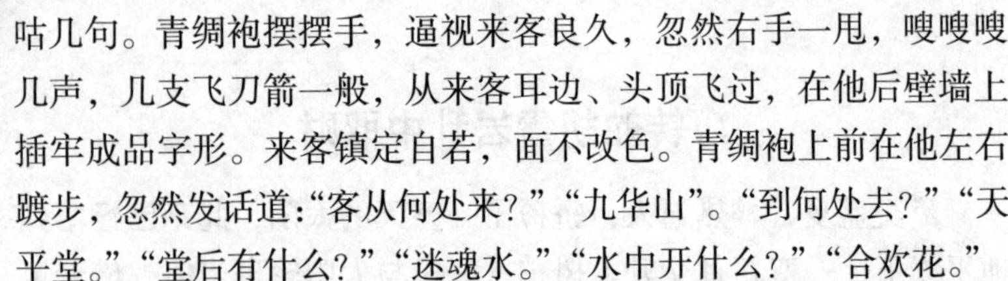

咕几句。青绸袍摆摆手，逼视来客良久，忽然右手一甩，嗖嗖嗖几声，几支飞刀箭一般，从来客耳边、头顶飞过，在他后壁墙上插牢成品字形。来客镇定自若，面不改色。青绸袍上前在他左右踱步，忽然发话道：“客从何处来？”“九华山”。“到何处去？”“天平堂。”“堂后有什么？”“迷魂水。”“水中开什么？”“合欢花。”

一连串问话，对方对答如流，毫无破绽。青绸袍以目示意，一汉子端来大碗酒。来客毫不犹豫咬破食指，滴一点儿鲜血，走到祭台，弹几点血酒，祭天，洒地，然后一饮而尽。青绸袍点点头，问道：“兄弟来此贵干？”来客道：“我要面见刘会长，有要紧信札相呈。”

青绸袍握住他双手道：“我便是刘丽川，官军搜查得紧，不得不防，兄弟受委屈了。”来客见眼前此人便是大名鼎鼎的上海小刀会会长刘丽川，大喜过望，跪下便拜道：“久闻会长大名，今日得见，万分荣幸。”

刘丽川忙扶他起来，请他入座议事。

刘丽川为广东人氏，早年家贫，与人结伙外出做小生意，性格豪放，慷慨大度，善使飞刀，江湖人称“飞刀刘”。刘丽川到上海做生意，入了洪门，广交朋友，建立小刀会，自任会长。小刀会会员一律头裹红布，作为识别。刘丽川为人正直，好打抱不平，专替百姓做主，和官府作对，因此小刀会成立开始，便被官府视为眼中钉，几次三番缉拿会首。刘丽川几年前曾领导上海乡人闹粮，抗粮不交，官府称之为“红头造反”，严加取缔。小刀会从此只好转入地下活动，这和洪门其他团体有所不同。

此刻，刘丽川正聚集会首于地窖，商议大计，来客系南京太平天国天王洪秀全密使，有密信交给刘丽川，地窖里的气氛更加庄严肃穆。密使从衣领上撕下一条补丁，放入酒中，立刻显现出数行蝇头小楷。刘丽川激动起来，他见过天王的字墨，此字显系亲笔所书。天王信中大意，讲叙太平天国自定都金陵后，清妖麇集大兵，对金陵实行包围战术，太平军腹背受敌，处境艰难。天王希望小刀会在上海起事，打通苏南一隅，两相会合，为太平天国谋得一处出海口，争取海外反清势力的直接支持。天王最后强调，小刀会起事，关乎反清成败大局，望刘丽川择机而动，一呼百应，成就大业。

刘丽川读罢密信，双眼竟有些潮湿了。他曾潜往南京，晋见天王，天王睿智大度，胸有韬略，指挥百万太平军与清廷对峙，威震海内外，刘丽川无比崇拜敬仰、五体投地。刘丽川憧憬所做事业，必定要像天王那样，气吞山河，举世皆惊。无奈上海小刀会势孤力薄，没有天王那样的号召力。现在天王亲笔修书，面命耳提，催他刘丽川迅即起事，乃是天王绝大的信赖，不可辜负天王的期望。

几乎在读完密信的同时，刘丽川便作出了起事的决定。他命人好生款待密使，对众会首道："天王圣命，让我们起事，与南京相呼应，诸位意下如何？"

众首领摩拳擦掌，跃跃欲试，大呼小叫道："杀清妖，杀贪官，造他妈的反！"

"杀戒一开，吃香喝辣，赶赶穷气！"

"砍头不过巴掌大的疤，二十年又是一条好汉，怕个鸟！"

有众人支持，刘丽川腰粗胆壮，但他素来足智多谋，虑事周到。小刀会只是洪门一支派，万一起事，必然伤及洪门其他支派的利益，失了义气，乃为洪门一大忌讳。

上海地方，团体会社众多，支系繁多，错综复杂。为了求生存，保饭碗，各家团体与官府之间，既争夺又合作，关系十分微妙。有的会社与官府勾结，甘作爪牙，欺压百姓，以分得官府赏给的残汤剩羹。有的江湖人士采取骑墙态度，见风使舵，随机应变，官军势大，便卖身投靠，为虎作伥；官军失势便落井下石，分庭抗礼。也有与官府势不两立，不共戴天，坚决反清的。

刘丽川欲行大事，不得不考虑疏通协调各兄弟会社关系，唯恐伤了和气，反而成为掣肘。他和众人仔细地分析在即将燃起的

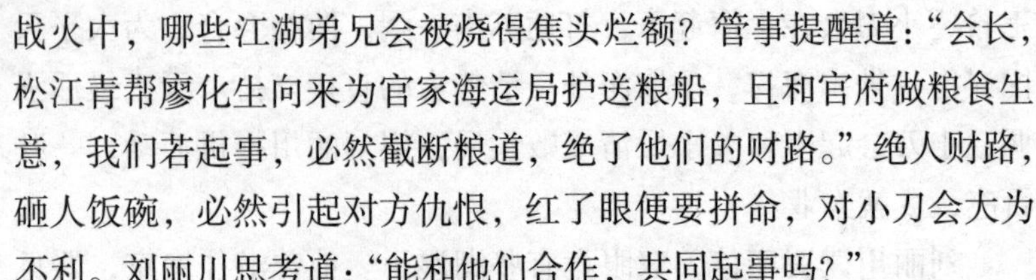

战火中，哪些江湖弟兄会被烧得焦头烂额？管事提醒道：“会长，松江青帮廖化生向来为官家海运局护送粮船，且和官府做粮食生意，我们若起事，必然截断粮道，绝了他们的财路。”绝人财路，砸人饭碗，必然引起对方仇恨，红了眼便要拼命，对小刀会大为不利。刘丽川思考道：“能和他们合作，共同起事吗？”

“廖化生老奸巨猾,贪生怕死,决不肯合作造反。”管事分析道。

“不理他,若是挡我们的道,连他也一块儿砍了。”一个会首道。

刘丽川不同意，得罪一个廖化生事小，激起青帮弟兄仇恨事大，他得谨慎行事。经过反复考虑，刘丽川决定和为贵，不与青帮翻脸。刘丽川叫住一个会首：“林和清，你给廖化生传个话，叫他赶快收账息手，过了八月份，怕要蚀财。”

这种“打招呼”的做法很漂亮，既照顾了对方利益，又守住秘密，青帮弟兄是明白人，自然心领神会，遭逢蚀财季节，不会轻举妄动。

“招呼”很快通过内线，打到廖化生耳边。其时，廖化生正忙碌不已，为海运局护航，每次都得到一笔可观的酬劳。胡雪岩果然慷慨大度，不单照付讲定的银数，每月外送“月例”若干，令廖化生十分高兴。胡雪岩出资，廖化生出力，在松江地区收购粮食，假以海运局名义北运到山东灾区，高价抛出，对半分成。廖化生赚得盆满钵冒，喜不自胜，把胡雪岩敬若财神，唯命是从，松江青帮不啻是海运局不上名单的职员。

忽然刘丽川打来招呼，八月份以后谨防蚀财。廖化生立刻明白，小刀会肯定会起事。他顿时心烦意乱，焦躁万分。冤有头，债有主，小刀会要开杀戒，与松江青帮无关，将来失败了砍头坐牢，青帮亦袖手旁观。但上海燃起战火，粮道受阻，财源断绝，松江青帮千号人的饭碗霎时便将粉碎，廖化生很不情愿。

向官府告密。一想起这个念头，廖化生便打了个寒战：历史上并非没有先例，但告密者为江湖所不齿，下场极为悲惨。青帮来自洪门，与洪门弟兄有千丝万缕的联系，倘若告了小刀会的密，必犯众怒，违反了规矩，三刀六洞，毫不留情。廖化生决定不犯这个险。但考虑到和胡雪岩认识一场，受他恩惠颇多，应该向他暗示几句，让胡雪岩有所准备，避免蚀财。想到此，廖化生叫来管家，询问海运局的运粮情况。

管家翻开往来明细账目，看了半晌，道："九月份有 20 船粮食北运，路过我们松江，到时候请弟兄们护航。"

"九月份"，廖化生眼珠一转，暗暗发急：糟糕，刚遇小刀会起事，粮船怎能平安通过？如果弟兄们护航，小刀会来抢粮，必有厮杀，自家弟兄打仗，帮中大忌。他立刻叫来一名小兄弟，教他给胡雪岩传一句话。小兄弟不敢怠慢，骑一匹快马直奔杭州。

胡雪岩正在忙于收购粮米。此时正值七月炎夏，浙江新米上市，价格低廉。胡雪岩拨出大笔银子，抢购新米。战乱年代，丰收已不多见，他预料粮食匮缺的情况很快就会出现，手中有粮，心里不慌，打算加快速度，多运粮食到北方抛售，稳赚一笔。忽然有人求见，风尘仆仆，满身汗气，一问是从松江廖化生处赶来。胡雪岩暗暗吃惊，详加询问。来人反复只有一句话："帮主请胡先生八月份以后不要再运粮。"其他一概不知。

胡雪岩反复琢磨，揣测这句口信的含义。松江青帮为海运局护航，所得颇多，廖化生从中获利也不少，为什么突然不要运粮呢？银钱人人都爱，没有非常必需的事情，廖化生决不会放弃这项美差。胡雪岩已经感受到这句口信的分量。他进而推测：八月份不能运粮，说明上海水道受阻，难道太平军会南逼上海，弃金陵而就海道？

胡雪岩常看官报，南京的形势了如指掌：洪秀全定都南京后，采取守势，全没有起事之初出广西、破武昌、捣安庆、占南京的勇锐气势，也无北上取燕赵的雄心，多数时间与湘军在长江沿岸进行拉锯战，消耗军力。朝廷趁机在南京周围布下江北、江南两座大营，对南京形成钳形攻势，太平军为保卫南京疲于奔命，哪里还有精力觊觎上海？何况苏杭之间，重兵云集，太平军亦不敢染指。那么上海若有变故，何人所为呢？

江湖好汉的行踪，官报不屑刊载，即使有一些，也无非“流贼草寇，克日可定”之类的套话，胡雪岩决不会相信，他自有一班弟兄提供江湖内幕，比衙门内那些衮衮诸公消息灵通多了。上海江湖会社，反清态度最坚决者，当数小刀会。盖因小刀会出自洪门，而洪门历来奉行“反清复明”，为官府所警惕，只是近年来洪门弟兄求平安饭吃，改反清为安清，朝廷才能容忍。骨子里，洪门与官军势不两立。小刀会首刘丽川是生意场上人，胡雪岩曾与他有一面之交，知道他是贩私盐出身。私盐和朝廷争利，躲避官税，官府决不容情，惩处十分严厉。刘丽川多次被官府缉拿，若非他机警过人，早被官军绳之以法、砍头示众以儆其余了。上海商界都视刘丽川为危险人物，纷纷避之不及，敬而远之。刘丽川又设法与洋商接上关系，替外国洋行武装走私，仗着洋商的势力，官府只好手下留情，睁只眼闭只眼任他去。但暗中仍监视他的行踪，有几次官军抓住时机，伏击小刀会武装走私队，使刘丽川损失惨重。因此，刘丽川最恨官府，可谓刻骨铭心。

小刀会一贯倡导扶贫救困，在穷苦百姓中深受欢迎，会众发展迅速，据传已有数万之多，为上海帮会中老大，从种种迹象来看，小刀会不造反，何人敢为？

胡雪岩心里断定：时间就在八月之后。

通常人们获悉了造反的情报，最便捷的方式便是向朝廷告密，这样可获一笔赏金。胡雪岩决不干这等傻事，小刀会同属洪门，得罪了江湖帮会，无异于自绝生路。再者，朝廷腐败，官僚昏庸，饥民遍地，谋反者大有人在，岂能平定得了？天下大乱固然并非好事，乱中取巧，浑水摸鱼，方显英雄本色。

胡雪岩一面下令停止收购秋粮，一面低头沉思，这笔购粮款可派何种用场？上海为五省通商口岸之首、中外商埠重地，无论战火怎样猛烈，生意买卖断不会停止。尤其是洋人聚集的租界，决不会坐视小刀会截断商道而关门大吉。

一想到租界，胡雪岩怦然心动，他想起自己目前同洋商交道的大宗生意便是生丝。洋商收购中国生丝，运往外洋，这项生意，上海洋商半数以上在长期经营，若上海开战，商道阻断，生丝价格必然猛涨。胡雪岩几乎要脱口而呼：原来小刀会起事，给我送来这个机会。一般商家遇到战事，不外抓住两件东西，一是粮，二是军火，都是作战急需。胡雪岩鬼使神差，竟想到生丝，确是独辟蹊径，高人一着。

胡雪岩热血沸腾，神经亢奋，仿佛看见大批银钱，滚滚而至，一场血与火之争，竟成千载难逢的发财良机，他终于掂量出了小刀会起事的商业价值，不禁暗自庆幸，真是一句值万金哪！

胡雪岩抓过算盘，噼里啪啦猛打一气，算盘珠子明白无误地告诉他，每包生丝成本约 240 两银子，卖给洋商现价 260 两银子，足赚 20 两，若战火点燃，抬价 5 成，即可赚 100 多两，投资 20 万两银子，可赚进 10 万两。胡雪岩眼睛发亮，叫来助手田世春，要他设法调集头寸，多多益善，作为收购生丝的资本。

“调多少？”田世春问。

“有多少调多少，百把万不算多。”

“啊？”田世春瞪大了眼睛，“胡老板，我们收丝的资金最高也没超过 10 万两银子，这回……”

“照我说的去做，成败在此一举，”胡雪岩催促他说，“经商之道，在于把握机会，机会一失，永远也遇不到了。”

田世春仍感困惑：“机会？是指什么？请老板指教。”

“这个，过一段时间你就明白了。”胡雪岩狡诈地笑笑，他十分珍视自己琢磨出来的情报，倘若大家都明白内中玄妙，还叫什么机会？

不出 10 天，胡雪岩调集了 100 多万两银子，投入生丝收购。秋收时节，丝粮相争，生丝价格正处于低谷，胡雪岩不事声张，派出大批小工深入到农家小户上门收丝，以防丝价上涨。一月之后，胡雪岩在上海的丝行仓库里，堆满了抢购的生丝，而市面上却不见生丝交易。上海洋商纷纷到浙江收购生丝，大多空手而归。

此时，胡雪岩坐在杭州胡宅的躺椅上，成天盼望上海方面起事的消息。皇天不负有心人。咸丰三年九月，丁祭日这天，上海知县袁祖真一大早起身，吃过早饭，整肃衣冠，准备坐轿到文庙公祭。刚走出大堂，迎面闯来一群头裹红巾的大汉。袁知县定睛一看，为首的叫小金子，曾因聚众闹事，被袁知县枷号示众三日。当下袁知县见对方来者不善、气势汹汹，情知不妙，才叫一声“干什么！”一把雪亮砍刀砍来，咔嚓一声，人头落地。小刀会众占领了县衙、道署、海关，道台、守备纷纷自杀。于是上海失守，朝野震动。

胡雪岩隔岸观火，得意非凡，一切尽在胜算之中。他唯一的念头是：如何与洋商讨价还价，把生丝价格涨到巅峰，大捞一笔。

借洋款胡雪岩巧施美人计

时序已是深冬，凛冽的寒风刮得呼呼作响，福州城暮霭沉沉，显得死一般的冷清。只有打更人的锣声像幽灵似地游弋在大街小巷。然而，这晚，左宗棠的府第却灯火辉煌，异常热闹。大厅里数十盏红灯熊熊燃烧，数十个灯笼高悬光芒四射，照得大厅如同白昼，桌子上早已杯盘狼藉，将领们有的酩酊大醉，有的高谈阔论、猜拳行酒令，气氛活跃。原来这晚大厅里聚集着左宗棠的全体部下，这些部下都跟随左帅东征西讨，功勋卓著，今太平军已被剿灭，朝廷嘉奖左宗棠及其部下，为此左宗棠设宴款待。待众人散去，已是深夜子时，左宗棠特意将胡雪岩留了下来。胡雪岩为左宗棠镇压太平军筹集了数十万军饷，使得左帅能够迅速围歼闽浙一带的太平军。功不可没，胡被朝廷破格提拔为军政使，同时更受到了左宗棠特别器重。如今已是深夜，左帅有什么事非得要夜晚交代呢？

胡雪岩百思不得其解，惴惴地来到左帅的书房。禀报后，胡雪岩走了进去，左帅一见，从太师虎安椅上站起来迎接，胡雪岩受宠若惊，急忙马蹄袖一抛跪下请安。左帅将他扶起来坐在书桌旁。书桌上摆着厚厚一叠文稿，砚台里还存有余墨，一支小楷羊毫放在上面，展开的书稿墨迹未干，显然左帅正在书写。左帅坐下来没有发话，仍奋笔疾书，见状，胡雪岩心下纳闷，自己读书不多，孤陋寡闻，左帅叫我进书房干什么？未作细想便打量起整个房间，书屋四壁都是木板装修而成，一张大而宽的书桌临窗而设，两侧挂着名人字画，书桌对面是几张木沙发。这房间的陈设使屋子显得古朴，书香气十足。一会儿后，左帅对胡雪岩说："我正在拟写西征甘肃、新疆、蒙古的计划，你看看！"说着递给胡雪岩。胡雪岩虔诚地阅读完左帅的书稿，他说："左帅真诸葛在世矣。我才疏学浅，不敢妄加评论。不过我认为，以往几次西征都劳而无功，边患猖獗不已，这次……"听了胡雪岩的话，左宗棠哈哈一笑："昔日汉将卫青、霍去病征讨，匈奴虽败但元气不伤，所以班师回朝，匈奴又卷土重来。"顿了一下，继续说道："不过，我此次领兵西进，屯田西北，不平西北哪怕八年十年，誓不归还。""啊！斩草除根。"胡雪岩脱口而出。"常言道，斩草不除根，春风吹又生，如果屯田西北，何愁边患不除……"左宗棠口若悬河，"但是，要想屯兵西北，谈何容易啊！"左宗棠一改先前的眉飞色舞，不无忧虑地说。胡雪岩吃惊地问道："为什么不容易呢？"左宗棠没有指责胡雪岩的浅陋寡闻，说道："这南方将士一到西北，水土不服，饮食不惯，怎么屯田？"胡雪岩迷惑地注视着左帅。左宗棠继续说道："我想他们有个适应过程，只要能够准备一年的粮食和军饷，第二年就能自耕自种，自食其力。"胡雪岩连连点头，但问道："这一年的军饷何处去筹集啊。""对，我就要你替我解决这个问题。"胡雪岩这才彻底弄懂左宗棠的真实意图——筹集军饷，胡雪岩开门见山地说："需要多少？""250万！""什么？""250万"。胡雪岩不敢相信自己的耳朵。"不过可以先筹集120万。""几时交？""明年开春二月。"短短三四个月的时间要筹集120万巨款，胡雪岩脸上愁云密布。左宗棠说："有困难吗？西征成败在此一举。如果筹款及时就能很快平定回民之乱，解除边患之灾；反之，如果筹饷失败，开春不能进兵，朝廷怪罪下来，撤职事小，恐有性

命之忧。”接着非常诚恳地又极其信任地说：“此事重大，就交给你了。”见左帅如此信任自己，胡雪岩内心万分喜悦。他于是将左帅的军饷来源做了全面的分析：左帅管辖的三个省有军饷 100 多万，其他省协饷 100 多万，这些饷银要明年年底才能兑现，远水解不了近渴。现在手中只有 20 来万现银。差这么一大截，怎么办？过了好一阵子，胡雪岩说道：“有个办法，可解此急，除此，别无他法。”“什么办法？”左宗棠急忙追问。“向洋人贷款，不知左帅意下如何。”胡雪岩断然说道。左帅犹疑不定，此前无此先例，朝廷怪罪下来担当不起，不过，眼下朝廷确实拿不出这么多银子，西征事急，不如先斩后奏。拿定主意，左宗棠说：“能筹到这笔款子，什么办法都可以，不过，向洋人贷款能成功吗？”胡雪岩见左帅认可，立即击胸拍掌：“不成问题。”于是左宗棠将贷款之事全权交给胡雪岩，临走，再三叮咛：“120 万！成败与否，关键就看你的了。”胡雪岩坚定地说：“左帅，请放心，决不负厚望。”

从左帅府出来，东方已露微明，天就要亮了，阵阵寒风，吹得草木瑟瑟发抖，胡雪岩裹紧衣服一边走一边思索，左帅远征西北，用兵边陲，于他好办公事，但对胡雪岩来说，靠山远去，有个三灾两难，庇荫之树鞭长莫及，必将呼应为难。由于有左帅的帮助，生意上才处处圆通，左右逢源，一帆风顺。左帅一走，还是事事顺心吗？他自问，不过又一想：太平军被镇压之后，大清元戎勋臣，曾国藩高高在上，左帅等次之，若左帅西征成功，必会封爵拜相，其位恐怕要与曾相并称。靠山虽远，却更树大根稳。念至此，寒意顿消。胡雪岩加快步伐回到家里，他想：对左帅的承诺，大话已出口，后悔也无用，决不能打退堂鼓了，应该全力以赴。他来不及休息，匆匆收拾好行李，赶到码头，乘船直往上海。

码头上，行人稀少，此时天已大亮。胡雪岩站在甲板上凝眸远眺：蓝天碧海浑然一体，一轮红日冉冉而升，胡雪岩忘却疲劳，欣赏着壮丽的海上日出。

一到上海，胡雪岩直奔赵云青家。赵云青近年又有新的发展，现在是英国日德利银行的帮办。由于他精明能干，银行内外的事务处理得尽善尽美，所以极得洋人信任，言听计从，这也是胡雪岩找他的直接原因。另外赵云青还经营着一家饭店和报社。彼此是多年的好朋友，做事也就用不着藏头露尾、拐弯抹角。胡雪岩将自己的来意和盘托出。赵云青一听面露难色，平时向外国银行借款，只凭胡雪岩一句话，就可以办妥，如今这笔数目实在太大了，120万，不过一想到胡足智多谋、卓识远见，也就心下安然，他问道："这笔钱你怎么还法？未行军先看退路还是银行贷款原则？"对于这个问题，胡雪岩早已深思熟虑，成竹在胸了。他说："左帅有属于自己饷源的三个省，浙江马新贻自请筹饷3万，协济军饷2万；广东4万；福建5万。三省一月18万，一年就是100多万，另外，四川、江苏等省协饷合计一年100多万，这样300万银子不够还款么。"对于胡雪岩的解答，赵云青想：虽说合情合理，但是这些数字都是空头数字，一旦到期拖欠，还款就会成为泡影，后果严重。他未将想法说出来，只是告诫胡雪岩小心谨慎。

赵云青对上海的外国银行比较熟悉，他向胡雪岩推荐了10家大的银行做参考。其中三江银行、利通银行、日德利银行都引起了他的兴趣。这三家银行都是英国银行。特别是日德利银行资金雄厚，是英王发布敕令，特许在印度、澳洲、上海设立分行的股份公司，以方便英国商人进行贸易交往。日德利银行与胡雪岩的阜康钱庄曾有过业务往来。他决定在日德利银行下功夫争取贷款。

在赵云青的安排下，胡雪岩与日德利银行挡手麦德利来到了泰华饭店。泰华饭店五楼的小客厅布置得豪华漂亮，红色的波斯地毯，水晶石般的椭圆形桌面光亮无比，几张英式沙发陈列两侧。宾主双方很快就贷款进行商讨。麦德利听说120万惊讶得张嘴不语，如果成功银行将获得上万的利润，真叫人垂涎三尺，不过到期不能还款，银行也会损失惨重。愣了会儿，麦德利说："这数目实在太大了，得由你们政府出面交涉。"麦德利老练而深沉，这个问题胡雪岩实在难以回答，因为在这之前还没有向洋人贷款的

先例，更不用说政府授权交涉，此事纯粹是他与左帅的主意，如果讹传出去，便是胡雪岩僭越擅专，罪名不轻；但现在如果不敢承认代表政府，那就无法再谈下去，想了会儿，他含糊地答道："谈得成功，朝廷自会做主，谈不成功，就代表我自己。"对于胡雪岩的巧妙之词，麦德利说："我只当你是中国代表。"言外之意，已答应贷款了，胡雪岩心中无比喜悦，但仍不露声色地说道："此事，应规定谈判期限，在没有谈判结果之前不得向外界透露。"双方于是互定约束条件、誓守秘密。

接下来，进行实质性谈判。包括贷款数量及利息，还款期限及方式。然而第一轮谈判就出现僵局，麦德利认为期限过长，胡雪岩认为利息太高，两人不欢而散。

从泰华饭店回来，胡雪岩躺在床上，忧心如焚。如果贷款不成，将会失去左帅的信任，往后生意难做，但眼前麦德利固执己见，让人奈何不得。怎么办？他闷闷不乐地走出赵家大院。漫步上海街头，大街上行人来来往往，络绎不绝，使得大街显得喧嚣繁华。"先生，请进，上好的女儿红。漂亮的美妞。"一个声音冲着胡雪岩而来，他抬头一看：怡红院。对怡红院，他早有所闻，它是上海十大名院之一，美女如云，一夜销魂，10 年不忘。胡雪岩犹豫之间已被老鸨搡进了怡红院。

这怡红院是个典型的四合院，上下两层，他被带进了西厢房。胡雪岩本来心中有事，无意酒色，不过既来之则安之。老鸨扭动腰肢出去之后胡雪岩将房间打量了一遍。这西厢房雕栏画栋，幄幔低垂，窗户挂着两层窗帘，一层白色细花薄纱，一层较厚呢绒布幔，能遮住屋外阳光的照射，也使得室内光线略显暗淡。再看偌大的一张楠木床上铺着一床法国床单，上面一床精丝细软缎被叠得整整齐齐，方方正正。一对鸳鸯玉枕端放其上。"这女子一定不错。"胡雪岩暗自赞叹。房间中央摆着一张朱红方桌，两根圆凳放在桌旁。正当胡雪岩打量之际，门"吱嘎"一声开了，进来一名红粉佳人，紧随其后的是一名小丫鬟。捧着一壶酒，以及几盘小菜放在桌上，丫鬟退了出去。一见美酒，胡雪岩提起酒壶咕噜咕噜，一阵猛喝，将这女子冷落一旁。不觉一刻，就喝得大醉，迷迷糊糊被人扶在床上。

第二天一大早，胡雪岩酒醒，见旁躺着一个美貌如仙的女子，才发觉自己昨日大醉睡了一夜，是这女子相陪。这女子眉清目秀，有闭月羞花之容，此刻呼吸匀称，安然入睡。想来这女子为了照顾自己才疲倦如此。胡雪岩不忍心打搅她的美梦，轻轻坐起，谁知事与愿违，这女子警醒得很，猛然坐起，轻启朱唇："先生，昨日醉得厉害，此刻心中好受吗？我去熬碗桂圆汤喝？"说罢，立即下床。胡雪岩本是个风月场中的老手，未曾见过这般体贴入微的青楼女子，顿起惜玉怜香之心，说道："你且请坐。"说着将姑娘拉着坐在床边。姑娘柔声细语："先生昨天花费了不少银子，有些划不来吗？"抿嘴浅笑，美目顾盼，胡雪岩见状，情不自禁将她搂进怀中，问道姓甚名谁，语音温和，态度诚恳。边说边将手伸进这女子的衣服内。这女子即刻宽衣解带，与胡雪岩同床共枕，窃窃私语。原来这女子姓周名香，人称阿香。阿香11岁被卖进怡红院，15岁接客，很得妈妈宠爱。阿香一听胡雪岩的介绍更是喜出望外，她久有从良之心，只是未遇着合适人家，才打消此虑。今天胡雪岩不仅风流倜傥，温柔体贴，而且还有万贯家财，正是自己求之不得的意中人。阿香拿定主意要跟随胡雪岩，于是使尽浑身解数，对胡殷勤备至。后来，将心意委婉地表达了出来，用满含期待的目光等待着胡雪岩的回答。胡雪岩心中豁然一亮，他对阿香说："我得先办完一件要事才能赎你出院，不过你得帮我做成一件事。"阿香脸露喜色，迫不及待地问道："什么事？"胡雪岩将嘴凑近阿香的耳朵小声低语。阿香会心一笑，不好意思地答应了，顿时脸上红云密布，说不尽的娇羞。

胡雪岩从怡红院出来，三步并作两步走，很快来到赵云青家。一见面，赵云青便问起一夜未归的原因。三言两语之后，胡雪岩说："你夫人什么时候过生日？"问话莫名其妙。赵云青说："二月初

三。”“啊，生日已过，今天能不能为她开个生日晚会，以你泰华饭店主人的身份邀请上海10大外国银行挡手,以及上海政府要员，各国驻上海的办事要人，上海的社会名流等参加？”胡雪岩一个劲儿地说了下去，赵云青更是迷惑不解。赵云青也未加多问立即吩咐手下人行动起来。

隆冬的上海,寒气袭人,但十里洋场依然灯火辉煌,俊男倩女，摩肩接踵。这晚，泰华饭店更是张灯结彩，喜气洋洋。应邀参加晚会的各位嘉宾如期而至。

舞会开始了，大厅内响起了优美的华尔兹舞曲，一对对妙龄男女、一双双俊男淑女在摇曳的灯光中轻展舞步如痴如醉。麦德利饮着威士忌，怡然自得。“嘿，麦德利。”音韵柔和、嗓音甜美，一个身材苗条、粉脸姣嫩、凤眼迷人的女郎出现在他面前。“啊！阿香。”麦德利起身迎接，他们挽手进入舞池。在轻快的乐曲声中他们款款而行。阿香今晚打扮得光彩照人，芳香四溢。巴黎时装将她的胴体掩映得若隐若现，摄人心魄。麦德利紧搂着阿香，一只手却在阿香腰间不安分地抚摸。阿香心领神会，媚眼脉脉含情，像潺潺山泉直透麦德利肺腑。麦德利激动得心摇神驰，灵魂出窍，一双深蓝的眼睛直愣愣地俯视着阿香高耸的胸脯。阿香嗔怪地说道：“为什么这么长时间都不来找我？”说罢在麦德利额上留下了一个朱红唇印，并就势倒进麦德利的怀中。麦德利搂着东方美人，飘飘欲仙。阿香伸出双手在麦德利的脸颊上温柔地抚摸，双眼闪烁着诱人的光芒，皓齿轻启：“阿利，我想休息一下。”麦德利顿时心花怒放。麦德利搀扶着阿香来到泰华饭店的一间客房。一进房门，阿香随手将房门锁了起来。

房间较宽敞，但一张大床却占据了大半个房间，阿香疲倦地躺在床上，说道：“啊，好热！”说着将时装脱下扔在床上，显示出优美的线条，一双玉腿白皙柔嫩，仿佛刚刚出水的荷花。麦德利坐在阿香身旁，阿香把颀长的玉腿伸进麦德利怀中说：“我怕冷，你给我暖和暖和。”麦德利求之不得，立即捧起阿香的双腿抚摸起来，二人一唱一和，一会儿阿香便将麦德利挑逗得魂飞魄散。阿香见此说："这么多日不来看我？我讨厌死了你！"其羞无比，就是不顺从于他："你说呀，为什么不看我！"麦德利不以为然地说："还不是银行里的事情！唉，还没……"欲言又止，阿香追问道："什么事？"经不住阿香的软缠硬磨，麦德利将胡雪岩贷款的事做了较详细的介绍。阿香听后，故作惊讶地说："120万哪，现在你们僵持不下，你不怕他到'法兰西''雅加达'去吗？"麦德利狡黠地眨眨眼睛，说："不！不！我们已约法三章，共守秘密。"阿香将麦德利说的话牢牢地记在心里。然后二人安然就寝。

夜已经很深了，已有三三两两的人告辞而去，灯光幽幽，琴声悠扬。曲尽人散之时，已是熹微初露，次日清晨了。

谈判如期举行。双方坐定后，麦德利仍以强硬的口气坚持己见，不肯作出让步，大有拂袖而去之意。胡雪岩稳如泰山，镇定自若，他不慌不忙地从衣袋里掏出一卷文稿递给麦德利。麦德利颇感意外，将文稿展开细阅，只见他脸上浸出颗颗汗珠，不敢直视胡雪岩。他后悔不已，上了阿香的当。胡雪岩不冷不热地说："准备见报，虽说风流韵事，但牵扯着大英帝国的荣誉。"麦德利十分清楚：各国银行为了扩大自己的业务，互相欺压，明争暗斗。如果这个消息透露出去，将直接影响银行的信誉，他非被撤职查办不可，将会声名狼藉。事已至此，麦德利颓然跌进沙发里，没精打采地说："按你说的办！"像泄了气的皮球。胡雪岩见状欣喜若狂，想不到预计3天的谈判竟提前结束。

胡雪岩上海之行不辱使命，他带着成功的喜悦踏上回归之路。

第六章 “红顶商人”兴衰史

一般人都知道杭州有一家规模很大的胡庆余堂国药号。它的创办人叫胡雪岩，就是胡光墉（1823—1885年）。他是个大商人，积资二三千万两。他开了许多钱庄、银号、当铺，胡庆余堂只不过是他所开的店铺中的一家。他也做官，官做得不小，是左宗棠手下的红人，帮左宗棠镇压太平军，而且在左宗棠出兵西征收复新疆时，他有很大的功绩。左宗棠赞他为“商贾中奇男子”，“有豪侠之概”。经左宗棠的保举，他被赏给头品顶戴，皇帝还赏给他穿黄马褂，这在当时来说是很大的荣耀。但他并不放弃经商，他由商而官，亦官亦商。他是在当时特定的社会经济条件下产生的“官商”。

胡雪岩究竟是哪里人

关于胡雪岩的籍贯，比较流行的说法是安徽绩溪，上海辞书出版社1982年出版的陈旭麓、方诗铭、魏建猷主编的《中国近代史词典》和1989年版的《辞海》均持此说，杭州胡庆余堂博物馆展览厅的胡雪岩生平简介也赫然写着胡雪岩是安徽绩溪人。

然而，1993年第5期《近代史研究》刊登安徽师范大学历史系欧阳跃峰先生题为《胡光墉籍贯考辨》的文章，对上述说法提出质疑。

据欧阳先生考证，说胡雪岩是安徽绩溪人的史料有两条：其一是沙沤的《一叶轩漫笔》，但他对胡生平事迹最早仅溯至助左宗棠西征，而且述事十分简略，对西征前的活动丝毫没有涉及，更谈不上对胡雪岩幼时情形作一交代。近代掌故学家徐一士（字相甫，浙江嘉兴人）编纂的《一士类稿》（初版于1944年），广泛搜罗有关胡雪岩的史料，撰有长达1.4万余字的“谈胡雪岩”专条，可谓极尽探赜索隐之功，文中对《一叶轩漫笔》关于胡雪岩籍贯的说法就表示怀疑，指出：“胡为杭人，盖无异词，此独曰绩溪，或其祖籍耶？”其二是1948年8月上海《春秋》杂志上刊登的东方慧的《胡庆余堂创办人：豪门鼻祖胡雪岩》，然而此文主要是针对国统区运用官僚、豪门资本发国难财的奸商而发，着眼政治意义，从学术上看却颇多舛误，比如，文中说胡雪岩“本年发财本年破产”，实际上胡雪岩在1872年（同治十一年）资产就达2000万两以上，而破产则是1883年（光绪九年）的事。仅此一端就可知作者仓促成文，连基本史实都没加推敲，更不会花费时间对胡雪岩的籍贯寻根问源了。

欧阳跃峰先生在文中列举许多说胡雪岩是浙江杭州人的史料，如秦缃业、陈钟英、《平浙纪略》说胡雪岩是“杭州绅士”，陈云笙（代卿）《慎节斋文存》说胡是“浙江钱塘人，”王安定《湘军记》说他是“浙绅”，李慈铭《越缦堂日记》说他是“杭人”，这些人与胡雪岩同时代，其中秦缃业、陈钟英还与胡雪岩一样亲身经历了咸丰十年（1860年）、咸丰十一年（1861年）太平军两次围攻杭州的事情，他们的记载是较为可信的。

欧阳跃峰先生还列举稍晚一些的记载，如李宝嘉《南亭笔记》说胡是“浙江巨商”，汪康斗《庄谐选录》说胡是“杭人”，刘体智《异辞录》说胡是“杭之仁和人”,易宗夔《新世说》说他是“浙之仁和人”,费行简《近代名人小传》说他是“浙人”,蔡冠洛《清代七百名人传》说他是“浙江人”。这些人大多是清末民初文坛著名人士，其中汪康年是杭州人，生于咸丰十年（1860年），胡死时他已26岁，刘体智是胡雪岩破产时担任查抄事务的浙江巡抚刘秉璋的四公子，这些人几乎众口一词地说胡雪岩是杭州人。

特殊的经历和关系使他们对胡雪岩的了解比别人要直接些，详细些。尤为重要的是，同治元年（1862 年）左宗棠奏请以胡雪岩办理粮台和同治十二年(1871 年)李鸿章为胡雪岩请赏时，都说胡“籍隶浙江”，同治十二年（1873 年）左宗棠为胡雪岩母亲请赏御匾时说胡是“浙江绅士”。胡曾被授布政使衔，为候补道员，按照惯例，他事先需向朝廷呈报履历、写明籍贯。晚清“中兴三大臣”中的两个重臣左宗棠和李鸿章都在呈览皇帝的奏折中正儿八经地说胡是浙江人，很有可能就是以胡本人的填报为依据的。此外，宣统年间(距胡雪岩去世仅 20 余年)撰修的《杭州府志》也说他是“仁和人”。由此，欧阳跃峰提出：在没有找到足以证实胡雪岩为安徽绩溪人的确实史料之前，完全有理由将其籍贯改写为浙江杭州。

平心而论，欧阳跃峰先生这篇考辨文章搜罗史料很广，逻辑推理也下了苦功。笔者也曾接触到一些记载胡雪岩是浙人的史料，在此聊作补充，如许瑶光所著、记载太平天国围攻杭州史事的《蒿目集》说胡是“杭绅”。浙江图书馆古籍部所藏《雪岩外传》，发行于光绪二十九年（1903 年），距胡雪岩去世不足 20 年，正文前附有“西湖冷眼叟”谨表的《读〈雪岩外传〉价值》，称文中所记“即除去公案，事事纪实”。而该书扉页“浙东市隐”作的序就说胡雪岩“世居浙江”。另有民国《杭州府志》，该志本之 1879~1886 年（与胡雪岩生命历程的最后几年相始终）重修的光绪《杭州府志》，钱塘人吴庆坻提学总裁其事，当时任浙江督军的卢永祥称吴“长于乙部，兼综掌故，抱遗订坠”。杨复后序说此志“考订不厌求精，芟繁芜，正伪夺，专校勘”，这样一部考证严谨的志书上也记载着胡是“仁和人”。

看来，说胡雪岩是杭人，并非无稽之谈，问题是我们是否就可据此断言“胡雪岩是安徽绩溪人”这一说法是空穴来风呢？笔者曾走访筹建杭州胡庆余堂中药博物馆时去绩溪挖掘史料的赵玉城先生，据赵先生说，他是 1984 年去绩溪的，在那里没有胡雪岩的谱牒资料及遗迹，但县志办的人说胡是绩溪人是无疑的，而且他说，胡雪岩创办胡庆余堂后不久，叫人编写的《膏丹丸散集》中，也写着胡雪岩是绩溪人。

胡雪岩籍贯问题因胡雪岩家谱没有存世，胡氏后人有的过世，有的散居，无法取得联系而成为暂时解不开的谜团。但至少有两点是值得我们深思的：

一是从地缘关系上看，祖籍是祖先迁徙前居住过的地方，籍贯是指一个人的祖居或出生地，也指登记入户籍的地方。很多家族经几世迁徙，在当地居住时间长了，祖辈的寄籍往往就成了孙辈的原籍，例如，我们提起近代民主革命家、国学大师章太炎，会毫不迟疑地说他是浙江余杭人，遍阅与他同时代或稍后的证载也众口一词。其实章家从明朝鼎盛时期从浙江分水迁往余杭东乡，到章太炎这一代时已居余杭四五百年，时间一长，就没人说他是分水县人了。前举胡雪岩同时代及稍后的人记载胡是杭州人，估计也属类似情形。

二是康熙中叶到嘉庆、道光之际的一百数十年，徽商兴盛，实力超过明代，徽州的休、歙、祁门、婺源、黟、绩溪等县从商如流，移徙四方，足迹遍及全国。杭州地处贯通南北商运路线的大运河的南端，本是东南名城、丝织业中心、木材集散地，又是两浙盐业的营销点，这就吸引徽州的丝绸商、木材商、盐商来此淘金。徽人几乎把持了两浙盐业；在木材贸易上，他们把皖南、闽、浙山区木材运集于此，然后转运北方。由于徽商在杭州人多势众，以至于杭州的某些地名也打上徽人的烙印，如，钱塘江畔的“徽州塘”就是徽人弃舟登岸的地方，“徽州弄”即徽州盐商居处，“小江村”是歙县江村人聚居地。我们难保来杭经商的徽商中没有胡雪岩的先世。

鉴于上述原因，徐一士先生提出的胡雪岩的祖籍可能是绩溪的设想还是有一定道理的。《浙江文史资料选辑》第 32 辑（1986 年）刊载的黄萍荪原作、王遂今补充的《“红顶商人”胡光墉（雪岩）兴衰史》干脆明确指出：胡光墉，原籍安徽绩溪，寄籍浙江

杭州。在我看来，在没有发现可以否定这个说法的确切史料之前，这样的提法是审慎的。

胡雪岩是怎样发迹的

胡光墉，原籍安徽绩溪，寄籍浙江杭州。家本贫穷，无钱延师就塾，靠自学，粗通文墨而已。经亲戚荐为杭州的一家信和钱庄当学徒。三年满师，升为钱庄跑街。这个时候，正当太平天国运动冲击着清朝的腐朽统治，在杭州城里，候补、捐班的官吏多得很，他们花了钱捐了官，等待着发放出去当个知县、知府或道员，以便搜刮更多的钱。但他们在候补期间，有的已两手空空，只得仰给于钱庄；就是放了官，打点上任时也需要向钱庄先借一笔。胡光墉这个钱庄跑街，主要就是跑这些候补老爷的放贷生意的。

胡光墉以一个钱庄跑街，怎么会发迹致富而成为“活财神”的？有种种传说，有的还夹杂些迷信神话色彩。比较流行的说法，见于陈代卿（字云笙，四川人，同光年间曾官于山东）的《慎节斋文存》。大意是说：

一天，钱庄跑街胡光墉碰到一个后生，也是个候补的，见他生相不凡，但穷酸潦倒。胡问他道：“看你不像没出息的，为啥这般落拓？”那后生原来便是后来当上浙江巡抚的王有龄，这时因他父亲死了，流落杭州，贫不能归。他把处境跟胡讲了，胡就邀他到茶店里聚谈。胡表示愿意助一臂之力，送他进京去图个官职。胡说：“我刚好为钱庄东家收有一笔五百两银子的款子，就借给你罢，你赶快动身。”王有龄哪里肯受，说：“这不是你的钱，东家能不追问吗？”胡说道：“你放心拿去好了。我反正没有家，只一条命，就是东家索去也无益，但望你得意后别忘了我。”王只得拿了银子动身北上，到天津，碰到了故交何桂清侍郎。何劝他不必进京，还是回浙江去好，并介绍他去谒浙江巡抚某公。王就拿了介绍信回到浙江，谒见巡抚，巡抚委他任粮台总办。王有龄得了官职，立刻出去找到胡光墉，并把以前所借五百两银子加上利息还了他，向他千谢万谢。后来就叫胡光墉辞去了原来的东家，支持他开起钱庄来，这便叫阜康钱庄。不数年间，王官越做越大，终于当上了浙江巡抚。这时，王又保荐胡接管粮台，从此胡得以大发展，钱庄与粮台互相挹注。胡又会做生意，开起了好多的店铺，并与外商做生意，进出常以千万计，成为富甲杭城的大商人。

这段记载，关于王有龄“落拓”之说，未必可信。据考王有龄于道光二十一年（1841 年）就来浙江，历任新昌、慈溪、仁和县知县，父死，回闽守丧，旋回浙，署湖州府，咸丰四年（1854 年）任杭州知府，可谓一帆风顺，未必有告贷于胡的事。

据蔡冠洛《清代七百名人传》则说告贷于胡光墉的是湘军一个营官，他向胡借两千两，这时钱庄老板不在，胡自作主张借给了他。等老板回来，大怒，把胡赶出店门。不久，营官拿钱来还，问：“以前借钱给我的少年怎么不在？”老板只得骗他说：“病了。”营官在路上碰到了胡光墉，见他穷无所归，踽踽而行，大惊，问：“为什么弄得这样狼狈？”胡告诉他：“已失业好久了，原因就是为了借钱给你被赶了出来。”那营官大受感动，说：“这是我把你害苦了。”马上请到军营里去，供以鲜衣美食，因这时这营官已暴得十万之资，便交给胡光墉去开钱庄，又辗转引荐给浙抚王有龄。又据费行简《近代名人小传》，也有类似的记载，可能录自前书，只是加上一些情节，如说营官的十万巨资，“皆得自‘贼’（指太平军）中者，固不足告外人”，这与前书的“暴得”是一致的。此说似乎比王有龄落拓告贷之说更接近实际一些。不过，胡光墉之发迹，的确还是在受知于王有龄之后，从此他才有了官府做靠山。

与前两说不同的，尚有胡光墉的直嫡曾孙胡亚光的《安定遗闻》，据说胡光墉“少式微，不暇攻诗书，学贾于阜康钱肆，肆主于姓，无子，爱公勤敏有胆略，颇器重之。疾革时，即以全肆赠之，数不逾千金。”这里没有提到前面各说中的那段传奇故事，可能是为亲者讳。

此外，与胡光墉同时代并有往来的段光清（曾任浙江布政使，太平军克杭，他因逃跑被革职），在其《镜湖自撰年谱》咸丰十年（1860 年）一条中说：“有起于钱铺小倌姓胡，名墉，字雪岩者，骗人资本，此时已自开钱店，与官场人往来。后则显要，当道皆重用其人。”至于怎样“骗人资本”，未具体说。

以上各说虽互有歧异，但大致可见胡光墉其人机敏，善于投机取巧，作风泼辣，使人觉得他慨慷好义，能济人急难，从而赢得了人们对他的信任和报答。王有龄之倾心倚重，即使未必有所传之奇事，当亦得过胡的某些好处；于姓店主之以全店相赠，也必有使他觉得胡足以付托之某些表现。段光清说他“骗人”，可能就是指胡的这种种手段。

胡光墉之结识王有龄，当在 1848 年王有龄署仁和县之前。王的步步高升，给胡及其阜康带来好处。咸丰七年（1857 年），两江总督何桂清奏调王有龄为江苏按察使，继迁布政使。咸丰十年（1860 年），太平军第一次围攻杭州，王有龄带兵由江苏驰援。太平军因分散围困天京之敌兵力的目的已达，即主动撤离浙境，王有龄现成当了浙江巡抚，踌躇满志。胡光墉也水涨船高，成为抚署签约房上宾，王以省库委胡光墉，下檄各县曰：“凡解粮饷者必由胡某汇兑，否则不纳。”（见刘声木《异辞录》）王又命胡赴沪甬采办粮食军械。这时王趾高气扬，但胡的眼光比王尤高出一筹。他看出太平军的一时转移，正是为集中兵力卷土重来之张本，所以早将阜康资金潜移到了十里洋场的上海了。果然，咸丰十一年（1861 年）十二月，李秀成率太平军再度攻克杭州，王有龄走投无路，自缢而死。

胡雪岩是怎样得到左宗棠信任的

1861 年 12 月，太平军再克杭州、王有龄兵败自杀之日，胡光墉正押着货船，联帆二十余艘，自上海满载军粮军需，驶入钱塘江来。及他得知杭州已为太平军所有，就不在三郎庙拢岸，立刻装扮成商船模样，分散开来，逆流负纤，溯江而上。这时太平军已连克富、桐、严、金、衢，但因水师不足，江面未全控制，使胡光墉有隙可乘。

胡光墉要到哪里去呢？他的粮船究竟落在谁手呢？

原来这时新任浙江巡抚左宗棠率领湘军四万，已从江西广信、安徽婺源进入浙境。胡光墉乃溯江直趋左军，至广信谒左宗棠。左宗棠于同治元年（1862年）正月就任命胡办理粮台和转运局务。而这时距太平军克杭仅及一个月，胡光墉就突然出现于广信，其行动可谓快捷了。这可以左宗棠于这月二十九日写的奏稿《官军入浙应设粮台转运接济片》为证："臣军业已入浙，所有饷需一切，自应设粮台转运，以资接济。现拟暂于江西广信府设立粮台，为收支军饷子药总汇，再于玉山设立转运局，随时转运，以利师行。闻籍贯浙江之江西候补道胡光墉，急公慕义，勤干有为，现已行抵江西，堪以委办台局各务。以浙江之绅办浙江之事，情形既熟，呼应较灵。"

然则胡光墉的粮船有没有运到左军手中？虽然有胡的粮船在杭州三郎庙"为太平军截留"之说，但别的一些记载未言被截留事。据《杭州府志》载，胡船入钱塘江，因杭城被围，不得通，将正运之粮匿置僻处，后以献于左之湘军。此说比较可信。如果没有一点儿粮食献到左军手里，左宗棠怎能会一见面就赞他"急公慕义，勤干有为"呢？

《慎节斋文存》还有一段很有趣的记载，可以说明胡光墉是怎么取得左宗棠的信任而被重用的："胡以前抚（指王有龄）信任，为忌者所谮，左公闻之而未察，姑试以事：命筹米十万石，限十日，勿违军令。胡曰：'大军待饷，奈枵腹何？'左公曰：'能更早乎？'胡曰：'此事筹已久，待公言已无及矣！现虽无款，某熟诸米商，公如亟须，十万石三日可至。'（果如其言），左公大喜，知其能，令总办粮台如故，而益加委任。"三天内办十万石米，变戏法也变不出，大概就是前所运至而隐匿僻处的。胡声木《异辞录》也

有类似的记载，但说这批粮食是先变卖，后再购回，而献于左军的。

胡光墉运用他亦官亦商的地位，经常来往于上海、宁波，与洋人打交道。从左宗棠军入浙到攻占杭州城的两年时间中，胡除了经办粮台转运局务，接济军粮军火之外，还替左宗棠去勾结法国驻宁波舰队军官德克碑和法籍宁波海关税务司日意格，要他们组织外籍雇佣帮凶军“常捷军”（见《中国近代史词典》508页“胡光墉”条：“次年（1863年），为左宗棠勾结法国侵略者，组织‘常捷军’”），这支帮凶军首先攻占宁波，后又参加左宗棠的攻杭之战。

同治三年（1864年），左宗棠（时授闽浙总督仍兼浙江巡抚）、蒋益澧（时任浙江布政使）率领湘军，在德克碑“常捷军”的洋枪洋炮掩护下，攻破了杭州城，进入了死亡枕藉、断瓦残垣的城区，胡光墉也翎领辉煌地衣锦还乡了。这时，左宗棠在杭“设赈抚局，收养难民，招商开市，勘急应修浚工程”（见《清史本传》），少不得又要借重胡光墉了。左“令经理赈抚局务”（见秦湘业、陈钟英《平浙纪略》），他“主持善后诸事，始则设粥厂，设难民局，设‘义烈’遗阡，继而设善堂，设义塾，设医局，修复名胜寺院，凡养生送死赈财恤穷之政，无不备举”（见刘声木《异辞录》）。

因此，左宗棠在一篇奏稿中说：“江西补用道胡光墉，自臣入浙，委办诸务，悉臻妥协。杭州克复后，在籍筹办善后，极为得力，其急公好义，实心实力，迥非寻常办理赈抚劳绩可比。”（见《左文襄公奏稿》）。左宗棠同治四年三月给他长子孝威的信中又说：“胡雪岩虽出于商贾，却有豪侠之概。前次浙亡时，曾出死力相救；上年入浙，渠办赈抚，亦实有功桑梓。外间请托未遂，又有冒领难民子女者被其峻拒，故不免飞语之加。我上年已有所闻，细加察访，尚无其事。”又同治十一年答杨石泉的信中也说：“胡雪岩，商贾中奇男子也，浙人始訾之，近亦无甚议论。”（均见《左文襄公书牍》）

这里的所谓“飞语之加”“浙人訾之”，说明当时怨他骂他的人不少，例如他去“劝捐”，便少不得要得罪人，这在段光清《镜湖自撰年谱》中有些记载，如他向段劝捐十万两，段推三阻四，捐了一万两，段发牢骚说："祸我者，未必非福我也。"又记载："绍兴一府捐款，其解银两，非胡墉（胡光墉）经手，则省局不收。"还举了绍兴殷户张广川的例子，胡指使人告发他犯案，要他捐十万两，张只好照捐，段叹道："胡墉之遇事倾人，真可畏哉！"

胡雪岩助左宗棠西征

左宗棠这个人，虽然曾残酷镇压太平军、捻军等起义军，历史应予谴责，但是他倡办洋务运动，办了许多洋务企业，这些带有资本主义性质的企业是为了"自强"；特别是他带兵西征，消灭了勾结英俄帝国主义、压迫我新疆各族人民的外来反动势力阿古柏政权，打乱了英俄侵略者分割我国神圣领土新疆的阴谋，迫使俄国退出了伊犁地区，这是大有功于中华民族的。胡光墉虽然以帮助左宗棠镇压太平军起家，但也帮助左宗棠办洋务企业，为左宗棠西征购武器、借洋款、转运军饷与军需，作了很大的努力。

帮左宗棠办洋务企业

首先要说的是左宗棠创办福州船政局。

左宗棠既授闽浙总督，于同治四年（1865年）即离浙入闽。到了福州，就写了奏章，说："今欲修明政事，必先求治事之人，臣请就所知者先调数人入闽，以资赞助。"他举了四个人，其中一个就是胡光墉。次年，左宗棠决定创办福州船政局，这就是胡光墉所献议的（见秦翰才《左文襄公在西北》67页），左宗棠接受了，上了一篇很有名的奏章，要求清廷批准，奏章上说："欲防海之害而收其利，非整理水师不可；欲整理水师，非设局监造轮船不可。泰西巧而中国不必安于拙也，泰西有而中国不能傲以无也。"他提出三个造船的五年计划，预算三百万两。又说："前在杭州，曾觅匠仿造小火轮，形模粗具，试之西湖，驶行不速，以示洋将德克碑、税务司日意格，据云，大致不差，唯轮机须从西洋购觅，乃臻捷便。因出法国制造图册相示，并请代为监造。"（《左

文襄公奏稿》）当时阻力很大，英国使节威妥玛上书说，造船不如购船。但清廷终于批准试办。开办之初，左即委胡光墉“主持船政局，延洋匠、雇华工、开艺局（即开办求是堂艺局）等事务”（《中国近代史词典》508页），就是造船的机器也是由胡光墉向法商洋行购进的。五年之后，它果然造出了十多艘轮船，不管怎样，它总是中国第一家新式造船工业。这在洋务运动中，左宗棠开了风气之先，福州船政局比李鸿章1867年在上海办的江南造船所，还要早一年。左离闽后，推荐沈葆桢任船政大臣，主持船政局。同时以胡光墉“委办上海采购局务，兼照料福建船政局事宜”。

左宗棠于同治五年（1866年）八月被调任陕甘总督，次年正月授为钦差大臣督办陕甘军务。同治十二年（1873年），进至河西走廊，驻肃州，指挥大军出关西征新疆。光绪元年（1875年），授为钦差大臣督办新疆事务。光绪三年（1877年），消灭阿古柏（兵败自杀），赶走白彦虎（逃入俄境），收复了新疆南路北路诸城。光绪六年（1880年），左宗棠进驻哈密。次年，俄国归还伊犁全境。这时，左宗棠已70岁。

这时，胡光墉已被委办上海采运局务。关于他帮助采军火、借洋款诸事后面再说，还是先谈谈他帮左宗棠在西北办的洋务企业，开发大西北。

左宗棠创办甘肃织呢总局，是与福建船政局齐名的洋务企业。光绪三年（1877年），他命胡光墉去访求织呢机器，后来由胡经手向德商泰来洋行定购了全套小型的毛织机器，包括毛纺机3台、毛织机20台、洗毛机3台等，还配以蒸汽发动机两台，胡还雇了德国技师去安装和传授技术，因机器笨重，只得开山辟路，直到光绪五年才运到，次年居然在兰州开工生产了。在中国腹地诞生了第一家新式工厂，它比李鸿章在上海创办的机器织布厂还早一些呢！（见《左文襄公在西北》67页、247页）

左宗棠因西北大旱，1877年还曾用以工代赈办法，开凿泾河。他听说外国有开河机器，又命上海采运局胡光墉去访求。胡光墉向德国买了一套，并雇了几位德国技师，光绪六年（1880年），机器连人到达泾源工地，就开凿了一条长二百里的正渠。为了加宽挖深，需掘开河底坚石，德国技师建议再去买德国的开石机器，左又叫胡光墉去办，办来以后，是否继续开凿，没有记载。但数十年后，这些机器还在。这件事，在西北高原用机器开凿河渠，也是个创举。

左宗棠还曾在肃州文殊山地方试办过金矿的开采。采金的一部小机器，就是胡光墉所捐献的。（见《左文襄公在西北》232、250页）

洋务运动，兴办洋务企业，在历史上有其积极意义。左宗棠是洋务派的中坚人物，他办洋务企业，目的在于抵抗外国侵略者，如办船政局，就是为了办水师，以抵抗从海上来的侵略者。在左所办的企业中，都有胡光墉的一份功劳。但更重要的，是在左宗棠以抵抗从陆上的帝国主义侵略者为最终目的的西征中，胡光墉尤出了大力。

胡光墉对左宗棠西征的支持，主要是两个方面，一是购运新式武器，一是代借华洋各款。

帮左宗棠购武器

左宗棠在新疆面对的敌人是英俄帝国主义支持的从安集延来的反动势力阿古柏以及投靠他的回民叛徒白彦虎等，他们不但凶悍，而且都有来自英俄的武器，故左军要不是有胡光墉购办来的新武器，这仗是很难打的。这在左宗棠自己的奏稿、信札中可以得到证明。

如在同治十二年四月的奏稿中说："上海为洋商荟集之所，泰西各国枪炮武器，泛海来售，竞以新式机耀。臣于闽浙总督任内，饬胡光墉挑选精良。嗣调督陕甘，委办上海转运局务，兼照料福建轮船事宜，胡光墉于外洋各器械到沪，随时详细禀知，备陈良楛利钝之情形，伺其价值平减，广为收购，运解军前，臣军实资其用。其购到普洛斯（即普鲁士）后膛螺丝开花大炮及后膛七响洋枪，精巧绝伦，攻坚致远，尤为利器。"（《左文襄公奏稿·请

赏胡光墉母匾额折》)

又如，左宗棠在光绪四年三月的奏稿中说："胡光墉自奏派办理臣军上海采运局务，已历十余载，转运输将，毫无失误。其经手购买外洋武器，必详察良楛利钝，伺其价值平减，广为收购。遇泰西各国出有新式枪炮，随时购解来甘。上载用以达坂城，测准连轰，安夷（指安集延之阿古柏部）震惧无措，贼畏之如神。关陇新疆速定，虽曰兵精，亦由器利。则胡光墉之功，实有不可没者。"(《左文襄公奏稿·胡光墉请破格奖叙片》)

在左宗棠给胡光墉的一封信中也说："田鸡炮已到，果是利器。十六磅、十二磅铜炮尚未到兰。昨次克复各城所用，乃前解之十六磅大炮也。安集延（指阿古柏部）亦有洋制枪炮，亦有开花子，然不如尊处所购之精，足见足下讲求切实，非近今自命知洋务者所能及也。"(《左文襄公书牍》)

从以上记载，可知胡光墉替左宗棠购运的武器，主要是用来对付阿古柏的，也就是为了粉碎英俄侵略者瓜分新疆的阴谋的。胡光墉对这事十分负责：为左宗棠收集情报信息，挑选最精良的武器，而于价格最平减时购进，还要及时地运到前线。左宗棠对胡光墉经办武器的评价也十分高：说他支援速定新疆之功不可没，又说他不像洋务派有些人那样不问适用与否盲目引进外国机器，而比较讲求切合实际。

帮左宗棠借洋款

筹饷是左宗棠西征最伤脑筋的事，那么大的一支军队，到那么远的地方去打仗，沿途又那么荒凉，岂能没有足够的军饷？而当时朝廷无钱，原来说好由东南各省协济，叫作"协饷"，可是各省都赖着不解或少解；还有，握有大权的重臣大泼冷水，如李鸿章就公开反对左宗棠去收复新疆，说什么"新疆不复，于肢体之元气无伤"，借口加强东南海防以停止西征。左宗棠力排众议，向朝廷呼吁："大军出关，艰于转运，深入为难。我师日迟，俄人

日进，宜以全力注重西征，俄人不能逞志于西北，各国必不致构衅于东南。”（见罗正钧《左宗棠年谱》光绪元年条）

在这种困难的情况下，左宗棠只得借重胡光墉，叫他去借洋款了。胡光墉是一手经理左宗棠全军的饷银筹措运解事项的。先是催领东南各省协饷，催不到才去借洋债凑上，洋债未到手时也向华商借债，总之务使接济得上，让左宗棠可以专心西征。所以左宗棠对胡的帮助自然十分感激，评价是很高的。

请看左宗棠在一个奏折中怎么写的：“臣军饷项，全赖各省关（指东南各省与各海关）协款接济，而催领频仍，转运艰险，多系胡光墉一手经理。遇有缺乏，胡光墉必先事筹维借凑，预解洋款，迟到则筹借华商巨款补之。臣军依赖尤深，人所共见。此次新疆底定，援其功绩，实与前敌将领无殊。”（此折当在光绪四年左右）

又早在同治十二年四月的奏折上写道：“胡光墉经臣奏派办理臣军上海采运局务，已逾八年，转运输将，毫无缺误。各省关欠解协饷，不以时至，每年岁事将阑，辄束手悬盼，忧惶靡已。胡光墉接臣预筹缄牍，无不殚精竭虑，始向洋商筹巨款，继屡向华商筹借，均如期解到。”（《请赏胡光墉母匾额折》）

再请看左宗棠致胡光墉的信又怎么说：“尊意以兵事可慰，饷事则殊可忧，不得不先一年预为之地，洵切实确凿之论。弟心中所欲奉商者，阁下已代为计之，非设身处地，通盘熟筹，不能道其只字。万里同心，不言而喻。”

左宗棠既赞他“功绩与前敌将领无殊”，又赞他“万里同心”，这样的评价，恐怕不能说是溢美之词，应是左宗棠在千难万阻之中独有胡能于万里之外伸出援手，故有感于衷肠而发的。对胡光墉来说，当然要图利，但也恐怕不能说只在图利，他除了报答左宗棠对他的知遇之恩外，应当说也确是有一点儿爱国心的吧。

胡光墉经手替左宗棠借的洋债，到底有几笔？各方记载很多，说法各有歧异，现在根据秦翰才《左文襄公在西北》所列，再参酌其他材料，大致有以下几次：

第一次1867年借款现元120万两。利率按月1.3厘。期限半年，同治六年七月至十二月。债权人混称洋商，当不出汇丰银行和怡和洋行（它组织的英国银公司）等几家，据《左文襄公年谱》同治六年条："以各省协饷不以时应，请援江苏沪防例，由海关预借洋商银百二十万饷军。分设采运局上海，委道员胡光墉司其出入。上从之。"从中国外债史来说，"江苏沪防"，即太平军东进时，苏松太道为防守上海向洋商借的经费，为开外债的第一个先例。左即援此例而借洋债的。

第二次1868年借款100万两。利率同上。期限半年，同治七年三月连闰到十一月。

第三次1875年借款300万两。由英商怡和洋行出100万，英商丽如银行出200万，期限光绪元年四月起为期三年。利率常年一分零五厘。

第四次1877年借款500万两。光绪三年起，7年为期，月息1.25厘。

第五次1879年借款350万两，这是英商汇丰银行和华商乾泰公司合借的款，从光绪五年起，6年为期，月息1.25厘。

此外，光绪七年（1881年），左宗棠虽已离开西北晋京，因继任的杨昌浚和刘锦棠的要求，又借了400万两，年息九厘七毫五丝，6年为期。

这几次借款，都是由胡光墉一手经理的，除了第一、二次数目较小、期限较短的借款是为了镇压捻军的以外，从光绪元年的第三次起的四次借款，都是为了西征以抵抗英俄侵略之用的。六次借款总共1770万两，用于新疆的就占了88%！

这些洋债要付很大的利息，光绪六年（1880年）左宗棠西征经费银销案中，已统共付出利息428万余两，而第四、五、六次的共1250万两借款的利息还继续要付。如此算来，利息总数至少要接近借款的半数即800万两（见《左文襄公在西北》196页），这当然是惊人的，难怪当时很受人的责难。《申报》评论说是"饮鸠止渴”，曾纪泽在《使英日记》1879年记：“十二月初二日，葛德立（英人）言及胡雪岩之代借洋款，洋人得息八厘而胡道报一分五厘，奸商谋利病民蠹国，虽籍没其资财，科以汉奸之罪，殆不为枉，而复委任之，良可慨也。”这些责难则是太过分了：第一，据前所述并没有一分五厘的利息，恐有夸大；第二，“饮鸠止渴”，“病国蠹民”，也言重了，难道还是以新疆拱手让人的好？第三，“而复委任之，良可慨也”，似对左宗棠而发。

当然，无可讳言，胡光墉在借洋款中是得了好处的，在利息800万两中以获取佣金三分之一估计，当在200万两以上。但是，胡光墉本是商人，哪有不图利的？而且从中取回扣是公开的。值得令人深思的倒是为什么如此国家大借款，非他莫办。《慎节斋文存》有一则很有趣的记载：

“左公欲借洋款，洋人不可。计无所出，商之胡（光墉），胡曰：‘公第与借，某作保，合当允行。’果借得五百万金。洋人不听大帅言，而信胡一诺。左公愈信爱胡，倚之如左右手。”

左宗棠自己后来在致陕西巡抚谭钟麟的信中也说：“就筹饷而言，弟不能得之于各省方面者，仅得之于雪岩，平心而论，设无此君，前敌诸公亦将无所措手。”

所以在内外交困、各方观望的情况下，不得已而借洋款，虽花费大了些，但保全了新疆，这成就是远远超过了花费的。

胡雪岩是怎样穿上黄马褂的

左宗棠既然如此倚重胡光墉，自然要给他一些好处。除了在购武器、办机器、借洋款中少不了有他的好处之外，左所能给的只能是官衔。在左的奏稿中，接二连三地将他的功绩专折上报给朝廷，于是胡光墉由补用道而按察使衔、布政使衔，仅在巡抚之下了；又赏了一品顶戴，顶子也红了。而且左还为母亲请了匾额。这样，“荣华富贵”都齐了。但他可没有开府建衙、正式做官的念头。既有官的荣耀、又有商的实惠，岂不更好？

最奇怪的，是左宗棠还替他专折向皇帝请求赏给胡穿黄马褂。

在清朝，赏穿黄马褂，是件了不起的荣耀，左宗棠自己，也只在立了大军功，出任闽浙总督时才赏穿黄马褂，现在北京图书馆珍藏的左文襄公画像，便是穿着黄马褂的，这岂是一般商人所能穿得？据昭《啸亭杂录》载《黄马褂定制》条说：“凡领侍卫内大臣、御前大臣、侍卫、乾清门侍门、外班侍卫、班领、护军统领、前引十大臣，皆服黄马褂，凡巡幸扈从銮舆，以为观瞻。其他文武诸臣或以大射中侯，或以宣劳中外，上特赐之，以示宠异。”可见它只是皇帝身边的侍卫扈从以及立有殊勋的大臣方能穿得的。胡光墉真可谓得陇望蜀，不知怎么想出了这个主意：请皇上给他赐穿黄马褂！有一次，当左宗棠正在甘肃肃州指挥西征新疆军务时，胡光墉托人去谒见，提出了这个请求。这一下，可叫左宗棠犯难了：且不说胡并无军功可言，而且黄马褂向来是皇帝主动特赏的，绝没有臣下指名请赏的事。但左宗棠为了胡光墉的缘故，准备好碰钉子，居然向清廷去试了一下，这就是光绪四年三月的《道员胡光墉请破格赏叙片》，要求“破格优奖赏穿黄马褂”。想不到朝廷竟批准了，这当然是为了左宗棠的缘故。这样，胡光墉戴上红顶子、穿上黄马褂了。这是清朝历史上对一个商人所给的破天荒的殊荣。

为了要让胡光墉穿黄马褂，左宗棠煞费苦心做文章，赞他“实与前敌将领无殊”。另外，在左的几次奏稿中，还连篇累牍记上胡光墉对全国各地水旱灾害无不捐款救济的事。如直隶、甘肃、陕西、山东、山西、河南等省有灾，他无不捐输棉衣、白米、银两、制钱，左宗棠在《道员胡光墉请破格奖叙片》中说：“胡光墉呈报捐赈各款，合计银钱米价棉衣及水陆运解脚价，估计已在二十万内外，而捐助陕甘赈款，为数尤多；又历年捐解陕甘各军营应验膏丹丸散及道地药材，凡西北备觅不出者，无不应时而至，总计亦成巨款。其好义之诚、用情之挚如此。”这样，一方面有军功，一方面又有善举，给黄马褂穿便是顺理成章的了。

但话也得说回来，胡光墉办善事，确是事实，是自己掏腰包的。

这种慷慨解囊的作风在当时的商人中也实属少见。

胡光墉在杭州也做了一些善事，“钱江义渡”就是一个。这事是他主办的，段光清《镜湖自撰年谱》中也有记载。胡在钱江义渡的捐簿上首写捐银十万两，并说：“此事不做则罢，做必一劳永逸，至少能使受益五十至百年。”旧钱江义渡局往日入门处有一石碑，刻着认捐者姓名、银数，是查之有证的。

另外还有件事，胡光墉曾两次东渡日本，每见中国流失在日本的文物，即出重价购来，使其重返故土。一次购回的古铜钟即有七口，现一口放在西湖岳庙之左庑，一口放在湖州铁佛寺内，上都刻有“胡光墉自日本购归”字样。

“活财神”的财富是从哪里来的

胡光墉是以阜康钱庄起家的，自从王有龄、左宗棠委以粮台重任，自然提高了钱庄的身价，后来又主持赈抚局，一面劝捐，一面放赈，亦以钱庄司其出入，即所谓“其解省银两，非胡墉经手，则省局不收”。左宗棠军自赣入浙，以杭州为其基地，横扫浙东西，又入闽而抵粤，湘军军官在此东南繁华富庶之区，搜刮掠夺，无不腰缠数万，存放到哪里去？自然都落在阜康钱庄手里，盖督抚所信任者自然也是众军官所信任者。蔡冠洛《清代七百名人传》胡光墉条中说：“左军浙东西，攻克八闽，诸将得货益多，悉阴储光墉所。及宗棠出关征回捻，又檄令购运军食，备药饵，光墉更制诸葛行军散以进之，宗棠喜焉。时湘人存资，数逾千万。光墉并营丝茶业，设典库于湖州、德清、海宁、嘉兴、石门、杭州、金华、衢州、苏州、镇江、湖北、湖南二十三处，各省金银号，杭州胡庆余堂药铺，资凡二百八十万。迨同治壬申，达二千万以上，丰财捷足，操纵江浙商业，为外人所信服。”胡的曾孙胡亚光在《安定遗闻》中也说：“阜康之发达一日千里，由钱肆而银号，不一稔（年）分号遍全国，积资三千万有奇，名洋溢，妇孺皆知。”可见他的财富总数当在二千万至三千万两之间。

钱庄与银号（比钱庄规模更大），是胡光墉的主要业务。他到底开了多少钱庄银号？一般记载说“遍全国”或“遍南北”，可考者：在杭州，阜康钱庄外，另设阜康银号，两家；在上海，设阜康银号、阜康雪记钱庄，两家；宁波设通裕银号、通泉钱庄，两家；福州设裕成银号，汉口设乾裕银号，北京设阜康福记银号。（见《上海钱庄史料》）

典当铺亦属金融业，胡所有当铺，店名都不相同，二十三处在江浙，还有三处在两湖。计湖州、双林、德清各一家，新市三家，海宁二家，硖石、嘉兴、石门各一家，杭州三家，塘栖、金华、衢州、龙游、苏州、黎里、镇江各一家，湖北兴国、德河与湖南各一家，共二十六家典当，还有一家衣庄。（见陈栩《胡雪岩外传·附录》）

这就是说，胡光墉的钱庄、银号和典当，已在全国范围内组成一个金融网。各处都集中收储了大量浮财。就是以北京来说，达官贵人也都向阜康存储巨额私蓄，其中有赫赫有名的恭亲王奕，他是光绪帝的叔父；还有刑部尚书协办大学士（相当于副宰相）文煜。王公大臣的存款数量相当大，文煜即存有五十余万两。

胡光墉虽发家于杭州，兴盛后即以上海为其商业活动的中心。他在上海，与徐润、陈竹坪、盛宣怀等交游，跻身于大买办之列。徐润在其《徐愚斋自叙年谱》同治七年（1868 年）条提到“历年办理公益善举之友余莲村、李秋亭、陈竹坪、胡雪岩、盛杏荪……”。徐润是宝顺洋行买办，后任轮船招商局会办，陈竹坪（熙元）是旗昌洋行买办、南浔“八牛”之一，盛杏荪即盛宣怀，胡光墉虽然尚非某个洋行的买办，但既同法商洋行（采办船政局机器）有来往，又同德商泰来洋行（采办西征武器）有关系，还同英商汇丰银行、怡和洋行（筹借西征洋款）有交情，说明他在上海已是个很兜得转的“闻人”了。

胡光墉利用以上的种种优越条件——既是洋务派左宗棠的红人、又是上海各洋商的宠儿，既有遍布全国的金融网、又有设于上海的采运局，真是左右逢源、无往不利。他利用从王公大臣及湘军军官搜刮来的钱，大做丝茶等进出口贸易，生意做得很大。刘声木《异辞录》说："光墉藉官款周转，开设阜康银肆，其子店遍于南北，富名震于内外，佥以为陶朱猗顿之流。官商寄顿资财，动辄巨万，尤足壮声势。江浙丝茧为出口大宗，夷商把持，无能与竞，光墉以一人之力，垄断居奇，市价涨落，外人不能操纵，农民咸利赖之；国库支绌，有时常通有无，颇恃为缓急之计。"虽还说不上"垄断""操纵"，但亦足描绘出胡之显赫一时之声势了。

胡庆余堂的特色

在胡光墉所经营的事业中，要算胡庆余堂国药号最为出色，虽然在胡创办时并不把它看得很重，只是一时兴趣所至而办起来的。

这里略介绍一些胡庆余堂的事。

胡庆余堂的创办是由于一件偶然的事：一次，胡光墉命家人至杭州望仙桥叶种德堂药号去抓药，抓回来一检视，发觉有两味药以次充好，他便叫家人去调换，哪知叶种德堂自恃在杭独此一家，并不买账，还反唇相讥，说"要换，没有！要么请你家胡大先生去自开一爿！"此话传到胡光墉耳里，他一时兴起，居然在杭州大井巷开了一爿国药号，这就是胡庆余堂。数年之后，它不仅超过了叶种德堂，而且同北京的同仁堂并驾齐驱，成为南北对峙的两家最出名的国药号。

胡庆余堂之所以出色，有几个原因：

第一，它开设在大井巷，最得地利。巷有一口大井，任凭干旱时节，也汲之不竭。店背枕吴山，右倚鼓楼，前临最热闹的清河坊，而吴山上下，香烟缭绕，百戏杂陈，善男信女，医卜星相，江湖卖解，会聚于此，大井巷则为必经之地；从浙东、浙西、苏皖来的香客、游人、商贩，到杭州必到吴山，经大井巷必进胡庆余堂。

第二，店堂款式，不落窠臼。以方砖对角砌成的高墙，势若重关；两扇兽头铜环大门，气度不凡；跨进门时，是曲折朱漆回廊，栏杆外栽有名花异卉，廊壁悬有红木板联，刻有名家书法，一看

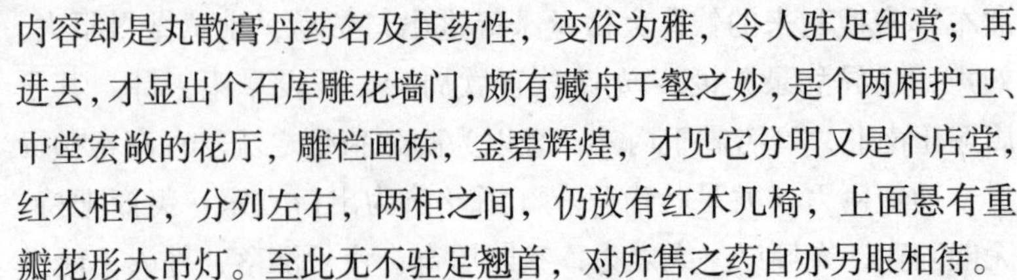

内容却是丸散膏丹药名及其药性，变俗为雅，令人驻足细赏；再进去，才显出个石库雕花墙门，颇有藏舟于壑之妙，是个两厢护卫、中堂宏敞的花厅，雕栏画栋，金碧辉煌，才见它分明又是个店堂，红木柜台，分列左右，两柜之间，仍放有红木几椅，上面悬有重瓣花形大吊灯。至此无不驻足翘首，对所售之药自亦另眼相待。

第三，所采办的原药材，不通过药材行，而是在产地自设坐庄，选派得力里手，亲赴产地收购，或隔年贷款，俾药农预为周转，人自乐于先以上品献之。例如，采购驴皮必去河北新集、山东濮县，采购山药、生地、牛膝、金银花必去淮河流域，采购当归、党参、黄芪必去秦陇，采购麝香、贝母、川莲必去云、贵、川，采购人参、虎骨、鹿茸必去关外。

第四，采取一条龙作业，自设胶厂（今杭州中药二厂前身）、鹿园。另设饮片、参燕、切药、丸散、采选、炮制、细货、储胶、配制、细料、邮寄等十一个部门。生产成药有四大类，其中如辟瘟丹、玉液金丹、诸葛行军散、虎骨木瓜酒，皆饮誉海内外。

第五，利用各种形式，大做广告。在店堂悬有亲书“戒欺”一额，旁有跋云：“凡百贸易，均着不得欺字，药业关系性命，尤为万不可欺。余存心济世，誓不以劣品弋取厚利，唯愿诸君心余之心，采办务真，修制务精，不致欺余，以欺世人，是则造福冥冥，谓诸君之善为余谋也可，谓诸君之善自为谋也可。”通篇八十六字，除了“济世”应加引号、“冥冥”有迷信色彩之外，余均可摆在桌面上，读了谁不为之动容？而且事实证明，该堂的经营可以说是做到了不欺，虽说这是广告，但与事实大体相符。

其时在光绪初年，广告风气未开，而胡光墉却已懂得如何做广告了。除了上面这个“戒欺”匾额之外，他还在当时的《申报》上大登广告，使穷乡僻壤、边远地区都能看到，看到后只需通过邮寄就能买到要买的药。他不但做文字广告，而且还自己出场做活广告，如胡庆余堂“开张骏发”之日，他朝珠补褂、翎顶辉煌地亲自在店堂内招待顾客。当见一乡农对手中的药微露不愉之色时，他即趋前审视，亦说尚有欠善之处，当面致歉，约日调换，乡农后即逢人便道，佳话流传，不胫而走。由于货真价实，方能驰名遐迩。特别是医师的推荐，严嘱病家此药必须抓自胡庆余，才能收药到病除之效，此则起了更大的广告作用了。另外所设鹿园等还任人入内参观，亦收到广告宣传之效。

第六，资力雄厚，不图近利，不亟于收回成本，这是滚雪球，使企业一再扩大。

从以上的情形总的来看，胡光墉可以说已经资本主义化了。他的商业活动最活跃的时候大约在 1880 年前后，这时中国第一代民族资本家已经出现在历史舞台上（如 1881 年办丝厂于上海的黄佐卿，1887 年办轧花厂于宁波的严信厚等）。

胡雪岩是怎么一夜之间破产的

光绪九年（1883 年）十一月初六，胡光墉所有的阜康钱庄、银号,忽然都倒闭了。他在上海、杭州的钱庄、银号先倒,一天之内,北京以及各地的也倒了，影响所及，连不属于胡氏的钱庄、银号也同遭挤兑，就是北京的“四大恒”，素称钱业总汇，也岌岌可危。总之，引起了一次席卷南北的金融风潮。

李慈铭(莼客)《越缦堂日记》光绪九年癸未十一月初七日记道：“昨日杭人胡光墉所设阜康钱铺忽闭。前日之晡，忽天津电报言其南中有亏折。都人闻之,竞往取所寄者,一时无以应,夜半遂溃,劫攘一空。闻恭邸（指恭亲王奕）、文协揆（指文煜）等折阅百余万；亦有寒士得数百金托权子母为生命者，同归于尽。今日闻内城钱铺曰四大恒者，京师货厘之总汇也，以阜康故亦被挤兑危甚，此亦都市之变故矣。”这是当时亲见亲闻者的记事。胡光墉在北京、上海、杭州、宁波、福州、镇江及湖北、湖南地的阜康各号全部倒闭，宣布破产。

这个江南巨富是怎么一下子破产的呢?

原因之一是经营生丝出口贸易与洋商斗，遭到操纵中国进出

口贸易的帝国主义势力的压价竞争，斗不过他们而倒了下去。

为了说明这事的来龙去脉，首先要弄清胡光墉什么时候开始做丝生意的。

胡光墉开始做丝生意，当在同、光之际，即光绪元年（1875 年）前后。因这时左宗棠曾有一信给胡，谈到丝茶出口为一利源的事，信中说："近与俄人谈及伊国意在销售湖茶及川丝（按：恐系湖丝及川茶之误）、大黄等物，若能办通，亦中国一利源也。"（见《左文襄公书牍提要》）左宗棠在西北怎么会碰到俄人？原来光绪元年进兵新疆之前，左曾接待过俄官索斯诺福齐一行，他们一面参观一面说了些友好的话，表示愿意与中国通商（事后才知他们是来探听虚实的特务）。左给胡的信当写于接见俄官之后。在此之前，胡的丝生意还不大，自得到左的鼓励，便放手大做起来。《光绪实录》一七四卷载："光墉所营以丝业为巨擘，专营出口，几垄断国际市场。"这里说他"垄断"，显然不当。其实，国际行情、打包、航运，无不操在外商之手，华商无法向国际市场抛售，必须通过洋商。

胡光墉做丝生意，还得到南浔"四象"之一的庞云之助。胡出钱，庞代为收购，庞为大丝商，当以收囤辑里湖丝为主（见林黎元《四象八牛》一文，载本书）。庞于生丝虽是内行，但胡毕竟是外行。当国际丝价看涨的那几年，生意尚易做，当国际丝价已跌，而胡信息不灵，还一个劲地大量收购，待善价而沽，外商不肯吃进，遂致亏折。

1883 年胡光墉做丝生意怎么会亏折的？据欧阳昱《见闻琐录》是这样说的："某年新丝将出，（胡光墉）遣人遍天下收买，无一漏脱者，约本银二千万两。夷人欲买一斤而莫得，向胡说，愿加利一千万转买此丝，胡谓非一千二百万不可，夷人不肯。致此年新丝出，胡邀人集资同买，谓再收尽，则夷人必降服，必获厚利。然无一人应者，于是新丝为夷尽买，不复问旧丝矣。胡急甚，反托人向夷说，愿依初议卖，夷人笑而不应。再言仅求归本银，仍笑而不应。复婉转言之，夷人曰，必欲卖，非损本银八百万不可。

胡念丝存二三年便变坏无用，不得已而卖之。初欲居奇，不料操之太急，折利一千万，折本银八百万，折一年息金不算，二千万两出，一千二百万归，家资去其大半。”胡光墉以一人之力，斥资二千万两收囤生丝，以与外商斗，是惊人之举。但是购丝二千万两，亏折八百万两的数字，别人的记载有不同，如《慎节斋文存》说他“折耗至六百余万金”，这相差还不太远。而蔡冠洛《清代七百名人传》却说：“胡光墉后以囤丝三百万，待价违时，色尽变，十不获一。”这里说是三百万两，与二千万两之数就相差很远了。

近据《浙江丝绸史》著者之一求良儒分析，认为胡光墉囤丝值 2000 万两之说，大可怀疑。其理由有二：（1）据“民国”十一年黄炎培等编《最近四十五年来中国对外贸易统计》中所列《历年蚕丝输出数量价值比较表》，从 1881 至 1886 年全国生丝出口数量与价值为：

光绪七年（1881 年）98050 担 22017006 两

光绪八年（1882 年）97013 担 18898950 两

光绪九年（1883 年）96139 担 19258469 两

光绪十年（1884 年）105401 担 18305822 两

光绪十一年（1885 年）90233 担 15201946 两

光绪十二年（1886 年）127971 担 21832530 两

从上表可以看到生丝出口数量未减而丝价则年年下跌。按胡光墉脱售囤丝、亏损破产在光绪九年，这年全国出口总值是 1925 万余两，这还应包括经丝、野蚕丝、乱丝头、同空丝在内，而胡所囤为湖丝，说胡以两千万两巨资收丝，其值竟高出全国输出总值，自难置信。（2）据前杭州市绸商业同业公会理事长兼市商会负责人程心锦说：“胡光墉囤丝脱售合同中文本原件保存在市商会旧档案中。”抄文如下：

胡雪岩与埃特姆生　生丝成交合同

湖丝　柒千零柒拾包

四号辑里　价格叁佰陆拾贰两伍钱（每包）

款交　汇丰银行

光绪九年十月三十日　经手　徐棣山

执笔　章辰谷

照此合同计算，成交总值应为二百五十六万二千八百七十两。根据当时市价，即使再加上购运、包装、存储及利息，总成本也不过300万两左右，此与蔡冠洛所说“囤丝三百万”似当近乎事实。至于蔡说的“待价违时，色尽变，十不获一”，可能除此七千余包之外，还有部分因变色而只好削价脱售，因此遭到亏损，但应不致过巨，不致千万富翁，“一生事业，尽付东流”。故可见胡的破产，囤丝亏损应不是唯一或主要原因。

又据浙江金融研究所翁邦耀在旧《申报》1883年报导中查到，胡光墉脱售之丝共15000包，分三次脱售，其中一次为7000余包（可能即为在杭州市商会档案中所见合同的那一次）。

根据上述情况，胡光墉收购之丝不致会达到2000万两之巨，亏损也不会有800万两之多。

《异辞录》还说了当时市场情况：“频年外洋丝市不振，光墉虽多智，在同、光时代，世界交通未若今便，不通译者每昧外情，且海陆运输，利权久失，彼能来我不能往，财货山积，一有腐朽，尽丧其资，于是不得已而贱售，西语谓之‘拍卖’，遂露窘状。”可见外商之所以能为所欲为，实因中国“利权久失”，“彼能来我不能往”，国家的一切经济职能都操在人家手里。说来说去，还是因清王朝太不争气！

但不论其收购和亏损确数如何，胡光墉毕竟敢于同外商斗，表现了他不甘于受外商欺压、操纵的志气。庞云为帮助胡光墉做丝生意亏损，在临终时犹告诫子孙：“白老虎可怕！”说明在丝业上与外商斗，犹如与老虎斗。

这样说来，胡光墉为什么会破产的呢？

这就要说导致他破产的另一原因，那就是清政府不但不给援手、帮他弥缝，又不敢对外商加以抑制，反而乘人之危，趁火打劫，投井下石。《异辞录》就记载了当胡光墉丝业亏损时，“上海道邵小村观察，本有应缴西饷，靳不之予，光墉迫不可耐，风声四播，取存款者云集潮涌，支持不经日而肆闭。”原来上海道邵小村曾请胡作担保，向外商借了一笔款子，这时刚好到期，那邵小村听说胡光墉丝业失利，竟拒不付本息，外商当然向保人讨债，胡哪里还垫得出？于是屋漏偏遭连夜雨，风声传出，就发生了上引《越缦堂日记》所记的那个惨局。

还有一个原因，那就是当时全国性的金融风潮已经袭来，在此以前，上海已经发生了钱庄、银号的倒闭之风，这就不多说了。

清政府是怎样投井下石的

人们一定要问，左宗棠对胡光墉破产不过问吗？这时左是两江总督，在阜康银号倒闭之前，“胡雪岩即赴金陵见左公，备陈颠末，且曰：即今早计，除完公项外，私债尚可按折摊还，再迟则公私两负矣。左公许之。即日电发各省号同时关闭。”（见《慎节斋文存》）可见银号倒闭、宣告破产是事先同左宗棠商量过的，商量的内容，当然谁也不会知道，上引所说自属官样文章。大凡宣告破产清理者，无有不设法隐瞒些下来，胡之先采主动，当有其深意。左宗棠这时自亦以高姿态为好，私下哪有坐视不救的？有一种传说，说左命胡把两江总督范围属吏存款清册呈阅，按册查询，诸员不敢直对，至有十余万仅认一二千金者，因怕查其来处。左将计就计，照所认涂改，数百万仅以数十万了之。（见李伯元《南亭笔记》）此说殊不足信，左不至于做得那么笨拙。

还有一个情况，即倒闭时——光绪九年十一月的前后，左宗棠曾三次由金陵到上海，每次都访胡光墉晤谈。据《申报》所载：一次是光绪八年四月二十五日：“侯相（指左宗棠）答拜诸西官后，又至陕甘粮台（指上海采运局）与胡雪岩观察略谈片刻。”又一次是光绪九年九月二十三日：“昨晨九点钟时，胡雪岩方伯诣侯相

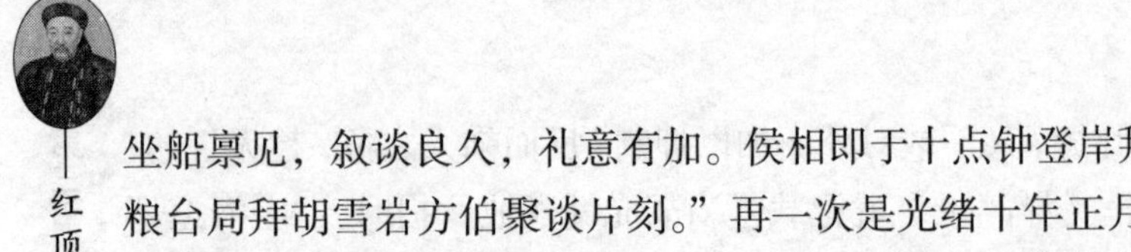

坐船禀见，叙谈良久，礼意有加。侯相即于十点钟登岸拜客，于粮台局拜胡雪岩方伯聚谈片刻。”再一次是光绪十年正月三十日：“侯相在制造局用午膳毕，至粮台局。因胡雪岩观察往金陵，即经李秋坪太守恭迎侯相入内稍坐。”可见左、胡之间在破产前后活动之频繁，特别是第二次，即破产前一个多月，左方到沪，胡即往船上相见，胡走后才一个钟头，左又往访，当有急事相商。第三次，破产后一个多月，左来沪而胡已去宁，两不相逢，亦说明事之急切。他们所商何事，只怕永远不为人所知了。

胡光墉所有阜康各银号的倒闭，倒使清朝的王公大臣现出了狐狸尾巴：原来一个个都存有惊人的巨款，当然皆贪污之赃款了。如刑部尚书协办大学士文煜，开始只说有存款 35 万，为了追还，他动了个脑筋，上疏请捐出十万报效皇帝，先把皇帝的嘴巴堵住，就不怕皇帝不替他们追还存款，于是，查抄的上谕果然下来了：“该商号江西候补道胡光墉着先革职，即着左宗棠饬提该员严行追究，勒令将亏欠各地公私款项赶紧逐一清理，倘敢延缓不交，即行从严治罪。”（《光绪实录》）文煜之流一看皇帝也追究了，乃索性承认原来存款不止 35 万，而有 56 万之巨！那也得追，最后他把胡庆余堂这块肥肉抢到了手。

左宗棠于光绪十一年七月在福州病逝。胡的靠山一倒，清廷投井下石的把戏愈演愈烈，光绪十一年十一月十二日户部尚书阎敬铭又奏请：“一面速将已革道员胡光墉拿交刑部严定拟治罪，一面将胡光墉家属押追着落，扫数完缴。”奉旨“依议”，要把胡抓起来坐牢了！

可是，早在 12 天以前胡光墉病故了。

户部阎敬铭又咨两江总督，要“将胡光墉侵取西征借款行用补水（指交际应酬、保险、装运、水脚等）十万六千七百八十四两，于革员备抵产业内迅速变价，照数措齐”。而实际上这笔款项是早经报销在案的。

两江总督因左去闽养病后即由曾国荃代理。曾国荃在咨复户部的公函中申辩说："前值收回伊犁，俄人多方狡展，和战未定，而关外防营需款孔殷。"这样的情况下前督办大臣左宗棠才借下光绪年间的三笔1250万借款的，"情形近切，虽其所费较多，而其所全甚大"。并且说胡光墉"仅委员之虚名，其平时之交际酬酢，丝丝入扣，一旦缓急相依，即竭力以图。奉公非不谨饬"；"此番案属因公支用，非等侵吞"；而且"早经报销"，不应"失信"。总算替左宗棠、胡光墉讲了几句公道话。

"活财神"之死与元宝街之厄

却说浙江巡抚于光绪十一年十一月十二日接到要把胡光墉逮捕入狱的圣旨时，恰好已得胡氏家属的丧报：胡光墉不等圣旨到，于同月初一已先自死去了（一说是自杀而死的）。杭州知府督同仁和、钱塘两县前去查看，只见桐棺七尺，停放在堂，灵帏垂地，烛光如豆。询知家属所住房子，系租自朱姓，元宝街的园林宅邸早已变卖抵账了。经逐一细点，只有桌椅板凳等粗家具，别无细软贵重之物，查问家属胡乃钧，据称："所有家产前已变抵公私各款，现今人亡财尽，无产可封。"（光绪十二年二月十八日《浙江巡抚部院刘行奏折》）

刘声木（体仁）在《异辞录》中慨叹说："及其败也，此方以侵蚀库款被县官封闭告，彼即以伙友无良挟资远遁告，身败名裂，莫为援手，宾客绝迹，姬妾云散，前后判若两人。"

首先当然是北京、上海、杭州、宁波、福州、汉口等地阜康银号、钱庄封闭清算抵账，全国各地二十六家典当所有货本器具屋基也抵偿收缴。除此之外，最引人注目的，一是元宝街的园宅，一是胡庆余堂的财产，也都全部赔抵欠款。

元宝街胡光墉的园宅，穷极奢华。从同治三年开始建造，曾从川、滇、黔、桂等地购运大批名贵木材，又从太湖等地选运具有"皱、瘦、透、丑"特点的假山石，又从山东菏泽等地移栽"魏紫""姚黄"等名种牡丹，把园宅造得极其富丽堂皇，既有禁苑的规模，

又有西洋的风姿，除了五开间正厅五进外，又有楠木厅、四面厅，窗外可见“四百”：百竿竹、百章梅、百株桃、百本桂。另辟园林，有曲廊、小桥、荷花池、牡丹台。另有十二金钗所住的十二楼阁。胡光墉盛时，拥有姬妾十二人，即分藏楼阁中。又据《申报》载，外国某官来杭，不住迎宾馆舍，宁愿住到元宝街胡家。

这座杭州最漂亮的名园巨宅，却落入最大的债权人文煜之手。他不但未能将它完好保存，而且竟化整为零，予以拆卖。至“民国”时，废园为蒋广昌绸庄主人蒋海筹所得，后充浙江兴业银行的财产，因蒋也是该银行的掌权人。元宝街胡氏故居，有一座三间双层的别院，里面已有数户人家，说租自浙江兴业银行。别院虽占地不足一亩，但从建筑的风貌上看，有如下的几个特点：①屋檐的落水管全部是赤铜的；②已经干涸见底的荷池，赫然以锡浇铸；③墙上每一筒瓦的衔接处，系有长约一尺，中空，状似八仙及其他神物的彩釉陶俑；④走廊上均有卷蓬，卍字朱漆栏杆，用料也是楠木；⑤厅内四壁，以五色碗沙贴面，虽已斑驳，略一拂拭，缤纷射目。

另外，在杭州别的大家故宅中收藏的一些家具，据说亦系胡宅散出来的，有大圆桌、太师椅、挂屏、琴案、灯檠、盆架，皆用红木、紫檀、花梨木制成，有彩色大理石贴面或以象牙、螺钿镶嵌，无不精美绝伦。

至于胡庆余堂的财产，实际值数百万两，文煜又得了去。文煜以50余万两的存款，竟得了胡光墉价值数百万两财产作抵偿。文煜认捐给朝廷的10万两也由胡庆余堂付出。

文家接办胡庆余堂后，因为要继续使用“胡庆余堂雪记”招牌上的“胡”和“雪记”三字，又与胡家订立契约，让给胡家十八股，这样胡光墉的遗属每年尚可取得股息2400元作生活费。

在胡光墉破产中受损失最惨重的，要算一般公职人员、小业主和家庭妇女，他们熬吃省用积蓄起来的存款，清理后得到的抵偿只及十之二三。

第七章　胡雪岩与南浔丝商十二家族

“湖州一个城，勿及南浔半个镇。”湖州城里富豪之家不是没有，但多出身于官府，其财产多来自宦囊。而南浔的富豪，则从土地剥削转营工商业，以丝、盐、房地产等贸易暴发，走上了资本主义的道路。

南浔的富户，初贩丝漂海至广州，经公行之手，销售给洋商，运往国外。鸦片战争之后，辑里湖丝运往上海，直接与洋商发生贸易关系。外国资本主义侵入我国，其目的之一是掠夺我原料和特产。蚕丝是外国资本从我国掠夺的重要商品之一，出口量自1870年的5万担，逐渐增加至1892年的10万余担，其中以辑里湖丝为主。太平天国进军南浔期间，镇上一般富商借洋人租界特殊，避居上海，此时洋商需要辑里湖丝殷切，因此得与洋商经常接触，打下日后贩丝致富的基础。这些财主虽身在上海，但他们有专人和机构在南浔统制蚕丝市场。据《南浔志》的《吴蕉生杂忆》说:“乱时（指太平军进驻南浔）设官丝行四家: 西栅为庄恒庆（负责人庄杏苑）、李恒鼎（负责人李萍波）；北栅为吴晋昌（负责人吴铁江）；南栅为卜同昌（负责人朱兰坡）。各丝行必须官丝行保结，然后可开。”他们借官丝行之便，在上海与南浔间，相互连结，上下其手，大做蚕丝买卖。太平军撤退后，这些财主纷纷回南浔，进一步统制蚕丝市场，大量运销海外。辑里湖丝需求量既大，于是丝价跃起，蚕桑之业愈盛，农户亦因而重蚕桑轻种田。蚕农费一月之功，苟得丰收，一年生活就取给于此。而丝商在转手之间，一本万利。其资金雄厚者，吃小鱼，滚雪球，独占市场，财富逐渐集中在少数人手里，成为腰缠万贯的大财主。南浔一地以丝商起家暴富的，何止百户！惟其著者，民间相传有“四象、八牯牛、七十二墩狗”。

按当时经营蚕丝出口，必须具备两个条件：一是要有充足的资本，二是要有得力的“丝通事”，所谓“通事”，系指能通晓外国语言的人，也就是翻译。因当时与洋商贸易初开，能通晓外国语言的实在稀少，贩卖蚕丝出洋，首先必须依赖这些“丝通事”。据周子美《采访册》载：“道光以后，湖丝出洋，其始运至广州，其继运至上海销售。南浔七里所产之丝尤著名。出产既富，经商上海者乃日众。与洋商交易通语言者谓之通事，在洋行服务者谓之买办。镇人业此因而起家者，亦正不少。”“丝通”事最能通晓国内外丝业行情，供需双方都要付他较丰厚报酬。凡经营蚕丝与洋商交易，如无自己得力的“丝通事”，就等于睁眼摸黑，听人摆布。而当时在上海有地位的“丝通事”，多数是南浔人，这就给南浔丝商创造了大发洋财的有利条件。南浔既为丝业中心，那些大丝商拥资丰硕，又有得力的“丝通事”，因此包办了丝业市场，形成了所谓“象”“牛”“狗”的称号，以别其财富之大小。当时，资财在银洋500万元以上者为“象”，100万元以上者为“牛”，10万元以上者为“狗”，他们大致兴起于1860至1880年。这些财主豪绅，非亲必戚，构成了南浔镇社会的上层统治集团。

“四象”——刘、张、庞、顾家族

自从太平天国失败，退出南浔，迄至同治末年，南浔丝经行最早发迹的是顾丰盛，其次是朱宏茂和邱启昌，刘正茂还只是第四位。当时南浔曾流传着两句随口曲：“顾六公公朱九伯，仙槎二叔伢三哥。”顾六公公是顾丰盛的老板，朱九伯是朱宏茂的老板，仙槎即邱仙槎，是邱启昌的老板，三哥是指刘三东家刘镛。可是从光绪到宣统末年（1875—1911）这三十多年中，情况起了变化。刘家因经营有方，已跃居第一。张恒和与庞怡泰两家跃起，取代了朱宏茂和邱启昌。顾丰盛则下降到第四位。这时才出现了所谓“四象八牛”的称号。至于邢家原与刘家合伙的正茂丝经行，也暴发起来，后来两家分开经营，遂有刘正茂与邢正茂之别，邢家也就挤进了巨富行列，丝经行改名邢恒顺，有取代顾丰盛的趋势。但顾家毕竟发家较早，社会声望远在邢家之上，同时已成为买办，因此“四象”是刘、张、庞、顾。

“刘”——刘镛、刘锦藻、刘承

刘镛（1825—1889），字贯经，因为他排行第三，故称他为刘三东家。祖籍上虞，清康熙间，有刘尚贤者，迁居南浔，六传至刘贯经。清末民初时，刘氏家族聚财已达2000万元，为“四象”之首。过去社会上曾流传说刘家是挑铜匠担出身，因换得一只金面盆而发财致富。还说过去在刘氏家庙的祖宗龛内，供着一副用铜做成的小铜匠担，以为纪念，把刘家说成是苦出身，勤俭起家。其实刘家是经营蚕丝致富的。正如汤寿潜所撰的《刘通奉家传》中说：刘镛“少学商于绵绸布肆。年余，闻其师岁入仅百千（指铜钱），以为此不足起家。去入丝肆（按刘镛曾在邱启昌丝经行任过职），五年，尽通其奥。又去与里人合资设肆市上（按与邢赓星合资设正茂丝经行）。方是时，欧洲诸国开商埠于上海，大购湖丝，岁出口八九万包（按此为全国生丝出口数）。业是者赢获过当，不数年而业大起。”又据张謇的《刘公墓志铭》说：“当同治初（1862年），已殖财数十万（指白银数十万两），号巨富。”

刘镛是很会经营的。从丝经发财以后，又转营盐务，设扬州盐场，刘家是江苏淮盐的大盐商。此外还经营典当，有当铺二十九家，在上海搞房地产，由刘湖涵经管，如上海整条同孚路即今石门二路、福州路整条惠乐里及景云大楼等均属之。在通州设垦牧公司，大量兼并土地，进行封建剥削。他有四个儿子。长子刘安澜，字紫回，29岁就病故了。次子刘锦藻，字如。其余二子都出自偏房，即刘安泩，字梯青；刘安溥，字湖涵。刘镛给

儿子分家时，立了四个堂名，大房刘安澜无后，由刘锦藻的长子刘承（字翰怡）承继，堂名“尊德”，表示长子长孙要大家尊重。刘锦藻是“诒德”。尊德和诒德的住宅都在南浔南西街新开河口。刘梯青是“崇德”，住宅在南浔兴福桥东堍。刘湖涵是“景德”，住宅在南东街凤凰桥南。

初，刘三东家虽然很有钱，但还没有势，于是他力促儿子努力攻读，应试科举，盼子成龙。另方面他托人设法把女儿配给一品大学士徐逋（字颂阁）的儿子。成了这门亲事，自然可以光耀门第，在政治上有靠山，也为子孙开辟升官发财之道。刘锦藻经过努力，于光绪二十年（1894年）甲午科进士及第，后来又因撰《续皇朝文献通考》上览，蒙恩嘉奖，赏内阁侍读学士衔。刘镛亦因儿子的及第，恩封为通奉大夫。

刘锦藻（1862—1934），字如，承乃父衣钵，亦很会经营，思想比较开明，有事业心。因绍兴人汤寿潜曾任南浔浔溪书院山长，与刘锦藻有交往，故1905年刘与汤寿潜等集资商办浙江铁路公司，汤寿潜任总经理，刘锦藻任副总经理，极力襄助，不假外债，发展民族工商业；又在杭州入股创办浙江兴业银行；在上海设大达轮埠。这在帝国主义以上海为基地进行经济侵略之际，商办铁路、银行、轮埠等，是对帝国主义在经济上的抗争。此外，还集资在南浔办浔震电灯公司、积谷仓和孺嫠小学等。刘锦藻好文学，撰《续皇朝文献通考》四百卷，商务印书馆后来汇印《九通》时，以此编增入，成为《十通》。此外尚著有《南浔备志》三卷，《坚匏广诗文抄》四卷，《杂著》二卷，《律赋》一卷，《楹联》一卷等。南浔镇的西南郊有古“挂瓢池”，1885年，刘锦藻在池畔筑屋以厝伯兄刘安澜（紫回）之柩，后以此处扩建而为小莲庄。据刘锦藻的《小莲庄记略》说：“因赵松雪（赵孟有莲花庄，颜之曰小莲庄。”并补植花木，点缀假山、曲桥，布置亭榭楼阁，建成园林，即以“小莲庄”为名。又凭他的进士和侍读学士衔，奏请光绪皇帝恩赐圣旨，在小莲庄西侧建家庙。过小溪，建藏书楼。曲桥荷池，花木绚丽，是一处读书妙境。小莲庄、家庙、藏书楼连成一组，为南浔仅存的较完整的园林，现已列为省重点文物保护单位。

刘承（1881—1963），字翰怡，号贞一，是刘锦藻的儿子。他承袭继父刘安澜（紫回）的藏书的遗志，大为扩充，建嘉业堂藏书楼，成为有名的藏书家。据周庆云的《浔雅戊集》谓，曾介绍名宿缪太史荃孙，字艺风，主持编校，大事搜罗，得10000余种，达40余万卷，由缪艺风、董授经等考订校勘，编《善本藏书志》28册，未付刊。以后又陆续聚书，多至60万卷，其中不乏秘本。较宝贵的有御题珍贵孤本《永乐大典》87册，内44册为明嘉靖、隆庆间抄缮的副本。尚有翁覃溪手纂的《四库全书提要》原稿150册，宋刻孤本《三字经》一部。还花了巨款从国史馆抄录了《清实录》与《清史列传》等。搜集了完整的全国州、郡、府、县和镇志1200余种，为极宝贵的地方志史资料。嘉业堂的刻本有:《嘉业堂丛书》,《求恕斋丛书》,《吴兴丛书》,《希古楼金石丛书》,《留余草堂丛书》等。另有叶昌炽、王舟瑶与董康等详校的影印本《四史》。难能可贵的是，他还刻印了一些清朝的禁书,有名的如屈大均的《安龙逸史》《翁山文外》,蔡显的《闲渔闲闲录》，李清的《三垣笔记》等。鲁迅先生在给杨霁云先生的信中对刘承有过这样的评价:“刘翰怡听说到北京去了。前见其所刻禁书目，真是杂乱无章，有用书亦不多。但有些书则非傻公子如此公者，是不会刻的。所以他还不是毫无益处的人物”(《鲁迅杂文书信选》)，还说:“对于这种刻书家，我是很感激的，因为他传授给我许多知识——虽然从雅人看来，只是些庸俗不堪的知识”(《且介亭杂文》)。鲁迅先生曾到刘翰怡的上海青海路的别墅嘉业堂去买过书。他说刘翰怡对于明季的遗老很同情，对清初的文字狱也颇不满，但奇怪的是他自己的文章却满是前清遗老的口吻。刘翰怡确是以遗老自居的。末代皇帝溥仪在他写的《我的前半生》一书中，就提道:“1934年3月1日，我在东北为满洲傀儡皇帝，关内各地遗老如刘承等，都寄来祝贺的表章。”正因为

刘翰怡以前清遗老自居，才能被人敲了一大笔竹杠。他自恃父亲是大清进士，继父是举人，自己是末代秀才，故念念不忘清朝复辟。中华民国成立后，末代皇帝早已垮台，可是刘翰怡却以清朝遗老身份，仍用宣统年号。刘家在上海四马路（今福州路）开设的“源来”当铺，店堂里悬的“源来”匾额上，就写着大清宣统壬戌年，其实应是民国十一年了。刘翰怡平日与一些遗老遗少信札往来，所书日期，亦必用宣统年号的。结果被他的第四个姨太太，在姘夫（黄金荣的徒弟）的唆使下，捏住了一封刘翰怡的亲笔信，上面写着大清宣统丁卯年（其实应是民国十六年），就以此为借口，要挟脱离关系，并在黄金荣等的策划下，串通了司法人员，以叛国谋反的罪名，向刘翰怡敲诈了10多万元，那个姨太太分得了3万元，在南京路西藏路口开设了一家晋隆西餐馆。当时有个无聊文人，把这件事写成章回小说，向刘翰怡敲诈，在《新闻报》上登载了一则预约出版小说《南浔一象记》的广告，刘翰怡为了隐其家丑，托人以8000元收买其原稿。刘翰怡的原配是嘉善人、光绪进士钱绍桢的女儿。钱绍桢曾是北京总理衙门的官员，光复后改为外交部。刘翰怡妻子的一个弟弟叫钱泰，曾任国民党外交部次长、驻法国特命全权大使。刘家的亲戚不乏官场人物。但刘翰怡对官场却不感兴趣，他所交往的都是些文史学家，如叶昌炽、缪艺风、董授经、张元济、郑振铎、徐森玉等。抗战期间，嘉业堂藏书楼的1300多种明版善本和30余种手抄秘本，即由郑振铎和徐森玉的介绍，出售给中央图书馆。

刘家在上海、杭州、莫干山、青岛、汉口、长沙和扬州等地，都有大量房地产。原上海的同孚路（今石门二路）和四马路的整条惠乐里（解放前高级妓院所谓长衫堂子集中的地方）以及北京路河南路口的景云大楼、福兴里，都是刘家的产业。刘家在上海青海路、厦门路、同孚路都有精致宽敞的别墅；在杭州西湖边上有坚匏别墅和小方壶别墅；在莫干山荫山街有小莲庄；在青岛海滨有花园洋房静寄庐等。据说其房地产之多不下于犹太人哈同。

刘锦藻与南通的张謇同是光绪甲午科的进士，殿试时张謇考中了状元，后来在他的家乡南通大办实业，发展了纺织业，刘锦藻的姻亲蒋汝藻还为之襄助。论资财实力，当初刘锦藻远胜于张謇，可是刘为家乡南浔振兴工商业的投资可不多。自从建刘氏家庙后，在本乡以及上海青浦、浙江上虞等地大买庄田，仅义庄登记在册的就有10000余亩，以庄田收租所得，为刘氏宗族办家塾于义庄，创善举，济族人，贯彻“承先睦族”的刘氏家训，从而刘家也就成了南浔镇最大的富豪。

“张”——张颂贤、张弁群、张静江

张颂贤（1817—1892），字竹斋，祖籍徽州（安徽歙县），亦是康熙年间迁居南浔的。张颂贤原先也是大丝商，开设恒和丝经行，故本地人称这一家为张恒和，以别于其余的张姓。张颂贤于丝业致富后，即改而经营盐务。在太平天国时，他买进了杭州小粉墙朱恒源的一批盐引票。当时朱家因引票跌价，急需抛售，仅作价十余万元，张颂贤即把朱恒源过户为张恒源。不久，太平天国失败，引票飞涨，一下子增值到200万元。据张謇撰的《乌程张封公墓碣》说：“同治初元（1862年），私贩充斥，引滞课绌，盐法大坏。巡抚召商集议，颂贤连约诸商，收余姚岱山之私，轻课减价，以阻敌缘江并海之私。于是商利益滋，官课以充，而家亦日以大丰。”张家经营的是浙盐，为全国最有名的大盐商，远胜于刘家的淮盐。张家在上海设立盐务总管理处，由外孙李联仙担任总经理，林梅生为协理，孙子张澹如掌握人事大权。除了浙江外，还控制苏州、松江、常州、镇江、无锡、丹阳、宜兴、溧阳、金坛以及皖南的太平、宣城、宁国等地的食盐统销，分别设有经销处，称为盐公堂。盐公堂设盐廒，各酱园销售食盐，须先向盐公堂开票付款，然后凭提单到盐廒提货。据前宜兴盐公堂的吴馥荪老先生回忆，在光复前，单是以上这些盐公堂，年销食盐约15万引。张家有20万引票，每引为381斤。在产地向盐民收购价格，

每担仅二角左右，加上盐税及其他费用在内，每担至多也就五六角，而盐公堂批发价每担高至一元二角左右。所以盐商包销食盐，赢利是十分可观的。各盐商为维护自己的利益，成立联合组织，称为盐业公会，建立商办盐捕营的武装组织（后由国家接办，改为缉私营），镇压盐民。在残酷的压迫和剥削下，盐民生活悲惨。张家在丝盐暴发之后，在祖籍徽州和江苏的常熟等地，大量购买庄田，在祠堂登记入册的就有三四千亩。此外，还开设酱园、当铺（在常熟有当铺 10 家）、钱庄、通运公司、信托公司，投资商业银行，经营房地产等，经营亦是多样性的。

张颂贤有两个儿子。大儿子张宝庆，字质甫，住在南浔南西街华家弄北首，与刘家是贴邻，称为南恒和。张宝庆只有一个儿子，名张钧衡，字石铭（1871—1927）。张钧衡继承祖业，办盐务，开典当、酱园，在上海经营房地产，投资商业银行，办东南信托公司和慎大钱庄等。因为他是个大财主，在上海曾被绑票，所谓“请财神”，被勒索 20 万元。张家是浙江兴业银行的大股东之一，当时特地付出浙江兴业银行全部联号的新钞票，以便日后发现可按线索追查绑匪下落。后来果真发现有人大量使用此项联号新钞票，即予查究，结果却牵涉上海黄金荣、杜月笙等，此案只好不了了之。

张钧衡是光绪甲午举人，性嗜收藏，搜集宋元明各种精本十余万卷，有《适园善本藏书志》16 卷，刻《适园丛书》12 集 72 种共 608 卷，朱祖谋、罗振玉有序。又《适园丛书二集》《择是居丛书》。长子张乃熊，字芹伯，清末秀才，承父志，又大肆搜集藏书，有宋本 88 种，元本 74 种，明本 407 种，尚有黄尧圃题跋的 101 种。乃熊侄张葱玉，又名珩，为乃熊弟仲芊的儿子，精通版本目录之学，对金石书画很有研究，新中国成立后应郑振铎之邀请，曾任文物局第三处处长。至于张钧衡所有藏书，于抗战期间，亦由郑振铎、徐森玉介绍，与嘉业堂藏书楼的善本同时出售给国民党中央图书馆。

张弁群，是张颂贤的孙子。张颂贤的二儿子名张宝善，字定甫，住在东吊桥东首，称为东恒和。张宝善有九个儿女。大儿子张增熙，字弁群。张弁群政治上主张维新，与孙中山先生有交往，参加同盟会。光复后曾去欧美考察教育，回国后在南浔办学。提倡妇女教育，仿上海蔡元培先生主办的爱国女校，举办浔溪女校，聘镇上梅谦吉儿子梅福均（字韵笙）的妻子徐自华任校长。徐自华，字寄尘，号忏慧，崇德人，革命先烈秋瑾的挚友。秋瑾1906年自日本归，秋季曾到浔溪女校执教，为时仅一学期，1907年1月去上海创办《中国妇女报》。秋瑾殉难后，徐为之营葬于西湖西泠桥畔。张弁群在北伐前就病故了。他的儿子张乃燕，留学瑞士，得博士学位，回国后先后在广州中山大学和北京大学任教。在蒋介石建都南京之初，曾出使比利时，回国后任南京东南大学（后改为中央大学）校长，系国民党中央委员。

张静江（1871—1947），也是张颂贤的孙子。是张宝善的二儿子，名张增澄，又名人杰，字静江，以字行。因他排行第二，亲友都称他"二先生"。因跛一足，故在背后都叫他"跷脚二先生"。他凭祖上有钱，在光绪年间以白银10万两捐了一个候补道员，官衔是"钦加二品衔候补浙江实业道"。1902年5月，杭州人孙宝琦出使法国，张静江通过关系，以一等参赞名义随孙宝琦去巴黎。张静江去法国，并不旨在做官，而是去经商发洋财的，因为他知道世界丝绸市场中心在法国里昂。张家在上海设有通运公司、通义银行和大伦绸缎局。张静江到法国后，在巴黎及英国伦敦开设通运公司，专门经营辑里湖丝与绸缎绫绢等进出贸易，并兼营汇兑。此外在美国纽约亦设立通运分公司，经营同样业务。故张家为我国最早在国外通商贸易、沟通国际市场的资产阶级代表之一。张静江还与李石曾合伙，并与国内古画收藏家南浔庞虚斋联系，在巴黎经营中国古董交易，出售祖国古代书画和出土文物，甚至出售赝品，牟取暴利。在第一次世界大战之际，巴黎牛奶价格飞涨，张静江在巴黎开设豆浆公司，用豆浆代替牛奶，因独家经营，价廉物美，获得暴利。

（1）资助孙中山。孙中山先生为民主革命奔走国外募捐，曾到巴黎和伦敦求援于华侨。那时张静江已离开孙宝琦，侨居巴黎，以华侨巨商的身份与孙中山先生结识，捐献巨款（周谷城的《中国通史》380 页亦介绍说："自同盟会成立以后，始有向外筹资之举。当时出资最勇而多者，张静江也，倾其巴黎之店所得六七万元，尽以助饷"）。张静江还介绍孙中山先生到美国后可去纽约张家的通运分公司找经理姚淑兰（张静江的妻舅），支取活动费用，并以纽约通运公司作为活动的联络点。孙中山先生认为张静江既同情革命，并大力资助革命，张家的通运公司在国内上海和国外的巴黎、伦敦、纽约都有机构，且有相当地位，确是理想的联络点，有利于开展活动，因此接纳张静江参加同盟会（他的长兄张弁群当时是通运公司的总经理，亦参加了同盟会）。孙中山先生对他十分器重，委以财务重任，负责筹划和掌管同盟会革命资金，相当于同盟会的"财政部长"。巴黎的通运公司也就成为海外侨胞反清革命的秘密联络点，汪精卫、蔡元培、吴稚晖、李石曾、褚民谊等经常在这里聚会。

（2）提拔蒋介石。辛亥革命成功，张静江从巴黎回国，在上海与上海都督陈英士（其美）往来密切，结识了陈麾下的蒋介石，蒋在张静江处拿过津贴。张静江和陈英士都提拔蒋介石，资助他去日本振武学堂读书。1916 年 5 月，陈英士被袁世凯派人暗杀后，张静江由日本转巴黎，直到袁世凯死后才回国。1918 年，张静江在上海与虞洽卿等筹设证券交易所，张静江与他的弟弟张增鉴（字澹如，排行第五）以及周湘舲子周健初为大股东。张澹如和姻亲周佩箴、周健初任常务理事，张静江任监事，陈果夫为经纪人。此时蒋介石与戴季陶已从日本回来，就在交易所工作。当孙中山先生回广州就任大元帅后，因张静江的推荐，蒋介石乃赴粤投奔孙中山先生。

（3）被捧为元老。1924 年，孙中山先生在广州召开国民党第一次全国代表大会，改组国民党，实行联俄、联共、扶助农工三大政策，提名张静江为中央委员，列名主席团，并当选为中央执行委员。1925 年，孙中山先生北上会谈南北统一，不幸于 3 月 12 日在北京逝世。当病笃时，张静江曾去北京探病。孙中山先生逝世后，张静江与汪精卫发表了孙中山先生的遗嘱。不久，蒋介石攫取了两广实权，电召张静江去广州，蒋介石为巩固势力，与张静江、许崇智、戴季陶结拜为四弟兄，把张静江奉为“恩人”，筹划财政，许崇智有兵权，戴季陶作为智囊，并宣称张静江为党国元老，提议推举为国民党中央政治会议主席。当北伐之初，国民政府主席谭延闿自广州出发随军亲征，蒋介石就把张静江捧出来代理国民政府主席，召集高级人员公开宣称：“张静江是孙总理的好友，总理临终前仅召张静江一人前去商谈和嘱托国事，要大家服从张静江的领导。”其实张静江以中政会主席代理国民政府主席，完全是蒋介石为了巩固势力。所谓服从张静江，也就是服从蒋介石。

国民革命军打败了军阀吴佩孚，攻克武昌后，在武汉成立革命政府，蒋介石把总司令部驻在南昌，搞分裂，拒绝前往汉口。张静江也从广州赶到南昌，与蒋介石唱和，反对湖南农民运动，说是“糟得很”，并反对武汉革命政府。国民革命军东路军打败军阀孙传芳，下福建、浙江，进上海，而占南京后，蒋介石即与张静江、戴季陶、宋子文、陈果夫、吴稚晖、虞洽卿等在上海活动，取得英、美、法、德、日等国领事的支持，公开搞宁汉分裂，不顾汉口革命政府的反对，通电建都南京，成立国民政府，宣布“清党”反共，背叛孙中山倡导的三大政策。当时张静江主张自下而上的“清党”办法，遭到蒋介石、戴季陶、陈果夫的反对，认为这是“和平清党”，不足取，且有失时机。而于 1927 年春策划了“四一二”反革命政变，捕杀共产党人和国民党左派。蒋介石为搞垮武汉国民政府，首先收买谭延闿脱离武汉、担任南京国民政府主席。然后密谋与汪精卫和孙科等搞宁汉合作，汪精卫出任南京国民政府行政院长，武汉政府从此解体。

（4）与蒋发生矛盾。蒋介石在军事和政治上得逞后，认为张静江动辄以“恩人”自居，放在中央总是碍手碍脚，已不需要再依靠他了，遂以“浙人治浙”美名，把张静江安排到浙江，接替何应钦出任省政府主席。1929 年 3 月的国民党第三次全国代表大会上，又把张静江由中央执行委员改选为中央监察委员。从那时起，张静江与蒋介石之间产生了裂痕。

张静江到浙后，打算全力搞建设，使之成为“建设实验省”。可是国民党中央要他自筹经费，以此来限制他。张静江就采用三种办法：一是在田赋和营业税项下附加地方捐，二是发行地方公债，三是向银行抵押借款。他搞的建设项目，都着眼于经济效益。蒋介石按军事计划决定：①从杭州建造铁路通南昌，完成浙赣铁路，一次建成重轨。而张静江却坚持浙江负责先建造杭州至江山一段的轻轨杭江铁路，因成本低，客货运费收入好，短期内即可偿清建路债款，以商股的形式，成立杭江铁路公司。至于江山到南昌一段，由蒋介石去办，与他无关。②蒋介石命令浙江省应首先建造浙赣边境以及浙东、浙南山区的公路，以配合所谓“剿共”。而张静江则以营利为主，先建造杭州到绍兴的萧绍公路，然后把萧绍公路交给绍兴资本家徐叔荪等组成商办公司，享专营权 30 年。张静江拿徐叔荪等付出的资金，从绍兴建公路到新昌、嵊县，再延伸到曹娥江畔的百官镇对岸，与杭州至宁波的铁路运输衔接。以经济收入来讲，张静江的计划是收到效益的。但对蒋介石来讲，这是违反了他的军事计划。

（5）西湖博览会。1930 年春，张静江以发展经济建设和振兴工农业生产为理由，向国民党中央建议，仿美国费城万国博览会形式，在杭州举办“西湖博览会”。国民党中央虽批准了他的计划，但经费却分文不给。张静江就用发行奖券的办法，自筹经费。奖券金额每张 10 元，总额 300 万元，以收入的 2/3 作为博览会的经费，1/3 作为奖金，设头奖 1 个，可独得 10 万元。购买者十分踊跃，奖券竟然销售一空。为活跃市场，在沿湖各游览点，由营造厂投标承包建大批简易小木屋，每间造价 7 元，为期 3 个月，木料仍归营造厂拆去。此项小木屋由博览会出租给商人开设临时商店，每间租费一次缴付 90 元，每间净赚 83 元。此外尚有门票收入、车辆及游艇牌照收入。除了解决博览会全部开支外，据说每个工作人员都发了双薪。博览会的开办，因有商场、酒菜馆、各种娱乐场所，还有国术馆举办国术比赛、打擂台等，各地来游览的日以万计，曾轰动一时，对杭州的工商业也带来了一时的繁荣。但博览会的举办，并没有充裕浙省的财库。国民党中央认为张静江在浙江搞独立王国，蒋介石对浙江非但捞不到好处，还要解决浙江财政赤字,故十分不满。加之因国民党浙江省党部主办的《杭州民国日报》(《东南日报》的前身）攻击张静江（该报把 1928 年冬嘉兴中国银行被劫，诿之于省府当局不执行“二五减租”所造成)，张即下令把《民国日报》总编辑胡健中扣押，因此与陈果夫发生了矛盾。张静江又因把民政厅长朱家骅撤职，引起了戴季陶的不满。张静江遭到围攻，蒋介石遂用调虎离山计，在中央成立全国建设委员会，把张静江调任该委员会的委员长，还扬言这是满足张静江一心搞建设的愿望。

（6）遭四大家族排挤。张静江既倾慕日本明治维新，向往三井、三菱等财阀的垄断资本，同时也崇尚英美大财团的独占企业和经营手段。张静江自恃财力雄厚。张家是全国最有实力的大盐商，又是通运公司、通义银行等的老板，南浔的庞家和刘家两个大财主都是他的亲戚，也都是中国银行和浙江兴业银行的大股东，又是上海滩上房地产的实力派。他的兄弟张澹如在上海金融界比较兜得转，能得到上海和浙江财团的支持。张静江的周围还有一批为他办实业的人，所以他大有把自己发展成为中国大财团的雄心。当他担任全国建设委员会委员长后，就伸手到工矿企业和交通运输事业，把工矿、交通运输和电气等企业，都划归建设委员会管辖。他把南京到芜湖的铁路改为商办江南铁路公司（后改为淮南铁路公司）；在南京市内又商办了江南汽车公司，纳入他的

企业范围；又与李石曾等办起了中国农工银行，上海设总行，南京、杭州、芜湖设分行。张静江集团经济力量的扩张，就触犯了蒋宋孔陈四大家族的利益，从而矛盾激化。蒋宋孔陈为了对付张静江，成立全国经济委员会，作为统筹经济的全国最高组织，由宋子文任委员长，从此建设委员会的经费要受经济委员会的节制。同时又规定原由建设委员会管辖的一些企业，一概划归有关部会接收，这样一来，建设委员会遂成一个空架子，张静江的委员长也被架空。

（7）与蒋介石决裂。张静江终于斗不过四大家族，遂与蒋介石决裂。愤然脱离政治舞台，不久就携眷出国，到美国纽约市去做寓公，一直没有回来，1947 年在纽约逝世，终年 76 岁。

张静江独多女儿。长女嫁给宁波资本家莫某为妻；三女嫁给南浔大丝商周申泰的周君梅，周为美国留学生，新中国成立前任淮南铁路公司总经理，现在美国；四女嫁给曾任国民党外交部部长的陈友仁，陈系英国留学生；还有一个嫁给电影明星陈寿荫；一个嫁给汪伪的粮食部长顾荣。其余子女则不详。张静江宦海如梦，他曾做蒋介石走上政治舞台的拐杖，当蒋介石羽毛已丰，自己能跨步的时候，这根拐杖也就被抛弃了。

“庞”——庞云、庞元济、庞青城、庞赞臣

庞云（1833—1889），字芸皋，祖籍绍兴。据郑孝胥的《庞云墓志铭》说：“童年十五习丝业，精究利病。镇中张氏（指张源泰）、蒋氏（指三松堂蒋家）初与公合资设丝肆，大售，众忌其能，拆资以困之。公遂独操旧业，视市盈虚与为进退，获利倍蓰。数年舍去，挟资归里，买田宅，建宗祠、置祀产，建义庄，蔚然为望族。”庞家原开设怡泰丝经行，本地人也就称庞家为庞怡泰。庞家也是经营蚕丝发家致富的。

据父老辈传说，庞云很能干，很会经营。当他经营蚕丝时，结识了杭州大资本家胡庆余堂国药店老板胡雪岩（即胡光墉）。

他除了与胡合作经营丝业外，也仿效胡雪岩的经营，在南浔开设庞滋德国药店，与胡庆余堂挂钩，为南浔镇上最大的药店。鸦片战争后，南浔辑里湖丝外销正旺，外国商人竞相抢购。胡雪岩遂与庞云合作，委托庞抢购辑里湖丝，操纵市场，囤积居奇，与外国商人相对抗，后来不料胡雪岩囤积的蚕丝变质，致使垄断蚕丝出口的打算失败，几至破产。庞云因仅为转手，故未遭亏损。他死前再三告诫他的儿辈莫再经营蚕丝，谓“白老虎”可怕。

初，胡雪岩受清朝大官僚左宗棠之托，向洋商购买军火，左用以革新配备，扩张实力，镇压太平军，也用以出关西征，平定新疆阿古柏之乱，粉碎英俄侵略阴谋，加强边防。庞云是经商好手，当他经营蚕丝出口时，结识了一些洋商，他就与胡雪岩相配合，通过洋商贩买军火，并向内地运送。当时国内多用火药枪，所谓“前镗枪”和火药炮，是落后的武器。而洋商进口的所谓“后镗枪”和后镗螺丝开花大炮，为新式的武器，杀伤力远胜于前镗枪和火药炮。庞云与洋商相结纳，大搞军火生意，获取暴利，遂成巨富。庞云以他儿子庞元济的名义，对大清王朝捐献了十万两纹银，所谓赈捐豫直灾害报效，由李鸿章奏奖，得到慈禧太后旨，恩赏庞元济为举人，特赏一品封典，候补四品京堂，获得名利双收。

庞元济（1864—1949），字莱臣，号虚斋，是庞云的长子。他承父业，1895 年，与杭州人丁丙在拱宸桥创办“世经缫丝厂”，资本 30 万两，每天可缫丝一担，为最早的“三丝”之一。又与丁丙合资 40 万两，在拱宸桥筹建“通益公纱厂”，于 1897 年正式开工，有纱锭 15000 个，为“三通”之一。“三丝”与“三通”为浙江最早的近代民族工业。他在南浔除继承父业，办庞滋德药店外，还开了庞怡泰酱园，在上海和浙江投资商办中国银行和浙江兴业银行，收买洋商正广和汽水公司大量股票。在苏州和上海有大量房地产，原上海市牛庄路的一家大戏院——三星舞台（后改为中国大戏院），以及成都北路的世述里等，都是庞家的产业。此外，庞家在江苏的吴县、吴江，浙江的绍兴、萧山，购买大量

土地，作为庄田，以济族人。庞元济在光绪晚年，与他的兄弟庞元（字青城）曾去日本考察实业回国后，在上海龙华开办龙章造纸厂；在浙江德清的塘栖镇办大纶缫丝厂（亦与丁丙合资），后改为崇裕丝厂；在苏州投资纱厂和印染厂。

庞元济善绘画，为国内外有名的古画鉴赏家和收藏家。新中国成立前，中国古代书画在国内外市场上，只要盖有庞虚斋的鉴定图章，外国收藏家就完全相信是真品，愿以重价收购。庞虚斋收藏的历代古画，自唐宋以迄明清，出自名家者为数极多。著有《虚斋名画录》16卷，1911年刊印。次年又刊印《续虚斋名画录》4卷。1914年，美国费城举行万国博览会，庞虚斋将所藏名画选出一部分运往展出，特撰写并刊印了铅字洋装的《中华历代名画志》1册。在展出的珍品中，有唐朝韩偓《呈马图卷》等4件；五代周行通的《牧羊图轴》等3件；宋朝郭熙的《峨眉积雪图轴》，赵孟坚的《莲叶鲜鱼图轴》等27件；金代《李山风雪松杉图卷》；元朝赵孟《陶靖节像轴》与《无疑胡笳十八拍图轴》，王渊的《雪羽图轴》，王蒙的《秋山肃寺图轴》等16件；明朝唐寅的《梦仙草堂图卷》与《秋风纨扇图轴》，文徵明的《落花图卷》与《风雨归舟图轴》，沈周的《湖中落雁图》，仇英的《昼锦堂图卷》等14件；尚有清朝王鉴的《溪山雪霁图轴》，王翚《柳阴垂钓图卷》等7件。以上72件都是画中国宝。抗日战争南浔沦陷之初，日本即派专人到南浔庞虚斋住宅搜觅所藏古画，但这些名画早已运往上海成都路世述里寓所。庞元济于1949年春病逝，终年76岁。这些古画由承继人庞炳礼收藏，新中国成立后由上海历史博物馆收购保存。

庞元（1875—1945），字青城，比较开明，向往民主革命，与孙中山有交往，曾捐助革命费用，参加同盟会。孙中山到上海，常利用庞青城的别墅秘密集会，作为联络点。后来清政府下令追捕孙中山先生及其同党，庞青城避居租界，与陈英士、张继、周柏年等往来。辛亥革命成功后，袁世凯攫取了大权，公开复辟称帝，陈英士等在上海反袁甚力，袁世凯使人暗杀了陈英士，还扬言要继续杀人。庞青城为避风，全家随周柏年逃亡日本，直至袁世凯失败死亡，始携眷回到上海。庞青城原有计划在南浔镇东栅办浔溪造纸厂，已择定厂址，本地人通称青城纸厂。庞青城既遭波折，浔溪纸厂遂告流产，厂址后来改建浔震电灯公司。庞元济遂集中资金在上海开办了龙章造纸厂，为继上海伦章造纸厂（为李鸿章于光绪十七年发起设立的）之后，而创办的一所规模较大的机器造纸厂。

庞元浩（约1881—1951）字赞臣。抗日战争初期，龙章造纸厂由庞元济的堂弟庞元浩（字赞臣）迁厂到四川重庆，后来出卖给国民党政府，改名中央造纸厂，由南浔人张剑鸣（曾任南京市工务局局长及国大代表）为厂长，庞赞臣任总经理。胜利后，庞赞臣在杭州办典业银行，任行长兼总经理，结果资金亏损殆尽。庞赞臣与张静江是舅甥关系（庞赞臣是张静江的亲舅父），当张静江任浙江省政府主席时，庞赞臣出任首席参事，为张静江的决策人。庞赞臣年轻时与朱家骅同过学，后曾去美国留学，又与陈立夫有同乡同学之谊。朱家骅是通过庞赞臣和周柏年的介绍，出任张静江的民政厅长。北伐之初，庞赞臣为南浔镇第一任商会会长，花了六万银元，建造了商会会址（今镇政府址），成为旅沪的南浔富绅在家乡的总代理人，以后并一直是南浔镇商会的后台人物。

“顾”——顾福昌

顾福昌（1796—1868），字成之，号春池，因排行第六，大家都叫他顾六公公，开设“丰盛”丝经行，是发迹最早、也是最大的丝经行，故南浔人称顾家为顾丰盛。

顾福昌是最早与洋商发生业务关系的丝商。据《南浔志·顾福昌传》说：“壮岁薄游沪上，时值各国通商，首先经理夷务。”顾福昌经营丝经出口致富后，又借办洋务之便，买进了上海黄浦滩上最大的外洋轮船码头——金利源码头，并大造堆栈，成为进

出口货物装卸经营的巨头。金利源码头系当时上海最大的、又是唯一的外洋轮船货运码头，进出口装卸业务十分兴旺。顾福昌由于善于管理，备受洋商赏识，担任了英商怡和洋行的买办。金利源码头遂成为顾家的摇钱树。

太平天国进军上海地区时，顾福昌效忠清朝，与英美帝国主义协同镇压农民革命，因而得到中外反动派的嘉奖。按徐有珂撰的《赠中议大夫顾君暨配朱淑人墓志铭》中有这样的记述："上海寇（指太平军）至时，捐开城壕，以备守御，当事嘉之，列诸保举，福昌力辞，以为分所当为。"因顾福昌对洋人利益有功，故《墓志铭》中说："其卒也，花旗国领事馆命挂半旗。此为洋国隆礼。"

顾福昌有三个儿子：长名寿松，字容斋；次名寿臧，字子嘉；三名寿朋，字颂三。他们都爱好收藏。据周庆云的《梦坡文存》介绍，顾氏三兄弟尝出其余资收藏古物、金石、书画。寿松所收益精，其古铜器之最著者，有子父甗及王宜，故以两甗名其斋曰"两甗斋"。寿臧所集亦不亚于乃兄。杭州邹适庐寿祺为寿松编《两甗斋藏器目》，为寿臧编《石林山房彝器文字目》。他们继承父业，经营蚕丝，而以顾寿臧最负声望，为英商买办及上海丝业公所董事长。他力主从业人员福利，曾为南浔丝业界筹办丝业恤厘会（据《南浔志·丝业恤厘会》注：附设南栅丝业公所内。同治十年，丝商顾寿臧等劝募经常恤款）。后来，顾家因经营蚕丝亏损，卖去了上海的金利源码头、古玩和房地产。顾寿臧的儿子顾叔，承祖上遗荫，为上海英商怡和洋行及怡和打包公司的买办和总经理。顾叔死后，由他的儿子顾怡康（字乾麟）继承父业。顾怡康为刘家刘颂舟的孙女婿，他在上海交际很广，抗日战争上海沦陷期间，他凭着上海社会势力的关系，成为上海英美商企业的总代理人，也是香港英美企业的买办。在二次世界大战期间，上海英商为酬报顾怡康对他们的保护，把怡和打包公司送给顾怡康。在敌伪期间，顾怡康是上海工商界众所周知的大老板，抗战胜利后去香港。

“八牛”——邢、周、邱、陈、金、张、梅、邵家族

南浔的“八牯牛”，也都是经营蚕丝发家致富的。朱宏茂和邱启昌两家，虽然较刘家发迹还早，可是后来由于经营失当，都下降了。尤其是朱宏茂的子孙又缺才干，坐吃山空，家业较早地中落,连自己的花园住宅也出卖给梅家。因此,“八牯牛”是邢正茂、周申泰、邱启昌、张源泰、陈裕昌、金嘉记、梅恒裕、邵森大，这些都是有名的丝经行。

“邢”——邢赓星

邢赓星（1797—1860）是南浔“八牛”之首。原与刘贯经合伙开设正茂丝经行，资本雄厚，故本地人称邢家为邢正茂。后来正茂丝经行拆伙，各自经营，邢家易名为恒顺丝经行。邢赓星经营蚕丝暴富后，大开典当，有当铺十多家。在南浔镇上有恒盛当，另与刘家合伙开懿兴当；在海宁斜桥镇有裕生当；在太仓沙头镇有仓太当；在上海闵行镇有同仁当。此外，在海盐的袁化镇、海宁的长安镇、平湖的新丰镇以及苏北的若干城镇，亦有邢家开设的当铺。旧社会开当铺赢利极大,但要有政治靠山。邢家与“四象”中的刘家和张家都是姻亲，自然就成其靠山。

邢家除了开当铺外，在南浔镇和苏州、上海有房地产。邢家在本镇南西街便民桥堍，建有大住宅，占地约10000平方米，建屋78间，抗战沦陷期间，一部分毁于火，一部分自己拆运苏州，仅留下一片瓦砾地，新中国成立后改为人民广场。另建有德懋里、德馨里，作为出租市房。工商业方面，投资浔震电灯公司、杭州浙江兴业银行。邢赓星的孙子邢鼎丞，是上海沙逊洋行的买办。邢家为供奉他们的祖先，在南浔西郊建有规模较大的邢氏家庙，购买庄田，进行田租剥削。邢家在上海南京路石路的恒源里有总账房，管理邢家的全部房地产。

“周”——周昌大、周庆云、周柏年

周昌大（字尔耆，号味诗）与其弟周昌炽（字经腴，号味六），从商沪上，开设申昌、申泰丝经行，尽心经营，家业大起，建住宅于南浔南东街南安桥南堍。因申泰为浔沪有名的丝经行，故本地人常称这一家为周申泰。

周昌大有子周庆云（1864—1933），字湘舲，号梦坡，除继承丝业外，1905 年投资兴建苏杭铁路，反对向英借款，出卖路权；并投资于浙江兴业银行。后又转营盐务。据章太炎撰的《周湘舲墓志铭》说：“以吴兴士人好贸丝，尝从之，中道改而行盐，卒以是起家。”周庆云原为张颂贤办盐务的主要助手，后来成为浙盐的权威人物。按晚清管理盐务的官职是盐运使，在浙江称为两浙盐运使。由两浙盐运使批准，设立杭州、绍兴、嘉兴、松江四所甲商，各推代表一人负运销、还税及一切整顿事宜。“民国”初，四所甲商联合成立浙西苏南五属盐商公会，由绍兴甲商代表王绶珊为会长，杭州甲商周湘舲为副会长。盐商买盐，先向盐商公会申请数字，由盐商公会呈报两浙盐运使核发护照，盐商取到护照后，就到两浙盐务稽核所申请税单。两浙盐务稽核所是外国人控制我国盐税的组织，以抵解关税，偿还外债。盐商凭护照领到税单后，向指定银行交纳税款，然后才可以凭运单运销食盐。作为盐业托拉斯联合机构的盐商公会，虽然是商人的组织，因它控制了两浙、苏南和皖南的食盐运销，各甲商的分支机构——盐公堂又遍布各大城镇，所以盐商公会的社会势力很大，周湘舲就是这个机构的实权人物。他还办浙西鹾务学校，培养盐务人员。他还编写了一部共 100 卷的《盐法通志》，维护历代盐政法统，保护盐商利益。1925 年，为抵制日盐倾销，他在上海开设五和精盐公司。

1913 年，周湘舲在杭州开设天章丝织厂，合资虎林丝织公司。此外，在湖州办模范丝厂，在嘉兴办秀纶和厚生丝织厂。在南浔合股办浔震电灯公司，还发起开采长兴煤矿。他在莫干山办了肺病疗养院，由侄儿周君常任院长，并辟剑池风景区，亲题字篆刻于悬岩上。他是南浔较有远见的实业家，生平著述很多，合为《梦坡室丛书》。他并曾与张宗祥等主持补抄文澜阁《四库全书》4000余卷。1933年病逝，终年七十岁。

周湘舲的堂侄周柏年，名延龄，号觉，20岁时就东渡日本留学，追求维新，参加同盟会。回国后为同盟会上海支部负责人之一，往来于上海、香港、广州之间，与胡汉民、汪精卫、蔡元培、冯自由、于右任、居正、张继等联络。辛亥革命前夕，在上海参加起义，由他托人秘密镌刻钤印，张贴革命文告。上海光复后，陈英士曾委他要职，他坚辞不就，任中国同盟会上海支部评议员兼常务议员，后为《民立报》驻北京代表。袁世凯窃权，阴谋复辟，暗杀陈英士，恫吓反对派，周柏年偕庞青城及张继流亡日本，不久返国，去广州任国民党中常会秘书长。北伐胜利后，因对蒋介石的专横独断不满，遂辞职。于右任掌监察院，周柏年任中央监察委员。他为发展家乡教育事业，培养人才，积极支持并参与创办南浔中学。他为改良蚕种，提高辑里湖丝质量，在南浔南郊的南喜创办裕群蚕桑制种场，并招收学员开办蚕丝进修班。1936年在南京病逝，终年才50多岁。

“邱”——邱仙槎

邱其梁（1829—1891），字仙槎，开设启昌丝经行发家致富，故称这一家为邱启昌。他的大儿子邱炳华，字冰壶，排行第五，本地人都叫他邱老五。光复前后，他是南浔镇上鼎鼎大名的赌场老板。他凭着祖上的钱财，以三万元娶了上海名妓“林黛玉”为妾；以五万元在皇御河修“盉园”，建成花园洋房住宅。民国初，上海有个“才子佳人派”文人叫张春帆的，写了一部章回小说《九尾龟》，其中有相当的篇幅是写邱老五与“林黛玉”的轶事，隐其名为“丘八”。光复初，邱炳华在盉园内办体育会，吸引一些年轻人参加练武艺、踢皮球。还购买枪支武器，搞军事操练，扩

张自己的势力，把盏园及其附近划为他的势力范围，本地人称这个地方为“抛球场”。

邱炳华的弟弟邱竹筠，排行第七，为清末民初上海滩上青红帮中有点名气的邱老七。他在南京路西藏路口开设了“新世界饭店”和“新世界游乐场”，中隔南京路，修一条地下隧道相通，与黄金荣开设的“大世界”游乐场打对台。邱竹筠后来因投机交易失败，新世界游乐场和新世界饭店同时倒闭，出卖还债。他的哥哥邱老六，名邱炳垣，字寅叔，是个书生，曾任陕西同官县知县及福建闽清县知县。他们在南浔都有大住宅，邱炳华与邱炳垣的在皇御河，邱竹筠的在丰年桥东堍。邱家除了在上海经营房地产和交易所外，在南浔是晋隆钱庄的大股东。邱家有当铺 12 家。

“陈”——陈煦元

陈煦元（1822—1889），原名熊，字竹坪，是有名的“丝通事”。据李经芳撰的《陈公行状》说：“我国出品以丝为大宗，而洋商来华贸丝实繁有徒。煦元侨沪数十年，为丝业领袖，能通译西语而出于诚笃，中西丝商倚之如长城。”他还开设了“裕昌”丝经行，加工辑里湖丝，专销外洋。陈煦元既是丝通事，又是丝经行老板，因而大富。本地人称陈家为陈裕昌。暴发后，他在皇御河建大住宅，有小花园，取名“颖园”。

陈煦元热心慈善事业，但事迹都在外地。1881 年，川沙厅海溢，他集资往赈。据《南浔志 · 陈煦元传》说：“创建新塘于八团约二十余里，明年复于九团续筑新塘，广袤如前，费三万二千数百缗，保护民田五万余亩。”“又修筑苏省塘桥，自青浦、昆山、新阳而至元和境，凡一百七十余里，为桥四十七座。”“晋粤奉直豫鲁皖苏浙各行省先后告灾，时越五年，集赈银二十一万，分拨灾区，名播海内。”又据《上海县续志》说：“卒之日，川沙农民相约诣庐拜奠，不下数百人。”

“金”——金桐、金巩伯

金桐（1821—1887），字竹庭，早岁弃学就商于上海，成为有名的“丝通事”。经营蚕丝发迹后，在南浔西大街建大住宅，立堂名为“载德”。他的大儿子金焘，字沁园，继承父业，经营蚕丝，设金嘉记丝经行，并开当铺，买田地，经营房地产，扩大了家业，本地人称其为“小金山”。他另建大住宅于东街德懋弄东首，前临东大街，后达栲栳湾，与庞家的大住宅遥相并列。金沁园另立堂名为“承德”，表示继承父亲积德的遗志。金焘的大儿子金绍城（1877—1926），字巩伯，又名拱北，留学美国，1904 年由上海道袁海观保荐，任上海中西会审堂会审官。次年秋，有广东籍卸任小官僚黄某，携眷属子女等十余人，由上海乘招商局轮返原籍，巡捕下轮检查时，企图敲诈未遂，以其人数较多，诬指为贩卖人口，押送中西会审公堂，英领专横独断，下令判罪。会审官金巩伯以本案真相未明，不能判刑结案，一再辩论无效。后经中西双方调查，黄某确非贩卖人口。金巩伯以案情既已大白，要求英领释放黄某。交涉再三，竟遭英领无理拒绝。英领指使英捕头殴辱金巩伯，引起公堂旁听者公愤，大闹会审公堂。消息传出，轰动全市华人，相继罢市响应，以示抗议。在强大压力下，英领不得不撤销前议，并由上海道袁海观与商界虞洽卿出面调停，一面释放黄某，一面劝令华商开市。但金巩伯却因此而罢官，后改任大理院推事。1911 年，金巩伯作为中国代表参加美洲万国监狱改良会议，并赴欧美考察监狱。归国已光复，任内务部佥事、众议院议员、国务院秘书。金巩伯精于绘事，善诗词，笔名北楼，一号藕湖，山水花卉，无一不能，兼工篆肃镌刻。据陈宝琛《金绍城墓志铭》说：“时盛京内库及热河行宫所藏，就武英殿陈列，餍众观览，中多世所稀见名迹。日携笔砚坐卧其侧，临摹殆遍。

民国九年创立中国画学研究会于故都，入会者二百余人，凡经指授，无不卓然成家。日本诸画室均来华造访，并乞画焉，遂有中日绘画联合展览会之设。”金巩伯早期作品，原收藏在南浔故居，敌伪期间，为伪军占住，侵入内室，将作品取出，作为花纸散发，散佚无余。著述有《北楼论画》与《藕湖诗草》。

“张”——张佩绅

张佩绅，开设“源泰”丝经行而致富，本地称张家为张源泰。据老一辈传说，张源泰祖上曾开过漂洋船，装运辑里湖丝至广州售予洋商出口，发财致富。在南浔唐家，建有大住宅，另在南浔和上海搞房地产，买田地，过着舒适的生活。张佩绅的独生儿子张书常，好逸恶劳，在上海花天酒地，被他的酒肉朋友枪杀在妓院内，年仅29岁，婚后尚无后代。为了财产免受本族继承，在刘贯经的策划下，张书常的妻子伪装怀胎，把人家刚出生的毛头秘密送进内房，伪称遗腹子出生，取名张埭华，平息了一场继承财产的纠纷。张埭华的大儿子张君达，大学法律系毕业后，在南浔挂牌做律师，抗战胜利后去台湾，任台北市食糖专卖公司的总经理。

“梅”——梅鸿吉

梅鸿吉（1831—1893），字月槎，开设“恒裕”丝经行发家致富，故本地人称梅家为梅恒裕。他有三个儿子。长子梅少槎，早卒，没有后代。次子梅福墉，有两个儿子，长子名梅履中，字子和，过继给梅少槎；次子名梅履正，字志方。三子名梅福培，字莪青，有一个儿子名梅履泰，字祇安。梅月槎死后分家。梅福墉住在南栅，买进了原朱宏茂的住宅，内有小花园名述园，称为南梅恒裕。梅福培住在西北栅永安桥西堍，称为北梅恒裕。

梅履中与梅履正开设南梅恒裕丝经行，由董家四叔经营，那年适逢第一次世界大战，日本大地震，蚕丝价暴涨，一年之间即获利四十万元。梅履中决定在南梅恒裕丝经行的基础上开设梅恒裕丝厂，厂址设在南东街张王庙的南首，与商会隔河相对。所产厂丝仍采用原梅恒裕丝经行产品的商标，其中“绣麟”牌厂丝曾驰名于国内外市场。梅恒裕丝厂有意大利坐缫车240部，女工400多人，为南浔镇上最早用机器生产的大工厂。梅履中死后，由他的妻子和独生女儿接办。自世界大战结束后，日本和意大利的蚕丝重新占据国际市场，1929年更由于发生世界经济危机，外销及价格均受到严重影响，再加上母女经营不善，梅恒裕丝厂于1931年因亏损太甚倒闭，南梅恒裕面临破产，梅履中的妻女同时自杀，丝厂也在悲剧中告终。

梅莪青的北梅恒裕丝经行，原亦有发展为缫丝厂的计划，并在东栅分水墩外下塘选定了厂址，平整了厂地，修筑了水泥塘岸，开了蓄水池，因南梅恒裕亏损，同时他的儿子梅履泰是个举人，不理父业，故放弃办厂计划，在上海做房地产交易，结果也归失败，家道中落。

梅鸿吉的兄弟梅谦吉，是个读书人，不经营蚕丝。他的儿子梅福均娶石门徐自华为妻。徐自华是鉴湖女侠秋瑾的良友。徐自华任浔溪女校校长，秋瑾曾在该校任教一学期。秋瑾离南浔从事革命，徐自华捐赠私蓄，支助革命经费。后来秋瑾举义失败，在绍兴被杀害，徐自华冒险为之营葬，建墓于杭州西子湖畔。徐自华后来脱离梅家，去上海办竞雄女校，在杭州创办“秋社”，与柳亚子、陈去病等反对袁世凯，1935年病逝，终年63岁，遗著有《听竹楼诗》与《忏慧词》等。

“邵”——邵易森

邵易森，开设森大丝经行发家致富，故本地人称邵家为邵森大。在上海三马路陈裕昌丝栈设有邵月记丝号，出品青狮牌丝经畅销中外。邵易森死后，他的子孙好逸恶劳，不理家业，吸鸦片，摆赌台，搞投机，家产很快卖光。邵森大的子孙邵连生在抗战前就沦为乞丐了。

第八章　胡雪岩和“杨乃武与小白菜案”

冤案酿成

说起杨乃武与小白菜冤案，可谓是大江南北家喻户晓了。但是，如果讲到这一著名冤案的昭雪与胡雪岩的鼎力相助有很大关系，知道的人恐怕就不很多了。这里我们大略地谈一谈杨乃武与小白菜一案的始末及胡雪岩的热心帮助，从中可一窥胡雪岩的豪侠气概，从而也有助于理解胡雪岩为人的成功之处。

清末发生过所谓“四大奇案”，“杨乃武与小白菜”一案，当时轰动最大,事后流传也最广。杨乃武是浙江余杭人。他自幼聪明，二十岁时考取秀才，同治二十年（1873 年）又考中了举人。他娶了一个名叫詹新风的妇女为妻。杨乃武父母在其中举前均已经去世。杨乃武有个姐姐叫杨菊贞，早年丧夫，年轻守寡，常住娘家，姐弟感情很深。

杨乃武中了举人，名气很大，地方官对他很尊重。但是他不喜欢与官府往来。对一些欺压百姓的胥吏，以及横行乡里的流氓恶棍每加呵斥。对于受冤屈受欺压的贫穷百姓，经常帮他们写状纸向官府诉苦鸣冤。

小白菜原是南京人。太平天国失败，她随父母逃到余杭。不久，小白菜的父母均死去，她成了孤女，飘零无依。包前镇喻敬天的妻子喻王氏见小白菜生得眉清目秀，就收养她做自己的女儿。小白菜本名秀姑，随了义母前夫的姓姓毕。小白菜成年后，义母喻王氏一方面要她做家务，同时利用小白菜的姿色，结交一些不三不四的人，喻王氏的丈夫喻敬天却常常为此打小白菜，吵着要把小白菜早日嫁出去。

包前镇对岸有个叫葛品连的，生得又矮又胖，家中原是开豆腐店的，父亲早死，给他留下了一点儿遗产，有一百多块银元，他就托人向小白菜做媒说亲。喻王氏看中了一百五十块银元的聘礼，就答应了这桩婚事。亲事说成后，葛品连家无房屋，暂时入赘喻敬天家成亲，说定租到房子就搬出另住。这是同治十一年（1872 年）三月的事。

葛品连入赘秀姑继父家后，每日都忙于在豆腐作坊上工，早出晚归。有时一遇活儿忙，干脆就睡在作坊里。一些市井无赖就乘机来侮辱调戏秀姑。喻敬天就催逼葛品连早点搬出去，家里可以清静一些。

有一天，葛品连得知杨乃武家住房有三楼三底，有一间余房，就托人向杨乃武商议承租。杨乃武同意出租，租金每月一千文。于是同年四月二十四日，葛品连与毕秀姑就搬进杨家。

杨乃武疾恶如仇，对地痞流氓经常严加挞责。所以这伙人都既恨他又怕他。秀姑住进杨家后,就不再有流氓敢上门欺负秀姑了。

秀姑手脚勤快，粗细活儿都会做，乃武夫妻待她很好。秀姑从小跟父亲认识几个字，人又聪明伶俐，年纪又轻，乃武夫妻把她当作亲女儿般看待。秀姑叫杨乃武夫妻伯父伯母，叫乃武的姐姐杨菊贞为姑妈。葛品连有时宿在豆腐作坊。詹新风常叫秀姑一起吃饭，如同一家人。秀姑有时请杨乃武教她读书念经，杨乃武也毫不避嫌。

日子一久，谣言就起来了。一些市井无赖和平日与杨乃武不相往来、心存嫉恨的人，就放出流言，说杨乃武奸占了小白菜，并画了一张“羊（杨）吃白菜”的漫画,乘夜贴在杨乃武的门墙上。

俗话说:“好话不出门，恶言传千里”，此事自然很快传到葛品连耳里，从而引起葛品连的怀疑。葛品连有几个晚上潜回家中，

先在屋外门檐下偷听。有两次他偷听到杨乃武在自己书房里教秀姑读书念经写字，并没有听到其他私话情话，但他心里也老觉流言可畏。

杨菊贞也在外面听到类似的流言，就如实告诉了杨乃武与詹新风。一家人商议，为了避嫌，叫葛品连搬出去。有一天，葛品连回家，杨乃武向葛品连讨取所欠房租，并说明房屋要收回自用。葛品连也考虑到应该避免流言，就于同治十二年闰六月（1873 年）搬出杨家，另寻房屋。

葛品连搬出杨家后，一些无赖又寻机上门滋事。余杭知县刘锡彤有个儿子叫刘海升，是个花花太岁。他素知秀姑貌美而艳，早思染指。他手下有个女佣，于他也早已有私。这女佣为了讨好刘海升，自告奋勇去秀姑家，说县衙里有点儿私活儿，要请秀姑去做。秀姑见是衙门来的，又带了礼物，她不敢不去。就锁了房门，跟着去了女佣家。不曾想刚一走进房间，刘公子已先在，起身相迎。佣妇随即起身反锁房门而去。刘海升就用暴力强奸了秀姑。秀姑慑于刘公子的权势，又怕张扬出去被丈夫知道，所以也不敢声张。

不料女佣将这事泄露给了一个叫何春芳的无赖。何春芳也早想染指秀姑，就于一天下午潜至葛家，登楼入室，拥秀姑施加暴力，并威胁秀姑，如不顺从，就将秀姑与刘公子私通之事告诉葛品连。秀姑力拒不从，正推拒叫嚷时，正好赶上葛品连从外面回来。何春芳不但毫不畏惧，反而悻悻然大骂而去。葛品连不恤秀姑委屈，痛打秀姑，说这么多的风言风语，肯定是秀姑平日自己不检点引起的，秀姑气得把头发剪掉，要到庵堂当尼姑。众亲戚一齐来劝，葛品连也觉得自己打秀姑打得不对，有些后悔，夫妻又渐渐和好起来。

是年（1873 年）十月初七，葛品连身发寒热，双膝红肿。秀姑劝他在家休息两天。葛品连不听，仍是起床吃粥，披着衣服匆匆去了豆腐作坊。他两天都睡在作坊里，没有回家过夜。初九日早晨，他由作坊回家，路过点心店，感到腹饥，就买了个粉团吃，半路上就呕吐起来，快到家门时，已经面色苍白，身体发抖，呻吟不止。秀姑赶忙扶他上楼，侍候他睡下。葛品连叫冷，秀姑问他发病情由，他说两天都发冷发热，恐系疾发气弱体虚之故，叫秀姑拿出钱托人去买了东洋参、桂圆。买来后，秀姑就为他煎汤，喂他服下。下午，葛品连喉中痰响，口吐白沫，已经不能开口说话了。急忙去请了医生，说是痧症。晚上，葛品连气绝身亡。秀姑撞床痛哭，品连的母亲沈喻氏为他换衣，当时尸身正常，并无异状，在场的人也无任何怀疑，认是病死。

葛品连死时，正是十月小阳春天气，气候很暖，品连体胖，至初十日夜准备入殓时，尸体已发变，口鼻里有淡黑色血水流出。葛品连的干妈见此就对沈喻氏说："品连死得可疑，慢点收殓。"两人即盘问秀姑。秀姑说只喝过一碗桂圆参汤，其他什么也没服过。沈喻氏唤来地保，请代缮陈词，到县衙门喊告。呈词只说尸体发变，死因不明，请官相验，既未说服毒，也未涉及秀姑。

十一日，沈喻氏到县衙喊告。知县刘锡彤听说出了命案，看过呈词,即令打马轿,带了仵卒（验尸的衙役）门丁差役到了现场。

适逢一个叫陈竹山的绅士，这天在县衙为一个师爷看病，听说出了命案，死者是小白菜的丈夫葛品连。由于陈与杨乃武素有积怨，杨曾痛骂陈是士林败类，陈对杨记恨于心，于是陈竹山就去请见刘锡彤，把葛品连曾居杨家，杨乃武私奸小白菜的谣言，一五一十地告诉了刘锡彤。并说葛品连搬出杨家后，小白菜经常与丈夫吵闹，把头发都剪了。现在葛品连暴死,其中定有别情,请刘锡彤认真访察。

刘锡彤心中也产生了成见，怀疑这条命案也许与杨乃武有关，而且杨乃武曾顶撞过他，还写过谤诗，讽刺过他，他一直就认为杨乃武是个不安分的人。刘即打轿前往验尸。由于有了先见，验尸时十分草率，银针根本没按规定擦洗，就认定是银针变色，认作服毒。仵作含糊其词，将结果填入尸单。刘锡彤即认定这是一起服毒身死案，且已经听信陈竹山之言，怀疑此案与杨乃武及小白菜葛毕氏有关，当即将秀姑带回衙门。

当天刘锡彤即坐堂亲审，追问秀姑毒药从何而来，问了半天

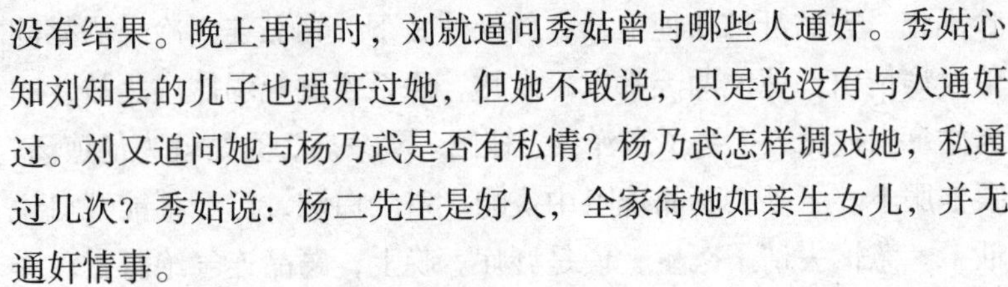

没有结果。晚上再审时，刘就逼问秀姑曾与哪些人通奸。秀姑心知刘知县的儿子也强奸过她，但她不敢说，只是说没有与人通奸过。刘又追问她与杨乃武是否有私情？杨乃武怎样调戏她，私通过几次？秀姑说：杨二先生是好人，全家待她如亲生女儿，并无通奸情事。

由于刘锡彤一再追问她曾与何人通奸，刘海升、何春芳贼胆心虚，生怕秀姑供出他二人调戏强奸秀姑之事，牵连进去，所以他们连夜找人到监狱诱骗、恐吓秀姑。来人对秀姑说：你丈夫已验明是毒死，这是逆伦大案，要凌迟处死。你要想活命，就只有说是别人给你毒药，叫你毒死亲夫。外面早传你与杨乃武有奸私，你要是招供说是杨乃武给你毒药，你就不会问成死罪了，杨乃武是新科举人，有功名，面子大，也不会判死罪。来人并嘱咐秀姑，决不能供出刘公子之事，要是诬陷了好人，罪上加罪，那就更不会活命了。

再审之时，刘锡彤动了大刑，秀姑熬刑不过，只得照来人所说之话供了。说杨乃武本月初五曾到她家，给她一包药，她丈夫发病，就是把这包药吃下去的。

刘锡彤取了秀姑的口供，立即传讯杨乃武，杨因为是新科举人，不便坐堂审问，刘锡彤就与他在花厅相见。刘劈首就问杨乃武用何种毒药毒死了葛品连。杨乃武怒斥刘锡彤凭空捏造。刘出示秀姑口供，杨坚称绝无此事，便愤然离去。刘锡彤因为杨乃武是新科举人，不便扣押审讯，即呈请杭州府革去杨举人的功名。但不等杭州府的批文到，第二天即升堂传讯杨乃武。杨坚强不屈，刘即令动刑。一连审了三次，大刑都用上了，夹棍之下，杨昏死了三次，又用凉水泼醒，最后用烧红的火砖，令杨乃武跪下，烫得两膝焦烂，但杨仍不肯承认。刘曾提秀姑对质，秀姑畏刑，仍照前诬供，杨仍坚不承认。

刘锡彤仅仅据此，就认定案情已明，申详上司杭府审判定罪。杭州知府陈鲁是军功出身，粗识文字，看不起读书人，又知杨惯作谤诗，毁谤官府，也知杨曾挑起包前镇粮案，就认定杨乃武是个不守本分之人。陈鲁第一次提审时，即以大刑伺候。一刑不供，再用一刑，跪火砖，跪钉板，一连几堂，在夹棍之下，杨又几次死去。最后实在熬刑不过，只得诬服。陈鲁按律，轻率定了“葛毕氏凌迟处死；杨乃武斩立决”之罪，于十一月初六日审定结案后，上报浙江按察使蒯贺荪，审解浙江巡抚杨昌浚。

杨乃武一案初定，立即闻传全省，说是新科举人中出了一件谋夫夺妻的凶案，众口一词，指斥杨乃武为十恶不赦的大坏蛋，不过同情杨乃武的也大有人在，认为杨平日为人刚正不阿，不会做出这种欺天害理之事，对此案持怀疑观望态度。结果还要看按察巡抚的审讯裁决。

杨菊贞二告失败

知府审结，拟罪杨乃武是斩立决，他一家人陷入极大的悲愤混乱中，认为家破人亡在即。杨妻詹新风哭得死去活来。杨乃武的姐姐杨菊贞，姐弟情深，相知也最切，她不相信弟弟会做出这种事。她听县衙差役说，县审府审，对杨乃武和小白菜动用了大刑，她认定是屈打成招，受刑不过，信口乱供。她又从庙里求签，找算命先生测字，都说到一定时期，定会有人出面替杨乃武洗冤。这虽系迷信，但是也的确坚定了杨菊贞救弟的决心，也使她深信弟弟不会做这种事，她又遍访见证人，发现了许多疑点漏洞。她回家见到詹新风，已三天滴水未进。她扑到床上，抱着詹新风放声大哭，边哭边对詹新风说：“你不要痛坏了身子，二弟还有救。”她把这几天求神问卜、访问证人的情况，都告诉了詹新风，说这是天大冤枉，是余杭县杭州府陷害好人，乃武决不会做这种事，天外还会有天。随即她们商议决定到省里告冤状为二弟申冤。清朝规定女人不能递呈告状。于是以乃武不满十岁的儿子荣绪的名义，由舅父詹善政做“抱告”，到省里向臬司衙门、抚署藩署投状告冤，这时，正是陈鲁已将全案报到按察使署的时候。

这时的浙江按察使为蒯贺荪，此人既愚而愎，遇事敷衍，从不体察民情，办事惯看上司风色，偏好接受下属贿赂。杨乃武一案到了臬司，蒯贺荪即审问了一堂。对杨菊贞的喊告诉冤，批斥不理。即照陈鲁所拟罪名，题送抚署会审。

浙江巡抚杨昌浚，早年随曾国藩办湘练，与太平军作战；同治元年随左宗棠入浙立了些战功，由左保荐，于同治九年被任为浙抚。杨昌浚为人擅权自恣，刚愎自用，却自诩明断，洞察民情。接到此案后，他曾亲自审讯过一次，并派一候补知县去余杭密查。密查委员未到余杭，刘锡彤已经得信，便与幕客商议，做了准备与布置。密查委员偏听刘锡彤编好的一套，便信以为实，未再做任何查访，在县署住了几天，认为此案“无枉无滥”，回省禀复。杨昌浚为表示对此案的重视，又布置了一次三司会审，认为案情确实，照府审原拟罪名，杨乃武斩立决；葛毕氏凌迟处死，勘题上报。这种逆伦谋杀大案，巡抚是关键性最后一审，如无特殊情况，是难以变动了。

消息传开，原先认为案情可疑，同情杨乃武的人，也都认为是真实无枉了，对杨乃武不仅不再同情，却深痛杨乃武竟做出这种叫人难以容忍的恶事，认为这是浙江读书人的奇耻大辱，同声咒骂杨乃武该死，唯恐其不速置重刑，以为士林无耻者戒。

杨菊贞的第一次上告失败了。但是她仍不死心，案情尚未通天，不能让它冤沉海底。她鼓起勇气，决心上京告“御状”。她和詹新风合计之后，决定变卖家中地产，抵押了自己的房屋。房屋买主素慕杨乃武正气，虽然押了房子，告诉杨菊贞和詹新风暂不必作搬家之想。杨菊贞拿了变卖来的钱，托人买通了牢头狱卒，入狱探监。姐弟二人见后相抱痛哭。杨乃武听姐姐说要上京告状鸣冤，不肯同意，说天下一般黑，京官疆吏一窝生。尤其想到贤妻爱姊弱女子，千里风尘上北京，不仅路上冒风险，京控不准反遭殃，就劝姐姐死了这条心。又说现在是四月，离秋决还有几个月，希望家里人来监里多见几次面。杨菊贞又痛哭失声，抚摸着杨乃武两腿创伤，说做姐的冒死也要上京告冤状，不到黄河心不死，要乃武亲自写诉状，把冤情说透。同牢的囚犯都为之感动，劝杨乃武死马当活马医。杨乃武感到姐姐词情恳切，想到上告也是死，不告也是死，接受了姐姐的哀求，同意亲写状词。

诉状写完后，杨菊贞身背“黄榜”（用黄纸写的冤状），跋山涉水，风餐露宿，历尽辛苦，两个多月才到了北京，即向都察院投状控诉。都察院接到诉状，未加审理，便派人将杨菊贞等一行押解回浙，并咨浙江巡抚杨昌浚，认真审理上报。

这是清朝官衙的惯例，凡越级上控的，不管有理没理，都发回反审，这是为了维护下级机关的威信，也是为了减少中央机关的麻烦，至于上诉人的冤情痛苦，是不会去考虑的。因此，京控一次能告准的，绝无仅有。没有京官的支援，人们是不肯轻易赴京上控的。且京控案件，发回原审机关复审，也不过是照例文章，极少改变反判的。

杨昌浚接到刑部咨文，照例交臬司复审，复审一堂即了，仍照原判上报。

杨乃武知道京控未准，心也死了。但杨菊贞却更加坚决，姑嫂二人回到余杭后，她对詹新风说，现在死刑是判定了，上告也是死，不上告也是死，还是要拼死上告，一告不准，再告，再告不准，三告，一命尚存，喊冤不止。

胡雪岩帮助昭雪

也许真是杨菊贞的诚心感动了上苍，各种机缘都慢慢凑到一起。最为关键的，就是在本书的主人公胡雪岩家中发生的几件事情。胡雪岩真乃一身福气，一副善心，无意中成了这一特大冤案的解铃之人。

当然，这机缘之头还得从杨乃武找起。

杨乃武脾性耿直，急公好义，这在前边已经讲了一些。也许正是因为这种脾性和人品，招致了他人的嫉妒和无谓的灾祸。不过，也正是因为这种脾性和人品，他也结交了几位真心知己。其中有一位叫吴以同的，他和杨乃武是同乡同年，对杨乃武之为人知之较深。此案发生后，即知是屈打成招，冤抑难伸。吴以同因为才

学人品俱佳，深为地方名士称赞，但家中基底也是较薄。胡雪岩闻知后，即上门拜贤，延为西席，托他代管自己儿子和女儿的学业。

吴以同一介读书之人，在学问上做得一丝不苟，在人品上也无可挑剔，但对官场社会上的曲曲折折心得并不多。他虽明知以杨及武之为人作风，杀夫夺妻这种事是绝对干不出来的，但也无法做出别的任何感想来。

胡雪岩从上海回来，听说了这件案子。杨乃武也去过胡雪岩家中，不过不是找胡雪岩，而是找吴以同。胡雪岩也曾专门宴请过他和吴以同两人。依胡雪岩之为人处世，对于杨乃武这样耿直之人，当然是尊重有加。尤其是杨乃武才思敏捷，曾有出联“鲁厩焚如，孔子问人不问马；浙江潮涌，将军问马不问人”救人之事。这是因为杭州旗防营的满洲将军瑞徵，喜欢养马，衙门后院骏马满厩，他最爱的有五匹骏马，称为“五骏”，专门雇了个牧马人放养。有一年浙江钱塘大潮来了，一下子把这五匹马全部卷走，瑞将军大怒，要杀牧马人祭马。牧马人的妻子找到了当时正在胡庆余堂与吴以同喝酒谈天的杨乃武，跪下哭求救她丈夫一命。杨乃武问明事由后略加沉思，挥笔就写了上面这副对联，让牧马人的妻子托人送给瑞将军，说如果第二天还没把她丈夫放出来的话，再来找他。瑞徵见了字条，明白这是以孔子作比，讽刺他爱马不爱人，内心感到惭愧，明白若因此杀人，是有违孔子“仁民爱物”的教导的，马上就放了牧马人。这一趣事，胡雪岩也听吴以同讲了多次。不过胡雪岩之对杨乃武，也仅止于敬重而已。胡雪岩自有他自己的一套处世原则，对于读书人不通达人情，不体恤人心，他是略有看法的。当然，现在闹出了这么一桩大案，胡雪岩也是甚为吃惊的。他拣选了个日子，把各种应酬推掉了，专门派人把吴以同请来，询问他有关杨乃武的情况。

吴以同先把胡雪岩这一段在外奔波时，杨乃武案情发展的经过大致讲述了一番，并把自己感想一并道出。讲完后，他以为胡雪岩会端茶送客。抬眼望去时，才发现胡雪岩很困惑地坐在那里。胡雪岩问吴以同："照你这么说，杨乃武案这里边有冤情了？"吴以同起身抱拳，趋前一步，恭恭敬敬给胡雪岩行了半个屈膝礼。慌得胡雪岩连忙上前俯身，将吴以同双手扶起："吴先生，这是何苦，这是何苦！有什么想法，请坐下慢慢叙来！"

吴以同也许是病急乱投医，也许是脑筋突然开了窍。"胡先生，杨先生这案子真是天大的冤情！"这一段以来，吴以同整日为杨乃武冤案积愤在胸，左思右想，总觉得杨乃武这事真是一千个、一万个的不可能。他也知道杨菊贞在奔告，满希望或许真会青天开了眼，不料消息却是很坏。现在，眼前坐着一位胡大人，莫非这真是一个机会？

想法多了一层，吴以同也就不再抱着老朽的念头了。他又从头，把自己想出来的和别人告诉的疑点，一条一条地分析给胡雪岩听。胡雪岩连连点头，一路上风闻的各种传言都有了出处。

不过胡雪岩能做点什么呢？吴以同的想法是，你胡大人和左宗棠近，巡抚杨昌浚也和左宗棠近。只要胡雪岩开了口，由左宗棠出一札，劝勉杨昌浚重新访察，这事八成有戏。

胡雪岩的想法却有所不同。左宗棠年事渐高，骡子脾气越来越倔，朝中得罪了不少人。况且杨昌浚的为人，他也是知道的。此人感激左宗棠不假。但是，此人刚愎自用，况且也是从湘军中成长出来的，左宗棠若插了手，他杨昌浚绝对不会不听，但是结果恐怕是大同小异。此案已经到了这个样子，再让他自己推翻自己，无疑是自打耳光。这样辛苦一圈下来，等于什么也没做。

这中间的曲折，胡雪岩只能换种方式，给吴以同讲上三成。吴以同以为胡雪岩近段事务太忙，没有心思管理这事，不免有些着急，也有些失望。胡雪岩微微沉吟道："吴先生，不是我不管这事。只要事情真的有这么大的弯弯绕绕，我胡雪岩不知则已，知道了，也总会挂在心上，总要让它妥帖才是。"吴以同听了这话，明白

胡雪岩已经看透了他的心思，不免有些惭愧："胡先生，不是我着急，杨先生这事，也着实太让人心中难平了！有了您这话，我也明白了，凡事总要办得更为周详才是。"

也就过了三天，又有人来请吴以同了，说胡雪岩有交代，请吴先生辞掉今晚其他一切应酬，务必要去赴胡雪岩的一场酒宴，说是要吴先生见一个重要人物。

这位重要人物叫夏同善。他是杭州人，咸丰六年考中进士，选庶吉士（翰林院编修），充任日讲起居注官（皇帝的侍读官），虽非权要，但日侍帝侧。他为人平易正派。这时适因丁忧在籍期满（丧假满），准备回京。

胡雪岩选定了日子，特意在家中为他设宴饯行。见到夏同善，胡雪岩的想法出来了。夏同善不属于死读书不开窍的那类人，虽身为翰林编修，对济世救民之道也十分热衷。曾国藩办湘军，左宗棠平回，他都视之为盖世功业。对于左宗棠的左右股肱，又属同乡名士的胡雪岩，他也是敬重有加。他也知道，要是没了胡雪岩，左宗棠的西北之征能否如此顺利，很成疑问。况且左宗棠本人也直言不讳，在上奏中屡屡为胡雪岩报功，在京浙籍官员自然引以为快。

经胡雪岩一介绍，吴以同马上明白了大概。胡雪岩把杨乃武案的经过大致讲了一下，就引荐吴以同与夏同善细谈。吴以同深知胡雪岩苦心，就又不厌其烦地把整个案情和自己的想法一一讲给夏同善听。讲到激动之处，吴以同道："夏大人，杨乃武身为举人，平日为人，疾恶如仇。这事发展到这一地步，曲折甚大。事关两浙士林声誉，在杨乃武这面，以一功名之人，得杀夫谋妻逆伦之罪，如果确实属于事实，罪不容诛。但是现在各种征状，显见杨乃武是屈打成招。官官相护，这是通理儿，我想夏大人比我更清楚。如果仅仅是两条人命，也还罢了，如果属于天大的冤屈却无处可诉，天理何在，圣明何在，浙江读书人以及在朝为官者的面子何在？"

夏同善转向看看胡雪岩。胡雪岩道："夏大人，雪岩近段在外忙于公私事务，前近几日方才回杭。杨乃武的为人，我略知一二；官府平日的做法，你我恐怕都熟知六七！”

夏同善微微颔首，表示赞成。胡雪岩继续道：“夏大人，杨乃武一案是否真属冤屈，我不敢妄断。但是，身为新科举人，地方名士，如果这么疑窦丛生，冤声不断，尚没有个服人的道理摆在那里，就草草处以极刑，影响必然很大。假如几十年无人翻案，也还成了定议，作了罢论；假如因为匆忙，过不了几日，真的发现是冤狱恶讼，浙江上下的面子恐怕就白白毁了！”

“雪岩兄，为何不经过左大人讲一言呢？”夏同善道。

胡雪岩碍于吴以同在场，只得择其精要，含含糊糊地讲了自己的想法。夏同善却早已了然于胸。“雪岩兄好眼力，不愧能识人心，通人情了。杨昌浚今日，也只有自上而下，给他找个台阶了。这台阶他下，那就好；不下，可就莫怪别人了。”

夏同善又转脸对吴以同道：“吴先生，回京之后，我自会与同乡同僚共商，相机进言。两条人命也不是小事，不能轻易定谳，为皇上圣德之累。”

吴以同赶忙起身施礼，夏同善也站起还了礼。离席之后，吴以同就匆匆去多子巷找到另一个同年旧好，向他打听杨菊贞状告情况。

杨菊贞这时已经下定了二次进京上控的决心。她又两次入监探视杨乃武，问杨乃武在京在杭有哪些朋友可以帮忙的。杨乃武告诉她：在杭州可先去看汪树屏，他是癸酉同榜的举人，在白尼山汪家是有名气之人，对朋友讲义气肯说话，能急人之急。他祖父在京里做过大学士，京里也有不少世交。他哥哥汪树棠，是个小京官，去看他时，把京控的诉状给他看看，让他知道案情的曲折，他一定肯尽力帮忙。第二个要看的就是好朋友吴以同，是胡庆余堂胡雪岩的西席，他也一定会帮忙。杨乃武还对她说，把京控的诉状多抄写几份，到京分别投呈各有关衙门在京的浙江同乡。

杨菊贞探监后，先去看了汪树屏。其时汪树屏也先与夏同善谋过面，听夏同善隐约讲及杨乃武一案的冤情。所以杨菊贞一来，

他满口答应，除写了封给汪树棠的信交她带去外，还联系了在京在籍的士绅及同榜的举人十八人，联名打公禀，向都察院控告，说杨乃武、葛毕氏一案，浙江承审大小官员，一味刑求，严刑逼供，草菅人命，罗织冤狱，请将全案提京复审。

杨菊贞又去庆余堂看了吴以同。吴以同把胡雪岩自上海回来后，仔细了解杨乃武案件，如何安排他与夏同善谋面，以及夏同善如何被说动等情况都告诉了杨菊贞。并且告诉杨菊贞，胡老板早已留下话，要吴以同操心，等杨菊贞一来，马上通知他。

吴以同带着杨菊贞去见到胡雪岩。胡雪岩又听杨菊贞把整个案子又细述了一遍。最后胡雪岩道："乃武这案子，我也是回来后才知道。照理，是在三府这一级就可以弄清的。现在时机已过，也只好委屈你打京控了。不过请你放心，除了夏同善外，我再介绍几个人与你，进京后你把我的信交给他们看。"

胡雪岩又详细问了杨菊贞进京上诉状的人数。最后，他拿出二百两银子，要杨菊贞收下，作为来去的盘川及在京的用度。另外还有三百两银票，告诉杨菊贞收藏好，一路上尽带现银未必方便，有了银票，进京后可在胡雪岩的钱庄里兑成现银。并另修一书，让杨菊贞捎带给胡雪岩在北京钱庄的挡手，告诉他若杨菊贞有何需要，务请准时给予方便。

杨菊贞跪下深深叩谢。自从案子发生后，为了诉讼费用，杨家的十多亩桑田，连同所住的房子，都已经当卖掉。二次进京的盘费，杨菊贞正苦于没有着落；只是爱弟情切，她从没有因为盘费无着打消京控的念头。现在胡雪岩出手资助，无异于是救人于水火之中。

当时胡雪岩就让人磨砚备纸，由胡雪岩口授大意，由吴以同执笔。写完后吴以同再念一遍，待措辞、文意都满意后，誊改清楚，分别封好，交与杨菊贞，要她上京后一一面呈。

有了这么一些准备，于同治十三年（1874 年）九月，杨菊贞偕詹新风，连同荣绪及"抱告"姚贤瑞，经过一个多月的跋涉，到了北京。他们先去看了夏同善，递交了胡雪岩的信。夏同善夫妇即接见了杨菊贞姑嫂二人，看了杨乃武京控的诉状，介绍她二人去遍叩在京的浙江大小官员三十余人，并叫她们向步军统领衙门、刑部及都察院投送诉状。

由于有了胡雪岩别宴上的那次深谈，夏同善对杨乃武的案情及解决的可能办法也都有了深一层的看法。他情知官官相护，既有利益上的考虑，也有面子上的考虑。胡雪岩暗示他，杨昌浚及三府已经定案，这时候如果利用旧好平级关系让他强改，那于面子上是过不去的。办法只能如胡雪岩的提示，由上而下，公事公办，既是上面压过来的，于地方官的威严也就不至于有太大伤害。不过夏同善也明白，像杨昌浚这样的人，在打败太平军中立了战功，名重一时，那面子就与安定时期一步一步熬过来的地方官有所不同。杨昌浚未必那么简单，杨乃武的案子未必那么好办。

因为考虑到这一点，他多次访问了大学士翁同和。夏同善将杨乃武、葛毕氏一案的原委，向翁做了详细的陈述，并请翁看了杨乃武的京控诉状。翁同和说：严刑取供，素干禁例，严刑之下，何求不得，果有冤情，必使平反。他答应夏同善，待去刑部查阅了全部卷宗后，再商准驳。

翁同和查阅卷宗也并不那么顺利。翁是状元出身，职位又崇高，朝中官员对他都很尊重，但由于刑部尚书桑春荣先已接到杨乃武一案的“书帕”（书信贿赂），恐翁来阅卷，徒生枝节，迁延拖累，就与翁发生争执。这时刑部分管浙江司狱的一个官，是林则徐的第五个儿子，他细看过全部资料，也认为案情可疑，不宜轻率入奏，即将全案卷宗送给翁同和。翁当晚翻阅全卷，发现可疑之处甚多，便逐条签出，送回刑部，请刑部送回更审。

由于夏同善等浙江在京官员帮助说话，杨菊贞的二次京控，总算没有被驳斥，得到都察院、步军统领衙门的重视。加上翁同和的当面干预，有关部院的奏疏，并奉两宫太后皇上的谕旨：“务得实情，勿枉勿纵”，刑部不得不派人重新审理此案。

但这次派去的钦差大臣却是个庸吏，名叫胡瑞澜。他是科班出身，从未审理过刑狱案件。其时刘锡彤、杨昌浚等人都已开始重金贿其左右，并联络一些乡绅联名向胡瑞澜寄公禀，说杨乃武谋夫夺妻，是士林奇耻，请速付典刑，以正大法，毋为浮议所动。胡瑞澜张皇无主意，结果又听信陪审官之言，用了大刑，日夜熬审。杨乃武这时也已志坚，虽熬刑仍不诬服。毕秀姑熬刑不过，只得再次诬服。胡瑞澜不顾审讯矛盾，照原拟罪名奏结。

夏同善得知此审仍属偏袒，便携浙籍在京官员张家骧（也是翰林编修）等人拜访了翁同和，说胡瑞澜徇情枉法，非提京复审，无以息众议而肃官箴。时浙籍汪树屏、吴以同等人的联名控状已到都察院部，详陈了此案的曲折冤情及严刑逼供的惨状，都察院据情转奏。翁同和又亲见两宫太后，请将此案提交刑部，务得实情。慈禧听政以来，对地方权臣疆吏的擅权自恣，目无朝廷，亦时思乘便稍挫其气焰，就派了御史王昕等人密查。王昕查访得很细心，回到北京后，如实地向慈禧太后面奏，谓此案如不提京复审，万难理清案情。如确有冤抑，人命关天，皇上皇太后英明仁孝，岂容草菅，权臣弄法，更不能置诸不论。这话引起了慈禧的重视。这时，翁同和、夏同善、张家骧等一些在京文臣，面请太后，谓此案如不提京复审，平反冤情，浙江将无一人肯读书矣。在此情势下，慈禧才于光绪元年（1875 年）十二月十五日下了一道谕旨：“着即提交刑部秉公审讯，务得确情，毋得稍有疏忽，致干处戾。”

案情至此，杨菊贞的京控才算有了明白交代。此后，刑部大审，因为气氛已经与在省内诸堂会审大为不同，杨乃武才得以从容将始末道来，尤其讲到了他为民写状告粮官，结果与知县刘锡彤结怨之事，毕秀姑也尽诉前番大刑之下，胡乱诬服，都属迫不得已，并将刘锡彤的儿子刘海升强奸了她，以及刘海升如何哄她，说杨乃武为新科举人，假供是他下毒，他也不会斩头等情况供了出来。

案情大白。最后一步，就是把葛品连尸体运京化验，看一看是否属于中毒致死，如果是，再查明毒从何来，如果不是，属于病亡，自然就不再有偏抑了。

光绪二年（1876年）十二月初，葛品连尸棺到京，初九日，刑部提集人犯，到海会寺验试。刑部仵作报称无毒。两旁观众欢声雷动，喊叫“青天有眼”。

刑部结束此案的奏疏，到光绪三年（1877年）二月二日才上去。二月十六日，慈禧下旨，批准了刑部奏疏。杨昌浚等三府有关官员及胡瑞澜着即革职，刘锡彤“发往黑龙江效力赎罪，年逾七十不准收赎”。到二月底，杨乃武、毕秀姑出狱。

出狱那天，杨乃武的妻子詹新风，姐姐杨菊贞，还有汪树屏、吴以同等人，都到大牢门前去等候。杨菊贞看到杨乃武走出牢门，扑上去抱着他放声大哭，詹新风也哭得泪水涟涟。杨乃武反而平静，安慰他们说：“死里逃生，夫妻姊弟相逢，应该高兴才是，哭什么呢？”他边说边走向汪树屏、吴以同，又拱手又下跪，感谢他们虎口救人，义重如山，今生难报。这时杨乃武却不禁热泪盈眶，欲哭无声了。汪树屏、吴以同扶起杨乃武，也为之凄然。

杨乃武出狱后，对夏同善、张家骧一些在京的浙江同乡，一一踵门叩谢，一个月以后才回到杭州，即去叩谢了胡雪岩。杨乃武一案，若不是胡雪岩这里出了一个转折，不知要拖到何时，也不知杨菊贞的京控能否有个回音儿。杨菊贞等人在京的用度及联络，多亏了胡雪岩写信给他的钱庄挡手，时相关照。后来又与吴以同商定，派吴以同早日赴京周旋安排，才迎来了这么一个好结果。

杨乃武一家，早已为这场官司卖光了家产。胡雪岩又资助他两千两银子，除赎回房子外，又买了十多亩桑地，杨乃武回到余杭，仍以种桑养蚕为生，直到1914年去世。毕秀姑（小白菜）出家做了尼姑，后来庵中没了香火，她就以养猪、种菜、养鸡为生，死于1930年。

附　录

一、胡雪岩生平大事年表

1823 年（清道光三年癸未）

胡雪岩出生，小名顺官。父鹿泉、母金氏。胡雪岩居长，下有月桥、秋槎、鹤年三弟。

19 世纪 40 年代（道光后期）

胡雪岩因父死家贫进钱庄当学徒，后升“跑街”。期间结识并资助捐班候补的福建人王有龄。

1860 年（咸丰十年庚申）

胡雪岩已自开钱庄。

2 月底、3 月初，太平天国李秀成部入浙，胡雪岩向浙江按察使段光清建议自练一支亲兵，并承担练兵费用的储兑业务。

3 月 19 日（二月二十七日），太平军第一次占领浙江省城杭州。

5 月，王有龄赴浙江巡抚任从苏州带饷银 20 万驰援。

胡雪岩受王有龄倚重，办理粮械、综理漕运，几乎垄断浙江省大半的战时财经。

1861 年（咸丰十一年辛酉）

5 月初，太平军第四次入浙。

11 月上旬，李秀成部围攻杭州，杭城粮尽信绝，出现人吃人的惨剧。胡雪岩受王有龄委派，与湖州豪绅赵炳麟微服赴沪采购粮米和军火。

12月29日（十一月二十八日），太平军第二次攻破杭州，王有龄自杀。

1862年（同治元年壬戌）

2月（农历正月），因饷道受阻、未能把上海购来的米运入杭城的胡雪岩见杭州城破，改作客商模样，溯江行抵江西，拜谒新任浙江巡抚左宗棠。

春，左宗棠引军东进，至衢州乏粮，军士欲哗变。胡雪岩将事先囤积于此的20万石谷献给左军，左赞他为“一时豪杰”。

胡雪岩获左宗棠信任后，往来于上海、宁波等地，经办粮台转运、接济军需，勾结驻宁波的法籍军官组成中法混合的“常捷军”，共同镇压太平军。

1864年（同治三年甲子）

4月1日（二月二十五日），左宗棠军在“常捷军”洋枪洋炮掩护下，攻入杭州。7日（三月初二日），左宗棠进驻杭州。

此时，胡雪岩协助左宗棠处理善后事宜；经理赈抚局，设立粥厂、难民局、善堂、义塾、医局，掩埋暴骸，恢复“牛车”，劝捐。

同年，胡雪岩开始营造杭州元宝街花园宅第，穷极奢华。

1865年（同治四年乙丑）

1、2月间（农历正月），调任闽浙总督的左宗棠上奏要求把在浙江的胡雪岩调往福建，作为在闽“修明政事”的“治事之才”，获同治皇帝批准。

1866年（同治五年丙寅）

左宗棠接受胡雪岩献议，向清廷奏请设立福州船政局，获准。筹办之初，胡雪岩与法人德克碑、日意格议定《船政事宜十条》，并一手经理出入款项和局务。1868年1月，福州船政局正式开工。

1867年（同治六年丁卯）

胡雪岩担任上海转运局委员，负责购运西洋军火、转运东南协饷，协助督办陕甘军务的钦差大臣左宗棠镇压捻军和回民起义。

4月，胡雪岩为左宗棠借洋款120万两，这是第一笔西征借款。

1868年（同治七年戊辰）

胡雪岩为左宗棠借洋款100万两，这是第二笔西征借款。

1872年（同治十一年壬申）

8月，胡雪岩将捐制的加厚加长棉衣2万件及他劝捐的棉衣裤8000件运交左宗棠西征军后路粮台。这年冬天，甘肃大寒，这些冬服无疑是雪中送炭。

1873年（同治十二年癸酉）

5月，左宗棠上奏为胡雪岩的母亲胡金氏赏匾，获准。

1874年（同治十三年甲戌）

胡雪岩在杭州涌金门外（今南山路）购地10余亩，造屋建胡庆余堂药号胶厂。

1875年（光绪元年乙亥）

本年前后，胡雪岩开始做丝生意。

春，胡雪岩向英商怡和洋行借洋款100万两，向丽如洋行借洋款200万两，这是第三笔西征借款。

5月3日（三月二十八日），左宗棠被命为钦差大臣督办新疆军务。

1876年（光绪二年丙子）

左宗棠第二次出关西征，去新疆平定阿古柏之乱。胡雪岩继续担任西征军驻上海转运局委员，承担购运西洋军火、筹借洋款等事务。

12月12日（十月二十七日），左宗棠致信胡雪岩，要求速解洋枪洋炮，应前敌之用，并商议借洋债500万两。

1877年（光绪三年丁丑）

6月，胡雪岩向英商汇丰洋行借贷500万两，这是第四笔西征借款。

年底，胡雪岩从杭州回上海途中，在余杭塘栖遭沉船事故，引发旧疾。

1878年（光绪四年戊寅）

春，胡庆余堂大井巷店屋正式落成营业。

胡雪岩受陕甘总督左宗棠之托，在上海通过德商泰来洋行向德国购置纺织机器、招聘外籍技术人员，筹办甘肃织呢总局。第二年9月，该局正式开工，此为中国第一家机制国货厂。

4月12日（三月初十日），左宗棠致信陕西巡抚谭钟麟，表示对遭沉舟之惊的胡雪岩“殊为悬系”，希望他早日康复，“共措危局”。

5月15日（四月十四日），左宗棠上《道员胡光墉请破格奖叙片》，高度评价胡雪岩的劳绩，要求皇帝赏胡穿黄马褂。

9月，胡雪岩向华商乾泰公司和英商汇丰银行各借洋款175万两，这是第五次西征借款。

1880年（光绪六年庚辰）

秋，胡雪岩为左宗棠购买的开河机器运抵西北泾源工地。

1881年（光绪七年辛巳）

左宗棠已离开西北、奉召在京，但甘肃、新疆财政拨款没有着落，应继任杨昌浚和刘锦棠的要求，左宗棠又叫胡雪岩代借洋债400万两。

5、6月间，新丝上市，胡雪岩陆续斥资收购。

1882年（光绪八年壬午）

6月10日（四月二十五日），身为两江总督的左宗棠到上海采运局会晤胡雪岩。

1883年（光绪九年癸未）

5月，胡雪岩囤丝达1.4万包，据说投资近2000万两。

10月22日（九月二十二日）上午，左宗棠在上海两次会晤胡雪岩，可能是商议破产清账事宜。

11月，因洋商联合拒收生丝，加上时局动荡、金融恐慌，胡雪岩资金周转失灵，又担心丝货变质，开始被迫低价脱售生丝。29日（十月三十日），胡雪岩将7070包四号辑里湖丝以每包362.5两的低价脱售给英商埃特姆生，经手人徐棣山，成交合同

由章辰谷执笔。

12 月 5 日（十一月初六日），胡雪岩在上海、北京、镇江、杭州、宁波以及湖南、湖北开设的阜康银号、钱庄全部破产倒闭。

1884 年（光绪十年甲申）

2 月 26 日（正月三十日），左宗棠在上海江南制造局用完午餐后到采运局往访胡雪岩，因胡已去南京而未遇。

同年，清廷下谕革去胡雪岩江西候补道职衔，勒令清理阜康在各地方欠的公私款项。

署两江总督曾国荃在咨复户部的公函中，客观评价胡雪岩借款接济西征军的劳绩，认为胡氏于西征款项中扣除的水脚行用补水银两过去已经报销备案，朝廷应讲信誉，免予追缴。

经左宗棠同意，胡家与最大债权人文煜家签订买卖胡庆余堂契约，价值数百万的胡庆余堂卖价仅 18 万两。

1885 年（光绪十一年乙酉）

9 月 5 日（七月二十七日），左宗棠在福州病逝，官司缠身的胡雪岩失去靠山。

12 月 6 日（十一月初一日），胡雪岩在杭州忧惧而死。不久，其母胡金氏也去世。

12 月 17 日（十一月十二日），户部尚书、军机大臣阎敬铭奏请：把胡雪岩拿交刑部严究定罪、勒令胡氏家属悉数完缴欠款。同时，要求朝廷发文给步军统领衙门、顺天府五城、浙江巡抚及各省督抚，将胡雪岩在原籍及各地的财产查封报部、变价备抵。

12 月 30 日（十一月二十五日），浙江巡抚刘秉璋接到要将胡雪岩逮捕法办的圣旨，当即密札杭州知府督同钱塘、仁和两县令去胡家查封，方知胡雪岩早已死去，家属住房租自朱姓。

1886 年（光绪十二年丙戌）

3 月 23 日（二月十八日），刑部书吏黄寅发文宣布胡雪岩所欠公款业已收缴完毕，请免置议。

1899 年（光绪二十五年乙亥）

胡雪岩后嗣缄三、胡品三与文煜后人志静轩订立契约，正式写明胡家将元宝街老屋另立杜绝卖契，归文府管业，文家从胡庆余堂分18股“招牌股”红利作为胡氏后人生活费。

二、胡雪岩商政语录

生意经

我们做生意一定要做得活络，移东补西不穿帮，就是本事。你要晓得，所谓“调度”，调就是调动，度就是预算，预算什么时候款子进来，预先拿它调动一下，这样做生意，就比人家走在前面了。

我的市面要摆到京，摆到外国，人家办不到的事我办得到，才算本事。

做生意第一要市面平静，平静才会兴旺，我们做好事，就是求市面平静。“饥寒起盗心”，吃亏的还是有钱的人，所以做生意赚了钱要做好事。

做生意总要市面平静，而市面的平静，不能光靠官府，全需大家同心协力。

为啥要开典当，开药店？这两样事，一时都无利可图，完全是为了公益，我开典当是为了方便穷人。胡雪岩三个字，晓得的人，也不算少了，但只有做官的和做生意的晓得，我以后要让老百姓都晓得，提起胡雪岩，说一声：这个人不错！事业就会越做越大。为此，我要开药店，这是扬名的最好办法。再说，乱世多病痛，大乱以后，必有瘟疫，将来药店的生意，利人利己，是一等一的好事业。

做小生意迁就局势，做大生意先要帮公家把局势扭转过来。大局好转，我们的生意就自然有办法。

朝廷应该照应做大生意的。不过，我是指的同外国人一较高下的大生意而言。凡是销洋庄的，朝廷都应该照应，因为这就是同外国人“打仗”，不过不是用真刀真枪而已。

你说现在是出人才的时世，我相信！乱世做事，不必讲资格例规，人才容易出头。再有一层，你到过上海，跟洋人打交道，就晓得了，洋人实在有洋人的长处，不管你说他狡猾也好，寡情薄义也好，有一点我们及人家不来，人家丁是丁，卯是卯，你说得对，他一定服你，自己会认错。不像我们，明明晓得这件事错了，不肯承认，仿佛认了错，就失掉了天朝大国的面子。像洋人那样，不会埋没你的好处，做事就有劲儿了，才气也容易发挥了。凡是有才气的人，都是喜欢做事的，不一定为自己打算。所以光是高官厚禄，不见得能出人才，只出旗人对皇上自称的“奴才”！

局势要坏起来是蛮快的，现在不趁早想办法，等临时发觉不妙，就来不及补救了。

钱财身外之物，我不肯输这口气，尤其是输给洋人，更加不服。

原来胡雪岩近几年来做丝生意，已经超出在商言商的范围，而是为了维护江浙养茧人家，几百万人的生计。跟洋商斗法，就跟打仗一样，论虚实，讲攻守，洋商联合在一起，实力充足，千方百计进攻，胡雪岩孤军应战，唯有苦撑应变。这情形就跟围城一样，洋商大军压境，吃亏的是劳师远征，利于速战；被围的胡雪岩，利于以逸待劳，只要内部安定，能够坚守，等围城的敌军，师劳无功，军心涣散而撤退时，开城追击，可以大获全胜。

洋人做生意，官商一体，他们的官是保护商人的，有困难，官出来挡，有麻烦，官出来料理。

他们的商人见了官，有什么话可以实说。我们的情形就不同了，官不恤商艰，商人也不敢期望官会替我们出面去论斤争两。这样子的话，我们跟洋人做生意，就没有把握了。你看这条路子走得通，忽然官场中另出一个花样，变成前功尽弃。譬如说，内地设海关，其权操之在我，有海关则不便洋商便华商，我们就好想出一个办法来，专找他们这种“不便”的便宜，现在外国领事提出抗议。如果撤销了这个海关，我们的打算，岂不是完全落空？

洋人做生意，跟我们不同，他们做生意，讲究培养来源，所以亦决不会要求过分。

我将来要跟外国一较短长。我总在想，他们能做的，我们为什么不能做？中国人的脑筋，不比外国人差，就是不团结。所以我要找几个志同道合的人，联合起来，跟外国人比一比。

他到我们这里来做生意，我们也可以到他那里去做生意。在眼前来说，中国人的生意应该中国人做，中国人的钱也要中国人来赚。只要便宜不落外方，不必一定要我发达。

凡事就是起头难，有人领头，大家就跟着来了。做洋庄的那些人，生意不动，就得吃老本，心里何尝不想做？只是胆小，不敢动。现在我们想个风险不大的办法出来，让大家跟着我们走。那时候，你想一想，我们在这一行之中，是什么地位？

丝商联合起来跟洋行打交道，然后可以制人而非受制于人。这又有两个办法，第一个，我们先付定金，或者四分之一，或者三分之一，货色就归我们，等半年以后付款提货。价钱上通扯起来，当然要比他现在就脱手来得划算，人家才会点头，第二个办法是联络所有的丝客人，相约不卖，由他们去向洋人接头讲价，成交以后，抽取佣金。

做生意怎么样的精明，十三档算盘，盘进盘出，丝毫不漏，这算不得什么！顶要紧的是眼光，生意做得越大，眼光越要放得远，做小生意的，譬如说，今年天气热得早，看样子这个夏天会很长，早早多买进些蒲扇摆在那里，这也是眼光。做大生意的眼光，一定要看大局，你的眼光看得到一省，就能做一省的生意，看得到天下，就能做天下的生意，看得到外国，就能做外国的生意。

只要做官的对朝廷讲良心，做生意的就不敢不守法。如果做官的对朝廷没有良心，要我们来对朝廷讲良心，未免迂腐。

我常在想，人生在世应该先求名，还是先求利？有一天跟朋友谈到这个疑问，他说：别的我不知道，做生意是要先求名，不然怎么叫“金字招牌”呢？这话大有道理，创出金字招牌，自然生意兴隆通四海，名归实至。岂非名利就是一样东西？

外国人的花样厉害，漂洋过海，不当回事，做生意就是要靠运货方便，别人用老式船，我用新式船，抢在人家前面运到，自然能卖得好价钱。火轮船也见过，靠在码头上像座仓库，装的东西一定不少，倒不妨好好想一想，用轮船来运货，说不定可以发大财。

洋鬼子坏得很，你抬他的价，他不说你贵，表面跟你笑嘻嘻，暗底下另外去寻路子，自有吃本太重，急于想脱手求现的，肯杀价卖给他。你还在那里老等，人家已经吃进便宜货，装上轮船运到西洋去了。

做生意就怕心不齐，跟洋鬼子做生意，也要像茧行收茧一样，就是这个价钱，愿意就愿意，不愿意就拉倒。那一来洋鬼子非服帖不可。不过人心不同，各如其面，但也难怪，本钱不足，周转不灵,只好脱货求现,除非能把所有的“洋庄”都抓在手里。当然，天下的饭，一个人是吃不完的，只有联络同行，让他们跟着自己走。

为啥我要洋场势力？就因为做官的势力达不到洋场，这就要靠我这样的人来穿针引线。所以有了官场的势力，再有洋场的势力，自然商场的势力就容易多了。

“用兵之妙，存乎一心”！做生意跟带兵打仗的道理是差不多的，除看人行事，看事说话，随机应变之外，还要从变化中找出机会来，那才是一等一的本事。

官场、商场都一样！总而言之，“同行相妒”，彼此能够不妒，什么事都可以成功。

今天我仔细想了一想，我的基础还是在钱庄上面。不过，我的做法还要改。势利、势利，利与势是分不开的，有势就有利，所以现在先不必求利，要取势。

商场的势力，官场的势力，我都要。这两样要到了，还不够，还有洋场的势力。

我在想，禁止丝茶运到上海，这件事不会太长久的。搞下去两败俱伤，洋人固然受窘，上海的市面也要萧条。我们的做法，应该从中转圜，把彼此不睦的原因拿掉，叫官场相信洋人，洋人相信官场，这样子才能把上海弄热闹起来，那时开戏馆也好，买地皮也好，无往不利。

做大生意就要这样，帮官场的忙，就等于帮自己的忙。现在督、抚两衙门，都恨英国人接济刘丽川。这件事有点弄僵了，仿佛斗气的样子。其实两方面都在懊悔，拿中国官场来说，如果真的断了洋商的生路，起码关税就要少收。所以禁制之举，也实在叫万不得已。如果有人出来从中调停，就此言归于好，不是办不到的事。

洋人虽刁，刁在道理上，只要占住了理，跟洋人交涉也并不难办。最怕自己疑神疑鬼，或者一定要保住“天朝大国”的面子，洋人要听一句切切实实的真心话，自己偏跟他推三阻四地敷衍，那就永远谈不拢了。

洋人办事跟我们有点不同。我们是讲信义通商，只凭一句话算数，不大去想后果。洋人呢？虽然也讲信义，不过更讲法理，而且有点“小心之心”，不算好，先算坏，拿借钱来说，第一件想到的事是，对方将来还不还得起？如果还不起又怎么办？

洋人总还好办，他们很厉害，不过讲道理。最怕自己人闹意气。

人家外国人，特别是英国，做生意是第一等人。我们这里呢，士农工商，做生意的，叫啥“四民之末”，现在更加好了，叫作“无商不奸。”

你不要“晕淘淘”，真的当你做生意的本事有多大！我跟你说一句，再大也大不过外国人，尤其是英国人。为啥？他是一个国家在同你做生意，好比借洋款，一切都谈好了，英国公使出面了，不还？真的不还，你试试看，软的，海关捏在人家手里，硬的，他的兵舰开到你的口子外头，大炮瞄准你城里热闹的地方。这同“阎王账”一样，你敢不还？不还要你的命！

虽说决定了根本的宗旨，仍然以做钱庄为主，但上海这个码头，前程似锦，也不大肯放弃。有了官场与洋场的势力，商场的势力才会大，如果何桂清放了浙江巡抚，以王有龄跟他过去的渊

源，加上目前自己在苏州与他一见如故的关系，这官场的势力，将会无人可以匹敌，要做什么生意，无论资本调度，关卡通行，亦就无往不利。

洋人的企图，无非想在中国做生意，而中国从朝廷到地方，有兴趣的只是稳定局势，其实两件事是可以合起来办的，要做生意，自然要求得市面平静，要求市面平静，当然先要在战事上取胜。

处世鉴

做官也有做官的乐趣，起码荣宗耀祖，父母心里就会高兴。像我，有朝一日发了大财，我老娘的日子自然会过得很舒服。不过一定美中不足，在她老人家心里，十来个丫头伺候，不如朝廷一道“诰封”来得值钱！

担心有什么意外？凡事物极必反，乐极生悲？我是不大相信这一套的。有什么意外，都因为自己脑筋不够用的缘故。

“不招人妒是庸才”，可以不招妒而自己做得招妒，那就太傻了。

办大事最要紧的是拿主意！主意一拿定，要说出个道理来并不难。

“与其待时，不如乘势”，许多看起来难办的大事，居然顺顺利利地办成了，就因为懂得乘势的缘故。

人要识潮流，不识潮流，落在人家后面，等你想到要赶上去，已经来不及。

做人就要像哔叽一样，经得起折磨，到哪里都显得有分量。

生意失败，还可以重新来过，做人失败不但再无复起的机会，而且几十年的声名，付之东流。

世上随便什么事，都有两面，这一面占了便宜，那一面就要吃亏。做生意更是如此，买卖双方，一进一出，天生是敌对的，有时候买进占便宜，有时候卖出占便宜，会做生意的人，就是要两面占它的便宜，涨到差不多了，卖出，跌到差不多了，买进，这就是两面占便宜。

这也不可一概而论，赴试登进，自是正途，但“场中莫论文”，要靠“一命，二运，三风水”，所以怀才不遇的也多得是。捐例开了方便之门，让他们有个发挥机会，不致埋没人才，也是莫大功德之事。

于此可见，凡事总要动脑筋。说到理财，到处都是财源。一句话，不管是做官的对老百姓，做生意的对主顾，你要人荷包里的钱，就要把人伺候得舒服，才肯心甘情愿掏腰包。

其实老百姓也很好伺候，不打官腔，实事求是，老百姓自会说你是好官。

你我的性情，就是一个因，你晓得我吃软不吃硬，人穷志不穷的脾气，这样才会投缘。所以有人说的无缘，其实是无因，彼此志趣不合，性情不投，哪里会做得成朋友？

捡起一把碎石子，一粒一粒抛向水里，看着涟漪一个个出现、扩大、消失，忽然觉得世间凡事都是如此，小小一件事，可以引起很大的烦恼，如果不理它，自然而然地也就忘记了。

就像筑堤防水一样，多少日子，多少人工，辛辛苦苦到了“合龙”的那一刻，非要眼明手快，把握时机不可，河官到了合龙的时候，如果情况紧急，往往会纵身一跳，跳在缺口里，身挡洪流。别人看他如此奋不顾身，深受感动。自然一起着力，得收全功。

凡事总要有个退步。即使出了事，也能够在台面上说得过去。

我们的生意，不管是啥，都是这个宗旨，万一失手，有话好说。这样子，别人能够原谅你，就还有从头来起的机会，虽败不倒。

“世事洞明皆学问”，光是死读书，做八股，由此飞黄腾达，倒不如一字不识，却懂人情世故的人。

时逢乱世，哪里都可以立功名，何必一定要从试场中去讨出身？越是乱世，机会越多。

他很冷静，就当估量一笔有暴利可图，但亦可能大蚀其本的大生意那样，不动感情，纯从利害去考虑。

人生在世，为什么？就是吃吃喝喝过一生？

这就叫“知足常乐”。凡事能够退一步想，就没有烦恼了。

穷了想富，富了想贵，人之常情。

女人总是女人！女人能干要看地方，男人本性上做不到的事，女人做得到，这才是真正能干。如果你像男人那样能干，只有嫁个没用的丈夫，才能显你的长处，不然，就决不会有好结果。为啥呢？一个有骨气的丈夫，样样事情好忍，就是不能容忍太太在外场上扎丈夫的面子。

人有男女，就好比天地有阴阳，万物有刚柔，如果女人跟男人一样，那就是只阳不阴，只刚不柔，还成什么世界？再说，一对夫妻，都是阳刚的性子，怎么合得拢套？

我想，人生在世，实在奇妙难测。我敢说，没有一个人，今天能晓得明天的事。

我不是昧着良心说话，这不过逢场作戏，要看机缘，总要顺乎自然，不可强求。

“英雄难过美人关”，一等一的厉害角色，在这上头，往往手足无措，一筹莫展，这便又用得着“旁观者清”这句话了。

人，有的时候要冒险，有的时候要稳当。

有句老古话，叫作“同舟共济”，一条船上不管多少人，性命只有一条，要死大家死，要活大家活。遇到风浪，最怕自己人先乱，一个要往东，一个要往西，一个要回头，一个要照样向前，意见一多会乱，一乱就要翻船。所以大家一定要稳下来。

做事容易做人难！从今天起，我们有许多辛苦，不过也有很划算的事要做，做起来顺利不顺利，全看我们做人怎么样？

世界上有许多事，本来是用不着才干的，人人能做，只看你是不是肯做，是不是一本正经去做？能够这样，就是个了不起的人。

中国人有句话，叫作“业精于勤，荒于嬉”，这个“勤”字照我讲，应该当作敬业的敬，反过来“嬉”字不作懒惰解释，要当作浮而不实的不敬来说。敬则专，专心一志，自然精益求精。

人的精力到底有限，经手的事情太多，眼前来看，好像面面俱到，未出纰漏，其实是不是漏了许多好机会，谁也不得而知。

我说的闯是，遇到难关，壮起胆子来闯。越怕越误事，索性大胆去闯，反倒没事。

做事不能只讲感情，要讲是非利害。

救急容易救穷难。

自己做生意，都与时局有关，在太平盛世，反倒不见得会这样子顺利。由此再往深处去想，自己生在太平盛世，应变的才具无从显现，也许就庸庸碌碌地过一生，与草木同腐而已。

总而言之，我看人总是往好处去看的，我不大相信世界上有坏人。没有本事才做坏事，有本事一定会做好事。既然做坏事的人没有本事，也就不必去怕他们了。

男人是没良心的多，见一个，爱一个，爱一个，丢一个，女人不同，一颗心飘来飘去，等到一有着落，就像根绳子一样，捆得你紧紧地，再打上个死结，要解都解不开。

人之好善，谁不如我？略有身价，总想力争上游，成为衣冠中人，但虽出淤泥，要想不染却甚难，因为过去的关系，拉拉扯扯，自己爱惜羽毛不肯在烂泥塘里一起打滚，无奈别人死拉住不放，结果依旧同流合污。

他讲了一套“身外之物”的道理，人以役物，不可为物所役，心爱之物固然要当心被窃，但为了怕被窃，不敢拿出来用，甚至时时忧虑，处处分心，这就是为物所役，倒不如无此一物。

他也相信看相算命，不过只相信一半，一半天意，一半人事，而人定可以胜天。脱运交运的当口，走不得桃花运，这话固然不错，却要看桃花运是如何走法？

事情是件好事，不过要慎重，心急不得。而且像这样的事，一定会遭同行的妒，所以说话也要小心。

细想一想，自己确是有这样在辞令上咄咄逼人的毛病，处世不太相宜，倒要好好改一改。

哪个说“福无双至”？机会来起来，接二连三，推都推不开。

“把戏人人会变，各有巧妙不同”，巧妙就在如何不拆穿把戏上面。

有本事也还要有骨气。“恃才傲物”四个字,里面有好多学问，傲是傲他所看不起的人，如果明明比他高明不肯承认，眼睛长在额角上,目空一切,这样的人不是“傲”是“狂”,不但不值得佩服，而且要替他担心，因为狂下去就要疯了。

世俗都道得一个“缘”字，其实有因才有缘。

有时道理不通，大家习焉不察，也就过去了，而看来不可思议之事，细想一想竟是道理极通，无可驳诘。所以只要心定神闲，想得广、想得透，蹈暇乘隙，避重就轻，大事化小，小事化无，亦并不难。

人不能有所蔽，有所蔽则能见秋毫，不见舆薪。世上明明有许多极浅显的道理，偏偏有人看不破，这是哪里说起?

戏法总是假的，偶尔变一两套可以，变多了就不值钱了，值钱的还是有真东西拿出来。

钱是有了,但要事情办得顺利,还得有人,如果是光开家钱庄，自己下手，一天到晚盯在店里，一时找不着好帮手也不碍。而现在的情形是，自己要在各方面调度，不能为日常的店面生意绊住身子，这就一定要找个能干而靠得住的人做挡手。

官场的规矩我不懂，不过人同此心，捡现成要看看，于人无损的现成好捡，不然就是抢人家的好处，要将心比心，自己设身处地，为别人想一想，铜钱银子用得完，得罪一个人要想补救不大容易。

诚则灵！种瓜得瓜，种豆得豆，因果不可不信。

总之，无事不可生事，有事不可怕事。

有事不可怕事者，是要沉得住气，气稳则心定，心定则神闲，死棋肚里才会出仙招。

不过我有了钱，不是拿银票糊墙壁，看看过瘾就算数，我有了钱要用出去！世界上顶顶痛快的一件事，就是看到人家穷途末路，几乎一钱逼死英雄汉，我有机会挥手斥金，喏，拿去用！够不够？

还有一样，做生意发了财，尽管享用，盖一座大花园，讨十七八个姨太太住在里面，没有人好说闲话。做官的发了财，对不起，不好这样子称心如意！不说别的，叫人背后指指点点，骂一声“赃官”，这味道就不好过了。

我不是这么想，做生意的见了官，好像委屈些，其实做生意有做生意的乐趣。做官有许多拘束，做生意发达了才快活！

说到我的志向，与众不同，我喜欢钱多，越多越好！

为人术

我是一双空手起来的，到头来仍旧一双空手，不输啥！不但不输，吃过、用过、阔过，都是赚头。只要我不死，你看我照样一双空手再翻起来。

面子就是招牌，面子保得住，招牌就可以不倒，这是一句总诀。

你看了人再用，不要光看人家的面子，人用得不好，受害的是自己。

因此，只要有了私心重的挡手，一到动了自立门户的念头，就必然损人以利己，侵蚀到东家的利益，即便是东家所一手培植出来的，亦不会觉得自己忘恩负义，因为他替东家赚过钱，自以为已经报答过了。

什么事，一颗心假不了，有些人自以为聪明绝顶，人人都会上他的当，其实到头来原形毕露，自己毁了自己。一个人值不值钱，就看他自己说的话算不算数。

这个人够味道就在这种地方，明明帮你的忙，还要叫你心里舒坦。

靠山都是假的，本事跟朋友才是真的。有本事，有朋友自然寻得着靠山。

用人之道，不拘一格，能因时因地制宜，就是用人的诀窍。

做人总要讲宗旨，更要讲信用，说一句算一句。

钱是小事，难得的是他的这片心，这番力！交朋友交到这样，实在有些味道了。

听话的人了解，人与人之间，交情跟关系的建立与进展，全靠在这种地方有个扎实的表示。这一步跨越不了，密友亦会变成泛泛之交。

一个人不怕一万，独怕万一。人心多险，一步错走不得。我平日做人，极为小心，不愿得罪人，但难免遭妒，有人暗中算计，亦未可知。

他的铁定不变的宗旨，是杭州的一句俗语："花花轿儿人抬人"，这个宗旨，为他造成了今天的地位，以后自然还是奉行不渝。

人手不够是顶苦恼的事。从今天起，你也要留意，多找好帮手。像现在这样，好比有饭吃不下，你想可惜不可惜。

俗语道得好："在家靠父母，出外靠朋友。"我是在家依靠朋友，所以不能不为朋友着想。

一切都是假的，靠自己是真的，人缘也是靠自己，自己是个半吊子，哪里来的朋友？

既然是一家人，无话不可谈，如果你那里为难，何妨实说，大家商量。你们的难处就是我们的难处，不好只顾自己，不顾人家。

因为自己的话"上路"，人家才有这样漂亮的答复。如果以为事情成功了，那就只有这一次，这一次自然成功了，说过的话，一定算数。但自己这方面，既然已经知道他有难处，而且说出了口，却以有此漂亮答复，便假作痴呆，不谈下文，岂非成了"半吊子"？交情当然到此为止，没有第二回了。

我再说一句，这件事一定要你们这方面能做才做，有些勉强，我们宁愿另想别法。江湖上走走，不能做害好朋友的行当。

有才干的人，总是有脾气的，不过脾气不会在家里发，在家里像只老虎，在外头像只"煨灶猫"，这种是最没出息的人。

说句实话，我别的长处没有，第一，自觉从未做过对不起朋友的事，第二，事情轻重出入，我极清楚。

越是本事大的人，越要人照应。皇帝要太监，老爷要跟班，只有叫化子不要人照应，这个比方也不大恰当，不过做生意一定要伙计。胡先生的手面，你是晓得的，他将来的市面，要撑得奇大无比，没有人照应，赤手空拳，天大的本事也无用。

千万不要存了什么受人好处的心思！大家碰在一起，都是缘分，胡先生靠大家照应，他也不会亏待大家。再说句实话，我们就替胡先生做伙计，凭本事，凭力气挣家当，用不着见哪个的情。

有钱没有用，要有人，自己不懂不要紧，只要敬重懂的人，用的人没本事不妨，只要肯用人名声传出去，自会有本事好的人，投到门下。

要弄个舒舒服服的大地方，养班吃闲饭的人，三年不做事，不要紧，做一件事就值得养他三年。身后的名气我不要，我只要生前有名，有一天我阜康的招牌，到处看得见，那就不白活一世了。

仅有志向，不能识人、用人，此之谓“志大才疏”，像那样的人，生来就苦恼！

不得志的时候，自觉埋没英才，满腹牢骚，倘或机缘凑巧，大得其发，却又更坏！

这个道理，就叫“爬得高，跌得重”！他爬上去是靠机会，或者别的人有意把他捧了上去的，捧上了台，要能守得住，也不是件容易的事。这一跤摔下来，就不送命，也跌得鼻青脸肿。所以这种志大才疏的人，怎么样也是苦恼！

三、众人评点胡雪岩

研究胡雪岩，有助于我们认识那个时代，从中揭示一个普通而又重要的道理：商人荣枯，系于国运。

——余丽芬

没有人比胡雪岩更懂得人性的弱点，没有人比胡雪岩更深得厚黑学的精髓。

——陈德中

光墉者，东南大侠。

——李慈铭

你是生逢其时，财色双收，官居二品，商界知名。

——左宗棠

胡雪岩，商贾中奇男子也，人虽出于商贾，却有豪侠之概。前次浙亡时，曾出死力相救。上年入浙，渠办赈抚，亦实有功桑梓。

道员胡光墉素敢任事，不避嫌怨。从前在浙历办军粮军火，实为缓急可恃。经臣奏派办理臣等上海转运局务，已逾11年。转运输将，毫无缺误。

关陇新疆建定，虽曰兵精，亦由器利，则胡光墉之功实有不可没者。此次新疆底定，核其功绩，实与前敌将领无殊。

——左宗棠奏折

胡雪岩在许多事业上见识不凡，这并非全是后人褒饰，时人其实也早已有所异。“同治间足以操纵江浙商业为外人所信服者，光墉一人而已。”

——费行简:《近代名人小传》